上海学

Journal of Shanghai Studies

第三辑

周　武 主编

上海人民出版社

目　录

特稿

庆典与政治
——1945 年上海“庆祝抗战胜利大会”史事钩沉 ………… 周　武　1
定义现代性:《辞源》与现代中国语汇的创制 …………… [美]高哲一　39

对话

上海学如何可能
——《上海学》首发式暨多元视域中的上海研讨会专家发言实录
……………………… 陈来虎　李丹丹　佘　宸　秦　平　整理　61

都市人文

战前上海印刷界的日中交流
……………………… [日]田岛奈都子著　吴咏梅译,李玲校　113
都市“柏林墙”
——战时上海南市华法交界处铁门研究 ……………… 马　军　150
养“士大夫的廉耻”:抗战期间中国科学社编译出版书籍述略
…………………………………………………………… 张　剑　169
上海所见的日本赔偿物资接收 ………………………… 蒋欣凯　183

当代聚焦

陈旭麓先生年谱长编稿 ……………………………… 沈渭滨　编撰　223
徊徨于意识形态与市场之间:开放时代上海传媒产业、创意
产业变迁研究 ………………………………………… 冯志阳　268

新视界

发现·建设·居留

——英美侨民与19世纪的上海 …………………… 李志茗 295

非富家子弟的求学之路:以近代上海为中心 …………………… 施扣柱 308

言者无疆:近代上海的新闻记者 …………………… 江文君 347

民国时期媒介对医病形象的建构

——以《申报》医讼报道为中心的文本分析 …………… 马金生 360

新史料

商务印书馆董事会议录(三) ……………… 周 武 陈来虎 整理 375

抗战期间上海工人的罢工斗争

——《密勒氏评论报》选译(1939年9月—1940年10月)

……………… 上海工人运动史料委员会译 张宇、段炼 整理 420

《张泰荣日记》所见上海史料汇抄(1922—1932) …… 成梦溪 整理 434

书评

用档案说话

——评《日本侵略上海史料汇编》 …………………… 周 武 495

越剧:大众娱乐文化、女性、都市与中国近现代史

——读《诗与政治:二十世纪上海公共文化中的女子越剧》

…………………………………………………… 刘 喆 503

跨学科研究的尝试

——评《驶向枢纽港——上海、宁波两港空间关系研究(1843—1941)》…………………… 徐 杨 509

征稿启事 …………………………………………… 517

特稿

庆典与政治

——1945年上海"庆祝抗战胜利大会"史事钩沉

周　武

1945年8月15日上午7时，中美英苏四国同时宣布：日本无条件投降！① 在历尽史上最艰难最黑暗的岁月之后终于从日本人控制的"牢城"中解放出来，上海和全国各地一样顷刻之间变成狂欢之海。

重庆的军队进城了。欢呼的人群排着队向他们的英雄们致意。港口

① 中国许多历史教科书和抗战史著作通常以8月15日日本天皇裕仁向各地军民广播《终战诏书》(即所谓"玉音广播")作为日本宣布投降、二战结束的标志，这是不准确的。日本天皇裕仁的广播讲话是讲给各地日本军民听的，主旨是向国民解释他接受中美英苏四国宣言的不得已苦衷。他告诉国民：他接受中美英苏四国共同宣言，是"鉴于世界情势与帝国之现状"，而采取"非常措置收拾时局"。因为"战局未必好转，世界之大势亦不利于我，加之敌使用残虐炸弹，频频杀伤无辜，残害所及，诚不可测，且若继续交战，不但我民族终告灭亡，且人类文明亦必被毁。"《诏书》美化侵略，只承认向美英两国宣战，无一字提及"九一八"事变以来对中国的侵略战争。对自己的子民，则以"勇战"赞他的陆海将士，以"精励"誉他的百僚有司，以"奉公"夸他的一亿众庶，赞扬他们"各尽最善"。《诏书》中没有出现"战败"、"投降"等等字眼，更没有一丝一毫的歉意和悔意，只是为了保他的"亿兆赤子"，才命政府接受共同宣言。更耐人寻味的是，上海日伪控制的《申报》刊登这封《诏书》时使用的标题不叫"投降诏书"，不叫"停战诏书"，甚至也不叫"终战诏书"，而叫"日皇颁和平诏书"，仿佛日皇成了人类文明的挽救者和世界和平的缔造者。8月16日，仍受日方控制的香港《香岛日报》甚至发表题为"日本与世安宁"的社评，胡说日本宣示接纳美英苏中四国宣言，是为了"与世安宁"。社评称："为避免无辜的损害，日本秉其维护世界和平的决策，乃有今日世界历史以来，全球各地共庆和平的日子。"这种是非颠倒的奇怪逻辑，后来竟成了日本右翼人士拒绝承认侵略、拒绝反省历史、拒绝道歉谢罪的精神源头和主要依据之一。所以，战后几十年间，日本官方认可的史书不提8月14日致盟国的同意投降电，也讳言9月2日在东京湾"密苏里"号战舰上签降书一事，却竭力突出8月15日天皇裕仁颁布的《终战诏书》及"玉音广播"，就不奇怪了。

复苏了。当飞机在头上盘旋时，汽船拉起了响笛，烟花爆竹与咆哮的引擎共鸣，所有的人都奔来看新到的部队。日本人输了。他们知道这个，也表现得不错。他们的士兵默默地站在岗位上配合维持秩序。

他们的四周是胜利的中国，仅在日本大使馆上面还飘扬着“太阳旗”。渐渐地，日本人和士兵们从街景中消失了。他们的商店关门了。日本人不见了。他们的大使馆关闭了。他们会滚蛋：日本人滚回日本！美国青年、英国青年、上海姑娘们，加油吧！他们在加油。每一家夜总会都客满。生活从天亮开始，永不衰落。谁在乎军队管制？战争已经胜利了。保卫和平！对任何一个世纪来说，两场世界大战已经太多。

美国、英国、中国、俄国这每四种旗帜中都有一面在窗户或房顶上飘扬。集中营的大门打开了，牢房的门打开了。城里到处建了牌楼。①

这是一场来之不易的艰难胜利，为了庆祝这一世界性和历史性的胜利，陪都重庆国民政府决定在世界反法西斯战争和中国抗日战争胜利日(即9月3日)举办全国性的胜利庆典，并颁布《庆祝胜利实施办法》，令全国各地一体遵行。上海随即成立“上海市各界庆祝抗战胜利大会筹备委员会”，并在戈登路(今江宁路)65号设立筹委会办事处，具体负责上海市胜利庆典的筹备事宜。后因盟军、国军及上海市行政负责人于胜利日尚未抵沪，上海的“祝胜”大典遂改到10月10日与“双十节”合并举办。庆典在跑马厅举行，场面与气氛之热烈，前所未有。这是上海在租界收回、市政统一之后首度举办的全市性“祝胜”大典，也是上海市首次以国家的名义举办的旷世盛典。本文即以上海为中心，依据相关档案和报刊资料，对这一盛典的筹备、举办的具体过程略作钩沉，并藉此讨论庆典与政治之关系。

一、民间自发的欢庆狂潮

日本占领时期的上海有一个家喻户晓的代用语，“天亮”，指代抗战的最后胜利。但这个代用语的流行反衬的却是上海在那段水剩山残的“惊心”岁月里的严酷现实。傅葆石在他那本出色的著作《灰色上海》中曾对这个现实做过精当的分析：

---

① Eskelund, Paula, and Schiff. *Squeezing Through! Shanghai Sketches 1941—1945*, N.p.1945.转引自魏斐德著，梁禾译：《红星照耀上海城——共产党对市政警察的改造》，人民出版社2011年版，第22—23页。

由于政治压迫和物资匮乏，上海被拖入了“黑暗世界”之中，这个世界充满无尽的恐惧、贫穷、不确定和痛苦。在日据的45个月里，上海变成了真正的地狱。经济崩溃和通货膨胀完全失控，囤积和黑市交易繁荣；大规模的失业伴随着饥饿的蔓延，生存的焦虑成为上海的生活方式。正如一位幸存者写道，“除了人命以外什么都贵”。1942年夏天是三十年来最热的一个夏天（气温高达103华氏度），高温造成了伤寒症和霍乱的流行，从这时开始上海被无法控制的物价上涨所折磨。与此时相比，孤岛时期的经济困难看上去微不足道。以1936年为参照点，日用品价格指数表明了一个反差巨大的跳跃，从1941年12月的1 500元到1942年6月的2 910元，再到1944年7月的400 000元，再到1945年8月上海解放时的660 000元。到占领结束前夕，要花10 000元洗一个热水澡，花8 000元看一场京剧，但这都是“奢侈的事情”，对大多数上海人来说，最大的威胁是食品价格的上涨。特别是1944年和1945年，根据统计，粮价分别是战前价格的600和65 000倍。①

在日军的占领和统制之下，这座亚洲头号的世界之都变成了“步步荆棘的恐怖世界”，开埠以来欧美列强在上海建立的权力结构和利益格局，以及在此基础上形成的由英美主导的“集团非正式帝国”秩序被日本炮制并由日本独霸的所谓“东亚新秩序”所取代。外侨中的嫌疑者被拘禁到监狱，“敌国及敌性国”侨民被押送到集中营，犹太难民被集结到隔离区，上海不受管制的非日本籍外国侨民就只剩下轴心国公民、俄罗斯人（白俄、红俄，还有俄国犹太人），以及一些亚洲人（印度人、菲律宾人等）。上海已被日本“除去敌性”，而被“除去敌性”的上海，实际上等于被抽掉了国际化的内核，仅存一副“国际都市”虚幻的外观。②所以，当胜利终于来临，人们再也抑制不住内心的狂喜，尽情宣泄十多年来饱受的屈辱、苦难与冤抑！从5月8日德国战败投降到8月10日日本乞降，从8月15日上午7时中美英苏四国同时宣布日本无条件投降到9月2日日本在“密苏里”号战舰上签署投降书，再到9月9日日军在南京向中国投降，这些标志着世界反法西斯战争和中国抗日战争迈向最后胜利的每一个历史性时间节点，都曾激荡出民间自发的如山洪暴发般澎湃的欢庆狂潮。

1945年5月2日，苏联红军突入柏林，希特勒自焚身死。8日，德军宣布向

---

① 傅葆石著，张霖译：《灰色上海，1937—1945：中国文人的隐退、反抗与合作》，生活·读书·新知三联书店2012年版，第157—158页。

② 参见周武主编：《二战中的上海》，上海远东出版社2015年版。

盟国无条件投降。世界反法西斯战争欧洲战场以德军彻底失败而告结束。消息传来，世界各地人民举行狂热庆祝，人们齐集街头歌唱、跳舞、狂奔，以各种能够想到的形式欢庆胜利，伦敦、巴黎、莫斯科、纽约、华盛顿等地的庆胜场面尤为热烈。中国陪都重庆，蒋介石特地设宴招待盟国军官，庆祝欧战胜利。这一天，沦陷区的上海自然也是一派欢庆气氛。因为德国无条件投降，同时意味着苏联卫国战争的彻底胜利，因此，当天夜晚更成了上海俄侨的“狂欢之夜”。陶菊隐在《大上海的孤岛岁月》一书中写道：

> 5月8日这一天，上海人民沉浸在一片狂欢的气氛中。南京路上，霞飞路上，人上堆人，灯火一片；有中国人，也有外国人(此时上海未圈禁的外侨，只有白俄和无国籍人)，有男有女，有老有少；有的挽臂游行，有的当街跳舞，人人精神焕发，个个笑逐颜开。什么灯火管制，什么防空演习，都不在上海人的眼下了。日本宪兵也都蜷伏在巢穴里不敢露面了。
>
> 当天，霞飞路上发生了一件不胫而走的新闻。原来，霞飞路金神父路口有一爿店面，分设两家小店，一家是俄国人所开的小小咖啡馆，一家是德国人所开的小小照相馆。自从欧战发生以来，这边德国店的老板在墙头上挂起了一帧德国元首希特勒的半身照片，顶门一绺额发，唇边一丛短髭，两眼炯炯有光，面目虽然可憎，倒也威风神气。那边俄国店的老板不甘示弱，也把浓眉大眼的斯大林大元帅的放大照片挂将出来。这对风云人物，共处在一间小小的店堂里，俨然同舟敌国。当德军的闪电战席卷全欧并且侵入斯大林格勒的时候，德国店老板的秃顶上熠熠有光，脸上堆着骄傲的笑容，趾高气扬地走进店堂来，大有目无余子之概。俄国店老板气得鼓起红润的腮帮子，耸着阔大的肩膀，只得闷声不响。可是，自从柏林被围困以来，德国店老板泄了气了，走起路来也就无精打采了。这一天，德国无条件投降的消息传出来，那位俄国店老板突然挺胸凸肚地走进来，一脚踏进对面的柜台门里，不由分说，把希特勒的相片取下来，抛在店门外人行道上，豁朗一声，打得框毁镜碎。马路上大批俄侨一拥而入把德国店也捣毁了。可怜的德国老板不但不敢吭声，人也悄悄地溜走了。其实，这两位老板都不是地地道道的本国公民，德国老板是被纳粹党逐出来的德籍犹太人，俄国老板是十月革命后流亡在外的白俄。
>
> 霞飞路金神父路一带本是白俄集中的小天地，当天晚上，他们从家里走出来，成群结队地在马路上跳起华尔兹舞来，有的则醉酒高歌，不知唱的是什么怪曲子，而马路对面就是国泰大戏院和驻沪日军的最高司令部。马路上拥挤不堪，连日本侵略者的军用卡车也通不过，而站在路旁的日本哨

兵，却呆若木鸡，对此不敢过问。①

虽然欧洲战场结束，“战争只结束一半”，亚洲战场仍激战正酣，但盟军攻克柏林，德国无条件投降后，盟军开始集中力量“与日本作战”，所有关心战局的人都已心知肚明，日本的失败已为时不远。此后，盟军空军不断将炸弹带到日军盘踞的汉口、南京、上海、广州及各交通线，向沦陷区人民宣告：“天快亮了！”对上海而言，美国 B-29 轰炸机在城市上空的频繁出现，黄浦路 2 号的苏联领事馆外沿外滩悬挂的展示欧洲战况的地图，都在强烈预示战局的逆转。随着战事的推进，上海街头各种来路的小道纷传：“美国军队要登陆杭州湾”，“我们的军队已在进攻了”，“日本人准备退出中国”……这些消息并不准确，但却如同“黑暗世界”的一束光芒，点亮了沦陷区人心中的希望。②

然而，对于日本而言，战局愈不利就愈疯狂。尽管美军已将战线推进到日本本土，但被狂热军头宰制的日本却仍在“从根基开始动员”，实施所谓“一亿玉碎”的自杀式“本土决战”计划。直到美国 8 月 6 日在日本广岛投下第一颗原子弹，8 日苏联对日宣战，9 日美国又在长崎投下第二颗原子弹，日本军事形势已四面楚歌，陷入绝境。在这种情况下，8 月 10 日，极度惶乱的东京终于向中美英苏四国发出“乞降照会”，表示“接受中美英三国领袖于 1945 年 7 月 26 日在波茨坦所发表，其后经苏联政府赞成的联合宣言所列举的条款”。当天 17 点 35 分重庆盟军总部获悉此讯，随即向中国方面通报。日本乞降，预示着世界反法西斯战争即将结束。这个消息透过电波和各种“号外”迅速传遍全国，传遍世界。全世界遭受过战争荼毒和洗礼的人民，尤其是经过十多年苦战的中国人民，莫不热血沸腾地欢呼胜利，以连夕的狂欢庆祝这个“庄严而光荣的历史时刻”。舒宗侨在战后不久推出的一本画史中，非常恰当地把这一天世界各地自发的庆祝称作“全世界狂欢”。中国抗战最早，被难最深重，牺牲最惨烈，因此更是举国若狂，欢歌达旦：

> 日本乞降的消息像电一般传遍世界，从东方到西方，从地面到天空，从后方到前线，从各国自由区到沦陷区，从一国的当局到一般的人民，从老年壮年到年轻的孩子，无不为这一消息震动得欢喜发狂。中国战时首都重庆在下午 6 时许得到这一消息，立刻全市一百万人发生大骚动，爆竹声、号外声、锣鼓声、广播声和全重庆人的欢呼声响成一片。跳舞厅的音乐队搬到街上演奏，无组织的火炬游行开始在各街头出现，美国兵在各个角落受着

① 陶菊隐：《大上海的孤岛岁月》，中华书局 2005 年版，第 256—257 页。

② 参见舒宗侨：《第二次世界大战画史》(下)，中国文史出版社 2013 年版，第 548 页。

热烈的欢呼，一辆吉普车上集着二三十个中国孩子，高叫“顶好，顶好，顶顶好”，商店将商品免费供给市民，都邮街、上清寺、小什子变成人海，人们只有笑、闹、狂呼，不再喊“打倒日本帝国主义”。中国人十九都是严肃的，但在这一天晚上，他们也应用了从西方学来的礼节“接吻”，男的与女的，老的与少的，中国人与西洋人。他们彼此握着一双汗手，抱住在街上与屋里团团转，把孩子举到空中，这种狂热、兴奋、喜乐的情形，是中国立国五千年来所没有的。

胜利的捷报，任何人不能自私，消息很快地传到西安、成都、昆明、贵阳、韶关、铅山、兰州以及各战场，所引起的狂热情形，一如战都重庆。尤其是昆明和成都有美国军队的地方，情形更是疯狂，昆明南屏街的热闹情形，造成美国兵到昆明后热闹的最高峰。

在沦陷区中，上海首先得到消息，十月晚间各国人士已在欢喜得发狂，他们不再怕日本人，甚至打起日本人来。其他在全世界各大城市与战场，皆为日本的投降而狂欢，其热烈的程度，实超过重庆。在纽约大广场上数十万人集在一起，会合成一片“人蚁”，一面拿着酒瓶，一面跳着蹦着唱歌，与不认识的男人或女人拥着跳舞和接吻。军人成为宠儿，被群众举到天空，中国军官在伦敦被抬在肩上游行。在战场上，官与兵，不再分将军与下士，相互抱住跳舞、高歌，庆祝人类已重新由法西斯魔鬼手上获得解放。①

陪都重庆的中央广播电台播音员在广播这一喜讯时，因感情激越，兴奋逾恒，几于不能吐辞。辞毕，告听众说：“诸君，请听陪都欢愉之声！”收音机里顿时传来爆竹声、锣鼓声、盟友的“顶好”声，以及万众齐声欢呼“中华民国万岁”之声。这种震耳欲聋的“欢愉之声”，发抒和宣泄的正是苦战多年的郁结之情。当时《新蜀报》记者任浪萍写的一篇报道，标题就叫《像爆炸了的陪都》。曹聚仁和舒宗侨在战后不久合著的《中国抗战画史》中辑录不少当年现场拍摄的各地庆祝抗战胜利盛大场面的照片，作者并为每幅照片写了图片说明，其中为“重庆庆祝胜利大游行”照片写的说明，极为传神地写照了陪都重庆“忽传”日本乞降时的街头情景：“全国对日作战八年，四亿五千万人民心头之积郁，生活所受之压迫，国家与人民之损失，均在此胜利时刻，获得倾泄与安慰。他们和她们欢呼，他们和她们歌唱，他们和她们为中华民族之胜利解放而庆幸。②”

那是一个薄海欢腾、普天同庆的夜晚！据中央社报道：“成都、贵阳、西安、

---

① 舒宗侨：《第二次世界大战画史》(下)，第614—615页。

② 曹聚仁、舒宗侨：《中国抗战画史》(下)，中国文史出版社2011年版，第729、731页。

沅陵、昆明、恩施等地民众无不欢喜若狂，兴奋情绪达于极点，各报号外市民抢购一空，竞相传阅，鞭炮大作，欢声四起，昆明青年学生更在街头高唱国歌，沅陵市民并自动火炬游行，交织成一片胜利交响曲。”延安也同样如此，新华通讯社收听到日本乞降的电讯后，整个延安顿时一片欢腾。干部、群众、战士、学员们自发地扎起火把，从塬畔、窑院走出来，汇成一条条火龙游进延安城。

而在沦陷区的上海，日本乞降消息首先从苏联侨民中传出，然后迅速传遍整座城市，人们不约而同地从四面八方涌向街头，“在川流不息的人群中挤来挤去。有些素不相识的人，由于兴奋过度，也情不自禁地打招呼攀谈起来。他们指手画脚地交谈战地消息，谈得津津有味，恍如来自沙场的战斗英雄一样。一直到夜色降临，繁密的星星在穹苍中眨眼，辉煌的灯火吐射着胜利的光芒，街上的人流兀自熙熙攘攘，乐而忘返。这种情况比过大年夜还要热闹得多。”①次日，大小商店均停业一天，庆祝这一迟来的历史性时刻。但上海仍在日伪势力的控制之下，狂喜，却无法尽情抒发。《新华日报》曾以“特讯”的形式报道过上海的这种情形：“十一日晨上海全市国旗飘扬，爆竹之声整天不绝。热闹市区曾有几千人的行列游行示威……市民狂喜中看见敌军，拥上去摘掉他的帽子，以泄多年来含辱忍垢的积愤，因而发生小规模的冲突，引起群众更大的激怒。几小时后，敌伪连忙赶出布告，要市民‘严守秩序’，并派出岗哨监视。到十二日，敌寇并在交通要道架设机枪，五步一岗，十步一哨，不许市民悬挂国旗，同时伪上海市长周逆佛海等发表‘告民众书’要市民镇静，并声言敌伪军警将采取武装弹压，以维持治安，更使上海人民愤怒无已！”当天南京日军总部还发布了一份声明，声明杀气腾腾地说：“最近流言风行，无知之徒随声附和，殊深遗憾。本军不论战局如何转变，决以严明之军纪，向击灭骄敌之途迈进。如曲解军方真意，于治安上有不良行为或冒渎日本军威者，当予以最严厉之处置。”②

其实，8 月 10 日日本乞降时，战争并未结束。8 月 11 日，美国国务卿贝尔纳斯代表中、美、苏、英四国正式回复日本，接受日本投降。8 月 14 日，日本天皇召集御前会议，最后决定接受波茨坦宣言，并致电中美英苏四国接受无条件投降。电文称：

关于接受波茨坦条款之八月十日发出之日政府通告及八月十一日美国国务卿贝尔纳斯所发之中关英苏四国政府回答，日政府对四国政府通告如次：

① 陶菊隐：《大上海的孤岛岁月》，第 260 页。

② 陶菊隐：《大上海的孤岛岁月》，第 261 页。

（一）天皇已颁发关于接受波茨坦宣言条款之诏书。

（二）天皇准备对其政府及大本营授予实施波茨坦宣言及各项规定所必需之签署权限。又天皇准备对一切日本国陆海军机构及在此机构指挥下的一切军队为停止战斗行为，移交武器及实施上项各条款，颁发联合国最高指挥官要求之一切命令。①

8月15日上午7时，中美英苏四国同时宣布：日本正式无条件投降。10时，即在日本天皇发表《终战诏书》之前一小时，蒋介石亲到重庆中央广播电台，发表著名的《抗战胜利告全国军民及全世界人士书》广播演说。蒋介石在广播中说：

我们的抗战，今天是胜利了，“正义必然胜过强权”的真理，终于得到了他最后的证明，这亦就是表示了我们国民革命历史使命的成功。我们中国在黑暗和绝望的时期中，八年奋斗的信念，今天才得到了实现。我们对于显现在我们面前的世界和平，要感谢我们全国抗战以来忠勇牺牲的军民先烈，要感谢我们为正义和平而共同作战的盟友，尤须感谢我们国父辛苦艰难领导我们革命正确的途径，使我们得有今日胜利的一天，而全世界的基督徒更要一致感谢公正而仁慈的上帝。

我全国同胞们自抗战以来，八年间所受的痛苦与牺牲虽是一年一年的增加，可是抗战必胜的信念，亦是一天一天的增强；尤其是我们沦陷区的同胞们，受尽了无穷摧残与奴辱的黑暗，今天是得到了完全解放，而重见青天白日了。这几天以来，各地军民的欢呼与快慰的情绪，其主要意义亦就是为了被占领区同胞获得了解放。

现在我们抗战是胜利了，但是还不能算是最后的胜利。须知我们战胜的含义决不止是在世界公理力量又打了一次胜仗的一点上，我相信全世界人类与我全国同胞们都一定在希望，这一次战争是世界文明国家所参加的最末一次的战争。

如果这一次战争是人类历史上最后一次的战争，那么我们同胞们虽然曾经受了忍痛到无可形容的残酷与凌辱，然而我们相信我们大家决不会计较这个代价的大小和收获的迟早的。我们中国人民在黑暗和绝望的时代，都秉持我们民族一贯的忠勇仁爱，伟大坚忍的传统精神，深知一切为正义和人道而奋斗的牺牲，必能得到应得的报偿。全世界因战争而联合起来的民族，相互之间所发生的尊重与信念，这就是此次战争给我们的最大

① 舒宗侨：《第二次世界大战画史》（下），第618页。

报偿。我们联合国以青年血肉所建筑的这道反侵略的长堤，凡是每一个参加的人，他们不仅是临时结合的盟友，简直是为人类尊严的共同信仰而永久的团结了起来。这是我们联合国共同胜利最重要的基础，绝对不是敌人任何挑拨离间的阴谋所能破坏。我相信今后地无分东西，人无论肤色，凡是人类都会一天一天加速的密切联合，不啻成为家人手足。此次战争发扬了我们人类互谅互敬的精神，建立了我们互相信任的关系，而且证明了世界战争与世界和平皆是不可分的，这更足以使今后战争的发生势不可能。……

同胞们：敌人侵略中国的帝国主义，现在是被我们打败了，但是我们还没有达到真正胜利的目的，我们必须彻底消灭他侵略的野心与侵略武力，我们更要知道胜利的报偿决不是骄矜与懈怠。战争确实停止以后的和平，必将昭示我们，正有艰巨的工作，要我们以战时同样的痛苦，和比战时更巨大的力量，去改造，去建设。或许在某一个时期，遇到某一种问题，会使我们觉得比战时，更加艰苦，更加困难，随时随地可以临到我们的头上。我说这句话，首先想到了一件最难的工作，就是那些法西斯纳粹军阀国家受过错误领导的人们，我们怎样能使他们不只是承认他自己的错误和失败，并且也能心悦诚服的接受我们的三民主义，承认公平正义的竞争，较之他们武力掠夺与强权恐怖的竞争，更合乎真理和人道要求的一点，这就是我们中国与联盟国今后一件最艰巨的工作。我确实相信全世界永久和平是建筑在人类平等自由的民主精神和博爱互助的合作基础之上，我们要向民主与合作的大道上迈进，来共同拥护全世界永久的和平。

我请全世界盟邦的人士，以及我全国的同胞们！相信我们武装之下所获得的和平，并不一定是永久和平的完全实现，一直要作到我们的敌人在理性的战场上为我们所征服，使他们能彻底忏悔，都成为世界上爱好和平的分子，像我们一样之后，才算达到了我们全体人类企求和平及此次世界大战最后的目的。①

当天《大公报》以临时制作的五个特大字和一个超大惊叹号向世界报告："日本投降矣！"次日又发表以"日本投降了"为题的社论，开头即引杜甫的诗句"剑外忽传收蓟北，初闻涕泪满衣裳。却看妻子愁何在，漫卷诗书喜欲狂……"来表达八年苦战之后胜利终于到来之际中国人民的欣喜若狂。重庆《扫荡报》

① 秦孝仪主编：《先总统蒋公思想言论总集》卷32《书告》，台湾国民党中央委员会党史委员会、"中央文物供应社"1983年版。第121—124页。

亦以“伟大日子的降临”为题发表社论激情欢呼：“战争结束了，胜利到来了，千秋史笔将郑重写下这辉煌的史页：中华民国三十四年（西历一千九百四十五年）八月十五日，中、美、英、苏四国政府同时宣布：日本已正式接受波茨坦宣言，向中美英苏四大盟国无条件投降，民族自由战争乃告结束。”①

这一天，全国各地再掀欢庆的狂潮。傅斯年得悉日本侵略者向盟军无条件投降的消息，就曾激动地跑到大街失声痛哭；朱自清欣喜万分，“兴奋地走上大街，和老百姓一起狂欢了一整夜”②。一直困居上海苦持待晓的张元济在终于盼到了“天亮”的时刻，自然也是兴奋异常。他在致胡适的一封信中说：“弟在此抗战期间，杌陧之甚，殆不堪言。天佑我国，幸闻胜利。此非我国之胜利，实世界人类之胜利也。”③

抗战胜利，对上海而言，意味着从“真正的地狱”中解放出来，意味着天真的亮了，所以，当日本无条件投降的喜讯传来，被恐怖和苦难压抑已久的心灵终于爆发，上海顿时变成了欢乐之海。

而对那些被日军关押在上海集中营中的“敌性国”侨民和被赶入虹口隔离区的犹太难民而言，日本无条件投降，则更让他们喜极而泣，永志难忘！事隔数十年之后，当他们回忆起那个胜利的时刻，依然如数家珍，历历在目。曾被关押在龙华集中营的“上海女孩”白丽诗（Betty）回忆说，她和她的难友是从 1944 年 11 月开始看到“胜利的曙光”。他们看到美军飞机在集中营上空低空飞过去轰炸龙华机场。飞机带着巨大的轰鸣，从头顶擦过，人们甚至看见飞行员向他们挥手，人们终于看到了胜利的曙光，但真正让他们感到已胜利在望则要到 1945 年 4 月。六十年后，白丽诗仍清晰地记得龙华集中营的难友们从盼望胜利到迎来胜利过程中的每一个细节：

> 1945 年 4 月的一天，难友们突然发现，美国飞机在碧空蓝天不时排成 V 形队列低空掠过。Betty 甚至都能以肉眼看到飞机尾部留在蓝天的久久不散的白烟。
>
> “看呀，大家过来看呀。那是什么？”
>
> “那不就像个 V 字母吗？”
>
> “对，是 V。但那是什么意思？”
>
> “什么意思？！ Victory，胜利呀。”

---

① 《扫荡报》1945 年 8 月 16 日。

② 朱乔森：《我的父亲朱自清》，《百年潮》1999 年第 1 期。

③ 张树年主编：《张元济年谱》，商务印书馆 1991 年版，第 514 页。

确实，美国飞机在向集中营的同胞们传递联军在欧洲战场获胜的捷报！

难友们兴奋无比。不过，对何时可以重获自由，仍心中无数。不久，又辗转传来联军在菲律宾告捷的消息。但对这些被日本当局关押在集中营的西侨，生活，只是更显难熬。不仅如此，各式谣言满天飞。有的说，他们会被转移至内地；也有说，在盟军登陆前他们会被全部就地枪毙。

到了8月，和平的讯息已传遍全营。人人欢欣鼓舞，振奋无比。1945年8月15日，在Betty母亲的日记本上这样写着：

中午时分，瑞士方面接管了集中营，这最终证实战争结束了。天亮了！熬出头了。下午7点，全体难友在室外露天作了感恩礼拜。在我家所在的F楼屋顶上，六面国旗迎风招展：美国、丹麦、英国、中国、比利时、苏联。难友们都涌到屋顶上欢聚，直到半夜。天是那样蓝！月亮是那样明亮——一切是那么好！那么好！

第二天，大家都走出平时戒备森严、不可越雷池半步的大门。走在窄窄的煤屑路上，感觉真好。为了享受好久未曾享受到的一种心情，Betty全家甚至在一个高高的可以望得到黄浦江的小坡上野餐。

接下来的几天，成百上千的人从上海赶来这里看望劫后余生的老友们，大家相拥而泣。营内处处可见到这种催人泪下的场景。①

终于自由了，在集中营度过整整八百个暗无天日的日子后，白丽诗和她的难友终于重获自由，大家都有一种“劫后余生”之感。回忆中，白丽诗还特别提到自己在龙华集中营被关押两年多后第一次踏出集中营大门时的情景：“我跨出去，又跨进来，再跨出去，再跨回来……这样反复了许多次，我自由了，我可以自由进出了。”②

集中营里的“敌性国”侨民如此，虹口隔离区里的犹太难民又何尝不是如此！曾参加上海犹太难民左翼人士反纳粹地下小组的岗特·诺贝尔(Gunter Nobel)回忆说：

1943年进入虹口隔离区后，我们小组继续进行定期聚会，交流盟军取得胜利的好消息。我找到了一份送报纸的工作，因此可以凭通行证出入隔

---

① 《上海二战沦陷期间日控集中营史料首次公布》，见 http://www.enorth.com.cn 2005-02-02 22:43。

② 金暾暾、肖春飞：《上海集中营八百天：一个英国女孩的二战回忆》，见 www.sh.xinhuanet.com 2005-07-19 16:08:10。

离区，经常比别人更早得到最新的消息。1945年5月，纳粹德国投降和希特勒死亡的消息传来，我们欢欣鼓舞。8月6日，原子弹在日本爆炸的消息在上海流传，我感觉日本人完蛋的日子即将到来。那天，充满喜悦的我没有佩戴犹太人标志便走出了隔离区，结果碰上了具有反犹情绪的白俄民兵，被他们抓起来关进了监狱。虽然监狱的情况极糟糕，但几天后日本人便投降了，我们都获得了释放。我总共在监狱中待了不到10天。①

岗特·诺贝尔来自德国，他是逃离德国而后到上海避难的。来自奥地利的犹太难民乔治·赖尼希(George Reinisch)对于当年获悉德国和日本相继投降的消息同样记忆深刻：

德国投降的消息传到上海，对难民们来说这场战争还未结束。日本人在加紧治安和宵禁的同时，开始将其家眷和辎重物品装船运回日本。上海周围共产党人的活动日益频繁活跃，并着手包围该城。美军的轰炸继续进行，日美双方还处于交战的状态。这时日本人已经被赶出了缅甸，其本土的大城市几乎每天都遭到轰炸，东京更是被严重摧毁。距本州岛仅350英里的冲绳岛于3—4月间已被美国海军陆战队占领。尽管石油供应告罄，加上损失严重，日本人仍继续顽抗。1945年8月初，传来日本发生了一场令人战栗惊骇的灾难的消息，后来才知道美国的原子弹投在了广岛，炸死致残了数十万人。接着第二枚原子弹又落在了长崎……由于害怕美国人会使用更多的原子弹，日军被迫向盟军投降，并于8月14日午夜由天皇颁诏下令停战。战争结束的喜讯一经传开，无论是中国人还是欧洲人都高兴得在街头跳起舞来。当英美军舰排着队沿着黄浦江抛锚停泊时，万头攒动的人群更是近乎疯狂地欢迎盟军水兵。

和平最终到来时，我们正在学校上课。一位教师气喘吁吁闯进教室，宣布了这则喜讯。我们随即全体集合在大草坪上，包括老师们在内，都洋溢着远不止是吃惊的喜悦。校长来到师生中间致辞："我想对大家宣布，战争已经结束！我谨此衷心祝愿你们和你们的家人在未来的努力中交上好运。今后随便你们去哪里，都要做一个诚挚而优秀的公民，为接纳你们的国家竭诚效力。上帝保佑你们！"随后，我们回到教室，大家一遍遍地高呼："我们赢得了这场战争！""我们赢得了这场战争！"这时宗教督导走进了教室，他耐心地等在一边，直到大家的激奋情绪平息后才缓缓开口："不错，亲爱的孩子们，战争是结束了，但我们并没有赢得它。有600万我们的兄弟

① 潘光主编：《艰苦岁月的难忘记忆——来华犹太难民回忆录》，第199—200页。

姐妹在这场战争中死于最恐怖、最惨无人道的屠杀。纳粹屠杀了男人、女人和孩子，而侥幸活着的人正忍受着饥饿和无家可归的煎熬，他们是最残酷最不人道行为的直接受害者。对我们来说，这个世界毫无救星可言，甚至还无容身之地。人们惧怕世界将充斥太多的犹太难民。我也说不准，如果世界各国群起而与法西斯抗争并保护他们的话，该有多少罹难的犹太人可以得到拯救并生活得较好。我们犹太民族不善憎恨，犹太人并非天生的仇恨者，但这一切必须永远不再发生。我们现在应该拥有一个我们自己的国家，不能再听任何狂妄之徒的欺凌和摆布。如果需要的话，我们必须起来战斗，并不惜为自己生存的土地而献身。"他那席庄严的简短讲话使大家足足沉默了两分多钟，接着我们又为在历次战争中悲惨而又不公正的死难的犹太人举行了简短的祈祷。宗教督导的那次谈话我毕生都铭记在心，因为它是那么地感人肺腑和令人难以忘怀。

……

当美军撤离上海时，通货膨胀已到越发不可收拾的程度，商业也因美国廉价制品的大量倾销而日趋衰退凋敝。不过，美国人却通过向难民发放军队的食物配给接济了他们，其中包括一种装满了各色食品的"十合一"饭匣，既应急帮助了处于半饥饿状态的难民，又有助于增强他们的健康，因而受到普遍欢迎。此外，从充斥于市的美国杂志上我们可以了解许多久违了的新鲜事物，诸如艺术、音乐，甚至最新的服装时尚。利泰·海沃斯这位好莱坞影后的华丽服饰和倩影顿时引来众多女士们的啧啧羡慕。

我们现在终于自由了，我们可以自由自在地去任何想去的地方，再也不用任何通行证。我在学校的成绩优良，母亲答应带我进城玩玩并看上一场电影。可怜的我长这么大竟连电影都未看过。一天，得知正上映《白雪公主和七个小矮人》，我们就欣然进城了。本来计划搭乘电车的，可车子太挤只得步行，幸好正赶上开映并没有迟到。回家时，母亲还带我逛了几家位于静安寺路上的豪华商店和跑马厅（今人民公园）。不过最使我感到有趣的还是擦肩走过、长着瓷娃娃般面容的中国少女穿的美丽的旗袍，还有马路上蹒跚而行的中国老太太裹着的"三寸金莲"。①

再也无需通行证，可以自由自在地去任何想去的地方，这是虹口隔离区里的犹太难民最素朴的愿望。所以，当他们得知日本乞降，和平从遥不可及变成现实的时候，那种兴奋和喜悦透过奔走相告或电话线路迅速传播开来，顷刻间

① 潘光主编：《艰苦岁月的难忘记忆——来华犹太难民回忆录》，第188—190页。

变成一种集体的狂欢。生于上海、长于上海的犹太难民瑞娜·克拉斯诺(Rena Krasno)为我们讲述了在“经历了多年恐怖和前途不明的日子后”那个欣喜若狂的时刻：

> 1945年8月11日，电话铃响了，父亲的朋友伏洛佳高兴地对我喊道：“和平了！和平了！”其他电话也接踵而来。人们极度兴奋，讲话也不连贯了。杰克从虹口隔离区来我们家，告诉我们最新消息：犹太难民把各种各样的隔离区标志都撤了下来，日本兵没有干扰。入夜，妹妹和我将灯火管制时使用的严实的窗帘拉开，多年来第一次看到邻家的窗户里灯光齐明，我们激动地尖叫起来。人们打破了宵禁，在街上大声说话(珍珠港事变以来我们一直在逆来顺受地小声说话)，他们的香烟头像萤火虫般地漂游浮动——夜幕降临后户外抽烟本来一直受到日本人的禁止。母亲开了两听准备重大喜庆时用的菠萝罐头，父亲稍带克制，他着重指出还没有公开宣布官方的和平宣言。我们生气地指责他这种不恰当的悲观主义，父亲承认，由于盟军明显的军事优势，抱有希望确实是有根据的。交谈时，我们的菲律宾房客前来告诉我们，盟军的广播电台正不断敦促日军在未被全部歼灭前投降。
>
> 从日本的观点来看，局势肯定是极端危急的，但在我们最初的狂喜过去后，怀疑和不肯定的感觉又一次包围了我们。深夜，当地电台报道日本人逮捕了6名苏联公民，没有说明理由。这意味着什么？如果日本人全面失败的话，他们是否会向无依无靠的平民进行报复？上海人会不会被扼杀在最后一次突发的暴力事件中？
>
> 1945年8月12日，晨报上刊出了日本陆相阿南睦矶的宣言：“苏联终于以武力进攻帝国了，它要征服和控制大东亚的野心昭然若揭。面对这一现实，我们不再浪费言词，唯有顽强地把圣战进行到底。我们坚信，虽然这可能意味着嚼草根，吃泥土，但决心战斗肯定能得到摆脱绝境的出路……”暑气逼人，热浪穿墙入室，使人变得迟钝。“嚼草根，吃泥土”这些话缠绕着我的心。我试图阅读一本儿童畅销读物——狄更斯的《大卫·科波菲尔》，使自己镇静下来，但是仍不能集中注意力。日本人会接受失败吗？他们该不会战斗至死以慰战死军人的灵魂吧？人人都说下一个新式炸弹将投掷在东京。
>
> 日本宪兵在虹口巡捕房拘留所外架起的巨大篝火堆里烧毁文件，也许是要毁掉他们实施恐怖政策的证据吧。西德尼来电告知他看到穿着平纹卡其制服的宪兵乘军用卡车离去，他们把所有的宪兵队标记都拿掉了。

1945年8月16日，上海人在静静地听着前一天日本天皇在东京发表的讲话。NHK（日本国家无线电台广播）宣布"天皇陛下"将"向日本人民宣读他的敕令"。在奏完《君之代》（日本国歌）后，天皇的"良好忠诚的臣民"第一次听到了"鹤声"。"谕旨"十分明确：最高层承认日本战败。上海所有的电台都重播了天皇讲话的录音，在我听来这篇讲话是用高音而单调的语言宣读的，接着播出正式的英语译文，与通常急促而听不清楚的语言相反，英译语法正确，用词优美，我不知道敕令是否也用中文广播了。

妹妹和我听完新闻后激动地穿上我们最喜爱的镶着雅致花边的红衣服，来到霞飞路（今淮海中路）。大街上挤满了欣喜若狂、纵情欢闹的人们，陌生人之间相视而笑，握手拥抱，笑逐颜开。胜利属于盟国！上海光复了！途中遇见格列布和他的朋友，他们讲述了一个小时前他们目睹公开宣读天皇敕令的情景。一个骑在蒙古马上的军官厉声发出命令，日本军人匍匐在灼热的柏油路上纹丝不动，军官摊开一卷纸轴，用粗暴而不自然的声调朗读了敕令，他就像一个具有语言功能的木头人。

这晚，街灯大放光明，焰火噼啪作响，经历了多年恐怖和前途不明的日子后，上海人在庆祝一个新时期的开端：和平到来！①

1939年跟随父母和哥哥搭乘荷兰轮船到上海避难的德国犹太难民欧内斯特·科尔曼（Emest Culman）后来在接受史蒂夫·霍赫斯塔德（Steven Hochstadt）采访时回忆说，当校长告诉他们战争即将结束时，所有的人都欢呼雀跃起来，不禁手之舞之足之蹈之。他说：

当我们听到原子弹爆炸的消息后，没有人真正意识到究竟发生了什么，原子弹的爆炸似乎并没有影响到我们的生活。8月10日那天恰巧是母亲的生日，校长走进房间打开了电灯，这种行为在日本人实施灯火管制期间是绝对被禁止的，她告诉我们，她刚刚从嘉道理那里得知战争即将结束了。我们每个听到消息的人都欢呼雀跃起来，一些人开始弹琴歌唱，我父亲带领大家跳起了康笳舞。

第二天早晨，日本人依旧向我们耀武扬威，显示着他们最后的权威，他们逮捕了一边撕下虹口犹太隔离区标识的人。没过多久，美军飞机就开始散发传单，传单上写着日本投降仪式将很快举行，同盟国军队也将在数周内抵达。

日本人投降后我们非常开心，战争终于结束了。可我们依然担心在日

---

① 潘光主编：《艰苦岁月的难忘记忆——来华犹太难民回忆录》，第197—199页。

本军队撤出和盟军抵达之前会发生什么意外,上海的秩序也许会混乱不堪。结果比我们想象的要好,一切都进展得很顺利。美军派出一个联络组到上海,紧接着中国军队进驻上海,9月3、4日左右,整个美军第七舰队抵达了上海口岸。700多艘船抵达上海,有英国的、美国的,以及其他盟军的舰船,上海街道上随处可见兴高采烈的美国水兵。一天,我正在街上走着,几名美国水兵追上我说:"嗨! 小孩,你有姐姐吗?"①

埃利斯·雅各布(Ellis Jacob),1931年出生于上海的犹太家庭,但他们家在日本占领下的上海同样历经苦难,2008年他在美国出版的一本回忆录《我所知道的上海:一个外国人在革命前的中国》(*The Shanghai I Knew: A Foreign Native in Pre-Revolution China*)中特别提到战争结束"这一历史性的时刻":

战争的结束给上海带来新的气象。二战期间同盟国家首脑召开了多次会议,答应在战争结束后就把整个上海"还给"中国。现在,上海真正回到了中国人的手里,上海的英租界、法租界,还有日本人占领地区都终于回到了中国人手里。

战争一结束,我父亲就慷慨地拿出了他珍藏的拿破仑白兰地酒,邀请许多亲朋好友到我家庆祝这一历史性的时刻。我们家开了一个盛大的聚会,俨然成为欢乐的天堂。小小的家里顿时挤满了欢庆的人们,父亲打开白兰地酒分给客人们享用。

战争结束后,也有令人悲伤的事情发生。纳粹死亡集中营被揭露之后,人们发现不计其数的欧洲犹太人惨死其中。从欧洲逃脱出来住在虹口的人们内心既悲痛又愧疚。是的,他们幸存了下来,可他们留在欧洲的亲人们却惨遭屠杀,人们的这种感觉随着集中营死亡名单的进一步公开而愈加强烈。另一件事情就发生在我们身边,在仓库里发现了许多贮藏气体的罐子,里面有大量的有毒气体。人们怀疑其用途是杀害在上海的犹太人。

战争结束之后,起初我并没有注意到有太大的变化。日本军队撤出了上海,我们的日子没有太大的改观。新出现的景象就是中国军队在上海日渐增多,没过多久美国军队也出现在上海。黄浦江上停满了美国的军舰,当然许多舰船不是作战用的。美军在静安寺路上有一座大楼,离我们住的地方不远。这幢房子是用来提供后勤保障和物资的,美国士兵晚上会在这里放电影,而且都是最新的电影。我晚上常常一个人溜进去看电影,当所有的灯都关掉后我才进去,这样的话就没有人会注意到我了。普通人只能

① 潘光主编:《艰苦岁月的难忘记忆——来华犹太难民回忆录》,第182—183页。

作为客人被美国大兵邀请去看电影，可是我在那儿连一个认识的人都没有，但这并不妨碍我照去不误。

1945年的一天，我站在我们家的房顶上眺望。这时候，有许多运送物资和人员的美国飞机向我飞来，这些飞机的轰鸣声都特别响，当我抬头向东边望去时，许多飞机掠过我的头顶，飞得如此之低，几乎快要撞到大楼了。其中一架飞机离我大约只有100英尺，我想我甚至可以看见飞行员了。我惊喜不已，在房顶上奔跑着，挥舞着双臂向他们打招呼，他们也向我挥了挥手。我后来看到电影《太阳帝国》中也有类似的场景，电影中的小男孩站在集中营的楼顶，向飞行过来的飞机挥手示意，当时我就像影片中的男孩那么做了。①

同样也是1939年跟全家逃离纳粹德国到上海避难的弗兰克·塞莱格(Frank Theyleg)则回忆说："日本人投降的那天，我在营地大门口升起了我们保存的美国国旗，每一侧还有两个大的"V"型胜利标志。"②

日本投降，抗战胜利，和平到来，这是自鸦片战争以来备受屈辱的中华民族最扬眉吐气的时刻，也是世界所有爱好自由与和平的人民在历尽战争苦难之后最欢欣鼓舞的时刻。这种镌刻在亲历者心坎上、岁月无法磨洗的共同记忆里，承载的绝不仅是自由和解放，更是为了自由和解放曾经经受的残暴、屈辱、苦难，以及穿越这种残暴、屈辱、苦难的殊死抗争历程。

二、祝胜大典：筹备、举办及余波

9月2日，日本在停泊东京湾的"密苏里"号美国战舰上签署投降书。曾经亲临现场的《大公报》记者朱启平以"落日"为题记录了他所见证的那个历史性瞬间。落日，与日本"旭日东升"自喻的国旗恰成鲜明对照。这篇通讯最后以"旧耻已湔雪，中国应新生"作结语，寄托着经历八年苦战之后一个古老民族凤凰涅槃、浴火重生的憧憬与向往，令人过目难忘！因此，它在《大公报》刊出后，不胫而走，感动了千千万万读者，成为中国新闻史上的经典之作。受降典礼结束后，美国总统杜鲁门发表广播演说，宣布9月3日为胜利日。这一天，蒋介石在自己的日记中写道："雪耻的日志不下十五年，今日我国最大的敌国日本已经在横滨港口向我们联合国无条件的投降了，五十年来最大之国耻与余个人历年

---

① 潘光主编：《艰苦岁月的难忘记忆——来华犹太难民回忆录》，第185—186页。

② 潘光主编：《艰苦岁月的难忘记忆——来华犹太难民回忆录》，第193页。

所受之逼迫与侮辱至此自可湔雪净尽。”①

日本降书签署后，天皇裕仁即发布诏书，命令日军“速停敌对行为，放弃武器，着实履行降伏文件之一切条项及由大本营公布之一切命令”。首相东久迩宫亦向全国发表文告，呼吁“日本人民务必坚持镇静及秩序，尽量遵守政府及大本营所颁布之命令”。日本大本营秉承天皇之旨和首相文告精神通令国内外日军司令使各武装部队立即停止作战，放下武器，留居原处，向盟军司令无条件投降。9月9日，中国战区受降仪式在南京中央军校礼堂举行，中方由陆军总司令何应钦代表中国战区最高统帅蒋介石接受日本全面投降，日方则由驻华日军最高指挥官陆军上将冈村宁次代表日本帝国政府及日本帝国大本营在中国战区投降书上签字。何应钦随即发表广播讲话，敬告全国同胞及全世界人士。广播说：“这是中国历史上最有意义的一个日子。这是八年抗战艰苦奋斗的结果，东亚及全世界人类和平与繁荣，亦从此辟一新的纪元。”②蒋介石在当天的日记中写道：“本日为革命第一次在广州起义纪念日，而日本在南京投降典礼正于今日举行，实为本党五十年革命光荣与胜利的一日。”他还在当周的周记中，再次将9月9日称为“我国最光荣、最快乐之一日”③。

这的确堪称中国自鸦片战争以来“最光荣、最快乐”的一天！但是，陪都国民政府并没有将9月9日定为中国抗日战争的胜利日，而是选择与同盟国一致，将9月3日，即日本在东京湾“密苏里”号战舰上签署投降书的次日定为胜利纪念日，④并决定以国家的名义在胜利日举办全国性的胜利庆典，悬旗庆祝三天。

据国民党中央颁布的经过修正的《庆祝胜利实施办法》，各界庆祝抗战胜利大会，陪都重庆和全国各地应同时举行，但实际上各地差异甚大，特别是沦陷区，涉及受降、接收、秩序维持和组织重建，9月3日与陪都同时举行胜利庆典，时间上根本来不及。譬如，南京要到9月9日中国战区受降仪式举行、11日国军新六军抵达南京全面接防南京之后，胜利庆典才得以举行。台北则更晚，要

① 《蒋介石日记》(手稿)，1945年9月2日，美国斯坦福大学胡佛研究所档案馆藏。1928年济南“五三惨案”后，蒋介石开始在每天日记的起始处写下“雪耻”两字，几无中断，故其称“雪耻的日志不下十五年”。转引自汪朝光：《抗战胜利的喜悦与对日处置的纠结——由蒋介石日记观其战后对日处置的双面性》，《抗日战争研究》2013年第3期。

② 参见舒宗侨：《第二次世界大战画史》(下)，第625—630页。

③ 《蒋介石日记》(手稿)，1945年9月9日、15日。转引自汪朝光：《抗战胜利的喜悦与对日处置的纠结——由蒋介石日记观其战后对日处置的双面性》，《抗日战争研究》2013年第3期。

④ 1946年国民政府正式形成决议，以每年的9月3日为中国抗战胜利纪念日。

到10月25日台湾正式回归祖国，次日才举行盛大的庆祝台湾光复环市大游行。上海的情况则比较特殊。早在8月19日，即国民党中央《庆祝胜利实施办法》颁布之日，中国民党上海特别市党部就开始筹备上海各界庆祝胜利大会，原本当天下午即召开第一次筹备会，嗣因时间过于仓促，不及通知，才改到22日下午4时假正行女子中学举行第一次筹备会议，应邀出席者包括市党部、两路党部、三民主义青年团上海支队部、中宣部、地方协会、商工、教育、妇女、文化界等各团体各界代表数十人。筹备会由市党部书记长葛克信主持，经过两个小时的讨论，议决通过了《本市庆祝胜利办法》，具体办法如下：

各机关，各商号，各学校，各住户，一律悬旗三日，如备有联合国英、美、苏、法等国旗者，应并予悬挂。各公开场所一律开放三日，以供民众免费游乐。各播音台播送名人演词，及各种游艺、音乐，在各通衢要道安放大放送器以供游乐。各报纸出庆祝特刊。各公共场所如通衢要道搭建彩牌楼。在会场门口，悬挂国父遗像及蒋主席放大肖像。各公司商号一律大廉价贱卖三日。拍摄各种集会、游行、慰劳等纪念影片。悬放大气球。征集抗战史绩，举行展览会三日。

三日节目安排如下：

第一日

各学校，各工厂，各商号公司，一律放假一天。上午九时在跑马厅举行盛大庆祝会。中午十二时鸣放礼炮一百零一响，教堂、庙宇及工厂、轮船、火车，分别鸣钟击鼓、鸣放汽笛三分钟庆祝。晚上七时举行提灯会及火炬游行。

第二日

上午九时飞机散发传单。中午十二时在×××欢宴新任官长、盟军官长及中国使节。下午二时慰劳队携带实物，分头出发慰劳。(甲)抗战将士——分赴各驻地慰劳；(乙)出狱同志；(丙)烈士家属，以上三项假座公共场所集团慰劳，事前登报公告；(丁)盟邦侨胞。各戏院娱乐场所免费开放一日。晚上九时在跑马厅燃放烟火花炮。

第三日

上午九时在跑马厅举行赛马。下午三时在跑马厅举行各种球赛。

上项办法如有提议添增程序者可于三日内向市党部提出。①

会上正式成立了由中国国民党上海特别市党部主导的“上海市各界庆祝胜

---

① 参见《申报》1945年8月23日。

利大会筹备委员会”，筹委会下设总务、宣传、慰劳、征集、游艺等五个处，各司其职，积极筹备。为了提高筹备效率，同时便利各界联络，筹委会在戈登路（今江宁路）65 号设立办事处，集中办公，分处办事。8 月 28 日筹委会通告各界：“本会为积极，并便利各界联络起见，特假江宁路 65 号为办事处，所有本会总务、宣传、慰劳、征集、游艺各负责人，希于即日起到办事处，如承各界指教，请驾临该处，或电话 39674、39803、39716 号等接洽。”①随后，各处相继成立，并以各处的名义公开发布“启事”或“公告”。8 月 30 日，征集处发布的《上海市各界庆祝胜利大会筹备委员会征集处启事（征）字第一号》称：

> 抗战胜利，举世同欢。本市由市党部领导举行庆祝胜利大会业已成立，筹备会分处办事，本处奉命于本日宣告成立。凡我各界热心人士如有慰劳物品，务希踊跃致送，藉表爱国热忱。庆祝拟征物品开列如下：1.预拟征集物品种类：甲、日用品类，袜子，毛巾，衬衫，短裤，汗衫，水壶，肥皂，卷烟，火柴，酒类，糖果类，食物类，罐头品类，（食物如系面包等鲜物，请先向物品收受处登记捐献数量，解送日期由本会通知）；乙、医药用品类，人丹，八卦丹，万金油，痧药水，奎宁丸等药品；丙、国旗及同盟国旗。2.物品代收处：甲、本会办事处戈登路 65 号（新仙林旧址）；乙、上海市商会天后宫桥北堍。②

同一天，宣传处亦在《申报》发布了《上海市各界庆祝胜利大会筹备会宣传处公告（宣）字第一号》，公告称：

> 查本处自大会于本月二十二日召开第一次会议以来，各项工作在积极进行中。凡本市各界关于庆祝胜利有关宣传业务者，俱应与本处预为接洽，使集中力量，步骤一致，共襄盛举，特此公告。宣传处长费鹤礽，副处长陈德贻、费彝民。③

庆祝胜利大会筹备事宜由市党部领导的筹委会统一办理，但社会上假借庆祝之名自行募捐的不法之事时有发生。针对这种情形，筹委会于 8 月 31 日发布通告：“上海市各界庆祝胜利大会筹备委员会自择定戈登路 65 号为会址后，所有总务、宣传、慰劳、征集、游艺各处负责人员，均集中办公，展开工作。各界参加庆祝之社团，一律由该会即日办理登记，如有假名招摇情事，希望市民随时检举，任何人不得利用庆祝名义，向市民强迫募捐。”④9 月 1 日，筹委会再度重申：

---

① 《申报》1945 年 8 月 29 日。

②③ 《申报》1945 年 8 月 30 日。

④ 《申报》1945 年 8 月 31 日。

庆祝抗战胜利一切筹备事宜，业由上海特别市党部领导各界成立筹备委员会，所有全市征集劝募以及游艺等项，均由该会统一办理，近闻外界有单独集议庆祝办法，假借庆祝为名，自行募捐，尤其各保甲人员，如老总联保，派收每甲五万元慰劳国军费，不给收据外，尚须征集实物，殊属不法。闻该会除已分别别劝止外，并请各机关严予制止。各界如有意见或发生被勒索情事，可向戈登路六十五号该会办事处报告。①

尽管筹委会三令五申，但种种脱序现象依然层出不穷。据筹委会总务处发布的第 6 号公告称："近查本市各大中学校及团体间有未经上海特别市党部核准，竟假庆祝胜利慰劳荣军名义，私擅在各处路口或公共场所兜售义卖品者。其爱国行动原无可厚非，惟既属义卖，其物品无从定价，而稽核尤属为难。流弊所至，何堪设想！兹为防微杜渐起见，自即日起，所有本市一切义卖单位，一律著即停止活动，并将办理经过情形尅日详报本处候核。如有隐匿不报者，一经查实，定当捡送宪警机关法办。"②另外，鉴于上海各界自行在通衢要道搭建彩牌楼、绘制墙壁或木牌广告为数颇多，筹委会宣传处亦发出第 2 号通告。该通告称："查本市庆祝胜利大会业务之有关宣传方面者，应由本处统筹办理一节业经通告周知在案，……为统一管理起见，凡已进行及准备进行搭建牌楼或绘制广告各界，即日起来处登记，以符规定。"③其他如慰劳、征集等处，也都做了相应的规定，划一管理。筹委会的这些措施在一定程度上遏止了在庆祝胜利大会筹备过程中出现的种种乱象，庆典筹备事宜在筹委会"统一管理"下紧锣密鼓地有序推进。

按计划，上海市各界庆祝胜利大会应在 9 月 3 日与陪都重庆同时举行，但由于盟军和国军尚未进城，战后首任上海市长钱大钧还没有到任，蒋介石代表、上海市副市长、市党部主委吴绍澍决定上海的胜利庆典暂缓举办，9 月 2 日市党部发出"紧急公告"："查我国庆祝胜利日期，业经中央规定为 9 月 3 日至 5 日，本市庆祝胜利大会，以国军尚未到沪，自应暂缓举行，除另订日期，再行公告外，仰于 9 月 3 日至 5 日间全市先行悬旗庆祝，概不放假，特此公告周知。"④次日，国民党中宣部东南办事处亦发布通告称："关于我国庆祝胜利日期，业已决定于本日起连续三日举行，本市方面，因国军尚未正式进驻，钱市长亦未抵达，为维持地方治安秩序起见，蒋代表吴副市长特决定暂缓举行庆祝，一俟日期决定，当即发布通告。⑤"上海庆祝胜利大会虽未能在中央规定的时间内举行，但

---

① 《申报》1945 年 9 月 1 日。

②③ 《申报》1945 年 9 月 2 日。

④⑤ 《申报》1945 年 9 月 3 日。

仍呼应国民党中央的决定，在9月3日至5日间“全市先行悬旗庆祝”。

9月7日，国军第三方面军总司令汤恩伯抵沪，并发表书面谈话。谈话称：“本方面军奉命接收京沪地区，本人今天来沪，看见各界同胞如此热烈欢迎，深感无限兴奋荣幸。抗战八年来，第一，我们应该认识，今天的胜利，因素固然很多，其中最重要的，乃我全国军民在委员长英明坚定的领导之下，经过八年之久的惊涛骇浪，始终不移，方克获致。因此，今后建国，以至于维护世界平和，亦唯有委员长永恒不断的领导我们，我们只有追随他，方有自由幸福，才能使国家臻于康乐之境。其次，淞沪同胞对国家贡献最大，表现最好，所受痛苦也最巨，今天看见国军重来，宛如家人子弟，久别重逢，感情自然流露，最为真纯可贵。但是，今天的胜利，虽然值得狂欢，明日的建国，至为艰苦，仍然需要我们以抗战必胜的信心和努力，在委员长领导之下，期其必成。目前接收工作正在开始。希望各位于狂欢之中，保持大国民的风度，恪遵政府法令，协助本军及地方政府，达成任务。尤其希望各位，今天到此，不仅是欢迎我个人和我所统率的部队，同时应该欢迎淞沪的重获自由，欢迎一个具有中国领土主权百分之百的完整的新上海。”①当晚汤恩伯偕孙元良将军乘夜车离沪赴南京。参加9日在南京举行的中国战区日军投降签字典礼，事毕即行返沪，主持京沪地区日军投降事宜，并全面接防上海。

9月9日，战后首任上海市长钱大钧到任，暂缓举行的胜利庆典再度提到议事日程。9月10日，上海各界庆祝胜利大会筹备会游总组召集戏剧界编导会议，计划于举行庆祝会时，参加戏剧表演游行。会议决定《岳飞》、《洪宣娇》、《蔡松坡》、《妙峰山》、《葛嫩娘》、《抗战第一年》、《梁红玉》、《蜕变》、《最后胜利》、《希特勒的把戏》等12部名剧，届时除在卡尔登演出之外，并用12部卡车，分别表演，随队进行。胜利庆典筹委会宣传处以国军业已先后到达，市政负责人员亦已来沪，庆祝会举行在即，宣传工作，应积极开展为由，9月11日下午5点在戈登路65号召开会议，加紧宣传工作。②筹委会其他各处亦全面动员，进入最后冲刺状态。9月14日下午2时，筹委会在戈登路65号召开第三次联席会议。会议决定：上海市各界庆祝胜利大会定于10月10、11、12日举行，大会会场设于跑马厅。③也就是说，上海的胜利庆典将与“双十节”合并举行。

经过近两个月的紧张筹备，10月10日，上海市各界纪念国庆、庆祝胜利大

① 《申报》1945年9月8日。
② 《申报》1945年9月11日。
③ 《申报》1945年9月15日。

会在跑马厅隆重举行。司令台上，冠盖云集，第三方面军司令长官汤恩伯将军、市长钱大钧、盟国驻沪使节和军事代表，以及各界数万人，参与盛会。有关胜利庆典的盛况，上海报刊均做了大幅报道。《上海图画新闻》的报道以"八年来首次胜利国庆大游行"为题，图文并茂，令人印象深刻，其中文字部分极简洁、精确，要言不烦：

上海沦陷，为期八年，此次日月重光，河山收复，欣逢第三十四届国庆纪念，全体五百万市民，在天气晴朗之破晓中，即闻爆竹声，如连珠般此起彼伏，全市振奋，莫可名状，庆祝会场设于跑马厅，九时正，各机关参加队伍纷纷进入会场后，大会由钱市长主持，仪式于隆重严肃声中完毕后，继于十一时开始八年首次大规模游行，参加队伍达五百余单位，直到下午二时半始告完毕。游行队伍路遇之处，沿途市民热烈加以鼓掌欢呼。入夜，庆祝牌楼及各机关各商店灯彩，大放光明，绚烂夺目，正所谓城开不夜，盛况空前。洵因上海同胞，一旦脱离敌伪压迫，将过去八年中所郁积的冤抑之气，得以尽情宣泄；而爱国之情亦得以充分表达无余，故倍形热烈，决非言词所能表达于万一。

大街通衢，均札有各式牌楼，全市合计五十余座，蔚为壮观。入夜，灯火通宵，市民伫足而观，几途为之塞。①

《民国日报》则连续三天跟踪报道了上海胜利庆典的全过程。10月11日，该报以"纪念国庆庆祝胜利，昨开盛会情况热烈"为题，详尽地描述了上海胜利庆典首日的空前盛况：

本市空前热烈之国庆纪念及胜利庆祝大会，于昨晨天气晴朗中展开。天方破晓，劈拍之爆竹声，已此起彼伏，唤醒全市。八时余，市民已万人空巷，伫立于游行经过街旁，而是时参加游行之军、党团体，方纷纷进入会场也。九时正，鸣炮一百零一响，全市工厂、轮船、学校、寺庙，汽笛声、钟磬声，相互应和，至为伟大。跑马厅内上海市各界胜利大会筹备会主持之国庆纪念及胜利庆祝大会，即于是时开始矣。大会由钱市长主席，程序悉照昨日公布之仪式进行，庄严热烈，盛况空前。游行于十一时开始，行列悉照预定之次序游行，直至下午二时半始告完毕。游行队伍过处，沿途市民鼓掌欢呼，空前热闹。上午十一时钱市长在市府设宴招待本市中外各界贵宾。下午四时，第三方面军司令部假华懋饭店招待中外贵宾及空军部队。梅兰芳则在兰心大戏院表演"费贞娥刺虎"。全市各娱乐场所一律半价招待观

① 《八年来首次胜利国庆大游行》，《上海图画新闻》1945年第4期。

众，入夜庆祝牌楼及各机关各商店之灯彩，齐放光明，绚烂夺目，市民拥挤，途为之塞。军警宪则在各处维持秩序，直至午夜，群众始逐渐散去。①

庆祝胜利大会由钱大钧市长主持，并"代表中央"致开幕词。致词中，他向各界同胞提出三点期望：

各界同胞：今天是国华民国三十四年的国庆纪念日，我们在这里举行庆祝大会，一方面是纪念辛亥革命的成功，一方面又是庆祝抗日战争的胜利。大家应该知道，辛亥革命推翻了满清政府，抗日战争打倒了日本帝国，对象虽有内外之分，范围虽有大小之别，其间相距虽有三十四年之久，可是两者实有密切的关系，并且具有相同的性质。就关系言，辛亥革命是抗战胜利的始基，抗战胜利是辛亥革命的扩展。就性质言，两者同为中国国民党领导的国民革命之表现，同为扫除建国障碍，以求中国之自由平等所产生的结果。因此我们把纪念国庆和庆祝胜利，同时举行，可以说是"庆上加庆"，其意义的重大，实为亘古所未有。上海沦陷，为期八年，现在日月重光，河山收复，各界同胞，脱离敌伪的压迫，重受国家的庇护，过去八年中所郁积的冤抑之气，得以尽量宣泄，过去八年中所隐藏的爱国之情，得以充分表达，心理的痛快喜悦，自然不能以言语形容，尤其是今天临到这个伟大的佳节，参加这个热烈的盛会，眼看国旗到处在飘扬，耳听国歌到处在歌唱，想到过去，一切耻辱悉已扫除，一切覆绊悉已废弃，现在所呼吸的全是光荣和自由的空气，必然是欢欣鼓舞，如醉如狂，这种心境，可以说是生平所未经，永世所不忘。在这种喜气盈盈的环境中，我谨代表中央，向各界同胞致其祝贺的诚意。其次，我们想到在抗战初起的时候，淞沪血战，上海各界同胞，爱国心切，一致奋起，冒险犯难，输财出力，一方面帮助国军，一方面唤起民众，对于抗战的贡献，甚为伟大。其后国军西撤，淞沪沦陷，各界同胞在敌伪压迫之下，受尽苦痛，或则潜赴后方为国效命，或则与敌搏斗，始终不懈，或则居贫处困，誓死不屈，凡此可歌可泣的行为，皆能表现中华民国的国格，发扬中华民族的正气，以致敌伪虚伪宣传，因而揭穿，毒辣的诡计，因而粉碎。这种爱护国家维持正义的精神，博得所有联合国家一致的赞誉。我今天也要趁着这个机会，代表中央，向我各界同胞致其慰问的诚意。此外，我要借此机会，向我各界同胞简单地表示几点殷切的期望：

第一，大家在欢欣鼓舞的时候，应当想到我们得到欢乐的由来。八年以来，我国以劣势的装备，抵抗强大的敌人，经过长期的血战和苦撑，卒获

① 《民国日报》1945年10月11日。

得最后的胜利，其间将士的用命，人民的努力，和盟邦的协助，自然都是获胜的原因，可是我们贤明的领袖蒋主席的领导，实为主要的因素。蒋主席的至大至刚的精神，考虑周详的决策，坚定不摇的毅力，统筹全局的指挥，实为全球各国所赞美，亦为全国国民所拥护，蒋主席既已领导我们得到抗战的胜利，今后必然能够领导我们得到建国的成功。我们应当怎样发挥过去的精神，继续拥护中央，拥护蒋主席，以完成建国的大业。这是我所殷切期望于我各界同胞的第一点。

第二，大家在这痛定思痛的时候，应当想想我们所受痛苦的根源，我们作战八年，单是将士的死伤，就已超过三百万人，其他人民的伤亡，和物资的损失，现在还没有正确的统计，至于人民的困苦，国力的损耗，更非统计方法所能计算和表示，这都是战争所加于我们的痛苦。而战争的起源就是因为侵略国家的存在，和侵略思想的蔓延，我们今后要根源这种痛苦，就要根绝这种战争的再起。换言之，我们应当怎样充实国力，发展国防，并怎样努力与一切爱好和平的国家互助合作，以消灭侵略，维护和平。这是我所殷切期望于我各界同胞的第二点。

第三，大家在这除旧布新的时候，应当想到我们今后所应负起的责任。我们不是为抗战而抗战，我们抗战，乃是为了扫除建国的障碍以便达到建国的目的。现在障碍既已扫除，紧接着临到我们面前的就是建国的大业。惟有建国，我们才能保障中国之自由与平等；惟有建国，我们才能维护世界的正义与和平。就上海而言，她是全国最大的商埠，与全国有重大的关系。经过这次战争的破坏，各方面均已趋于凋敝，我们今后应当协助政府，分头并进，以恢复过去的繁荣，并促进将来的发展，这是我们所殷切期望于我各界同胞的第三点。

钱大钧市长致词后，由第三方面军司令官汤恩伯将军代表党政军首长致词，他说："今日上海各界庆祝胜利大会，在国庆日举行，有二重庆祝意义，其一为庆祝三十四年之前革命先烈，推翻满清专制，建立民主政治。其二，这次抗战得以胜利，第一是蒋委员长英明领导全国军民抗战所致，第二是全国上下团结一致，第三是得到国际——尤其是盟邦美国——的协助。今后之建国工作，实较之抗战更形艰巨，全国军民在蒋委员长领导之下，应举国一致，建设新的中国，加强国际合作，建设世界和平。"此外，大会还通过了《上蒋主席、何总司令致敬电》，并由国民党上海市党部主委吴绍澍代表宣读。

上午10时半，大会结束后，盛况空前的胜利大游行正式开始，参加游行的团体达五百多个，其排列次序如下：

引导车，电车，警备车，机器脚踏车，水枪车，大会横额，童子军乐队，总指挥车，副总指挥车，总纠察车，传令机器脚踏车，大石像车，一二一师一连，警局乐队，党国旗，护旗队（即升旗队乐队及队员），八百壮士，中美合作所军队一百人，总理遗像，蒋主席肖像，联合国国旗，联合国领袖像，童子军乐队，各机关官长及各界领袖自备车，中美合作所，市党部，两路党部，海员党部，市政府及各局，三方面军代表，三民主义青年团代表，九十四军军部，海军，空军，警备司令部，忠义救国军，高等法院地方法院，童子军乐队，党员，三民主义青年团团员，童子军，救护队军，孤儿院乐队，市农会，市工会，市商会，市教育会，地方协会，市体育会整理委员会及体育表演车，救护队车，邮政乐队，中国轮机员合总会，台湾青年复兴同志会，邮政工会，童子军乐队，学生团体，宪兵队，救护车，华华乐队，公司团体，警察，童子军乐队，同业团体，一二一师一连，救护车难童乐队，其他团体，同乡团体，童子军乐队，天主教妇女战时服务会，中国公教团体，大德医院，上海市理教会，银钱业联谊会，一二一师一连，救护队车，学生团体。

游行队伍如五色斑斓的长龙沿市区主要街道蜿蜒前行，沿途市民万人空巷，或驻足而观，或鼓掌欢呼，或燃放鞭炮，以超乎寻常的热情来迎接和参与上海“八年来首次胜利国庆大游行”，以激情狂欢发泄过去八年来郁结的屈辱与冤抑之气。①

11日，即上海各界庆祝胜利的第二天，全市国旗飘扬热烈不减，各种游艺体育表演节目轮番上演。上午九时，大光明戏院，免费招待表演国术。中午，梅兰芳仍假兰心大戏院表演“费贞娥刺虎”，招待国军长官及各界代表。午后三时，跑马厅中华足球队与集中营侨民组织之英美联队举行庆祝友谊赛，汤恩伯、牟廷芳、朱敬民、吕承天等军政要员莅场观战。晚7时半回力球场举行排球赛。女排：中华对西联，男排：中华对英联，观众踊跃，极一时之盛。入夜各马路交通要道，彩牌楼凯旋门灯火辉煌。南京路依旧人山人海，拥挤不堪。市民纷纷自动排演龙灯，炮竹声如联珠于耳。②

12日，系上海各界“祝胜第三日”，也是上海胜利庆典的最后一天。据报道，当天全市继续悬旗庆祝，燃放炮竹，兴奋热烈之情绪，迄不稍减。入夜街头火炬通明，照耀如同白昼，交通要道，游人拥塞异常。各地乡人，且有专程搭车来沪赏览灯彩者。天蟾舞台，名伶名票举行大会串。下午3时，跑马厅球场举

① 以上引文具见《民国日报》1945年10月11日报道。

② 参见《祝胜第二日》，《民国日报》1945年10月12日。

行中华对西联足球赛。晚7时起，回力球场举行中华对美海军精彩篮球表演，观者如潮。①

盛大的胜利庆典落幕不久，市长钱大钧和副市长吴绍澍即联署颁布通令，限期拆除各界在通衢要道搭建的彩牌楼，清除各街各户所贴标语广告。通令称：

> 查自日本投降以还，本市筹备庆祝甚为热烈，现本年国庆纪念业已过去，胜利庆祝亦经结束。凡我公务人员及全市市民均应从此努力实际工作，不必再事铺张，以免虚靡人力与财力。兹特规定各处牌楼统限三日内拆卸完竣，各街各户所贴标语亦限于一星期内一律清除，嗣后各机关布告着警察局规定位置不得任意张贴，致碍观瞻，至悬挂图旗亦应遵照规定，除过纪念日由警察局通知全市一律悬挂或各户遇有庆典可以自行悬挂外，其余日期无论门首或车辆之上一律不必悬挂，以符规定。除分令外，合行令仰遵照办理，具报为要。此令。②

此令一出，与胜利庆典有关的牌楼、标语、广告悉数清除，节日般的欢庆气氛逐渐远去，人们开始从狂欢中回归日常。但与庆典相关的还有三件事值得在这里附带说一说。

其一，为了纪念抗战胜利，上海市政府决定在中正路黄浦滩口建造一座永久性的胜利门。为集思广益、慎重将事，市政府于1945年11月21日制定并公布了《上海市政府建筑胜利门征求图案办法》和《应征须知》，该办法共18条，包括征求目的、建筑业主、应征资格、报名手续、征求图案、建筑材料、设计标准、图案内容、图案纸张、图样标记、缴图手续、疑问解答、初步审查、评判、评判方法、揭晓日期、酬奖办法、图样所有权等，其中每一条都做了具体的规定。自办法公布之日开始报名，12月15日截止，共有报名者216名。至1946年1月15日缴图，共收到应征图案66份。经初步审查，其中有5份图案与征求办法所规定者不符，即行剔除，其余61份提付评判。评判委员会由市府代表钱乃信、工务局局长赵祖康、工程师学会代表顾毓秀，以及上海著名建筑师庄俊、范文照、王华彬和邬达克等7人组成，于1月23日举行评判。经过各位委员严格而详密的评判，从中遴选出五帧设计图案获奖（不分名次），最后按《征求图案办法》第十五条之规定，分别评定甲乙，并加评判按语。兹将评判结果列表于后：

---

① 参见《祝胜第二日》，《民国日报》1945年10月13日。

② 《上海市社会局关于各界庆祝胜利大会卷》，上海档案馆：Q6-15-451。

名　词	设计者	评　判　按　语
第一奖	戴念慈	设计新颖，充满光明，放弃门式，而采取高耸之两翼，对于该处四周环境颇能适合，尤以不妨碍两旁房屋之光线为其特点，惟所用图案线条类于美国国徽之鹰，似应加以修改，使为吾国之大鹏，则更为贴切
第二奖	洪　青	结构平稳、华丽、庄严兼而有之，能具中国建筑之精神
第三奖	陈　植	图以简洁胜，用欧式结构，配以中国线条，恰到好处
第四奖	张开济 孙增蕃	设计庄严，运用石料，建筑最为相宜，惟纯粹欧化，美中不足
第五奖	梁　衍	用意至佳，尤宜远望，惟建筑略嫌困难，结构不甚相称，为其缺点

按《征求图案办法》第十七条之规定，如第一名中选人为登记技师，并在上海领有开业证者，即由市府委任其为该门建筑师，负责办理该工程之进行，中选人只给奖金二十万元。经查，第一名中选人戴念慈从中央大学建筑系毕业仅三年，尚未领得经济部技师登记证书，故该工程之实施，最后由市工务局负责办理。由于“此胜利门之建筑匪特为本市空前之伟大纪念建筑物，亦吾国首先拟建之胜利纪念，其设计以及工程之实施，务求尽善”，为审慎计，市工务局专门成立胜利门工程委员会，具体负责胜利门的建造。①有意思的是，从现存一帧标有“胜利门奠基纪念”字样的图片可以看出，胜利门奠基于 1945 年 10 月，亦即市政府在征求图案之前，胜利门已经奠基。

其二，1946 年 2 月 11 日蒋介石乘专机“美龄号”由渝抵沪作胜利巡行。早在 1945 年岁末蒋介石巡视北平后，即有来沪巡行之意，嗣因美国特使马歇尔将军来华，即行返渝，来沪之行，因而未果。这次来沪巡行，与去年赴北京巡行的意义相同，即慰问民众，视察各般情形并访求民隐。这是抗战胜利后蒋介石首次巡视上海，也是他在阔别八年九个月之后重返上海。因此，他抵沪的消息传出后，全市悬国旗热烈欢迎。上海市政府还以上海各界的名义为蒋介石和宋美龄举办了一场盛大的欢迎大会。隆重程度几与在跑马厅举行的上海各界庆祝抗战胜利大会相埒。

当天上海出版的晚报还曾以显著的位置，刊载沪市赤金因蒋介石莅沪暴跌之消息，京市市场卖风亦盛，一般物价均见下落。②

其三，1946 年 5 月 5 日，“国府还都”，上海市再度全市悬旗庆祝。中国国民

① 《上海市工务局呈征求本市胜利门图案经过、评判结果并拟实施工程办法》(1946 年 2 月 4 日)，上海档案馆：Q124-1-4253。

② 《申报》1946 年 2 月 12 日。

党上海特别市执行委员会为此特别发表《告上海市民书》，并致电蒋介石表示贺忱。电文如下：

国民政府主席蒋钧鉴：欣闻明令还都金陵，薄海腾欢，率土同庆，畴昔军兴，移镇西陲，抗战到底，胜利已奠，唯仰钧秉，驱彼日虏，边圉重光，金瓯无缺，大业中兴，建国更始，来苏已临，谨电驰贺。中国国民党上海特别市执行委员会辰，支，叩。

上海市地方协会亦不甘人后，肃电蒋介石，电文这样写道："南京国民政府蒋主席钧鉴：八年喋血，强寇终摧，一怒安天，苍生有托。此际献俘告捷，欣传节钺还都，依然踞虎蟠龙、仍是金瓯无缺。中兴快覩，薄海腾欢；谨贡微忱，伏乞垂察。上海市地方协会会长杜鏞暨全体会员同叩，江。"①此外，自即日起，加开夜快车一班，每晚 10 时由上海北站发车，翌晨 6 时 30 分抵达南京。当晚新任上海市副市长何德产前往上海广播电台，向市民发表庆祝还都广播演说：

国民政府还都南京，是我国胜利后的第一件大事，全国上下无不异地同时举行热烈的庆祝，今天在紫金山下举行的还都大典，何等庄严隆重，钱市长专程晋京，也就是为上海四百万市民而去躬逢盛会，我们庆祝还都，首先要感谢蒋主席领导全国军民抗战胜利的盖世功勋。抗战八年，沦陷后上海距陪都数千里，大多数市民过着隔离生活，不能呼吸自由中国的空气。现在政府已经还都南京，可以说中央就在咫尺以内，我们上海市民既有"近水楼台先得月"的地理上特权，从此应该振作精神，对于中央法令，一知道就去遵行。现在虽是战后建国时期，可是我们的国难还没有完全渡过，所以我们要"先天下之忧而忧，后天下之乐而乐"，把上海工商业先进的人力物力，整个拿出来，协助政府推行各项有关国计民生的建设事业。明日的中国，将成为世界上三民主义的当强康乐之邦，上海市民的贡献必为其实现的主要因素之一。②

在中国近代史上，曾经举办过多次盛大的庆典，如 1893 年上海开埠 50 周年庆典，1918 年庆祝第一次世界大战胜利庆典，等等，但没有任何一次庆典像这次胜利庆典这样庄严、壮观、热烈，薄海欢腾，令亲历者永生难忘！可是，庆典带来的狂欢太短暂了，胜利有如幻象。伴随胜利庆典而来的，不是人民殷殷向往的自由与解放，而是国民党政府迫不及待的"劫收"；不是清明的政治与和平安定的生活，而是"兄弟阋于墙"的内战；不是百废待举的"复兴建设"，而是另一

---

① 《申报》1946 年 5 月 5 日。

② 《申报》1946 年 5 月 6 日。

种残酷的“统制”。换句话说，人民衷心期盼的政治、经济、社会和文化新局并没有在战后出现，独裁如故，腐败如故，乱离如故，物价飞涨如故，民生憔悴如故，抑且更胜于抗战时期。胜利狂欢的喜悦瞬间即被内战卷起的漫天烽火席卷而去，青烟般消散。

三、胜利以后：历史的另一种选择

就在上海各界庆祝胜利大会隆重举行的当天，即10月10日，上海市长钱大钧在《民国日报》发表了题为“庆祝胜利与克尽责任”的署名文章，这篇文章不长，虽是例行的庆祝文，但立意更在于“克尽责任”：

> 在双十节这一天庆祝胜利，是富有重要的意义的。辛亥革命的成功，和现在抗战的胜利，并不是毫不相干涉的两件事，而是一件事的两个阶段；由辛亥革命发展到抗战胜利，可以看出其间的一脉相承，由抗战胜利追溯到辛亥革命，可以看出渊源有自。
>
> 所谓“一件事”，究竟是什么事呢？就是国民革命。近代中国的历史，只是一部国民革命进展史，国父“致力国民革命凡四十年”，国父逝世以后便由蒋主席领导同志继续奋斗到今天，亦已二十年。合计起来，共达六十年之久。这六十年间，波澜起伏，气象万千，可是其目的则始终一贯。这一贯的目的，就是“求中国之自由平等”。要达到这个目的，必须排除中国自由平等的敌人。这些敌人包括腐败无能丧权辱国的满清政府，及其继起的割据自雄争权夺利的大小军阀；而最凶狠最恶毒的，乃是妄图根本消灭中国的日本军阀，及其操纵的政府。辛亥革命打倒了满清政府，是我们第一的成功，这第一次的成功，是我们继续努力国民革命的一块重要的基石；由是而发展到十五年的北伐，其结果是扫荡了军阀，完成了中国之统一，又由是而更发展到二十六年的抗战，其结果是战胜了日本，获得了中国之自由与平等。由此可见国民革命之目的，实为中国六十年来的历史的一条主要的线索，贯穿着各种发展以达于今日，而把三十四年前的武昌起义和今日的抗战胜利，连成一气。因此我说在双十节这一天庆祝胜利，是富有重要的意义的。
>
> 全上海的市民逢到这个富有重要意义的空前佳节，心里的欢欣，是不待烦言的，可是我，求所有的市民，不要忘记胜利的渊源，和今后的责任。我们今天能够获得了胜利，乃是由于国父明确的指示，乃是由于蒋主席睿智的领导，乃是由于六十年来所有献身国民革命的先烈和同志的努力，乃是由于

八年来从事抗战工作的将士和人民的牺牲。他们流过多少血,流过多少汗,为我们排除了一切建国的障碍,为我们铺设了一条建国的坦途。我们应当怎样感谢他们,应当怎样珍重这桩宝贵的收获,应当怎样在这条坦途上迈步前进,才无负于他们的牺牲和努力,才无负于我们的责任和使命。

换一句话说,抗战的胜利并不会解除或减轻我们的任务,反而加重了我们的任务。对于这加重了的任务,我们不但不能松懈废弛,而且应该加倍努力。抗战虽经八年之久,可是同建国所需的时间比较起来,还只能算是一段短短的途程,抗战的工作虽然繁重和艰巨,可是建国的工作还要繁重和艰巨。今后全中国的每一个国民,都可以说是"任重而道远"。就我们是中国的国民而言,我们必须同其他各地的同胞分头并进,共同来建设一个新的中国,就我们是上海的市民来说,我们又必须齐心合作共同来建设一个新的上海。上海在全中国乃至全世界,都有其特殊重要的地位,她是否能在骚乱之后,建起完美的秩序;是否能于败坏之下,树立良好的风气;是否能从残破之余,造成无比的繁荣。这不但同我们全体市民有密切的利害,而且同全中国乃至全世界有或多或少的关系。而这建设秩序,树立风气,造成繁荣的责任,就是靠在我上海全体市民的肩上。

中国已经在踏上民主政治的大道,民主政治的基本条件,就是要每一国民都有"天下兴亡,匹夫有责"的认识,和"以天下为己任"的担当。就一市而言,市民与市政的良窳,其间关系尤为密切,因此市民对于全市的责任,尤为显然。全体市民应当认清自己的责任,贡献自己的能力,克尽自己的任务,与市政当局亲爱精诚协力合作。唯有这样,才能达成我们的使命;唯有这样,才不辜负今天庆祝胜利的盛举!①

抗战胜利,日月重光,河山收复,这当然是饱受屈辱苦难和饱经风雨沧桑的中华民族的一大幸事和盛举,但面对长年战乱之后的纪纲骰乱、满目疮痍,"复兴建设"是政府首先应当肩负起来的重责大任。可是,那些由重庆派来的接收大员,以及胜利后从"地下"突然冒出来的"工作人员",他们最关心的却是金子、车子、房子、女子、面子,所谓"五子登科"。陶菊隐在《大上海的孤岛岁月》一书中直斥他们是当时中国"最大的贪污盗窃集团",并对这个集团进行了"剖视":

当时,国民党的军政大员以及重庆政府派来的财政金融接收大员,几乎没有一个不利用自己的职权,或者凭借自己的特殊势力,把上海各工厂、仓库或生产机构里的大量物资,尽可能地化公为私,据为己有。第三战区

① 钱大钧:《庆祝胜利与克尽责任》,《民国日报》1945 年 10 月 10 日。

所属第三方面军总司令汤恩伯是上海地区的受降主官，他刚到上海，就把日军移交过来的军用大仓库用封条封起来，派若干武装兵把守，然后用军用大卡车分批分期地把物资转移出去，从此下落不明。上海市长钱大钧也从伪中央储备银行提走大批大金条，用途也未说明。那些接收大员，只重视搬得动的值大钱的东西，对于搬不动的机器和厂房，则任其烂光、偷光，丝毫不加爱惜。接着，行政院长宋子文设立了敌伪物资管理局，通过这个机构，大刀阔斧地把敌伪八年来掠夺人民血汗建立起来的金融、工业机构抢到手，然后扎出一个毛人，以标卖的方法，盘得产权到手。这是一种明目张胆的盗买盗卖的行为。对于民族工商业，就用套黑帽子与查黑账的办法，强迫资本家让出大部分股权，然后用增资、贷款等方式把工厂、公司的管理大权控制在自己的手里。这是一种巧取豪夺的行为。因此，在中日战争结束后的很短时期内，四大家族的官僚资本在全国产业资本中竟占了百分之八十以上。①

这段话虽然不免过甚其辞，但当时的贪腐泛滥却是不争的事实。《大公报》的一篇“社评”就曾这样评论官员腐败所造成的严重后果：““短短二十天来，我们已经失尽了京沪两地之民心。”②这张报纸在批评中甚至使用了“失地收复，人心丧尽”这样尖锐的字眼，用以指控重庆官员腐败的严重程度。不能说，蒋介石对这种状况毫不知情，或放任纵容，听之任之。这一点，从他10月26日给上海市长钱大钧发的一封电报的内容，就足以说明。该电报称：

余经可靠渠道获悉，京沪平津地区军政及党务人员一直生活奢靡，沉溺嫖赌，并假借党政军机关名义，强占巨宅大院，充作公署，他们无恶不作，不择手段，及至敲诈勒索。传闻沪、平情状最烈。余不知此等官员自觉其行止否。汝有何相关见闻？于光复地区腐化至此等程度而无丝毫自重，在当地民众而言，无异耻辱，亦是对我捐躯疆场英烈之不敬。余闻此情，为之痛心疾首，亦感愧赧……汝悉电即可著令所部严禁嫖赌，并关闭一切假借各机关名义设立之公署。一切敲诈勒索或非法侵占民宅案件，盖须一则由市府当局严办，二则俱报本人。不得有任何徇私袒护罪犯情况发生。③

蒋介石看到了自己部下的所作所为，并为之“愧赧”，为之“痛心疾首”，发誓要“严禁”、“严办”，但却找不到治乱的重典、去疴的猛药。这也是不争的事实。

---

① 陶菊隐：《大上海的孤岛岁月》，第270页。
② 《大公报》1945年9月27日。
③ 《新民报》1945年11月2日。

因此,他的所谓"严禁"、"严办",仅停留在纸面上,根本无从落实。国共内战爆发之后,兄弟阋于墙,蒋的心思更专注于内战,对惩治官员腐败,即使有心,也终究是第二位的了。蒋介石及国民党赢得八年抗战的最后胜利,却无法赢得人心。而经不起胜利考验的政府,自然更经不起内战的残酷"大比"。抗战胜利之初,蒋介石可谓满手好牌,却被他自己一张张地打成了鱼烂之局!《中国抗战画史》最后叙写战后中国时,已"临纸惘然",感叹"胜利所带来的希望,有如梦境,愈推愈远愈渺茫了"!曹聚仁和舒宗侨写这本书时,胜利才仅过去一年半时间!

对战后国民党的蜕变,许多有识之士早有预感。譬如,孤岛老人张元济在抗战胜利之初就已意识到胜利背后蕴藏隐忧,惟其如此,他并没有完全沉浸于胜利的喜悦之中,即使在举国欢庆的时刻对和平的前途也并不抱太多的乐观情绪。抗战胜利后不久,他就曾平静地对家人说:"不要以为天亮以后就有好日子过,国民党的味道也不是好尝的。"一方面是额手称庆,另一方面又保持着特有的警觉,这就是张元济对时局亦喜亦惧的心怀。

不幸的是,张元济在抗战胜利之时的预感很快变成触目即是的现实,和平之境更迅速化为泡影!一批又一批国民党"接收大员"从内地涌向日占区,以各种各样的名义接管包括工厂、运输车辆、各种原材料甚至包括电话机在内的"敌产"。据统计,到1945年11月,上海几乎90%的工厂被迫关闭,失业人员由20万直线上升至50万,而且有日趋恶化之势。1946年下半年到1947年,全国20多个主要城市至少有27 000家工商企业倒闭,仅上海一地1946年80万产业工人中就有30万人失业。与这种情形相比,另一些事更令人气短。抗战胜利之后,政府本应严惩汉奸,以舒民愤,然而,政府非但没有照此办理,反而委任周佛海为上海行动总队总指挥,周氏乃大做广告,声称政府已委任他为有权力之官。这与其说是一项荒唐的委任,不如说是对民族感情的玩弄。难怪张元济愤然致书王云五,其中写道:"日本战犯及本国汉奸,甚盼我政府从严惩治,一以舒人民之毒恨,一以杜日后之患萌,务乞我兄在内鼎力主张,至祷为盼!"①这封信写于1945年9月16日,离抗战胜利仅一个月,而种种情形已令老人不忍目睹。随着成批成批的"接收大员"的到来,张元济的心情益发沉重了。他在9月30日致王云五的一封信中说:"此间情形甚为紊乱。号称奉命而来者,不知凡几,任意强占民居,物价比日寇乞降之始昂贵至一二倍,凡属新贵,无不花天酒地,似此情状,甚觉灰心。"②事实上,这并不只是他个人的感受,因接收而人心失尽的评

① 张树年主编:《张元济年谱》,商务印书馆1991年版,第511页。
② 张树年主编:《张元济年谱》,第511页。

论，在当时报刊中随处可见。经济形势的急转直下和物价指数的直线上升，以及国民党"接收大员"的专横暴敛，使抗战胜利的喜悦迅速转化为一种化解不开的郁结，一种无奈与无言的愤懑，一种尖锐犀利的指控。在这种背景下，和平建设只能是一种幻想。

抗战胜利后，张元济本想重振商务印书馆，因为那几乎是他毕生的事业，其中寄托着他的理想和激情。但是，这一切都已不可能。国民党政府的战后政策不仅没有"致民于生"，而且无往不在"致民于死"。与殷殷望治的民众和渴望和平建设的实业家相比，出版业的处境更为艰难！不用说经济的混乱和恶性通货膨胀对它的致命摧残，就是书报审查制度和出版禁令，以及出版特种税与居高不下的印刷品邮资，就足以使出版业"奄奄一息"了。1945 年一次作家座谈会曾有人悲愤地言及在"致民于死"的政策下文化界的必然命运，其中说："……文艺死了……科学死了……教育死了……出版事业也奄奄一息了。政治不民主，一切文化都没有前途。"①

就商务印书馆而言，在这种政策的摧残下，已几乎没有什么生路可言。本来经过漫长的战乱岁月的洗礼，商务的处境本已极为艰难，濒临破产的边缘，根本经不起任何方式的折腾。抗战胜利后，张元济就曾把复兴商务提到议事日程，但从一开始就意识到复兴之路困难重重。他在抗战胜利后不久写给王云五的一封信中就明确地说，"复兴艰巨"，要求他来沪商定诸事。此后他们之间的书信往返不断，一个中心的话题就是如何复兴商务，俾不使商务之业毁于一旦。1946 年 5 月，王云五弃商从政后，张元济不得不以老迈之躯苦苦支撑着商务的残局。与抗战时期的商务相比，此时商务的处境更为悲惨！混乱的经济，飞涨的物价，严厉的书报检查，昂贵的邮资，无不使商务陷入绝境。"从前，编辑和出版教科书是商务印书馆的骄傲，如今全部教科书的编辑出版权落入了政府主办的正中书局之手，商务只有承印的份儿；从前，商务执出版界牛耳，它被迫加入了由国民党政府发起并通过正中书局来操纵的'十一联'，必须受政府指导，由政府配给纸张等原材料，吃一些残羹剩饭；从前，商务印书馆在各地的分馆是扩展营业的强大力量，如今，随着教科书编辑出版权的转移，反成了不堪负担的累赘。这样在经受了战时的深创巨痛以后，商务印书馆的业务日趋黯淡，事事落后于人，令人目击心伤。"②

---

① 张静庐辑：《中国现代出版史料》丙编，中华书局 1959 年版，第 139 页。

② 董进泉、陈梦熊：《现代出版楷模张元济》，《中国大资本家传》(9)，时代文艺出版社 1995 年版，第 486 页。

商务的艰难处境，虽无明确的统计数字，却可以从1947年2月28日张元济致胡适的一封私人信件中窥知一二，信中写道："二十余年前商务印书馆曾在北平购得藏文经集，似即为吾兄所介绍。后为俄人岗和泰君借阅。归还之日东方图书馆已毁于倭寇。故即寄存北平图书馆，汇为九十二包。"这些书都是海内仅存的孤本，因为印刷这些书的寺院已毁于战火，经版业已无存。他请求胡适代为售出，以获得一些资金帮助商务渡过难关，信中接着说："东方图书馆恢复无期，且此间亦无要求阅读之人，如能得价，颇拟售出，以疗商务目前之贫。"① 后来更落到不得不出售纸型的地步！一家曾经是全国最大的出版机构此时竟不得不靠出售一些善本书和纸型度日，这在当时或许算不了什么，不是整个出版界都"奄奄一息"了吗？但就出版机构而言，还有什么比不得不出售善本书和纸型更悲惨的呢！到1948年，商务已债台高筑，出版能力严重衰退。同年2月6日，经理李拔可写给张元济的一封信中说："闻公司年终负债已达三百亿，分馆同人待遇亦照生活指数计算，而盈亏并计，(再)不努力，前途殊为可虑。"②3月6日，张元济在董事会第476次会议上又议及："公司现在出版新书印刷费用过昂，成本收回不易，嗣后凡销路较滞或分量过重者，可暂勿出版。"③总的说来，商务和整个出版界一样，前景十分黯淡。从1947年起，张元济就痛感"商务难以复兴"。而在一年之前张元济尽管已意识到"复兴艰巨"，但还是有信心的。从"复兴艰巨"到"难以复兴"，张元济认识上的这种变化，一方面固然是他对商务前途的认识，另一方面更是出于对时事的绝望。1948年8月1日他致胡适书说："自去夏以来，默察馆事日非，且大局尤见危险。数十年之经营，不忍听其倾覆，遂不得不插身于此中，苦况殆不堪为知我者道也。"④正是在他的精心擘画下，商务在近乎绝境的悲惨状况下，依然得到文化界一些有识之士的支持，出版了一批至今仍有影响的著作，这些著作包括：陈寅恪的《隋唐制度渊源略论稿》、《唐代政治史述论稿》，冯友兰的《新原道》、《新事论》，萧一山的《清代史》，潘光旦的《明清两代嘉兴的望族》及译著《性心理学》，王力的《中国现代语法》，罗根泽的《中国文学批评史》，陈恭禄的《中国史》，董作宾的《殷墟文字(甲编)》，许地山的《危巢坠简》，连横的《台湾通史》，杨端六的《工商组织与管理》，孙本文的《社会学原理》，林语堂的《啼笑皆非》，等等。可以想见，假使没有爆发内战，商

① 张树年、张人凤编：《张元济书札(增订本)》中册，商务印书馆1997年版，第836—837页。
② 张树年主编：《张元济年谱》，第529页。
③ 张树年主编：《张元济年谱》，第531页。
④ 张树年、张人凤编：《张元济书札(增订本)》中册，第838页。

务必能复兴，为整个文化界和读书界奉献出更多优秀的精神产品。但是，在内战的背景下，商务维持尚且困难重重，更遑论“复兴”！这不仅仅是商务一个出版实业的悲剧，更是在严重的经济衰退中中国整个出版业和文化界悲惨命运的写照。

如果说国民党政府的内战政策对商务是一个致命的打击，那么对张元济本人则更是一场从肉体到精神的双重折磨。他是一个自觉于天下家国之责并倾其全力在民间默默地谋求和推进中国社会进步的人。自戊戌以来，他就把“扶助教育”和“为国家谋文化上之建设”引为自己的终身事业，以自己的清明理智和文化良知把商务从一家小印刷厂逐步转变而为全国乃至整个东方最大的文化机关，其所以如此，无非是为了提携更多的国民和保存民族的文化资源，为国家增添元气和树立根本。而今，只能眼睁睁地看着几乎倾注着他毕生心血的事业在内战的烈焰和炮火中挣扎，却拿不出任何有效的拯救之策，其内心的痛楚是可以想见的。明乎此，就能够理解这场内战对他精神上的打击究竟有多大，就能够理解他为什么对内战如此深恶痛绝！商务是难以“复兴”了，他个人的生计也再次陷入困顿。从 1946 年 8 月起不得不重新“开始卖字”，并在 1947 年 3 月和 1948 年 1 月两次提高卖字的润例。即使如此，依然敌不过直线上升的生活必需品价格，常常入不敷出。1948 年 6 月 4 日，他在一封私人信件中自述道：“入不敷出，弟垂暮之年尚须鬻字以助日用，凄凉身世真不堪为知我者告也。”①这种牢骚话，过去是没有的。国事，馆事，家事，事事不平，无往不在刺激老人的神经！城郭依旧，人事已非。本来经过劫难，民族国家元气大伤，社会经济凋敝不堪，人心浮扰纷乱，亟须有一个和平环境来治理战争所造成的民族创伤。而国民党政府却迫不及待地消灭异己，发动内战，把国家弄到山穷海困、民不聊生的地步！张元济再也按捺不住自己多年郁积的悲愤之情，一改昔日之沉默，从低调走向激昂，对国民党政府的内战政策提出了尖锐的批评。在他的批评中，只有一个主旨，那就是对天下苍生的深切关怀，真正体现了一个垂暮老人的道义和良心。

张元济和商务印书馆的战后经历，由欢笑而愤怒而绝望，其实是那一代人的共同记忆。1946 年 8 月 10 日，一个笔名“少夫”的作者在《申报·自由谈》上发表杂文“胜利一年”，其中表达的正是这种无奈和愤怒：

> 去年今日，是个狂欢的日子，在重庆，人都像发了疯，大喊大叫，到处是鞭炮，酒瓶和号外。记得下馆子小酌，因为赵丹兄自新疆出狱归来，特为他

① 张树年主编：《张元济年谱》，商务印书馆 1991 年版，第 533 页。

接风。饭后出了馆子，马路上便掀起一阵怒潮，美国新闻处的油印小型号外日本正式投降，在到处散发，我急急忙忙赶回报馆，而赵丹兄回寓时，据说屁股被马路上乱掷的酒瓶所伤，感情的迸发，八年来结的痛苦都得到一个宣泄，欢笑中流着泪，真不知是一种什么滋味。

不仅是重庆罢，全中国各地的人们都会发生那样的心理状态——流着泪的笑，还有点无措的茫茫然。

一年以前的今日，对于未来的日子，我们是怎样想的呢？不敢说那是一个美丽的梦，对于现实真能理解的，是不可能存有奢望的，然而总在相信未来的日子至少比过去八年要松动得多，这个最低限的信念总是有的，可是过了，这三百六十五天，却连这点都打碎了，老实说，今天我们大家的痛苦，还在一年前以上。

我们并不怕通货膨胀，不怕物价高，不怕生产停滞，我们所怕者建国大计不能进行，无期限的拖捱不生不死局面；所怕者贪墨横行，社会风气败坏，人人到了失去信仰阶段。这样的胜利，胜利所带来的是这些，却不是我们所能想象，也更不是我们所能接受的。

胜利一年了，检讨一下这本烂账，今日还是该流泪，恐怕流泪时不是欢笑而是愤怒了。

另一位署名“佑芙”的作者则在“八一三”淞沪会战一周年写的随笔“为‘八一三’说几句话”中，谈到“胜利以后”种种，同样是煮字浇愁，不胜其感慨：

一年来，胜利以后所表现的种种，不禁令人心酸！

没有祖国的政党，与人民为敌，难民满布各地，交通无法恢复，社会秩序不得安宁，贪污舞弊陆续发生，弄得人民不能安居乐业。这一连串的不幸，一年以前谁又会料到呢！

今天，是胜后的第一个“八一三”，复员与建国工作已开展一年，然而，一切是空虚的，一切是凌乱的，我们为了纪念这个神圣的日子——“八一三”，我们热望，祖国的土地上，再不容许有任何人制造内战，破坏和平建国，再不希望闻到火药的气味，而且，对于一切逍遥法外的附逆之流，要彻底严办！对所有为国家捐躯殉难将士的遗孤要切实有所保障！我们不忍每个人为胜利而觉得空虚，而健忘了历史上的日子“八一三”！①

1947年10月10日，抗战胜利后的第三个“双十节”，《申报》发表的“社论”曾意味深长地对比了胜利以后的三个国庆节，并透过这种对比，清晰地看到了

---

① 佑芙：《为“八一三”说几句话》，《申报》1946年8月13日。

人心的变迁：

> 前年国庆节是，离胜利未久，但在国际上既充满了和煦的阳光，乐观的空气，而且在国内也是气象一新，全国的人民都沉醉在庆祝胜利的狂欢里。曾几何时，一年易过，到了去年的国庆节，已由绚烂而趋于平淡，整个世界渐为愁云惨雾所笼罩，而在国内又到处听见一片杀伐之声。但是去年今日，希望纵微，究还未绝。国际的阴霾并非不可吹散，国内的和谈也仍盼其成功。今年则满街市虽挂满了青天白日满地红的国旗，一如往岁，而人们的心头，大都蒙着沉重的暗影，人们的足下，大都带着沉重的步伐！

抗战胜利带给上海人民的喜悦曾经是非常真实的，这种喜悦和热情里，有度尽劫波之后重获自由与解放的欢欣，更寄托着对战后和平与安定生活的憧憬与渴望。然而，由这种欢欣、憧憬与渴望汇聚起来的人心与民气，就这样在内战的烽火和生存的煎熬中一点一点地被消磨殆尽，最后转化成排山倒海而来的愤怒和足以冲决一切的力量。正是借助这种愤怒和力量，中国历史做出了另一种选择！

（作者系上海社会科学院研究员）

定义现代性:《辞源》与现代中国语汇的创制①

[美]高哲一

中国语汇(lexicon)的巨大变化起始于19世纪中叶,并延续到20世纪。②这是一段由翻译者和各色作家,经由各种媒体所共同打造出的漫长过程。期刊、报纸、政治宣言、翻译著作、白话小说、教科书以及其他文本作为语言实验的场所,促成了新式汉字混合体的发明与引进,以及旧式与混融(hybrid)词汇重新改头换面的出现以进行新观念的表述。本文要探索的是字典在这波语言与概念转变潮流中所扮演的角色。笔者将焦点锁定于20世纪中国最重要且极富影响力的其中一部字典——《辞源》——的发展与编纂。

《辞源》是于1915年由商务印书馆付梓出版的。商务印书馆的领导者认为

---

① 笔者感谢沙培德邀请参与2012年度"中央研究院"的《汉学会议》。其次,感谢在会议当中的评论人李仁渊提出各种有助于本文修改的好建议。最后,感谢陈建守把这篇论文翻成准确与流利的汉语。

② 对于这项长期过程的分析,请参见Robert Culp, "Teaching baihua: Textbook Publishing and the Production of Vernacular Language and a New Literary Canon in Early Twentieth-Century China," Twentieth-Century China, 34, no.1(Nov.2008), pp.4—41; Elisabeth Kaske, The Politics of Language in Chinese Education, 1895—1919(Leiden, Bosten: Brill, 2008); Michael Lackner, Iwo Amelung, and JoachimKurtz, New Terms for New Ideas: Western Knowledge and Lexical Change in Late Imperial China(Leiden, Boston, Köln: Brill, 2001); Lydia He Liu(刘禾), Translingual Practice: Literature, National Culture, and Translated Modernity—China, 1900—1937. (Stanford: Stanford University Press, 1995); Federico Masini, "The Formation of Modern Chinese Lexicon and its Evolution Toward a National Language: The Period from 1840 to 1898," Journal of Chinese Linguistics, Monograph Series Number 6(Berkeley: Project on Linguistic Analysis, University of California, 1993)。

《辞源》是一部具备现代形式的参考用书，其版面形制、内容以及研究，皆与早期的字书与类书有所不同。①抑有进者，这部字典的发起者企图囊括20世纪早期的新语言潮流于该书中。商务印书馆的领导者之所以倡议《辞源》的编纂，是意欲回应1890年代到1900年代的翻译和改革作品中，所产生的新词汇扩增现象。因此，《辞源》基本上是一项用来追溯社会语言转变，并藉由制作清晰明确的新词汇意义与用法，来帮助读者领略这些语言转变的描述性计划。②

然而，笔者主张，描写语汇的变迁，正好同时也给予新词汇权威性与稳定性。这些影响部分地成为现代字典作为一种文类(genre)的副产品。从某种意义上来说，当我们检视约莫同时代的西方参考书编纂计划，例如编纂过程由1850年代至1920年代的《牛津英语字典》，这些现代字典的规范性与合法性动力就变得十分明确。诚如琳达·玛戈史东(Lynda Mugglestone)所云，编纂《牛津英语字典》的编辑群，特别是詹姆斯·穆雷(James Murray)，企图擘画语言用法的当代类型与历史类型。然而，除却穆雷所戮力进行的价值中立描述，读者和其他编纂者皆同样期待字典来"裁定"(adjudicate)正确用法，让他们在阅读语言用法的描述时，就如同阅读正确的演说与写作词汇的"处方笺"(prescription)一般。③"每项条目的书写模式皆一丝不苟地遵循描述性原则，阅读起来仿佛是顽强地对正确性下达指令。"④此外，人为与商业等因素对于编纂全面性的限制，意味着《牛津英语字典》的编纂者势必得对英语进行筛选与归类，从而对内容与定义做出定夺。同样地，《辞源》亦经由包含与排除某些词汇，并具体定义词汇的程序，从而对中国语汇的确立做出贡献。再者，如同《牛津英语字典》透过与牛津大学建立的关系而获致其权威性，《辞源》文本的权威性则是透过各种形式的修辞框架、实证研究的宣称、领导型知识分子的参与、附本(paratext)的合法化以及外在的物质形式，来逐步予以加强确立。事实上，《辞源》的权威性与合法性力量在民国早期的提升，可能也是来自当时语言变迁的规模与步调。⑤

---

① 陆尔奎:《〈辞源〉说略》，见《辞源》(两卷本)，商务印书馆1915年9月版。

② 除了对新名词和音译词汇进行搜集与定义之外，《辞源》的编辑亦曾经由剔除那些模糊与过时的字符和词汇，来进行重要的语言干预。这些选择在某些方式上不可避免地反映了窄化传统语汇的情况。因为篇幅的限制，笔者不拟在此讨论20世纪早期，传统中国字汇重建的过程。但笔者计划在未来的工作中探究这个课题。

③ Lynda Mugglestone, Lost for Words: The Hidden History of the Oxford English Dictionary(New Haven: Yale University Press, 2005), esp. chap.5.

④ Lynda Mugglestone, Lost for Words, p.149.

⑤ 对于这些变迁进行描述的最佳英文作品，参见Elisabeth Kaske, The Politics of Language in Chinese Education, 1895—1919。

藉由挑选词汇与确立定义，《辞源》不仅形塑了语言的发展，同时也形塑了概念的发展。①原因在于《辞源》编纂的过程恰恰与晚清至民国早期的改革与革命运动发起时间一致，《辞源》巩固了先前由西方和日本传入的政治和社会新表述方式的相关意义。举例来说，“权利”、“代表”以及“公民社会”的概念，都极为广泛地流传在晚清的著作中，而这些概念也因其在字典中的定义，而被赋予了固定性与权威性。②与此同时，《辞源》纳并了许多与新文化运动中的文化改革休戚相关的词汇，这意味着这波思想转变的概念基础是在前一个时期被提出的。③《辞源》作为一项百科全书式的字典，提供了读者一份关于20世纪早期的论述与概念领域急剧变迁的地图。《辞源》作为一份权威性的文本，它将其所描绘的概念予以合理化，并经由挑选定义的过程，确定了这些概念的意义。藉由巩固和形塑转型时代中的新兴概念领域，《辞源》与狄德罗(Denis Diderot)的

---

① 本文是受到科塞雷克(Reinhart Koselleck)及其同侪在《历史的基本概念》(Geschichtliche Grundbegriffe)这项计划中所提倡的“概念史”(history of concepts)研究取径的影响。“概念史”关注的是词汇系谱的发展，以及社会意义和社会角色的转变。概念与具体的字词产生联系，绝非为字词所含括。相反地，概念拥有模糊且论争的意义，与最为常见的字词相比，概念运转于更高层次的普遍性。“社会和政治的概念拥有对普遍性坚实的宣称，以及经常拥有多种意义……〔一个〕字词要变成一项概念，是要当意义与经验的政治社会脉络极为丰富地呈现于一个被使用的字词，且可以被浓缩进另一个字词当中。”参见Reinhart Koselleck, “Begriffschichte and Social History” in Futures Past: On the Semantics of Historical Time, trans. Keith Tribe(Cambridge: The MIT Press, 1985), pp.83—84。对于“概念史”研究取径的回顾，请见同书中Tribe的《译者导言》(x—xv)。

② 对于分析这些概念在晚清的发展与流通，可见Stephen C. Angle and Marina Svensson, eds., The Chinese Human Rights Reader: Documents and Commentary 1900—2000(Armonk N.Y.: M.E.Sharpe, 2001); Joan Judge, Print and Politics: ‘Shibao’ and the Culture of Reform in Late Qing China(Stanford: Stanford University Press, 1996)，以及Lackner, Amelung, and Kurtz, New Terms for New Ideas里好几篇论文。也可以参见这本论文集中的多篇论文，特别是书中第一部分的各个篇章。

③ 金观涛和刘青峰运用计量和定性的分析方法，考察19世纪中叶至20世纪中叶，关键观念在中国论述中的发展。他们对广泛的论述领域进行了调查，并且观察到词汇的意义与价值在三个时期的过程中产生转变：19世纪中叶至1895年、1895至1915年、以及1915年以降。参见金观涛、刘青峰：《观念史研究：中国现代重要政治术语的形成》，香港中文大学出版社2008年版。这项研究对我们理解具体词汇的发展以及理解广泛的论述潮流极具价值。然而，并非所有的概念都依循相同的时间转变模式，或是具备一个从自由主义到概念本土化的普遍且不可逆的转折过程；再者，概念在第二个分期到第三个分期中，必然会与大众政治产生关联的情况。许多概念本质上仍是论争的，它们的意义亦非稳定转变的，并且，它们会在不同的时期被引介或转为互相关联的论述。在方法论的层级上，笔者的研究取径不同于金、刘二人。本文所关注的是作为一种文类的文本，如何与概念变迁的意涵产生关联。

《百科全书》实则拥有某种程度的相似性。①

《辞源》是文化生产区辨过程下的产物，此过程反映出晚清至民国早期的印刷资本主义、政治结构变迁以及新的社会经济动力对于思想生活急速变迁的影响。晚清至民国早期的商务印书馆编译所，是由一群晚清文人的群体所掌控。②这个群体早年在科举制度的系统下，接受儒家经典的训练，迨至成年后则转而探索西方的学问，并且积极地对晚清的改革与革命运动投注心力。正是因为《辞源》的编纂者在这波广泛的社会与政治的论述潮流中多所参与，使得这部字典在某种程度上可以被解读为晚清文人在现实世界中，针对其所提倡的概念与词汇，进行"正典编纂"(codification)的工作。

狄德罗的《百科全书》与19—20世纪早期欧洲的综合性字典，其生产的过程显著地影响了这些参考书的内容。然而，《辞源》文化生产的动力与前述英格兰的字典具有显著的不同。举例而言，塞缪尔·约翰逊(Samuel Johnson)的字典是其个人在有限的秘书帮助下，独立完成的作品。③《牛津英语字典》则是出自于学会、大学出版社以及数十位独立读者与编纂者的自愿帮助下，长期合作的产物。④相较之下，晚清至民国早期商务印书馆编译所的晚清文人编辑发展出一套汇整与编辑的合作模式，反映出他们积极参与学会与改革组织的文化模式。追溯这项显著的途径，可以使我们得以清楚地察觉在不同的脉络下，文化模式与历史氛围是如何"活用"(inflect)工业化的文化生产形式。

一、编纂《辞源》

在1900年代和1910年代期间，一群拥有混融思想背景的学者，主掌了商

---

① Robert Darnton, The Business of Enlightenment: A Publishing History of the Encyclopedie 1775—1800(Cambridge: Belknap Press of Harvard University Press, 1979).

② Robert Culp, "New Literati and the Reproduction of Antiquity: Contextualizing Luo Zhenyu and Wang Guowei," in Lost Generation: Luo Zhenyu, Qing Loyalists and the Formation of Chinese Culture, ed. Chia-ling Yang and Roderick Whitfield(London: Saffron Books, 2013).

③ Henry Hitchings, Defining the World: The Extraordinary Story of Dr Johnson's Dictionary(New York: Farrar, Straus and Giroux, 2005), esp. pp.64—77.

④ Lynda Mugglestone, Lost for Words, chap.1; Elizabeth Knowles, "Making the OED: Readers and Editors. A Critical Survey," in Lexicography and the OED: Pioneers in the Untrodden Forest, ed. Lynda Mugglestone(Oxford: Oxford University Press, 2000).具备同样的产值过程，且在欧洲大陆进行编纂的字典，则开始于19世纪。参见Noel Osselton, "Murray and his European Counterparts," in Lexicography and the OED。

务印书馆编译所，并且开始倡议《辞源》的编纂工作。这个晚清文人的群体，在成年之际的思想上是出身于清代的科举系统；然而，却在“西学东渐”的时代，主动地汲取新式学问。他们亦积极参与晚清至民国早期的社会与政治改革计划，并戮力打造一部能够反映出这段时期的语言、思想乃至于政治变迁的字典，藉以增强他们的改革诉求。然而，这些晚清文人的工作风格，却反映出他们背景中属于晚清精英文化氛围的文化惯习(habitus)这个面向。事实上，晚清文人在商务印书馆的工作呈现出他们意欲重建社会地位的努力，就犹如帝制晚期的文化精英在逐渐商业化与越发不受国家控制的社会脉络下，所具有的文化影响力一般。

在《辞源》编纂之际，这些晚清至民国早期、大部分位居商务印书馆编译所的领衔人物，都是身受儒学和西学两种学问洗礼的学者。他们亦投身于社会和政治的改革计划中。①其中，最重要的人物——张元济(1867—1959)——曾于1903年至1918年间担任编译所的所长一职。张元济在1892年考取进士，亦曾参与1898年的维新运动以及其他晚清的改革计划。②高凤谦(梦旦，1869—1936)继任张元济的所长职位直至1922年为止。高凤谦为晚清秀才，曾于1894年率领首批中国学生代表团前往日本留学。③陆尔奎(炜士)曾于1906年担任商务印书馆辞典部部长，尔后成为《辞源》的执行编辑。陆尔奎、张元济与高凤谦三人在《辞源》的编辑事务上，配合得天衣无缝。1890年代，陆尔奎以国粹学派学人的声名闻名，但仍被延揽至当时甫建立的北洋大学任教，并且参与广东与广西的教育改革工作。④

商务印书馆编辑字典的动机，出自以广博教育为基础的文化改革策略，这项策略也影响了商务印书馆在晚清的最后十年，制作与生产教科书的意图。特

---

① 孟悦对所称的“小学家编译员”的广泛文化素养，提出相同的论点。这些“小学家编译员”是在1900年代到1910年代之间，负责领导商务印书馆编译所的知识分子。参见Yue Meng, Shanghai and the Edges of Empires(Minneapolis: University of Minnesota Press, 2006), pp.34—42。

② Christopher A. Reed, Gutenberg in Shanghai: Chinese Print Capitalism, 1876—1937 (Vancouver: University of British Columbia Press, 2004), pp.168—170.

③ 王建军:《中国近代教科书发展研究》，广东教育出版社1996年版，第117—118页；徐友春主编:《民国人物大辞典》，河北人民出版社1991年版，第746页；郑贞文:《我所知道的商务印书馆编译所》，见《商务印书馆九十年1897—1987——我和商务印书馆》，商务印书馆1987年版，第201—217页。这份收录商务印书馆相关回忆文字，下文简写为《商务印书馆九十年》。

④ 吴敬恒:《商务印书馆新字典书后》，收入《商务印书馆九十五年:我和商务印书馆(1897—1992)》，商务印书馆1992年版，第105页，下文简写为《商务印书馆九十五年》。

别是高梦旦于1902年担任留日学生监督一职时，深刻体察到教科书和字典与一国人民之文化素养高低之间的密切关联。嗣后，当高梦旦接任商务印书馆编译所的职位时，便展开编纂新式字典的倡议。①张元济亦支持字典的出版，并将参考书视为现代思想生活的一个重要部分。②商务印书馆的首项现代字典出版计划乃是《新字典》的编纂，该字典的编纂工作于1906年启动，直至1912年付梓出版。该字典的创新之处在于诠释的呈现、组织的方式、插图的使用、索引以及附录等面向。③

《辞源》的编纂时间与《新字典》有所重叠，这两本字典的编纂计划被视为是互补的。商务印书馆的领导者意图使《辞源》包含多重字符的词汇，以及在诠释定义与当前的用法上，具有更多的实用性。《新字典》的任务则是充当《辞源》的组织基础。④编纂《辞源》作为词汇与词组的字典之动机，无论是在实际或是象征的层面上，皆与晚清文化改革的倡议有密切相关之处。实际上，商务印书馆的领导者至少部分地将《辞源》视为是理解中国口岸城市急剧转变与增加西化语言的一项资源。诚如陆尔奎所云：

> 癸卯甲辰之际，海上译籍初行，社会口语骤变，报纸鼓吹文明，法学哲理名词，稠迭盈幅。然行之内地，则积极消极、内籀外籀，皆不知为何语。⑤

当词汇变迁之际，读者需要一把钥匙来阐释现代的书写。与此同时，钻研西方学问的学者认为字典或其他的参考书籍乃是文明的标记，抱持“一国之文化常与其辞书相比例”⑥的信念。与教科书的出版工作一样，这群拥有改革思想的商务印书馆学者，利用出版社的力量去提倡文化与政治改革的议程，力图将中国文化转变为更具世界性的文化，以期在竞争激烈的世界中声言文明上的平等。

为了编纂《辞源》，商务印书馆动员了一群心同理同的晚清文人。他们在编译所内相互合作地执行一系列的出版计划。绝大部分执行计划的编辑者，就如同上文所叙述的一样，皆是拥有传统学问的训练、以及对于西学有所领会的学者。同时，他们也献身于改革的工作。举例而言，蒋维乔(1873—1958)，是一位教科书的长期编纂者，同样也曾在低阶的科举考试中获得功名，仍殚力投身于

---

① 汪家熔：《〈辞源〉、〈辞海〉的开创性》，《辞书研究》2001年第4期，第132页。

② 张人凤、柳和城编著：《张元济年谱长编》第1册，交通大学出版社2011年版，第263页。

③ 乔永：《〈辞源〉编纂修订百年记事》，《出版史料》2009年第1期，第121页。

④ 陆尔奎：《〈辞源〉说略》，第1—2页。

⑤⑥ 陆尔奎：《〈辞源〉说略》，第3页。

教育改革的工作，包括组织一所体育学校以及一所藏书阅报学会。①科学与数学教科书的编纂者杜亚泉(1873—1933)，是一位出生于绍兴的秀才，亦是《东方杂志》的主编，并曾在晚清研究过日本与西方的科学。②庄俞(1878? —1940)则是商务印书馆国语部部长，来自武进的显赫学者家庭，自身则为阳湖县的附贡生。庄俞亦在1890年代开始研读现代形式的地理学和历史学，并且参与提倡体育教育的组织与阅报社，企图废除缠足、改良私塾、创建当地的现代学校。③即便如孙毓修(星如，1871—1923)以精于骈体文和擅于辨识善本而著称，并为现代中国儿童白话文学的创始者之一，亦曾向传教士学习英文，更翻译了一系列的英文书刊。④由上述编译所人员的背景来看，《辞源》的编纂者是晚清至民国时期知识分子的代表，而该时期知识分子的特征在于他们不再局限于传统学问的探索，而是转身探究当时进入中国的西学。

在晚清的最后十年间，商务印书馆编译所的编辑发展出一种集众式、合作式的工作风格，很多编纂者都曾做出贡献。⑤对于《辞源》来说，最初的编纂群仅由五或六人所组成，但随着时间的推移，规模则益加扩大，到最后有50位编辑者列名于《辞源》之上。⑥其中，对具体词汇进行研究与撰写条目的责任，则由特定的编纂者承负。除此之外，编纂群会偶尔晤面讨论某些词汇的具体定义或词源问题。⑦同样的动力亦驱策着重要教科书系列的编纂工作，这是当时商务印书馆最主要的出版品项。编辑群会将草稿划分成几个部分，交予个别编纂者进行撰写，他们之间亦会互相检阅彼此的成果，且定期聚会讨论关于内容与呈现方式上的各种难题。⑧

蒋维乔将字典编纂的过程具体反映在日记里，他经常提及自己对于《辞源》编纂的贡献。早在《辞源》编纂最初阶段的1908年，蒋维乔记录了个人在整个

---

① 王建军：《中国近代教科书发展研究》，第116页；徐友春主编：《民国人物大辞典》，第1379—1380页。

② 章锡琛：《漫谈商务印书馆》，《商务印书馆九十年》，第112页。

③ 庄适：《庄俞家传》，《商务印书馆九十年》，第73—75页。

④ 陈江：《古籍整理家与中国童话的创始人——孙毓修》，见宋原放主编、汪家熔辑注：《中国出版史料：近代部分》卷3，湖北教育出版社2004年版，第465—471页；茅盾：《商务印书馆编译所》，见《商务印书馆九十年》，第149—150页。

⑤ 关于《新字典》的集众合作工作情况，可参见吴敬恒：《商务印书馆新字典书后》，第106页。

⑥ 陆尔奎：《〈辞源〉说略》，第4页。汪家熔：《〈辞源〉、〈辞海〉的开创性》，第132—133页。

⑦ 陆尔奎，《〈辞源〉说略》，第4—5页。汪家熔：《〈辞源〉、〈辞海〉的开创性》，第133页。

⑧ 对于这项工作方式的描述，可见蒋维乔：《编辑小学教科书之回忆(1897—1905)》，见《商务印书馆九十年》，第58—61页；庄适：《庄俞家传》，见《商务印书馆九十年》，第74页。

春天独立编撰字典的过程。①在 1911 年至 1912 年，字典编纂工作的最后阶段，蒋维乔持续地编纂具体的篇章。②然而，在编纂过程的最后阶段，各种形式的检阅与校订变得越来越重要。举例来说，在 1911 年 7 月 5 日的日记中，蒋维乔记载自己检阅《辞源》初稿的样本，以及以《新字典》为基础的字汇标题。而在 7 月 8 日的日记内，蒋维乔则提及他同意承担《辞源》初稿中关于植物和动物部分条目的校订工作。这项个人工作是与群体聚会讨论《辞源》的相关事宜，穿插交织在一起。③从蒋维乔的日记，我们可以看见合作研究与写作的过程，而对于研究、草拟、检阅和校对等具体的工作，则是分配到如蒋维乔一般的个别编纂者身上。这些个别编纂者又可以集合成数个群体，特别是对于极富挑战性的属性、词源或定义的谬误排除工作。

研究与检阅是紧张与严谨的交错过程。我们可以从陆尔奎对检阅与校订过程的详细记载中看出端倪。检阅与校订的过程通常持续数年之久，并且需要利用广泛的资源与专业知识。“往往因一字之疑滞而旁皇终日，经数人之参酌而解决无从。甚至驰书万里，博访通人，其或得或失，亦难预料。”④从陆尔奎的序言与蒋维乔的日记，我们可以知道商务印书馆视编译所为智囊团，藉由这些晚清文人提供起草《辞源》条目以及严格检阅与分析的帮助，藉以确保这些条目的正确性。

陆尔奎对于《辞源》编辑过程的记述，给予研究者得以管窥与理解《辞源》产制过程的机会；而他在《辞源》上的序言，对于商务印书馆严谨品管制产过程的描述，亦隐然地对于《辞源》的有效性与权威性，提供了有力的论据。陆尔奎曾提及《辞源》庞大的编纂者与主编，是如何利用广泛的参考数据，并且持续编纂长达八年的时间，一种对于《辞源》质量与正确性的信仰于焉建立。据此，陆尔奎将《辞源》定位为一份在民国早期流动文化领域中的权威文本。这样的宣称支持了《辞源》的合法性力量。此外，列名于该计划出版目录的编纂者，诸如张元济、杜亚泉、郭秉文（1879—1967）和孟森（1868—1938）等人，都是程度高深与声名鹊起的学者，因而更提升了《辞源》的权威性。⑤

---

① 蒋维乔在 1908 年 2 月 4 日、8 日、9 日，以及 4 月 3 日和 6 日的日记中，记载关于编纂《辞源》的工作。参见蒋维乔：《蒋维乔日记摘录（续二）》，见《商务印书馆馆史资料》第 47 期（1991 年 6 月 10 日），第 22 页。

② 见 1911 年 10 月 11 日和 15 日，以及 1912 年 1 月 1 日各条下的记载。参见蒋维乔：《蒋维乔日记摘录（续完）》，见《商务印书馆馆史资料》第 50 期（1993 年 10 月 5 日），第 23 页。

③ 参见蒋维乔：《蒋维乔日记摘录（续完）》，第 21—23 页。

④ 陆尔奎：《〈辞源〉说略》，第 5 页。

⑤ 《辞源》（两卷本）第 2 册，商务印书馆 1915 年 9 月版，版权页。

商务印书馆也在其他方面强调《辞源》的权威性，譬如极具巧思地在该馆最为著名的期刊《教育杂志》中，重印外语期刊对于《辞源》书评的汉语翻译。①在这当中，有好几篇书评是在对比《辞源》、《康熙字典》及其他帝制晚期的字书和词书，而认为《辞源》与西方百科全书和字典一样，是一种具备现代形式的参考书。②更为重要的是，几乎所有的书评都对《辞源》所收录的新术语提出赞誉，特别是与新近西学领域相关的学科词汇。其中一篇书评中如此说道："近世新字新语。所收亦颇不少。凡科学术语以及人名地名普通学名词。殆已罗列无遗。并于名词之下。附注英名。即此一端。已于中西学子。大有价值矣。"③这些书评对于《辞源》介绍国外术语与科学新知的流通多所赞誉并表示惊诧之意。举例而言，第一次世界大战的名将录、当时圣彼得堡(St. Petersburg)改名为彼得格勒(Petrograd)以及晚近发现的化学元素表，都在《辞源》的搜罗范围之内。④这类型的书评认为，《辞源》提供了对于经由国外衍生而来的词汇和概念，进行表述的合法性。

这些书评对于《辞源》附本元素以及物质形式的赞誉，进一步增强了《辞源》作为现代中国具备国外形式参考书的合法性。每篇书评皆赞扬《辞源》广博的附录，与前代的中国字典和字书相较，是极具显著的特色。抑有进者，这些书评强调《辞源》的附录对于世界大事记、度量衡比较表与化学元素表的记载，是可信正确的，并和当前的西方知识产生联系，因而再次赋予《辞源》作为提供现代世界信息来源的合法性。⑤有些书评则附带地称赞《辞源》的插图，这些插图使《辞源》更接近西方形式的参考书。⑥其余的书评则称美《辞源》精装的西式装帧风格为"精纸洋装。形式颇美"，⑦而在在强调了《辞源》卷帙分量的非凡与学术的完整性。事实上，以两张布帛装帧的书册是当时最为常见的原始销售设计，

---

① 《〈辞源〉之评语(一)》，最初出版于《教育杂志》，第 8 卷第 9 号(1916 年 9 月 15 日)，重印本将之误植于第 8 卷第 5 号。《〈辞源〉之评语(二)》，最初出版于《教育杂志》第 8 卷第 5 号(1916 年 5 月 15 日)，重印本将之误植于第 8 卷第 9 期，见史建桥、乔永、徐从权主编：《〈辞源〉研究论文集》，商务印书馆 2009 年版。笔者要感谢李仁渊告诉我这项珍贵的史料。

② 《〈辞源〉之评语(一)》，第 302—303 页；《〈辞源〉之评语(二)》，第 308、312 页。

③ 《〈辞源〉之评语(一)》，第 303 页。

④ 《〈辞源〉之评语(一)》，第 306 页；《〈辞源〉之评语(二)》，第 311 页。

⑤ 《〈辞源〉之评语(一)》，第 303、306 页；《〈辞源〉之评语(二)》，第 311 页。

⑥ 《〈辞源〉之评语(一)》，第 303、305 页；《〈辞源〉之评语(二)》，第 312 页。虽然一篇书评对比了《辞源》与国外参考书的插图，并提出批评的意见，理由在于中国的印刷技术明显地不如西方的发展，但这项对比更加确立了《辞源》是一本具备外国形式的参考书。

⑦ 《〈辞源〉之评语(一)》，第 303、305 页；《〈辞源〉之评语(二)》，第 309 页。

再加上以平版印刷的方式，在封面印出由商务印书馆董事郑孝胥(1860—1938)提笔写就的精美书法字体，赋予了第一版《辞源》所呈现出的殷实学者风采，亦加强了其内容的权威性。①

另外，商务印书馆动员晚清文人进行"心智劳动"(intellectual labor)的速度能力亦是引人注目的。相较于《牛津英语字典》的产制速度，《辞源》绝对是值得一提的。《牛津英语字典》的研究始于1850年代，但是该字典直至1920年代仍尚未完成，部分的原因是与研究和编纂过程的本质相关。《牛津英语字典》是由主编与规模略少的人员进行搜集、校对、编纂与编辑个别条目的庞大数据，而这些条目的数据是由遍及英格兰与大英帝国各地的自愿者所研究、誊译并草拟的。②此外，牛津大学出版社的代表虽主要负责管理《牛津英语字典》的生产与销售，但仍可以介入编纂与编辑的过程。这样权力分散、多头马车式的过程，不可避免地延迟了数据搜集的过程，以及对于具体条目的配置产生龃龉。

相较而论，商务印书馆的组织与编辑过程，明显地较为简化而有效率。一个相对较小的编纂群体，共同在统一的指令下进行工作，担负起必要的研究、写作和编辑工作。存有异议的诠释可以透过面对面的聚会与合作研究共同进行"裁定"。如此形式的成果呈现在《辞源》产制的过程只历经八个寒暑，而非如同《牛津英语字典》历经六十个年头。这些心智劳动与文化生产的动力，取决于商务印书馆和晚清至民国早期混融于文人精英之间的伙伴关系。商务印书馆让一群晚清文人得以糊口谋生，并且在剧烈变迁的时代，得以进行政治、社会和文化改革的计划。抑有进者，像编纂《辞源》这类型的工作计划，意味着广泛的语言学和词源学的研究、博学的论辩、编纂以及编辑，极为适合帝制晚期的文化先行者，并给予了晚清文人继续"挥洒"(brush work)标志他们文化地位的工作形

① 郑孝胥拥有一个纷繁多样的人生。郑孝胥晚年在溥仪伪满洲国的合作政府任职，并在此终老一生。然而，他为《辞源》封面题写书法，而被咸认是一位拥有无懈可击的文人底气的保守主义改革者。郑孝胥出生于福建闽侯，是一位极为杰出的年轻学者，二十二岁时，就以第一名之姿在1882年福建省的科举考试中脱颖而出。嗣后，任职于李鸿章的麾下，担任他的私人幕僚，并且在晚清的最后三十年间，在清政府担任许多外交与教育的要职。作为一位改革者，郑孝胥在1909年协助成立了"预备立宪公会"，并且在1911年辛亥革命后，将这个组织与"中华民国联合会"合并成"统一党"。参见徐有春主编：《民国人物大辞典》，第1480页。

② Lynda Mugglestone, Lost for Words, chap.1。需要附带一提的是，关于欧洲大陆重要字典的长期编纂时段，可见 Noel Osselton, "Murray and his European Contemporaries," p.60。

式，亦且创造出一种与过去的连结感。①就这部分而言，商务印书馆可以利用这群身居晚清至民国早期、具备传统学问训练的知识分子的谋生需求，为他们的天赋找寻出口，将心智劳动贯注在诸如《辞源》的编纂，以及快速生产完整的各级现代学校的系列教科书等各种集体计划。

二、定义改革·引介新知

第一版的《辞源》包括数以千计的字符和复合字，是中国语言在过去几个世纪以来的重要成分。然而，《辞源》的部分独特性在于其戮力捕捉 20 世纪前 20 年语言用法的晚近变迁。因此，《辞源》的内容反映了晚清至民国早期社会和政治改革的潮流，其编纂者在这股潮流中扮演了积极的角色。新词汇的内容，包括新名词（neologism）、再定义的字符组合以及音译字，这些字词成为辨认现代中国字汇的一些元素。抑有进者，藉由选定新词汇的具体定义，亦能将这段时间甫被引进中土，且有时带有激烈论争概念的意义加以确认，而这些概念是来自社会、文化或政治相关性的广泛领域。《辞源》亦经由针对关于世界历史和全球现代性的人、事、时、地、物之百科全书条目，来帮助传播在中国的西学知识，当这些全球思想潮流在中国传递的同时，《辞源》所吸纳的词汇和概念，也逐渐转变成 1910 年代晚期至 1920 年代早期新文化运动中的核心理念。

经由 1898 年的维新运动、新政改革、宪政运动，乃至 1911 年的辛亥革命以降，关于政治、社会和文化等各方面思想论辩的总和，《辞源》收录了各种强而有力并具独特性之社会与政治流动和转变的词汇。举例来说，《辞源》对于“主权”（sovereignty）和“权利”（right）等名词的定义，以清末被实验性地引进中国并带有争议性的那些词汇为基础。《辞源》告诉读者，“主权”乃意味着：“国家之权力”。②又如在公民权利（citizenship）一词中，将公民定义为：“谓地方人民之有

---

① 对于清代学者生活是以文本研究和编纂工作为特点的描述，可见 Benjamin A. Elman, Classicism, Politics, and Kinship: The Ch'ang-chou School of New Text Confucianism in Late Imperial China (Berkeley: University of California Press, 1990); Steven B. Miles, The Sea of Learning: Mobility and Identity in Nineteenth-Century Guangzhou (Cambridge, MA: Harvard University Asia Center, 2006); Angela Zito, Of Body and Brush: Grand Sacrifice as Text/Performance in Eighteenth-Century China (Chicago: The University of Chicago Press, 1997)。

② 《辞源》子集，第 83 页。根据刘禾的看法，这个词汇拥有“返复传播”的特性，是经由日本带着新意义回到中国的。见 Lydia He Liu, Translingual Practice, p.281。

公权得选举议员者”，①并继而讨论“公权”的定义。由此，读者可以看到一项对于公民权利的广泛定义，不仅包含向政府请愿的权力，亦包括“参与国家机关之权”。这将“公权”直接地与选举权和自由权关联起来，譬如“集论结社出版言论之自由。及信教自由等是”。②同样地，《辞源》中的“人权”是与英文词汇中的“个人权利”(personal right)画上等号，并同时从广义与狭义的范畴来进行定义：“广义指人类一切可主张之权而言。狭义仅指人权中之人格权而言。”③有鉴于晚清各色论述中关于权利概念的争议性，《辞源》给予了这些词汇一个清晰的自由主义轮廓，强调公民的参与以及个人的诸种自由(freedoms)。在这里较难以见到史蒂芬·安戈(Stephen Angle)针对晚清“权利”进行爬梳，所发现的关于强调群体安全与福祉的特质。④强调个人自由与参与政治机关的定义大致反映出商务编译所职员支持立宪改革或推翻清廷革命的两种趋势。

从目前遗留下来的史料看不出编译人员所利用的参考数据。不过，可从某些编辑的日记中，发觉其私人的自修方向与阅读实习，从而得以掌握晚清知识环境对编纂工作的影响。举例来说，梳理蒋维乔在日记中对于过去一年间所阅读材料之年度回顾，可以发现其在投身编纂《辞源》的工作时，已经身处晚清改革主义者的思想潮流之中。在1905年的日记中，蒋维乔所阅读的材料是关于教育、心理学与道德哲学。⑤1906年，他更加系统地关注当时政治改革的主题，其阅读材料包括《宪政胚论》、一册由关西大学所出版的关于政治、法律和经济的演讲集、首卷的《宪政杂志》以及达尔文《物种原始》的翻译本。⑥蒋维乔在1907年至1908年间，继续阅读关于法律的材料，同时也钻研当时社会学的主题期刊，以及严复所翻译的逻辑学书刊。⑦1909年，蒋维乔针对严复翻译的逻辑学书刊撰写书评，指摘严复使用太过模糊的传统词汇来翻译逻辑学的

---

① 《辞源》子集，第279页。

② 《辞源》子集，第282页。

③ 《辞源》子集，第149页；亦可参阅“人道”这个条目，见《辞源》子集，第149页。

④ Stephen C. Angle, Human Rights and Chinese Thought: A Cross-Cultural Inquiry(Cambridge: Cambridge University Press, 2002), chap.6.相较之下，金观涛与刘青峰对诸种权利(rights)在晚清和民国早期的发展，抱持较为自由主义式的阐释，参见金观涛、刘青峰：《观念史研究：中国现代重要政治术语的形成》，第9—10页。

⑤ 蒋维乔：《蒋维乔日记摘录(续一)》，见《商务印书馆馆史资料》第46期(1990年9月20日)，第22页。

⑥ 蒋维乔：《蒋维乔日记摘录(续二)》，见《商务印书馆馆史资料》第47期(1991年6月10日)，第22页。

⑦ 蒋维乔：《蒋维乔日记摘录(续二)》，第21、25页。

基本概念。①与此同时,当宪政改革与地方自治的势头逐渐高涨,蒋维乔开始阅读关于政治组织与公民行动的实用指南,例如《选举须知》、《城镇乡地方自治要义》和《议员须知》等书。②从蒋维乔的日记中,我们可以发现商务印书馆的编辑在纂修《辞源》之际,亦踏入晚清宪政改革的自由思想潮流当中。这不可避免地形塑了他们对于诸如"主权"和"公民权"等词汇的翻译。抑有进者,我们可以看到这些编辑,极具批判性与自觉性地反思选择最适合的词汇,用以连接崭新的外国概念。

蒋维乔在其日记中对于阅读达尔文著作翻译本的记载,恰恰说明了《辞源》显著地连接了根植于达尔文进化世界观与全球种族优劣框架中的关于人类的新概念,这些理念都可以在《辞源》关于"人"这项条目之下的具体词汇中找到叙述。举例来说,"人种"的条目就定义为:"地球上人之种类也。因肤色骨格(骼)语言等之异。判分为五种。"③一项表格则具体地将肤色区分为黄、白、黑、棕和红色等五个人种,从而奠定了广泛流传于晚清至民国早期社会中的人种区分论述。④更进一步地,《辞源》涵括了现代欧洲学术领域中的"人种学"这个词汇——"研究人种之统系及性质。探索其互相关系之学。"——这意味着"人种"条目下的五等级人种类型学,是立基于现代的西方科学。⑤于此,经由外型的特征所建立的人种语言和人类范畴之新概念,依据全球人种的区分,被赋予了具体的内容。而这项具体内容的权威性,则是与新兴的西方科学产生关联,以及其在权威字典中的内容,而被加以巩固支持的。

其他的条目将人类定位于进化的科学论述当中,当我们阅读"人类起源"的定义时,即可看出端倪。这项条目列举四种人类起源的理论,包括人类是亘古存在的,是因缘际会诞生的、或是出自于神的创造。而该条目关注的是,在不同的情况下,人类与灵长类乃有所关联的三种进化理论。⑥这项关于人类起源的

---

① 蒋维乔:《蒋维乔日记摘录(续中)》,见《商务印书馆馆史资料》,第48期(1992年4月10日),第13页。

② 蒋维乔:《蒋维乔日记摘录(续中)》,第21—22页。

③ 《辞源》子集,第149页。

④ Robert Culp, Articulating Citizenship: Civic Education and Student Politics in Southeastern China, 1912—1940(Cambridge: Harvard University Asia Center, 2007), chap.2; Frank Dikötter, The Discourse of Race in Modern China(Stanford: Stanford University Press, 1992), chaps.3—4; Prasenjit Duara, Rescuing History from the Nation: Questioning Narratives of Modern China(Chicago: University of Chicago Press, 1995), chap.2.

⑤ 《辞源》子集,第150页。

⑥ 《辞源》子集,第152页。

进化论记述，从邻近关于地质学词汇的条目“人生界”中，得到隐然的认可。“人生界”的定义为：“本期始发见人类生活之遗迹。”①就如同上文所讨论的种族类型学一样，地质科学因为得以具体标示出最早的人类生命现象，所以亦可以对人类起源的进化论视角造成合法化。这些词汇的定义被交织聚集在“人”这个条目之下，是对人类以表型特征的区分，作为进化生物体的再概念化。这个观点藉由西方新兴形式的自然科学和社会科学，在《辞源》中更进一步地被合法化的解释。

并非所有《辞源》搜罗的新语言，都与如主权、权利和种族等深奥（high-flown）的概念和抽象的词汇有所关涉。《辞源》也包含了许多用来命名事物、制度和实践的新词，而这些新词是与物质文化和现代都市生活的日常经验极为相关的。举例来说，《辞源》提供了“公园”这个回归的借代词一个崭新的定义：“今以园囿供公众游览者，曰公园。”②《辞源》也搜罗了具有其他日常生活物质特征的词汇，例如由日文衍生而来的“人力车”、“人造石”，以及度量衡的测量单位（公斤、公尺、公里），为现代读者提供了便捷的指引。③

《辞源》对于某些现代制度如“公司”或“保险”的广泛定义，或许是较为醒目的特点。这些定义诠释某些现代制度的内容与功能，有时则如同基本简明的说明书一般，进行系统的阐述。举例而言，读者可从“保险”这个条目中，阅读到现代保险业的功能定义：“欲保险者。与该公司立约。交纳相当之保费。由公司书立保险单。遇险时。则由公司赔偿其损害。”④“公司”（corporation）这个条目则更加广泛，使用了一整个字段和大约 470 个字进行说明。从一项简单的定义起头：“以商行为业而设立之团体”。这项条目的诠释往后越趋详尽，划分了四种关于现代公司在投资与组织上的不同类型，并且将“有限股份公司”与先前中国公司组织的形式平行链接起来。我们于此可以知晓《辞源》所承负的教育功能，不仅记载了中国境内公司组织所采取的形式，同时也记载了国外的公司组织所可能采取的形式。⑤大体而言，《辞源》所搜罗的关于现代生活事物和制度的新词，亦对现代白话语汇的确立，做出一定的贡献。

作为百科全书式的字典，《辞源》拥有大规模且全面的内容与质量，并且分担了商务印书馆亟欲促使中国读者领略新世界之人事物的广大教育计划。这

---

① 《辞源》子集，第 150 页。

② 《辞源》子集，第 281 页；讨论“公园”一词的起源，可参见 Lydia He Liu, Translingual Practice, p.329.

③ 《辞源》子集，第 149、279 页。

④ 《辞源》子集，第 202 页。

⑤ 《辞源》子集，第 279 页。

或许可以在音译词汇的广泛范畴中看出端倪。例如,某些字符会拥有数个条目的特征,就如"伊"这个字常被使用于数量极多的音译专有名词上,如伊凡、伊洪、伊索、伊兰、伊士奇、伊什亚、伊巴农、伊布新、伊勃尔、伊斯兰、伊赛坦、伊赛烈、伊达荷、伊布拉欣、伊可纽穆、伊利里亚、伊拉瓦底、伊纳提夫、伊奥利亚、伊壁鸠鲁、伊萨伯拉、伊罗伊罗、伊斯的里亚、伊达拉里亚和伊尔库斯克等。①众多音译词汇的特征给予了《辞源》文件式和百科全书式的广度,以全球范围为内容,令人印象深刻。并且,这也意味着《辞源》邀请它的读者进入世界主义的麾下。例如,当《辞源》的读者阅读到伊士奇或伊布拉欣时,它立刻成为一本可用的参考书;若视《辞源》为一本教科书,则能使中国读者进入历史、地理、科学和文化的世界。

以这样的方式"开眼看世界",《辞源》或许引介了晚清至民国早期流通有限且不够显著的词汇与概念。然而,这些词汇与概念在新文化运动的文化政治中,瞬间摇身一变成为核心的理念。举例来说,在 20 世纪前 20 年进入中国的新语言,如"自我"、"主观"与"人格"等词汇,皆被《辞源》搜罗与进行系统的编纂,提供了一个挑战儒家人伦形式的新语汇,以及新文化运动核心中对于自我定义的宣称。譬如,《辞源》纳并了"主体"和"主观"这两个新借代词,②它们的定义支持了 1910 年代晚期至 1920 年代早期越发显著的关于个人尊严、意识与自我表述的宣称。"主体"被定义为对立于"客体",并且联系了承担权利与义务的意涵:"如言人为权利义务之主体"。③同样的,"主观"这个概念被连结到意识和作用两个层面:"对于一物。用吾之意识研究而知之者。谓之主观";"若动于外物。则主观属自己。客观属自己以外之物。"④这些词汇合在一起则表达出这样的看法:"主体"为一个拥有意识与作用,并且背负权利的人。这样关于个人主体的构想在后来的新文化戮力改革社会与文化的过程中,居于核心地位。

对于"主体"的观点也在《辞源》关于"人格"的定义中得到反映:"谓在法律上有自主独立之资格也。如奴婢囚虏。则无人格。"⑤由自主与独立的角度加以联

---

① 《辞源》子集,第 168—171 页。

② 虽然这两个词汇拥有不同的出处起源。"主体"是一个写实的回归借代词,最初起源于传统汉语,尔后在日本明治时代增生了新的意义。参见 Lydia He Liu, Translingual Practice, p.339。"主观"则是刘禾所谓的中—日—欧借代词,意味着一个在日本铸造出的新词汇,使用中国的字符,来表述一种外国的意义。参见 Lydia He Liu, Translingual Practice, p.297。

③④ 《辞源》子集,第 83 页。

⑤ 《辞源》子集,第 148 页。

想，“人格”具针对性地对比奴役和监禁的状态，并且结合法律的论述，而使“人格”的定义获致权威性。然后包含这些涵义的“人格”词汇可以利用于不同的社会领域。根据王政(Wang Zheng)的研究，这些结合促使“人格”成为新文化论述中的一个重要词汇。举例而言，“人格”成为妇女宣称平等与独立的有力基础。[①] 然而，倘若认为《辞源》已经详尽阐述了在新文化论述中，我们所熟知的人格、自我和主体性等形式，则绝对是过于简化的观点。《辞源》引介这些词汇成为现代中国语汇的合法元素，并且将概念镶嵌入这些词汇当中。这些词汇是将人格与独立、能动性和意识结合在一起，并且成为支持下个世代的改革者的论点。[②]

因此，作为一个文化文本，《辞源》被拥有混合思想背景的晚清文人改革者进行了详尽的阐释，且在好几个层面上进行运转。其中，最为基本的是《辞源》搜罗了与现代生活和制度有所关涉的新词汇，并将之标记为中国语汇的合法元素。再者，《辞源》系统地编纂了与政治、社会、文化和经济变迁有所关联的词汇。这些词汇是由晚清至民国早期的文人精英所开始倡议的。晚清文人改革者藉由在《辞源》收录这些词汇的内容、将之置放进科学的新领域，进而与现代西方世界加以结合，最终赋予这些词汇权威性。此外，《辞源》亦可被视为是一部小型的百科全书，提供读者一个关于中国域外历史、地理、科学和文化世界的入门指南与指引；在定义与广袤世界的诸般新哲学(philosophies)和科学(sciences)相关的词汇上，更进一步地引介了嗣后在新文化运动脉络下的一些关于社会批评的概念。然而，《辞源》的编辑却无从预知那些由新文化改革者，抑或1920至1930年代间针对新学科与政治运动的阐述，所引发的思想、文化和语言的变迁。

三、结语

《辞源》藉由搜集、定义以及诠释构成现代中国字汇重要部分的新名词与音译词，对20世纪中国重要的语言变迁做出贡献。《辞源》是清帝国最后十年到

---

① Wang Zheng, Women in the Chinese Enlightenment: Oral and Textual Histories(Berkeley: University of California Press, 1999).

② 这个过程与科塞雷克笔下所写的18和19世纪欧洲的政治运动有所类似，科塞雷克观察到新词汇的引介提供了详尽表述新概念的基础，促使了新的社会认同与关系的巩固。“关于未来的概念逐渐地被创造，在可能进入或永久占据它们之前，被记录的位置会首先被语言进行系统的阐释。”参见 Reinhart Koselleck, “Begriffsgeschichte and Social History” p.78。

民国十年那段富有动力与骚乱时代的产物。它藉由重组旧有的字符组合、起草创造新词或借用日本词汇，来描写现代生活的事物、过程和制度，并将 19 世纪晚期到 20 世纪早期出现的无数个新词汇做出意义上的巩固与合法化。《辞源》以现代字典文类为基础、藉由对于字汇的释义、企图得到概念上的权威化。当然，它的修辞与附本的特征也有助于权威化新词汇。《辞源》的编辑苦心孤诣地征引广泛的研究，藉以支持他们的计划。他们宣传《辞源》的编辑委员会，网罗了晚清至民国早期的学者。同时，他们翻译外语期刊中针对《辞源》的书评，藉以将《辞源》的学术地位推升为准确翻译西学的现代形式参考书。

《辞源》并非仅是引介和诠释词汇而已，更包括了概念的引介和诠释。某种程度上，《辞源》奠定了满清最后 20 年间各种争论主体的概念定义。因此，《辞源》也反映出民国早期的改革者和革命者，试图重新巩固脆弱与破碎的社会政治秩序的企图。此外，《辞源》引介了一系列关于人格、政治和社会秩序相关的新概念，向中国知识分子暗示了新的可能性。藉由定义、传播和诠释，譬如主体性、人格和互助等概念，为新文化的改革计划提供了概念领域方面的贡献。

然而，《辞源》在为文化和思想转型做出重要贡献的当时，它的创造者并非领导型的知识分子。当时并没有中国的狄德罗、塞缪尔·约翰逊或韦伯斯特(Webster)，也没有梁启超、胡适或鲁迅来编写字典。相反地，《辞源》主要是由一群具有良好学养且党派色彩相对不明显的晚清文人编辑而成，这群晚清文人在科举制度告终、帝国秩序继而颓圮的时代中，在商务印书馆内找到他们天赋与精力的新出口。商务印书馆动员了这个群体，理由在于这群晚清学者可以让商务印书馆在生产大规模的文化产品时，将劳力成本降到最低。①因此，《辞源》的产制过程表明了现代中国的文化转型，绝大部分是立基于社会和商业驱策的因素，而非先前研究所关注的精英知识分子。②关注《辞源》的产制过程，同样可以帮助我们判断在由帝国转型到共和期间，在中国的思想工作模式如何转变。在这样动态的脉络下，晚清文人改革者对学会、自愿协会和政党的参与，形塑了合作形式之文化生产的新动力。

---

① 除了字典之外，当课程标准转变时，这个群体每隔几年就会编写各个科目的初级或中级系列教科书，以及重印经典书籍的重要丛刊，参见 Robert Culp, "Teaching baihua"与"New Literati and the Reproduction of Antiquity"。

② 笔者的诠释是基于叶文心在十几年以前，所介绍的研究取径，参见 Wen-hsin Yeh, "Introduction: Interpreting Chinese Modernity, 1900—1950," in Becoming Chinese: Passages to Chinese Modernity and Beyond, ed. W. Yeh (Berkeley: University of California Press, 2000), pp.6—7。

四、跋:《辞海》与心智劳动的分配

在《辞源》出版后不久的1915年,中国知识分子发起了新文化运动。为了亦步亦趋地赶上这个过程,1910年代晚期到1920年代早期,中国学者开始出洋留学,负笈回国后则重新打造或创建整个现代中国高等教育的学科和机构,并将一些新的政治理论和组织引入中国。种种转变也随之带来相应的概念和语言变迁。如同我们所知的,《辞源》预料到某些变迁,故引介了某些关于新文化运动中社会与政治改革计划的核心概念与词汇,并且描述了欧美学术组织的形式和基本术语。然而,《辞源》在这波潮流达于顶峰之前,给予了商务印书馆的竞争者——中华书局一次有机可乘的际遇。中华书局仿效《辞源》模式,规划其全面性字典的计划,并藉由纳并新的语言和概念潮流,超越了《辞源》的贡献。

陆费逵和中华书局倡议编纂《辞海》,欲以1915年出版的《中华大字典》为基础,期望能与商务印书馆同年出版的《辞源》互争战场。然而,在编纂的过程中,舒新城与《辞海》的其他编辑开始构想出一个超越《辞源》的计划。这项计划将囊括中国所有新兴的"活生生"(living)的白话语言,以及在1920至1930年代间、伴随着新文化运动与新学术和专业领域所发展而来的词汇与概念。当舒新城在1928年接任《辞海》的执行编辑时,①他广泛地援引对《辞海》初稿的评论纪要,精练地捕捉了这项计划的新目标:"(舒)新城觉原稿中已死之旧辞太多,流行之新辞太少。"②为了囊括更多通行的语言使用方式,舒新城要求《辞海》的编辑人员广泛地阅读当时的书籍与期刊,以便记录当时中国激增的新词汇与新概念。③舒新城亦要求《辞海》的编辑人员去翻译西方参考书中的数据,以便增加《辞海》中的百科全书条目。④

沈颐(朵山)在1930年接任舒新城的主编职务,继续从事探查通俗作品的内容,以便搜集先前字典所忽略的惯常使用词汇。身为《辞海》编辑者的周颂棣如此回忆:

---

① 陆费逵在《辞海》的序言提及,舒新城乃是在1927年接任主编一职。见陆费逵:《编印缘起》,见《辞海》,中华书局1941年第7版第5种,第1页。周颂棣是该计划编辑人员之一,他说明舒新城是在1928年4月成为《辞海》的执行编辑,参见周颂棣:《老〈辞海〉是怎样编成的》,中华书局编辑部主编:《回忆中华书局》,中华书局1987年版,第150页。汪家熔确认了周颂棣的说法,见汪家熔:《〈辞源〉、〈辞海〉的开创性》,第137—138页。

②③ 陆费逵:《编印缘起》,第1页。

④ 周颂棣:《老〈辞海〉是怎样编成的》,第150页。

沈朵山先生在主持辞典部工作以后不久，就作出决定，要求全体编辑人员阅看宋、金、元、明以来的小说，戏曲，搜集流行的俗词俗语（口头词语），做成数据卡，供写稿时选择，作为《辞海》新补充的一部分词目。并指定刘范猷同志以后逐日阅看各种报纸和新出版的重要杂志、图书，注意搜集新词新语（包括外来语）；而且希望其他各编辑也能够同样做。①

我们可以发现，舒新城和沈颐在编纂《辞海》的过程中，皆广泛地探查当时的出版品和过去的通俗文化，藉以囊括新兴白话文字汇以及学问的新世界。《辞海》对于白话文字汇、学术术语和专业术语，以及与时事和世界知识有关词汇的强调，赋予了其与《辞源》截然不同的主轴。

要完成这些目标，则需要以新的方式来动员知识分子的“心智劳动”：由舒新城、沈朵山和刘范猷等人组织《辞海》编辑办公室，并决定一个编辑、起草和检阅的标准过程。1920 年代，《辞海》在南京与杭州等地陆续建立起编辑办公室。1930 年，《辞海》编辑办公室最后搬迁至上海，投注于这项计划的全部编纂人员规模则一直保持在 30 人，其中有 14—15 位编纂者，剩余的人则为编辑助理和一般助理人员。②舒新城经由考试的筛选，来为《辞海》的编辑人员征募新血。考试的内容则是要确定应试者的基本编纂和助理技巧。③编辑人员大多出身于高中和学院的毕业生，皆拥有厚实的普通教育背景但却相对有限的专业知识。《辞海》编辑人员的出身背景，与 1920 年代商务印书馆所招募具备国外训练的学者或是晚清文人有所差异。拥有传统教育背景的晚清文人在 1900 到 1910 年代，同时任职于商务印书馆和中华书局的核心编辑，并且是《辞源》的主要编纂者。④而在《辞海》方面，核心编纂团队之一的周颂棣出身于北京大学，徐嗣同从同文书院毕业并曾在日本留学数年，而陈润泉为湖南高等师范学校的毕业生。邹梦禅则于 1929 年通过考试，供职于《辞海》在杭州的编辑办公室。他在

① 周颂棣：《老〈辞海〉是怎样编成的》，第 153 页。

② 钱子惠，《〈辞海〉的前前后后》，中华书局编辑部主编：《回忆中华书局》，第 162—165 页；周颂棣：《老〈辞海〉是怎样编成的》，第 149—151 页；邹梦禅：《新潮逐浪忆华年》，中华书局编辑部主编：《回忆中华书局》，第 55—156 页。

③ 周颂棣：《老〈辞海〉是怎样编成的》，第 150 页；邹梦禅：《新潮逐浪忆华年》，第 155 页。

④ 对于更加全面地分析这两家出版社在 1920 年代和 1930 年代，如何转而征募现代学校的毕业生作为专职编辑的情况，可参见 Robert Culp, “Mass Production of Knowledge and the Industrialization of Mental Labor: The Rise of the Petty Intellectual,” in Robert Culp, Eddy U, and Wen-hsin Yeh eds., Organized Knowledge in Action, (Manuscript in preparation)。关于王云五在 1920 年代的商务印书馆召集海外归国学生的情况，可参见 Robert Culp, “A World of Knowledge”。

1926年因经济拮据的因素由高等学校辍学，当邹梦禅通过《辞海》的考试时，他当时正在西湖的一间省级图书馆内工作。①至于编辑助理和练习生的背景，“文化程度也只相当于高等小学或初中毕业。”②

《辞海》的编纂计划是一项系统组织的工作，这些工作经由拆解研究、编纂、检阅和校对等工作，对劳力进行合理的分配。《辞海》的专职编辑共同担负起草一般词汇和表述的条目。③这项计划的领导者将《辞海》的百科全书条目，划分为几项不同主题的范畴，每位编辑负责处理各自的部分。④编纂者负责研究和起草不同的条目，再交由执行编辑进行汇整和校阅的工作。每位专职的编辑人员，每天可以起草三到十个条目。当条目已然写就，这些记载条目内容的卡片就会被扎成一捆，然后送往执行编辑沈朵山手上进行检阅。尚处于被编辑或检阅过程中的条目，会被一位助理编辑或练习生集中搜集，他们会将主题相关的条目分门别类地捆绑在一起，并将之锁放在一个安全的箱子中，度过夜晚的时光。⑤此外，专职的编辑和练习生进行许多处理数据卡片、校勘草稿以及编辑文本的实际工作。他们亦须承担基础性的参考文献工作，例如追溯每个篇章引述传统经典文本的字句，藉以确认具体词汇意义的参考文献来源。⑥因此，对于《辞海》大部分的编辑工作来说，编纂的过程就犹如文本的装配线一般，是呈现一种心智劳动逐渐工业化的形式。专职的编辑和练习生制作、检阅以及校对个别的条目，执行编辑再将这些成果汇聚成一个完整的结构。此外，编辑者会向学者专家请益少部分特殊术语的条目，并委请进行起草和检阅的工作。⑦

因此，与《辞源》的产制过程相较，《辞海》是出自极为标准化和系统化地编纂、检阅和编辑的过程。是以，对于参考书的生产所投注的心智劳动分量，也出现了显著的转变，不再是由晚清文人掌控编辑部门与编纂的过程。相反地，中华书局依赖的是中国现代学校系统中的毕业生和中辍生，去执行绝大部分的起草和编辑工作。与此同时，中华书局寻求拥有现代学术训练的专家学者，来承

① 邹梦禅：《新潮逐浪忆华年》，第155、158页。
② 周颂棣：《老〈辞海〉是怎样编成的》，第150页。
③ 周颂棣：《老〈辞海〉是怎样编成的》，第151页。
④ 陆费逵：《编印缘起》，第1页；周颂棣：《老〈辞海〉是怎样编成的》，第151页；邹梦禅：《新潮逐浪忆华年》，第156页。
⑤ 周颂棣：《老〈辞海〉是怎样编成的》，第152—153页；邹梦禅：《新潮逐浪忆华年》，第157页。
⑥ 周颂棣：《老〈辞海〉是怎样编成的》，第151页；邹梦禅：《新潮逐浪忆华年》，第157页。
⑦ 《编辑大纲》，见《辞海》，中华书局1941年第7版第5种，第2页；周颂棣：《老〈辞海〉是怎样编成的》，第151—152页；关于语言学家黎锦熙在编纂过程所扮演的角色，亦可参见黎锦熙：《序》，《辞海》，第6页。

负少部分特殊词汇的编纂工作。藉由结合以上所述的各个面向，当将《辞海》置放于由1910年代开始发展的中国现代学术形式中时，舒新城和沈朵山可以确实掌控和降低劳力成本。这项在编辑过程与编辑人员上的转变，标志了过去20年来心智劳动的动态转变。这与晚清至民国早期由晚清文人和商务印书馆的通才型工作文化所掌控的情况，出现了明显的不同。

出自于这样的编纂过程，《辞海》进而系统地和全面地纳并了先前在《辞源》中未见或稀见的数个字汇范畴。①其中一项显著的增加是关于在1920和1930年代扎根的新学科和新专业术语，或是《辞海》的编辑在序言内所清楚陈述的："社会上农工商各业之重要用语"以及"科学文艺上习见习用之术语"。②除此之外，《辞海》亦纳并了在《辞源》出版后十年间，中国所发生的社会运动和政治运动的相关字汇，从而巩固和标准化关于文化改革、社会激进主义和政治的大众行动主义的语言。抑有进者，《辞海》详尽包含了描述当代政治事件的百科全书条目，例如抗议行动、国际冲突和政治活动等，对于不同的事件进行了"典律化"(canonization)和概念化的贡献。在追溯这些词汇类型的过程中，《辞海》记录了中国语汇的转变。这项转变是透过与学术和专业领域相关的特殊或专有名词的内容，使语汇逐渐政治化与西化的过程。藉由强调《辞海》的来源，是经由编辑人员戮力地广泛阅读，以及从当代的出版品中搜罗词汇的这个面向，陆费逵隐然地证成了《辞海》所收录的词汇内容，是当时语言普遍用法的反映。③

当聚焦于《辞海》的重要创新时，需要注意的是后出的《辞海》持续地纳并在19世纪晚期至20世纪早期被引介的字汇，而这些字汇是首先被《辞源》收录其中的。举例而言，与共和主义的新政治体制相关的词汇，以及与现代、都市和工业社会的物质形式和组织形式相关的词汇，依旧极为显著地在《辞海》中被呈现。例如"主权"和"公民权利"，或是"人力车"和"保险"这类型的词汇，仍继续地被收录于内。④与《辞源》一样，《辞海》同样收录全世界重要的历史人物、事件和现象的百科全书条目，以及其中所提及的地方名称。⑤因此，后出的《辞海》更

---

① 笔者针对《辞海》所收录的新词汇与新概念，更为完整的分析，可见拙作，《创制〈辞海〉：中华书局与中国现代语言与思潮的产生》，为"中华书局与中国近现代文化"座谈会提供的论文，复旦大学2012年6月30日。

② 《编辑大纲》，第1页。

③ 陆费逵：《编印缘起》，第1页；陆费逵对于严谨实证研究的宣称，在黎锦熙的书序中得到确证，参见黎锦熙：《序》，《编辑大纲》，第1页。

④ 《辞海》(两卷本)子集，中华书局1936年12月版，第99、175、233页。

⑤ 举例来说，还可参见胪列于"亚"这个条目底下的各个词汇，《辞海》子集，中华书局1936年12月版，第158—163页。

进一步地对现代中国语汇，以及19世纪晚期开始被引介传播的一系列新词汇与新概念，有着不可磨灭的贡献。

现今的普遍看法是，《辞源》与《辞海》犹如是见证中国在20世纪前半叶所经历的语汇和概念转变的里程碑。然而，这两本字典在这个转型过程中，各自呈现了不同的姿态与时刻：《辞源》的编纂标注了在晚清至民国早期流动的文化与政治领域中，所传播的词汇与概念；《辞海》则点校了后“五四”时代的社会与文化改革、新兴学科，以及新政治党派等丰富语汇。

同样重要的是，这两本字典亦反映了两种文化生产的不同时刻。在1900年代以迄1930年代之间，由晚清文人与学会之间所发展而出的合作式编纂过程，让位给更加工业化分配的心智劳动形式。在这样的形式之下，拥有基本教育背景的编纂者快速完成条目的撰述工作，再交由主导的编辑进行汇整。这项对照得以令我们清楚地知晓，当中国的现代出版尚未被资本主义大量生产的规则取代时，中国的知识分子仍可自主地确立现代出版的动力。此刻的晚清至民国早期，就如同是稍纵即逝的片刻。利用了工业化出版的工具，使晚清的改革派知识分子得以经由《辞源》形塑现代中国文化和思想生活基石的词汇与概念。然而，依赖市场来传播他们的概念，将令继起的中国知识分子逐渐地受限于商业要求与工业理性之中。①

（作者系美国巴德学院教授）

① 笔者对于这些限制的加剧及其更深层的意涵，会在“Mass Production of Knowledge and the Industrialization of Mental Labor”一文加以探索。

对话

上海学如何可能

——《上海学》首发式暨多元视域中的上海研讨会专家发言实录

陈来虎　李丹丹　佘　宸　秦　平　整理

编者按:2015 年 5 月 6 日,历史研究所和上海人民出版社在上海社科国际创新基地联合举办《上海学》首发式暨多元视域中的上海学术讨论会。来自上海社科院、上海人民出版社、上海市档案馆、华东师范大学、复旦大学、上海交通大学、东华大学以及《社会科学报》、《探索与争鸣》、《东方早报》、《文汇报》、《解放日报》和澎湃新闻网的 50 余位专家学者和媒体朋友齐聚一堂,共同庆贺《上海学》创刊,并就如何办好集刊展开研讨;下午还专门辟设专场,就"多元视域中的上海"进行讨论,与会学者各抒己见,畅所欲言。本文系根据现场录音整理而成。

首发式嘉宾致辞

王健(上海社会科学院历史研究所副所长):今天非常高兴,在周武为首席专家的近代上海创新型史团队的积极推动下,在上海人民出版社的大力支持下,两本《上海学》的专辑和大家见面了。今天这个会一方面是《上海学》的首发仪式,另一方面是请各位专家对"上海学"这个学科概念的定义、内涵做进一步的思考。接下来请华东师范大学思勉人文高等研究院的杨国强教授致词。

杨国强(华东师大思勉人文高等研究院资深教授):"上海学"和"上海史"我其实都是外行,周武是我师弟,他叫我过来凑个热闹,我想我不能推辞。我讲三句话:第一,关于"上海学"。二十年以前以及二十年以来,我老是听说"上海学"是一门显学,后来看看政府花那么多资金来支持"上海学"研究,我也相信"上海学”确实是一门显学，但非常矛盾的是，据我从上海学术界之外一些学者那里的了解，在他们眼里，“上海史”就是一门地方性的学问。这就形成很大的矛盾了。关于上海的知识肯定不是地方性的知识。我们今天讲的上海作为一个城市，她的形成和发展，开始于 19 世纪中叶，实际上和整个中国的近代化变迁是一起的。在这个过程中，上海对中国的影响没有任何一个地方性城市可以比，一开始外贸、海关等在上海，后来淮军崛起在上海，口岸知识分子产生在上海，西方人集中在上海，思潮酝酿在上海，五卅运动在上海，一直到今天，浦东新区、自贸区都在上海。上海都在影响全国，没有一个地方性城市可以比。因此，关于上海的知识肯定超于地方性的知识，问题是我们如何去研究？我感觉现在我们对上海的研究，实际上是比不上西方人的，因为西方人远看上海，他可能会看得更全面、更客观。对上海知识钩沉当中超于地方性知识的那一部分研究显然不足，而且现在越来越器物化、碎片化。器物化、碎片化能够把上海超于地方性知识的部分钩沉出来吗？所以我想周武现在提出“上海学”是有意义的。“上海学”它的主体（大部分）还是“上海史”吧，但是“上海学”和“上海史”不同的地方在于它的“贯通”（古今贯通、学科贯通），它要有一个整体：政治、历史、文化、思想、经济。今天我们常说我们处在一个产生“理论”的时代，要产生理论，首先学术界要关注大问题，要有大题目。然而，矛盾就在于我们的学术界以“碎片化”为常态，没有大的题目，老在“碎片化”的路上走，怎么可能创新呢？从这一点上讲，周武从“上海学”着手突破，提出一种对上海研究比较新的理解，是有道理的。第二句话是，关于《上海学》这个刊物。现在市场上有许多刊物，好多刊物没几年就消失掉了，好多刊物又不断地生长出来，但是很少有人去思考刊物对学术能够做什么！我们今天讲学科是团队，课题是团队，现在的团队，一般的模式就是申请一个课题，拿一笔钱就行了，国家现在对社会科学的投入不少。其结果是，现在要成为一个学科如果是跟着课题走的话，第一要么是领导安排，第二要么是金钱的诱惑，它本身不可能产生学术的凝聚力，也就失去了学术的魅力。二十多年来，我们国家对学术投了多少钱！如果算一笔账的话，它能够出多少成果！显然，这是不成比例的。我在想，在历史上，在民国史上，围绕顾颉刚的《禹贡》杂志（历史地理方面），汇聚和产生了一批出色的历史地理方面的专家；陶希圣创办的《食货》杂志（经济史方面），也培养、汇聚、产生了一大批经济史专家。我们不是老羡慕西方的年鉴学派（社会史方面）吗，年鉴学派之所以成为一个学派，就是那本 1929 年起编的《经济与社会史年鉴》嘛！现在学术界有人喜欢虚，但总有人会以实作为本位，会安静做学问，所以一个好的刊物，如果做得好，对学术的作用非常大。我想过个五年、十年或者十多年，你如果能够把这个刊物办下去，能够汇聚一批研究"上海史"的学者，可能会出点成果，可能会真的成为有学术凝聚力的学术共同体。所以从这个方面来说我觉得是有意义的。第三句话，关于周武这个人。他是我师弟，他有足够的阅读量，有足够的学术眼界，有足够的能力，这个大家都是很清楚的，不用我多说。我最想说的一点是周武办杂志的本事，当今之世还真没几个人可以比得上他。我在社会科学院历史研究所呆过 19 年又 9 个月。我刚进去的时候，那本《史林》传到人手上都没人要，后来周武当主编，在七八年的时间里，《史林》被北京学界称为历史学界中的大刊物。制度是一方面，但投放不行啊，制度的好坏它可以保证尽快地发生，但是做不出好事来，有时候还做不下去，就在这一点上来说，周武是个办刊物的人才。你们也看到他还办过两期《中国学》，那也是备受称道。一个好的刊物它不是留有空间让你来投稿，它需要好的题目，用选题来组织学术、来凝聚人心。周武现在五十岁了，我看你现在除了自己的研究之外，你这辈子后边的事就把这个刊物做好。学术界很势利，学术界也很公道，你做不出来，谁都不把你当一回事，但你做出来了，你就是大爷！

王健：杨国强老师讲了三个方面，包括上海史、上海学；刊物；对周武的期望。接下来，我们请上海师范大学人文与传播学院院长苏智良教授发言。

苏智良（上海师范大学教授）：首先对周武主编的《上海学》的发布表示祝贺，而且一首发就是两本。众所周知，历史所是"上海史"研究的重镇。从五十年代开始，积累了很多。我们老师一辈的人才，出了大量的资料，然后是唐振常先生主编的《上海史》，到后来的老院长张仲礼先生，也主要是借助历史所和经济所的资料来研究，对"上海史"研究有很大的推进，再后来是《上海通史》，我们在座的很多同人都是作者，直到今天"上海学"这面旗帜再次飘扬。确实说，在"上海史"方面，历史所是第一重镇，我们上海师范大学的一些老师和同学也在学习、做一些研究，也希望在这方面将来能够与历史所合作和推进。第二点，我想说《上海学》继续深化和发展的几个浅见。第一点感想就是，多学科的推进。从"上海史"到"上海学"，我想它的对象应该是更加的宏大，多学科的合作、范式的改变，恐怕也是将来我们在这方面着力的地方。这方面有很多的例子，比如说宗教学方面的研究。上海在近代也是各个宗教汇集的重镇，我想，在这一个领域还是有很多事情可以做；再比如说现在中国的学界当中，"生态环境史"做得很红火，或者说起步已经很不错了，但是我想说在以往的上海史研究中，这一块还是有点儿欠缺吧。我特别希望我们年轻人在这些多学科的领域有所拓展。第二点就是国际化。我刚才看了一下这两本新书，已经有这方面的趋势。"上海史"这三十年的研究如火如荼，但首先还是在海外发生，然后再推进到国内，在这一点上，我想还是有很多事情可以做。刚才在会前，马军跟我说，接下来他们可能会做一些专题史，比如说“法租界史”，它也是我们上海史研究中比较薄弱的环节，所以这样的情况就需要我们国际化的团队来展开。第三点就是，资料的积累，我注意到在《上海学》的专栏中，就有一块是“新史料”，这个非常好。“上海史”之所以有这么多人来关注，恐怕除了上海城市本身的发展和地位以外，很重要的一点就是资料的积累，如果没有资料的积累，那是没有办法做历史学的，所以这一块很好。尽管这二十年来我们在资料方面做了很多的工作，特别是在座的很多年轻人，他们的博士论文当中开拓了很多新的资料，但是能不能有一个宏观的思路和计划来推进“上海学”的资料的建设，（正好上海人民出版社的编辑也在），也应该值得我们考虑。第四点就是刊物本身的建设，刚才杨国强老师也讲到《史林》，它在国内外的评价非常高，其转载率好几年是名列历史学刊物前三名的，能够做到这一点是非常不容易的。当然《上海学》现在是初创，我的想法是，能不能有一个制度化的建设，比如说栏目的设计能不能更加规范，能不能更加学术性，比如说“当代聚焦”，这个有点像综合性的杂志的栏目。一般来说，科研机构、学术界创办刊物就是看能不能进入CSSCI，即核心期刊的行列，如果进去的话，将来名人名作就会越来越多，这样就越容易组稿。比如说我们学院的一本《都市文化研究》，因为我们有教育部的基地叫“都市文化研究中心”，四年前吧，进入C刊的行列，这几年办刊就比较方便，所以我想这个也应该注意。再前进一步的话，目标就是“艺术人文引文索引”，据我所知，现在中国有很多的学术刊物都在朝这个方向发展，《上海学》如果有这个兴趣的话，至少在办刊的样式上朝这方面努力。我相信今天对于“上海学”、“上海史”是一个非常重要的日子，也是一个承上启下、总结过去、展望未来的日子。“上海学”、“上海史”，也包括上海这座城市的发展也将迎来一个新的高潮。谢谢大家。

《上海学》编纂研讨（上）

周武（上海社会科学院研究员，《上海学》主编）：各位前辈，各位师友，首先感谢大家百忙之中，参加《上海学》首发式暨多元视域中的上海学术讨论会。本来还有其他几位教授要来，但是有一位教授是永远来不了，就是本刊顾问、不久前去世的沈渭滨教授。从刊物筹办开始，沈老师就给我们巨大支持，所以我要向他表示最深切的怀念。

以上海为对象的学术集刊，在上海已经有不少。像上海市地方志办公室主办的《上海研究论丛》、上海市档案馆主办的《上海档案史料研究》、现代上海研究中心主办的《现代上海研究论丛》、上海师范大学主办的《都市文化研究》、复旦大学主办的《中国金融史研究》期刊，主要是研究上海金融史，还有像上海历史博物馆主办的《都市遗踪》等等。这些学术集刊可以说是各具特色，在学界当中已经有很好的口碑。与这些集刊相比，《上海学》是后起之辈。但是我想后起也有其好处和优势，我们可以博采众家之长，可以力避各家之短，并在博采和力避之间找到努力的空间和方向。

概括起来，《上海学》集刊想在以下三个方面做点尝试。第一个方面，我们希望更多地从通贯整体的角度来解读上海、诠释上海，着力从细节的、局部的，甚至是碎片的研究当中，或者从分门别类的学科，比如政治学、社会学、法律学等等以及一些历史跟现状当中找出其中的关联和它的内核。我们希望能够比较完整地、立体地来呈现上海这个城市的兴起、发展、困顿、转型；呈现上海城市变迁过程当中的变跟常，以及变中之常和常中之变；呈现上海城市的外在的风景和内在的风景；呈现上海它的城市生命、城市精神和城市气质以及由这些精神气质化合而成的传奇性的魅力。这是我们想做的第一个工作。第二个方面，我们希望能够进一步地放宽视界，把上海城市的变迁放在区域（主要是江南）的、国家的和全球的整体变迁格局当中来加以考察，从而更加准确地、更具深度地来解释上海城市变迁的动力机制、约束条件以及空间规模，通过这种努力来解释以上海为中心的国际化商业、流通网络和知识传播网络的形成、延伸、拓展以及在此过程当中上海所累积起来的巨大的城市能量和吸纳、辐射的能力。并在这些努力的基础之上，我们也想通过实实在在的研究来揭示上海之于区域，之于国家，之于世界的特殊意义。第三个方面，我们希望能够吸引海内外的同行来共同推进对上海这座城市的研究，希望《上海学》能够成为海内外学者互动的一个高端学术平台，并通过海内外学者的沟通、对话和交流，来提升上海研究的意境、气象和格局。我在发刊词最后写了几句话，"在我们当今的学界，上海学通常被当做是一门方兴未艾的显学，一门内涵跟外延极其浩瀚深广的学问。因为它方兴未艾，所以可以开拓的研究空间是非常大的；因为它浩瀚深广，所以不是任何一个机构或者个人所能够穷尽。"正是在这个意义上，我认为《上海学》应当成为一种共同的学术事业。我在这里竭诚欢迎上海研究的同行跟我们一道致广大、尽精微，共同来把这个刊物办好，共同来推进这一学术共业。谢谢大家！

曹怡波（上海人民出版社编辑）：各位老师大家好！今天非常高兴能参加这个会议，难得有这么多位专家老师在，我也可以虚心受教。责任编辑是每一本书的第一个读者，我作为《上海学》的责任编辑，就从一个读者角度来表述一下看法。第一，我觉得这本书体现了学术的纯粹性和严肃性。刚开始周武和我谈《上海学》的时候，我是抱有怀疑态度的，因为现下关于上海的书籍，除了少部分是有学术含量的，大部分都是风花雪月的主题或是比较随意的选题。但是当我拿到《上海学》以后，便推翻了之前的看法。这是一本很严肃的、有深厚功底的学术论文集，这些文章从两点就可以看出它的学术含量，一个是它的注解，从大量的注解中就可以看出文章作者所花费的功夫之多，收集、占有的资料之广，这样的学术论文肯定是有价值的。虽然有些文章的主题也是和上海的灯红酒绿、风花雪月沾边的，但是作者的态度非常严谨，以历史的真实性赋予文章的严肃性。这本书在学术性方面是无可挑剔的，是一个严谨的学术刊物。第二，《上海学》反映出来的学术思想非常广泛，它涵盖政治、经济、文化、教育等诸多领域，但对这些领域不仅停留在抽象的宏观的角度上，还通过微观的、侧面的或者是一个具体的社会现象加以讨论。这样对读者来说，可以取得对当时历史比较生动形象的一种把握。我们在了解历史时，需要一个全方位的了解，而不是某一个点，这本集刊恰好满足了读者的这种要求。它是从社会的各个侧面反映上海一百多年的历史现实，许多资料都是真实可信的史料，所以我相信这本书在读者中会有很好的评价。第三，这两本书，体现了新的学术理念。上海社会科学院上海史近代创新团队，我是第一次听到这种创新团队的称谓，故在审稿时，特别留心创新型是怎么回事。在学术上的创新是每个学者孜孜追求但又很难做到的事情，而且学术创新也没有一个量化的标准。但我对这两本书理解是这样的。首先，它对宏观题材的把握，我觉得是高屋建瓴的，它把一个相对漫长的历史时期高度浓缩，然后找出其内在的逻辑，抓住几个要点来进行论述，这样的文章让人印象很深，看过之后，会将精华的部分提炼出来。这是建立在大量的研究和思想基础上，不是随意就能做到的。其次是对微观题材的把握，我觉得作者往往会找一个很小的问题作为切入点，然后穷尽下去，把几乎所有能找到的材料全部挖掘出来，很真实地还原历史，从一个侧面、一个点，然后再到一个面。在生活中，许多读者读历史书，也是为了还原历史的真实，但是历史还原的真实和文学作品是不一样的，它一定要有一个比较真实的材料，一个比较真实的记述。我觉得目前《上海学》做到了这一点。其中有一篇商务印书馆董事会议记录，这篇文章看似很枯燥，像流水账一样，但是可能由于自己的职业关系，我看着却很有味道。因为从琐琐碎碎的记录中可以很形象还原当时那些出版人的生活状态，这是很真实的。我觉得这些资料的收集整理，是很有意义的。

我再谈三点对这个期刊的希望，第一，题材上可以更加拓展一点，这两本书目前主要还是集中在上海市开埠以后一百多年的历史。但是上海有自己的历史已经有五六千年，建成大概也有六七百年，所以可以把研究的范围往前拓展一些。那段历史几乎在很多人脑海中是空白的。第二点，我赞同周武老师在发刊词中的观点，在上海史有形的研究基础上，增加无形的研究，比如上海的风俗、传统、精神，或者上海人的生活理念，这也应该是上海学研究的应有之义。第三点，就是这本书有些论文，可以发展成专著，希望能在上海学当中起到应有贡献和作用。我就说以上几点，谢谢大家！

王家范（华东师大思勉人文高等研究院资深教授）：祝贺《上海学》这个集刊为上海的研究提供了一个很好的平台。真人面前不说假话，其实我对上海学这个名词是不感冒的。它是讲上海史，上海史发展出来研究整个上海的问题，上海学名头叫得响亮。我是一个忠实上海史的老听客，但是始终不算票友，票友、听客的区别就在于听客比较挑剔。无论是史学还是上海史，它的创始、发展、繁荣都需要时间，更需要一个自由的竞争的环境和氛围。评弹从乾隆年间创出，但真正被接受大概要到晚清甚至民国。但在自由和竞争的市场机制下，它必须面对江南的广大江浙和上海这样的舞台功能，演员是靠说书吃饭的，他要接受听众的检验，所以评弹在这个发展过程中也可以看到家传师承，但在家家之间或是师承之间产生了很多流派。各个流派都有一招鲜，唱什么调什么调。就我看来，任何学科每个人都应该有一招鲜，没有一个人可以包揽打天下。所以一人垄断，一个团队垄断，文化必不能发展。关于上海史，我们经过了好几代人，从柳亚子、胡道静先生到唐振常、陈旭麓先生，最后到现在。《上海通史》算是有个基础，但现在要重修《上海通史》，我觉得不应该是这个时候，新的上海通史应该在二十年之后，而不是现在。第二点，我认为上海史的发展空间极大，有很多精彩的瞬间没有呈现出来。只有将它呈现出来，我们才有可能站在一个高度上把上海史提升一个境界。上海应从时和空两个维度上看它的历史延续，作为昆山人、江南人，我看到石库门就知道是江南民居延续。海派当中也是什么派都有的，这就是上海。更重要的一点，是史料的发掘。上海史有大量史料没有被系统的发掘、处理。学术创新既需要创新，也需要守旧，应该大力挖掘上海史的新史料，才能更好地去研究。谢谢大家！

周振鹤（复旦大学资深特聘教授）：今天很高兴来参加这个发布会，我是提前两个星期就看到《上海学》，觉得这里面的稿子都是比较出色的。但是对上海学的"学"这个东西，不是很感兴趣。现在所有的东西都可以叫"学"，过去像汉学一样东西才是学，现在任何事物的发展都是从高端到低端的，不是从低端到高端，所有东西都叫学，现在是滥学。既然什么东西都可以是学，那么上海自然也可以成为学。上海的重要性，尤其是上海在近代的重要性，是中国其他城市难以匹敌的。现在上海既不是出版中心，也不是政治中心，也不是金融中心，只是航运中心、贸易中心，综合起来看，还是一个经济中心。上海只有经济中心这个功能是其他城市抢不去的，就是北京想要抢也抢不去。除了这个中心之外，出版中心没有了、金融中心没有了，其他很多上海原来是中心的功能也没有了。前年我出版了一本《中国历史地理十六讲》，《南方周末》记者来采访，有一个问题很出格，问北京要不要迁都，我的回答是不要迁都，只要功能分出。因为北京集中太多东西了。北京是首都，但是首都不一定要做经济中心、金融中心、航运中心。试想北京如果在海边肯定会做航运中心，可惜不在，那便是航空中心。过去上海也是很多的中心，这其中是有很多东西可以研究的。可能大家没有注意到，上海过去除了是金融中心以外，其实还是影子政治中心。虽然真正的政治中心在南京，但那些达官贵人基本上都是在上海居住。当时京沪铁路是很方便、快捷的，这些人在上海相互之间商讨国事、制定政策，然后到南京正式公布发表。上海这个中心的功能过去不大有人注意。上海要成为一门学问，真的是可以成为上海学。虽然我也是反对“学”，但是现在如果把上海好好的研究一番，上海学还是可以做得出来的。我也主编《历史地理》期刊，知道每一期刊物编出来都是很不容易的。原因是稿子是有很多，但好稿子是没有的。如何找一些好稿子，那是不容易的。当我拿到这两辑《上海学》，我觉得相当满意。对于《上海学》我很看重的是能不能做好史料的积累，上海的史料非常之多，不讲本国，如果只讲日本，相关上海的书籍就不计其数。我自己也有收集。比如关于上海的非正式的出版物，有些真是很好的。上海学不要一开始就建构一个非常理论化的学问，过程可以慢慢进行，史料的积累很重要。即使上海学中没有看到“学”，但这个“史”还是有的、史料积累是有的。上海这个学要构建出来，需要很多的积累。最后我希望《上海学》这本书可以一直出下去。

沈祖炜(上海文史馆原馆长)：各位专家、各位同道，今天是《上海学》首发式暨多元视域下的上海的研讨会，我觉得这个会的召开，《上海学》的发行，有一个很重要的涵义。这个涵义就是上海学作为一面旗帜，周武把它高高举起来。对于上海学这个概念，大家是否认同，这是可以研究、讨论的。但是有人勇敢地举起了上海学的旗帜，就意味着接下去会有大量的工作要做，接下去会有千军万马汇聚到这面旗帜下。如果真是万马奔腾、浩浩荡荡，大家都来研究，上海学成为一门显学，“上海学”这个名字就不会有多大的争议。大家都接受了，它也就站住脚了。所以今天的首发式，我要衷心表示祝贺。上面讲到各种学的概念，现在也有很多，敦煌学、汉学，这些大家比较理解，现在四川人在搞蜀学，它也叫学。上海学能不能站住脚，关键是看在这面旗帜下有没有千军万马。今天的首发式是一个非常好的开端，希望能够继续下去。

其次，近代以来中国的学术研究受到西学的影响非常之深，以致于现在各种学科的分科基本上都是按照西方的套路。历史学就是历史学，经济学就是经济学……各种各样学科的分类都是按照西学的架构来区分。上面杨国强教授提到八个字，我非常之赞同，就是“古今贯通，学科贯通”。我相信如果上海学能够有千军万马都跑起来，上海学研究肯定不局限于上海史研究，否则就干脆叫上海史就行了。为什么要叫上海学呢？它肯定有它的涵义，肯定有它的要求。因此，我觉得上海学下一步在学科建构上要做大量工作。在上海学的旗帜下，我相信不仅是研究上海史的学者能够参与，即使是研究上海史也有各种各样的角度，经济史、文化史、历史地理等各种各样和上海有关的、和史有关的都纳入其中。更重要的是，不仅是学科的贯通，还有古今的贯通。用今天人的眼光来看我们的历史，研究历史也要为今天提供借鉴，大概上海学会有这方面的一些作用。当然，还有一点非常重要，周武既然举起了上海学这面旗帜，那么对于上海学的研究范畴，我觉得也应该有一些学者进行探讨、进行研究，即上海学的基本框架。否则上海学会变成一个筐，什么都往里装。这个从严谨的学科建设上，我觉得需要认真的争论。上海学这个旗帜亮出来，要有一个理论的探讨，上海学为什么作为一门学问站得住脚，它的内涵和外延是什么；要有一个感召力、号召力，讲清楚上海学的范畴到底是什么。这也为我们研究队伍的建设做一个好的引导。因此，我希望周武及其团队在这方面做一些引导，到时千军万马也许就会跟上。

张忠民(上海社会科学院经济研究所研究员)：今天非常高兴能参加如此重要的盛会，在这样的场合，讲一句话太少，讲三句话太多，因此我折中一下，就想讲两句话。第一句是祝贺。祝贺有两层意思，第一层是祝贺《上海学》这两本书，因为书里面有许多以前没有见到过的东西，有很高的价值。第二层是要祝贺上海学这门学问。第二句话就是关于上海学的一点想法，学习心得。我们现在的上海精神，十六个字，“海纳百川、追求卓越、开明睿智、大气谦和”。“海纳百川”是精神之首，从这个意义上看，上海学是百学之学，是学问中的学问，这是第一点。第二点，上海学其实可以用徐家汇的汇字来阐述。汇就是海纳百川，四个字用一个汇字，所以上海学是百学之学。如果从这一点考虑，再进一步的话，上海学就成了首善之学，研究上海学的人就成了首善之人，上海这个地方就成了首善之区。我觉得《上海学》这种形式非常巧妙，如果有人斤斤计较的话，可以说是一本杂志；不计较的话，就是一门学问，新生事物是有待于完善的，还有各位专家、同行帮你撑腰。可以有各种各样的角度，这是一个可进可退、可攻可守、可大可小，一个非常妙的首善之学，首善之区，首善之人做的首善的学问。谢谢大家！

许乃青（上海市编辑学会副会长）：各位老师、各位专家，我本来是没有发言的资格。我也是来自出版界，但我是多年在上海新闻出版局。我觉得《上海学》这个杂志的问世确实是一件非常好的事情，因为杂志首先提供了一个多元的平台。过去关于上海的东西很多，但是专著也好，书也好，都是写一个方面，但《上海学》提供一个平台，可以将各种各样的观点汇集在一起，产生的效应是不一样的。《上海学》这个杂志的问世，我觉可以在史料的基础上做进一步研究，这是非常重要的。第二点，我认为这个刊物办得非常有特色，栏目设置，刚刚曹怡波老师也讲过它的学术价值。其中有两篇关于出版的文章，一篇是讲的近代上海的出版，另一篇是改革开放后上海的出版，这个也是有个比较的。现在上海这个出版中心的地位没有了，出版界许多人也在讨论这个问题，为什么我们的出版会越来越边缘化。实际上改革开放初期，上海的出版社大都是各干各的，当时政府也是让出版社自己发展，那个时候出版社还是很有生气的。但是后来北京提出要搞集团化，相对地统一起来，那么就僵化起来。上海是非常重要，但是在近代以来上海为什么重要呢？就是过去它是市场经济，中国从农耕社会转型到近代社会很重要的就是市场经济起的作用。当代就是计划经济影响太大，现在深化改正很重要的就是政府怎样从领导者转化成参与者。这个刊物问世真的是非常好，在这里衷心的祝贺。

马长林（上海市档案馆研究馆员）：很荣幸能参加今天的首发式暨多元视域中的上海学术研讨会，向周武及社科院历史所表示衷心的祝贺。对于《上海学》这个集刊，我个人感觉是比较高端的。大家都谈到了上海的研究，上海学成为显学，因为上海的特殊情况。我不去说上海学有多好的涵义，单从文章的内涵我就觉得足够，能够成为上海史研究标志性阶段。我相信在周武的主办下，可以成为上海研究的一大品牌或者是一个新的品牌。之前杨国强教授也高度评价了周武的善于办刊物的能力，我认为他作为一个陈门弟子，继承了陈旭麓先生的思辨能力，将历史思辨的哲学贯彻到上海学当中。所以翻阅这两本书以后，一种新鲜感扑面而来。无论从题材，研究的方法、资料都是比较新颖的。我特别注意其中书评占了很大的分量，一共有七八篇左右。这也与我有很大相关，我前几年在编租界志的基础上，搞了一本《上海公共租界管理研究》，出来以后也没有得到一个正式的反馈，证明研究成果到底如何。而李志茗写了一篇长文，是对我们一个研究成果的反馈，对我来说是一大收获。现在是出了好多研究的成果，但都被淹没了，现在有这个平台，不论评论写得好坏与否，但都将研究成果呈现出来了。对于一个比较高端的新的刊物,像我研究上海史的人是有比较多的期望。周武担当这个主角,后面有一个团队,这是不成问题的。从我个人而言,不管这个刊物的名字怎么样,但是从内容上来说,还是可以有几方面可以重点关注。一个就是前面杨国强教授讲到的,上海的一个示范性,这是我们应该继续关注的。上海这个城市的发展时间虽然不长,但是在全国近代化过程当中,它有一个示范、引领、标杆作用,可以有大量的研究成果来证实这个问题,需要花功夫关注这方面的研究成果。另外一个,近代上海的研究空间还是很大的,还有许多薄弱的环节,填补研究的空白性,我觉得也应该重点关注。比如马军研究的法租界,由于档案史料等原因,应该来说还是一片还未开垦的处女地。那么现在条件相对已经成熟了,有这个研究团队。除此之外,我在研究当中也感受到,民国时期在上海虽然时间比较短,但实际上有许多制度层面、城市发展层面都有许多对现在也有启发意义的事情,值得将其挖掘出来,希望也可以重点关注。

冯绍霆(上海市档案馆研究员):首先还是应该祝贺一下。以前,我想起大概是20世纪80年代中期的时候,也有人想打出上海学的旗帜,但是没有成什么大气候。所以要恰如其分的时候打出旗号,否则就容易陷入空谈。与现在相隔三四十年,情况大不一样。现在已经经过中外学界这么多年的努力,在这方面积累了很多的东西,在这个时候举起上海学的旗帜,应该是时候了。刚才沈教授讲到了"通"的问题,要通古今,通中外,我也是非常赞成的。周武教授那篇序言里讲到了上海研究一些不足的地方,这些不足的地方讲的很到位,其中有一点我很关注,就是上海在一个很关键的枢纽的位置,影响着国内,又连带着国外,面向着世界。这样一个枢纽的位置是中国从近代到现在没有一个城市、没有一个地方能够替代的。尽管现在上海的地位同鸦片战争以后上海的发展有些不一样,但我想这个地位还是存在的,问题是我们现在怎么来研究它。所以刚才沈教授讲的"通",我想是很有道理的。从西学进来以后,中国的所谓的国学就垮了。如果要通,就要将文史哲、声光电化都纳入到一个框架里面。上海学有了这些积淀之后,我想可以做到通的。比如说马军要搞法租界的研究,就应该把租界里的人文、地理、历史、经济等方方面面的情况都纳入到一个总的框架当中。我是强调不要碎片化,不要碎片化是什么意思呢?就是要有一个总的东西来指引,研究的东西肯定要落实到具体的项目上去,这个具体项目当中要体现通识的。大处着眼,小处着手。关键还是要看到过去研究的不足之处,能够提出一个纲领性的东西来。我想有这样一面大旗的话,上海史、上海学的研究会进入到一个新的更高的层面。这样上海学这门显学的地位是无可替代的。

我就讲这些，谢谢！

刘昶(华东师大历史系教授)：首先感谢周武兄邀请我来参加这次会议，也祝贺《上海学》首发式，我也和王家范老师讲的一样，在上海研究这个领域是个听客。自己从来没做过上海方面的研究，而且我这个听客还是初级听客，王老师还可以比较挑剔，我连挑剔的资格也没有。在上海学这个领域是一个看客、一个学习者，所以我真的是没什么可以谈的，我就从一个看客、一个学生的角度提一些希望，可以从中学习一些东西。大家刚刚都讲了近代上海之所以这么重要，一个很重要的原因是上海海纳百川。我想还有一个很重要的原因就是上海在近代中国是敢为天下先，什么事情都是上海在带头的，所以它引领风气、引领潮流。这两点是上海之所以成为近代中国的上海、现代世界当中独特的上海的很重要的原因。我们讲四九年以后上海之所以逐渐丧失了它的地位，它从很多很多的中心，变成只有一个中心。一个就是户口制度的问题，不可能把所有人聚到上海来。第二个，很多时候中央规定，限制了上海的自由。全国的学校院系调整，出版社、文化机构调到北京去，这样上海都不能引领潮流了。所以很长一段时期，上海是丧失了近代以来它的优势。那么从改革开放以后，上海又开始获得了发展机会。首先，又有大量的人才汇集到上海，上海又成为一个海纳百川的地方。而这本杂志的出版，我觉得又是一个引领风气、引领潮流的重要工作。上海学的研究可能也要在有些方面引领风气，我看了这两本上海学的目录，总体感觉偏重在上海史，当然上海学的基础肯定是上海史，没有上海史的研究，上海学无从谈起。但如果今后要引领潮流，《上海学》这本杂志创办的目的，不仅仅是一个纯学术的研究，可能还要为上海今后的转型，今后引领全国潮流在这方面做出贡献。所以我觉得在这里面可以增加一个栏目，就是上海当代的研究、现实的研究。上海现在的户籍人口差不多有三分之一都是新移民，这么大一个群体，我们是不是要做研究，而对这个的研究是不是包括在上海学研究当中，这是个例子。还比如，我们现在上海二三十岁的年轻人，他们的想法、问题，对于上海今后发展是很重要的。他们很快可能连上海话都不会讲了，他们的上海话和我们小时候讲的很不一样了。再下一代，可能真的是上海话都不会讲了。我觉得上海学也可以把这些纳入到视野中。还有一个问题，我觉得在栏目里面，我们可以增加一个上海双城记，因为上海近代的发展一直是在和北京互掐，京派和海派的争论一直是在互掐，而且北京以及全国各地都是非常妒忌上海的。能不能从他者的眼光来看上海，作为一个栏目来研究。就是中国其他城市怎么看待上海，特别是像北京，有什么样的关系，都可以纳入杂志的研究中。我就谈这么多，谢谢！

戴鞍钢(复旦大学历史系教授):首先祝贺《上海学》以书代刊这样一种形式的出版,自己能够列为编委还是很荣幸的。我简单讲三点,第一点,应该有当代的意识,现在的史学研究也在强调这一点。虽然主要是讲历史的问题,但是应该是处处以当代的问题来关照历史。这样有两个好处,一个就是读者面会更加宽广,比史学文章要广得多。第二个是耐人寻味,启发作用更加大。我举一个例子,现在要做上海改革开放、开拓进取的排头兵,在我看来近代以来上海从来就是如此,当然这两者之间有很大的区别,前者是被动的。但即使是在受制于当时社会这样历史状况下,上海还能够取得我们现在看到的 1949 年以前那么多的成就,那就是一个很值得探讨的问题。支撑上海发展的活力有哪些,上海学应该大力加强研究。换句话说,在 1949 年以前我们都能做到,在很困难的条件下都能做到,那么现在的状况下,我们更有理由做到。把历史和现实打通是非常有意义的。这是第一点。第二点是全局的意识,杨国强先生在之前的发言中做了很好的提示。历史学研究,特别是上海学研究,一定要有全局意识。我也举一个例子,比如周武先生有一个影响很大的论断,就是从江南的上海到上海的江南,我做上海史研究、江南和上海关系的研究,一直是受这个思路的启发的。顺着这个思路梳理下来,我想还有中国的上海到上海的中国,至少在经济、思想、文化这个范畴里面这个命题是可以成立的。所以全局意识对理解上海在中国的地位是很重要的。第三点就是技术性的问题,刊期不明确,这个要确定下来。还有就是这个刊物是不是开放性的,对国内是不是开放的。今天给我的感觉是一个团队的刊物,因为也没有征稿启事,如果要投稿也没有地方,这个就应该做得大一点。我是建议开放性的。这就是我想法。

《上海学》编撰研讨(下)

周武:我们下午的会现在开始,非常感谢大家。我们已经开了一个上午的会,大家还坚持在这里,继续研讨。上午很多老师都讲了很多非常好的意见,当然也对《上海学》寄予很大的期望。我自己没有那么大的野心,说句实在话,之所以搞《上海学》,是因为我们院里面在实施创新工程,可以申报一个团队,成功的话有一笔钱,钱不能乱花,必须搞活动,我说搞活动我不擅长,我也不喜欢搞活动。那咋办呢?我就跑去跟他们商量是不是可以办一个集刊,他们说 OK,那就办一个集刊。要办一个集刊就要取一个名字,取一个什么名字好呢,很伤脑筋,许多名字都被抢先用了。好像还有一个东西没有,"上海学"还没有人用过。那我们就用上海学这个名字。这就是《上海学》这本集刊的由来。其实不是要建一个什么体系，也没有这个雄心壮志，只不过是做一个篮子。这个篮子里面可以装不同的东西，出版社在申报时比较容易通过，对我来说也就可以了。就像戴老师讲的，我们创新工程是从去年下半年11月份开始拨钱，前面都没钱，我说我们前面都已经开始筹备了。大家拿到的两本集刊，其实应当算是去年(2014年)，今年的两本现在还在筹划当中，我们是想上半年一本，下半年一本，相对定期化。我们第三辑会出一个征稿启事，非常欢迎大家有这方面研究比较好的成果提供给我们，但是我们不好意思，为什么？因为我们不是核心期刊，比方说戴老师一直支持我们，给我一篇稿子，但是第二次就不好意思向他要了。组稿比较难。我们先慢慢一步一步的把篮子做好了，不断地往里面填一些东西，我当然希望将来它能成为一份有影响的重要刊物，但现在还很难办到，还得现实点。虽然如此，但我还是想大家拿到手的每一辑集刊都有一两篇喜欢看，愿意看的。如果拿到一本杂志没有任何一篇是大家愿意看的，那么我的努力和我团队所有的努力就白费了，这本集刊也就没有做的价值。我先简单的讲这么一点意思。下面我们按照议程来，先请丁老师发言。

丁凤麟(《解放日报》高级编辑)：谢谢主持，首先今天拿到《上海学》这个一年出两期的集刊，就非常高兴，也蛮激动的。《上海学》是过去没有过的，就是创新。我觉得搞个上海学集刊非常有意义，今天我们开一个上海学首发式也很有意义。我是老朽，上海学怎么来的，据我所知向大家介绍一点我自己亲历的情况。具体哪一年我记不清楚了，反正是上世纪80年代，上海市地方史志学会成立大会上我的老师陈旭麓教授就提出了倡议，要创立上海学，这个会你不信可以去查一查。接下来我的一个老同事，后来到同济大学当教授，也在这个上海学上开过会写过文章，也是80年代，比较靠后一点。你看80年代，也就是30年前就开始提倡创立上海学，到现在才有我的小师弟的一个班子把上海学几个字捅出来，准备创立一个新的学科。我认为是这样的，创立一个新的学科——上海学，对上海有意义，对像上海这样的特大城市非常有价值。至于《上海学》这个期刊怎么办，当然由他的团队具体运转。我的建议是这样的，你不能够办成上海史研究，当然这里有大量的研究上海史的文稿，但不能仅仅局限于这个，要把历史与现实的关系处理好，把虚与实处理好。如果有条件的话，也关注一下现实当中存在的问题，进行一点线条式的研究，提出一些意见建议。我认为不能够成为宣传品。上海要成为一个创新性的特大型城市，从这里找点借鉴，找点启示，不是作宣传，宣传那是一般的报纸做的事情。上海学要给上海决策的人提出点思考。你看上海这座城市，老实说上海现实当中存在很多问题需要研究，你比如说上海的制造业，现在在座的年轻人大概不大知道，上海解放后是全国的制造业中心，你看钢铁厂，十多个钢材厂，轻纺工业在全国那是独树一帜的，上海在20世纪50年代，牙膏供应占全国的三分之二，你们知道不知道改革开放以前，上海的纺织业工人七十几万，不得了，上海整个工人队伍几百万。这说明上海的制造业到底占什么位置？如果全部说成是金融中心，你的钞票都给谁了？没有制造业支撑的话，哪来的大上海。我记得前几天上海某部门联合人大代表提出来，上海的制造业恢复到32%，他提到32%，他情况比我熟悉，可能现在远远低于32%，现在这个一产、二产、三产到底怎么改，我觉得我们应该通过一点研究，不是你认为怎么怎么样？要给决策者提供一点启发。这样的话，我觉得才能更好地发挥我们上海学这个学科本身它应有的职能，否则不如不干。正如上午戴鞍钢教授强调的当代意义，我觉得你们办刊物的时候应多思考一点。你们这个团队有条件搞调研，写一点扎扎实实的文稿。不行的话，你找有关方面征集稿子也可以。这样的话，更可以发挥上海学应具备的功能。

周武：谢谢丁老师的建议，下面请陈祖恩教授发言。

陈祖恩（东华大学教授）：今天非常高兴能够参加上海学这个会议，对于我来说上海学这个名字非常好，因为这个对我很有启发。首先他们没有忘记我曾经是历史所的研究员。我离开的时间接近十年了，看到很多年轻人有一种很怀念的感觉。我感到上海学应该把它放在国际环境下加以研究，这个非常重要。刚才丁老师讲到了上海制造业的问题，上海纺织厂的问题，其实我们上海很多纺织工厂其实是日本的纺织工厂，这一点我们是看见或者是没看见，或者是装作没看见。但是作为一个上海学，你必须要看见，你必须要正视。我做了很多次调查，调查时你就会发现，许多我们以为是这个社会制度下的福利，如工厂有免费给工人喝的汤，工厂里面有托儿所，有学校，有幼儿园，有医院。我过去在上海柴油机厂做，这一套全都有，很多人都以为这套东西是1949年以后有的。其实你去研究的话，就会发现上海20世纪20年代、30年代，上海日本工厂就有，是他们所创造的企业文化。还有我们大家现在都比较熟悉的高级住宅区里面有游泳池，有各种会所。其实1920年代在上海的日本纺织工厂同绿色的小区当中就已开始，可以说这也是他们的首创。这个在日本也没有，但在上海有。日本学者他们来上海调查的时候感到非常吃惊，我认为如果我们了解国际化的上海，那么这个问题应该也值得我们重视。还有一个，我感到我们历史学者研究上海当然非常重要，但是学科的互动也是比较重要的。比如说我去看房子的时候，这个房子我关注的是它曾经是谁住过，比如说丁公住过，装饰得很好。或者说它建于多少年代，我一般来说是关心一些这样的事情，但是建筑学的教授他关注的是它是怎么样的一个构造，譬如山阴路有一个东照里，我们大家都知道上海的弄堂房子，这个弄堂是前门，这个是后门，一般都是后门对前门。但是东照里的房子很特殊，它是两个正门相对，你进去的时候就好像是在马路式的感觉，而这个就是日本建筑学家在 1920 年代所开创的思路。但是这只是一种尝试。东照里这种样式，我在其他地方走，差不多上海的弄堂建筑都没有这样的，所以说我们好好研究上海学的话，值得我们学习的东西研究的东西是非常多的。因为时间的关系，这个我不能讲太多。相关第二个我要讲，最近研究上海史的一些新动向，我们知道日本上海研究会已经成立 20 多年，从 1990 年开始成立，你看日本研究上海的书有多少？我们上海有没有东京学，有没有横滨学，有没有大阪史，横滨史，一本史都没有。我们中国人写的日本史，老实说也是比较粗糙的，所以说这对于我们上海学者来说我们研究上海的东西应该写得更好，不是研究其他的东西。最近上海人民出版社出版了一本书，叫《上海租界与兰心大戏院》，是日本学者研究兰心大戏院的一部论文集。兰心大戏院是近代上海一个影响很大的东西艺术融合交汇的剧场空间。像这样的研究，其实是我们上海学者应该做的，但是非常遗憾我们没有做。日本学者却专门成立了兰心大戏院研究会，汇集了音乐、舞蹈、美术等方面的专家，他们中有精通英文、法文、俄文或其他语言，从各个角度给我们展现了兰心大戏院形成与发展的历史。所以说我希望我们的上海学是国际视野下的上海学，这个我认为是非常重要的。另外我们学科的互动也非常重要。第三点我要表扬周武先生，我认识周武先生的时候他很年轻，20 多岁，周武先生学问很好，这一点大家都知道。另外一点，人也正派。我们现在有很多书其实是拼拼凑凑，这种书你说有什么意思，没有很大意思。重要的是，写好自己的文章，研究好自己的课题。《上海学》每年有两本，每年有很多很好的文章，我感到这已经很满足了。

周武：谢谢祖恩兄，祖恩兄的建议非常好，我们马上开始学科互动，因为徐清泉教授三点钟有事情，所以让他先讲，徐清泉先生是我们社科院文学所的研究员，是文化研究方面的专家。

徐清泉（上海社会科学院文学所研究员）：不好意思，我在前面插了个队。我呢就谈点自己的体会吧，参加上海学的研讨会我是感觉非常好的，自己以前对这个学科领域不是太了解，看了周武兄编的两本《上海学》，内容来不及细读，大致翻了下，觉得蛮好，有自己的思考和追求。下面我做一个跨界的交流，谈几点不成熟的看法，说的不妥的地方还请各位批评指正。第一点，我们为什么要研究上海学，它的目的性何在？我仔细研究上海这座城市，发现它的城市样本价值太大了，从历史到现在来看的话，无与伦比。从历史看，它过去是一个半殖民地半封建国家的一个地区，帝国主义列强染指经营的一个地区，而且又是我们当时民族资本主义充分发育的一个地区，工人阶级、市民成分充分成长。革命文化、西方文化、江南文化、传统文化，碰撞交流，历史上的样本价值就非常鲜见。从现实看，这个城市样本价值也是非常巨大的，它是世界一大城市群的龙头城市，而且是一个无与伦比的超大型城市，现在你说人口超过 3 000 万的城市世界上有几个，没几个。它是我们国家改革开放的桥头堡，先行先试地区。所以，我觉得上海的样本价值是无与伦比的。这就体现出了研究上海学的意义。不仅如此，我们开展上海学的研究，还可以从中可以发现规律性的东西，因为我们国家现在进入了新型城市化的发展阶段，社会建设快速推进，我们这个城市到底该怎么样发展？我看到这部书里头周武有篇论文《论上海城市转型》，我就觉得现在不只是上海，其实国内很多城市都面临转型。周武在这篇文章里提到上海经历了三次转型，而且第三次转型还远远没有结束，我感觉也是这样的。也有人说过现在应该是又一次的转型，如果说是又一次转型，那应该是第四次转型。我觉得这个看法到底妥当不妥当，还是可以商量的。因为现在新的要素在出现，比如互联网、智慧城市这些都在改变人的生活、生态，社会方方面面发生巨变。我觉得就研究这些问题，它的价值已非常鲜见的，完全可以支撑起上海学这个称号。这是我要讲的第一点。第二点就要谈到上海学研究范围到底该如何界定。我在想它的领域范围非常大，远远超过、覆盖了上海史。其实像周武他们的团队有研究上海史扎实的功底，打出上海学的这个旗号，实际上是在拓展。我觉得这是完全可以做，它的领域和范畴是很大的。拿我们文学研究所来说，我们所有很多学者长期致力于上海文学、孤岛文学研究，还有上海文化研究，搞文化决策咨询的人也很多，常年为政府部门做一些研究参考，我觉得这些都可以划入上海学研究的范畴中。但在这种情况下，我觉得上海学要有基本的理论把握。你要突出你学科的科学性和现实性，就是要有一个基本的界定。我觉得可能在考虑处理一件这样的事情的时候要把握这样的两点：首先就是要坚持问题导向，强调问题意识，要抓真问题、大问题，不能纠缠在小问题、假问题、伪问题上。其次，我觉得在上海学那么大的一个范畴里，要有个轻重、缓急的把握，就是注重真问题、大问题，有所为，有所不为。除此之外，不妨做一些可以解决实际问题的应用性研究。第三点就是一个小小的建议了，刚才周武的开场白说的很谦虚，很低调。他说办《上海学》集刊就是构建一个学术平台，很多不同的东西都可以放进来，不想造一个宏大的体系。我想大家对这个团队还是有期望的，既然打出上海学的旗号，可以走学科发展的道路。不单要做书斋学问，还要像丁老师说的经世致用。这就需要对上海学本身的学科建构甚至方法论做一些专题的研究，否则上海学研究几年累积下来还是碎片化的，没有形成体系。这样的话，上海学可能就缺乏很长远的辐射影响。所以，我觉得要对学科本身的建构、方法论的研究要稍微花那么一点点的精力。谢谢！

周武：谢谢清泉兄，下面我们请文学所的包亚明研究员发言。

包亚明(上海社会科学院文学研究所研究员)：很荣幸参加这次研讨会，对于上海历史研究比较喜欢，正因为不是做这一行的，我只是以学习者的眼光进行关注。看周武兄编这本《上海学》，非常振奋地看到上海文化的三重建构，我觉得经过上海研究这么一段时间，经过积累，的确到了能提出上海学的时候。从我个人参加的学术活动来看，到 2000 年上海文化的研究突然在国际上很热门，我就去参加纽约大学张旭东他们搞的一个会，很惊讶他们一下子策划了四次会议，主题是上海文化，这在以前没有过，他们怎么对上海文化这么感兴趣，一次是在纽约大学开的，然后在哈佛大学，香港大学，最后在上海师大。这个系列我参加了三次，没有参加全，我当时就觉得这个问题已越来越热。另外目前来讲上海研究有它的现实价值。前两天王小帅拍了《闯入者》电影。王小帅提出现在是商业片最好的时代，艺术片最坏的时代。《何以笙箫默》排片率 3%不止。而《闯入者》只有 1%。你想看也很难看到这部电影。他们在北大做了一个访谈，谈到处在这个时代里记忆被掏空了，可能有资本的力量，也可能有权力的力量介入。我出生在上海，关于我们上海的记忆，我觉得的确也到一个刻不容缓的时期。正好我前两天应一个城市规划的杂志之约，写了一篇文章。一个我也很喜欢的摄影师叫习闻雷，他是专门拍上海消失的石库门的，我一看到就特别的有感触，因为他拍摄的起点是从苏州河北岸的唐家弄，我小时候就出生在那个地方。后来就住在天潼路，后来搬到海宁路。今年我天潼路的房子突然已经拆除掉了。石库门的建筑在上海是非常具有规模的。它两次淞沪战争都经历了，但是现在它却消失掉了。后来我搬到另一所房子，我妈妈在那里住，这两个月又要拆迁了。变成一个项目叫苏河湾。正好在座有那么多历史学家，我可以请教一下。我感觉苏河湾这个名字也是有点不冷不热的，很像是房地产的一个擎天半岛之类的。但因为我不作历史研究，不知道有没有这个叫法，但把苏州河叫苏河岛什么的，上海好像没有这种叫法，苏河转弯叫苏河湾吗？黄浦江叫黄家湾吗？这个感觉就完全是没有文化，我就翻历史资料，发现在我出生的那个地方的隔壁弄堂，它是上海最早对外开放的私家园林——徐园，它的门牌号匾额徐家园在拆掉的那天还保留着。它是上海市最早的公开放映电影的地方。我小时候借书的地方——玉茗楼书场，是清朝同治年间创办的，是上海最早的书场，这些地方现在都没有了。就像王小帅讲的，现在我们都是把家园扛在肩上，写在纸里，因为这个家园已经没有了。所以，我在想不管是从学术研究的价值来讲，还是从当代对这个城市记忆的延续来讲，上海学的研究都非常重要。因为研究历史是一门记忆对抗失忆或遗忘的学问，在这个记忆枯萎的时代我们毕竟还要生活下去，我们靠一些什么东西来支撑我们。我们的学术研究怎么传播出去，能够让社会上的人知道，至于有无可能影响到决策者，我觉得这个影响很难，并不是他们完全不了解不懂，他们是装作不懂，也没有什么办法。这个研究我觉得的确非常重要。从整个来讲，上海需要一个这样的团队，如果有更大的经费投入，他们能够做更多的事情。

周武：谢谢亚明兄，下面有请《探索与证明》副主编叶祝弟给我们发言。

叶祝弟(《探索与争鸣》副主编)：谢谢周老师，我本来是没有资格来这里发言的，第一我是晚辈，第二我是外来户。钱钟书在1934年的《中国评论》上说过一句话，大致意思就是要成为上海人，就要有上海人的精气神。从这个维度上来讲，可能一辈子成不了上海人。但是今天有这样一个话题，首先祝贺周武老师，上世纪90年代的时候我在《史林》上看到上海学的栏目。你是主编，陈旭麓先生他们的评论都有。当然经过十多年的时间，做这样一个话题是非常好的。首先，上海是观察中国最好的一个样本，从一百年来看，尤其是当下中国面临一个前现代、现代，后现代的一个整体交融杂糅的文化系统。我在博士论文选题的时候曾经想做都市空间上苏州河的趋势，当时周老师也提供了很多资料。从外地过来的就面临着这样一个前现代的问题。一百年来西方列强面临着前现代性，现在的网络文化，又面临着后现代冲击，所以在上海这样一个复杂的环境里，这样一个最佳的文本我觉得是非常重要的。其次，我觉得上海学研究的一个格局，这里面其实有两个方面。一个是研究的格局，一个是学术格局。研究的格局我们要抓住1986年上海学这个话题提出来的时候说上海不管是过去现在将来，上海学都应该抓住本质的特点是西方的创造，这个西方的创造其实也就是中西文明的创造。上海应该是现代思想的策源地和发动机。1915年陈独秀在上海创办了《青年杂志》，很多人记这个的时候都把它归结到北京去，如果没有上海的商业文化，没有发达的出版系统，这个杂志是不会在上海创立，不会在中国诞生的。今天研究的政治中心到北京去了。文化这一块，底气不足喊的声音也不足，但是中国这一百多年现代文明的中心肯定是在上海，那么上海如何阐释这样一个文明的中心，如何阐释这样一个现代文明从中国走出去，是义不容辞的责任。上海应该hold住它的光荣与梦想。在这个维度上我非常看好这本杂志。同时今天上午杨老师也讲到立足于上海地方的史，应该着眼于中国发展未来的一个样本，跳出上海看上海。那么中国现在很多事情都是上海先遇到的，这就是特大城市的风险。其实刚才各位都有提到这样一个问题，关注现实，这样的风险只有上海这样的特大城市能遇到，这样的遇到蕴含深刻的历史规律必然性。这样的规律性在座的各位或多或少也能理解到，在这样一个经济发展、管理落后等等都面临着一个复杂扭结的状况之下，产生的一种必然。我觉得从这维度上来看，可以看到中国未来发展深刻的复杂性。我们杂志在今年第三期有关于特大城市风险治理的问题，我们《探索与争鸣》是上海的一本刊物，各位先生也一直非常支持我们的刊物，但是我们没有提出上海学，我们有我们的考虑，但是我们的话题都是从上海出发的，比如说我们在2007年的时候做过一组现代化城市中的遗产保护，选择了七宝和上海周边城市的一个样本做了一组文章，后来这组文章五篇被《新华文摘》转载，我觉得关键是我们能不能抓住中国走向的一些问题，既立足于上海又带有全国性的根本性的问题，这是非常重要的。第三，长期以来对上海有一个本质化的理解，京海之争、革命上海、小资上海好像每个时代都要贴一个标签才能表现这是上海，上海最根本的价值就是都市文明，所以带着中国近代以来都市文明的成果，同时也具有中国大厦最具标杆性质的一页，新与旧、中与西、革命与保守的冲突，这种冲突描绘我觉得是特别重要的，应把这种复杂性表现出来。

周武：谢谢叶老弟，今天上海交通大学刘士林老师在北京签约。来不了，派他的助理王晓静博士来，我们也请她讲几句。

王晓静(上海交通大学城市科学研究院博士)：谢谢周老师。刘老师到北京出差了，派我参加。我是刘老师的学生王晓静，今年刚刚毕业，留在交大做科研人员。刘老师派我代他向周老师表示祝贺。非常钦佩周老师一年能出两期的《上海学》。因为刘老师主编一本《中国城市科学》，我在帮他组稿，然后我们紧赶慢赶每年只能出一期，今年的还不知道什么时候出，所以看到周老师一下子出了两本，而且是打算每年出两本，那么厚，而且又有质量，觉得要多多向周老师学习。我在此向各位老师拉拉稿，不是抢周老师的生意呀。就是大家都是做城市研究，如果大家有非上海的其他城市的，其他区域的文章给我们，我们是中国城市科学。也不是C刊，但是我们在向C刊的道路上努力。第三，就是我个人的小小的私心，我五年前做了一个开埠以前的上海文化研究，是从上海古诗——竹枝词做一个筛选，做一个文本解读，这个文章也写了好长时间了，也发表过一些小的片段，整篇还没有请比较专业的老师给我把把脉，所以想有机会的话，请周老师帮我指导一下，可不可以？

周武：没问题。下面我们有请华东师范大学的杜英博士。

杜英(华东师范大学中文系副教授):首先非常感谢周老师的邀请,其次坐在这讲话感觉没有底气,因为我是文学系的。我就谈一些我自己的想法吧。我想上海学如果从题目而言应该属于区域研究,这个区域研究本身就是跨学科的,是不是在历史之外,可以和文学、电影、艺术有互动的关系。前面有老师已经提到了,首先他作为跨学科的问题。虽然我是做文学的,但我喜欢历史著作,历史工作是我研究的一个基础。如果从上海史这个基点出发,我们可以把历史与文学的关系在这个层面上进一步拓展,这种关系可以分为三个层面:一是历史事件的认知,这可能就是历史学家的研究;二是历史记忆的建构;三是文学与艺术的问题,关于历史的虚构问题,这种虚构实际上是一种再现。那么,这种再现和历史事件本身,和历史事件的建构不是一一对应的关系,但一定是有互动的关系,从这个角度来看,上海学应该还是有发展的空间。这是我想说的第一点。第二点,从空间的角度看,上海作为一个空间,空间分为三个层面:第一个层面是物理空间,这个大家都知道;第二个层面就是规划的空间,通过建筑师、城市规划变成一个现实的空间;第三个层面跟文化空间就有关系了。和文学和电影这种关系,在这个层面,未必能够说上海是中国的范本。中国很大,上海是一个比较特殊的地方。这种特殊,主要表现在它跟现代的关系、国际化的关系上。它的历史本身就是现代与国际化的一个标签,一定是有一些元素促成历史成为它的标签。我觉得在这个层面上还可以进一步挖掘。比如说文学或者是艺术,或者是媒体,这些媒介对于我们认识上海的文化建构起到一个什么作用,非常重要。文学和现实的都市生活之间是怎样互动的,比如说新感觉派,张爱玲写的小说,一定是以上海的都市生活作为形态,作为一种反映是肯定的。但是城市有三个空间(物理空间、规划空间、文化空间),文化空间也可能对于人对于我们对这个城市的认知产生作用。我可能没去过北京,但是我看过老舍的小说就知道北京是什么样子的。你不能说我这样得到的诚实的再现城市就不叫城市。所以,我觉得从文学本身的学科出发,可以更多地发现这种都市生活。文学艺术这种相互存构的关系不仅是对于现实都市生活的再现。另一方面是反作用于现实,反作用于都市,它影响人们对于这个都市的认知、感受和体检。另外,还可以从别的层面作深入的研究,比如国际化。上海很多文化现象,文学艺术跟国外关系非常密切。刚刚前面陈老师说的工厂的浴室,楼长的设置来自日本,其实文学也是一样。比如上海的新感觉派,新感觉派本身就是从日本来的,包括用词、办杂志的口号甚至连《妇人画报》,这些名字都是从日本的新感觉派直接照搬过来的。而且除了日本这条线索之外,它还有一些法国作家的影响,美国好莱坞电影的影响,这个非常明显。包括他们在遣词造句当中,在写小说时会夹杂一个英文、一个日文、一个法文，所以你就可以看到上海本身就是一个国际化的东西，所以我们的研究也应该有一个国际化的观点，国际化的视角。上海文化的形态是如何发生的，它和不同世界的文化的关系是如何构造出来的，这类问题也只有上海学这样的一个平台才可以做出开拓的研究，提供一个更大的文化视野。也只有这样，才能看到文化的传播、文化的流动还有都市之间的互动关系。前面有老师提到双城记，我们研究上海，上海学是不是也可以和其他的都市作些比较，这也是非常好的一个想法，不仅香港和上海的双城记，我们发现上海的国际化要大得多，20 世纪 40 年代到 50 年代初，这种空间的流动，从上海出去了很多人到香港，1950 年代香港的电影为什么那么发达，每年拍电影 100 多部，200 多部，拍电影量在国际上是占前几名的。为什么那么厉害，那肯定是和大量的电影明星、导演南下，去了香港有一定的关系。还有一些文学家、艺术家去了台湾，空间流动的层面本身就是一个历史现象。我觉得上海学可以为我们开辟更多的视野，并借助这些视野，我们对这些文化之间的流动，以及这些流动与当地文化的知识建构的关系，可以了解得更深入一些。

周武：谢谢杜英博士，下面有请华师大历史系的唐小兵博士发言。

唐小兵(华东师大历史系副教授)：谢谢周老师，谢谢各位同仁，我跟周老师的渊源是在华师大读研究生开始，我记得我的第一篇史学论文就是在周老师主编的《史林》这个刊物上面发表的，后来周老师办《中国学》季刊，我又写了一篇书评。心里很惭愧，我应该写专题的论文，虽然我的博士论文也涉及 1930 年代上海的左翼文人和《申报》，但当时我自己更多的不是做上海史研究的。首先我想接着杜英的话题谈一下，她讲的 1940 年代这样一个历史的变局下面，上海作为一个人才的聚集地，有一个分流、离散的过程，去了台湾、去了香港。前一个月我正好在香港中文大学和一个老师在交流，我非常感兴趣的问题是在 1949 年前后，到香港到台湾的这些文人、作家、学者他们对这个时代的历史记忆问题。我很好奇的是，这些人到台湾后，出了很多的作品，包括回忆录，为什么香港相对来说就比较少？当时也有很多人从上海去了香港，当时也有讨论关于南下文人在香港，但很少有人回忆 20 世纪 40 年代后到 60 年代的香港社会。看到周老师编的《上海学》里边正好有陈同老师的一篇文章，专论南下文人在香港，正好和我这段时间的兴趣有关系，这样一篇文章读下来特别投入，因为看到了人。以前有很多上海史研究、日常生活史研究，很多是见物不见人，很多是制度、机构、管理这种东西。但是人的感受相对而言是比较弱的。读陈老师的文章就觉得很有意思，人出现了，人与城市的关系，人与文化的融合，人与文化的疏离，这是特别好的。我在读周老师写的发刊词里边就讲到有些方向我们可以拓展的，他讲的有一点我是特别认同，就是关于上海是近代中国知识传播的网络中心，这一点我觉得是特别的重要。上海对于新知识的引入者和一个新知识到上海再到江南向中国的腹地扩散的过程，这样的一个知识传播网络是如何构建的，从西方到上海，再从上海到其他地方，这方面的研究是我特别有兴趣的传播学的一个研究。当然周老师在《上海文化的三重构造》里面谈到江南文化、欧美文化和革命文化这样的一个问题，我在想上海这样的一个城市，从大的层面来讲其实还可以适当做一些拓展，比如说读陶希圣的回忆录，他特别讲到上世纪二三十年代北大毕业在上海商务印书馆工作，每个编辑的书桌、书架、椅子、藤椅，不同的大学毕业，待遇不一样，书架大小不一样，给人以一个强烈的等级化的感觉。在一个书店，在一个出版社，在上海这样的城市，这样的知识群体，1920 年代末的时候有一大批知识人到了上海，但是，1930 年代有很多人又回流到北京去。为什么这个城市会留住一批人，另外一批人会离开？这个城市的气质和这个城市知识群体的气质之间的关系是怎么样的？我研究 1930 年代《申报》，看到很多作者是留日回来的，或者有些渊源。而北方的《大公报》、《益世报》很多都是欧美回来的，是不是可以从留学背景分析他们所受的文化影响，包括鲁迅，这个城市的文化特质，是不是跟日本文化东洋文化有点像，我觉得可以在周老师框架里往深处拓展。另外，关于革命文化也特别有意思，我一直感到非常费解的问题，为什么我们说 1927 年左右大革命失败了，但是革命文化在上海特别兴盛？那么多马克思著作，包括唯物辩证法等等在上海知识青年里边这么流行？这个城市如果像李欧梵老师讲的上海摩登，是中国最具资本主义的城市，但是最强力的文化却是革命文化，中共又在这里产生，这个东西又是构成怎样的一个关系？这些问题都是周老师提出的问题可以往深处去挖。最后谈一点我自己的经验。前段时间看许老师写关于这些方面的一篇文章，我当时突然就想到一个问题，我是一个外地人，在上海也呆了十几年，我一直说我在上海是面向城市，背对乡村，住在奉贤城乡接合部，城市好像永远也融入不进去。记得很多年前写了一篇文章在《开放时代》发表，写 1934 年上海大学生禁止跳舞，当时许老师就批评我说，你根本没有进去过百乐门，上海的城市特质你接触不了，你写这样的文章干嘛。讲到这里，我想说一个事，我从广州回到上海，在上海坐出租车特别放心，就觉得上海的出租车行业特别规范，特别具有职业伦理，你不用担心他绕路，或什么情况。我在广州打出租车，从广州一个宾馆到中山大学，十一辆出租车拒载，就因为它很近又是上班高峰期，在上海这么多年我很少碰到这种情况。我在想一个问题：一个是文明的上海，一个是文化的上海。文明的上海，就是说上海引进了西方的文明、公共秩序的文明，伦理的文明，职业的文明，这个是我们感觉得到的。另外一方面我有一种感觉，因为我是外地的，上海它不是一个中国具有代表性的城市，总觉得在中国的城市里边它是一个例外，好像北京及其他城市更具有中国性的城市，包括我们学校刘擎老师，有时候跟他聊天，我说中国城市除了上海你愿意去哪里生活，他说除了上海其他我都不愿意去，因为上海是中国最西化的城市，他在美国呆了很多年，呆到上海他就觉得很自在，很舒服。一个是文明的上海，对于我来说上海是文明的，这种文明是西方进来的文明，从文化的角度来讲又特别西化，好像又不是我们的文化，所以像我这样的角色的话，在文明的上海、文化的上海之间也同样有一个紧张感，有一种疏离感。有时候在文明的方面我很认可，但是在文化方面不像在北京让我有一种亲切的感觉。这些感觉层面的，对不同城市的感受差异，上海学也可以做进一步的研究。

周武：谢谢小兵兄，下面我们有请屠启宇教授，他今天本来另有安排，来不了。但他说你老大哥的事情，总归是要来的，下午他是特别赶过来的。他现在是我们社科院城市与人口发展研究所副所长，研究员。

屠启宇（上海社会科学院城市与人口发展研究所副所长、研究员）：周武兄讲的一点都不错，周武兄的事情一定要来，无论如何，排除万难一定要来，而且这个东西，周武兄给我讲过以后，我也在考虑，我发现实际上有很多共同点，我现在研究的工作是在城市人口这块，特别是在城市的研究。做的主要是当下的研究，特别是面对未来的研究，做规划的研究。但是实际上来看，我后来梳理了一下，我最近这几年参与的事情都涉及两个维度：一个是空间维度，我们做城市的空间维度，还有一个就是时间维度，而且如果说从最近几年参与的一些工作来讲，面向未来最后都要考虑从时间维度上寻找答案，就比如说我从去年开始参与的事情：一个是新一轮上海城市总体规划，这一轮要做到 2040 年；还有一个是上海面向未来 30 年研究，这个要做到 2050 年；这些超长期的空间规划工作还是战略性的甚至是超长期到第二个百年的这些研究，最后你从哪里寻找养分，寻找思想养分，纯粹从理论推进是不够的。大家都知道科学技术的变化非常迅速，外部的国际格局变化也非常迅速，在这种情况下我们可能无法预见未来 20 年、30 年的世界会怎样，我能找到的一些思想养分往往是从时间线索回看。比如说上海市这次聘了四位核心专家，三位是同济大学的老师，社科界就我这一个，我感觉到很荣幸。为什么呢？因为市里不再把城市规划仅仅看作是一个理工科的问题，同时也是一个社会科学问题来考虑。但最后我能够给出的贡献是什么呢，就是从城市史的脉络当中来考虑上海未来到 2040 年的愿景。怎么界定这么一个愿景，单纯从技术能力上是没法界定的。最后我们找到一个讲法，在全球城市史当中讲的，作为一个伟大城市有三个关键词：第一个是安全，第二个是繁荣，第三个是城市。从这个意义上找到一些线索。对照上海，从城市安全角度来讲，这是第一层次；第二个是讲上海当下一些城市定位，什么中心，什么国际大都市等等，从繁荣意义上也一定能够比较肯定，能够站得住。接下来的一个层次是从城市史的研究中找到答案。的确要考虑文明性，回溯到在座的上海城市史当中来，大家形成一些共识，感觉到这应该是可能应该走的一条道路。上海研究当中，今天我们又发现一些案例可以支撑我们的研究，刚才杜英教授还有其他几位同事讲到上海与东洋文化的相互滋润，甚至主要是东洋文化对我们的一个滋润。我在一些案例中也找到过去讲上海是全球城市要向外辐射，我找到一些案例，上海曾经达到过文明的向往城市，我去新加坡，新加坡当时有画展，新加坡画展有一个叫南洋画派，他做了一个归纳，整个在东南亚地区绘画、平面绘画艺术上，形成了一个风格和流派，所谓南洋画派。这个画展很有意思的一点，就是他们认为第一代的南洋画派艺术家的介绍，有好几位是上海美专毕业的，可见20世纪20年代30年代的上海确实是具有一种传播甚至辐射能力的。这可以成为我们当下上海的一个参照。比如说，我参与上海现在非常热的全球影响力科技创新研究，我们有一个上海创新基地就叫上海城市发展战略研究，这个研究真的是必需从历史线索当中来提整个上海科技创新全球影响力。这个选题我最后所能找到的思想养分，也是从历史这个意义上找到的。比如说现在讲得比较多的、喊得比较响的口号，在上海要做创新的源头，作为城市功能来讲，由原来的四个中心，码头，讲流量经济要原创性，等等。但是我现在找到一个答案，也看了相当一部分欧洲史，我从过去一千年欧洲史当中发觉一个很有意思的特点，大量的欧洲意义上的国际中心城市，国际经济中心城市的崛起，从早期的比利时的布鲁日到威尼斯，到阿姆斯特丹等等。这些城市最后真正能够成为世界名城的重要的一条，不单有经济功能，还有创新意义上的功能。创新意义上的功能，这是我关注的，它不是在于源头，是在于所谓创新的汇聚、识别和放大。简单讲，它不是在做原创，原创是哪里都可能发生，但是你这个原创要能够真正发挥作用，放大你的效应，你必须要到这些所谓的国际经济中心城市，在这里他可以鉴别原创是不是很好。第一条是汇聚，即能够吸引进来；第二条是鉴别；第三条才是对创新的放大。我这里仅仅只是一个平台，原来那在一个小地方或者是乡村，只是一个自娱自乐的东西，到这里一下子放大。城市研究包括上海学研究，这里边的确有空间维度和时间维度，我刚才所讲的两大问题，实际上都是空间维度和时间维度交织引起的。如果要侧重于空间维度，也可以从时间维度吸取养分。我后面要讲的是回到《上海学》对当下还可以更多地发挥它的影响力。史学研究，我完全是门外汉，只是从需要的角度找到这个局部的信息来支撑，但是我感觉到史学的研究，在当下也可以有新的东西。我举两个例子：一个是，去年我们对于上海创新做了一些研究，主要是专家调查，调查以后得出两个很有意思的结论，第一个是上海的创新从影响力方面看，一个是显性的，一个是隐性基因，一个是缺失的基因。创新对于上海而言，最多只能归纳为隐性基因。但是现在上海创新，可能是隐性表达的结果，不是一个凸显的；还有一个就是海派，海派也是一个隐性表达。为什么得出这样的结论呢，我们的调查是跟上海市政协合作，上海市政协有900多位委员，他们50%以上接受我们的调查，除了给我们打钩以外，还提出了大约有两万多字的开放式问题，我们认为是比较中肯的。就讲上海的创新，是隐性基因，上海的包容也是隐性基因。我感觉史学系统化的研究对我们研究当下上海的创新战略有帮助。为什么这样讲？上海在创新方面曾经是强的，创新讲到最后是代表人物，代表企业，代表产品，就是这么三个，那么我们现在上海，如果要形成一个系统的创新，来所谓一个大众创业，万众创新的话，实际上在当下上海几乎找不到更有代表性的人、企业和产品。但如果说我们要来做一些工作，把隐性基因得到显性表达的话，反而有很多在上海创新成功的案例。人物也好，企业也好，产品也好，这些可以进行系统化挖掘，这些系统化挖掘对当下是有帮助的。还包括我们讲的包容性，就包容性而言，我一直有一个疑问：我算是移民后代，在母亲那里是第一代，在父亲那里是第二代，在上海我感受到包容性因素跟我们所想象的不同。你比如说上海话，我明显记得在我外公这一代，往上两代，从我出生到他们死亡从来没有讲过上海话，实际上讲的都是宁波话。后来在有些阅读当中，上海在解放之后，甚至一段时间，在完全没有引入户籍制度之前，有没有上海话这个问题都是可以探讨的。之前就是宁波人在上海讲宁波话，苏州人讲苏州话，我的父亲是常州人，我的祖母她实际上一直说的是常州话。在这个意义上，从文化研究当中讲纽约，纽约早期是一个大熔炉，大熔炉就是讲你到纽约以后就变成纽约人，但是这个讲法从文化意义上讲并不见得是一个正确的讲法，后面提出的纽约不是一个大熔炉，是一个色拉盘，在这个色拉盘里有凤梨，有芒果，有苹果。你还是你，这当中可能有一些色拉酱，使你能够和其他人沟通。回望历史，上海也是如此，跟纽约差不多。反而当下上海，上海话成了一个身份标志，它可能与我们的户籍制度造成的人员流动的相对稳定性有关。这些问题在我们当下的研究中是不太可能找到答案的，需要史学的系统性研究才能进行破解。最后我想讲一讲上海学的意义。记得十多年前我在机关，负责筹办第一届世界中国学论坛，当时我们有一个宏大想法：在全球发展意义上是不是存在中国经验？当时还没有中国模式这些想法，只是说在全球发展当中有没有中国经验？在中国学论坛里头，第一届就有城市的分论坛，一直延续到现在，史学的相当部分就是针对上海研究的。那么，在城市发展意义上有没有上海经验？现在聚焦到城市研究以后，我越发相信不管是中国经验也好，还是城市发展上的上海经验也好，它存在。既然在这个意义上的中国经验或者上海经验，它考虑的不仅仅适应于一地，那不叫经验。是说它形成的这些经验能够有一定的普适性的价值，从这个意义上讲我觉得上海学的研究不但要讲记忆问题等，另一方面要关照当下。关照当下研究，并不是我们做的所有的当下研究都是给领导看看就结束了，当下研究当中，有一部分是能够在未来站得住的东西，这些也应该包括上海学内容当中去。

周武：谢谢启宇所长。我第一次听他这么滔滔不绝地讲这么长时间，以前都是很短暂的发言，非常好，下面有请董建波兄。

董建波（华东师大历史系副教授）：谢谢，刚才我跟杜英教授和小兵讲，希望他能多讲点时间，这样我们就可以少讲一点，显然他没达到我们的期望。记得去年和周老师聊天的时候就听他讲《上海学》集刊的编辑情况，没想到这么快这么短的时间就出来了，而且一出来就是两辑。在这里我要表示衷心的感谢，衷心的祝贺，同时也很佩服周老师这种编集刊物，筹办刊物的能力。从首发这两辑来看，栏目设置都是花了些心思的，彰显特色。第一，就是有它学科独特的立足点，主编在发刊词当中提出了迄今为止上海学研究的诸多问题，这个集刊的栏目设置，大体上是针对这些问题，可以说是有感而发，有意识地弥补研究上的不足，尝试通过这门上海学栏目的设置引导上海学研究的一个新的方向。就像上午杨国强教授提到年鉴学派时那样，会对上海学研究的新发展有他自己独特的贡献。我想经过若干年的发展，以上海学为主要阵地的这些研究者，这些团队能够逐渐在研究方法和研究理论上形成属于自己个性的东西，成为中国自己本土的上海学研究期刊。第二，栏目的设置及发表的成果体现出国际化的学术性质，包含了一些欧美、日本这些研究上海学知名的学者，这两辑都发表了一些日本、法国研究上海学最新的成果，第一辑中有日本学者、台湾学者的论文，第二辑中篇幅有所增加，包括法国、丹麦学者都有，这两辑特别关注海外出版的论著，像第一、第二辑都有介绍和评价，上海学海外研究成果的书评。前边有学者提到周武老师编《史林》、《中国学季刊》取得成绩，《史林》在他手里走的是国际化的路，大大拓展了国际视野。我想《上海学》集刊把国际的视野更加的扩大，基于此我们可以对《上海学》集刊的未来有更多的期待，希望它不仅是中国的上海学研究的权威杂志，也能够成为研究上海学乃至中国学的权威杂志，能走到前边去。第三，这两本《上海学》集刊还有一个亮点，就是书评占有很大的篇幅，多数刊物尤其是我们大陆往往不重视书评，一般把它视为专门的补充，《上海学》集刊设专栏来呈现，可以看到在思路上有意识地去创新，向国际学术视野国际化方向的一个努力。这些书评我看了都是相关领域专家学者撰写的，不是为了书评而书评，都是由感而发的，所以书评也写得很精彩，对于推动上海学的学科发展是有价值的事情。至于期待呢，我想讲一点感想，第一个是前面刘昶教授，戴鞍钢教授、杜英教授还有小兵兄已谈到的，能否适当增加与上海相关比较研究的内容，比如说和江南地区城市的比较，和国内其他近代口岸城市的比较，甚至和国外的城市的比较，周老师在发刊词当中也提到了这些设想，比如说大上海放到江南的区域视野中作比较研究，上午戴教授也提到了这些想法，我们做江南区域研究的知道，近代的研究根本不可能回避上海这个要素，那我不知道反过来是不是成立，但是至少通过鼓励比较研究，上海学可以推动上海学研究领域的拓展，反观从比较的视野中来看上海，可能不断产生一些新问题，新视角。这是一个感想，另外能不能增加一些新史料发布的篇幅，第二辑收入了段炼研究员整理的工运史口述资料目录，这个是独家的资料，其他刊物不一定找得到。最后我想对周武老师和他的创新团队表示感谢，我是一个上海研究的门外汉，今天能够有机会参加这个会议，听到一些好的发言，很受教益，谢谢大家！

周武：谢谢建波兄，我发现大家非常累，这个会议室又很闷，我们出去歇会儿，喝杯咖啡，然后继续讨论。

多元视域中的上海

戴海斌（上海社会科学院历史所副研究员）：各位老师，各位同仁，下午好。我很高兴能够参加这个会议，其实对于上海史研究来讲的话我确实是一个外行，但是忝列于我们这个具有创造性的团队里面，其实我已经感到很惭愧了！今天又作为这个会议下半场的引言人之一，其实更惶恐，尤其是上午很多德高望重的上海史前辈学者都在。所幸下午他们大部分退场了，在座的年轻人居多，所以才敢放胆在这里瞎说几句。

好在还有上半场周武老师定基调的发言，他讲到上海史研究不光是一个上海的研究，同时也是一个区域的、国家的、世界的研究，要有一种贯通的整体视角。同时也有很多老师指出，上海研究其实是一个上海与未来、上海与中国、上海与东亚乃至上海与世界其实是结合在一起的。所以有这样的一种视野在的话，可能也为以前这种相对非正统的上海研究可能会提供可靠的空间。但反过头来讲，一方面我们可以看到它提供这种空间，然而可能也暗示着原来这种角度的研究可能相对薄弱。我们说上海与未来、上海与中国、上海与世界，其实从文化、思想、经济与政治这些层面来讲其实都是应该完全成立的，但是这要具体去论证。具体到我个人相对熟悉的中外关系史的角度来讲，上海其实有外国因素可能最多的一个方面，但是可能在讨论上海的时候的话，又往往会把这些作为一个内部性的问题来讨论。比如我们很多的研究会注意到外国在上海的文化，外国团体或者侨民的研究，但对于这些在上海的外国存在，他们与母国之间的关系，以及与更广义的当时中外关系的有机联系，往往在一些研究当中可能会体现得不够，或者我们很难看到这个东西的来龙去脉。也就是说这些研究往往会提供比较多的现象的描述，但是对现象背后的内在联系会发掘得少一些，这当然也是一个史料的问题，往往侧重中国方面用中国史料，外国方面用外国史料，有些割裂地用史料。这往往就是一个视野的问题。我们在讲中国与上海与世界的联系时，往往不是把它们有机地联系起来看，只是作为一个印象式的描述。还有就是谈到上海的，包括今天会议上讲到的双城记这样的一个视角和词汇，往往会把上海与中国的其他城市进行比较，但比较往往是会着重于城市要素的平行比较，往往是一种罗列式的比较，但其实如果从历史性的视角来讲的话，可能是一些非时间性的比较，但这种比较能否把上海的外部环境与其他城市有机地联系起来，这可能也是一些存在问题的地方。其实我们上海学可以做一些讨论或推进，像第一辑到第二辑有叶斌老师的文章，关于工部局起源的文章我就很感兴趣。就这个问题而言，当然是一个上海史的问题，它解决了早期近代上海的一个问题，但同时它也是一个中外关系史、当时的列强相互关系史的一个重要的问题，像这样的文章其实就是以上海为一个视角，作为一个切入点来讨论，但它不仅是解决了一个上海史研究的具体问题，同时也是为我们提供了一个关于当时中外关系更新的知识和更深刻的理解，这其实就是把上海与它的外部联系能比较好地在一个研究当中能体现的例子。当然这种研究越多，我们更新的知识就越多，这是我想讲的第一点。

第二点就是关于我们一个学术积累和学术评价的问题，就是我们上海史已经搞了很多年，有海量的成果，包括国内的、海外的，但对这些研究的评估评价和批评相对产出来讲的话其实是不匹配的。我们在怎样的一个水平线上来讨论既有的这些成果，像我们这个《上海学》里面开设有个书评的栏目，像它是很好的对以前的研究进行评估的一个平台。一方面就是我们可能以前大量的产出成果当中有问题的部分，我们可以进行检讨进行讨论，另一方面因为有大量的产出所以可以尽量多地避免遗珠之憾，把这些好的研究能够指出来，这样才能够体现它的价值，另一方面就是书评里面还有个与传统对话的问题，当然我们这个上海学是一个创新团队的产物，我们主旨可能是在创新，但是在创新的同时我们其实更多地是要注意我们是在什么基础上进行创新，我们的研究是在前人的基础上继续推进、继续展开，那怎么样与既有的研究进行对话，而不是说是闭门造车。像这种我们有这个书评的话，其实是可以为这种对话提供平台。

第三点还是与这个刊物相关，我们这个刊物，大家有讨论过，因为它是一个非正式的不定期出版的集刊，也不是期刊，这当然是它的一个不足，但另一方面来讲，恰恰因为它不是一个外部质疑声那么强的一个刊物，其实有它的一个灵活性所在，所以它往往可以把一些动态的部分。比如说刊物里面把以前我们开的一个研究会议的讨论纪要给整理出来，当时我也参加了会议，但今天回来再读这个纪要的时候，其实又给我一些新的启发，这些动态的部分是有深度而且灵活的部分，像这种部分我们能够利用这个平台把它展示出来，其实相对其他相对刻板的刊物，就是它的一个灵活性和优势所在。另一方面我们当然是以推出严肃的论文和研究为主，但从主观上讲，被动等稿和主动组稿其实是可以相结合的，从灵活性的角度其实可以组一些专题性的讨论，专题性的讨论能够比较集中地反映一些我们关心的问题和要解决的问题或者前沿的问题，这些主题的讨论能够集中在一辑或者若干辑当中有一个呈现的话，从作者和读者的角度来讲，都会受益，因为它是一个相对信息量更密集的呈现。我大概想到的就是这些，谢谢各位老师。

叶斌(上海社会科学院历史所副研究员)：海斌兄讲得非常好，特别是他的研究专长是中外关系史，上午戴鞍钢老师讲到上海的中国、中国的上海，其实还有接下去就是全球的上海、上海的全球，上海在全球背景当中也应该把放在这个角度，其实是很有意思的一个话题，当时上海的确是在国际关系史中是扮演这样一个角色，上海之所以成为一个模范租界，它就是要通过上海的模范性来在我们黄种人面前确立欧美人在世界的统治地位的那种合法性，他也是有这个考虑在后面的。下面我们请我们上海史专业里面最早的一批毕业生，还是我们上海史奠基人之一唐振常先生的高足，施扣柱老师来发言。

施扣柱(上海社会科学院历史所副研究员)：我没有做准备发言，非常感谢我们周武老师，他让我忝列《上海学》集刊编委。至于这个团队，我现在真的有点晕，好像我是半个脚在里面，半个脚在外面，所以我不敢说，不好意思。刚刚叶斌老师说到上海学有我的恩师唐振常先生的心血，我觉得惭愧，我没有很好地做很多继承他所开创的学科。但我同时觉得很荣幸，因为这个上海史研究的一个首发式，在周武老师的带领下，这个事情做得非常好，是值得庆贺的事情。

刚刚上午丁老师也说到，好像上海学也是有一个历史传承的，对吧？像我这个年纪，其实现在还保留着我当年的一份聘书，好像是复旦和地方志办公室一起吧，合搞的一个上海研究中心，他们给我的一个聘书。就是说，上海研究经过这么些年，海内外很多学者的努力，各位学者都提到了，已经可以发展到了一个"学"的高度了，从"史"到"学"，我觉得这是一个质的飞跃，所以是非常值得庆贺的一件事情。但是呢，就我个人来说，我觉得一则以喜，一则以惧。这个喜是这个"从史到学"的一个飞跃，但是所谓惧，因为"学"会更强调思辨性，史的话它会更注重实证性。我自己觉得，好像思辨非我所长，所以有点恐惧，但是对史我还是很感兴趣，尤其是我一直在做的上海教育史，我特别感兴趣。

有很多老师说到史料的积累、史料的开掘，我觉得其实这里面可以做的事情很多很多。也有老师提到可以从历史当中找到现在的养分，其实我觉得从我比较相对熟悉一点的上海教育史来说，我觉得完全可以这么说。上海教育史有它的历程，它提供了很多的历史经验，完全可以为现在提供很多的借鉴。当然我们做历史研究，不是很简单地为现在的政策去提供一些图解，不是那个意思，但是确实经过我们的研究，确实是可以为今天很多提供启示，甚至我可以说，如果我们真的把当年上海教育发展当中很有经验很有价值的东西挖掘出来，可能现在教育上也不一定会走一些弯路，我是这样分析的。但是也有可能就是我们做的，有决策权的也不一定感兴趣。曾经有人跟我说，哎呀，施老师你做的上海教育史，真的是可以形成很多很多什么智库课题啊。但是我说，我做的他们不感兴趣，我做的是我觉得很有价值的，他们关心的是另外一个问题，那怎么弄呢？所以我想我也不要硬去靠上去对吧。我只做我觉得应该做的有价值的，那你们怎么样呢，你们去看吧，我也没办法了，否则的话做无用功我也觉得没有意思。反正就是说，尽我的努力吧，尽量地做得多一点，尽量地做得好一点。

叶斌：谢谢施老师的发言，施老师这一亩三分地对上海非常重要。我们上海曾经也算是教育中心，上午许乃青老师说我们出版中心的地位丢失了，为什么呢，因为行政管得太多了，没有了市场，没有了自由发展的空间，我看可能教育的问题也在这方面。好的，我们下面请瞿骏教授发言。

瞿骏（华东师范大学历史系副教授）：谢谢各位，首先很感谢社科院历史所、周老师和上海人民出版社请我来参加这样一个盛会。周老师让我忝列编委之一，实在是一件非常惶恐的事情。上次我看到的是《上海学》第一辑，这次第一辑和第二辑都看到了，感觉这是一个非常好的以书代刊的集子。特别是我觉得现在好学者虽然人数不多，但还是有一些。但是好学者，同时还具备组织长才、编辑长才和行政长才的，那可能真的就是凤毛麟角了。那我们周老师就是兼具有学者和组织、编辑与策划等长才于一身的人物。他在这两辑里面，谈上海文化，谈上海转型的若干文章，我觉得都是“大文章”。所谓“大文章”就有点类似于钱穆的《国史大纲》的序言，出来以后马上就有人说这篇文章不管你同意还是反对，都要好好地读一下，那我觉得我们周老师这几篇大文章也值得我们去细读，有助于我们上海史的深化和精细，尤其是在大的宏观的层面。

下面我谈一下自己的一些想法，尽管我最近不太做上海史，但是对上海史包括上海学一直在做一些思考。我想从王家范老师的一则微信谈起，王老师微信很多，经常发微信，我们从中总是受益匪浅，很欢乐同时又获得很多知识和智性上的启发。王老师发过梵王渡火车站的很多图片，尽管我生在上海，但老实说对于火车站，对于这些图片，在看到微信之前，我是没有一点概念的，实在是有愧于曾经做过一点上海史的这样一个身份。从中我又想到，除了这个梵王渡火车站以外，可能比我年纪更小的一批，我都不说是一般的人，就是搞上海史的那些研究生、学者可能也不太知道。比如说南京路曾经不是步行街，尽管人流是一样的，但是中间是要跑车的；徐家汇旁边曾经是一望无际的农田。梵王渡火车站是熙熙攘攘，热闹非凡，可能是全上海最漂亮的一座火车站，这其实都映射了现代性的一个大问题。就是以前可能 100 年、50 年可以作为一个世代的话，那现在可能 10 年、5 年，很多事你就忘了，所以我们做上海史，搞上海的文化记忆，可能很多时候是要回应人们和自己心中那份关切和那个历史的记忆，所以说无论从哪个角度哪个层次来说，这都是非常重要的事情。从这个意义上来说我个人觉得可能对于《上海学》这本杂志来说，如果是要以后办得更好的话，需要做好几件事。其中有些地方我是用来自勉，同时也是作为一个参考的意见。

第一个是尽可能多翻译多刊登一些以往的好研究，比如说魏斐德教授，他的专著很多都翻译过了，但是他的一些文章，还有其他一些美国中国学的学者，比如 1980 年代的那些老学者，谈上海的那些很精彩的短文或论文，是不是可以多刊登一些。

第二个我觉得，上海史一旦冠之以地方史的研究，似乎就很可能有一些往下去往下探的感觉，但其实不是这样的。作为一个历史研究来说，它对研究者提出的要求反而可能是更高。最近我在写张济顺老师《远去的都市》的书评中，我就说魏斐德教授之所以是美国中国学包括上海史研究的佼佼者，那是因为他可能具备三种蛮强的能力：一是对异质文化的一种感知的能力，二是对历史前后左右联系的能力，三是对社会政治复杂性的穿透能力。其实对上海史研究来说，如果说提出更高要求的话，这三种能力都应该具备，尤其是第一种能力，对于异质文化感知的能力。因为上海确实是一个多元异质的社会，即使你生长在上海，成长在上海，在上海呆了几十年，你可能也仅知这一块，未必对另一块你能有感知。而魏斐德教授的一个特质，就是他喜欢既是地方的又是中国的或既是地方的又是美国的上海。这可能是一流研究或好的学者的能力，这种能力的培养和获得会帮助我们做上海史的研究。

与之相关，最近我特别关注的其实是两个方法论上的问题：第一个是重构延续性的问题，这也是我在写张济顺老师的那篇书评的时候在想的问题。以前我们其实太过于注重近代历史和近代社会变化的层面，当然近代社会和近代历史是以变著称，而且变得非常显著，但是其实中间不变的和延续的部分可能更加有助于我们去认识变的部分，这也是张老师在书里面特别关注的问题。而这并不是她近几年才得出的结论，而是早在20世纪80年代就已得出的结论。再比如租界的两重性问题，她的研究亦指出这看上去好像蛮有道理，但其实不过是把一种简单的善恶褒贬的判断变成了两种简单的善恶褒贬的判断。她觉得应该先不带任何既定褒贬地去认识上海租界的各种历史面相，然后再去考虑价值评判的问题。包括她说到尽管上海政治的统治者在不断变化，但是上海的市民生活、上海的文化特性等等的一些东西是不能够划分阶段的，是不能够用阶段性来认识这个问题的，它有很强的延续性。周武老师在文章里面也提到了这个问题。尽管1949年以后我们在批资批修批各种外国文化的东西，但上海人其实还会偷偷地学外语，偷偷地学钢琴，偷偷地进行各种"洋风毒雾"的熏陶。这其实就是一种延续性的表现。所谓延续性不是简单的重复和再现，而是说历史是有负担地前行，历史是在既定的条件下，就像马克思说的，人们创造自己的历史，但不是凭空地创造，而是在给定的条件和氛围下面创造历史。

第二个我想说在从世界看上海外，还要从周边看上海，尤其是近几年周边的特别是江南地区的史料越来越多。最近我就在看胡铁球的一篇文章，谈歇家和明清时代农民赋役问题。铁球兄是著名的歇家狂，以前经常在路上就抓住我们谈歇家，说实话有点烦，所以那时也没有好好看他的东西，但这篇论文，我觉得特别有意思。当然歇家是他的独门武器，不能班门弄斧，但是我觉得他问的几个问题很有意思，就是，那些农民究竟一个月之内上几次城，他们需不需要进城，他们进城的成本是多少。这些问题我觉得可能是具有通论性的，如果具体到上海史就是，那些人怎么进上海，进了上海以后怎么出去，他们怎么留在上海，或者出去了以后他们与上海的联系是怎么构建起来的，这些都不是仅仅从上海看上海能够做到的事情，而必须要从周边看上海，比如从在地的那些人去看他与上海的实际的和文化上面的各种各样的联系，也就是说你要把它这种联系勾连起来以后，可能上海才会显得更清晰。如果用最简单的话来说，我们现在都知道，中国太大，不是上海有什么，中国就有什么，往往是上海有什么，中国就没有什么。那么上海的重要性和独特性在哪里呢？可能是在上海有了什么以后，江浙地区会跟着模仿，跟着学习，然后产生出一种独特性的东西，这种独特性的东西可能既有上海的地方性，又有上海的世界性，又有它自己地方的独特性，进而产生了一种江南文化的转型或江浙文化的转型。如果我们把这个地图画得更大，地图里面的每一个点描摹得更加仔细，那可能对整个上海学深入的突破是会有帮助的。我就说这些，谢谢。

叶斌：谢谢瞿骏教授精彩的发言，魏斐德教授的三种能力我还是第一次听到，非常有意思。我们历史所搞上海历史本身有很长的历史，现在华师大也有很多人在搞上海史，但是我觉得两种搞法之间还是比较有特点。我们历史所的人呢，还是比较老实，就是做资料功夫，就是扎实的资料功夫方面可能还有一点积累，资料方面的积累比较多，因为毕竟从20世纪50年代就开始搞起，这方面有一定的传统，但是从华师大来的学者呢，他们往往能给我们很大的启发，就是思想性比较强，思辨性比较强，那么刚刚瞿骏教授给了我们很多很好的想法，谢谢。我们下面请我们这次会议的主席周武教授发言。

周武：我做上海的研究其实是误打误撞的，因为我的专业是中国近代社会变迁，到了历史所之后，我们历史所大课题不断。我记得我进来之后，就是你不能不做上海史，上海史似乎变成我们这个所唯一的一个工作。从上个世纪90年代开始，我们做了15卷本《上海通史》，做了《上海大辞典》，做了《上海史译丛》，后来又做了《上海城市社会生活史》丛书，当时叫做我们所的“四大工程”。我们所里有很多年轻人，就是在做这些大工程当中被席卷了，你身不由己地就做起上海史了。其实刚开始的时候我是蛮抵触的，觉得上海史不过是地方史，用我们时髦的话说叫“地方性的知识”，没有什么兴趣，最初写了一两篇文章之后基本上就是配合课题来做一些事情，自己没有更多地去思考。做这些大工程对我们当然有很多坏处，但也有一些好处。有一些什么好处呢？我在做《上海通史·晚清社会》卷的时候，我发现你要了解晚清上海，光用地方性的知识是不够的，因为上海与它所在的区域联系得太紧密了。我觉得，很多人讲上海，都是讲开埠，仿佛开埠了，上海一切都有了，什么物质文化，什么商业知识，什么新思潮，什么现代性，什么东西都有了。随着了解的逐步深入，我觉得恐怕没有那么简单。开埠当然重要，但同时开埠的有五个城市，其他四个城市的地位都比上海高，上海是开埠的五个城市当中地位最低的，它只不过是一个县城，那么为什么唯独上海能够快速发展起来？它一定有其他的大事因缘。我发现，如果不了解江南，要搞清楚上海是非常困难的，根本就不可能搞清楚，可以说江南事实上就是上海的底色，上海最重要的特色。上海区别于广州，区别于厦门，区别于香港，甚至后来区别于台北的一个非常重要的因素，就是上海是江南的上海。上海的居民有75%左右都是江南的移民，你如果对江南不做深入理解的话，怎么可能理解上海！后来我把这个想法写成了一篇论文，就是前面受到许多老师表扬的那篇《从江南的上海到上海的江南》。这篇论文想说明或解决一个什么问题呢？就是江南的上海是怎么变成上海的江南，或者说这样一个变化是怎么实现的？是什么样的力量使上海从江南的一个边缘迅速地变成江南的中心，最后江南反而变成上海的腹地。其实这篇论文我只是提出了想法，论证是非常不够的，还有许多的工作是可以往下做的。

在这个过程中，我又发现，单从江南这个区域来理解上海，恐怕还是不够的。为什么呢？因为上海的发展，以及上海怎样发展，很大程度上不是上海这个城市自己能够决定的，不是这个城市自己想朝哪个方向发展就能够朝哪个方向发展的，它是由帝制晚期的制度环境决定的。如果现在上海只顾自己发展，按照它自己的能力去自主地发展，它可能就不是现在这个样子。但是实际上这是不可能的，因为它是整个共和国体制的一部分，必须服从共和国的整体发展的需要，肩负共和国赋予的责任和使命。因此，我一直在思考一个问题，即我们要理解上海，除了区域的视野之外，还必须要有国家的视野。就是说，上海是中国的上海，是这个国家的上海，它的发展与不发展，跟整个国家体制和国家战略休戚相关。在发展问题上，上海并没有太多的自主性，不是上海自己想怎样发展就能怎样发展。因此，要理解上海，就必须解释它跟国家的关系，否则你的理解就不可能深透。那么，上海跟国家究竟是一种什么样的关系？这种关系给上海这座城市带来什么样的影响？看法并不一致。譬如，关于南京国民政府与上海的关系，有的学者认为国民党对上海的干预、控制，终结了开埠以来上海的自治传统，对上海的伤害非常严重；而有的学者则认为国家对上海的干预、管控并非都是负面的，实际上它也给上海带来了很大的优势，比如说，如果民国首都不设在南京，上海的地位可能就没有那么重要，大上海的建设计划也未必能够迅速实施。事实上，国家在控制上海的时候，也赋予这个城市更高的使命，更高的责任，更高的地位。至于1949年以后就更加明显，上海因为在1949年之前是制造业的中心，后来才能成为共和国的工业基地，如果没有上海先前的制造业中心，后来怎么可能变成共和国的工业基地？改革开放以来，国家对上海发展的影响更加明显，浦东的开发开放，自贸区的建设，全球有影响力的科创中心的定位，都是国家战略和国家决策。如果把这个时段拉长的话，那么我们讲上海的地理条件在开埠之前就已经奠定,那么那个时候的上海为什么没有能够快速发展呢?这有很多因素,我想最重要的因素就两条:一条就是大运河,大运河是贯通南北的黄金水道,相对运河城市带,上海是边缘,所以它的地位不如更靠近运河的松江重要。运河城市带衰落之后,上海就起来了。另外一条就是制度环境,那个时候朝廷只允许上海从事内部贸易,远洋贸易,对外贸易要受到严格限制,这就从根本上制约和限制上海的发展空间和发展前景。正因为如此,我认为考虑上海问题,国家视野非常重要。这是我想讲的第二个意思。

第三个意思,我们看上海,研究上海,光有区域的视野和国家的视野,还不足以洞悉上海城市变迁的内在奥秘。为什么呢?上海可以说是连接两个世界的一个枢纽,是中国与西方世界的一个枢纽。你看近代整个东亚世界的变化就可以看出来,无论是韩国也好,还是日本也好,他们与上海都建立了这样一种连接,上海对东亚世界具有巨大的汇聚与辐射能力。我曾经做过一篇研究,就是关于上海与日本的书籍交流史,我发现事实上这种交流以往我们关注得很不够,事实上它都是以上海为中心来完成的。我上次在华师大参加瞿老师办的会,有一位韩国学者讲韩国的商业网络,它的总部在哪里?就是华人在韩国开拓和推进的跨国商业网络,它的总部即设在上海。这就是说上海的重要性,不仅仅因为它在区域当中的重要性,也不仅仅因为它在我们国家当中的重要性,不能忽视它在两个世界之间互动交流的纽带作用。正是在两个世界的互动当中,上海的重要性才日益突显出来。因此我们要认识上海,恐怕还要有一种东亚的视野,甚至是世界的视野。你看滨下武志先生做的亚洲交流圈研究,亚洲交易圈的核心在哪里,就在上海。因此如果我们不能够从整个东亚乃至世界的网络当中来看上海,恐怕还不能得到上海的真相。我觉得了解上海,世界视野非常重要。中国与西方,西方与中国的连接的枢纽,晚清的时候,民国的时候,都在上海。早期赴国外的使节、留洋的中国留学生,都是从上海乘船出发的。外国人到中国、东亚,也是先到上海,然后转往各自的目的地。为什么这样?因为上海建立了通往世界的、欧洲的、美国的、东亚的航线和信息网络。就是在这样的一种网络当中,上海的重要性、上海的位置、上海的地位,才显现出来。因此,我非常赞同墨菲讲的,就是不能单就上海来论上海,你如果单就上海来论上海的话,上海的复杂性,就完全无法逼真地把它呈现出来。概括地讲,要理解上海,必需具备三重视野,我们不但要有区域的视野,要有国家的视野,还要有东亚乃至世界的视野。通过这三重视野,我们才有可能比较整体通贯地理解上海城市的历史,特别是开埠以来的变迁。我就简单讲这么多,谢谢大家。

叶斌:谢谢周武教授,把上海学的三个视野讲得非常清楚。下面我们有请马军教授。

马军(上海社会科学院历史所研究员):谢谢各位。上海研究很有特殊性,我经常到上海图书馆去,图书馆有一个买书的地方,其中有一面架子,集中放着上海的书。上海研究成了一个非常奇怪且特殊的学问,就是如果你看这个书橱,关于上海的书这些年如此之多,各种各样,装帧都很不错,但是里面其实是鱼龙混杂。上海研究的奇特在于哪里呢?就是只要是上海的单位,只要它有钱,它就可以写一本关于上海的书。所以这方面的书非常多,以至于严肃的、质量很高的书就埋没在里面,不见得能引人注目。像装帧很好的,里面可能没有什么实质性的内容,但是因为包装很好,可能更能引起一般读者的注意。所以从这个意义上来说,我就感觉,我们搞了二十多年的上海史,你做了一个严肃认真的著作以后,很可能因为你不是名家,即使你是个认真之著,很可能也不会被人家注意,这个情况经常会有发生。那么问题是,当发生这样的情况,我们每一个研究者怎么自处,何以认同我们的上海学研究?你辛辛苦苦干了三年,很可能你做出一个东西不会被人家注意。我们的价值在什么地方,我们怎么寻找自己的定位?所以这个问题实际上是摆在我们每一个严肃的上海研究者面前。我想表明的是,我面对这样一个纷繁杂陈的上海研究的现状,我是怎么来寻找自己的定位的,供大家参考。我在其他场合也讲过,像我们做研究,是学者同时也是一个人,我们作为人怎么寻找自己人生的终极定位。我觉得真正找到对自己人生有个交待的定位,也应当是在学术史中寻找自己的定位。如果搞历史的,那么中国有五千年多的学术史,那么你在这里面占据什么样的位置,你是个浑水摸鱼的,无足轻重的,在学术史中你逃不了后人的评价。刚才戴海斌兄讲的中外关系史,也有很长的历史。所以学术史是一个法庭,也是实现一个人人生价值的坐标。

那么作为上海史研究者来讲,上海史,严格意义上的上海学研究,是从上世纪三十年代上海通史馆开始的。第一代柳亚子先生带领的一批人,胡道静先生那个时候都还是晚辈,他们创出了上海史的第一个时代,在那个国破家亡的时代,在短短的时间里,他们做出了一千多万字的《上海通志》,尽管当时没有出版,这为上海史的研究奠定了厚重的基础。而且这些人,他们不仅学品高尚,人品也极为高尚,像胡道静先生,学术上我不敢说什么,但是在孤岛时期,出于对家国的责任,坚持办报,抨击日本的侵略,天天处在危险之中,表现出非常高尚的人格。我觉得一个人的学品和他的人品在历史的长河中最终会得到检验。1950年代以后,像上海文献委员会,包括我们历史所,它的创建可以说迎来了上海史的学术史的一个新时代,20世纪50年代就拿本所来说,在短短10年里就贡献了4本历史学的资料集，因为我现在在做一些资料工作，对那个时代的资料进行整理，我认为他们的贡献就中国近现代史这个领域来说仅次于中国史学会编的11大套丛刊，他们的贡献在于为后世学者指明了方向，奠定了很多基础，他们做出了巨大的贡献。只不过因为我们现在的评价是功利的评价，对他们重视不够。但是我们只要去看一看，如果没有他们这些基础工作，那么1980年代以后所有的上海史研究都不是现在这个样子了，这是不可忽略的。所以总体上来说，我个人认为20世纪60年代历史所做出的贡献，它为后来奠定了基础，就整个学术史的影响、学术史的地位来说，它甚至要超过后来历史所的那些研究。1980年代唐振常先生领导的《上海史》也开辟了一个新的时代，当时的《上海史》并不是那么厚，但是它是一个导向性的工作，培养了后来的一批学者。

所以我想讲的是，我们作为上海史的研究者，我们的学术水平到底怎样，我们的人品到底怎样，并不是在当前的课题评奖中检验，甚至也不是在你生前检验，它是要在漫长的学术史的发展中来检验的。我觉得如果有这样一个定位的话，我们每一个人就可以更好地面对当今生活面临的问题和当今研究中的问题，我觉得这样的学术人生会是有依托的，有根据的，这是我讲的第一点。

第二点就是，像周武老师主编的这本《上海学》，因为我们认识都已经二十几年了，我觉得就以我对他的认识，在这二十多年中，无论是对学术的见识，还是对上海史的投入，以及对时代脉络的把握，我觉得在我们这个中年层面来讲，他都是非常少见的。包括早年负责《史林》刊物的具体工作，我想无论是了解他的人还是不了解他的人，只要是在上海史这个领域里面，几乎每一个人都曾受益于他。他这次来做《上海学》的工作，我觉得除了这个创新团队的工作以外，还有就是作为一个中年人，学术上的中年人，有着要肩负起我们前辈学者交付给我们的使命，为后辈晚生开辟一个好的环境的历史责任在激励他来做的。我觉得这个不仅是对他，对于我们所里在这里的中年人，我指的是本所，像叶斌、我、张剑，我觉得我们这一代人，特别是现在人到中年，我们切不可忘记前辈学者交付给我们的历史使命，也要承担起对后辈年轻人的历史责任，我觉得只有这样，我们的学术人生才会是更有价值更有意义的。

至于这个上海学本身，大家已经谈论非常多了，我就是想讲，我也几次表达过了，我们现在这个时代，经济是高速发展了，但从学术史本身来说，不算是一个好的时代，我称它是一个渡河期。我们作为中年人，怎么把年轻人带过河到对岸去，为以后的大发展积蓄力量，这个才重要。渡河的时候是一个比较混乱的时候，也是最容易遭到敌人攻击的，所以怎么把部队带过去，这个责任我们是不能推脱的。我就讲这些，谢谢大家。

叶斌:马军教授把上海史研究与人生定位、与人品联系起来,勾起了我这样的中年人的感慨,的确如此,像刚刚小兵兄也讲到人生问题。我是这样想的,其实我们搞上海史研究的是有两种人,一种是像马军教授这样从小在上海长大,在十六铺、在金陵东路那个地段,他们是从小在血脉里就有这个都市。另一种是我与小兵这样,从小是在外地或是在乡下的、在田埂上的,至今还被我的女儿称为乡下人的,来搞上海史研究。所以上海史研究,对我来说也是一个不断地成为一个都市人的过程。其实我们整个的人类都在往都市迁徙,从一个乡下人变成一个都市人,这是一个漫长的过程,但是我想,上海史研究说不定可以帮助我成为一个都市人。好的,我们有请下一位发言人,张剑研究员。

张剑(上海社会科学院历史所研究员):我就接着叶斌的话讲,关于都市人和乡下人,其实我们这个讨论的是多元视域中的上海,我们讲上海也就是讲上海研究的问题。我也是从农村来的,我们现在上海研究关注的中心,是上海这个城市本身,但是我们现在的上海、过去的上海,除了城市之外,还有很多比它面积大得多的农村和区域,所以刚才我们的讨论说,上海的乡村,从历史上到现在,它已经是个"被爱情遗忘的角落"。而面临现在的城市化、城镇化过程,上海的乡村,如果有一个发展的东西,在我们研究的一个视野中,可以想办法把它拿进来研究的一个范围、一个视野的东西。就是在上海,外地人会认为,你是上海农村的,你也是上海人,但是上海人肯定认为你是个乡下人,这是一个问题。

但是今天我要讲的其实是另一个问题,就是刚才周武讲的上海史研究的国际视野的问题,也就是与我自己的研究很相关的上海的科学技术史的问题。周武在他的发刊词里面讲得很清楚,关于上海的研究,关于科学技术的研究是非常难的问题,现在在上海做科学技术史研究的主要是一些科技志,而科技志并不是历史。大家现在已越来越深切地感受到,对于我们,对于我们的城市,对于我们的国家,对我们的生活,影响最大的是技术的力量。真正影响我们的生活,影响一个城市的发展,在我看来,是一个技术的问题,而不是一个科学的问题。我们前面讲,上海曾经是一个文化中心,但是我们要深刻地认识到,那个时候的上海,它不是中国的学术中心,学术中心就包括了人文的社会科学和自然科学,它都不是。但是我们应该看到,当时它是中国真正的技术中心,所有的技术都是国外引进过来,在上海首先是本土化,然后有可能的话再次进行技术上的创新。技术在那个时代,是要通过生产来体现物质文明,这种物质文明再来影响我们的生活。其实在国际视野里面,因为这种技术的东西,这种引进的东西,它就具有非常广阔的国际视野。我们现在研究上海科学史,在早期研究非常多的就是上海的格致书院,我曾让我的一个学生做格致书院的硕士论文,因为这方面研究得比较多。这个研究关注的是格致书院从哪里来的，并不是凭空产生的，它的那些董事是怎么组成的，也不是凭空的，我说你要去找，它在英国是有原型的，他去找，没法找出来。现在台湾中研院的研究生把格致书院作为博士论文，做好了以后到英国去访问，到剑桥那边去，他找到了格致书院在英国的原型，在英国与格致书院成立之间有很多的来往书信，可以很清楚地看到它的一个国际视野的东西。

如果我们研究技术，要研究上海史，我们要从技术的角度来研究上海史，其实最基本的就是应该讨论技术的发展与这个城市的扩张，与城市的每一步扩张之间的关系，讨论技术的每一次革新对城市的扩张步伐的促进作用。比如我们讲交通，最开始步行只能这么大一点，然后有马车了，路要宽一点，马一跑，城市就扩张一点，然后公交车来了，电车，像地铁，可以跑得很远了，城市就不断地扩大，要看到技术发展与城市的扩张的问题，问题是现在做这种研究，我只能说我脑子里这样想，但是历史研究一步一步把这个东西串联起来，这是一个非常困难的东西。再比如，上海的技术发展与上海的城市管理，因为每一个城市的扩张当中产生的城市的管理问题是不一样的，那么通过技术发展怎样去管理这个城市，这个是比较难做的一个问题。其实还有一个更重要的问题就是我们刚才讲过的制度的问题，我们讲技术，我们大家都认为科学技术与政治的关系上，或是我自己拥有一种技术，大家就会用它，就会影响生活，其实技术与政治是有密切关系的，比如无线电传入中国的时候，因为它与军事秘密、与电码是密切相关的，并不是所有人想弄一个电台就可以弄一个电台，想要怎么样就能怎么样的，它是要国家管制的。所以有很多事情，有些技术，它其实是被政府所控制，有些技术可能是政府用它来控制你，不是很随便的，那么你通过这种制度研究就可能会发现，某些技术刚来的时候，它可能并没有立马对城市生活产生影响，而某些技术一来就会对城市产生这样大的影响。我们要研究这样一个论题，我只能就逻辑上讲一讲这些东西，具体要怎么做下去，现在很难。我们知道上海是技术中心，比如戴老师上午讲的那个技术只是一些非常枯燥的东西，要怎样把它细化到它对生活的影响，对每个人生活的影响，这就是一个比较知识社会学的、科学社会学的、技术社会学的问题了。还有比如说技术运用到生产中，对生产效率的提高，对经济的促进作用，等等，做这样的研究是非常困难的，因为这方面的史料是很难把握的。还有一个问题就是，从技术角度来讲，上海对周边对内地的影响，亦即技术的辐射和扩张，也是比较明显的。有关这方面的研究，现在还非常缺乏。所以，我们以后在上海史研究当中，怎样把科学技术对城市的影响，对市民生活具体产生的影响做一个最基本也最起码的研究，本身就是一个十分艰巨的任务。

叶斌：谢谢张剑研究员，技术的视角肯定是我们现在讨论的多元视角重要的一角。张剑研究员做了很多关于科学的研究，特别是关于中国科学院院士的研究，我想下一步大概还要去研究中国工程院的院士。下面一位发言人是陈同研究员。

陈同(上海社会科学院历史所研究员)：我就讲几句，接着刚刚马军的话讲，马军的使命感很强，他不仅要做现在的研究，还要顾及将来人家对他的评价。我就没有他这么有使命感去考虑这些，但是我至少会本着认真的态度，无论研究什么问题都要把它做好。

我自己算是一个上海学的研究者吗？虽然自己没有这样的感觉，但是做了这些年的研究回过头去看一看，尽管成果不多，可涉及上海的还不少。比如写王国维，当时我写王国维还是周武推荐的，那是一套《名人与上海》丛书。我写的那本书名为《悲情学人：王国维》，于2000年出版。那个时候还不太有人将王国维与上海联系起来思考问题。随后在此书的基础上我又写了《王国维与上海》的论文。讲到王国维与上海的关系，我写得怎么样不好说，但觉得还对得起自己这个兢兢业业做学问的态度。从这个角度来讲，我大概可以算是一个上海史的研究者。

第二点我觉得上海学，无论这个概念有多大，边界在哪里，只要周武一举起上海学这面旗帜，他的担子就骤然加重了。因为从学科意义上来说，我们是历史所，但是上海学所包含的内容却要远大于历史学这一学科范围，带给我们肩上的担子实在是太重了。如果以我们社科院这么多研究所一起协同去搞上海学这项工作的话，那一定会成功。所以做上海学，学科之间要打通，如果大家齐心来做，会达到很好的效果。前面有学者也讲到，上海学需要多学科的融汇，因为它涉及方方面面，单一学科是难以胜任的。同时上海学并非仅限于历史，还与现实紧密相连，所以这些东西需要我们好好考虑，需要我们的主编好好考虑。

第三，从我自己的学术兴趣来讲，我是做过一点法制史方面的探究，曾研究近代上海律师，我也不敢讲太远，但是我觉得研究历史，对于一个史学工作者来说，首先就是史料，没有史料作为坚实的基础而去空谈，是很虚的。譬如租界史就是上海史研究的重要内容，到了1990年代以后，随着研究的深入开始专题化，这些专题研究体现出来的深度及角度都是过去所没有的，但是你再怎么讲，角度也好观念也好，都脱离不开根本的史料。关于会审公廨，博士、硕士论文已经有好几篇，复旦有，政法大学有，学术水准都相当高，其中最出名的一篇不是博士论文，而是台湾的一本硕士论文，是北大出版社出的。尽管，这方面的研究已获得了喜人的成绩,但仍存遗憾,尤其是缺乏会审公廨的具体庭审材料,如果有这方面的完整资料的话,可以使会审公廨的研究大大推进。我就随便讲两句,谢谢大家。

叶斌:谢谢陈同老师。陈同老师不仅有家学渊源,而且师出名门,他对上海律师的研究是开拓性的。下面我们有请李志茗研究员。

李志茗(上海社会科学院历史所研究员):我不是研究上海史的,又是历史所的新人,好像没有什么感想好谈,因此我就很认真地写了一个稿子,我就基本上按照这个稿子来说说。上海学可以称得上显学,其成果可以用汗牛充栋、浩如烟海形容。有个著名哲学家叫芝诺,他有一个知识圆圈的悖论,就是有一次他的学生问他,老师你的知识这么多,为什么你总说你知道的不多呢?他就顺手在桌上画了一大一小两个圆圈,说,这个大圆圈就是我的知识,小圆圈就是你们的知识,我的知识确实比你们多,但是在圆圈的外面却是无知的方面,大圆圈的周长比小圆圈长,因此我接触的无知的方面也比你们多,因此常感觉知识不够。这个悖论在上海学方面,虽不甚贴切,但也能说明问题。上海史的研究成果很多,但是不足也很明显,周武老师对此的概括已经非常深刻,非常全面,这不是对上海史有精深的研究,有深厚的学养的人,是归纳不出来的。我对于上海史研究不多,了解也不够,是个外行,让我发言,我是无知者无畏,但是我的发言基本不出周武老师的范围,而且正因为周武老师的研究已经很全面了,而我就很细小,很碎片化,可能说起来让大家见笑,不过让我们这个严肃的会议有点笑料也好。

我就讲几点,第一,我认为,现有研究对上海的行政区划的研究不够,一般的研究只是对上海行政区划的变动做静态罗列,但是没有做动态的研究,没有说清为什么这么变,这么变的效果怎么样,这些都没怎么研究。对上海城市行政区的变迁好像也没怎么研究,因为行政区划大概可以分为两种类型,一是地域行政区,一是城市行政区,城市行政区在中国是后起的,从19世纪40、50年代起才有,先出现在上海租界,然后扩展到华界,最后遍及全国。应该说,城市行政区与地域行政区有很大区别,但是因为城市行政区不是中国内生的,而是由国外移植而来,因此刚开始的时候,上海民众很不适应城市的规章制度,所以他是怎么在上海扎根的,而中国又是怎么面对、管理的,这是很值得研究的。而一般,国外移植的东西,只有本土化才能存在,但是本土化以后,又成为中国特色,可以说城市行政区在中国一直不是很纯粹,一直还包含农村地区,刚才张剑也说了,一个被爱情遗忘的角落。也就是说,上海的城市行政区里面还有区域行政区,这两种不同的管理模式却融为一体,它们之间是不是有冲突有矛盾?

1949年以后上海的行政区划也一直在变，但是城市行政区里面包含了区域行政区，这一点还是没有变的，它是不是制约了上海的发展，也就是说，上海在这个长期发展过程中是不是解决了这个问题，有没有什么经验，这好像也不得而知，因为我看关于上海的研究，对这一点好像也不是很深入。

第二，关于城市治理的研究。城市是人类文明的体现，同时也是现代社会发展的引擎，但是城市也有很多问题，比如各种各样的城市病，还有人与人的关系的问题。另一方面，城市也吸引了大量流动人口，这也有个治理的问题。近代的上海从区域性的港市发展到国际通商巨埠，这里面是有经验可以总结的，为当今的城市治理者可以提供参考。近代上海的城市转型我觉得非常成功，但是我们到现在也还在谈论城市转型问题，存在着守着宝藏也不知道去用。如果是，是怎么造成的，有没有隔阂与撕裂在；如果不是，那又是怎么回事，这都是历史研究者要思考的问题。当然，当代上海与近代上海的城市地位也不一样，当代上海没有近代上海那么多的优势，还要服从国家发展需要，充当全国发展的排头兵，这个是不是当代上海比近代上海发展要难的地方，这又怎么解决，我觉得这是个问题。

第三，我觉得上海研究要不断增加视域与方法，上海研究已经有许多学科参与，每个学科都有自己的目标与方法，可以说研究方法已经很多元了。但是作为一门综合的学科，它涵盖过去现在与未来，就应该提倡多学科、跨学科的研究。比如近来有学者提出侨易学的理论，我觉得就可以用来研究上海移民在移居过程中发生的变化，包括精神上的。

第四，我觉得上海是东南沿海城市，在前现代已经与各地有通商贸易，具有商业的意识，但是这些与西方资本主义的贸易商业意识还是不一样的，研究上海史，是否还应当注意两者之间的差异，到底是哪一种为主，是西方的价值压倒了上海的地方性知识，还是相反，在我有限的阅读中，我了解得还是不够。我就是随便讲几句，因为周武的研究很全面，我讲的东西在他的宏观大论中都已经有了，而我就比较碎片化，请大家批评。

叶斌：谢谢志茗兄。我觉得志茗兄刚刚有一个比喻解决了我们一个很大的困惑，他说知道的东西越多，不知道的东西也越多，解决了我们什么困惑呢？就是我们这么多人搞上海史，是不是快搞完了，搞的人太多了，资料都被人家抢去了，课题都被人家抢去了，那不是搞完了吗，我们后来这不是很吃亏吗，只能吃面包屑了。但是实际上从他那个比喻来说，就是知道的东西越多，不知道的东西更多，就是你研究得越多，从里面发掘出来的问题越多，传统越多，那么你根据那些不同的传统，不同的问题，你能选的课题也越多，所以我们后来者还是能居上的，所以不用困惑。下面我们有请江文君副研究员。

江文君（上海社会科学院历史所副研究员）：首先感谢周武老师，把我忝列为编委。我觉得上海学这个名词是一个很好的名词，今年我正好开了一门课叫上海社会史，我的一些不在学界的朋友给我发了微信，说上海社会史是不是就是租界史啊，我觉得这是一个很难回答的问题，因为这是一个政治正确的问题。如果我与他说就是讲租界史，他就给我扣帽子了，但如果我说不是以租界史为中心的话，那我就是自己给自己扣帽子了。我觉得周武老师办这个刊物，也就是以书代刊，界定这个名词，把这个旗帜举起来，是一个很好的尝试。因为本来我们去内地开会，人家都会认为，你们搞上海史，说得好听点就是搞区域研究，说得难听一点，你们就是搞地方史的。这其实是把上海史或者上海学做小了，因为上海学既然是学，就一定不光是地方性知识的研究。因为雷蒙德・威廉斯在提出地方性知识的时候，他是在讲什么地方？他是在讲巴西的某个丛林，这个丛林正好是帝国主义开矿开到这个丛林，然后碰到了人类学危机，然后他就说这是一个地方性知识。但是在上海，不能光用地方性知识来说，它反而是一个全球性的知识。我的阅历不够丰富，但是在我所读的全球史著作里面——大概有十余本——提到中国的章节，大概不足七八十页，而其中上海的篇幅肯定是最多的，每一本都是如此。当然你也可以说西方人很懒惰，提到中国就知道上海，而他们也不敢再往中国更内陆的地方探索，这也可以满足罗兹・墨菲的想法，上海是中国最西化的城市。这是一种罪行啊，因为你到北京或其他地方去，提到上海，人家总会说，上海是不是有本书叫罪恶之城吗？我们也总会想到这样的名词。所以去年我和马军教授一起去开一个上海法租界研究的会议，借了一个会场，会场有个工作人员大概是一个上海的老爷叔，他说你们怎么还搞租界史，租界是中国人的耻辱啊。我相信，他是不懂的，也是不了解我们这个学科的，但他提出了一个很有趣的想法，我想老百姓可能一般还认为上海史是不是有一些不能言说的部分，这个不能言说是不方便言说，好像真是一个耻辱。在罗兹・墨菲的《东亚史》中，他提到上海的一个章节说，上海永远是中国人的一道深深的伤疤。他真的这么说，这个标题就是这样，一道深深的伤疤，他是为了回应他 1950 年代所说的上海是西方打开中国的一把钥匙，他用了伤疤这样的词。

如果我们要建立上海学，就一定要去回应上海史不光是一个地方性知识，更是全球性知识，因为在最近三四十年来，我所看到的全球史当中不断提到上海，上海作为一个他者要和伦敦对比，要和纽约对比。最近我看到一本研究民国北京的书，是海外学者写的，她在写作的时候，一定要把上海拿出来对比，她要说明北京是中国的，也一定要说明上海是非中国的，以此来显示北京是如何中国的。如果讲全球性知识，那么不光是历史，历史也就是现在。如果我们只讲历史的话，那么1949年以前，上海再大，也不过是一个远东的中心，但是在现在，上海不是远东的中心，今天我看《金融时报》，专门登出一个头版的社论，说今天上海指数多少点，已经超过东京，就说我们再也不要去看纽约了，因为我们开盘的时候，美国人在睡觉，等他们醒来，首先就会看上海指数。所以它提出一个命题，上海正在成为全球资本主义的风向标，这个我真的觉得不识庐山真面目，只缘身在此山中，可能很多外国学者在看待上海的时候，会觉得上海真的是很有全球性，不管是历史，她的整个道路，整个模式，她的变迁，都是(全球史)正在创造的部分，不光是过去的历史，而是正在进行中的历史，历史即当下。所以我想讲的第一部分就是全球性的意义，我想上海学以后在这个部分一定会有更大的拓进。

第二个部分，我想讲讲跨学科的意义。既然说是上海学而不是上海史，那一定不光是历史——当然历史也很重要。近代以来的历史学一直是要回答这个问题，农业社会是怎么变成工业社会的，一个农村的社会怎么变成一个城市化的社会。近代以来，无论中国人还是老外，做历史的都要回答这个问题，社会史，包括移民史，移民从农村移到城市，或从一个大陆移到另一个大陆，基本也是要移入城市。讲经济史，一个一个企业怎么建立起来的，讲金融史，一定不会是在某个乡镇，而是在国际都市。讲文化史，讲某个大学，一定不会在某个村子，而是在某个中心城市。但凡一切工业社会的文明，一切与农业文明不同的制度，都是在城市发展起来的。但问题是，上海不是一个一般的城市，不像一些小城市，比如英国莱斯特这样只有一万多人的小城市，从古罗马起就没有什么变化，到那边就像考古一样。而上海是一座新的城市，但是作为新城市她又和孟买不一样，因为孟买没有成为国际都市，我们现在只看上海指数而不看孟买指数。所以从这个层面而言，中国的研究者、海外的研究者、历史研究者、其他各个学科研究者，都把上海作为一个很好的研究对象，无论从城市史角度去理解这个城市，还是从文化角度，比如李欧梵教授的《上海的摩登》，还是从经济学角度，很多人觉得上海创造了一个很好的国家资本主义的模式，亚当·斯密的《国富论》已经失败了，因为国家资本主义更成功，包括一切城市规划。最近有一些言论，说上海在世博期间用了全世界一半的起重机，以至于现在有个武汉的市委书记很自豪地说，他用了几年时间，终于让武汉的起重机数量超过了上海，多了一台，把这个作为他的主要政绩来宣传。所以从跨学科的角度来说，上海学也有很大意义。

第三个问题就是，怎么沉下心来做研究。因为现在社科院的领导有很多要求，说你们既然那么能吹，既然有那么大意义，那我给你们投多一点资金，你们拿点干货出来。我们就与领导说，这不是政策研究，不是说早上八点钟你下个规定，晚上十点钟我 Google 上搜索一下，就弄个制度专报给你，不是这样的。这需要一定的积累，历史研究有一个很好的传统，就是历代的积累，包括工人运动史的积累，包括租界史的积累，这么多资料的积累是我们现在的财富，也是未来的财富。所以我想周武老师办《上海学》这样一个一年双刊的集刊，就是一个我们正在做的积累的工作，将会不断地将我们历史研究所包括上海学界关于上海学的意义、全球性的意义、跨学科的意义，一个不断累积的意义，推向深入。我希望再过四五十年，还能看到《上海学》这本书，还能是一年两刊，因为但凡中国的事好像都超不过三十年，我希望这个东西能够累积起来，跨一个世纪，跨好几个世纪。上次我去剑桥访问的时候，看到他们有个酒店是公元 12 世纪开的，牌子还在那挂着，是一个家族开的，我想公元 12 世纪那比洪武年间还要早了，而中国洪武年间的东西留到现在的，大概连一根草一片瓦都没有了，而在那边还有一个牌子，还是一个家族延续下去的，当时我就有很多感慨。我相信，《上海学》这个刊物，包括这样一个氛围，也是能够传承下去的，因为我们生逢这么好的一个盛世，有那么大的资金，那么大的活力，一定能把这个事情搞好，谢谢。

叶斌：谢谢文君兄良好的祝愿。文君兄是我们所的一个怪才，我说他怪不是因为他有一个时髦的发型，也不是因为他能吹，是因为有几个人读过十余部全球史。怪者，与众不同也。所以他阅读量是最大的。当我们在所里见不到复旦来的教授，见不到华师大来的教授的时候，文君兄就是我们所里的一个泥鳅，可以把我们的气氛搞活。下面还有一点时间，开放给大家自由讨论。

王家范：刚才我听到陈同的讲话，我有点感触。包括上海史在内，也包括历史学在内，我们当然都要有雄心。现在最大的雄心就是，有一个主题叫“历史与未来”。那么历史对未来究竟有什么用？我是不太相信历史能够具体规划未来的，或者历史能够为未来提供什么实在的东西。这不是历史学本来的任务。因为大家知道历史怎么走，就像我们已经走过来一样，将来走过去，都有很多未知的因素，它就是这样滑过去的。每一个时期都有很多因素，每个人都有很多种想法，就会搅和在一起，恩格斯有个伟大的说法叫作“合力”。历史最后走向什么，事先我们都不会想到的。那么历史的存在是不是对未来没有价值呢？我觉得有价值，这个价值就在于，它告诉我们曾经经历过什么，用过什么样的方式来应对社会和社会的发展，这些历史经验是需要后人去咀嚼的，它绝对不是叫后人去机械模仿的。我一直认为历史学的第一个任务，也是历史学的职责，就是纪实。说清楚曾经发生过什么，解释是第二位的。实际上大家很不以为意，因为历史已经从时空中消失了，所以我们做历史的凭借很多有限的——我们觉得它是无限的，其实在存在的时候它是无限的——一直留下来的，实际上就是那些碎片。有人嘲笑碎片，有什么好嘲笑的？我们都是碎片嘛。整体历史的记载，你什么时候看到过？没有，我们都肯定是无数的碎片嘛。所以，我很赞同陈同讲的，先要讲清事实本身。所以我说，你要搞哪门历史，就跟演员演戏一样，都有一个情景的问题，你怎么进入情景？看书越多，那么你所面对对象的情景就越具体一点，最怕的是主观臆想一个东西，找历史来符合自己臆想的观念，那这个历史其实是假的，你只不过借历史来说你的观念。而这样的情况也很多，现在的意见派，多半是这样的，因为这些人喜欢发表意见，拿历史作工具来说他的意见，其实他真正的东西是意见，历史实际上是他的工具，他对历史不是认真的，但是搞历史学的人我认为不应该这样。

还有一点，我认为我们是不要介意的。因为澎湃那篇关于上海的房价为何会高，那是当时文人作家的一个感慨，仔细去看材料的话，那么这里有一些问题，可能我不是很赞许。上海这个地方，近代以来是非常特别的一个地方，在古代没有出现过。因为古代所谓的县城富城，乡下人一般是不愿意去的，是做官的才去。但到了近代上海这块地方，就是我们现在所说的人才经济文化各种优势密集的地方，它的生成的优势明显地跟我们所有县以及县下的乡是不一样的。所以我揣摩得很清楚，近代以来，你要太太平平地过，过也过得好，也很太平，不过不太光彩，也不怎么奢华；你要跳出去，要跳出龙门，那么首先你要先去苏州，后来就要去上海，上海比苏州还方便。所以我看所有的名人，没有一个不是在上海出名的，所谓的出名，必须在上海才会出名。但是我们也看到，在上海不是那么好混的。所以事实上也有很多人在上海混了一个阶段以后，他在上海没有生存的能力，他很自然地就回到乡下去了。比如我父亲，我父亲在上海混了很长时间，但是他有点恋家的成分，因为老婆小孩都在那里，他混不下去回去了，回去就是落难公子了，生活也很苦的。我就问他："你干嘛就不在上海混下去呢？混下去我就是上海人了，不至于在小镇上这么苦。"但他混不下去。上海的房子，其实我是觉得有一个原则：量力而行，各得其所。你在上海，你有什么样的能力，你就会寻到什么样的住处。你看不懂苏北地方过来的棚户，可他就这么过了，但他的二代三代可能就不一样了，要看这个小子出息不出息，至少在上海我有个生存的余地，我在这里就可以打工了，实在不行，我凭体力到码头做码头工人总行。我岳父就是码头工人，是从湖北来的，他抗日战争的时候回到湖北，然后到战争差不多结束的时候赶快就回上海来当码头工人，照样养活全家。他住的房子肯定是租房,而且租的是比较差的房子。我的两个伯父在上海是很好的,他租房就是石库门房,石库门房要用金子顶。那么再厉害的,你有本事,发财致富开店开公司开厂,那你就可以造房。其实这个我认为是很自然的,没有人埋怨它,都是看每个人自己有没有本事,我能不能奋斗出来。所以不要把现在,把 1949 年以后和过去类比,那个时候政府不负这样的责任,老百姓知道政府是不管经济的,政府只管治安,当然还有一个职能,就是收税。我们所有的政府都有两个职能,明清时代就是这样的,一个是收税,因为它养了一些官,第二个就是治安。就这两个,它的经济是自由的。因为经济是自由的,所以人也不埋怨,我有能力没有能力,发财不发财都是自己的命,都是自己的能力。我们后来成立人民政府人民当家作主,为人民安排一切,最后安排到后来发现,我要给所有人民安排,我没有这个能力,那么我们就开始倒退了,回到原来的政府,但实际上退出得很慢。所以,所谓走向未来,绝对不要搞历史类比,最忌讳的就是这个。你要把历史上的状况说清楚,它是怎么样的。我也注意到《上海指南》中介绍的律师,《上海指南》每本介绍律师都清清楚楚,哪个律师所,律师费用是多少,我就都能知道。明清也是这样的,一般老百姓是绝对不会去打官司的,那是什么价钱啊?你能打得起?还不如私了算了。不私了的话。也靠同乡会靠宗族来调解,谁会去打官司?所以我还要说一句话,我感慨的是什么呢,就是陈同的谦逊,他是老老实实,做什么就是什么,大多数的历史学者就应该是这样的。就是有了这么多的人,把实实在在的事实,有就有没有就没有,全部搞清楚以后,才会有有能力的人搞通史,像司马迁、司马光这一类人做的那样。讲通史我是有本事的,但搞通史我就不行,要像司马迁、司马光这样的人才做得了。但是搞通史是要有材料基础的,所以我想史学也是这样,各得其所,每个人都有自己的特点,有自己的能力,有自己的一些偏好,那么你就去做。马军是雄心勃勃,我是赞赏的,但是大多数人还是有生之年尽力做自己的事情,大家都这样做了,每个人做的不雷同,集合起来就不得了,历史学是靠集合而不是靠一个人的力量。所以,我是反对一招鲜吃遍天下,可我们有的人就喜欢吃遍天下,你有那么大胃口吃遍天下吗?你就那么点本事,讲来讲去就那么几句话,文章不断发,也就那么几句话,都知道你很有限。我就瞎说这些。

丁凤麟:我有个建议,搞上海学的研究,希望诸位好好地把握时空观念。时间是流逝的,我觉得严格意义上的上海学本身是研究上海开埠以后,开埠以后的上海成了一个西学东渐的辐射网,产生了一系列的变化,在全国领风气之先,所以它有一个历史的过程。空间也是这样,严格意义上,上海最早发端于城隍庙那一带,开埠以后把外滩的一部分给搞进来了,一直到解放,市区和郊区的交界是中山环路。中山环路里面算市区，中山环路外面，包括华东师大，都是郊区了。再早南面的市郊交界是肇嘉浜，肇嘉浜路南面，不知你们有没有感觉到——尽管有马路了——同北面有什么区别呢？有没有人行道呢？郊区是没有人行道的，市区的马路有人行道。所以上海的市区在变化当中，到了1958年，上海扩大了很多，那时候10个县也划进来了。再过几年以后，恐怕王家范的老家也属于上海了，因为前几年上海就动脑筋了，太仓、昆山已经动起来了，花桥的房价已经涨起来了，地铁接通了。所以它有一个时空观念，你说它的人口也好，素质也好，都是如此。我抗战以后就过来了，一直到现在整整七十年，有同志上午讲上海本来没有上海话，好像这几年才有上海话的，这不对，上海话很早就有了。上海就是五方杂居，上海话就是苏南话同浙东话再加一点外国话进来形成的。比如说一个人不行，“盎三”，就是英语里面的 on sale 变过来的。所以，在上海市中心——因为我在康平路那个地方呆了一二十年，我知道的——“康办”对面到1970年代还有一些老土，就是乡下人的房子，一个一个小院子，现在有没有我就不知道了。我们讲上海话，“阿拉哪能哪能”，这是宁波话，他们讲“我们”是“吾伲”，这是上海话。所以真正的上海土著，上海人现在叫他阿乡。这是个很复杂的事情，所以时空观念要把握好，时空把握紧一点，更具体一点，你的说服力就更强一点。

程念祺（上海社会科学院历史所副研究员）：我以前是“上海市”人。为什么呢，上海人实际上是市中心的人，后来到我这个时候，包括崇明人也是，都是上海市人。我们小时候住在郊区，在上海师大那里，但是上师大的户口绝不是漕河泾的郊区户口，它是上海的市区户口，像在市区的飞地一样，所以，吃的是市区的供应。比如研究上海的供应，市区有时候确实没有肉票，但是郊区一直是有肉票的，在“文化大革命”的时候，郊区和市区的供应是不一样的。所以上海人，过去叫我们阿乡，住在郊区的叫阿乡，但我也不是种地的。我们师院附中招了两个班，都是黄浦区招来的，他们住在楼上（我们是走读，他们是住校的），一开窗就“阿乡阿乡”，下面就骂“阿臭阿臭”。所以，我是上海市人。我成为上海人是我到黑龙江的时候，那边都是上海人，我本来不会说上海话的，下乡的时候，五六十个上海人住在那里，天天说上海话，我就变成上海人，会说上海话了。后来我回来了，到华师大读书的时候，这个时候我才真正一点一点了解上海。所以在我父亲那时候，他一辈子也没成为上海人。

戴鞍钢：这个是我们上海很重要的内容。原来我们城镇户口和农村户口差别非常大，在我的印象中，原来城镇户口吃商品粮，农村户口不吃商品粮，所以自然灾害的时候，粮食紧张，农村户口国家不管了，这个时候城镇户口还是有保障的，所以这也是一个待遇的差别。另外，就像现在招工要有本地户口，那个时候做国家干部、进正宗的国企单位，一定要有城镇户口，农村户口是不行的，哪怕你再有才能也不行，我印象中是这样的政策。现在这些都变了，这个过程实际上就反映了当代城市的转型。原来是城乡区别是很大的，现在郊区的农村户口很少了，农村户口是很珍贵的，因为可以有宅基地，有一亩三分地了，所以一切又反过来了。划分区域研究、搜集资料就可以看到当代城市发生很细腻的变化，政策的变化。这讲起来好像是个小的典故，但实际上它的含义是很重要的。

段炼(上海社会科学院历史所副研究员):讲到这个问题，我小时候就被人家称为阿乡，但我不典型，我的父亲更典型。我们倒不是城镇户口的问题，是口音的问题。我们是本地口音，跟人家小朋友一交往，讲“吾伲”，人家都讲“阿拉”，就说你们乡下人，其实我们真的不是乡下人。上海人是一种文化现象，不是一种地域现象。从这里出发去研究上海，的的确确还有很多可以研究。比如说复旦，复旦在宝山县，它当时是城镇户口，上师大、华师大是在上海县的，还有闵行一条街，张庙一条街，要吸引人过去怎么办？一个是配套设施，有幼儿园、有学校这些配套；但最重要的就是你人过去了，户口还是属于上海市的。由此来推测，我们还忽略了什么？上海还有几块飞地，梅山、白茅岭、军天湖，特别是梅山，它都是上海户口。以前我在博物馆，我的思路是比较活跃的，我这个人就是脑子不笨，但功夫太差，许多东西倒是都想到了，包括上海的外延、上海的影响。其实在浦东开发之前不久，当时还有一个概念，可能现在都淡忘了，曾经成立过一个上海经济区，当时还出了一套二十本、可能有30本的丛书，16开、红皮的，经济卷、工业卷、农业卷、科技卷、综述卷、综合卷，我买了一本综合卷。也就是说，研究上海有很多可以扩散出去的东西，还可以有许多回过来的东西，就是那些被都市掩盖的乡镇，1949年以后上海郊县的研究还很不够。不过这个时代很特殊，1949年之前，都市影响很明显，人员可以自由流动，乡下人一会变成城市人来打工了，打完工又回去了，而1949年以后不一样了，它是停滞状态，区划属于上海，招工又不能招，乡镇的人身份很尴尬，外地人看他是上海人，上海人看他是乡下人，那他到底是什么人？所以这种文化上的界定有很多可以衍生出文化的、政策的、移民的研究，所以我说上海可以研究的很多。还有关于上海学的问题，其实我以前写过一篇综述的文章，以前也有人提出过上海学的概念。这次我觉得办这个杂志是很好的，现在上海学研究的时机已经成熟了，大量的史料都已经出来了，至于研究的理论是不是规范，我觉得我们现在不必去考虑这些，我们先去做，做了再去总结。再说，这个领域我们不做也会有别人做，他们做还不如我们做。

施扣柱:我继续说下去。讲到上海学的研究对象、研究范畴,上午也有很多老师提出,我想起以前文化热的时候,周谷城老师曾经说过,他们湖南有句话叫"草鞋没样,边打边像",那时也有很多人质疑什么叫文化,周老师就回答这句话,我想这也可以拿来解释上海学。讲到郊区的问题,我现在住在郊区,对此深有体会。以前我住在黄浦区,孩子上学时我搬到了上外附中那边,就是虹口区,我从来没有到郊区住过,现在住在地铁都不通的地方,我才感受到,原来我所熟悉的上海还有这么一块地方。这同样也是上海,但是差别实在太大了,交通很不方便,没有地铁,只有公交,这个公交车还是城里报废下来的,一路车只有六辆,坏了就没办法了。我就不断去说,现在总算好一点,有其他的车队来支援他们,但是我上班还是会迟到。我深深体会到城乡的差异太大,这样的地方也属于上海。再比如超市,同样是易初莲花、家乐福,但是在里面买到手的东西跟市区是不一样的,甚至同样是新雅的半成品,新雅的东西本来我很喜欢吃的,但是从那边买回来一烧,怎么味道不一样,难道是供应标准不一样吗?城乡差异真的太大了。

屠启宇:我来讲几句。前面我也在斟酌要不要讲,后来我还是决定讲,首先因为跟周武是好朋友,再者在座很多也是史学界的,我虽然是外人,但是还是要讲两点。第一,既然是上海学,不是上海史,那么在方法上肯定要有突破。我举个例子,我因为做城市研究,所以跟同济城规那边交流比较多,而城市规划本身并没有理论,但是我看他们的博士论文,他们都是用人类学的方法在做城市空间的研究,事实上这等于就是人类学的研究,只不过它的研究对象是城市,是空间问题。所以我想说,我也赞同刚才江文君的说法,如果我们要做上海学,那么的确要引入更多方法,如果只是发掘史料的话,那么就像叶斌所说的,后来的人就要用越来越细的筛子才能捡出面包屑,到后面就只剩面包粉了。前人已经做过的东西,如果没有新的方法,就嚼不出新的味道,所以如果将来周武还邀请我的话,我还要来,我要引入更多的各学科的学者来做这个。往大了说,其实当初中国学也是这样的,从汉学到中国学,也经历了这样的过程。现在中国学发展到了什么程度呢?就是很多学者,他或许根本都不懂中文,但是他可能是一个很好的经济学的学者,那么只要有一个中国的博士生来做支撑,他就可以做出一个中国经济研究。城市规划也是这样,很多顶级的城市规划的研究者,只要能招几个中国的博士生来,他就可以在一定意义上,在语言上做到突破。讲到史学,我在和周武聊天的时候,因为我做城市研究,对于上海在时间上所走的这个过程,我很有兴趣,但是因为我没有挖过材料,所以我就不敢发表见解,但是我确实有这个意愿。所以我认为我们这个上海学要做下去,就要结合各种各样的方法，有一位做史学的可以为我们把这个故事讲出来，那么其他掌握各种方法的人就可以用他们的方法来对故事做解读，那上海学就形成了它的影响力。而我们这个上海学如果同时还能形成一个创新型的团队，如果能培养出更多复合型人才，那么这个学科的生命力就能更持久。

陈同：我前段时间在考察租界史研究的学术前沿，我就觉得有两篇文章是很好的，都是硕士论文，至少他们在用这些新的方法的时候，他们得到的学术效果是我们用传统方法得不到的。上次我在人大讲民国法制的时候，我遇到一位香港大学的教授，他研究的是民国时期北京的警察局。他通过地图来探讨，他的这种视角，我们传统方法是做不到的。我看了历史地理学的地域分析、时空分析，我觉得很新颖，从这个角度能分析到很多人群在哪个地方，这种研究的结果是我们一般的传统学科做不到的。我在做学术考察的时候发现一个问题，法制史一般是被划在法学下面，但是当评职称的时候，在法学界它是受排挤的，可如果要往历史学去靠，那它又不是历史学科，这个结合部是很难弄清的。但是我感觉，如果你要在法制史上达到学术效果的话，你二者都不能偏废，既要有法学的方法，也不能脱离史料，没有历史的基础就只能是空谈，但是当有了这个基础之后，就要用新的方法，比如社会学、人类学，用这些方法做出来的效果是我们传统史学达不到的。所以我觉得，作为一个史学工作者，在方法上应该是综合的，能吸取多种社会科学的方法，那你的结果跟传统史学就会是不一样的。你过去看不到的问题，通过借助一些新的方法，就会看到全新的效果。

（整理者系上海社会科学院历史所研究生）

都市人文

战前上海印刷界的日中交流

［日］田岛奈都子著　吴咏梅译，李玲校

前言

1916年，大阪的精版印刷合资公司（以下简称“精版印刷公司”）举办了第二届广告画图案征集比赛，上海出生的周柏生入选为三等奖中的第一名①。日本举行的广告招贴画的征集比赛中，三越吴服店于1911年举办的比赛非常有名，有记载显示：当时从朝鲜、台湾和中国大陆都有作品参赛②。不过，该记载并没有明确指出这些人是住在日本的外国人还是纯粹的外地参加者，但是因为明确了这次比赛的获奖者是外国人，所以才意义深长。另外，当我们将此后周柏生的履历及其活动，与举办这次比赛的精版公司在中国的营业情况进行对比的话，发现两者之间有密切的关联。不仅如此，如果我们仔细解读当时的历史资料，就会发现：1910年以后的日本与以上海为中心的中国印刷界和广告界之间，有着各种层面的交流和相互影响。基于上述事实，本章将针对这个不太为人所知的史实，加以详细说明。

一、战前日中印刷界的交流以及战前中国制招贴画的文献研究

据笔者所知，战前日本和中国的印刷界存在着相互交流、中国印刷业的发展受到日本影响的情况并不为学术界所了解。可以说笔者在《亚洲游学》第103

---

① “日本精版公司征集广告画的获选者”，《大阪印刷界》第81期（1916年），第75页。
② “获选的征集广告画”，《三越》第1卷第1期（1911年），第20—21页。

期上发表的《战前日本与中国印刷界的关联》一文是上述见解的嚆矢①。事实上，在2004年日本神户等地举行的“中国梦”展览上，展出了多幅中国制广告画，但无论是上海大学美术学院教授李超先生所写的图录《岁月留痕：20世纪初上海的招贴艺术概论》，还是在展览会期间李教授所作的演讲中，都没有谈到两国印刷界和广告界的交流及相互影响。李教授认为：中国制广告画这种独具一格的商业绘画形式，是在明末至清朝末期从西方引进多彩石版印刷海报的基础上，加上中国传统绘画以及年画的样式上发展起来的。这种论调，笔者在关于中国制广告画的几本书中都能看到，我想，中国文化圈内的读者大概都完全相信这种说法。

我认为李教授所述的情况确实存在，而且直至某个时代也的确是事实。但是，上海作为名副其实的亚洲“商业城市”在第一次世界大战后显现出一片繁华盛况，而且伴随资本主义经济的发展而产生的各种变化也出现在整个上海社会。为了正确理解上海的情况以及其后的发展，我想我们不能忽视它与日本的关系。这是因为上海和日本在地理上非常接近，而且在上海近代崛起的时期，住在那里最多的外国人是日本人。

与此同时，近年来学术界对于战前上海租界的研究也进入了新的阶段，开始重新评价公共租界内日本企业和日本人的活动。在此过程中，也出现了对当时日本人于公共租界经营的印刷公司进行的调查研究。例如，神奈川大学外国语学部孙安石教授发表了《战前上海的日本人经营的印刷业：鹿内勣氏所叙述的自传》②，上海东华大学人文学院的陈祖恩教授通过实地调查和重访了解当时情况的相关人员，仔细地追踪上海经营印刷公司的日本商人足迹，致力考察当时的实况。

关于战前在中国流通的广告招贴画，曹淑勤在其《中国年画》(2008)中，把它看作是从中国传统年画发展起来的画种；而黄玉涛在其《民国时期商业广告研究》(2009)中，则将其视为民国时期发展起来的一种广告类型。与当时存在的月份牌广告、杂志广告、商标和户外看板相提并论。两者的研究中均没有提及当时中国国内流通的中文广告画中由日本印刷公司承印的，或者原画是由日本人创作的情形。这种情况也见于张燕风的《老月份牌》(1994)和赵琛的《中国

---

① 田岛奈都子：《战前日本与中国印刷界的关联》，《亚洲游学》，第103期(东京，勉诚出版，2007年)，第118—127页。

② 孙安石：“战前上海日本人经营的印刷业：鹿内勣氏所叙述的自传”，《人文学研究所报》第41期(神奈川大学人文学研究所，2008年)，第109—122页。

近代广告》(2001),尽管他们在书中介绍日本企业成为广告主,请人制作出口到中国的广告画的情况;而以《老月份牌广告画》为样本发行的《老月份牌年画》(2003)和《美女月份牌》(张锡昌,2008),当然更没有提及日本的渊源了。

正因如此,恐怕所有中国人都认为现在广受关注的战前广告招贴画是中国本国制作的产物;他们可能从来都不曾想到这些广告画居然有日本印刷公司和日本图案家的参与。然而,下一节我将详述以下史实:日本的印刷业其实很早就进入了上海,与当地的业界进行人力与技术交流的同时,也是承担上海广告画文化的旗手。

二、战前日本与以上海为中心的中国印刷界的关系

(1) 作为"市场"的上海

对开国以后的日本而言,中国,特别是上海,本身就是一个"市场",同时,它作为对欧洲和东南亚贸易的踏脚石,具有非常重要的意义。根据1871年缔结的日清修好条约,日中两国建立了邦交。翌年,日本正式在上海设立了领事馆,并于1875年指令三菱商会(即后来的日本邮船公司)开通横滨至上海之间的定期航线,于1877年开设三井物产会社的上海分店等等。为了能够顺利地进行贸易,日本在上海一一进行了部署。此外,净土真宗本愿寺为了传教在1876年开设的上海分院,成了居留在中国的日本人的精神支柱。就这样,原本在美租界的本愿寺上海分院地区及领事馆所在的虹口地区,在日清战争(中国称甲午战争,1894—1895年)以后,入住了许多日本人,后来欧洲列强因第一次世界大战(1914—1918年)而不得不从亚洲撤出时,日本便乘机进一步进军上海,这一带便开始绽放出日本人街的色彩。实际上,当我们看表一"1914年在上海的外国商馆数量"时,就会发现:当时在上海的外国商馆共有660家,其中英国最多,有202家,以后依次是日本117家,德国102家,美国71家,俄国40家,以及其他128家,以前曾达50%—60%比例的英国商馆,在这个时期已经急剧下降。此外,如果看表二"公共租界外国居民的人口变迁",我们会看到日本在1915年就超过英国,成为在上海居住的外国人口最多的国家。而根据表三的"上海的日本人人口的推移",1915年在上海居住的日本人总数超过了1万。此后直到战争结束为止,日本人作为在上海居住人数最多的外国人,其人数一直在上升,而且每逢像1932年的上海事变(中国称"一·二八事变")和1937年开始的日中全面战争之类的事件时,就更受到注意。

然而,要说起移居到上海的日本人的身份,明治时代(1868—1911年)住在上

海的日本人，除一部分是有名企业的职员和政府官吏外，几乎都是些在国内坐吃山空后渡航来到上海的人，男性多在英租界开设的店铺兼住家，经营杂货或陶器之类的小店。女性数目是男性的两倍之多，她们若能在租界欧美人和有钱的中国人家里当保姆或女佣，还算不错，事实上，更多的是在妓院卖身或给人当小妾。

表一　1914年在上海的外国商馆数量

国　别	数量(家)
英　国	202
日　本	117
德　国	102
美　国	71
俄　国	40
其　他	128
合　计	660

出处：《上海史》(东方书店，1995)，第7页。

表二　公共租界外国居民的人口变迁

年度	英国	美国	日本	葡萄牙	德国	俄国	总计(人)
1865	1 372	378		115	175	4	2 044
1870	894	255	7	104	138	3	1 401
1876	892	181	45	168	129	4	1 419
1880	1 057	230	168	285	59	3	1 802
1885	1 453	274	595	457	216	5	3 000
1890	1 574	323	386	564	244	7	3 098
1895	1 936	328	250	731	314	28	3 587
1900	2 691	562	736	978	525	47	5 539
1905	3 713	991	2 157	1 331	785	354	9 331
1910	4 465	940	3 361	1 495	811	317	11 389
1915	4 822	1 307	7 169	1 323	1 155	361	16 137
1920	5 341	1 264	10 215	1 301	280	1 266	19 667
1925	5 879	1 942	13 804	1 391	776	1 766	25 558
1930	6 221	1 608	18 478	1 332	833	3 487	31 959
1935	6 595	2 017	20 242	1 020	1 103	3 017	33 994

出处：《上海史》，第99页。

表三　上海的日本人人口的变迁

年度	男	女	合计(人)
1893	477	389	866
1895	386	220	606
1900	737	435	1 172
1905	2 739	1 592	4 331
1909	4 984	3 073	8 057
1915	6 356	5 101	11 457
1920	7 689	6 831	14 520
1925	10 547	8 963	19 510
1930	13 027	11 180	24 207
1935	12 712	11 279	23 991
1937	12 585	11 087	23 672
1939	30 322	20 771	51 093

出处:《上海史》,第 121 页。

日俄战争以后,以纺织业为主,面粉制造、机械、榨油等日本资本正式进入上海。第一次世界大战的爆发给日本带来好景气,1919 年日本商业会议所成立,1923 年长崎与上海之间的定期航线(日华联络船)开通,中国国内铁路网的建设和整备随即发展起来,这些均给上海的日本企业带来繁荣,也必然地提高了居住在上海的日本人的地位。例如,1920 年代后半期,以横滨正金银行为首的大银行以及日本邮船公司、三井物产、日本棉花公司(现为双日公司)等承担日中贸易的中坚企业,均在上海中心地段的英租界设立了分公司。分公司经理作为住在上海的 5%精英分子,与欧洲列强的商务人员进行交流;分公司的职员则住在公司为他们安排的职工宿舍或公寓,拿着俸禄生活,形成了 40%中间阶层。另外,虹口、闸北地区有很多日本人经营的中小企业、商店、饮食店、旅馆和其他杂货店,他们作为一般的庶民阶层占据了住在上海的日本人整体人数的一半以上,其中也出现了相当成功、在上海具有坚实基础的人。尽管仍然有日本人指望能够一夜暴富而来到了上海,但是像明治时代的那种状况渐渐有所变化。

至于日本国内的工商业者怎样看待上海的这些变化,可以说,他们的眼光一直很热切。正如本文开端所述,上海本身就是一个"市场",同时,它也是对欧洲、东南亚贸易的一个重要视窗。战前,日本在全国每个府县设置商品陈列馆作为奖励工商业的机构,若概观它们的活动就会发现:1910 年以后,全国各地的商品陈列馆都举办了以“对支那贸易的商品参考展”为名的展览会。这些陈列馆发行的内部杂志频繁登载报道,介绍中国工商业的现状和未来、在中国做生意的习惯和各种手续等。而且,对于正摸索向新加坡和马来西亚南下的日本来说,1930 年以后的上海,不仅是工商业的据点,也是重要的军事据点。虽然住在上海的日本人人数在“第二次上海事变”①之后短暂有所减少,但是在 1943 年突破了 10 万人。据说,他们很多人所居住的虹口一带作为日本人街散发出异彩。

(2) 日本印刷界对上海的关注

以上海为中心的中国市场的发展,不但对有直接关系的日本制造业和外贸业具有重要意义,对印刷业来说也非常值得关注。这是因为不论时代和地区,当商业活动非常活跃、商家为了超越对手而展开“商战”时,他们的“商业策略”一下子便变得引人瞩目,特别是当商家重视以广告画为主的广告策略时,整个印刷业界就会因大量接受订单而获利。

尽管日本人在上海经营印刷公司一事几乎无人知晓,但是此事早在 20 世纪初就开始了。毋庸讳言,这些印刷公司最初的客户当然是那些进入上海的日资企业,主要业务是印刷这些日资企业的营业指南、以广告招贴为主的广告宣传物、商品的包装用品和标签等。当然,日资企业刚进入上海时,它们的生产和营业活动所需的印刷物,都是从日本带来、在日本国内制作的。看看这些印刷物的设计样式就会发现,其中也有像伏木英九郎于 1900 年左右绘制的“老牌孔雀香烟的广告画”和 1905 年用的“日本邮船股份公司对中国用广告画”那样,强烈意识到“要出口到中国”的宣传物。但是,说到广告画,日资公司一般制作和使用的都是“名称不同”的作品,也就是说,考虑到诸般情况,原封不动地移植在日本所使用的广告画,唯一的变化只是将使用语言从日语改为中文而已。例如,多田北鸟创作的“麒麟啤酒广告画”就是其中的代表作品。

① 日本为扩大侵华而在上海制造的事变,也称“八一三事变”。1937 年 8 月 9 日,驻上海日本海军陆战队中尉大山勇夫率士兵斋藤要藏,驾军用汽车强行冲击虹桥中国军用机场,被机场卫兵击毙。事件发生后,中国上海当局与日方交涉,寻求以外交方式解决,但日军要求中国军队撤离上海,拆除军事设施,同时向上海增派军队。8 月 13 日,日军便以租界和停泊在黄浦江中的日舰为基地,对上海发动了大规模进攻。大约 5 万名中国正规军在德国军事顾问的指导下,在上海的非武装地带筑建坚固阵地,包围 5 000 名海军陆战队保卫的日本租界,开始了历时三个月之久的淞沪抗战。(译者注)

图 1　老牌孔雀香烟的广告画(伏木英久郎，约 1900，香烟与盐博物馆藏)

图 2　日本邮船股份公司对中国用广告画(1905 年，东京江户博物馆藏)

图 3　麒麟啤酒的广告画(多田北岛，约 1917 年，武藏野美术大学美术资料图书馆)

图 4　麒麟啤酒出口中国的广告画(多田北岛，约 1917 年，印刷博物馆藏)

但是，当在上海的生产和销售活动变得越来越活跃时，日资企业不再将在日本制作的印刷品带进中国，转而在当地调配印刷制品。印刷物供货地从日本转为中国的原因主要有以下几个：首先，由于日本和中国的习惯和风俗不同，在日本国内受喜爱的图案在中国并不被接受，甚至有遭到忌讳的情形，因此，起用精通本地情况的中国画家制作广告宣传画，可以避开这样的风险。第二，中国的人工费比日本便宜，若能在本地制作，可以大大节省包括制品运费在内的成本。第三，如果能在生产和流通据点制作印刷物，企业就可以把订货和发货所需的时间和功夫控制在最低程度，必要时还可以立刻提供必要的数量。

不过，对日资企业把面向中国的印刷物改为由当地商家供货一事，日本国内的印刷公司很敏感，因为：首先，变换供货商会直接导致日本印刷公司业绩的恶化；其次，若是为了留住客户就要有效地调低订货价格，但为顾及收益，价格的下限就自然被决定好了，这样定出的最低价格，将很难与上述当地供货优点或是与当地供货相当的条件竞争。处于如此逆境的日本国内印刷公司实际上采取的行动却是较为积极的。

图 5　中国美人图广告用图案（万石和喜政，1917 年，《第五届农商务省图案及应用作品展览会图录》，第 40 页）

正如本文开端所示，日本国内的印刷界非常关注 1910 年代中期以后的中国，特别是商业中心上海的发展情况，以及日本企业进入上海并得到发展的情况。尤其是当他们看到因受 1914 年开始的第一次世界大战的影响，进入中国的欧美企业的营业活动被迫停顿，与此相比自己同胞在上海确实发展突飞猛进时，他们预感到针对中国的印刷物会有更大的需求，因此更为关注上海的情况。看表四“战前发行的杂志中关于中国印刷界及广告界关系的报道”就会发现，尽管日本人经营的印刷公司于 20 世纪初就已进入上海，但是其数量是在第一次世界大战前后才开始增加的，内容也一年年地变得更详细。似乎与这种情况相呼应的是，农商务省于 1917 年主办了“第五届农商务省图案及应用作品展览会”，会上展出了万石和喜画的“中国美人图广告用图案”①，详情我将在后文叙述。大阪的精版印刷公司于1916年举办第二届广告画图案征集比赛，上海出身的画家周柏生的作品获得了三等奖中的第一名。倘若我们来看一下1922年在大阪举办的印刷文化展览会的会场照片，就会看到：大阪的伊势本久荣馆印刷所将向中国出口商品的广告画作为引以为傲的优秀作品，高高地挂在该公司的展会上②。同在大阪的锦屋商店印刷部在1923年使用的订货目录写道：“现货种类销往中国等其他地区。”③这两件事说明了在当时的大阪印刷界，“面向中国的广告画”是与流行无关的固定商品。此外，“针对中国的广告画展览会”于1924年7月1日至8月30日在大阪府立商品陈列所展出④；1930年6月6日至9日，精版印刷公司在大阪总社设立了面向中国的广告画展示角，专门展出“广告招贴展”⑤；1931年

图6　印刷文化展览会上伊势本久荣馆印刷所的展示摊位（《日本印刷界》第150期，1922年）

图7　日本精版印刷合资公司印刷的面向中国的最新广告画（《印刷杂志》第13卷6期，1930年6月，第54页）

---

① “支那美人广告用图案”，《第5回农商务省图案及应用展览会》(1917年)，第40页。
② “伊势本久荣馆印刷所”，《日本印刷界》第150期(大阪印刷界，1922年)。
③ 《关于大正12年度用新制广告画的需求》(手册)(锦屋商店印刷所，大阪，1923年)。
④ 《最近十年间的大阪府立商品陈列所》(大阪府立商品陈列所，1927年)，第49页。
⑤ 一记者：“精版会社的广告画展览见闻”，《印刷时报》第54号(大阪出版社，1930年)，第42—44页。

5月21日和22日，名古屋商工会议所举办了“中华广告资料展”①；该所还于1931年6月1日至5日在银座的伊东屋举办了“中华民国宣传物展览会”②。这些展览会的存在表明：即使在大战景气结束之后，日本国内的工商业者对“面向中国的广告画”的关注和需求也继续存在，这是一个意味深长的事实。

表四　战前发行的杂志中关于中国印刷界及广告界关系的报道

	题　　目	执笔者	杂志名	期/卷号	发行单位	出版日期
1	支那贸易品的商标商号调查	无作者	通商月报	第80期	府立大阪商品陈列所	1902.10.25
2	清国商标登录局规划草案	罗伯特·哈托基	通商月报	第98期	府立大阪商品陈列所	1904.4.25
3	清韩两国的印刷事业	武田三枝	印刷杂志	19卷6期	印刷杂志社	1909.6.1
4	清韩两国的印刷事业（续）	武田三枝	印刷杂志	19卷7期	印刷杂志社	1909.7.1
5	清韩两国的印刷事业（续）	武田三枝	印刷杂志	19卷9期	印刷杂志社	1909.9.1
6	清国的商标及版权问题的现状	太田外世雄	农商务省商品陈列馆报告	第33期	农商务省商务局	1910.10.1
7	关于清国商标的临时注册手续	太田外世雄	农商务省商品陈列馆报告	第45期	农商务省商务局	1911.1.1
8	清国的商标保护	无署名	通商月报	第191期	府立大阪商品陈列所	1912.1.25
9	关于清国的商标注册手续	无署名	农商务省商品陈列馆报告	第48期	农商务省商务局	1912.2.1
10	东洋印刷事业的未来	松翠生	大阪印刷界社	第39期	大阪印刷界社	1913.1.1
11	对支那策略以及我们印刷业者应该采取的手段	无署名	大阪印刷界社	第41期	大阪印刷界社	1913.3.1
12	东洋方面商品广告有效的报纸	无署名	农商务省商品陈列馆报告	第11期	农商务省商务局	1913.6.1
13	支那的印刷所与日本的印刷所	三江商业会议所	大阪印刷界社	第45期	大阪印刷界社	1913.7.1

① 《新爱知》，1931年5月21日，朝刊第6版。

② “工艺通信”，《帝国工艺》第5卷第6期（1931年），第42页。

(续表)

	题　　目	执笔者	杂志名	期/卷号	发行单位	出版日期
14	支那印刷业的现状(一)	本社特派员调查	日本印刷界社	第48期	日本印刷界社	1913.10.1
15	支那印刷界的将来	无署名	日本印刷界社	第49期	日本印刷界社	1913.11.1
16	支那印刷业的现状(二)	本社特派员调查	日本印刷界社	第49期	日本印刷界社	1913.11.1
17	一天天兴旺起来的支那印刷物的需求	泽田要藏	日本印刷界社	第51期	日本印刷界社	1914.1.1
18	支那印刷业的现状(三)	本社特派员调查	日本印刷界社	第52期	日本印刷界社	1914.2.1
19	支那印刷业的现状(四)	本社特派员调查	日本印刷界社	第53期	日本印刷界社	1914.3.1
20	支那印刷业的现状(五)	本社特派员调查	日本印刷界社	第54期	日本印刷界社	1914.4.1
21	扬子江沿岸的印刷业与日英同盟的影响	无署名	日本印刷界社	第55期	日本印刷界社	1914.5.1
22	上海的印刷界	无署名	印刷世界	8卷6期	印刷世界社	1914.6.1
23	香港的商标注册	帝国领事	贸易时报	1卷5期	农商务省商品陈列馆	1914.6.1
24	日本及支那的印刷和制纸业的沿革(一)	MS生	日本印刷界社	第60期	日本印刷界社	1914.10.1
25	日本及支那的印刷和制纸业的沿革(二)	MS生	日本印刷界社	第62期	日本印刷界社	1914.12.1
26	上海印刷界的现状	徐瑾	日本印刷界社	第63期	日本印刷界社	1915.1.1
27	南支那印刷业现状	小岛长藏	日本印刷界社	第65期	日本印刷界社	1915.3.1
28	支那印刷局长视察	无署名	印刷世界	9卷7期	印刷世界社	1915.7.1
29	徐瑾氏的回国	无署名	日本印刷界社	第69期	日本印刷界社	1915.7.1
30	再论上海印刷界的现状	徐瑾	日本印刷界社	第71期	日本印刷界社	1915.7.1
31	与黄绍周氏交谈	一记者	日本印刷界社	第72期	日本印刷界社	1915.10.1
32	对日本印刷业者的希望	珍逢吉	日本印刷界社	第72期	日本印刷界社	1915.10.1
33	支那的一般广告法式	徐瑾	日本印刷界社	第73期	日本印刷界社	1915.11.1

（续表）

	题　　目	执笔者	杂志名	期/卷号	发行单位	出版日期
34	日本精版印刷合资公司面向支那的最新广告画	无署名	日本印刷界社	第77期	日本印刷界社	1916.3.1
35	上海印刷会社的创立	无署名	印刷世界	11卷6期	印刷世界社	1917.6.1
36	面向支那的印刷物和支那人的嗜好	无署名	日本印刷界社	第105期	日本印刷界社	1918.7.1
37	面向支那人的印刷物和支那人的嗜好	无署名	印刷工艺	2卷8期	东京印刷同业组合	1918.8.1
38	在支那的欧洲印刷术	野村宗十郎修订	印刷工艺	3卷2期	东京印刷同业组合	1919.2.1
39	市田胶版印刷公司的海外发展	无署名	日本印刷界社	第138期	日本印刷界社	1921.4.1
40	支那留学生参观日本工厂	无署名	日本印刷界社	第139期	日本印刷界社	1921.5.1
41	市田印刷公司的上海工厂	无署名	印刷杂志	4卷5期	印刷杂志社	1921.5.1
42	从上海回来	平尾藤太	日本印刷界社	第142期	日本印刷界社	1921.8.1
43	关于台湾印刷事业的发展	岛连太郎	日本印刷界社	第143期	日本印刷界社	1921.9.1
44	调制针对支那的商标的心得	无署名	通商汇报	第71期	府立大阪商品陈列所	1922.11.1
45	让我们在支那步调一致吧！	无署名	印刷杂志	5卷11期	印刷杂志社	1922.11.1
46	窥探朝鲜、满洲、南北支那（一）	岛连太郎	印刷杂志	5卷11期	印刷杂志社	1922.11.1
47	游支那	谷口默次	印刷杂志	5卷11期	印刷杂志社	1922.11.1
48	鋱力印刷在上海的现状	无署名	日本印刷界社	第158期	日本印刷界社	1922.12.1
49	支那的商标临时注册	无署名	内外工商时报	9卷12期	农商务省商品陈列馆	1922.12.1
50	窥探朝鲜、满洲、南北支那（二）	岛连太郎	印刷杂志	5卷12期	印刷杂志社	1922.12.1
51	窥探朝鲜、满洲、南北支那（三）	岛连太郎	印刷杂志	6卷1期	印刷杂志社	1923.1.1

（续表）

	题　　目	执笔者	杂志名	期/卷号	发行单位	出版日期
52	支那、南洋和印度的商标及专利保护	三宅发士郎	通商汇报	第83期	府立大阪商品陈列所	1923.3.21
53	在支那上海海关的商标注册手续费的寄送方法	无署名	内外工商时报	10卷4期	农商务省商品陈列馆	1923.4.1
54	在上海海关的商标或专利的临时注册	无署名	内外工商时报	10卷6期	农商务省商品陈列馆	1923.6.1
55	满洲商标创意的意趣	无署名	内外工商时报	10卷6期	农商务省商品陈列馆	1923.6.1
56	支那商标局的暂行章程	农商部颁布	通商汇报	第90期	府立大阪商品陈列所	1923.6.1
57	悲哉！对支那的发展	无署名	印刷杂志	6卷6期	印刷杂志社	1923.6.1
58	南洋的商标＝支那、南洋、印度及澳洲的商标（四）	三宅发士郎	通商汇报	第92期	府立大阪商品陈列所	1923.6.21
59	对支那海关商标注册规定的追加	无署名	通商汇报	第92期	府立大阪商品陈列所	1923.6.23
60	南洋的商标＝支那、南洋、印度及澳洲的商标（五）	三宅发士郎	通商汇报	第93期	府立大阪商品陈列所	1923.7.1
61	南洋的商标＝支那、南洋、印度及澳洲的商标（六）	三宅发士郎	通商汇报	第94期	府立大阪商品陈列所	1923.7.11
62	面向支那的商标创意	无署名	内外工商时报	10卷8期	农商务省商品陈列馆	1923.11.1
63	关于支那商标法的实施	无署名	通商汇报	第94期	府立大阪商品陈列所	1923.1.21
64	满洲印刷界概况	勇飞生	印刷杂志	7卷9期	印刷杂志	1924.9.1
65	面向支那的商标和印刷	商标子	日本印刷界社	第184期	日本印刷界社	1925.2.1
66	支那商标法和条约	中根斋	通商汇报	第136期	府立大阪商品陈列所	1925.2.21
67	支那商标优先注册时间延长	无署名	通商汇报	第136期	府立大阪商品陈列所	1925.2.21

（续表）

	题　　目	执笔者	杂志名	期/卷号	发行单位	出版日期
68	支那商标法实施以来各国申请商标的件数	无署名	通商汇报	第149期	府立大阪商品陈列所	1925.7.1
69	支那商标法和通商条约(上)	中根斋	通商汇报	第156期	府立大阪商品陈列所	1925.9.21
70	支那商标法和通商条约(下)	中根斋	通商汇报	第158期	府立大阪商品陈列所	1925.10.11
71	关于支那的商品广告(其一)	冈崎正男	通商汇报	第167期	府立大阪商品陈列所	1926.2.1
72	关于支那的商标注册	无署名	内外工商时报	13卷6期	农商务省商品陈列馆	1926.6.1
73	在支那的本邦商品的广告	远藤宽六郎	内外工商时报	13卷9期	农商务省商品陈列馆	1926.9.1
74	上海最近印刷油墨的进口统计	无署名	印刷杂志	12卷7期	印刷杂志社	1929.7.1
75	上海的大印刷业者来日本中华书局社长一行	无署名	印刷杂志	13卷10期	印刷杂志社	1930.10.1
76	向中华民国出口商品的创意	无署名	印刷杂志	18卷3期	农商务省商品陈列馆	1931.3.1
77	支那的传单展览会	无署名	印刷时报	第70期	大阪出版社	1931.7.1
78	支那的商标法	无署名	通商汇报	第309期	府立大阪商品陈列所	1933.4.1
79	上海最近的印刷界	无署名	印刷杂志	17卷8期	印刷杂志社	1934.8.1
80	有四人之多的外国留学生来学习的高工艺印刷事业	无署名	印刷杂志	19卷12期	印刷杂志社	1936.12.1
81	支那的印刷杂志	无署名	印刷杂志	20卷4期	印刷杂志社	1937.4.1
82	北京的印刷界　完全没有商业印刷物的城市	熊谷敬一	印刷杂志	21卷4期	印刷杂志社	1938.4.1
83	关于中国印刷术的发展(上)	贺圣鼎、杉山宪	印刷杂志	24卷1期	印刷杂志社	1941.1.1
84	商务印书馆的创业时代	无署名	印刷杂志	24卷1期	印刷杂志社	1941.1.1
85	关于中国印刷术的发展	贺圣鼎、杉山宪	印刷杂志	24卷2期	印刷杂志社	1941.1.1

然而，进入1910年代中期以后，出现了这样一些日本印刷公司，它们预计随着商战的活跃，上海对印刷物的需求会增大，于是便跻身极有市场潜力的上海，到当地扩大业务。笔者在下一节介绍的精版印刷公司就是其中的典型事例和成功者。该公司于1914年在上海设立营业所，1920年又进一步在上海开设了工厂，次年便开工作业。此后因接受针对中国印刷物订单而业绩大好，发展状况良好。1928年在新加坡商业中心所在地百得利路(Battery Road)开办了营业所，在台湾设立营业所的时间虽然不太清楚，但是该营业所设在当地政治经济中心所在地台北市大和町(现中正区中央附近)，其繁荣程度可从刊登在1931年《大阪朝日新闻》上的“公司公告”可窥见一斑。不过，能够走上如此成功之路的公司，不仅在印刷业，就是在上海的日资企业中也属少数，实际上，大多数公司都是心有余而力不足，在半途就倒闭了。但是，上海商业活动活跃，又是代表亚洲的国际贸易港，意欲进入上海的印刷公司的数量并没有减少。这一点可以从印刷材料新报社出版的《全国印刷业者名录》中得以确认。我们也可以从表五“战前进入上海的日本人经营的印刷公司”看到同样的趋势，《1922年版全国印刷业者名录》中显示日本人在上海经营的印刷公司大概在20家左右，这个数字在四年后的《1926年版全国印刷业者名录》中增加到近30家。另外，从整个战前期来看，日本人在上海经营的印刷公司集中在海宁路、吴淞路和乍浦路一带及周边地区，那里日本人居住人口较多，而且书店和出版社比较集中。

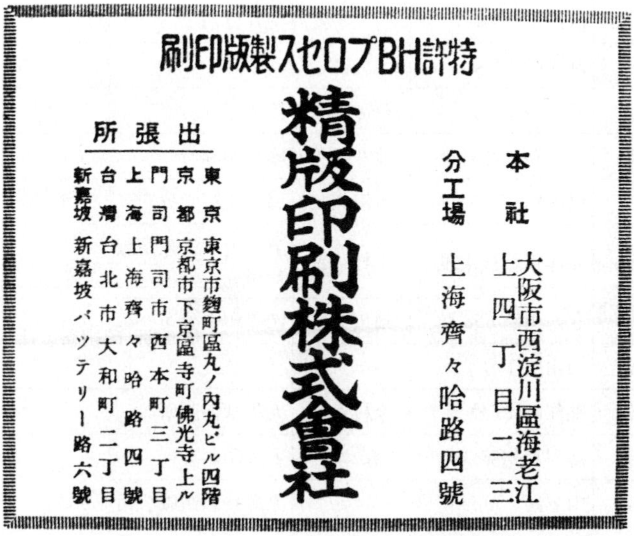

图8　精版印刷公司在《大阪朝日新闻》上刊登的“公司公告”
(《朝日新闻》，1931年9月26日第四版)

表五　战前进入上海的日本人经营的印刷公司

	营业种类	所在地	公司老板	公司名称	创业时间	A	B
1	各种	江西路7号	中安晃	市田印刷公司		○	
2	武力刷	江西路4号		上海工商有限公司		○	
3	材料	江西路7号		裕祥洋行		○	
4	活版	密勒路兴业里1890	水尾爱治	水尾日华堂		○	
5	活版	吴淞路8950		本田巧文堂		○	
6	活版	吴淞路益涛里	木村今朝男	开进堂		○	
7	活版	吴淞路	日出多十郎	日之出精技堂		○	
8	油墨	乍浦路274号	堀川音松	合名会社黑越公司		○	○
9	石版	乍浦路276号	小柳胜也	中和印刷合资公司		○	○
10	活版印刷材料	乍浦路279号→115号	田村义朝	文房洋行		○	○
11	铜雕	乍浦路310号→240号	金川贞三	金川铜版所	1910年	○	○
12	铜版	乍浦路共和里235号	高桥喜三郎	高桥铜版所		○	
13	石版	泗泾路8号	藤井博	民国印刷公司		○	
14	纸材	泗泾路9号		中井公司		○	
15	材料	泗泾路10号	武井音次郎	利泰号		○	
16	活版	海宁路14号	芦泽民治	芦泽印刷所	1922年	○	○
17	活版	海宁路威四林街	藤井敬一	藤井印刷所			○
18	材料	河内路77、78号	菱田宪三	堀井謄写堂分店	1911年	○	○
19	铜版	北四川路祥丰里	小林荣吉	上海美术工艺制版公司		○	○
20		北四川路658号	细川玄三	四美印刷公司	1919年		○
21	活版	四川路1号				○	
22	铜版	虬江路13号	今村辰造	大华堂铜版所		○	○
23	活版	赫司克尔路33号	森　恪	上海印刷会社		○	○
24	制版	山东路160号		上海技艺制版公司		○	
25	活石材→活版	文路250号→汤恩路	渡边原七	申江堂		○	○

（续表）

	营业种类	所在地	公司老板	公司名称	创业时间	A	B
26	各种	靶子路→乍浦路118号	中田熊次	中田印刷所	1920年	○	
27	活版	梧州路10号→乍浦路	宫地道贯	上海日日新闻社		○	
28	活版	武昌路71号		上海经济日日新闻社		○	
29	活版	公共租界查路1号→白保罗路3、4号	井上三郎	上海日报社	1903年	○	○
30	活版	新海宁路4号（鸭绿江路1017号）	青山专藏	青山印刷所		○	○
31	木版	吴淞路895号	赤松精敬	赤松巧文堂			○
32	石版	吴淞路益涛里	木村今朝男	开新社			○
33	石版	吴淞路久远里918号	日出多十郎	精技堂印刷所	1909年		○
34	活版	狄思威路101号	石井秀雄	合资会社东方印刷社			○
35	活版	汤恩路2号	深町作二郎	上海每日新闻社			○
36	活版	鸭绿江路20号	水尾爱二	水尾印刷所	1923年		○
37	木写	昆山路6号	竹内朝太郎	竹内印房			○
38	各种	齐齐哈尔路4号	薮野权三郎	精版印刷株式会社上海营业部	1916		○
39	石版、胶版	大连湾路495号	大堀常喜	作新社			○
40	铜版	虬江路98号	三品福太郎	三品铜版所			○
41	印刷	昆明路249号	大桥杲	大昌公司			○

三、精版印刷公司与中国

(1) 精版印刷公司简史

1905年5月，日本精版印刷合资公司在大阪市南区逢阪下町创立，社长是中田熊次。这家印刷公司从明治经大正到昭和战前时期以广告海报印刷而驰名。该公司成立的时候，大阪已经有好几家老字号印刷公司，精版公司的创立并不能保证它未来的生意一定会很兴旺。但是，中田是铜版雕刻的技术专家，本领非凡。他是中田印刷所物主的上门女婿①兼社长。中田印刷所从大阪市政厅接受大量事务用笺的订货,还是关西香烟专管局唯一指定的工厂,承接香烟包装纸的印刷等。中田充分利用印刷所从这些业务中获得的经营基础与稳定性,认为新开设的公司若要跟现存的公司拉开差距并在业界成名的话,就需要一些崭新的方案。其中,中田着眼的就是专注于当时大阪商家所轻视的印刷"品质"。具体的做法就是将多色平版印刷作为公司业务支柱。为了实现这个方案,中田将新公司取名为"精版印刷公司"。公司名的"SEIHAN"也不用"制版"二字,而是特意采用包含着"精巧的版"之意的"精版"②。正是这种执着使精版公司迅速成为广告画印刷的专业公司,广告画就是精巧印刷物的代表。实际上,该公司营业项目以海报为中心,标笺、报刊额绘③、月历等重视视觉的多彩印刷物占据了主要部分。其代表作诸如樱花啤酒、麒麟啤酒、大日本麦酒株式会社的相关商品,月桂冠、高岛屋、大阪商船和足利铭仙等品牌或商家的广告海报,都是采用最高级制版印刷技术制成的魅力非凡的作品,在日本的广告画历史上留下一页。

然而,对战前的日本印刷公司而言,即便是大批量地接受广告画订单,也不一定就能达到高收益率。因为尽管当时日本国内制版和印刷业每年都在朝机械化迈进,但是很多部分仍然依靠手工作业,为了用多彩印刷技术将广告画和绘画复制成美丽的制品,需要大量时间和优秀的工匠师傅。另外,在 20 世纪 10—20 年代中期的关西地区,整个印刷界还没有将印刷品质放在重要位置。关于这一点,中村印刷所于 1927 年出版的《型录》一书中,有如下记载:"在大阪方面,虽然光村合资公司到大正三年为止一直图谋原色版的普及化,但是公司确信该事业在大阪地区的前途不如东京帝都,所以毅然决然地于大正三年 9 月关闭大阪公司,搬到了东京。"④当印刷制品本身是广告,而非直接带来利润的商品时,由于纸张是一种脆弱的材质,所以大阪很少有广告主(即订货方)愿意将巨资投入到消耗性很高的广告画制作。被选为大阪 100 家模范商店之一的

---

① 在日本继承家业的时候,一般都是长子继承,中田家长子早逝,虽然可以让次子、三子继承家业,没有这样做是因为他们还年幼,另外也是因为大阪传统上有让优秀的女婿继承家业能兴旺产业的想法。中田熊次是一个有才能的技术人员,所以被中田老板相中为女婿,委以重任。

② 《大阪印刷百年史》(大阪:大阪印刷工业组合,1984),第 294 页。

③ 报社按月份选择一些深受大众喜爱的木版印浮世绘作品进行大量印刷,免费派送给广大读者,可以用作挂在房间的装饰画。(译者注)

④ 《光村印刷所沿革》,《型录》(东京:光村印刷所,1927)。

谷口印刷所,记载了广告画印刷的实际情况:

> 我国很少有人想过广泛利用印刷物来促进商业发展。很多人认为在印刷物上花费巨资费用的做法是无用的浪费,因为大部分人普遍认为只要用文字把商品名写下来就足够了,所以他们尽量要求低廉的印刷物,并没有什么以鲜明的形象和优美高尚的格调来吸引人眼球的印刷品。……由于大阪是商业城市,任何人都认为印刷物的利用量会特别大。我们也想当然地认为大阪印刷界与其他地方相比大为进步,但是实际情况却正好相反,可以说正处于一种令人感到悲伤的状况中。……如上所述,大阪的印刷会非常幼稚。正因为需要者没有甄别印刷品质好坏的鉴别知识,于是社会上流行的在印刷物上花钱是无用的浪费的说法,就引发了胡乱的价格竞争。……我们不要身陷于不断堕落的同业者竞争的漩涡之中,而要以印刷色彩鲜明、品质优良之物为目标向前迈进。我觉得大阪的商品今后一定会觉悟,哦,不,我期待自己能够促进大阪商界的觉悟而努力奋斗中。……大阪几乎没有什么出版物的印刷,如果不主要以技术的优劣来做印刷的话,就会因商人很少利用而无上等的订货,而且订货数量也极其少。①

同样,森川印刷所也叙述说:

> 大阪需求印刷品的商家尽量要求价格便宜一点,很少有人要求成品要多么精巧或多么优良。虽然近年来美术方面的印刷需求有略微增加的趋势,但是对便宜物品的需求依然很旺盛。……只能说大阪印刷界真的仍处于很幼稚的状态。商人中很少有人认为利用印刷物是件有利的事情,即便是利用印刷物,也仅仅是光喜欢价格的低廉而已。②

也就是说,令人遗憾的是,尽管精版印刷公司从创业之日起已经度过了十周年,但要在大阪本地找到想要精版印刷公司所追求的高质印刷品的委托者还是很难,这让人推测当时该公司在日本国内的营业收益并不怎么好。更何况,与精版印刷公司一样以多色平版印刷为主要业务的市田印刷所,于 1907 年 3 月在大阪开业。该公司一早就与东京的凸版印刷股份公司加强了合作关系,以其知名度和资本能力展开了技术革新和营业活动,这对精版印刷公司形成了最大的威胁。精版印刷公司于 1913 年和 1916 年投资高额的奖金实施广告画用

---

① “显露头角的谷口印刷所”(大阪 100 家模范商店),《实业界》第 10 卷第 2 期(同文馆,东京,1915 年),第 148—151 页。

② “大阪印刷界的明星森川印刷所”(大阪 100 家模范商店),《实业界》第 10 卷第 2 期(同文馆,东京,1915 年),第 214—215 页。

的原画征集比赛，其时代背景主要是为了宣传公司的名字和技术能力以及发掘新客户。此外，它在1916年7月并购了使用铝铜原版的大阪Almo印刷合资公司，作为日本精版印刷株式会社重新从头做起。1921年1月，精版印刷公司研究出新的MC过程照片制版法，这也是为了在与市田印刷所的技术竞争中取得胜利。此后，日本精版印刷株式会社与市田印刷所在大阪展开激烈的商战，争夺多色平版印刷的市场份额，结果是1923年精版公司正式吸收合并了市田印刷所①。前者除了得到后者拥有的全部胶版印刷、国际专利H·B式照片制版的使用权，以及用于胶版印刷和照片制版印刷的机器之外，还完全继承了市田公司依靠自己的力量在东京和中国建立起来的营业网。就这样，精版印刷公司名副其实地从大阪的一家平版印刷公司跃为全国性的企业。此外，精版印刷公司社长中田熊次于1924年当选为大阪府议会议员和大阪府参事会员，公司和中田本人一道成为代表大阪政界和财界的一员②。

(2) 精版印刷公司与南洋兄弟烟草公司的邂逅及进入上海市场

创业时，精版印刷公司以多色平版印刷为业务支柱，以追求印刷“品质”为宏图志向。正如前文所示，由于大阪商人的秉性以及竞争对手公司的出现，精版印刷公司想要在根据地大阪挖掘印刷业务需求，为此竭尽了全力。在这种严峻的状况下，公司找到的活路就是到印刷需求预计会急速增长的中国上海，以及与南洋兄弟烟草公司(以下称“南洋烟草”)的交易。

在1907年左右，精版印刷公司社长中田的高松同乡德田弥七把住在神户市的朋友松本(即广东出身的华侨、南洋兄弟烟草公司经营者简照南)介绍给中田，商谈接洽南洋烟草公司的香烟盒和包装纸的制作，于是，精版印刷公司开始了与南洋烟草公司的关系。当时南洋烟草公司的状况是正面临着其前身公司所陷入的经营危机，简照南、简玉阶兄弟将它买了下来，以新的南洋烟草公司重新开始事业。新公司百里挑一的交易客户，就是精版印刷公司，它具有与专卖局作交易的业绩，以印刷技术的优异而著称，其母公司是中田印刷所。

精版印刷公司与南洋烟草公司的交易是什么时候正式开始的？这一点还没有定论。但是精版公司于1914年在上海开设办事处，其原因正是与南洋烟草公司的交易关系进展顺利且业绩逐年增长的缘故。南洋烟草公司于1916年在上海建立新工厂，两年后总公司从香港迁往上海。自此之后，两公司的合作更加紧密，其蜜月状况可以从一些事例中窥见一斑。如1916年3月出版的《日本印刷界》第77期“日本精版印刷合资公司最新的面向支那的广告画”一文中

①② 《大阪印刷百年史》，第314页。

所介绍的“南洋烟草公司的广告画”(作者身份不明);1917年和1918年左右,精版印刷公司向中国出口的总销售额为50万日元,其中,南洋烟草公司就占据了一半左右①。

图9　南洋烟草公司的广告画(《大阪印刷界》第77期,1916年,封面画)

欧美企业因第一次世界大战爆发而从上海撤退,虽然不至于给日本企业带来“东风”作用,但是精版印刷公司在上海取得良好业绩以及之后的飞跃发展,的确与南洋烟草公司大宗交易有密切关系。因为精版印刷公司于大战经济景气业已消退的1921年能够在上海公共租界设立工厂并于翌年开工,而且最终能于1923年7月正式收购数年来一直在根据地大阪和上海两地与其展开激烈商战的市田胶版印刷株式会社,都是因为与以南洋烟草公司为首的中国客户的交易取得高额利润的缘故。

正式合并后,精版印刷公司取得市田印刷公司业已在上海建立的营业网,以及该公司几年前在公共租界齐齐哈路② 4号新建的工厂,把市田印刷所的这个上海厂房改称为“上海分工厂”,进一步扩大以上海为据点的业务。精版印刷公司这个“上海分工厂”占地面积为1 665坪(约5 500平方米),使用面积为1 069坪(约3 500平方米),在当时是相当大规模的工厂。在这里有市田印刷所投巨资购买并带国际性照片制版使用权专利的H·B式胶版印刷校正机一台、一直配套的大量印刷用自动胶版印刷机14台、切裁机5台和接受烟草公司订货时不可或缺的制函机4台。1928年工厂职工组成为26名办公人员和536名职工。这536名职工中,92名为日本人,442名为中国人。比例大概是1∶5③。1928年精版印刷公司的印刷物销售额情况是:上海分工厂2 431 005.40

---

① 《圣山中田先生传》(圣山会,1953),第150页。

② 当时并不存在齐齐哈路,应是齐齐哈尔路。

③ 《精版印刷株式会社的现状》(精版印刷株式会社,大阪,1929年),第2页。

日元，大概是十年前销售额的10倍，与此相对，大阪总公司工厂的销售额为3 595 553.84日元①，上海分公司与总公司的销售比例已达到二比三。该公司在上海的主要交易对象，以南洋烟草为主，还包括英美烟草公司、花旗、华成、三兴、华达、大东南、瑞伦、中和和主义等各烟草公司，以及Standard、Texas、RisingSun②等进入上海的欧美一流石油公司。

(3) 第二届广告画图案征集比赛和获奖者周柏生

图10 《大阪印刷界》第81期上周柏生的作品（《大阪印刷界》第81期，1916年，封面画）

就这样，精版印刷公司以大阪为根据地，在上海也开拓了另一个据点，进一步发展。1916年7月出版的杂志《大阪印刷界》第81期上登载了一篇意义深长的报道，描述精版印刷公司于1916年春天以一等奖奖赏500日元作招徕的第二届广告画图案征集比赛结果，并从总共410件参赛作品中选登了获奖三等奖第一名的作者——上海出身的周柏生(1887—1955)的作品③。

前面已叙述，精版印刷公司以"广告画图案征集比赛"为名，在1913年举办的首届比赛之后再次征集广告画原画的背景，是由于公司想以首届比赛一样的方法，在宣传公司名字和技术能力的同时，找到新客户，扩大营业。公司还有另一种考虑，就是通过比赛来发掘和获得能够创作优秀广告画原画的人才。

日本企业举办的广告画征集比赛，大概可以分为两类。一种是直接使用广告画来做广告的自行举办的比赛，另一种则像这次一样，由印刷公司举办。二者的区别在于：前者是为了把广告画原画用于该公司广告而举办的比赛，与此相对，后者"应征来的作品必须再次出售"④。对于在日本广告画中所使用的

① 《精版印刷株式会社的现状》，第4—5页。
② 《精版印刷株式会社的现状》，第8页。
③ 《日本精版会社征集广告画的获奖者》，第75页。
④ 中田熊次："从图案征集获得的感想"，《大阪印刷界》第45期(1913年)，第7页。

“绘画”部分，一部分大企业的做法是：或由广告主自行委托有名的画家，或由公司内的图案部或广告部图案设计家创作。但是，大部分广告画所用的原画都是先由印刷公司聘来的“画工”或由与印刷公司签订特约关系的图案设计家制作，再由印刷公司向广告主推荐。也就是说，当时的日本印刷公司承担着今天的图案社和广告代理公司的功能和作用。说得再具体、清楚一点的话，就是：如果广告画的订货单位A公司希望利用图案设计家B或者想将B创作的作品B′用于该公司的广告海报，那么，要是B是自营业的图案设计家就没有任何问题，可以直接签约；但是，一般情况下，大部分能够创作出广告主满意的优秀广告画原画的图案设计家和画家都是某个印刷公司的职员，与该公司签订了专属协定。所以，倘若想利用图案设计家B或B所创作的B′，就需要和B所属的印刷公司C签订包括图案使用费在内的印刷物订货合同。反过来，如果广告主与印刷公司C签订了印刷物的订货合同，就可以请C公司旗下的图案设计家B、D、E创作新的广告画原画。除此以外，平版印刷界的趋势是由能够接受多少有名企业的广告画订货来决定各公司的“档次”。于是，为了接受有名企业的广告画订货，各印刷公司引进最新印刷机器和技术，竞相招聘能够创作引人注目的美丽原画的优秀人才，还频繁地用高额签约金和报酬来挖走人才。但是，对于有些印刷公司来说，这种状况是相当麻烦的。这些公司看到广告画的需求随着工商活动的繁荣在增长，从而想加强广告部门，进入广告画印刷新领域，精版公司也是这样的公司。由于兼备人气和实力的人才已是其他公司职员或已签约专属于某公司，从那里将他们挖出来需要大笔资金。虽然当时日本国内美术和图案设计的教育机构出现已久，也培养了很多知识和技术人才，但是能够回应印刷技术的发展和满足广告主要求的人才并不多。因此，精版印刷公司举办广告画原画征集比赛，正是为了打破上述的现状，而这一企划也带来了他们期待的效果。

1916年春天，周柏生参加了由精版印刷公司举办的第二届广告画图案征集比赛，其作品从410件参赛作品中获为三等奖第一名。据“老牌广告画”一文介绍①，周柏生，原名周桐，出生于江苏省，作为月份牌广告画家活跃于上海。如果追踪他的经历，我们会发现：不知道从何时开始，他曾在南洋烟草公司的广告部工作，是该公司内部非常活跃的图案设计家。后来他辞职，再后来，他一面作为自由职业的设计家为各公司绘制月份牌广告画，一面创立柏生绘画学院，指导晚辈创作绘画。有评论认为，周柏生的画风以古典传说和佛教故事为主题的作品居多，即便在当时，相对来说也是比较保守和封建。诚然，如果让我们来

① “老牌广告画”，《汉声杂志》第61期(1994)，第95页。

看一下现存的广告画，就会发现：周柏生所描绘的女性形象，通常让人感受不到其女性魅力和华丽，而多是体型中性、表情也较单一的女性形象。不过，南洋烟草公司在与英资的英美烟公司（BAT）展开激烈的销售和广告战时所采用的战略，倘若要考虑到诸如诉之于中国人爱国心的手法，周柏生遵循古老价值观的画风就比较符合南洋烟草公司的心意。我认为，他之所以活跃在南洋烟草公司是与上述背景分不开的。

图 11　周柏生笔下的女性形象（1910 年代后期—1920 年代初，特种东海制纸公司藏）

图 12　樱花啤酒（樋口富麻吕，1916 年，函馆市中央图书馆藏）

当我们想到精版印刷公司主办的比赛是在 1916 年举行时，可以推算周柏生在参赛和获奖时的年龄是 29 岁。从年龄上来看，他已经积累了相当的绘画经验，在广告画制作方面也有相当的业绩。对于看惯同时代日本制广告画的人来说，周柏生的作品是性质相当不同的东西，在很多方面都很清楚地显示了战前中国制广告画的特征。

例如，当我们拿周柏生的作品与樋口富麻吕的“樱花啤酒的广告画”在比赛中获得二等奖，后来被帝国麦酒株式会社收购，最终制成实际的广告画——进行比较的话，就会发现：前者将画中的美女主人公放在画面的中央，描绘她坐在中国式庭园路缘石上的姿势，而后者则用整体上靠左的偏角构图配置美人。因此，作为一张画来看的时候，周的作品虽然感觉起来稳定性良好，但是作为主题的美人在整个画面中占据的比例很小，向周边延伸的宽阔庭园压倒了她，感觉上有一种意犹未尽的不足感。而当时日本商业广告画的主流是将广告画的主题——美人大大地绘制在画面当中，如樋口的“樱花啤酒广告画”或波波伯部金州于 1916 年创作的“伊藤吴服店”。倘若拿这些画中的美人与周柏生的作品比较，我们就会感到他的绘画作品过于小巧玲珑和整齐，反而缺少一种平衡感。

图 13　伊藤吴服店（波波伯部金洲，1916 年秋，函馆市中央图书馆藏）

图 14　南洋兄弟烟草有限公司的广告招贴画（周柏生，1920—1921 年，特种东海制纸公司藏）

那么，这种主题的处理方式和构图的差异是从哪里派生出来的呢？要回答这个问题，我们首先要谨记：这里所列举的作品都是广告画原画，而广告画原画最终要在画面上添加上广告的商品图案，显示出商品制造者和销售者的文字，才算成品。为此，广告用原画上面需要有把上述部分添加进去的空白，或者被上述部分遮盖也没有关系的部分。不过，在日本制作广告画，后面要添加的基本只是文字，而且这些文字通常是竖着写的，那么余白也就需要是纵向的。但是，中国制广告画几乎都是从右到左横向书写的，其位置通常在画的上边。另外，中国制广告多用镶边将画的四周围起来，就像 1921 年“南洋烟草公司的广告招贴画”那样，在画面左右和下边添加月历和要广告的商品，这样作为广告画原画而被活用的“绘画”部分就势必被局限在画面的中央了。也就是说，周柏生在画中央小小地配置美人这样绘画主题的理由，是他自觉地意识到后来要添加的绘图和文字会把周围的部分消减掉的缘故。他在图画上边预先空出很大一块的做法，也是因为他知道那里肯定会加上文字。换句话说，樋口和周氏的作品，都是根据当时两国的广告画原画制作格式而各自创作的。另外，两国广告格式一直沿用了很久。例如，在日本画家松田富乔于1940年制作的“札幌啤酒的广告画”中，仍能看到樋口作品中将主题人物靠左配置，纵向取余白的特征。而杭穉英于同年制作的“系粉红色围巾的女性广告画”中，以后来添加的各种内容会将画面填埋起来为前提，只在画面正中央画上绘画主题的美女像，其周围全部作为余白而空了下来。

图15　大日本麦酒株式会社札幌啤酒的广告画
（松田富乔，1940年，函馆市中央图书馆藏）

图16　系粉红色围巾的女性
（杭穉英，1930年代，福冈亚洲美术馆藏）

此外，作为“优秀的广告画”，1917年2月出版的《日本印刷界》第88期刊登了周柏生绘制的“南洋烟草公司的广告画”，其他还有多幅周柏生参与的南洋烟草公司的广告画。如果我们追溯周柏生现存的作品，就会发现：在这次比赛获奖前后，市面上开始出现署有周柏生名字的广告画，他早期作品的订货商几乎都是南洋烟草公司。如果考虑到这一点，那么，周柏生作为图案设计家活跃于社会舞台一事应该和在这次比赛中获奖有很大的关系。他就职于南洋烟草公司一事，极有可能就是他获奖的契机。

(4) 精版印刷公司的另一种日中关系：中国留学生的存在

1916年精版印刷公司举办“第二届广告画图案征集比赛”及其结果，出乎意料地将精版印刷公司、周柏生、上海和南洋烟草公司联系在一起。我们可以推测，他们四者之间的结合也像精版印刷公司业绩的增长一样，逐年走向稳固。

图17　南洋兄弟烟草有限公司的月份牌广告画（周柏生，1917年，《日本印刷界》第88期，1917年，封面画）

然而，进军上海的印刷界并成为成功者的精版印刷公司，对于原本就在当地经营印刷公司的中国人来说，也许是个碍眼的存在，很有可能在工人雇佣方面存在某种纠纷。但是，该公司似乎并没有单方面地掠夺市场之后将收益寄往日本。相反，精版印刷公司在1916年左右接受中国政府的委托，在公司内部或母公司中田印刷所接受中国留学生，对他们进行整整三年的雕刻、制版和印刷技术的指导①。

日本正式接受中国留学生的契机是日本驻大清国公使矢野文雄的建议，他于1898年向中国政府提出向日本派遣留学生。1899年7月4日，文部省发布了第11号令，公布“关于文部省直辖学校接受外国委托生的规定”，1901年11月再次发布了“直辖学校外国人特别入学的规定”。文部省直辖学校（即现在的国立大学）加紧建立接受外国留学生的体制。在这个过程中，东京高等工业学校于1902年制定了“外国人特别入学许可制度”，并在1906年以留学生为对象制定了“特别生规定”，以中国、朝鲜为主，开始接受来自亚洲各国的学生。特别是1907年，文部省根据中国教育部的要求，约定在文部省直接管辖的一高（现在的东京大学教养学部）、东京高等师范学校（现在的筑波大学，以前的东京教育大学）、东京高等工业大学（现在的东京工业大学）、山口高等商业学校（现在的山口大学经济学部）和千叶医学专门学校（现在的千叶大学医学部）等5所特

① 《圣山中田先生传》，第150页。

约学校每年接受165位中国留学生入学。在东京高等工业学校，很多来自亚洲的留学生为了学习最新的工业技术而进入窑业科、染织科、机织科、电气机械科、电气科、工业科、建筑科等各种专业学习，其中也包括了学习制版印刷技术的学生。

1908年，浙江省出身的郑定鸿和丁乃刚及湖北出身的赵假滕等三人作为第一批中国留学生，进入东京高等工业学校工业图案专业的特别预科班（即用于接受留学生的预科）学习。此后进入该预科班的中国留学生的人数纪录，请参照表六的“中国留学生入读东京高等工业学校工业图案特别预科班的情况”。该预科当时是日本教授印刷技术的最高学府，学生在此花上三年时间的话，便可从专业和实践上学会制版印刷技术。当时，很多大型印刷公司争相聘请修完“工业图案科必修科目”（表七）的毕业生，把他们视为公司的高级技术和管理人才。

图18　刊登在毕业相册里的中国留学生：赵假藤、史振鹏和黄锐（东京高等工业学校毕业相册）

表六　中国留学生入读东京高等工业学校工业图案专业特别预科班的情况

	姓　名	出身	履　　　历
1	赵假藤	湖北	1908年入学工业图案专业特别预科班，1912年7月毕业。同年就职于湖北武昌乙材高等学校，1926年为湖北工业补习学校校长。
2	郑定鸿	浙江	1908年入学工业图案专业特别预科班，1913年7月毕业。同年就职于浙江杭州报国寺中等工业学校，1926年为杭州贫民工厂技师。
3	丁乃刚	浙江	1908年入学工业图案专业特别预科班，1915年毕业于制版特修专业。同年就职于日本东京小石川区久坚町的精美印刷所，1917年就职于商务印刷馆。
4	胡仁清	浙江	1909年入学工业图案专业特别预科班，1911年、1913年各在籍该专业一年，1914年离籍（无毕业记录）。

（续表）

	姓　名	出身	履　　　　历
5	徐　瑾	广东	1909年入学工业图案专业特别预科班，1914年毕业于制版特修专业。第二年接受华商石印局招聘，作为该局的特技长回国。1917年转职《北京日报》，1926年任职北京美术学校。在学期间担任刊登在《大阪印刷界》第48期（1913年10月）至第75期（1915年1月）卷末的中文版“汉文栏目”的翻译。
6	史振鹏	浙江	1916年7月毕业于制版特修专业，同年就职于商务印书馆。
7	韩　栋	四川	1910年入学工业图案专业特别预科班，1915年从该专业预科班毕业，同年就职于北京四牌楼祖家街的高等工业专门学校，1926年任职于北京工业大学。
8	黄　锐	四川	1914年入学工业图案专业特别预科班，1916年毕业于制版特修专业。1915年暑假期间在博文堂印刷所接受研修。毕业后就职于杭州报国寺中等工业学校。1926年任职北京照相制版学校。
9	胡星唤	湖南	1911—1913年工业图案专修特别预科在籍，1914年离籍（无毕业记录）。
10	卢文范	广东	1911年入学工业图案专业特别预科班，1913年离籍（无毕业记录）。
11	刘崇榎	福建	1913年在制版特别习修预科班在籍一年，1914年离籍（无毕业记录）。
12	杨士淡	广东	1913年在制版特别习修预科班在籍一年，1914年离籍（无毕业记录）。

注：3、6、7、8因工业图案专业从大正四年（1915年）起由东京美术学校接管而转籍至该校。3、6、8毕业于东京美术学校临时设置的制版特修专业。

参考资料：《东京高等学校一览》，《东京高等学校一览　从明治43年至明治44年》、《东京高等学校一览，从明治45年至大正2年》的现物无法确认。

表七　《东京高等学校一览　从明治42年至明治43年》中工业图案专业的必修课目

学　科	第一年			第二年			第三年		
	第1学期	第2学期	第3学期	第1学期	第2学期	第3学期	第1学期	第2学期	第3学期
伦　理	隔周1	隔周1	隔周1	隔周1	隔周1	隔周1	隔周1	隔周1	隔周1
化　学				无机4	无机2 有机2	有机4			
图案法	2	2	2	1	1	1	1	1	1
掌故学	1	1	1	1	1	1			
建筑装饰							1	1	1
工艺史				1	1	1	1	1	1
博　物	动植物	1	1	1	1	1			
	解剖1								

（续表）

学科	第一年			第二年			第三年		
	第1学期	第2学期	第3学期	第1学期	第2学期	第3学期	第1学期	第2学期	第3学期
制版化学				1	1	1	1	1	1
徒手画法	24	24	28	10	11	12	5	5	5
几何画法	4	4							
图案实习				6	6	6	15	15	15
图案应用				8	8	8	8	8	8
工业经济							1	1	1
工业卫生							隔周1	隔周1	隔周1
工业簿记							1	1	1
英语	4	4	4	3	3	3	2	2	2
兵式体操	2	2	2	2	2	2	2	2	2
每周时间合计	39	39	39	39	39	39	39	39	39

备考

- 化学、工业卫生和工业簿记为任意选修课，不听讲这些科目的学生需参加徒手画法。
- 修读制版的学生，必须选修化学课。
- 博物课一年级学生和二年级学生合起来都是隔年选修，不修读的学生，其课时改为徒手画法。
- 特别研修制版的学生，几何画法课改为制版化学课。
- 图案实习和图案应用课，考虑到学生各自的愿望与特长，将让他们特别研修工业的图案、木工、金工、染织、漆工、窑业、制版。

如果让我们来看一下留学生在学期间的活动和毕业后的经历，就会发现：其中1916年毕业的黄锐在上学期间就在博文堂印刷所（现在的共同印刷株式会社）接受现场实习；也有像丁乃刚这样的人物，在毕业后回国前的一段时间，曾就职于精美堂印刷所（现共同印刷株式印刷会社），进一步积累研究经验；他们回国后或就职于像商务印刷馆那样的大型出版社，或作为教员指导后辈。他们的经历说明：这些留学生在日本学到了最先进的制版印刷技术，为提高中国国内印刷技术发挥了作用。然而，尽管一学年的学生名额只有4名，六年里中国留学生的总数12名，其中三分之一没有毕业记录，这使人不得不抱有顾虑：大张旗鼓开始的留学制度实际上并不理想，那里面是不是存在什么问题？

要到东京高等工业学校留学，考生首先要交 5 日元作为入学考试费，即便合格，也如表八的“东京高等工业学校的学费”所示，为要置备制服和实习服，入学前的各种费用要 50 日元左右。日本人一年的学费为 25 日元，与此相比，留学生学费是日本人的两倍。另外，在工业图案科，一年所需个人负担的教材费是其他专业的几倍，结果该专业留学生一年的平均支出，包括宿舍费在内，为 250 至 300 日元，这对他们来说是相当大的经济负担。除此以外，留学生还要学习日语和日本人的生活习惯，即使被录取入学，也是从特别预科开始，他们毕业所需的年期必然要比日本人长得多。我们可以想象这种过重的经济负担和过长的毕业年限，使留学生不得不选择在技术已经学到手的时候自动退学，而不等到正式毕业。此外，工业图案专业还涉及到东京高等工业学校的大学升格问题，该专业本身在 1914 年 9 月被东京美术学校图案专业吸收合并，对在校学生采取了临时措施，允许他们在毕业前可以作为“东京高等工艺学校的委托生”继续在同校同专业上课，但是此后不再招募新生，对校方的这种情况感到厌烦的留学生极有可能放弃了留学。

表八　东京高等工业学校的学费

(1) 各学科相同的经费(元)

类　　别	第一年	第二年	第三年	合计
学费(留学生用)	50	50	50	150
交友会费(含入学费)	4.5	3	3	10.5
宿舍费(约一月 10 日元)	120	120	120	360
制服制帽(含修理费)	17.5	0.5	0.5	18.5
工厂制服	2	0	0	2
鞋子(含修理费)	6	6	6	18
外套	9	0	0	9
制图机械	7.5	0	0	7.5
参考书、账本、笔纸、墨	22	22	22	66
修学旅行费	1.5	1.5	10.5	13.5
各种学会会费	3	3	6	12
	247	210	222	679

(2) 各学科的特别费用(元)

类　　别	第一年	第二年	第三年	合计
染织科(标本与用具费)	11.7	8.7	6.7	27.1
机械科(标本及用具费)	4.75	2.15	2.15	9.1
窑业科(化学用品费)	4.5	2	2	8.5
应用化学科(化学用品费)	4.5	3	3	10.5
电气化学科	4.5	3	3	10.5
工业图案科(A)	23	19	19	61
工业图案科(B)	23	23	30	76
机械科(工具费)	7	2.35	1.5	10.85
电气机械科(工具费)	7	0.5	0.5	8
建筑科(工具费)	7	0.5	0.5	8

工业图案科(A):特别研修木工、金工、染织、窑业、漆工、图案及图案应用的学生的绘画用具和材料费。

工业图案科(B):特别研修制版图案及图案应用的学生的绘画用具和材料费。

精版印刷公司应中国政府印刷局的委托,于1916年接受中国留学生。那一年由于东京高等工业学校废除了工业图案科,中国的公费留学生无法前往日本学习制版印刷技术。再加上1915年日本强行向中国提出"二十一条",此时的日中关系很难说处于一种良好的状态。但是,这个时期正是用于广告画印刷的平版印刷制版方式从旧有的手描制版转化为照片制版的变革期,也许中国政府印刷局不想此领域落后于世界潮流,所以认为向海外派遣留学生,让他们实地掌握最新的印刷技术是最妥当的办法。

那么,中国政府为什么选择中国人感情上有芥蒂的日本为留学生派遣地呢?而且选择的派遣单位为何不是曾接受过中国留学生实习的东京精美堂或博文堂印刷所,而是以大阪为根据地的精版印刷公司及其母公司中田印刷呢?关于这些问题,即便是1929年出版的《精版印刷株式会社的现状》以及为纪念社长中田熊治而于1953年编辑的《圣山中田先生传》等少数介绍精版印刷公司社史的资料,也没有详细的记载,因此,精版印刷公司和中田印刷所接受并指导中国留学生的详情所知甚少。

不过,向陷于第一次世界大战漩涡之中的欧洲派遣留学生确实非常危险,从这个意义上来说,领土并未化为战场的日本既安全,地理位置又接近,较适合派遣留学生。此外,1914年上海引进的印刷机器及印刷油墨、用纸及其他各种材料，因第一次世界大战的影响，似乎日本制产品最多[①]。如果我们再考察一下1910年代中期上海大型出版社的情况，就会发现：在中华书局有62名日本人任职技师或工头，除此以外，还有很多日本人在当普通工人[②]，商务印书馆也同样有不少日本人技师在职，为保证出版社的印刷品质做出贡献[③]。可以说当时上海的印刷界在相当程度上依赖日本的印刷业。因此，对中国政府来说，让中国留学生在现场掌握日产印刷机及材料，把他们培养成能独立胜任工作的技术人员，就可以提高中国国内印刷业的水准。可能就是基于这样的判断，中国政府选择在上海具有良好业绩的精版印刷公司作为派遣留学生的单位。

对精版印刷公司而言，得到中国政府印刷局委托接受中国留学生，也应该是一件好事。毋庸讳言，企业为了要进军海外并在当地发展，需要各种各样的调整。在这种状况下，与中国政府建立良好的关系，无论如何都很重要，而且当时精版印刷公司虽然需要从南洋烟草公司接受大量的订单，希望以上海为中心开拓和发展在中国国内的营业和生产活动，但是和在大阪一样，它在上海也面临着较早来到上海的市田印刷公司之间的竞争。因此，得到中国政府直接委托接受留学生，对于该公司而言等于是中国政府承认其是官方认可的印刷公司，不仅值得喜悦，而且对外也很有利。正因为人际关系在中国具有重要的含义，我想精版印刷公司肯定把中国留学生视为该公司与中国政府之间的桥梁，以及两国之间通往未来的深厚联系，对留学生的研修内容和待遇也相当不错。遗憾的是，由于我们缺乏关于精版印刷公司和中田印刷所接受并指导中国留学生情况的记录，其中详情不得而知。但是，考虑到精版印刷公司接受中国留学生的年期与东京高等工业学校工业图案专业的正常毕业年限一样，都是三年，我估计这些留学生在精版印刷公司的研修内容应该与表七"工业图案专业的必修科目"的内容差不多。

此外，1913年创刊的《大阪印刷界》从第48期起至1916年1月出版的第75期为止，断断续续地开设了将印刷技术相关的基础内容和该杂志的主要报道译成中文的"汉文栏目"，东京高等工业学校工业图案专业留学生徐瑾担任过一段时期的翻译工作。此事意义非常深长，因为如果没有需要的话，是不会特意在月刊中新设这样的栏目的。"汉文栏目"的刊登时期正好与日本国内积极指导中国人制版印刷技术的时期部分重叠，因此我们可以推测，在当时的日本

---

① 本社特派员调查："支那印刷业的现况"（三），《日本印刷界》第52期（1914年），第32页。

② 本社特派员调查："支那印刷业的现况"（三），第33—34页。

③ 徐瑾："上海印刷业的现状"，《日本印刷界》第63期（1915年），第39页。

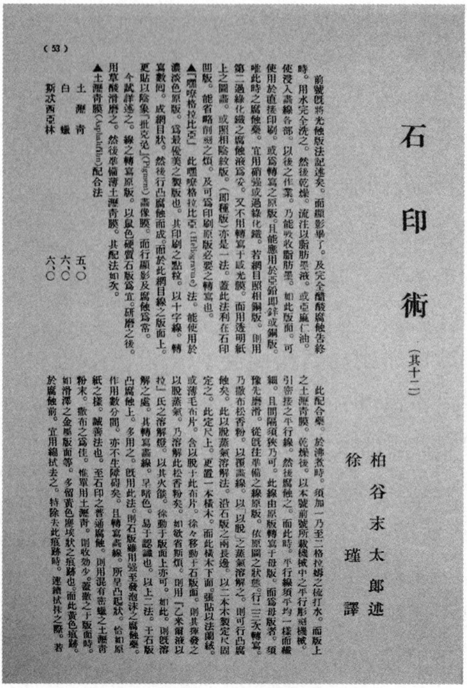

(53)

石印術 (其十二)

柏谷末太郎述
徐瑾譯

前號既將光蝕版法記述矣。而顯影畢了。及完全醋酸腐蝕告終時。用水完全洗之。然後乾燥。流注以脂肪墨液。或亞麻仁油。使浸入畫線各部。以後之作業。乃能吸收脂肪墨。如此版面。可使用於直接印刷。或爲轉寫之原版。且能應用於亞鉛即鉾或鋼版。唯此時之腐蝕藥。宜用硝强或過綠化鐵。若網目照相銅版。則用第二過綠化鐵之腐蝕液爲妥。又不用轉寫于感光膜。而用透明紙上之圖畫。或照相陰紋版。(即種版)亦是一法。蓋此法利在石印凹版。能省略削刻之煩。及可爲印刷原版必要之轉寫也。

▲「嘿喽格拉比亞」此嘿喽格拉比亞(Heliogramme)法。能使用於濃淡色原版。爲最優美之製版也。其印刷之點粒。以十字線。轉寫數回。成網目狀。然後行凸腐蝕而成。而於此網目線之版面上。更貼以陰象「批克免」(Pigment)畫像膜。而行顯影及腐蝕爲常。

今試詳述之。綠之轉寫原版。以鼠色硬質石版爲宜。研磨之後。用草酸滑磨之。然後準備薄土瀝青膜。其配法如次。

▲土瀝青膜(Asphaltfilm)配合法

土瀝青　五、〇
白蠟　六、〇
斯忒西亞林　六、〇

此配合藥。於沸煮時。須加一乃至二格拉姆之旋打水。而版上之土瀝青膜。乾燥後。以本號前號所載機械中之平行影刻機械。引密接之平行線。然後腐蝕之。而此時。平行線須平均一樣而纖細。且間隔須狹乃可。此線由原版轉寫于母版。而爲母版者。須豫先磨滑。從既在準備之線原版。依原圖之狀態。行二三次轉寫。乃撒布松香粉。以覆畫線。以「以脫」之蒸氣溶解之。則可行凸腐蝕矣。此以脫蒸氣溶解法。沿石版之兩長邊。以二本木製定尺固定之。此定尺上。更置一本橫木。而此橫木下面。張貼以法蘭絨。或薄毛布片。含以脫于此布片。徐々移動于石版面。則其揮發之以脫蒸氣。乃溶解此松香粉矣。如欲省斯煩。則用「乙米爾液以拉」氏之溶解燈。以其火燄。徐動于版面上亦可。如此。則既溶解之處。其轉寫畫線。呈暗色。易于認識也。以上二法。于石版凸腐蝕上。多用之。既用此法。則石版纔用强至發泡沫之腐蝕藥。作用數分間。亦不生障碍矣。且轉寫畫線。所呈凸起狀。恰如原紙之樣。誠善法也。至石印之普通腐蝕。則用混有密蠟之土瀝青粉末。撒布之爲佳。惟單用土瀝青。則收効少。蓋撒之于版面時。如滑澤之金屬版面等。多留黃色塵埃狀之痕跡也。而此黃色痕跡。於腐蝕前。宜用綿拭去之。特除去此痕跡時。連續拭抹之際。若

图 19　汉文栏“石版术”(其十二)
(《大阪印刷界》第 73 期,1915 年)

印刷界——暂且不说这个栏目的读者是中国留学生还是中国就业者—中国人为数应该不少。

可惜的是,“汉文栏目”因为徐瑾回国,并没有持续很长时间,但是,大阪《大阪印刷界》的编辑出版者实际上是大阪一家叫做“印刷工厂”的印刷公司,我们再次看一下表四“战前发行的杂志中关于中国印刷界及广告关系的报道”,就会发现:关于中国印刷界的报道,《大阪印刷界》及其后续杂志《日本印刷界》刊登得比较多。另外,很早就注意到中国印刷需求并进军上海的是精版印刷公司和市田印刷公司等以大阪为根据地的印刷公司。除此以外,参与制作面向中国市场的广告画的日本公司,以先前提到的伊势本久荣馆印刷所和锦屋商店印书部为主,其次还有森川印刷所和藤井改进堂等,大多数都以大阪为根据地。这显示两国“商业中心”的大阪和上海在制版印刷方面也是亚洲的中心。

四、结束语:战前日中两国制作的商业招贴画之特征及异同

如前所述,上海印刷业界因第一次世界大战的爆发而与欧美业界断绝了交流,并加强了与日本的联系,其影响不仅显著体现在印刷技术和印刷品的品质方面,实际上也关联到广告的设计方面。

当我以战前的日本广告画为基准,概览同一时期在中国流通的广告画和月份牌广告时,发现其中存在着一些共通点和一些完全不相容的特征。两国广告画的共通点包括:整个战前时期两国广告画制作的趋势是大量把年轻女性用作主题;画中的女性都身穿当时流行的服饰,留着时髦的发型,过着摩登的生活。但是,正如前文所述,在画面中主题人物的配置和大小方面,两国之间存在着相

当大的差异。当我对照同时期制作的两国广告画，不禁产生一种想法：日中两国对于广告画的看法和期待，本来就完全不同。

广告画原本是广告的一种，目的是广泛地告知人们某商品或服务的存在，以及生产销售该商品的企业。为此，在设计广告画时，画师需要讲求的是这幅画如何吸引人的眼球，留在人们的记忆中？怎样可以留下一些议论的话题？不过，并非只要主题新颖或出人意料就是好的广告画，只有当主题和场面设定妥当，与所宣传的商品和广告主的性质非常契合的时候，这幅广告画才算得上优秀广告。在1910年代中期以后的日本，广告业界本身的竞争很激烈，人们非常关注广告的效果和影响力。此时，以前的"只要主题是装饰华丽的女性便是好广告"的价值观已经消失，优秀的标准变成了"画中主题女性的美丑自不必说，其中当广告的商品与广告主之间的关系也必须一看就明了。"为了制作符合这一标准的优秀广告画，无论是挥毫创作广告画原画的画家，还是竭力向广告主推销原画的印刷公司，都费尽了心思。事实上，1916年樋口富麻吕在创作"樱花啤酒的广告画"(图13)时，由于该啤酒商品的商标是樱花，就将女性头上的发簪设计为樱花。而松田富乔在1940年创作的"札幌啤酒的广告画"(图15)中，因为是啤酒的广告画，所以桌上摆了一个啤酒杯。这样的设定没有任何的矫揉造作，让人感到不自然，即使没有加上企业名和商品名，也能让一看到画面，就推测到宣传的是什么产品。

然而，在中国制的广告画中，即使广告画是当时很有名的画家创作的原画，或者广告主是一流的企业，我们也难以在其中找到可在日本制广告画中看到的，主题与要宣传的商品及企业之间的关联性。事实上，看看占据了很大份额的广告主中国烟草公司的广告画，就会发现：广告画下端和四周散放着的商品图案，的确是介绍要广告的商品，但是，作为一种场景设定，描写主题人物抽烟的作品极少，那些以身着时髦服饰、魅力无比的美女为主题的广告画，倘若隐藏了商品和企业名，就无法让人得知它是什么产品的广告。从这一点，我们可以窥见当时中国的广告画，与其说是起到宣传具体商品和企业的广告作用，倒不如说是一种店铺和房间的装饰品，它们是本着这样的目的而设计的。

举个例说，细看周柏生在精版印刷公司第二届广告画图案征集比赛获奖之后的作品会发现，他1917年创作的"南洋烟草公司的广告画"(图17)中，画面下部正中描绘了南洋烟草公司的工厂，这种将广告主的工厂或公司建筑物作为主题绘入广告画的做法，当时在中国基本不存在。但是，在当时日本制广告画中，这种"特地为广告主量身订造的广告画"是经常被采用的。同样，在周柏生1921年创作的"南洋烟草公司的广告画"(图14)中，我们可以看到在桌上放了一个小小的南洋烟草公司烟灰缸，大致的设定是：画中这位女性很爱抽南洋烟草公司的烟。这种主题人物与商品之间的密切关联性，在日本的广告画中是必需的要素，而在中国却并非很受重视。也就是说，我们可以在周柏生获奖之后所创作的广告画中看到类似当时日本制广告画的特征，可能他以自己的作品入选精版印刷公司广告画征集比赛为契机，开始直接在精版印刷公司学习日本广告画的作画方法并加以实践。

图 20　冠生园食品有限公司的广告画
（杭穉英，1920 年代后期—1930 年代，
《老月份牌广告画》下卷，《汉声杂志》，1994，第 96 页）

在广告画中强烈追求装饰的功能，而非广告功能，可以说是中国的商业习惯。这种习惯在整个战前时期都可以看到，但是带有前述特征的广告画，在现存的广告画中并不多久。随着中国将广告画视为广告的一种并展开对其效果的研究，广告画同行之间的竞争日益激烈，市面上强调中国企业为广告主的广告画中也出现了让主题人物手持要宣传的商品，或者在画面中自然带入商品的作品。例如杭穉英创作的“冠生园食品有限公司的广告画”，就是这样的作品。但是，我认为这种作品的出现多多少少是受到日本的影响。比如说，日本企业根据日本的规格和想法而制作的广告画已经出口到中国并在中国流通；现存的中国制广告画几乎都是 1920 年代以后的作品，制作时多采用照片制版和胶版印刷的技术，这两种技术使短时间内大量廉价地制作广告画成为可能。而进入上海的精版印刷公司及其对手市田印刷所等日本印刷公司拥有这两种先进技术，它们接受中国客户的大量订单，参与中国广告画的制作，不仅有各种各样的作品面世，而且促进了专门制作广告画的画家和工作室的诞生，使中国盛开一种称为“月份牌广告”的独特广告文化。

关于近代广告画的接受、采纳和发展，日中两国还有很多尚未解明的部分。

迄今为止学界对近代广告画的解释是：日中两国接受欧美作品的自然流入和技术传播，然后在融合各国既有习俗和文化要素的基础上，各自发展成独特的广告画。这样的解释大体是可以接受的，不过，当我们实际对照同一时期日中两国的广告画时就会发现，除了语言和女性模特儿穿着的衣服，这些广告画还存在着根本的差异。正如本章所揭示的那样，日本大阪和中国上海这两个代表两国的“商业都市”，战前时期同为亚洲制版印刷业的中心城市，它们之间有着深厚的联系。近代中国印刷也与日本之间，早就有着人力和技术上的交流，这种交流甚至给中国国内制作和流通的广告画及其设计带来影响。我期待中日双方的学者今后能基于上述事实，展开对当时两国印刷业界的状况和广告画变迁的调查研究。

（作者系日本东京都青梅市立美术馆馆员）

都市“柏林墙”

——战时上海南市华法交界处铁门研究

马　军

自1924年齐卢战争和1925年“五卅”运动以后，上海公共租界和法租界当局对租界的安全形势日益担忧。为了防止败兵、宵小窜入，尤其是阻止日益壮大的中国民族主义力量有可能接收租界，从1925年末起，法租界当局开始陆续在从南市十六铺到斜桥的华法交界处各路口修筑大型铁门——通常在路中设3、4副长方型钢骨水泥柱框，其间是大铁栅门，两旁则各有小铁栅门，2.9米高，上有三角形铁刺。这种铁门有军警驻守，昼开夜闭(遇特殊情况时，白天亦会关闭)，与原有的铁丝网、沙袋等障碍物相配套，对市民的自由交通构成了颇大阻碍。随着1927年初北伐军进抵上海，修筑工程日益加紧。稍后，公共租界当局亦如法炮制，铁门从沪西直至闸北、虹口构成一线。如果这几十道铁门一起关闭，两租界可以立刻成为名副其实的“围城”，外面进不去，里面也出不来，如铁桶一般。面对这种侵犯中国主权的行径，中国地方当局曾屡屡交涉抗议，各方民间人士亦就铁门给市民生活造成的“莫大之痛苦”频繁陈说厉害，但两租界当局始终我行我素，不为所动。

从十六铺至斜桥的华法交界一线，法租界当局在各交通要口前后共建造了近40道铁门。1937年8月以后，鉴于斜桥至日晖港之间原先构成华法天然屏障的肇嘉浜东段已被填没，法租界当局为隔绝双方，除了下大力气建筑了一条长长的砖墙外，还在这一区间及更西至徐家汇地区的重要路口又增筑了若干道铁门。

租界铁门，从开始建造到1946年初最后拆除，前后持续了整整20年。其间，它们的打开与关闭、全开和半合、需检查证照到完全自由通过，等等，都对上海城市——无论是租界还是华界——的政治、经济和社会生活产生了重大影响。不仅承平时代如此，尤其是在“一二八”事变和“八一三”事变期间，更是造成了巨大的困扰。两租界当局鉴于租界地面有限，为了抵挡来自南市和闸北的百万难民潮，几乎关闭了所有铁门，以致从日军狂轰滥炸中侥幸逃生的难民们，扶老携幼，提箱带箧，黑压压地麇集铁门之前，弄得进退失据，只能露天而宿，饥渴难耐之下，蒙受了难以忍受的痛苦。有时候，租界当局为减缓压力，也会将铁门稍稍开启，瞬间之下便会有几十人、数百人乃至数千人争相蜂拥而过，好比挤上了“诺亚方舟”……一时间，铁门几乎成了“生与死”、“天堂与地狱”之间的一道阴阳界。郑祖安的论文《铁门悲欢——“八一三事变”中的租界与中国难民》(《史林》2002年第4期)便对这一历史景象进行了全面的述评，这也是迄今为止研究上海租界铁门的唯一学术成果。但遗憾的是，此文并未对铁门后来的命运进行探查和交代，而本文拟就此作进一步探索。

一、从全面封锁到七门开放

1937年11月中旬淞沪会战结束后，上海南市以方浜中路为界，北部设立了“南市难民安全区”(俗称“饶神父安全区”)①；南部则被日伪势力占领，警戒重重，如临大敌。此后，南市华法交界处的各道铁门实际上长期处于关闭状态，民国路(今人民路)法租界一侧的店铺、住宅、弄堂也全部被法巡捕用铁丝网、铁条、木板封闭起来，南北交通几近断绝，只有少量人员因领得了法租界总巡捕房发给的通行证才得以进出租界。除此之外，若有南市居民要到法租界，则必须绕道浦东，即先从南市大码头(今复兴东路轮渡)坐小船摆渡到浦东杨家渡，再从浦东驶往公共租界。反之亦然。(往来旅费1元)当然还有另一条途径，即向西经虹桥路转徐家汇再入租界。不过，无论走哪个方向，转辗往来，众人皆视为“畏途”。而且，事先还需经繁琐手续申请获得伪警局颁发的所谓“市民证”后才能成行。

不仅如此，铁门的封闭还打破了上海城市原有的运作机制，尤其是消防机制。例如，1938年11月15日晨4时许，饶神父难民区东辕门一带发生火灾，当

① 为了减轻租界的压力，亦为了更好地保护租界之外的中国难民，经法国天主教耶稣会传教士饶家驹神父(Robert Charles Emile Jacquinot de Besange，1878—1946年)极力斡旋，中、日双方军政当局允诺在南市北部地区建立一块难民安全区，双方均不得在此从事针对对方的军事行动。其具体地块是，民国路以南，方浜路以北，东、西两面均临法租界。在此后的数年中，安全区内的难民营总共庇护了25万至36万人。(详见[美]阮玛霞著，白华山译《饶家驹安全区——战时上海的难民》，江苏人民出版社2011年7月版)

时北风施虐，烈焰飞腾，难民区内虽有北区救火会近在咫尺，但无奈车辆不敷，杯水车薪。而法租界救火会虽亦闻警，无奈交界处铁门关闭，又以时在深夜不能通过，故无法及时援救。延至清晨，法方消防队终于赶到灌救，终将大火熄灭，但此时东辕门九曲桥迤东一带已成灰烬、瓦砾之场。①

“八一三”事变期间，南市居民中十分之九已避居租界，面对交通断绝、铁门阻隔，可谓是欲归不能。1938 年以后，伪上海特别市长傅筱庵不时收到若干滞留租界之南市难民的来信，述说侨居租界之苦，希望能由其出面与日军和法租界当局交涉，迅将铁门开放以利交通。②而与此同时，南市地区却因战火破坏，再加人口骤减，变得极为萧条，甚至蔓草丛生。当时曾有人从法租界黄浦滩路向南望过去，“只见颓垣残壁，一片瓦砾，荒凉冷落的景象，真像死一样的沉寂，不禁顿兴无限的凄悲”③。于是，一些伪组织也以所谓“复兴南市”的名义，提出了取消封锁、恢复交通的要求。1938 年 11 月，前南市自治会副委员长凌季潭向伪上海特别市南市区政务署政务长沈世景呈文，述说了此意。④沈世景遂将

---

① 《邑庙豫园火警目击者谈》，《申报》1938 年 11 月 19 日，第 11 版。

② 例如，原南市市民陈鉴人的来信便充分反映了这种痛苦，内云：“逃身命于租界者，原系一时权宜之计。乃一载以还，囊资已尽，衣食住无法支持，且租界人口激增，一椽之屋每住至五六家以上，一榻之地租值贵至兼金，其中良莠之不齐毋待申说，而人民疾病疗养讵有适宜，妇女生育临蓐断无安逸，盖贫穷者众，无力入医院也。设或不幸而遇火灾燎原之势，既成出入之路阻断，则危险情状更有不堪设像者。现在南市地方军事已平，秩序亦复，市民佥愿归故里，收拾整理，藉谋生活。不图法租界铁门永固，难越雷池，穷年累月以长执，孰将予以援手……”（上海市档案馆馆藏号 R1-18-749，“日伪上海特别市关于开放铁门及码头渡口的文件”，第 SC0039、SC0040 页）

③ 雨山：《十六铺水果之市》，《申报》1939 年 1 月 11 日，第 15 版。

④ 该呈文内开：“查南市自战事西移后，工厂商店相率他迁，殷实地主亦皆远避，居留之人多系劳工阶级，市面冷落，几同废墟。迄今年余，流亡之民欲归南市犹兴足将进而踯躅之难，考其原因不外南市封锁所致。伏思钧长秉政沪南，关于复兴市面计划定见成竹在胸，毋待刍述。惟人民流亡在外，未能尽使归来，则一切复兴计划恐亦无法实施。先哲有言，有人民然后有政事，又曰有人此有土，有土此有财。斯二语实为战后施政之方针，度亦为钧长所服膺也。夫复兴南市计划，不图实施则已，苟图实施，非开放南市尽使人民归来不可。按南市形势，北邻租界，东南两面均临黄浦，在军事上早成绝地，实无驻兵封锁之必要。至于防范宵小，不妨加强警察力量，仿行保甲制度，尤不需乎封锁。是开放南市既不碍于军事，且无妨于治安，彰彰明甚。况市中心区为市府所在地，浦东为工厂林立之区，虹口为商业荟萃之域，其关系比较南市更为重要，今皆凭市民证，而予以自由通行。惟南市则因驻军成立警戒线，致使租界铁门终日严扃，凡出入者虽执有市民证，仍须绕道浦东，较之虹口等区不便实甚。若不速予开放，则流亡之民裹足不前，而复兴计划亦实施无日。公民世居南市，期望复兴，极为关切，兹因地方父老之推促，谨代表具呈陈述，仰祈钧长鉴核，迅赐转呈市政府核准开放南市交通，以利民行，而便民归……”（上海市档案馆馆藏号 R1-18-749，第 SC0020、SC0021 页）

此文转呈给伪市长傅筱庵。对此，傅不敢做主，亦不能做主，只能致函日军上海特务机关长竹下义晴少将，“拟请商得友军同意，并派员向法租界交涉将铁门开放，俾可复兴建设繁荣市场”①。显然，造成封锁状况的始作俑者是法、日双方，伪政权是无从置喙的。尽管如此，竹下还是给傅筱庵回了一封信，内称“现因维持治安关系，开放时期尚嫌过早，暂时应请仍维现状”②，而予以婉拒。然而，伪方并未就此善罢甘休。次年6月底，已升任伪南市区公署署长的沈世景又向伪市政府提出了“拟请开放租界铁门恢复交通便利居民案”，重点谈的是增加税收的问题，即由于居民难返，使得地价税、房捐、车捐等无从收起。伪市政府遂再一次致函日军机关及伪中华民国维新政府行政院、外交部，请求与法租界方面交涉。③其间，南市日军当局确也曾与法租界警务当局交涉，要求多多颁发铁门通行证，以便华人通过。④此后，法租界即将开放民国路铁门的传闻开始“甚嚣尘上”，“但终以治安问题，迟迟未见诸事实”。⑤

这种全面封锁的状态，前后持续了2年，直至1939年12月11日，法租界为“体恤平民起见”，终于打开了新开河铁门。是日凌晨5时，在法、俄、越、华捕的严密监视之下，这道铁门缓缓启放，原先放置在前面的铁丝网、沙袋早已被移置一侧。除了从路中央通过的车辆外，进出路人已无需出示法租界的通行证。一般市民事先已闻悉开通的消息，均趋之若鹜，纷纷扶老携幼，在巡捕的指示下，排队从路左侧通过，虽然人头攒动，但也井然有序。他们已侨居租界2年，急切着想回家看看。尽管法租界方面已无须通行证，但进入南市一侧后，则仍须向戒备森严的日伪军警出示市民证(须向伪政府设在租界的办事处预领)，有时还需接受盘问和搜身，行人“须除帽而并不鞠躬”⑥。次日，从两租界各地坐电车至十六铺方向的乘客骤增数倍，下车后多从新开河铁门入南市，一时颇为拥挤，但秩序尚属良好。当局为了疏泄起见，除了将正中铁门关闭、暂时不准车辆通过外，还将铁门左右两旁小门同时开放，自南市入租界者须从北首小门进入，反之则从南首小门而出。自行车亦可从小门通过，但不得跨乘，须用手扶掖而过。第3天，法租界方面还调来了女探一名，以便对通过铁门的可疑妇女施行检查。就这样，大概在1周的时间内，大约有2万人通过了这道铁门，由于

① 上海市档案馆馆藏号R1-18-749，第SC0011页。

② 上海市档案馆馆藏号R1-18-749，第SC0029页。

③ 上海市档案馆馆藏号R1-3-1189，“日伪上海特别市政府关于请开放租界铁门恢复交通的文件”，第6至13页。

④ 《日请法租界开启铁门》，《申报》1939年3月25日，第9版。

⑤⑥ 《法租界新开河铁门昨已开放》，《申报》1939年12月12日，第11版。

"成绩颇佳,并无攘扰情形"①,法租界公董局决定继续开放。

新开河铁门的开放,使得原先绕道浦东的线路变得多余,故南市大码头一带摆渡舢板几乎无人顾问,船主叫苦不迭。与此同时,南市老北门福佑路九亩地一带的房租已经高涨了数倍。耐人寻味的是,贩卖"海洛因"、"白面"等毒品的土行以及赌台、花会等业已返回,短短十几天便骤增了数倍。"南市城厢自九亩地至城隍庙,所有房屋已为土行及赌场预定,邑庙豫园内大茶馆已改作赌窟,而九亩地之花会筒则已开幕,每日赌徒往来如山阴道上。"②有人因此担心,将来交通全面恢复后,南市很可能会成为上海滩第二个"歹土"。

为了粉饰太平,诱使更多的难民从租界回归南市。1940 年 1 月 10 日前后,日军雇派臂套白布的木匠数十人在民国路一带分组修理战时所毁房屋物品,企图掩饰南市凄凉的景象。1 月 15 日伪上海特别市还发布了开放日晖港以东之南市的布告,字里行间,软硬兼施,先是号召流落在外的原南市居民或是在南市有产业者,"应迅赴公共租界北河南路天后宫市商会内本府办事处,及沪西极司非尔路、开纳路口社会局沪西办事处,分别申请发给市民证及居住证,并提出所有权利之证明文件,经审查属实后,即准予登记"。继而又宣称此项复归手续以 1 年为限,完全免费,"如在限期内不来申请投报者,认为自行放弃权利"。③

就是在这种情况下,按照日伪方面的要求,法租界当局于 1 月 24 日上午 11 时又增开了典当街(今人民路、金门路口)、新桥街(今人民路、浙江南路口)、东自来火街(今人民路、永寿路口)、南阳桥(今西藏南路、方浜西路口)、斜桥(今肇周路、徐家汇路口)5 道铁门,进出南市之行人有市民证者一律通行,并无其他限制。机动车辆则只可走新桥街一处,其余各门禁行。流传已久的增开传闻终于变成了现实!当日,从新开之门进入南市者络绎不绝,众人探视劫后故居,面对残垣断壁或鸠占鹊巢,心中凄怆,百感交集。返居者寥寥,大多数不过探视而已,当日即归租界。下午 6 时,法租界巡捕又将诸铁门重新关闭,是为"昼开夜闭"之原则。

增开铁门虽然对于招民南返并没有起到多大作用,但是一般流氓、地痞却喜出望外,以为有机可乘,领有伪府颁发执照的花会、烟窟、赌台纷纷开场。南阳桥口恒安坊 24 号恒安公司、老西门内翁家弄 77 号兴发公司、新北门内安仁

① 《新开河铁门昨日继续开放》,《申报》1939 年 12 月 17 日,第 10 版。
② 《南市用短期通行证,烟赌公开》,《申报》1940 年 1 月 18 日,第 10 版。
③ 上海市档案馆馆藏号 R1-18-749,第 SC0057、SC0058 页。

街吕华坊先生公司、老北门内福佑路475号宝兴公司、民国路501号吉祥街东首三鑫剧场、老西门内大全福菜馆之大福公司、邑庙福佑路侯家浜口大上海俱乐部等,便全系当地流氓设置的赌台。其内设摇摊、大小台牌九等赌具莫不应有尽有,另设有烟榻,雇有妙龄女子殷勤招待。如此诱人入罪、败坏风气的景象,甚至令法租界方面也难以容忍,曾于3月1日致函伪市区政务署,内称"如南市赌窟继续存在,则法租界为维护治安计将断然处置,所有开放之铁门或将被迫而重予关闭。届时虽市民持有'市民证',亦将禁止通行"①。在此压力下,稍后日伪当局对南市赌台确实有所打压。

法租界另一次威胁要关闭铁门则与南市北部的饶神父难民区有关。该难民区的难民在"八一三"时期不下20万人,后经陆续遣散,至1940年初尚余2万人。每月消费食粮达1 800包,一向由该难民区财务委员会直接与行商签订合同,并由日军宪兵部颁发"输入证"运入供给。但日方为了统制米粮,于3月17日难民区食粮"输入证"期满后,竟不予续发。以致2万哀黎被驱于饥饿线上,断食竟达4日之久,到处呈现凄惨之状。难民区负责人见情形严重,不得已向法租界当局求助,法方遂向日方严厉交涉,声称如不将米粮放行,法租界铁门将予关闭。日方为了"繁荣南市",只得做出让步,继续颁发"输入证"。难民区断食恐慌由此得以解决。②

进入4月以后,为了统制来自徐家汇和浦东的货物,日伪当局在南市宁绍码头一带建立了"中央商场南市分场",但由于交通不畅,招商活动极不顺利。日伪方面遂三番五次向法租界当局交涉,请求增开最近的十六铺铁门(今东门路临江北侧)。在千呼万唤之下,6月28日该门终于试行开启,每日开放时间为上午7时至11时。须知,此时的法租界当局已失去了与日军打交道的底气,因为就在6天前,即1940年6月22日法国已在欧战中失败,不得不向纳粹德国投降。面对德国的盟国日本,法国不再有平起平坐的资格。

至此,南市华法交界处近40道铁门中,已开启过了7道。通常情况下,各铁门于晨9时开放,晚8点关闭,仅新开河一处行人车辆通行可延至晚12点。③由于典当街、东自来火街后来又告关闭,所以南市华法交界处实际上长期处于5道铁门(斜桥、南阳桥、新桥街、新开河、十六铺)可通的状态。

---

① 《要求取缔南市赌窟,铁门将予关闭》,《申报》1940年3月2日,第10版。

② 《日方统制食粮实施封锁,难民区断粮四日》,《申报》1940年3月29日,第10版。

③ 《老北门铁门昨已开放,新开河铁门关闭》,《申报》1941年10月9日,第7版。

二、开放乎？关闭乎？

自1940年6月28日法租界开启第7道铁门，至1943年7月30日汪伪政权宣布“收回”法租界，前后大约有3年多时间。其间从1941年10月8日晨起，新开河铁门关闭，而换之以老北门铁门（今人民路、河南南路口）的开放。① 考察这一时期的铁门问题，大致可以从以下几个方面着眼。其一，由于涉及华、日、法、俄、越等多国籍人员，且是进出要道，所以铁门常常是各种事端和刑事案件的易发地。尤其是新桥街铁门，因临近南市九亩地烟窟，是毒贩的必经之地。以下随举几例：

时　　间	地　点	事　　　端
1940年7月9日上午10时余	新桥街铁门	一日人驾驶53号汽车企图从该铁门进入租界，某法巡捕加以阻止。该日人遂招来日本宪兵多名与法捕理论，但后者坚不放行。双方僵持了20多分钟，法方某高级警员前来辩论，日人始将车辆退回。②
1940年9月10日晚7时许	新开河铁门	妇人张黄氏从该处铁门进入法租界，法捕房探员以其形迹可疑，喝令止步，当场在其身上抄出手枪1把、弹夹1只、枪套1只、银币1元，又在袜统内抄出弹夹1只、子弹9粒。张黄氏供称，手枪系在家中楼上墙洞内发现，同乡王小三愿出代价30元，嘱其送至外滩太古码头交货。③
1941年1月8日下午2时许	东自来火街铁门	在该处铁门内，有2名劫匪强抢某妇人手持之包裹后逃跑，巡捕闻声赶来，将匪追获。④
1941年3月14日下午2时许	东自来火街铁门	妇人王李氏经该处铁门入法租界时，被巡捕从身上抄出烟土12两，供称是要将其送至圣母院路同康里20号亭子间。警员遂前往上述地点调查，发现有众人在此吸毒。⑤
1941年8月13日晚9时	新开河铁门	米铺老板苏云山从南市经该铁门去法租界时，被守卫在侧的日军士兵用刺刀戳伤耳朵，血流不止，遂被送往宝隆医院治疗。⑥

① 《老北门铁门昨已开放，新开河铁门关闭》，《申报》1941年10月9日，第7版。
② 《日人汽车图入租界受阻》，《申报》1940年7月10日，第9版。
③ 《代运手枪，一妇人被捕》，《申报》1940年9月12日，第11版。
④ 《海宁路劫案，擒获两盗》，《申报》1941年1月9日，第11版。
⑤ 《妇人运土被捕》，《申报》1941年3月15日，第11版。
⑥ 《由铁门入租界，被刀戳伤》，《申报》1941年8月14日，第8版。

（续表）

时　间	地　点	事　　　端
1942 年 3 月 23 日下午 5 时	新桥街铁门	陈永金行经该铁门时，被法租界巡捕查出身藏毒粉吗啡 3 包，旨在贩卖。次日，该人被判徒刑 3 年。①
1942 年 4 月 2 日下午 2 时	新桥街铁门	宁波妇人章王氏通过该铁门时被法租界华捕抄获烟土 12 两，旨在运往宁波原籍牟利。②
1942 年 4 月 4 日下午	新桥街铁门	俞文涛在南市九亩地购得烟土 2 两，藏于衣袋内，行经该铁门时被法捕房巡捕查获。据供是购回家供老母吸食，并非贩卖。③
1942 年 4 月 26 日下午 5 时许	新桥街铁门	卡德路祥福里 1 号济生医院院长高某，命练习生俞鉴荣（15 岁）前往南市购买烟土以为药用。俞某经过该铁门时，被华捕抄获。待捕房前往逮捕高某时，高已闻风潜逃。④
1942 年 4 月 27 日	新桥街铁门	崇明老妪施朱氏在九亩地老其昌土行购得烟土 15 两，藏于身上，途经该铁门时被法巡捕查获，据供是带往乡间贩卖。⑤
1942 年 5 月 19 日下午 4 时	新桥街铁门	邮差毛国泉在浙江路神州旅馆内从友人秦国莲处取得吗啡 1 包，藏入邮袋内，拟往南市乘船赴周浦。不料行经该铁门时，被法捕房探目拦住抄出毒粉。据查，毛某常以邮差制服为掩护，往来于上海、周浦之间，代人包运毒品。⑥
1942 年 6 月 13 日午后	新桥街铁门	苏州妇人王俞氏从九亩地某土行购得烟土数两藏于身上，拟运入租界贩卖，行经该铁门时，被法租界女巡捕拦住抄出，据供是自己煮吸，否认贩卖。⑦
1942 年 7 月 25 日下午 5 时	新桥街铁门	专事代人运送烟土为生的江北人李昌宝身藏烟土 23 包，经该铁门进入租界时，遭俄捕查获。据供是奉九亩地李记土行主之命送往新闸路赓新里。⑧

其二，处于战乱时代和多事之秋，除加强戒备、严密盘查过门之人外，有时在大白天，已打开的铁门也常因各种社会、政治、刑事等突发事件而临时封闭，短则数小时，长则数天，甚至一周。封闭者既可能是铁门的所有者——法租界，亦可能是其对面的日伪当局，有时甚至是双方联合行动。以下亦举若干例：

---

① 《贩运毒品判惩》，《申报》1942 年 3 月 25 日，第 4 版。
② 《妇人带土被捕，解案缺少三两》，《申报》1942 年 4 月 3 日，第 5 版。
③ 《携带烟土，过铁门被抄获》，《申报》1942 年 4 月 6 日，第 4 版。
④ 《购药用烟土败露，院长潜逃》，《申报》1942 年 4 月 27 日，第 4 版。
⑤ 《身藏烟土被捕》，《申报》1942 年 4 月 29 日，第 5 版。
⑥ 《邮差贩毒被捕》，《申报》1942 年 5 月 21 日，第 5 版。
⑦ 《妇女藏土被抄》，《申报》1942 年 6 月 15 日，第 5 版。
⑧ 《运土犯被捕》，《申报》1942 年 7 月 27 日，第 5 版。

时　间	地　点	封闭原因
1940年7月16日清晨6时	斜桥铁门	南市日军在蓬莱路蓬莱市场一带进行演习，该铁门临时关闭。①
1940年7月18日晨7时半至7月20日中午	新开河、新桥街、南阳桥等处铁门	法商电车公司铜匠间、法商求新造船厂发生工潮，法租界当局将诸铁门临时关闭。②
1941年3月20日中午起	各处已开铁门	因法商电车工人、英商公共汽车工人先后罢工，各处铁门一度关闭。③
1941年4月22日晨起	各处已开铁门	南市日本宪兵因9名人犯逃跑，实行特别戒严，法租界只留1道铁门开放，其余均暂时关闭。④
1941年5月24日上午起连续数日	各处已开铁门	日本宪兵队长桦岛在南市福佑路遭人枪杀，日军遂大肆搜捕。法租界应日方要求将铁门全部关闭。⑤
1941年6月7日7时余	各处已开铁门	南市旧仓街64弄1号门前突发一手榴弹爆炸案，日本宪兵队实施警戒，法租界将各铁门提前关闭。⑥
1941年6月13日晨9时	各处已开铁门	法籍律师达商在公馆马路（今金陵东路）遭人狙击而死，各铁门一度关闭。⑦
1941年7月1日清晨	新开河铁门	法租界外滩太古码头发生工人械斗，法租界巡捕唯恐有变，将铁门一度关闭。⑧
1941年7月7日上午7时至下午1时	斜桥、南阳桥、新桥街、新开河、十六铺铁门	是日为卢沟桥事变4周年，租界、日伪在各交通要道均大肆戒严，上述5道铁门因此临时关闭。⑨
1941年7月7日下午6时至次日	斜桥、南阳桥、新桥街、新开河、十六铺铁门	南市西仓路日本宪兵司令部和方斜路日领署南市警察分署发生爆炸，上述5门因此关闭。⑩

---

① 《南市日军演习巷战，规模之巨前所未有》，《申报》1940年7月17日，第9版。

② 《法租界铁门均封闭，电车工潮渐严重》，《申报》1940年7月19日，第7版；《法商电车工潮解决，工人今晨复工》，《申报》1940年7月21日，第9版。

③ 《法电工潮进行初步谈判》，《申报》1941年3月21日，第7版。

④ 《昨晨南市忽告紧张，禁居民入租界》，《申报》1941年4月23日，第7版。

⑤ 《日宪兵桦岛菊池在南市遭狙击》，《申报》1941年5月25日，第10版；《法租界铁门昨仍关闭》，1941年5月27日，第7版。

⑥ 《南市铁门前晚关闭，昨已复启》，《申报》1941年6月9日，第7版。

⑦ 《法文日报载达商之死》，《申报》1941年6月15日，第10版。

⑧ 《法租界太古码头野鸡工人械斗》，《申报》1941年7月2日，第7版。

⑨ 《昨日事变四周年，各界情绪振奋》，《申报》1941年7月8日，第7版。

⑩ 《南市铁门昨已开放》，《申报》1941年7月9日，第7版。

（续表）

时　间	地 点	封闭原因
1941年7月31日夜至8月8日上午	各处已开铁门	因南市万竹街附近有日本宪兵遭枪击，日方进行大规模搜捕，法租界当局应日方之请封闭各铁门逾1周之久。其间曾有短暂开放，以供妇孺通过。①
1941年8月29日晚	各处已开铁门	南市日军突然宣布戒严，铁门亦随之临时关闭。戒严原因据说与上海霍乱流行有关。②
1941年10月9日下午4时半至11日晨	各处已开铁门	某日军工兵在南市里马路（今中山南路）王家弄附近布置铁丝网之际，遭人枪击受伤，日军因此严密搜查，铁门全部封闭。③
1941年10月21日上午	各处已开铁门	南市老西门内梦花街发生某日籍人员遭枪击案，调查过程中，铁门一律封锁。④
1942年4月10日下午5时半	各处已开铁门	法租界警务处严查过门人之身份证件，为此曾一度关闭铁门。⑤
1943年3月3日下午5、6时	各处已开铁门	南市伪警察在城隍庙豫园路举行所谓"反恐怖演习"，其间曾关闭铁门。⑥
1943年4月14日上午9时45分至11时45分，下午3时至4时05分，晚7时正至8时37分	各处已开铁门	是日进行防空演习，曾3次鸣放空袭警报，各铁门均关闭，除执有特别通行证者外，不得进出。⑦
1943年7月22日上午9时20分至10时半，下午2时至3时15分，晚9时至11时	各处已开铁门	南市日伪当局举行防空演习，多次鸣放空袭警报，各处铁门亦告临时关闭。⑧

铁门的临时关闭，突然阻断了交通，常给市民们带来极大的不便，有时甚至还会引发悲剧性的后果。例如，1940年7月18日至20日，各处铁门因"法电"工潮

① 《两租界昨日加紧戒备》，《申报》1941年8月2日，第10版；《南市铁门昨已全部开放》，《申报》1941年8月9日，第7版。
② 《昨晚南市突然戒严》，《申报》1941年8月30日，第9版。
③ 《南市发生枪案，日兵中弹受伤》，《申报》1941年10月10日，第12版。
④ 《南市发生开枪案，岩仓饮弹毕命》，《申报》1941年10月22日，第8版。
⑤ 《法租界警务处昨搜西区》，《申报》1942年4月11日，第4版。
⑥ 《南市城隍庙昨举行恐怖演习》，《申报》1943年3月4日，第4版。
⑦ 《空袭警报训练，将随时举行》，《申报》1943年4月15日，第4版。
⑧ 《防空训练第一日，今日综合训练》，《申报》1943年7月23日，第3版。

而连续关闭2天，南市居民欲往租界者不得不坐船假道浦东，因人数拥挤，摆渡费竟涨了3倍。7月19日晨8时，在南市大码头，群众争先上船，3艘渡船因此倾覆，虽经设法救起多人，但仍溺毙了二三十人之多，造成了一大惨剧。[①]再如，1941年5月24日以后铁门曾连续关闭数日，居于南市而工作在租界的市民，要么无法前往工作，要么下班后无法回家，这样的情况不下千百人，故铁门内外，终日人头挤挤，探视动静。尤其是南市的菜农因无法向租界运货，以致租界各菜场摊贩顿形减少，售价亦随之激增、尤以发芽豆、黄豆芽为最。[②]又如，1941年7月31日至8月8日铁门连续关闭一周有余，南市食物由此大告缺乏，食米、大饼价格暴涨，蔬菜、猪肉来源断绝，居民叫苦不迭。[③]8月5日凌晨，外滩12号汇丰大楼144号内甚至发生了一起大血案。该处是日商神户上海火灾保险株式会社，宁波人钱德丰是该社司账。钱家居南市，因铁门关闭，只能暂住公司内，与练习生本地人曹文飞同铺。两人正在睡梦中，突遭潜入之歹徒丁氏兄弟的挥刀猛砍，结果血流满屋，一死一伤。[④]顺便一提的是，自1940年11月起，法租界总巡捕房捐务处还巧立名目，征收所谓的"铁门通行捐"，"凡运货汽车，经过华法交界处须捐派司，捐额依据车照之半数缴付，已捐法车照，亦须再捐铁门捐，否则不能通过"[⑤]，上海市汽车运货商业同业公会下属诸会员遂以负担过重为由，多次呈文请求免除。

其三，由于部分铁门的开放，导致南市不同区域的商业恢复相差悬殊，兴旺者愈兴旺，而冷寂仍冷寂，厚彼薄此，无过于此。故这一时期各方要求续开乃至开放全部铁门的呼声日益强烈。1941年2月24日，益丰南货号等唐家湾一带数十家商号联名致函伪市长陈公博要求开放唐家湾一带铁门，内称："惟该处附近铁门迄未开放，交通不便，行人稀少，界外之民虽知界内物品价廉，无奈该处铁门锁闭，只能望门暗叹。商民等所积之货物，无人售卖，亏本甚大。值此生活程度高涨之时，米价飞腾，所设之店营业一日所得尚不能糊口"[⑥]，因此要求陈公博与日、法当局交涉，开放唐家湾菜场附近铁门，以利营业。1942年7月间忽有传闻称，法租界准备开启所有铁门。大家正翘首以待之际，当局又以"租界

---

① 《法商电车工潮，僵局仍未打开》，《申报》1940年7月20日，第11版。

② 《法租界铁门仍闭，南市入封锁状态》，《申报》1941年5月26日，第7版。

③ 《日军搜查南市，抄获军火》，《申报》1941年8月5日，第7版。

④ 《汇丰大楼昨晨发生血案》，《申报》1941年8月6日，第8版。

⑤ 参见上海市档案馆馆藏号S165-1-85，"上海市汽车运货商业同业公会会员申述法租界行政当局巧立名目、苛征用'铁门通行捐'的有关文书"，第3页。

⑥ 上海市档案馆馆藏号R1-18-749，第SC0121页。

治安及目下防疫诸问题”为由，予以延宕。①1943 年 2 月 17 日朱超然在《申报》第 4 版上发表了《普遍开放南市铁门》一文，颇有概况性，内称：

> 上海南市一带自经“八一三”事变之后，满目荒凉，十室九空。目下虽已逐渐恢复繁荣，但只限于老西门、九亩地一带，其他地段依然如乡村中之小市镇状态。
>
> 欲考其所以致此之原因，任何南市居民均知之，即为华法交界区域(民国路)所筑铁门不普遍开放之故。因之民国路上迄今店门封锁，行人绝少，其萧条情形，为上海市内所罕见。
>
> 惟近十六铺之东门路、老北门口、新桥街口、南阳桥之老西门，及斜桥、徐家汇等处，因此处之交界铁门均已开放，故终日热闹，商市繁荣，一如租界。
>
> 窃思法租界当局之封闭交界处铁门，事变以来迄今将届六年，民众之千呼万求，要求普遍开放，至今犹未核准。近且变本加厉，自老北门口至新北门口之民国路沿法界一段，满堆污秽泥土，高达七八尺，绵延蜿长，竟如土山，用意何在，令人莫测。
>
> 当局之所以筑此界限者，在“八一三”当时因战事关系，为求租界安全。嗣后战事西移，则因租界与华界地位截然不同，此时不愿开放，尚有理由。但自大东亚战发生，及今日国府已正式参战以来，其租界与华界早已打成一片，法租界虽为例外，但精神上亦早已默契。故殊不应再有此不合理之封锁政策，以阻止南市之繁荣，亦即妨碍整个上海市区之复兴，南市三十万居民希望得一明白之解释。

3 月 1 日，傅光毅在《上海》半月刊第 59 期上发表的《南市铁门开放问题》一文中也有相同的旨趣，作者形象地描述了行路的不便，“贯通沪南区的法租界铁门，要求全部开放，那是本市民众的一致呼吁。假如家住着新北门，办公地点在四川路，本来只要一直走进天主堂街，便可直达，而因为新北门的铁门至今关闭，不能通过，不得不绕道老北门，打老北门的铁门进去，重新折向东行，必须多走一里路光景，才到目的地……”至 4 月底，再度传出了“有关当局，对于普遍开放之原则，则双方均已赞同”②的消息，但直至 7 月 30 日百年上海法租界走向终结，这一传闻亦未变成现实。

---

① 《开放南市全部铁门，法当局已考虑》，《申报》1942 年 8 月 10 日，第 4 版。

② 《南市铁门普遍开放有待》，《申报》1943 年 4 月 23 日，第 4 版。

三、从开通廿四门到最后拆除

1943 年 7 月 30 日，汪伪政权“收回”了上海法租界，沪市行政归于一统。法租界铁门的开启和拆除似乎已指日可待。先有传闻称，8 月 15 日铁门将全部开启，门前各种障碍物亦将清理干净。但届时，伪警局又一次以“警力不足，地方治安犹未传全”为由，予以展缓。①10 月 12 日，南阳桥全夜开启，自此可午夜通行的铁门增加至 2 处，另一为老北门。是年底，沪南市民福利协会主任陈富康致函伪市长陈公博要求开放新北门（今人民路、四川南路口）和小东门（今人民路、方浜中路口东侧）两地铁门。②

直至 1944 年 3 月初，伪上海市政府和伪市警局在获得了日军当局的允准后，才决定于 3 月 10 日上午 6 时起开启大部分铁门，“根据实地情形，除少数不必要铁门仍予闭塞外，其他铁门按交通需要定为全日开放及定时开放两种”③。其详情见下表④：

铁门地点	1944 年 3 月 10 日上午 6 时前之状况	1944 年 3 月 10 日上午 6 时后之计划	今　　址
黄浦滩岸十六铺	昼夜开放	只通军车	东门路黄浦江边北侧
黄浦滩新街路	闭　　塞	昼夜开放（因其内部设有坚固堡垒一座，拆除后至 5 月 28 日上午 9 时才正式开放。⑤）	东门路、中山东二路口北侧
东门小路	闭　　塞	闭　　塞	东门路、外咸瓜街交界口西北侧
江津路	闭　　塞	昼夜开放	人民路、方浜中路口东侧

① 《开放铁门待考虑》，《申报》1943 年 8 月 14 日，第 3 版。

② 详见上海市档案馆馆藏号 R36-9-62，“上海特别市警察局关于南市铁门开放及修理等事件”，第 50 页。

③ 上海市档案馆馆藏号 R36-9-62，第 5 页。

④ 上海市档案馆馆藏 R36-9-62，第 2、3 页。表中“今址”部分系笔者根据文献材料再加实地考察所得。

⑤ 详见上海市档案馆馆藏号 R23-1-79，“日伪上海个别市政府第七区公署开放十六铺里马路口铁门以利商民案”，第 2 页；R36-9-62，第 74 页。

（续表）

铁门地点	1944年3月10日上午6时前之状况	1944年3月10日上午6时后之计划	今　址
真茹路	闭　塞	闭　塞	人民路豫园新开河停车场对侧
枫泾路	闭　塞	晨6时至夜9时开放	人民路豫园新开河停车场对侧
高桥路	闭　塞	闭　塞	人民路、梧桐路口斜对侧
龙潭路	闭　塞	晨6时至夜9时开放	人民路、龙潭路口
黄埭路	闭　塞	闭　塞	人民路丹凤阁对侧
新开河南门	通行军车	昼夜开放	人民路、新开河路口南侧
新开河北门	闭　塞	闭　塞	人民路、新开河路口北侧
老永安街	闭　塞	晨6时至夜9时开放	人民路、永安路口
天台路	闭　塞	昼夜开放	人民路、四川南路口
永兴街	闭　塞	闭　塞	人民路、永胜路口
定南路	闭　塞	晨6时至夜9时开放	人民路、江西南路口
紫金街	闭　塞	晨6时至夜9时开放	人民路、紫金路口
长白街	昼夜开放	昼夜开放	人民路、河南南路口
金门街	闭　塞	闭　塞	人民路、金门路口
青城路	闭　塞	晨6时至夜9时开放	人民路、山东南路口
盛泽街	闭　塞	晨6时至夜9时开放	人民路、盛泽路口
永泰路	闭　塞	晨6时至夜9时开放	人民路、福建南路口
新桥街	晨6时至夜8时开放	昼夜开放	人民路、浙江南路、淮海东路口
永寿街	闭　塞	闭　塞	人民路、永寿路口
永平路	闭　塞	晨6时至夜9时开放	人民路、云南南路口
寿宁路	闭　塞	晨6时至夜9时开放	人民路、寿宁路口
会稽街	闭　塞	闭　塞	人民路、会稽路口
南阳桥	昼夜开放	昼夜开放	西藏南路、方浜西路口
西门路	闭　塞	晨6时至夜9时开放	西藏南路、自忠路口
大兴路	闭　塞	闭　塞	西藏南路、复兴中路口
东台路	闭　塞	晨6时至夜9时开放	肇周路、东台路口
吉安路	闭　塞	晨6时至夜9时开放	肇周路、吉安路口

（续表）

铁门地点	1944 年 3 月 10 日上午 6 时前之状况	1944 年 3 月 10 日上午 6 时后之计划	今　址
济南路	闭　塞	闭　塞	肇周路、济南路口
合肥路	闭　塞	晨 6 时至夜 9 时开放	肇周路、合肥路口
长兴路	闭　塞	晨 6 时至夜 9 时开放	肇周路、建国东路口
永年街	闭　塞	晨 6 时至夜 9 时开放	肇周路、永年路口
斜桥路	晨 6 时至夜 8 时开放	晨 6 时至夜 11 时开放	肇周路、徐家汇路口

在上表涉及的原南市华法交界处 36 道铁门中，一般市民可自由出入的达到了 24 道，其中昼夜开放的已达 7 道。尽管仍有三分之一处在闭塞状态(显然已有意识地被间隔错开)，但是“枷锁”毕竟已经松开，城市的身姿得到了相当的舒展，市民们的交通和生活也方便了许多。①

尽管如此，似乎仍有人对铁门的“好处”恋恋不舍，1945 年 4 月间，伪泰山警分局鉴于“南市之铁门全部开放，窃犯逃窜较易，近三四月来窃案层出不已”，决定在“辖境四周遍设竹篱，里巷铁门准时关闭，并于各娱乐场所密布警探。一遇盗劫持，全区各路口同时封闭……”②

① 在开启铁门的当日，伪警局就发现，由于多年戒严再加疏于市政建设，诸铁门附近留下了不少隐患，因而亟待工务部门进行修理。例如：“定南路铁门及堡垒之间留有一人可通之缝隙，需加障碍物。再民国路所余铁丝网泰半损坏，有加修理或掉补之必要。计青城路东首铁丝网一大堆；民国路三四四及三三二中间小弄口一大堆；金门街铁门口坏铁丝网架一只；长白街铁门口铁丝网十二只并不完好；紫金街门口铁丝网一大卷，并有木桩空洞；天台路门前铁丝网架一只，门前及西首一〇四号前阴沟盖三只被窃；老永安街门口阴沟盖一只被窃；新开河救火会门前铁丝网架七只坏、铁丝网三堆、马路缺洞数处，该处另有铁丝网架四只，内乙只在对面二局派出所旁，三只在公寓门口，据救火会职员称，系被彼邦人民拖去；黄楝街门前铁丝网架乙只，阴沟盖一只被窃；龙潭街门里留有类似煤屑之垃圾一大堆，亦急待区公署清洁以利交通；民国七十一号东南大戏院门口有铁丝网架五只，内三只损坏；三十一号门前铁丝网架一只；高桥路门口铁丝网架三只，阴沟盖一只被窃；真茹街门口阴沟盖一只被窃；江津路门旁铁丝网架四只，二只损坏。盖查各处铁门上原有螺旋式弓型锁日久失修，使用极感不便，急待改换。江津路菜场自铁门开放后有碍交通，似有改善之处……”(上海市档案馆馆藏 R36-9-62，第 60 页)3 月 25 日，伪第一警察局总务处长林基致函伪第一区公署工务处处长张恩麟，要求开展如下整修工作，即：定南路民国路(拆去堡垒)，龙潭路民国路(移去泥土)，东门路南黄浦滩新街(拆去堡垒)，天台路民国路(装配阴沟盖——约 3 呎四方者两个、直径 3 尺之圆形者一个)，老永安街民国路(装配约 3 呎四方之阴沟盖一个)。(上海市档案馆馆藏 R36-9-62，第 58、59 页)

② 《泰山警察分局严密防范盗匪》，《申报》1945 年 4 月 8 日，第 2 版。

南市原华法交界处铁门的最后拆除则是1945年8月抗战胜利以后的事。①是年10月21日，上海市工务局属员张子孚在致局长赵祖康的呈文中，宣称“租界当局装设铁栅，不但有碍交通，且更有失国体。现在租界业经废除，为肃清旧有思想，统一市区管理，并畅达交通，整饬观瞻起见，自宜及早予以拆除，以新耳目”。②四天以后，上海市警察局局长宣铁吾在致市工务局的公函中，也提出了相同的建议。③市工务局遂将此意见呈送上海市政府和淞沪警备司令部，尽管后者的回复出人意料——“值此冬防期间，此项铁栅于警备上尚属必需，拟请一律暂行缓拆，藉维治安”④，但市工务局还是在12月初获得了上海市长钱大钧下令拆除铁门的手令。⑤

拆除工作具体是由工务局第2区第5工段承办的，从12月16日开始，最初由该段道工自拆，由于人手不够，自1946年1月2日以后又陆续雇佣了80名临时工相助，每日动工5班，至1月13日终告全部拆除。拆下的料件可见下表⑥：

铁门地点	钢骨水泥柱数量(樘)	铁门数量(扇)	备　考
十六铺黄鱼码头	3	12	
东门路中山东二路	2	6	
东门路里马路口	2	6	
民国路方浜东路口	3	12	
民国路真茹街口	2	6	
民国路枫泾路口	2	6	
民国路高桥路口	2	6	
民国路龙潭街口	3	9	
民国路黄埭路口	2	5	

① 须提到的是，原公共租界与华界之间位于北四川路、武进路及其他地段的27道铁门，在1944年5月14日前即已拆除。(《北四川路等铁门已撤除完毕》，《申报》1944年5月16日，第3版)

② 上海市档案馆馆藏号Q215-1-2022，“上海市工务局关于拆除铁门铁栅铁架的文书”，第SC0032页。

③ 上海市档案馆馆藏号Q215-1-2022，第SC0042页。

④ 上海市档案馆馆藏号Q215-1-2022，第SC0054页。

⑤ 参见上海市档案馆馆藏号Q215-1-5274，“上海市工务局拆除华法交界铁门文书”，第SC0002页。

⑥ 参见上海市档案馆馆藏号Q215-1-5274，第SC0078至SC0081页。此表中有明显错误，例如，与徐家汇路、永年路、建国东路、合肥路、吉安路、东台路交界的并非西藏南路，而是肇周路。又如，“东门路里马路口”似应为“东门路陆家石桥口”。

（续表）

铁门地点	钢骨水泥柱数量（樘）	铁门数量（扇）	备　　考
民国路新开河口	2	6	
民国路永安街口	3	10	
民国路四川南路口	3	10	自　　拆
民国路永兴街口	2	6	
民国路江西南路口	3	10	
民国路紫金街口	3	10	
民国路河南南路口	3	10	自　　拆
民国路金门路口	3	6	
民国路山东南路口	3	10	
民国路盛泽街口	3	6	
民国路福建南路口	3	11	自　　拆
民国路浙江南路口	5	24	自　　拆
民国路永寿街口	3	10	
民国路弄堂口	2	4	此弄堂位于云南南路与永寿街之间。
民国路云南南路口	3	13	
民国路寿宁路口	3	12	
民国路会稽街口	3	12	
民国路方浜西路口	5	20	自拆
西藏南路西门路口	4	14	
西藏南路复兴中路口	3	12	
西藏南路东台路口	3	12	
西藏南路吉安路口	3	12	
西藏南路济南路口	3	12	
西藏南路合肥路口	3	12	
西藏南路建国东路口	3	12	
西藏南路永年路口	3	12	
西藏南路徐家汇路口	4	14	
总　　计	105	370	

在拆下的 370 扇铁门中，除了被市工务局系统的结构处、徐家汇路柏油轧石工场、苏州路工场、虬江路工场、第 8 工段、第 5 工段等部门迅速领走了若干扇外，南市体育场、上海市博物馆等也获准派人领走了若干扇，用以建成自己场馆的铁门。①还有一些铁料则被改制成手推车等器具。

顺便一提的是，1946 年 5 月和 8 月，上海市工务局为了有利交通，又先后拆除了里马路、太平街交界口，里马路、南市大码头大街交界口，以及外马路、老白渡街交界口的三道铁门。与前述的租界铁门不同，它们位于原华界境内，是战时日伪方面建造的。②

结语

铁门廿载，在上海近现代城市史上留下了多重的记忆。从民族主义的角度看，它无疑是帝国主义、殖民主义势力自私自利、肆意妄为、侵犯中国主权的重要象征。这种情况不仅上海使然，汉口、天津等地租界亦莫如此。正如一位当年的市民在几十年后的今天这样阐述："铁门这东西表现的是种界限，在它之内外是两重天地两个主宰。这门一关，虽是亲骨肉也遭两厢割断，就是开着允许通行，若被怀疑轻者勒令抄靶子搜遍全身，重则扣下送巡捕房。这就是生活在殖民地里当三等公民的滋味。在敌伪统治下当亡国奴的苦楚。"③不过历史就是这样矛盾，在"一二八"、"八一三"期间，面对最为凶残的日本军国主义者，铁门的存在又在一定程度上保护了上海人民的一部分。

若从上海城市发展的角度看，虽然自开埠以后，上海形成了"两界三方"的分立格局，但通过长时期的磨合，彼此间也在商业营运、公共交通、工作休闲、生活品供应等方面构成了有机的结合，是一个大整体。然而，铁门的设立，尤其是突然关闭，对正常的城市生活是一个粗暴而强力的干预，好比是一个个"血栓"，阻止了城市血液的正常输送，各个器官不得不因此大受损害。在某种程度上，1946 年拆除铁门，是继 1912 年拆除城墙后，上海城市又一次挣脱了强加在其身上的"枷锁"，全沪真正为之一统。

铁门——就像后来的柏林墙一样，标志着有内外之分，差异之别。在世界

① 参见上海市档案馆馆藏号 Q215-1-2022，第 SC0086 至 SC0098 页；Q215-1-5274，第 SC0034 至 SC0069 页，第 SC0088 至 SC0090 页，第 SC0101 至 SC0106 页。

② 参见上海市档案馆馆藏号 Q215-1-5274，第 SC0091、SC0126 页。

③ 贺友直：《法租界的铁门》，《新民晚报》2014 年 4 月 5 日，B12 版。

历史上，一座城市被人为地切割开来，可谓不乏其例。它或为民族、主权的原因，或为经济、文化的差异，又或为战争乃至意识形态的冲突。尽管各有各的合理性，亦各有各的后果，但从城市发展所具有的趋同性和整体性的规律来看，它无疑具有临时和负面的性质。

今天，当我漫步人民路、西藏南路街头时，面对熙熙攘攘的人群，我想其中很少有人会知道那些曾经困扰了我们父辈和祖辈多年的"拦路虎"。铁门的遗迹早已荡然无存了，但它却清晰地留在了老报纸和旧档案之中，这毕竟是沪上前辈们曾经每天必须面对的真实生活……

1946 年原法租界铁门拆除后不久，有一位市民在目睹了旧址后写下了这样的感受：

> 最近，我当局将南市所有铁门，如数拆除，农历新年，我游历南市邑庙，对着曾装铁门的残基，呆呆发愣，想起了八年前，为了这铁门的阻挡，正有不少人受到巡捕的种种威胁，正有不少同胞不能逃出南市而葬送在炮火之中，这是法租界巡捕的伟大？抑是铁门的伟大？
>
> 这些过去的事，只好当它是故事，讲给下一代的孩子们听了。①

（作者系上海社会科学院历史研究所研究员、
中国现代史创新型学科首席专家）

① 木乃伊：《南市铁门的故事》，《真话》1946 年第 3 期。

养“士大夫的廉耻”：抗战期间中国科学社编译出版书籍述略

张　剑

中国科学社向来重视科学图书的编辑与出版，除发刊《科学》杂志而外，1915年第一次改组时就专门设立了书籍译著部，“以译著书籍，修订词典，供给学界有统系之良书为职志”。①该部门虽没有多大成效，但中国科学社自美搬迁回国后，还是将译著书籍作为其重要社务之一，并希望以此来影响、带动整个中国科学的发展，并最终创设了科学仪器图书公司从事书籍的编辑与出版。②如果说中国科学社瞩目于科学书籍的著述与出版，是为了促进中国科学的发生与发展，那么抗战期间该事业目标除此之外，还有另一层意思，即为解决沦陷区知识人的生活来源，即以支取书籍的翻译、著述经费来维持沦陷区知识人的基本生活，使他们度过“寒冬”而不至于“落水”。

一、沦陷区生活“大不易”

抗战期间，有大量的知识人因为各种各样的原因滞留沦陷区，主要集中在上海、北京、广州等大城市，上海因有租界的存在，更是这一时期知识人主要聚集地。他们主要任职于在租界坚持办学的交通大学、大同大学、光华大学、上海医学院和由苏州迁沪的东吴大学、由安徽屯溪迁沪的之江文理学院等，也有中央研究院化学研究所、物理研究所的留守人员，还有北平研究院在沪的药物研究所和镭学研究所工作人员，当然也有中国科学社留沪人员如秉志、杨孝述、刘

---

① 《中国科学社书籍译著部暂行章程》，《科学》第2卷第7期(1916)，第827页。

② 相关论题的研究，参阅拙文《知识生产、传播与学术成长：中国科学社的出版事业研究》。

咸等。据统计，1939年中国科学社上海社友有136人之多，当年8月26日举行的抗战以来第一次交谊会，由孙洪芬、胡敦复、秉志、王琎、曹惠群、杨孝述、刘咸等"任招待之责"，到会除昆明社友饶毓泰、姜立夫外，有上海社友查谦、朱公瑾、范会国、杨肇燫、裘维裕、潘承诰、蔡宾牟、周榕仙、陈德贞、周铭、唐寿源、张定钊、荣达坊、张忠辅、潘德孚、顾翼东、关实之、王志稼、金叔初、吴云瑞、陈雨苍、叶善定、赵承嘏、尤怀皋、邱培涵、顾世楫、汪胡桢、方子卫、李熙谋、薛绍清、竹垚生、刘树梅、潘序伦、蔡德粹、徐荫祺等70余人。①

这些人大多数虽有工薪收入，但随着局势发展与变化，生活越来越困难。1939年9月21日，中国科学社召开第141次理事会。抗战仅仅两年有奇，理事会讨论的主题已经转变为生活问题，而不是此前主要相关中国科学社发展的学术问题。时任中国科学社总干事、《科学画报》总编辑、中国科学图书仪器公司总经理杨孝述提出，留沪中国科学社全体同人来函，"以近来米珠薪桂生活困难"，请酌予补助生活费。鉴于实际情况，理事会议决"在社职工每人每月支给临时津贴五元，自本月起于每月发薪时发给，至上海米价恢复至二十元时为止"。这样的大笔支出，需要"开源"。理事会议决"请总干事向交大商议所借物理实验室酌付租金以资弥补"。②原来，抗战爆发后，处于占领区的交通大学搬迁至法租界继续办学，为了支持交通大学，中国科学社将明复图书馆的部分房间无偿借给交通大学作为物理实验室。中国科学社也利用交通大学物理设备进行合作研究。③这时中国科学社实在没有办法，只得改变初衷，要交通大学支付租金了。在困难时期，与民间组织中国科学社相比，交通大学在经费上可能更为充裕，答应从1939年11月开始，每月津贴中国科学社房租连水电费一百元，这实在是一笔不小的收入。④

当时上海物价突然暴涨。中等粳米每市石批发价，战前在11元(法币)左右，到1939年7月还在20元以内，8月突然上涨到29元，仅一月之间陡增10元左右。9月更是上涨至42.5元，因此理事会决议增加津贴，直到米价恢复到20元为止。可此后粳米批发价虽在10月曾下降到28元，但物价已如脱缰的野马，到1940年6月已达66元。⑤物价的突然暴涨，与1939年9月欧战爆发等因

① 《上海社友交谊会》，《社友》第64期(1939年10月15日)，第2页。

② 《理事会议纪录》(第141次)，《社友》第64期第1页。

③ 张剑：《另一种抗战：抗战期间以秉志为核心的中国科学社同仁在上海》，《中国科技史杂志》第33卷第2期(2012年)，第134页。

④ 《理事会议纪录》(第142次)，《社友》第65、66合期(1940年3月15日)。

⑤ 中国科学院上海经济研究所、上海社会科学院经济研究所编：《上海解放前后物价资料汇编》(1921—1957年)，上海人民出版社1958年版，第121页。

素关系密切。因此，只要战争不结束，物价的下落就不可能。面临这一困境，1940年6月20日中国科学社召开第144次理事会，因“上海生活程度日高，职工几难维持最低生活”，议决“工役自本月起、职员自下月起，每人每月津贴非常生活费二十元”。①到当年年底，粳米批发价已突破百元大关达到108元。中国科学社于12月19日召开第148次理事会，继续为解决职工生活问题展开讨论。《科学》主编、明复图书馆馆长刘咸鉴于“沪上物价飞涨，本社职工生活困难”，中国科学社经费支绌，提议向租用明复图书馆书库房屋者“收取租金以补职工生活费之不足”，决议“分别向各借屋者接洽”。同时决定“自本月起职工临时津贴改为每人每月三十元”。②从1939年9月到1940年12月，仅仅一年零三个月，粳米批发价从42.5元上涨到108元，中国科学社职工的津贴也从5元上涨到30元。津贴的增长自然跑不过飞涨的物价，但于生活自然不无小补。

问题是，此后物价飞涨远远出乎想象之外。太平洋战争爆发前，粳米批发价还有一定的“秩序”，1941年10月为154元，下月涨到194.3元，已经很是突兀了；12月陡升至238元，完全超乎想象。此后每月的上涨，完全如脱缰的野马，到1943年1月已突破千元大关达1 086元。1944年6月突破万元大关，达到1.1万元。1945年8月为150万元。在这种情况下，中国科学社理事会不得不不断讨论与出台相关措施。1941年3月24日召开理事会，在讨论“近数月来上海生活程度又复继长增高，本社职工生活艰苦万状，应如何酌加津贴案”时，秉志说：“以前临时津贴办法不免繁琐，亦欠妥善，且物价恐无回复战前价格之望，故已失其临时性，似应予以取消。现拟请照原薪之多寡分别酌加薪水，高者增加成数低，薪水小者增加成数高，一并重行订定以适合各级员工维持目前最低生活为准。”决议为：“临时津贴办法取消，由本月起重定职员薪水，凡原薪在三百元以上加百分之二十至三十，在一百元以上加百分之五十，在一百元以下加百分之六十，在四十元以下加百分之一百。”③

即使按照这种新的薪水办法，也难以达到中国科学社维持各级员工“目前最低生活”的目标。当月粳米批发价为117元，员工在40元以下者通过提升后也不到80元，一石米也买不到。11月3日再次开会，追认8月因资金冻结之后“百物腾贵，职工生活维艰”，给职工发放津贴案：职员每人30元、技工25元、工役20元。并提出“近三月来物价增涨不已，尤以近一月来为甚，本社职工纷纷

---

① 《理事会议纪录》(第144次)，《社友》第68期(1940年8月15日)，第9页。
② 《理事会议纪录》(第148次)，《社友》第70期(1941年2月25日)，第1页。
③ 《理事会纪录》(第149次)，《社友》第71期(1941年7月5日)，第1页。

请求加薪以维生活,应如何补救案"。与此前每次要求都能得到满足不同,这次理事会也无可奈何,"目前无款可拨"。①同月 29 日,再次开会讨论。为开源,议决明复图书馆收取图书证费(每证五元,明复图书馆自开馆以来,图书证一直都是免费的);将明复图书馆房屋租金增加一倍,原来不能出租的"会议室及讲堂"也可出租。②

下一次会议已经是太平洋战争爆发后的 1942 年 3 月 12 日,讨论议题已经不是如何维持社务与员工的生活,而是该如何结束上海社务。中国科学社社所职员 16 人,每月经费仅 1 800 元,根本不能保持温饱,而且还有其他支出(如仅房地捐每月即约有 500 元),"近四年来图书馆、编辑部及其他种种工作虽仍勉力照常进行,但早觉万分竭蹶,长此以往实有难以为继之势,应如何善后之处敬请讨论公决"。经详加讨论后,一致主张"上海部分社务已无法再行维持,只有将职工遣散,暂行结束。并由孙洪芬提议同人平时生活清苦,应特别发给遣散费"。议决结束办法如下:

(1)《科学画报》编辑部暂留,惟一切薪水开支以该部自身之收益为限,已不能维持时遣散。

(2) 留事务员一人、工役二人照料一切房屋设备。

(3) 其余职工至本月底遣散,不论服务年期允暂一律发给八个月薪金为普通遣散费,每在社服务一年加给一个月薪金。惟连上述之八个月以十八个月为限,总数中之奇零月数不满六个月者不计,在六个月以上者亦作一年论。将来留职职工遇必要遣散时,仍照本年二月份之薪款及三月底止之年数核算遣散费。

(4) 各部未完了工作应整理清楚,赶办结束,于本月底移交事务员接收保管。

(5) 推举沈璿、胡敦复、杨允中三社友为上海社所照料委员会委员,如有一人离沪得由该委员会补聘。③

这样,具有悠久历史的《科学》杂志首次宣告停刊,主编、明复图书馆馆长、人类学家刘咸及其编辑部成员如佐理姚国珣等宣告失业。本来,在通货膨胀下生活维持已经非常困难,现在工作也没有了,生活进入更加困难之期。当然,中国科学社职员战争期间在上海的遭遇并非特例,而是具有普遍性,表征了当时

---

① 《理事会纪录》(第 150 次),《社友》第 72 期(1941 年 11 月 5 日),第 1 页。

② 上海市档案馆藏中国科学社档案,Q546-1-66-121。

③ 上海市档案馆藏中国科学社档案,Q546-1-66-125。

沦陷区知识人的普通命运。陈存仁说,抗战期间,上海“有钱的人,皆由囤货发财;没有钱的人,凭两条腿靠跑单帮赚了不少钱”,最苦的是公教人员,“既没有钱囤货,更不能凭两条腿去跑单帮”,特别是为人师表的“教员”,“过着清苦不堪的生活”①。陈存仁的说法未必全是实情,因为并不是所有跑单帮的人都能赚不少钱,但他所说公教人员生活之困难应是不可怀疑的事实,“穿的衣服都破破烂烂,几乎不堪入目”。

面对困境,沦陷区知识人并非被动等待,而是积极抗争,想方设法向生活寻找生计,以维持生活等待“天亮”。失业的刘咸先做小本生意,后与同学王恒守开煤球厂。正如论者所谓:“两位科学家,为饥寒所迫,为了气节,为了生存,不得不从事自己不擅长的实业,心中的哀痛,他人恐难以知晓。”②众多解决生活困境的方略中,通过提前支取翻译、撰写大型工具书稿费成为战时知识人渡过难关的重要手段之一。③

二、从为“战后复兴”准备到维持生计:中国科学社工程丛书的编译出版

即使在抗战非常时期,中国科学社也“未敢忘忧”,而是秉承发展中国科学的一贯宗旨,为抗战建国出谋划策。1938 年 6 月 29 日,中国科学社在上海社所召开抗战以来第一次理事会。出席会议的理事有孙洪芬、任鸿隽、秉志、杨孝述,董事胡敦复和《科学》主编、明复图书馆馆长刘咸列席。讨论问题时,总干事、科学图书仪器公司总经理、《科学画报》总编辑杨孝述提议“目前避难上海之学者颇多,本社拟利用其时间编译土木工程丛书以为战后复兴之一种准备”。已与社员汪胡桢、顾世楫等多次会谈,拟先选译美国函授学校所用美国技术学会出版的土木工程学巨著一套 7 册,科学图书仪器公司代为发行,稿费以版税为原则,用中国科学社各种奖金利息余款项拨付稿费或预支版税。理事会议决“即办”,并推定汪胡桢、顾世楫为中国科学社土木工程丛书主编人。④

---

① 陈存仁:《抗战时代生活史》,上海人民出版社 2001 年版,第 274 页。

② 杨家润等:《刘咸与复旦大学高山族民物》,《文化遗产研究集刊》第 5 辑,第 397 页。

③ 除本文所研究中国科学社翻译编辑出版事业外,当时也有实业家赞助知识人经费从事此类事业,以帮助他们度过“严冬”,比较著名的有“乙酉学社丛书”的翻译出版。参阅拙文《“乙酉学社丛书”的翻译与出版——兼论科学知识人在战时上海的困窘与出路》,《上海档案史料研究论丛》第 17 辑,上海三联书店 2014 年版。

④ 《理事会记录》,《社友》第 62 期(1939 年 1 月 15 日)。

7月初，土木工程丛书编译委员会组成，主编而外，沈宝璋、许止禅、萧开瀛、马登云、朱浩为编译委员。浙江嘉兴人汪胡桢(1897—1989)，中国近代水利事业的奠基人之一，1955年当选中国科学院学部委员。1917年毕业于河海工程专门学校，1922年留美习水力发电，1923年获康奈尔大学土木工程硕士学位。1924年回国，历任河海工科大学教授、太湖流域水利工程处副总工程师、浙江省水利局副总工程师、导淮委员会工务处设计组主任工程师、整理运河讨论会总工程师、全国经济委员会水利处设计科长等。从业以来，汪胡桢一直关注水利文字事业，1931年中国水利工程学会成立后，他担任理事兼出版委员会主任，主编《水利月刊》。抗战爆发后，任职全国经济委员会水利处的汪胡桢并未随之西迁，而是转辗镇江、扬州、泰州回到了上海家中。由此，与中国科学社合作开启其翻译出版事业，并因之在抗战期间全身心投入中国工程学的文字事业，先后主编编译出版大型工具书《中国工程师手册》等，战后受到国民政府嘉奖："蛰居沪滨，排除艰难，埋首著作，具徵志节。所呈各书，体例完备，融科学于一炉，洵工程之南针。裨益建设，风惠后学，良非浅鲜，弥深嘉慰"。①

顾世楫(1897—1980)，字济之，江苏吴县人。与汪胡桢为河海工程学校同年同学，毕业后亦曾在华北、顺直、太湖水利委员会及导淮委员会任工程师，并先后任之江、大夏、同济等校教授和上海纺织工专教务长、之江大学土木系主任。1951年2月任中国科学图书仪器公司副总经理兼编审处主任，1956年任上海科学技术出版社编辑部主任、副总编辑。时任之江文理学院土木工程教授。之江迁上海，顾世楫居慕尔鸣路升平街，"每日余暇"到中国科学社主持土木工程丛书编译事务。

对于翻译出版这套书，杨孝述1940年1月曾在该书"序"中如是说：

> 中国科学社负发扬科学文化之使命，近年来经本社出版之科学书籍，虽已逐渐增多，惟尚无独成系统之专著，而于应用科学方面，尤感缺乏，爰有编译工程丛书之议，藉以弥此缺陷。但工程学门类至繁，从事编译，岂属率尔操觚所能济事，其未能早日见诸实行者，经费与人才之困难，实为主要原因。
>
> 一九三八年春，本社虽处于特殊环境之中，惟出版事业尚未受若何影响。是时社友汪胡桢、顾世楫等适来上海。诸君之于土木工程学，造诣甚

① 汪胡烈：《汪胡桢年谱简编》，嘉兴市政协文史资料委员会编《一代水工汪胡桢》(嘉兴市文史资料第5辑)，当代中国出版社1999年版，第332页。

深，且在工程界任职历二十余年，久著劳绩，其于著述之事，亦深感兴趣而游刃有余。故经本社理事会议决，以主编实用土木工程学之事任之，而为本社发行工程丛书之嚆矢。

土木工程学虽仅属工程学之一门，惟其范围之广，效用之宏，远非其他工程学所可比拟。即在国家承平之日，凡属发展交通、水利，改良卫生、市政之事，几无一非土木工程师是赖。他日战事结束，百端待举，其最感迫切而需要者，恐更无过于土木工程学范围内之各项建设，良以其有关国计民生，至为深切。本社乘此时机，特先以此书问世，亦所以稍为国家贡献于万一耳。①

可见，中国科学社编译土木工程学丛书，是继续延续“发扬科学文化之使命”。之所以在抗战期间进行，是机缘巧合，“经费与人才”都有可能：经费方面可以利用中国科学社各种奖金利息余款项拨付稿费或预支版税，人才方面土木工程专家汪胡桢、顾世楫刚好在上海，而且孤岛还有不少赋闲的知识人可以利用。之所以选择土木工程学丛书，因在“国家承平之日，凡属发展交通、水利，改良卫生、市政之事，几无一非土木工程师是赖”，编译此丛书，为战事结束后国家建设贡献绵薄之力。

美国技术学会（American Technical Society）出版的实用土木工程丛书，是美国函授学校教材结晶，“注重实用，避免高深理论，其引用数学之处，仅及三角法为止，使读者极易了解。惟有关实用之公式及图表，仍多尽量采入，以资参考。书中举例固力求明显，且凡遇应用计算方法处，恒附以若干习题，以备观摩”。全书 7 册，附图 1 600 余幅，“尤为他书所罕有，故极适宜于作为教本及自修课本之用”。该书在美国学术界“久居重要地位，其执笔者不下十余人，或系富有经验之领袖工程师，或为著名大学之专科教授，无一非著作等身，为工程学界知名之士，故能出其余绪，删芜存要，而成此极有价值之巨著”。

该书最早刊行于 1908 年，历年皆有增损，已再版若干次。中译本为 1938 年出版的最新版本，共七册，分别为《平面测量学—工程契约及规范》《材料理学—静力学—道路学》《钢建筑学》《屋架结构—桥梁工程学》《混凝土工程学》《水力学—给水工程学—沟渠工程学》《铁路工程学—土木学》。此编排，“似系

---

① 杨孝述：《序》，Edward R.Maurer & Frederick E.Turneaure 著，沈宝璋、顾世楫译：《静力学和水力学》（“中国科学社工程丛书·实用土木工程学”第一册），中国科学图书仪器公司 1951 年 9 月第 8 版。

偏重于量之区分”，与“修学之先后程序”“不甚相合”，中译本加以更改，“以基本学科列于首，并将水力学与静力学合成一册，其余可分者则分之”，共得12册。12册中，土木工程学之主要学科已大致具备，但1938年的最新版本，已删去河道、海港、水力发电及灌溉等数种，译者正拟继续搜求名著，次第翻译，“以成全帙”。原书多人著述，编制方面也不尽划一，且不另分章，亦无详细目录，译本一律区分章节，并制成详细目录，并删去原书所附索引。①

1940年3月8日，中国科学社第142次理事会上，杨孝述报告称该丛书已出版6种，尚有6种预计于本年内出齐，“全部校对为求精审起见”，由顾世楫一人担任。“实用土木工程学丛书”各卷著者、译者及出版情况如下：

第1册《静力学及水力学》，Edward R.Maurer & Frederick E.Turneaure著，沈宝璋、顾世楫译，1940年1月初版、1951年9月八版。

第2册《材料力学》，Edward R.Maurer著，沈宝璋译，1941年9月初版、1951年4月八版。

第3册《平面测量学》，James. K.Finch著，顾世楫、陈鑫译，1940年2月初版、1951年2月四版。

第4册《道路学》，Austin T.Byrne著，沈宝璋译，1940年3月初版、1946年11月六版。

第5册《铁路工程学》，Walter Roring Webb著，汪胡桢译，1940年1月初版、1947年5月三版。

第6册《土木学》，A.B.McDaniel著，汪胡桢译，1940年5月初版、1941年9月再版。

第7册《给水工程学》，Frederick E.Turneaure著，顾世楫译，1940年6月初版、1951年3月四版。

第8册《沟渠工程学》，Anson Marston & Thomas Fleming Jr.著，顾世楫译，1940年7月初版、1947年10月三版。

第9册《混凝土工程学》，Walter Loring Webb & W.Herbert Gibson著，萧开瀛译，1940年8月初版。

第10册《钢建筑学》Henry Jackson Burt & Herman Ritow著，许止禅译，1940年9月初版、1949年10月三版。

---

① 汪胡桢、顾世楫：《弁言》，Edward R.Maurer & Frederick E.Turneaure著，沈宝璋、顾世楫译：《静力学和水力学》（“中国科学社工程丛书·实用土木工程学”第一册），中国科学图书仪器公司1951年9月第8版。

第 11 册《房屋及桥梁工程学》，F.O.Dufour & C.D.Shantz 著，萧开瀛、马登云译，1947 年 6 月三版。

第 12 册《土木工程规范及契约》，Richard I.D.Ashbridge 著，顾世楫译，1941 年 7 月初版、1947 年 8 月再版。

正如前面所言，该丛书作者都是美国非常有名的工程专家，如 Edward R. Maurer 是威斯康星大学力学教授，Frederick E.Turneaure 是威斯康星工程教授，James. K.Finch 是哥伦比亚大学土木工程副教授，Anson Marston 是爱荷华州立大学土木工程教授，Thomas Fleming Jr.是匹兹堡石油矿井设备公司副总裁。该书翻译出版后，各册都曾一再再版，第一册、第二册 1951 年更是已经出版第八版，其影响之大，可以想见。可以说，完全实现了主持者当初为国家建设贡献力量的目标。

翻译出版"实用土木工程学"之后，中国科学社又组织编译世界名著捷克人旭克列许(A.Schoklitsch)所著两巨册的《水利工程学》两巨册。具体主持者汪胡桢解释了编译该书的目的与原因：

> 我国经济建设，经纬万端，而与兆民休戚关系最深者，无过于水利，是以译是书以为国人作借镜耳。环顾世界著述之林，水利之书，汗牛充栋，然欲其包罗宏富，以一书而兼擅数书之长，则旭氏之书诚可首屈一指。是书分十有一编……说理精辟而其辞不衍，采证赅博而其例不杂，如食哀家梨入口消释，如初写黄庭恰到好处，谓非近代之佳构，不可得也。且是书所附图绘至二千余幅，自闸坝结构之繁密，至流水缓急之现象，莫不访求实地施工之图案，与模型试验之摄影以显示之，故能使览者按图索骥，一目了然，其搜罗剔选之勤，与匠心独运之功，有不可汩没者矣。

当然，1942 年 3 月所写的《译者序》中，汪胡桢也道出了该书编译的过程，"昨春仆与顾济之、关衡清、王乔年诸先生偶值于中国科学社，倡议共译是书，总干事杨允中先生尤怂恿之"。①关衡清即关富权，王乔年即王寿宝，他们都是中国近代著名的水利工程专家。

该书凡 1 300 余页，中译本分成 5 册，计 1 118 页，插图与照片 2 057 幅，"关于水利工程之各方面均有精详之叙述"②，为水利工程方面必备参考书。

---

① 汪胡桢：《译者序》，Armin Schoklitsch 著，汪胡桢、顾世楫等译《水利工程学》，中国图书仪器公司 1953 年 4 月第 3 版。

② 《理事会议记录》，《社友》，第 65—66 合期(1940 年 3 月 15 日)。

《水利工程学》各编译者一览表

册　数	编　序	编　名	编译者
第一册	第一编	气象学	顾世楫译
	第二编	水文学及水力学	顾世楫译
	第三编	土壤学及土力学	陈克诚译
	第四编	材料学	陈克诚译
第二册	第五编	给水工程学	王寿宝译
	第六编	沟渠工程学	汪胡桢译
第三册	第七编	闸坝工程学	汪胡桢、关富权译
第四册	第八编	水力发电工程学	汪胡桢译
第五册	第九编	农田水利工程学	汪胡桢译
	第十编	河工学	汪胡桢译
	第十一编	渠工学	汪胡桢译
	索　引		郑宜樑编
	人名索引		郑宜樑编

可见,《水利工程学》一书的编译,由汪胡桢主持其事,参与其间的除顾世楫外,还有陈克诚、王寿宝、关富权、郑宜樑等人。按照汪胡桢的说法,本书的翻译体例,多承“中华教育文化基金董事会任叔永先生及中国科学社总干事杨允中先生指教”,参考书目部分由刘宅仁详加校对,索引由郑宜樑编订,“均使译者铭感无已”。校对除汪胡桢外,周文德、杨臣勋、戴泽蘅也助力不少。该书最初由商务印书馆担任出版,旋因太平洋战事爆发,直到 1944 年才由水工图书出版社委托中国科学图书仪器公司排印。到 1947 年 11 月“始竣事”。①

可以说,太平洋战争爆发前,中国科学社主持编译出版的这两套大型工程丛书,不仅满足了工程学界的需要,为国家建设贡献了力量,也为工程学学术发展奠定了一定的基础,更为具体参与其间的汪胡桢、顾世楫、沈宝璋、陈鑫、萧开瀛、许止禅、马登云、陈克诚、王寿宝、关富权、郑宜樑等众多知识人提供了相当的生活维持费用。太平洋战争爆发后,情况又发生了变化。

---

① 《编译凡例》,Armin Schoklitsch 著,汪胡桢、顾世楫等译《水利工程学》。

三、向图书要生活：电工图书出版社

太平洋战争爆发后，知识人的就业空间更加逼窄，生活更形困难。中国科学社最终完全内迁，上海仅剩下留守委员会，员工们除《科学画报》编辑部外，完全失业。为解决困难，学人接续此前利用图书维持生活的经验，集资成立出版机构，专门从事图书的编译出版，向图书讨生活。他们集资设立电工图书、化工图书两个出版社，"以备战后文化建设之助"，中国科学社也以基金投资十万元进入这两个出版社。目前，"化工图书出版社"出版书籍不详，下介绍电工图书出版社出版图书。

"电工图书"出版社负责出版"电工技术丛书"，由杨孝述、杨肇燫、毛启爽、丁舜年、赵富鑫组成编委会，杨孝述任总编辑，1945 年 6 月开始出版。其编译出版目标为"训练电机工程事业各项中级工程师及高级技工之用"，可以作为职业学校、函授学校教材，大学生参考书及自学自修者读物，以美国函授国际学校(International Correspondence School)教材为蓝本。原书注重实用、说理浅显、插图丰富详明，中译本延请专家进行编译，加入适合中国国情的材料。第一集计划出版 23 本，包括裘维裕《电学与磁学》《交流电学》，毛启爽等《直流电动机与发电机》《发电厂与配电站》《蓄电池》，丁舜年《交流电动机与发动机》《保护替续器》《电磁及电磁铁设计》，杨肇燫等《电工仪器及量度》《瓦特小时计》，史钟奇《工用电子管理论》，寿俊良《司路机键》《电压调整》，赵富鑫《电照学》《电热》，庄标文《实用电工敷线法》，曹凤山《线路传输及计算》，李志熙《电灯线路之电子管控制》，周琦《变压器》，胡汝鼎《电动机运用与电机试验》《整流机与换流机》，吴乾钇《电动升降机》。这样，"电工各门大致具备，其他门类如电信等，拟陆续另出第二集补成之"。①

每本书的编译者对所编译的书都有一具体的说明，给予读者以线索与概观。1945 年 6 月，裘维裕在其编译的《电学与磁学》"编译者序"中说："从事电工事业的人，常感到讲述电学基本原理书籍的缺乏，所以要阅读这一类书籍，困难很多。"他所编译书讲述电学与磁学的基本现象与定律，"说理扼要而简明，切合于实用"。原书说理欠妥或不十分明了的地方，他都予以改正和补充。如原子结构在电学和磁学上非常重要，磁性、自感、互感、电阻和电导系数等等，"补充很多，大部分是完全写过的"。并根据最新成果和国际电工技术委员会公布

---

① 《凡例》，裘维裕编译《电学与磁学》，电工图书出版社 1951 年 5 月第 5 版，第 3—4 页。

的数据，添加入附表，以“使这本小册子非但可以用作基本知识之研习，也可以常做一本有用的参考书”。杨肇燫和杨孝述曾校阅该书，给予他不少建议，张凤君女士代为制作英汉名词对照。可见，这本区区 181 页的小书，耗费了编译者多少的心血。也反映了他们为读者和国家建设考虑的周到。

毛启爽在《蓄电池》一书“编译者序”中说：“蓄电池是一种最便利而最可靠的电源，应用很是广大。大而言之一所发电厂，小而言之一辆汽车，都非采用蓄电池不可。关于蓄电池的原理，固应明了，尤其维护与修理的方法，更应注意。因维护的得当，往往可以增加蓄电池的寿命不少。”该书“颇多切合实际的经验之谈，是任何电工书籍上所不能全部读到的，很值得推荐于读者之前”，原书理论讲解欠透彻之处，毛启爽参考蓄电池专著予以补充，并对编排次序凌乱以及重复之处予以整理，于每章后增加问题与习题，“可作为温习之一助”。可见，编译者并不是仅仅翻译原书，而是以原书为基础进行增删，大大提升了编译本的质量，更适合国内读者。该书经裘维裕、杨孝述和杨肇燫校阅，“予以极可宝贵之指正与建议”。

杨肇燫《电工仪器及量度》说，该书作者为西屋电气公司工程师，“卓然是当行出色，所说多扼要中肯”，除少数地方“略有未妥”，译者稍加改进外，“大体全照原著迻译”。编译本裘维裕曾校阅一过。丁舜年在《交流发电机及电动机》中说：“本书将各种型式的交流发动机和交流电动机，分门别类，逐一说明，使读者对于电能的产生和应用，能有一种明晰的概念。……书中对交流发动机的构造和交流电动机的运用，叙述颇详，既可作为研习电工学者的一般读物，同时也是从事电机制造事业和管理电机人员的有用参考书。第一编中原书似太偏重于说明各种交流发电机的构造，经译者添加《电枢反作用与电压调整》一章。第二编第五章内关于多速电动机的调速方法，原书词义含糊，且有欠妥之处，亦经译者予以改正，并添附接线图，以说明变更速率的原理。”

可见，为保持编译本质量，编译者不仅相互校阅，对译稿提出意见，而且也对原书进行了相当程度的改动与改写。裘维裕《电学与磁学》1945 年 6 月初版，1951 年 5 月已五版；毛启爽《蓄电池》1945 年初版后，1956 年还出版新一版，已不知是第几版了；毛启爽《直流发电机与电动机》1945 年 12 月初版，1952 年 7 月六版；丁舜年《磁铁和电磁铁的设计》1946 年 4 月初版，1950 年 8 月三版；丁舜年《交流发电机及电动机》1947 年 3 月初版，1951 年 12 月五版，1959 年 1 月上海科学技术出版社新 1 版，4 月就第 2 次印刷。可见该丛书所受欢迎之程度。

参与该丛书的编译者有师生两代，老师辈在物理学和电学上造诣极深，当时已有非常大的社会影响，如杨肇燫、裘维裕、杨孝述。总编辑杨孝述（1889—

1974)，是该丛书中国科学社基金投资者，早年毕业于美国康奈尔大学电工系，专长于电学。太平洋战争爆发后，他主要身份为《科学画报》总编辑和中国科学图书仪器公司总经理。可以说，他并未失业，生活还有着落。杨肇嫌(1898—1974)战前是中研院物理所专任研究员。抗战期间滞留上海，保护物理所大型仪器。即使在孤岛时期，他的生活也不轻松。19岁的大儿子患肺结核、16岁的二女儿患副伤寒，都因无钱医治，在两年间先后去世。太平洋战争爆发后，其生活之困苦自然可以想见。裘维裕(1891—1950)战前是交通大学理学院主要领导人之一。抗战爆发后，他与同事等在法租界继续维持交通大学的教学。1940年夏，他还与志同道合一起以麻省理工学院同学会名义在法租界创办学制两年的"中国工专"。太平洋战争爆发，汪伪接管交通大学后，他与陈石英、钟兆琳、黄叔培等拒绝合作，拂袖而去，被誉为"反伪六教授"。此时，"中国工专"也被迫停办，裘维裕到南洋仪器厂工作一年。该厂被兼并后，到隐藏有交通大学物理仪器的中国科学社明复图书馆办公。生活上的拮据接踵而至，裘维裕变卖了天平路上一套舒适的公寓和全套家具，乔装化名租用了广元路"义合坊"内一户梁姓人家的三层阁楼。①

学生辈当时大多是大学毕业生或相关专业留学生，后来在电学上都有非常特出的作为，如丁舜年(1910—2004)交通大学毕业后，任职工厂，其生活想必也不是很宽裕。战后入资源委员会中央电工器材厂任工程师，赴美国所西屋电气公司实习。后成长为电机工程学家，1980年当选中国科学院学部委员。史钟奇(1906—1986)1930年交通大学机械系毕业后，留学德国。获博士学位后，回国任教母校。1949年后先后调南京和成都任职，曾任南京一工厂总工程师。毛启爽(1907—1966)，1929年交通大学毕业后，留美入哈佛大学电机工程研究院深造。回国后在浙江、复旦、沪江、交通大学执教。1949年后，历任上海市市政建设委员会委员兼辅导处处长、综合计划处处长等。胡汝鼎(1905—1985)，早年留美毕业于麻省理工学院电机系，获硕士学位。回国后，曾任建设委员会设计处处长、公用电机公司董事兼总经理。1949年后曾任上海市第一机电工业局副局长、总工程师，兼任上海科技大学教授、自动化系系主任等职。江苏上海县(今浦东新区)三林镇人赵富鑫(1904—1999)，1924年毕业于南洋大学。长期任教交通大学，曾任物理系教授、主任等。后随校迁西安，历任西安交大教授、数理力学系主任、图书馆馆长等。其他人寿俊良、曹凤山等都各有作为，不

① 裘绍程：《慈父　严师——回忆父亲裘维裕》，中国人民政治协商会议江苏省无锡市委员会文史资料委员会《无锡文史资料》第26辑，第24页。

再一一赘述。

无论是老师辈还是学生辈，在太平洋战争爆发后的上海，生活是日渐困难与艰辛，自是不必言说。1938 年 6 月，辞去四川大学校长职务，重回中基会任职的任鸿隽致函驻美大使胡适说："你所说的留下一点编译费来养士大夫的廉耻，我个人极赞成这个意思。但我们的编译员中早已发生了廉耻问题，最重要的是周岂明先生。"①中基会作为管理美国退回庚子赔款的文教机构，因握有巨额经费而在民国学术界影响甚为巨大。长期担任中基会董事因而也是核心成员的胡适，要求中基会在抗战期间专门拨付"编译费"来"养士大夫的廉耻"，中基会灵魂人物任鸿隽也完全同意他的主张。可见，在多灾多难的抗战期间，作为传统士大夫代表的知识分子要保持其廉耻，不像周作人那样附伪落水，日常用度费用是最为基本的条件之一。中基会当时确为滞留沦陷区的一些顶尖科学家如秉志、庄长恭等提供了不少经费，是他们度过困难时期的重要支撑条件②。而中国科学社抗战期间组织滞留上海的知识人从事科学书籍的编译出版，在引进学术、传承学问，促进中国学术发展的同时，也在相当程度上为他们提供了生活的用度，使他们不至于落水，在一定程度上保障了他们"民族气节"的保持，正如胡适所言养了"士大夫的廉耻"。

（作者系上海社会科学院历史所研究员）

① 《任鸿隽致胡适》(1938 年 6 月 22 日)，耿云志主编《胡适遗稿及秘藏书信》，黄山书社 1994 年版，第 26 卷第 631 页。

② 参阅拙文《另一种抗战：抗战期间以秉志为核心的中国科学社同仁在上海》，《中国科技史杂志》第 33 卷第 2 期(2012 年)。

上海所见的日本赔偿物资接收

蒋欣凯

日本对华赔偿是中国近现代史上的大事，这是中国第一次作为战胜国获得赔偿物资。日本赔偿问题一直是“热点”问题，但是中国民间对此存在着诸多误解。二战后由于美国单独占领日本，主导着日本内外的各种政策。根据《波茨坦宣言》，盟国占领日本后将对日本要求以实物为主的赔偿方式。战后初期，美国对日本奉行严厉制裁的政策，勒令日本为自己的战争罪行付出高昂的代价，将日本的诸多工业列入拆迁赔偿计划，严格限制日本的工业水准。1947 年美国下达先期拆迁赔偿指令，拆迁赔偿将给予中国、菲律宾、荷兰(代表荷属东印度)、英国(代表马来亚、缅甸及其远东的殖民地)四国。但是随着冷战格局的形成和中国局势的变化，美国逐渐调整了对日政策，对日本的态度由压制到扶持，日本的赔偿计划也逐步宽松，以致到 1949 年 5 月完全停止赔偿计划。1951 年中华人民共和国没有参加旧金山媾和，后来国共双方因为各自的原因放弃了对日索赔权，故中国最后实际所得之赔偿不足损失之千分之一。日本赔偿问题，研究成果颇多，以往的研究大而泛，甚少从微观细处研究这个课题；大部分以宏观的国家视角着眼，这就造成了过于关注赔偿的结果而忽视了赔偿物资是怎样运回国，物资到达国内是怎样分配，物资最后的使用效果如何这些具体问题。本文以上海这个视角着眼，同时又兼顾宏观的背景，以期较全面的来研究日本对华赔偿这一课题。

日本赔偿物资的接收是一个系统工程，它牵涉了诸多环节和诸多部门。首先就是运输环节，旧中国航运极其落后，日军侵华又对本就不发达的航运业造成了严重的损失，被日寇炸毁或自沉的轮船又多属战前中国大型船舶；尽管战后中国航运业有所恢复添置了一些大型轮船但是相较于需要远洋运输的日本赔偿物资来说缺口依然是巨大的。而这些在战后添置承担日本赔偿物资运输的轮船又多属美国战时为一时之需迅速建造的自由轮、胜利轮，其使用寿命短，到中国使用时已属超龄服役，这样的船参加运输自然是事故不断。船舶载运赔偿返程后，原拟分赴各口后来因为只有上海港的港口设施尚可应付赔偿物资的转驳、起重等之用，故先集中上海一地再转运全国。当第一艘装载着日赔物资的轮船返回上海时，中国官方举行了隆重的日赔物资接收典礼。物资到港又面临着转运、储存等事宜，为此中国政府各部委机关在上海设立了各自的接收储存赔偿物资的机构并定期召开联席会议；但是中国此时已是兵连祸结，军费开支浩繁，储存经费则是捉襟见肘，仓储条件就可想而知了；大量机器设备露天堆置，这就为以后机器的迅速锈蚀埋下了隐患。这些机器设备本为发展中国工业之用，这要求迅速将这些日本赔偿设备分配给厂家使用，这就又面临着哪些行业哪些厂家可以分配到这些机器的问题，具体是资格审查标准、价格评定、缴款办法等制定、审查。而围绕着赔偿机器的申请分配，官方、工商业界在上海这个舞台上是“我方唱罢你登场”上演着一幕幕历史活剧。工商界各厂家曾疯狂地争抢赔偿机器，但是缴款提货的则为数甚少，而最后将机器参与生产的更是少之又少，大量的机器设备依然“躺在仓库里饱受着风吹日晒”。

一、载运赔偿物资前，中国船舶的基本情况

根据最初的先期拆赔计划中国获得48万吨赔偿物资，虽然实际执行中打了很大的折扣，但是将此项物资运回中国依然是个棘手问题。根据盟总的指示，从指定赔偿工厂再到拆卸，将拆卸的赔偿品运到日本港口这一系列过程概由日本政府负责并承担费用，而从日本港口将赔偿物资运回各受赔国内则由各国自己负责并承担回国运费。今天看来这一点物资的运输好像轻而易举并不构成问题，但是由于自晚清以来中国社会发展落后，中国航运基础薄弱，这便成了一个严重问题。中国在抗战之前的1936年中国轮船计3 457艘，总计570 000吨；商船总吨位(500吨以上)仅为447 000吨，不到世界的1/100。8年抗战，中国船舶损失惨重。抗战时征用沉没堵塞港口船只，计江轮86艘，合28 689吨；海轮77艘，合117 112吨；共计163艘，合145 801吨。抗战时被敌人炸毁掳捕(包括沦陷)船只计江轮2 790艘，合99 247吨；海轮47艘(包括内河小轮及20吨以下轮居多)，合计2 500 271吨；共计2 837艘，合计349 518吨。到抗战胜利时，仅剩江轮457艘，合计80 681吨，海轮全无。抗战胜利后，我国曾试图打捞战争时沉没之船只，多因船体原属老旧况且已沉没多年大都难于修复，而且打捞费用巨大，多不值得；全国打捞效果较好的只有台湾和天津塘

沽两地，计93艘约180 000吨，多数正在修理。[1]抗战胜利后船只增加主要来源于接收美国剩余物质及订购添置。截止到1947年7月中国航运业有所发展，中国船舶数量达到2 381艘，总吨位为818 815吨，其中上海占全国总吨位75%以上。[2]此次日本赔偿物资的运输是由招商局、益祥、中兴、中国航运三公司负责，其中招商局负责赔偿物资总吨位的60%，益祥、中兴、中国航运三公司负责40%。招商局是日本赔偿物资运输的主力承担主要的运输任务，可以说招商局的实力关系到这一庞大的运输任务是否能够顺利完成。

招商局原名轮船招商公局，由李鸿章创办于是1872年。创办之初，即粗具规模；但因为晚清中国积贫积弱航权丧失及内部人事问题等原因发展阻滞，至"七七事变"之前，招商局有江轮12艘，共33 785吨；海轮16艘，共37 576吨；小轮12艘，11 200吨；另有铁驳6艘，趸船7艘。共有大小轮船趸驳53艘，计8万余吨。抗战爆发招商局承担各项运输任务，贡献很大，但是牺牲也颇巨。招商局轮船被炸沉者有9艘，炸毁者三艘，被征用塞港的15艘，还有不少转成外籍，迁入四川的，仅有大小江轮20余艘，计25 000余吨。抗战胜利，中国航权也被收回，招商局又接管了敌伪船只，并积极购进了盟国海轮，到1947年11月也就是日本赔偿物资启运前夕，招商局有海轮61艘186 278吨，江轮28艘56 128吨，拖轮及小轮142艘15 911吨，铁木驳及特种船只299艘74 840吨，共有轮船460艘，计333 000余吨，与战前已增加四倍。[3]这就是日本赔偿物资启运前夕招商局的情况，其他三个承运的私营轮船公司与抗战前相比均有所发展，但与招商局相比规模和运力均相差甚远。表面上看似乎中国运力充足，单就招商局海轮就有61艘186 278吨，足以应对此项赔偿物资的运输，实则不然。当时承运赔偿物资的这4家轮船公司的船舶多属老旧残破或者性能船况不佳，真正能远航的船舶则少很多，况且当时中国交通不便，交通工具极为缺乏，招商局等轮船公司也担负了其他重要的运输任务。

担负运输任务的船只主要为自由轮和胜利轮，这是招商局的两种主力船型。自由轮(Liberty ship)是一种二次世界大战时期被美国当局大量制造的一种货轮。自由轮的得名是源于罗斯福在一次讲话中说这种轮船将为欧洲人民带来自由。二战爆发，盟国的商船遭受德国潜艇的袭击，大量船只损失，亟须补

---

① 《交通简讯，我国现有多少轮船?》，《交通部公路总局第六区公路工程管理局月刊》，1948年，8期第29页。

② 《全国航业汇聚一堂，航联开会》，《申报》1947年7月4日，第4版。

③ 《国营招商局胜利复员来业务概况》，《申报》1947年12月16日，第9版。

充，这时就需要一种能迅速建造的一种船型。美国方面根据英国提供的一种船型，改变了连接方式和建造方法设计完成了著名的自由轮。自由轮的特点就是建造迅速，价格便宜。美国建造的第一艘自由轮“俄勒冈之星”号只用了232天。自由轮的建造速度后来不断加快，最快时达到3天即可完成一艘。在1943年，每天有3艘自由轮下水。在1941年到1945年间，18个美国船坞共计建造了2 751艘自由轮。因此它成为二战中美国工业的一种象征。大量的自由轮通过租借法案提供盟国，英国、苏联、中国都曾接收过自由轮。胜利轮简单一点来说就是自由轮的改进版，它的船体更大、载重更多、航速更快。①

中国招商局在二战后购进美国大量剩余物资，其中最主要的船型就是自由轮和胜利轮。招商局参加运输日本赔偿物资的有“海康”、“海浙”、“海吉”（和“海浙”是同一轮船即是前者后改之名）、“海宿”、“海鄂”、“自忠”、“海天”、“海辽”、“海玄”这8轮，只有“自忠”号轮船不属于自由轮或者是胜利轮。自由轮和胜利轮是以人们难以置信的速度建造的，是为一时之需要。它的设计寿命只有5年时间，当它廉价转卖中国时许多已经达到或者接近其本身的使用寿命了，这样的船只继续使用，问题自然不少。特别是这样的船只参加日本赔偿物资的运输，免不了出现事故，这些事故将在下面章节中提到。

二、上海所见的运输准备

1947年麦克阿瑟开始执行美国政府先期拆迁计划，中国的运输准备工作便开始积极进行。同年4月交通部长俞大维就为日本赔偿物资运输问题电召上海市运输船业工会代表李云良、胡时渊、程余齐、董浩云、钟山道等到南京会商。俞大维与各代表商谈后，于18日中午在国际联欢社召开运输准备会议，由交通部次长谭伯羽、凌鸿勋、航政司长李景璐主持，出席人员除航业界代表外，有京沪杭两路局长陈伯庄、日本赔偿委员会主任委员龚学遂及各委员、驻日代表及交通部各司长等。经过3个小时的会议，就赔偿物资运输问题拟定了初步办法。②执中国航运牛耳的上海航运界也对此积极行动，5月19日上海轮业公会，举行理监事联席会议，决议由民航海轮联营处，推举程余斋、黄浩云，招商局推举胡时渊合组日本赔偿及交换物资承运小组，主持负责承运。③

---

① 综合各种资料得来。

② 《我国赔偿委会开会，讨论拆迁运输计划》，《申报》1947年4月18日，第2版。

③ 《沪航运界谋划赴日运输问题》，《新闻报》1947年5月20日，第4版。

因为赔偿物资的运输又涉及诸多部门和环节，1947 年 8 月 15 日中国政府为此专门在行政院赔偿委员会下面成立了日本赔偿物资督运委员会。日本赔偿物资督运委员会主委由秦汾出任，副主委由李景潞担任，经济部、国防部、财政部、资委会代表为委员。其主要职权范围是：(一)运输计划之拟订，(二)运输优先之拟定，(三)运输实施之督导，(四)运输经费支配之拟议，(五)运输之联系。①1947 年 9 月盟总即将分配第一批赔偿物资，中国预想的运输马上将开始，行政院遂颁布了接收及运输日本赔偿物资的办理原则，该原则如下：(一)关于日本赔偿及归还物资之选择、监理、拆迁及接收事宜，设接收委会，隶属于驻日代表团，受赔偿委会之督导，并遵照赔偿委会所定之计划及方案办理。所有工作人员，由有关机关就其应拆物资之种类及数量，分别派定，此项派员之总数，目前暂定为二百廿二人，视实际需要情形，随时调用之。(二)关于物资运输之督导、联系，优先程序及运费支配之拟议事项，由赔偿委会设督运委会，统筹办理。(三)关于物资之拆迁，接收与督运事宜，应由接收委会与督运委会随时密切联系，妥洽办理。(四)物资自日本港口海运至中国港口船边交货事，由交部依照核定之督运委会规定办法，主持办理。(五)如有笨重机件超出船上起卸设备能力者，交部得调用港埠各方面浮动起重设备，办理起卸事宜。(六)物资自港口船边交货后，其进仓、储存等事，由各机关尽量利用自有之设备办理，其无自备码头，仓栈设备者，由交部代为办理，照收规定费用。如交部仓库设备不敷储存者，各机关自有之仓库容量有剩余者，由交部尽量利用，照意纳费。(七)物资自中国港口或仓栈内运，由承受物资者迳与运输机关洽办。(八)交部办理物资运输，得于国内设临时机构，依照督运委会所定之计划及优先程序办理。②

1947 年 5 月国民政府交通部因沿海各口岸码头及仓库都十分缺乏，曾经计划将赔偿物资分作 14 口岸起卸，当时的吨位分配决定是：(一)上海 129 091 吨，(二)南京 55 250 吨，(三)塘沽 75 415 吨，(四)汉口 26 750 吨，(五)广州 30 456 吨，(六)青岛 9 750 吨，(七)广州湾 3 273 吨，(八)葫芦岛 30 655 吨，(九)马尾 1 160 吨，(十)厦门 2 500 吨，(十一)营口 28 800 吨，(十二)石灰窑 87 000 吨，(十三)基隆 533 吨，(十四)高雄 585 吨。③上海在原计划的 14 口岸

① 《日本赔偿及归还物资督运委员会组织规程》，《河北省银行经济半月刊》，1947 年，5 期第 42 页。

② 《甘肃省政府公报》，1947 年，676 期第 12—13 页。

③ 《第一批日赔偿物资，我得四十八万吨，交通部已指定起卸口岸》，《申报》1947 年 5 月 1 日，第 2 版。

中占最大比例，显然上海的位置之重要。后来因为技术问题及各港口吃水、起重设备等条件，国民政府遂决定第一第二批赔偿物资从日本都先运到上海，在上海集中后再转运，上海的运输准备就更加重要。①有鉴于此，日本赔偿物资督运委员会主委秦汾②在赔偿物资启运前夕赶往上海。1947年12月1日秦汾在上海招商局约集有关机关代表，商讨接收首批日本赔偿物资事宜。出席代表有：国防部于润生、经济部显葆常、交通部魏准、教育部周纶阁、招商局胡时渊等30余人。当天上午由各代表分别报告各单位对接收赔偿物资的准备情形，包括码头及仓库的租用等。午后由秦汾又率领各代表，赴张华浜、虬江码头、炮台湾等各地，实地视察各仓库。次日继续开会，与会代表认为制定极其严密的物资运输细则非常重要，否则只要有一处脱节，整个运输程序将受其影响。秦汾于12月3日离开上海，日本赔偿及归还物资督运会在上海的总负责人是胡时渊。秦汾返回南京后，由胡时渊继续召集有关部门开会。由于上海的接运工作重要，国民政府接收赔偿物资的各部委都要在上海设立接运机构。③12月各部委驻上海接运机构的负责人选定。人选公布后，国民政府决定设一联席会议，每周星期三在上海招商局6楼招待室定期开会，用以协调工作；大会常任主席是胡时渊，参加会议的其他各部委代表偶有变化。④与此同时行政院又迅速批准了督运委员会呈拟的日本赔偿及归还物资督运纲要，日本赔偿及归迁物资督运纲要如下：

督运阶段：督运分三阶段，第一阶段自日本各指定港口我国派往运输船上接收赔偿及归迁物资之时起，至运达我国各指定港口船边交货止，第二阶段自我国港口船边交货起，至提卸物资至仓库，以至整理运离仓库之时止，第三阶段自运离仓库之时起，至内运到达设厂之点止。

---

① 《原拟运华北华南各港者，一律先运抵沪再行转口》，《现代经济通讯》，1948年第91期4页。

② 秦汾，字景阳，江苏省嘉定县人，1887年1月13日出生。秦汾毕业于直隶省立天津北洋大学堂。后赴美国留学，获哈佛大学硕士学位。中华民国成立后，进入教育界。1928年秦汾转入国民政府，任教育部普通教育司司长。1930年2月，转入财政部，任该部会计司司长。抗日战争爆发后1938年1月，秦汾任经济部政务次长，负责确定战时体制下的经济政策。1941年9月，任行政院水利委员会常务委员。抗日战争结束后的1947年12月，任行政院赔偿委员会副主任委员。第二次国共内战后，逃往香港，1951年迁居台湾。在台湾，经营中华纺织公司、中华建筑公司等企业。1973年在台湾病逝。享年92岁。

③ 上述内容参见《秦汾定明日来沪，商赔偿物资运输》，《申报》1947年12月1日，第4版。《秦汾邀有关机关代表，商接收赔偿物资事宜》，《申报》1947年12月2日，第4版。《运输赔偿物资，决定详密细则》，《申报》1947年12月2日，第4版。

④ 上海市档案馆馆藏号：Q42-1-157，第21页。

责任继分：第一阶段之运输，统由交通部负责。惟国防部接收物资，于必要时得由交通部商治国防部协助运输，第二及第三阶段之运输卸存业务，统由各接收机关自行负责整理。

督运人员：本会得酌派督运人员，赴日本港口，负责整理指导工作，我国重要港口，每一港口得由交通部派员办理运输工作，其他港口亦由交通部委托当地人员兼任，所有交通部委派各港口人员，得由本委加委，兼办各该港口督运工作。

各机关应供给本会资料：其重要者，如一，各机关派驻日本及我国各港口办理接收运输机构名称地点负责人姓名，二，各机关自日本各港起运交我国港口赔偿物资吨数详表，三，包装标志式，大小颜色，四，各机关在我国港口自有租用码头仓库起重设备概况，五，各面机关接收物资分内运计划，六，运输各项费用占计，交通部负自日运到我国港口之责，并供给运输计划及办法，运价率及运费估计。

自日本至我国港口船只之调度，由交通部负责，船位分配由本会核定，押运由各接收机关自行负责办理。

日本港口启运时特别注意包装之牢固，及其标志之完备与明确。

到达我国港口后各接收机关应以利用自有或租用之码产学研仓库为原则，在未有此项设备者则由交通部统筹。

我国港口仓库之储存期间，以十天为限，各接收机关必须于限其内，将接收物资提离港口仓库，卸轮能力必须按本会规定标准办到。

自日本港运到我国港口之轮运价率及运费预算，由交通部送会，呈院核定，拨发。

各接收机关及承办运输之交通部，有照本会规定按期送寄报告之任务。①

三、上海所见的运输过程

运输过程的开始标志着整个赔偿正式进入接收阶段，上海是此时赔偿物资运输的枢纽，所有赔偿品必须先运抵上海再分配全国。第一、第二批赔偿物资运输从 1948 年 1 月持续到当年 10 月，时间跨度大。“海康”号原是美国货轮，名叫“惠斯弗拉克士”号，“海康”是招商局从美国购买后取的名。“海康”号本来

① 《日赔偿及归还物资督运纲要》，《申报》1947 年 12 月 2 日，第 2 版。

是预定1947年12月15日从上海开赴日本，“海浙”则预定在12月20日继“海康”号之后赴日接运赔偿物资。而且两艘轮船的所有零配件都已经详细检查了，船员防疫注射工作，也全部完成，此时驻日本赔偿物资接收委员会来电，称“以物件装箱标志标印不及，属该两轮暂缓开出，乃将海康改开青岛一次”，可是不久又收到赔偿物资接收委员会来电，要求再次派海康号轮船驶往日本横须贺港接运赔偿物资，当有关方面再设法急调海康轮准备在12月23日驶往日本时，马上又收到赔偿物资接收委员会12月17日的电报称，因为盟总表示新年期间日籍工人较少，运载效率太低，所以还是决定请将海康号改在于1948年的1月5日驶往日本装运物资，派出第一艘装运赔偿品轮船驶日过程可谓一波三折。①

1948年1月5日下午2时40分“海康”号轮船正式从上海黄浦码头起碇，驶日载运日本赔偿及归还物资。该轮的自重2 600吨，载重量可达3 000余吨。轮上人员除船长朱聚遐等70余名外，还有当时上海市政府遣送的日侨78名，及港口司令部押送的日俘43名，共121名，其中有36名是战犯，其他大多是宪兵，但是也有一名少将，名叫依知川庸沼。此外还有少佐一名，大尉二名，准尉三名，其余均为士兵。此外因为当时日本物资缺乏，所以船上还有中国驻日代表团委托“海康轮”顺便载运赴日的食品大米及日用品200多小件。“海康”轮此次赴日，目的地是横须贺，中途先停泊佐世保，以便卸下日本侨民和俘虏。②

“海康”轮于1月13日达到目的地横须贺，中国和美国方面对“海康”轮的到达十分重视，因为这是盟国驶往日本装运赔偿物资的第一艘船只。中国驻日代表团团长商震、中国处理日本赔偿事宜代表团团长吴半农、美国盟总赔偿科科长约翰迈克等人专程从东京坐车赶往横须贺。日本方面对事件也是非常重视和恭谨。当天晚上日本运输省及掌管赔偿事宜的官员为“海康”号抵达横须贺而庆祝，在当地设宴欢迎中国运输船，邀请中国交通部代表王树芳、招商局代表陈士金及“海康”号船长朱聚遐等参加。日本关东运输局伊藤敏行代表日本政府致辞说“莅临此地有双重历史意义，海康号不仅是第一艘抵达日本载运赔偿物资的盟国船只，而且是第一艘进入横须贺港的中国船只”③。因为横须贺港直至日本投降时止，一直是日本海军的根据地，日本及他国商船都不得进入。

① 《赔偿品延期启运，准备工作益周密》，《申报》1947年12月21日，第1版。
② 《第一支华轮去日本，遣送日侨装回物资》，《大公报》(上海)1948年1月6日，第4版。
③ 《日本欢迎我赔偿船到达》，《中央日报》1948年1月15日，第3版。

第二天“海康”轮便开始了紧张的装卸工作，日本工人加班加点；而且日本码头工人也不像原先预想的那样会怠工或者在装卸中故意损坏机器，非常听从指挥，在装卸工作中表现得一丝不苟。这使得“海康”轮上的中国人，顿生“昔日英雄，而今安在”之感。①装卸工作一直持续了三天，到16日基本完成。海康轮原定装载423箱赔偿物品，后来发现轮船尚有多余空间，又决定16日早上再装了30箱。②1月16日上午装载赔偿物资工作完成后海康轮在横须贺码头上举行正式启运仪式，参加启运仪式的有盟总赔偿科科长约翰·迈克，我国驻日代表团及其他中美高级军官50多人。启运仪式由盟总所派的美国第8军代表副参谋长塞尔上校主持。仪式在庄严的气氛下举行，日本关东航运局局长伊藤敏行，日本赔偿局中央联络处处长白旗友敬代表日本政府，我国处理日本赔偿事宜代表团团长吴半农及“海康”号船只朱聚遐代表中国政府，双方签字，受授第一批赔偿物资。主持签字的塞尔上校在签字前发表演说称，“此一签字仪式不只对中国及远东各国极具意义，且足以表明赔偿计划已告一段落，自此日本可致力于解决其自身困难”③。伊藤敏行在签字后表示等到日本赔偿中国物资的运输完成后，和平的基础就可以奠定，此举可以是使中日两国间获得良好关系的第一步。启运仪式结束后，海康号轮船从横须贺起锚出发，驶回上海。

为了迎接第一艘装载日本赔偿品的船只到达，中国也是格外重视，准备在海康轮停泊地——张华浜码头举办隆重典礼。赔偿督运委员会主任秦汾、副主委李景璐特地从南京赶往上海准备主持接收仪式，并发出请柬邀请各机关、上海各界人士、记者、中央摄影厂人员参加，准备共同庆祝。招商局又在21日的下午二时许，派出汽车招待各界前往张华浜码头参观。同时请中央摄影厂为22日的正式典礼拍摄珍贵活动影像。张华浜码头，码头长1 400英尺，水深约40英尺，两万吨巨轮可停泊码头区域内铁道纵横，该处铁道可达京沪、沪杭两条铁路，交通便利，起重机林立。最外面的一架起重机是专门为赔偿物资的到达起卸而由上海路局刚从美国购来，于当年1月2日会同路局工委机务两处安装的，每次可吊起75吨货物，是中国当时最大型的起重机。张华浜码头的涌路都搭建了松柏牌坊，典礼会场即设于此巨型起重机下。④张华浜码头内搭了一个很漂亮的彩台，礼堂四周都装饰了五彩缤纷的绸缎，台前有双喜字。⑤载运首

① 《日赔偿物资首批到沪，昨晨举行接收典礼》，《新闻报》1948年1月23日，第4版。
② 《海康号离日回国，行前在横须贺举行典礼》，《大公报》（上海）1948年1月17日，第2版。
③ 《海康轮驶离横须贺海港》，《大公报》（天津）1948年1月17日，第2版。
④ 《日赔偿物资即将到达，沪筹备接收典礼》，《中央日报》（南京）1948年1月22日，第2版。
⑤ 《首批赔偿物资到沪，海康轮旁边举行典礼》，《大公报》（上海）1948年1月23日，第4版。

批日本赔偿机器的“海康”轮船本来预定 1 月 21 日到达上海张华浜码头的，因为海中大雾弥漫，发生事故，被迫在花山岛附近抛锚，致使 21 日未能如期到达，人们一下子担心起来，担心这一历史性的典礼是否能如期，因为是小事故，“海康”号只延迟一天到达上海，接收典礼仍如期举行。①

首艘运回赔偿物资的“海康”轮抵达上海(《寰球》,1948 年,28 期第 2 页)

“海康”轮吊卸货物
(《寰球》,1948 年,28 期第 2 页)

中国从晚清到民国一直积贫积弱，割地赔款成为家常便饭，这是甲午战争后第一次取得对外战争胜利，接收战败国的赔偿物资，这是空前绝后的事情。《马关条约》，中国被迫赔偿日本数亿两白银，几十年过去弹指一挥间，当年的战胜国成为战败国，双方角色互换。这一次日本赔偿物资运达上海是亘古未有的历史事件，中国官方决定举行典礼来见证这一历史时刻的到来。

“海康”号轮船于 1948 年 1 月 22 日上午 1 时许从花山岛附近起锚，7 时许进入吴淞口，8 时左右停

① 《海康号遇雾抛锚，抛锚花岛山》，《新闻报》，1948 年 1 月 22 日，第 4 版。另有一种说法是抛锚地在北山德尔(North Saddle)附近，见《海康轮遇雾抛锚，延期于今晨到埠》，《申报》1948 年 1 月 22 日，第 4 版。

泊于张华浜码头。①典礼设在全长1 400英尺的码头上，中悬中国国旗一面，简单而庄严，海康轮停在会场右侧，相距约20公尺，桅杆旗帜在晨风中迎风飘扬。接收典礼于上午10时半在张华浜码头隆重举行，出席的有行政院赔偿物资督运委员会秦汾、胡时渊、经济部欧阳、资源委员会蒋易均、国防部司长于润生、交通部张元伦、教育部王之卓、行政院赔偿委员会龚学遂、国营招商局经理徐学禹、海军基地司令部曾国晟、工业界田和卿、胡伯翔、颜耀秋等100多人。接收典礼在爆竹和奏乐声中开始，典礼开始后首先是各来宾向国旗3鞠躬，然后是赔偿物资督运委员会主委秦汾致词称："以往战败国对于战胜国之赔偿，皆用金钱方式，但第一次世界大战以后之经验，证明此种方式，徒然使战败国无力负担而引起另一次战争，故此次联合国决定改用合理办法，赔偿以不妨碍战败国人民生活必需为原则。日本方面，首先将某兵工设备取出一部分赔偿，其中我国分得一半，另一半则由菲列滨，荷兰，英国等摊分。今日我人接收第一批运到之机器，可谓乃建国复兴之开始，希望政府与人民通力合作，好好利用来从事建设工作。关于分配方式，有人主张应全部赔偿与后方工厂，但政府认为在抗战期间全国人民均受到损失，故均应有享受赔偿之权。因此将一部分分配给国家机关，其中四分之一则交由经济部转售与民营工厂，民间损失将来常俟机器作价以后，再予分摊。"②后行政院赔偿委员会龚学遂致词说："赔偿物资和我们所遭受起来的损失比起来，虽然差得很远，但是站在国家和人民的来说，固然没有得到充分的赔偿，而精神上已得到力量安慰。"③继由徐学禹致词称："日本赔偿物资能够运到上海，是很不容易的事情。要知道这一点东西，已足足交涉了二年了。希望各接收机关应该爱惜这些物资，好好利用不要把它糟蹋了。"④国防部司长于润生是最后一个致词的，他代表接收机关表示愉快并感谢各界合作。诸君发言后便是全体与会人员摄影留念，并登上"海康"号轮船参观，这样此一历史性的典礼才宣告完成，当天下午我国接收部门又举行庆祝会，招待上海各界。⑤中国分到的先期赔偿物资第一批赔偿物资共有9 700余件，"海康"轮运到上海的赔偿物资都是来自日本的18、19两厂较为优良的工具机器，共453件，重1 850吨，去皮净重875吨，均为车床、钻床、铁床等机器，每件大小不一，重量在2吨至8吨之间，平均在5吨左右。此次运来的机器共417件分装于453个

---

① 《日赔偿物资首批到沪，昨晨举行接收典礼》，《新闻报》1948年1月23日，第4版。

② 《日赔偿物资昨举行接收典礼》，《新闻报》1948年1月23日，第4版。

③④⑤ 《首批赔偿物资到沪，海康轮旁边举行典礼》《大公报》(上海)1948年1月23日，第4版。

大箱。资源委员会接收大件(3吨以上)13件、小件(3吨以下)37件;交通部接收大件7件、小件29件;教育部接收大件2件;国防部接收大件12件、小件127件;经济部大件29件、小件197件。①赔偿物资在运输过程中大体保存良好,仅有12件的木箱破损,和"1894"、"10512"、"23456"、"10092"这几件编号的赔偿物资损坏较重,政府遂派人追查运输责任。②

第二艘派往日本运输赔偿物资是"海浙",其开赴日本装运赔偿物资的过程也是一波三折。"海浙"号自从美国购买开航后一直是事故不断,可以说"命运"不佳,就在赴日准备装运赔偿物资前的几个月,"海浙"轮就差点出事沉没。1947年7月"海浙"号轮船满载玻璃砂,准备运往秦皇岛,不想开至厦门金门岛华定岛之间的斧头湾时,触碰礁石搁浅,唯一幸运的是礁石在浅水没有沉没的危险,但是将海浙轮拖出进行修理则是十分困难,后来派其他轮船费了九牛二虎之力才先将其拖至厦门港外抛泊,再从厦门拖至基隆船坞修理。经过几个月的修理,正打算出船坞赴日装运赔偿物资,重现光彩,不料1947年12月12日晚上8时,上海舟山公司的685吨定州号在基隆口东防波堤触礁,"定州"号打算驶往基隆船坞修理,但在急驶至船厂船坞口时沉没,而沉船位置正好影响"海浙"号出坞,导致"海浙"号不能如期赴日载运赔偿物资。③直到1948年1月初沉没在基隆船坞口的"定州"号才被拖走,"海浙"号轮船才驶出船坞。"海浙"号于1月10日自基隆返回上海,装回铁路枕木15 000根。延迟已久的"海浙"轮起卸物资后原拟马上启程赴日,这时又遭逢该轮船长刘传森与大副请假,船务处不得已临时调派船长费肇基、大副萧劲安驾驶赴日。"海浙"轮1月16日下午1时由沪驶赴横须贺,此为赴日装运日赔偿物资之第二艘轮船,中途停靠佐世保。船上载有上海市府遣送的日本侨民126名,港口司令部遣送的日俘三名及赴日私人贸易代表王卓然、温朝着、曾纪殷等三人,驻日代表团女职员一人。④装载好赔偿物资的海浙号,1月27日上午9时50分驶离横须贺,1月31日下午抵达长江口外,准备2月1日上午进入黄浦江,但是31日驶达长江口后,又因为海上雾气弥漫不能按时进口,招商局及海关人员乘小轮在吴淞口守候许久后,于三时左右驶回市区。⑤"海浙"号延迟一天后于2月2日上午9时

① 《赔偿物资总数,千八百余吨昨起卸》,《益世报》1948年1月23日,第4版。
② 《赔偿机器配售民营,经部明日公告价格》,《新闻报》1948年2月4日,第2版。
③ 以上内容见《招商局海浙轮,厦门附近触石》,《申报》1947年7月24日,第4版。《定州号触礁沉没》,《申报》1947年12月14日,第4版。
④ 《海浙轮启碇驶日,装载赔偿物资》,《新闻报》1948年1月17日,第4版。
⑤ 《海浙轮今晨进口,在长江口外为浓雾所阻》,《申报》1948年2月2日,第4版。

才抵达张华浜码头，由各有关部会的代表在场会同开舱，起卸工作仍由交部储运总处统一办理。随船抵达的赔偿品，都是从东京及横须贺各兵工厂拆下来的机器工具，总有 589 箱。①除赔偿物资外还有归还财政部账簿 5 箱、归还教育部图书 117 箱，另有 5 名侨民搭乘此轮抵达上海。②非常凑巧的是，相隔几个月的 1948 年的 3 月份，在同一片海域几乎是在相同位置，招商局的另一艘轮船“海沪”轮也在金门岛附近搁浅；而“海浙”轮在 2 月份刚刚完成赴日装运赔偿物资的任务后也又不幸的再次出事，被送往江南造船厂的船坞修理，招商局可能认为“海浙”这个名字给这艘轮船带来了厄运，于是将该轮改名为“海吉”号。“海吉”号被修理好后也在当年 4 月继续驶日载运赔偿物资。招商局轮改名不是特例，在招商局负责装运日本赔偿物资的 8 艘轮船中还有其他轮船因为事故频发而改名者。③

第三艘开往日本的是中兴公司所属的“永兴号”，“永兴”号是第一艘私营轮船公司派往日本运输赔偿物资的船只。“永兴轮”2 月 12 日从上海出发依旧开往日本横须贺装运赔偿物资，此时的横须贺还有约 1 000 件指拨与中国的赔偿机器待运，“永兴”号 18 日到达横须贺就加紧装运。“永兴”号吨位 4 700 吨，是前三艘船只中吨位最大的，其与前两艘货轮相比吨位几乎大了一倍，可较前两艘运回较多的赔偿设备。中国货轮“永兴”号 27 日上午装载拨交中国的赔偿物资 1 654 吨，离开横须贺驶回上海。“永兴”号 3 月 3 日下午，5 时左右按时抵达上海仍停泊于张华浜码头，载来赔偿物资总计 479 箱，2 600 尺吨。其分配为国防部 204 箱，经济部 120 箱，交通部 67 箱，教育部 16 箱，资源委员会 72 箱。同时随船回国的有 9 名侨胞，两名盟总外籍女职员乘客。“永兴”轮是前几次装运船中最幸运的，一路顺风顺水、波澜不惊。④

第四艘派往日本装运赔偿物资的依旧是“海康”号，海康号从天津返回，准备 2 月 20 日再次开往横须贺，载运日本赔偿物资。海康号这次开赴日本除继续装运赔偿物资外还有一个光荣的任务——载运中国宪兵 40 名赴日本。这些宪兵都是国民政府精挑细选出来的，这是中国第一次作为战胜国向国外派出军事力量，但仅是担任中国驻日代表团的警卫任务，而非占领性质，本来是项光荣

---

① 《第二批赔偿物资，已由日启运来华》《大公报》(上海)1948 年 1 月 28 日，第 2 版。

② 《海浙轮今可抵沪，载运二批赔偿物资》，《新闻报》1948 年 2 月 4 日，第 2 版。关于侨民人数，另一说法是 3 名见《海浙轮抵埠，日赔偿物资，正开舱起卸》《申报》1948 年 2 月 3 日，第 2 版。

③ 《海沪轮情形转佳，续派济安轮往救》，《申报》1948 年 3 月 19 日，第 4 版。

④ 《日赔物资续到沪，定今日开舱起卸》，《申报》1948 年 3 月 4 日，第 4 版。

的任务，盟总的麦克阿瑟却要求中国方面不要做大肆的宣扬。宪兵队赴日本执行任务的计划早已拟定，因为外汇经费迟迟得不到行政院核准，才拖到1948年随“海康”号赴日。船上除宪兵队外还有中国驻日代表团女职员2人、职员眷属1人，日本侨民50名、日本俘虏13名，货物则有中央信托局制酱油原料“味宗”482吨。20日上午10时中国驻日宪兵队上尉队长李建武率领全体官兵40人抵达码头，招商局领导向他们致赠香烟和饼干，以表慰劳之情，午后由驻沪宪兵独立第三营唐营长向宪兵队官兵讲解登轮及下轮时的次序问题。“海康”号在下午4点左右，再度起锚赴日。①

招商局“海康”轮，此番二次赴日装载赔偿物资的过程非常不顺利，先是传闻50名日侨中，混有中国人33名，其中台籍26名，所以军警先对登轮者进行了非常严厉的检查还准备到日本后对下船的日本侨民及俘虏做严密监视。而且到了日本后另外一个麻烦接踵而至，“海康”号本来打算24日到日本后，先将日俘日侨卸下再赴横须贺装运赔偿物资的，但是“海康”轮却被盟总拒绝其在横须贺登陆。理由是横须贺没有设置遣返日本人的收容所，此事阻碍了其按计划装运赔偿物资。“海康”号原来被盟总指令在佐世保登陆，但是船长以风浪过大、气候恶劣未驶入佐世保，所以盟总不准其在横须贺登陆。中国方面于是准备改变计划，“海康”先开往横须贺装运赔偿物资等装货完毕后，在归沪途中转靠佐世保，卸下日本人。但是船长非常不满，并说如果遣返的日本人不能登陆的话，则会妨碍物资装运，经与盟总交涉，遣返日本人改乘美国军舰运送至佐世保。“海康”轮于25日下午1点抵达横须贺，中国驻日宪兵队一行40人也在横须贺登陆后转赴东京。②招商局“海康”轮，3月8日装好赔偿物资自横须贺驶往上海，归程还算顺利，于3月13日下午3点抵达上海停泊在张华浜码头。这次海康轮装回华侨16人，赔偿物资共计1 187吨，计405箱。其中国防部得12箱、经济部101箱、资源委员会93箱、交通部42箱、教育部42箱。前4艘轮船总运回1 896箱，共重8 407容量吨。③

中国派出的第五艘赴日接运赔偿物资的轮船是中国航运公司的“滦州”轮，其装好赔偿品后于3月27日日从横须贺启碇归沪，4月1日顺利到达张华浜码头。此轮此行总计运回物资2 700余吨，其中赔偿品2 300吨，计赔偿物资471箱，归还物资计74箱(大部分是战时被日军掠夺的图书等)，此批赔

---

① 《海康轮昨午启碇，我宪兵首途赴日》，《申报》1948年2月21日，第4版。

② 《海康轮行程恐延误》，《中央日报》1948年2月29日，第3版。

③ 《海康轮昨午启碇，我宪兵首途赴日》，《申报》1948年3月14日，第4版。

偿物的分配，为国防部151箱、交通部195箱、资源委员会84箱、经济部33箱、教育部8箱、归还物资中的书籍总计15 470册，该项书籍由中信局先行接收保管。①

第六艘是益祥公司“利民”轮，其于3月20日由沪启碇赴日装载赔偿物资。“利民”轮目的地与前五艘赴日轮船有所不同，此次目的地是名古屋。“利民”轮于4月8日下午2点半返抵上海，停靠张华浜码头卸货，运回赔偿物资2 400尺吨，计834箱，分配为国防部469箱、交通部311箱、资源委员会4箱、经济部48箱、教育部2箱。②

第七艘是中兴公司的“永兴轮”，其和“海康”号一样是二次赴日。“永兴轮”轮于3月21日从上海起锚出发，到达装运赔偿品的名古屋后先卸下从汉口运来的大豆花生及黄豆，在名古屋装载一部分的赔偿品上船，然后再开往另一装运港口大阪，在大阪载货完毕后出发返程。“永兴”轮于4月14日返回到上海，此轮从名古屋、大阪两地装来的赔偿物资共3 035吨，计871件，分配为国防部266件、资源委员会263件、交通部212件、教育部130件。③

第八艘装载日本赔偿及归还物资的“昌黎”轮，于4月27日从大阪起锚，5月1日上午抵达上海，停靠张华浜码头卸货。运回物资816件，其中归还物资13件，经济部286件、交通部118件、国防部223件、资源委员会105件、教育部71件，中信局13件。④

命途多舛的“海吉”号轮船也就是原来第二艘赴日装运赔偿品的“海浙”号，在第一次赔偿物资返国后不久再次遭遇事故，经过江南造船厂的修理，准备以“海吉”这个新名二次杨帆赴日。“海吉”先从上海到天津，装载中信局的大批生仁、豆子、豆饼等货，作为中日易货商品运往神户，回程时装赔偿物资归国。“海吉”轮在横须贺装载好赔偿物资返国，5月14日上午到沪停泊在张华浜码头起卸，共装物资1 096吨(398箱)，计国防部132箱，经济部54箱，教育部4箱，资源委员会57箱，交通部111箱。⑤

继“海吉”号赴日后，第十艘赴日装载赔偿物资是“海宿”号。“海宿”号轮船先从海南装载生铁到日本，归程中在佐世保装运赔偿物资。“海宿”号5月16日驶离佐世保，将赔偿品运回上海。“海宿”号总运回赔偿物资5 654尺吨，计

---

① 《日本赔偿物资，续到二千余吨》，《申报》1948年4月2日，第4版。

② 《装来赔偿物资一批，利民轮抵沪》，《申报》1948年4月9日，第4版。

③ 《装回日赔偿物资　永兴轮今晨进口》，《申报》1948年4月14日，第4版。

④ 《昌黎轮昨进口，偿还物资起卸》，《申报》1948年5月1日，第4版。

⑤ 《千余吨赔偿物资，海吉轮明日装到》，《申报》1948年5月13日，第4版。

“海宿”轮(来自网络,网址 http://blog.sina.com.cn/s/blog_51ec9abf0101shgk.html)

1 080 箱,分配为国防部 400 箱、交通部 250 箱、资源委员会 169 箱、经济部 200 箱、教育部 61 箱。①

第十一艘赴日的是益祥公司“利民”轮,“利民”轮也是二次赴日,“利民”轮自横须贺载运赔偿物资于 6 月 2 日上午 10 点左右返沪,停泊张华浜码头起卸,计运到 2 412 吨,共 331 件,国防部 81 件、资源委员会 64 件、交通部 141 件、教育部 7 件。②

继“利民”轮之后的又是中兴公司的“永兴”轮,“永兴”轮已是三次赴日,也是在所有负责装载赔偿物资船只中次数最多的。“永兴”轮从仙台及横须贺载来赔偿物资 2 994 尺吨计 1 274 件,6 月 3 日抵返上海泊张华浜码头起卸,分配是国防部 311 件、资源委员会 124 件、交通部 60 件、教育部 43 件、未分部属的 570 件。③

当时人们普遍认为运输赔偿品的船只,从赔偿物资装箱上船到运输最后回国卸货,整个过程都有督运委员会制定的详细规章制度也有人员进行监督可谓严实紧密,似乎不可能发生什么纰漏,然而在第十三艘赴日装载赔偿品的“海鄂”号轮船竟然发生了令人不可思议的事情。“海鄂”轮是购自美国的胜利型货轮,在 1948 年 6 月赴日装运赔偿物资以前,已在同年 4 月去过日本九州三池大牟田将被日劫走永利化学公司机器运回中国,这次 6 月赴日装赔偿物资是该轮

① 《装载赔偿物资,海宿轮今可抵沪》,《新闻报》1948 年 5 月 21 日,第 2 版。
② 《日赔偿物资一批,利民轮装运抵沪》,《申报》1948 年 6 月 3 日,第 4 版。
③ 《轮船四艘,由日运物资来沪》,《申报》1948 年 6 月 4 日,第 4 版。

当年第二次驶往日本。本来似乎平静无事，但是 6 月 12 日下午 5 时“海鄂”抵返上海时，上海海关对“海鄂”轮进行了突击检查。根据规定，凡是运载日本赔物资来华的船只均可免予检查，先期拆赔第一批日赔物资的运载，到那时大部分已经运到上海。然而何以单单对“海鄂”轮进行了检查，原因就是其抵沪前夕海关方面突然接获了密报。线报声称该轮中除载有日赔物资外，还有一部分是准备走私进口的日本货品，数量非常的多。线报并说此次日本货品的走私是由该轮上监运日赔物资的高级职员与上海某个大走私公司串通的。海关方面根据此项密报，遂密派多名警员在该轮靠岸卸货时，破例进行搜查。据众多新闻媒体报道说，经过仔细搜查后查获了大量走私物品，该项走私物品大部分是丝织品、人造丝、呢绒等。各方于是怀疑同是运载赔偿品即将返航的“自忠”号，也可能涉嫌走私，上海海关表示以后会对运送赔偿物资或者归还物资的轮船做严密监视。①

“海鄂”号轮船走私事件经过新闻媒体的连篇累牍的报道后，在 6 月 14 日本次海鄂轮所属的国营招商局总经理徐学禹终于对此事做出了正面回应，其坚决否认海鄂号轮船进行走私，他说：“称海鄂轮此次由日装运赔偿物资返沪，于本月十二日下午四时抵吴淞口，海关当即派人在吴淞上船，一俟该轮停靠张华浜码头，立即开始搜查。直至翌日（十三日）上午十时始行完毕，但毫无所获，海关方面亦认为此次‘海鄂’轮并无走私事。”徐氏复称：“本局对于船上走私，向主严办，对于各线船只，如发现有走私情形，决即送请法院究办，切望法院方面能按照立法院新订惩治条例从严惩处，则走私之风自可戢止。”②

人们并不完全相信徐学禹的回应，因为国营招商局进行走私不是第一次，也应该不是最后一次，同年“海辽”号上的大副和水手多人就因进行走私而被提起公诉。同时中国驻日本赔偿代表团负责人吴半农却在国营招商局总经理徐学禹已经做出回应的第三天 6 月 16 日，在东京默认发生这一震惊事情。他在知道此事后表示非常遗憾，并说这次走私价值数十亿法币事件的责任不在驻日赔偿代表团，因为他所率领赔偿代表团的任务仅仅限于检算赔偿物资的种类数量等。而船只检查的任务是由赔偿品装运监督委员会负责，但是赔偿品装运监督委员会驻日代表也不能对船只做系统的检查，因为盟总的法规规定，在装运赔偿物资船舶留泊在港口期间，中国的任何驻日代表都不能常驻在港口，船舶的 24 小时监控由美国第八军宪兵负责，在走私事件发生后，他所率领的赔偿代表团多次向赔偿品装运监督委员会发电报要求其命令各艘装运赔偿物品的船

---

① 《赔偿物资轮，破例遭搜查，有人密告海鄂走私》，《申报》1948 年 6 月 13 日，第 4 版。

② 《海鄂轮由日返沪，未抄获走私货物》，《申报》1948 年 6 月 15 日，第 3 版。

主，在没有得到美军港口司令部的特别准许下不准船员下船登港。同时吴半农建议中国海关当局应对装运赔偿的船主提高警惕，并对所有赔偿品船只进行严格检查。海鄂涉嫌走私真相如何事情最后不了了之了，在那个时局混乱、民不聊生的时代这可能也是唯一的结局。①

第十四艘派往日本运输赔偿物资的是以殉国的张自忠将军命名的“自忠”号轮船。“自忠”是从加拿大购买的G型海轮，1946年10月14日抵达上海，当时招商局共向加拿大订购了三艘同等级别的海轮，准备分别命名为“自忠”、“登禹”、“麟阁”，“自忠”是三艘中第一艘接收的。“自忠”号开航时，曾邀请张自忠将军的家属和在上海的亲友登轮参观。张将军的弟弟张自明曾将张将军的遗像赠给船长，同时转赠了一首张将军之歌，这首歌是以冯玉祥所作的诗再谱以吴伯超作的曲而成。这艘以伟大抗日将领命名的轮船，出航后本该一帆风顺，但是依然事故连连。就在“自忠”号即将从上海出发前往日本装运赔偿物资前几天的5月22日，在“自忠”号轮船却发了一件不幸的事。一名自忠号的轮船工人在给船加煤时，失足掉入煤仓，因发现不及时被闷毙在煤屑堆中，年仅26岁。②“自忠”号就在这种悲伤的氛围下在上海先装载中日交换物资豆饼3 700吨后赴日。“自忠”号原打算卸下豆饼换装一部分木材返沪，但是要装载木料的港口，水雷没有扫清，不能前往，不得已放空返回上海，刚开到半路，又要求其回到神户，装载铅粉墨水等杂货400余吨后，再到佐世保港装载赔偿物资。“自忠”号于6月18日驶离佐世保，20日晚上8点返抵上海，停泊在张华浜码头，这次共运回赔偿物资1 700吨，计768件，国防部110件、经济部249件、资源委员会95件、交通部59件、教育部55件。③

第十五艘驶日装载赔偿品的船只依然是上次赴日的“自忠”轮，“自忠”轮6月20日返抵上海后经过短暂的休整再次装运豆饼、味噌及杂货1 700多吨，于7月5日起锚驶往日本神户。“自忠”号10日就顺利抵达神户准备前往另一地装运枕木等木材，岂料运木计划再次落空。“自忠”轮在日本延搁多日，于7月26日上午驶离横须贺，29日进口后仍泊张华浜码头起卸。此次共装来赔偿物资613吨，计679箱，其中国防部147箱、经济部102箱、资源委员会105箱、交通部72箱、教育部35箱、无部属的18箱，其他还有海军部无线电灯泡真空管164箱。④

---

① 《运日赔偿品船只，发现大量走私》，《中央日报》(南京)1948年6月18日，第3版。

② 《张忠轮一工人闷毙》，《申报》1948年5月23日，第4版。

③ 《装来日赔偿物资，自忠轮今午抵埠》，《申报》1948年6月20日，第4版。

④ 《自忠轮周四到埠，载来日赔偿物资》，《申报》1948年7月27日，第4版。

第十六艘前往日本运送赔偿品的是“海天”轮，它是所有运输赔偿物资船舶中吨位最大的，载重吨位达 10 000 余吨，几乎是其他船只的两至三倍。海天轮是招商局接收的第一批自由轮，其他两艘分别是“海地”、“海玄”号。“海玄”号后来也参与了赔偿物资的运输。这艘招商局吨位最大的自由轮，自 1946 年启航后一直是灾祸不断，不是航行中遇见水雷就是发生大火。1946 年 11 月当“海天”轮从上海起锚出发前往秦皇岛，行至吴淞口佘山洋面发生大火，几乎酿成巨祸，多名船员被严重烧伤。1948 年“海天”轮经历又一场大修后没多久，被派往日本接运赔偿物资。该轮从 7 月 5 日从基隆出发驶往日本一连 5 天相关部门没有收到它的任何讯息，它竟然神秘失踪了。一时间各种猜测接踵而来，赔偿物资督运部门、招商局一时间十分紧张。后来证明是虚惊一场，原来招商局海天轮，五日自榆林港载矿砂驶日本，中途遇台风，无线电损坏，以致无法与总局通报，所以造成五天无任何消息。①“海天”轮在横须贺进行短暂的修理并装载了一部分的赔偿物资，该轮在横须贺港口装有分量最重的赔偿物资板条箱一件，计重 91 吨，8 月 3 日离开横须贺驶往名古屋。“海天”轮在横须贺、名古屋载运日本赔偿物资返国，8 月 11 日上午返回到上海，计运来赔偿物品 539 箱，合 4 282 吨，国防部 86 箱、经济部 49 箱、资源委员会 52 箱、交通部 46 箱、教育部 10 箱，无部属的 296 箱，仍泊张华浜码头起卸。②

从“海康”轮出发赴日到“海天”轮返沪，第一批日本赔偿物资的运输阶段结束。继“海天”轮之后赴日装载第二批赔偿物资是“海辽”轮。“海辽”号是招商局诸多货轮中最为出名的，不是因为设施好、载重大抑或是安全舒适而是因为出了名的晦气，不但自己倒霉而且还连带其他轮船出事。“海辽”号原名“海闽”轮，首航后不断遭遇事故。1946 年 6 月 19 日早上招商局“海闽”轮，在汕头附近海面误触障碍物，头舱洞穿，海水倒灌，非常危险。船主为了避免沉没，当即命令开足速度，向岸边浅滩急驶，船身搁浅，后来招商局将其拖到香港船坞修理。③转眼到了 1947 年 3 月 19 日晚上，招商局“海闽”轮与海军“伏波”号炮舰在距厦门 100 海里左右的通屿海面互撞，“伏波”舰当即沉没，全舰官兵 160 余人，遭受灭顶之灾，仅有上尉轮机官焦德者在黎明后获救。这次民用船只和军舰相撞造成如此巨大的损失，在中国航运史上是空前绝后的。这些罹难的海军官兵都是刚从英国学成归来的人才，英国为了此事向国民政府施加了巨大的压力希

---

① 《海天轮安抵日本，正修理通讯设备》，《申报》1948 年 7 月 13 日，第 4 版。

② 《首批日赔偿物资，最末一部昨抵沪》，《申报》1948 年 8 月 12 日，第 4 版。

③ 《海闽轮遇险，损坏严重》，《申报》1946 年 6 月 22 日，第 4 版。

望查清肇事原因，后来仅有海闽轮船长被判刑，至于原因则是莫衷一是。当然海闽轮在这次事故中又遭受了巨大的损伤。①这次事故后，招商局估计认为“海闽”这个名字晦气，“海闽”轮和“海浙”轮一样被改了名字，新名就是“海辽”。这次“海辽”轮被派往日本运输赔偿物资，人们一下子紧张起来生怕又会出什么岔子。1948 年 8 月 5 日出发前往日本，此次赴日过程竟是异常顺利，“海辽”轮 8 月 14 日从大阪载运赔偿物资返航，8 月 18 日上午 7 时进口，赔偿物资计 210 箱，重 568 吨，国防部 84 箱、经济部 23 箱、资源委员会 42 箱、交通部 57 箱、教育部 4 箱，停泊张华浜铁路码头起卸。②“海辽”号经过几天的卸货，到 22 日已基本卸完，遂准备 24 日再次赴日运输赔偿物资。第二次赴日运载日本赔偿物资的“海辽”轮就没有第一次那么幸运了，“海辽”号比原定时间推迟一日即 8 月 25 日起锚出发，此次还有 50 名日本俘虏随“海辽”轮归国。抵达日本后刚在佐世保装好赔偿物资准备出发又被美军拖船撞坏，不得已留在佐世保修理，修理好正欲启程归国不料又遇上台风继续留港避风。推迟多日后，9 月 19 日天气终于转好，“海辽”轮从佐世保外港出发，21 日下午 5 时抵返上海，装来赔偿物资 568 吨计 77 箱，国防部 38 箱、经济部 2 箱、资源委员会 23 箱、交通部 14 箱，原打算停泊张华浜铁路码头起卸赔偿物资，后移泊黄浦码头起卸。该轮除装回日本归还及赔偿物资外，另有侨胞 86 人同轮返国，此外并有商人 2 名、美侨 2 名、被驱逐出境的台籍渔民 4 人，共有乘客计 94 人，其大部仍会继续乘“海辽”轮赴南洋。③“海辽”轮在结束日本赔偿物资运输后，还有更加传奇的“经历”。1949 年

第 2 版人民币“5 分”上的“海辽”轮
（来自网络，网址 http://blog.sina.com.cn/s/blog_51ec9abf0101shgk.html）

---

① 《昨晚海闽伏波两船相撞》，《申报》1946 年 6 月 22 日，第 4 版。
② 《海辽轮今晨进口，载来日赔偿物资》，《申报》1948 年 8 月 18 日，第 4 版。
③ 《装来日赔偿物资，海辽轮启碇返沪》，《申报》1948 年 9 月 21 日，第 4 版。

9月19—28日，“海辽”轮在新中国成立前夕，冲破国民党的海上封锁，历经8天9夜，从香港辗转海外开回中国。“海辽”号轮是国民党起义的第一艘海轮，也是新中国第一艘挂起五星红旗的海轮。在“海辽”号首举义旗的带动下，中央航空和中国航空公司的12架飞机、国民党招商局香港船务局13艘海轮相继起义。为纪念“海辽”号起义成功，中国人民银行经请示中央人民政府批准，在设计新中国纸币时，将“海辽”号船形图案放在了第二套人民币5分币正面的右边。1955年3月1日正式发行，一直流通了34年。

“海辽”之后赴日运载赔偿物资的“海玄”号，是中国第十九艘也是装运先期赔偿第一批和第二批物资的最后一艘轮船。“海玄”号于1948年9月到达日本，载运赔偿物资。“海玄”轮10月2日驶离大阪，10日返抵上海，运回赔偿物资计193箱，重3 179尺吨，国防部43箱、经济部14箱、资源委员会26箱、交通部84箱、教育部1箱、无部属25箱。①至此除了一些过大过重或者残破暂时不需要的赔偿物资外，先期赔偿中第一批和第二批物资基本运输完毕。同时“海玄”轮也是最后一艘从上海出发，又装载赔偿物资返沪的船只，这也标志着日本赔偿物资运回中国大陆这个过程的结束。1949年6月虽然有第三批拆迁赔偿物资的运输，但是因为上海已于5月解放，“海黄”、“海列”、“天行”三轮装载着第三批赔偿物资驶往了台湾。②

整个日本赔偿物资的运输过程，除了遭遇各种事故或者特殊状况外，也发生了其他的波澜。1948年因为时局动荡、内战激烈的原因，通货膨胀严重，物价屡创新高。同年7月正是运输先期拆赔第二批物资的关键时期，上海各民营轮船公司因为嫌运载日赔偿物资的运费太低，要求调整，没有获得圆满结果，民营各轮船公司遂决定，一律拒绝运输日本赔偿物资。这种情况下只有国营招商局一家单独负责运输，使得本来已捉襟见肘的运力更加不足。③这种情况下，督运赔偿物资的政府部门，不得已同意考虑将赔偿物资运费的计算方式由包运制改为计件制，适当提高运费。民营轮船公司依然不满意，继续拒绝运输赔偿物资，这样第二批日赔物资运完日期也不得不一再拖延。

而且纵观赔偿物资的运输过程，缺少船只只是影响中国如期运输赔偿品的一个因素，开航前准备不足则是另一个因素。盟总的麦克阿瑟就曾斥责过中国

① 《海辽轮驶日，载人货甚多》，《申报》1948年9月21日，第4版。

② 《近代中国史料丛刊续辑》710辑，《在日办理赔偿归还工作综述》，中华民国驻日代表团编印，台湾文海出版社1980年版，第236页。

③ 《调整运费无结果，民轮拒运日物资》，《申报》1948年7月14日，第4版。

船只经常不能按时到达日本载运赔偿物资，影响了其他国家赴日装运的计划和进度。中国驻日赔偿代表团团长吴半农就要求中国船只到达日本前应该详细检查，如有问题事前修理。缺乏燃料及其他食物，影响赔偿品的搬运的情况也应该事先避免，在离开中国时需补充充分的粮食及燃料等。①中国在赔偿物资到达前，曾经开过多次会议，并制定了一系列详细的制度。这些事情的出现，说明了好的规章制度也必须需要强有力的执行保障。

四、上海所见的赔偿物资储存

日本赔偿物资载运回上海后，要经历许多环节才能进入需要者手中。起卸、接收、储存、转运的工作非常重要。装载赔偿物资的船舶一般停泊在张华浜码头或者中央造船厂起卸。起卸工作，由承运轮船各自分别负责。接送等驳运工作由交通部材料储运总处统一办理。接收储存转运则由各部委在上海设立的接运机构负责。接收日本赔偿物资的各机关分为驻沪人员和南京负责人员。上海方面如下：交通部沪材料储转处处长张元纶、经济部沪工商辅导处处长陈悟皆、资源委员会材料供应事务所所长蒋锡均、教育部教育器材接收委员会王之南、国防部兼联勤总部总代表李维城、海军总部第六署署长曾国晟、空军总部沈琢琳。南京方面：交通部统计长王仲武、庄汉开、经济部工业司司长顾葆常、资源委员会日本赔偿拆迁委会秘书主任蒯仲襄、国防部联勤总部航运司司长于润生、教育部统计长王万钟。②

为协调各机关工作，国民政府规定，招商局胡时渊兼任交通部日本赔偿物资运输处上海办事处处长，并由他主持上海各接运部门的联席会议。接运联席会议定在每周星期三召开。储存赔偿物资的仓库部委各不相同，经济部赔偿物资储存在浦东招商局第7码头仓库、国防部赔偿物资储存在虬江码头仓库、交通部赔偿物资储存在张华浜码头仓库、资源委员会赔偿物资储存在炮台湾仓库、教育部因为接收的赔偿物资较少故使用交通大学的仓库。

此时国民政府财力拮据，曾拨款数千亿法币用于运输赔偿物资。这笔巨大费用，对国民政府已经是不堪承受。日赔物资运回后，储存保管自然变成一个棘手问题。储存保管事宜由经济部上海工商辅导处兼办，因为原有人员不敷使用，无法抽调，便酌用少数人员，由专门委员陈悟皆兼主其事。另外设置仓库顾

---

① 《日赔偿品三千吨　将自名屋古运来》，《申报》1948年3月25日，第2版。

② 《接收日赔偿物资，京沪负责人派定》，《申报》1947年12月14日，第1版。

问委员会，聘请专家支秉渊、周锦水、余名钰、舒震东、沈浩、田和卿、胡西园、陈驹声、杨俊生、陈悟皆、赵钲焕等11人为委员。①存放的日本赔偿机器费用，按照负责保管的上海工商辅导处1947年的计划书，主要分为以下几部分：(一)仓库及栈租，按平均存放6个月，两年内处理完毕，计算每年需32 256 000 000元法币；(二)上下力，上力是由码头搬到仓库，下力是由仓库搬到码头，按7万吨计算费用总计13 517 000 000元法币；(三)驳运费，将赔偿物资从海船吊入驳船再运到码头最低需11 200 000 000元法币；(四)车运费，如果临江的码头没有空地，需用车将物资转运到较远码头，费用总计5 600 000 000元法币；(五)保险费，总计140 000美金；(六)整理费，重新检查分理造册，总计2 800 000 000元法币：(七)人员及薪资，需要另外雇佣人员，按两个月计算总计349 040 000元法币；(八)文具印刷及文具总计40 000 000元法币；(九)办公费，两个月总计60 000 000元法币；(十)办公室租用费，两个月总计100 000 000元法币；(十一)出勤及旅费，两个月总计26 000 000元法币。②这还是按1947年物价核算的费用，已是天文数字，随着通货膨胀的日趋严重和存放时间的延长，费用更是水涨船高。上海工商辅导处曾经穷到，一到月底保管费已用尽而下个月的栈租却仍没有着落。经费是如此的缺乏，储存条件就可想而知了。因为缺乏足够的仓库和吊车起重能力的限制，凡是8吨以上的都搁置在码头岸边，8吨以下两吨以上的存放在仓库空地露天堆放，两吨以下的才移入仓库内存储。露天堆置的赔偿物资仅上面盖着油布下面垫着枕木。负责方却称机器在箱内保存良好，理由是木箱里面有柏油纸板，机器表面涂有牛油，所以露天堆放也不会锈烂。③

1948年3月初，经济部上海工商辅导处为了使各界了解第一批接收日本赔偿机器种类和质量起见，曾邀请各界搭乘招商局国光轮前往浦东招商局第七码头仓库参观。打开几十个箱子，内装的日本赔偿机器年龄5至10年；而且还有一些德国产的机器，当时绝大多数机器状况良好没有锈烂。④由于内迁工厂为抗议价格不合理曾三次请愿和国民政府相关部门处理事情的低效率等诸多因素造成赔偿机器分配延宕许久，直到1948年10月份才有一部分真正分到民营厂商手中，这时已经距离第一艘海康轮将赔偿机器运回上海9个月了。政府

① 《日本赔偿物资参观记：先到三四三箱，件件可用》，《机联》，1948年，223期第8页。

② 上海市档案馆馆藏号：Q202-1-1-97，第32页。

③ 上述内容参见上海市档案馆馆藏号：Q419-1-177-19，第1页。《日赔偿物资迄未分配，保管费用已经用尽，下月栈租也拿不出》，《现代经济通讯》，1948年，175期第5页。

④ 《赔偿机械招待参观，大部日本自制间有德国出品，包装周密质量良好》，《申报》1948年3月2日，第4版。

部门规定，已经成功申请价购到赔偿机器的厂商事先不能打开包装看货，只能收货时才能打开包装。理由是打开后就不容易保管了。如果收货时发现机器锈烂等情况可以按评价委员会的规定申请减价。当10月份不少民营厂商兴高采烈地打开包裹赔偿机器的外箱时发现里面的机器已经锈烂，好不容易得来的日本赔偿机器就这样被糟蹋了。

五、上海所见的赔偿物资申请与分配

围绕着赔偿物资的分配与使用，因为牵涉利益，在各艘轮船从日本运回工业赔偿机械工具及实验设备前就已经开始了激烈的争论。对于如何处理这些赔偿物资，当时工业界的意见归纳起来主要有以下三种：（一）将工厂设备拆成另件，拿来拍卖；以拍卖所得偿付各工厂在战争期间所受损失；（二）将这批赔偿物资直接偿付厂商，无需拍卖；（三）赔偿物资中工厂应该保存原有规模，合力经营；政府可以采用发行股票方式，在战争中遭受损失的厂家均为股东；或由政府经营，或由官商合办，总之以保全原来规模继续生产为原则。①各方都积极进行着各种活动，希望得到一个自己满意的方案。第一艘运载赔偿物资的“海康”返上海，更是引起了工商界的亢奋。一时间各路人士粉墨登场，甚为热闹，而上海正是这些人士活动的主要“舞台”。

1947年5月第一期拆赔已经开始实施，拟定一个分配办法成为当务之急。5月13日王云五主持会议商讨赔偿物资价配民营办法并初步决定，先由盟军总部及该会估价再通告社会各界知晓，公开招标，有愿意申请者，先缴纳百分之五以下的保证金，得标后，待物资启运时，先付现款三分之一，其余三分之二，则待物资运到后向银行抵押，再由银行向国家付款。这个初步拟定计划的配方式是有偿使用并不是无偿获得。1947年7月国民政府行政院赔偿委员正式会通过了《民营事业申请价配办法》，全文如下：

（一）凡中华民国人民出资经营事业（以下简称民营事业）申请价配日本赔偿物资，依本办法办理。

（二）民营事业申请价配日本赔偿物资，应以政院核定分配民营事业部分为范围。

（三）民营事业申请价配日本赔偿物资，应具申请表及建厂或补充厂

① 《首批赔偿物资即到沪，对分配办法各方意见分歧》，《大公报》（上海）1948年1月16日，第4版。

计划书，呈由经部政院赔偿委会审定后，分别配售，赔委会于必要时，采用标售方式，出售前项更表之款式另订之。

（四）民营事业申请价配日本赔偿物资，其审核标准如下：一，申请人曾对本业经营着有经验及成绩者，二，组织健全，足以胜任者，三，计划完善，确实可行者，四，集资数目确能到计划者，合于前项各款之民营事业，并具有以下情形者，得优先价配之，一，在抗战期间对申请配购之物资确有重大损失，并有事实证明者，二，现在业务具有急切补充之需要，经政府核定者，三，对申请配购同类之工矿业物资，其本也曾在后方确有重大贡献者。

（五）配售民售事业之日本赔偿物资，由经部曾同有关机关及全国性人民工商团体代表组织评价委会，估定公平价格，送由政院赔偿委会审定，由承受物资之民营事业依照备款领用，前项评价委会之组织及评价办法另订之。

（六）民营事业于核定配售物资时，应向国库或代理国库之银行先缴纳全部价款（约估数）百分之五之保证金，于物资由日起运时，补缴全部价款百分之十五，俟全部物资到达中国口岸时，再补缴全部价款百分之廿，其余得于两年内分期缴纳，其详细办法另订之。

（七）价配民营事业之日本赔偿物资，其运输事项，依左列之规定，一，自日本港口至中国口岸之运输，由交部代办，所需费用由购受物资之民营事业按批照付，不得再价款内计算，二，自我国口岸运抵目的地之运输，由购受物资之民营事业自办，但得治请交部协助，其运费由购受之民营事业自行筹付，并应尽速转运。

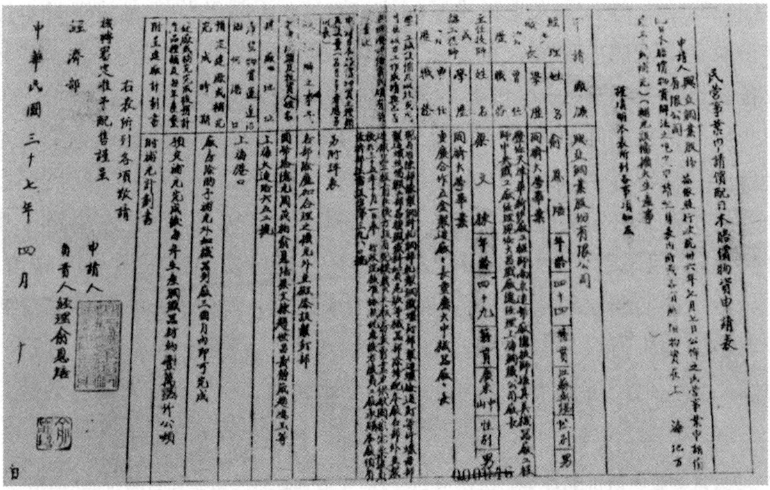

兴亚公司申请价配日本赔偿物资申请表（上海市档案馆馆藏号：S11-1-74，第5页）

（八）民营事业对购受之物资，必须直接经营，在全部设厂装置完成开始生产后两年内，不得转售，并应依照呈送之建厂或补充计划书，于规定时间内开工。

（九）民营事业对购受之物资如不能履行第六条，第七条及第八条规定时，政府得收回其配售之物资转让他人，其所缴纳之保证金，不予退还。

（十）本办法自公布日施行。①

《民营事业申请价配办法》的颁布，使得赔偿物资分配给民营厂家有了具体依据。行政院赔偿委员会也曾希望通过合理的分配方式使赔偿物资物尽其用，于是对申请者制定了详细的审核标准。这些标准明确了哪些民营厂家可以价配到赔偿，哪些民营厂家可以最先获得赔偿物资。通过对申请价配赔偿物资的民营厂家进行资格审查，制定准入门槛，期望赔偿物资能进入真正从事生产的厂家、进入最为需要的行业。

《民营事业申请价配办法》，规定了价配这种有偿分配方式，而且是分期付款的方式，获得赔偿物资只需先交40％的价款。但是《办法》出台后却引起了民营厂商的严重不满，他们一直期待的分配方式是直接拨给。在抗战受到损失的民营厂家则更加不满，他们一直要求把日本赔偿物资直接分给他们作为赔偿。他们陈述的理由主要是：（一）赔偿多属日本的老旧残破机器不能使用；（二）建厂买地工厂开办需要巨大的费用，在当时局势混乱百物腾贵的形势下他们实难承担；（三）政府竟然要分配赔偿机器给民营工厂使之尽快进入流通环节，而价配的方式本身就违背了这一初衷。②一时间舆情纷纷，争议颇大。对此国民政府一些官方人士做出了回应，官方不认同民营厂商关于日本赔偿机器多属老旧残破的说法。官方认为：日本赔偿机器特别是其中的一些轻工业设备在世界上堪称一流，机器的机龄也并不长而且日本工人保养爱护得当；一些厂商讲机器几属废品无非是想免费取得；而且如果将机器免费拨给势必会将成套机器打散，而很多机器必须成套使用才能发挥效用，况且厂家免费分到的机器未必符合他们的需要。所以基于上述原因，政府才决定采用申请价配方式，但民营厂商并不接受上述解释。民营厂商反驳政府的理由是：盟总分给中国的赔偿物资最初是准备采用申请制，此种方法中国可以分到成套或者整厂的机器设备。国民政府曾经怕单个厂商无力承办整个工厂。所以曾发文要各地经济部工商辅导处召集当地商联、工协等团体集合各家厂商力

① 《民营事业申请价配日本赔偿物资办法》，《安徽省政府公报》，1947年，638期第7—9页。

② 《日本赔偿工厂，川同乡会通电主张》，《征信新闻》（上海），1947年，482期第4页。

量筹办联合工厂。①现在盟总已经将分配方式改为抽签制，中国目前分到的只是一些机械工具等并不是整厂或者多套设备。故政府价配方法是怕拆散成套设备影响机器效用的解释就不能成立。虽然在申请价购的审核标准里规定了关于抗战期间有重大损失或曾在后方确有重大贡献这两条可以优先价购，但是并没有什么评定细则。更重要只是规定了可以优先价购，在付款等方面却没有给内迁工厂实实在在的优惠政策。内迁工厂的想法是既然他们在抗战期间为国家做出了巨大的牺牲和贡献，在分配日本赔偿物资方面政府就应该将他们和普通民营厂商区别开来。反正不管是普通民营工厂还是内迁厂商都对“价配办法”不满意。面对民营工厂业主的不依不饶，国民政府并不让步，就在海康号运载着第一批赔偿物资即将到达上海的前不久国民政府行政院颁布了《民营事业价购日本赔偿资缴款办法》，及五联缴款通知单元格式，办法如下：

第一条　凡申请价购日本赔偿物资之民营事业，于核定价购时，应与经济部订立交货缴款契约，其承购物资之价格，如已评定，即依照民营事业申请价配日本赔偿物资办法第六条之规定办理，如该物资之价格仅作初步估计，尚未评定者，应先缴纳初估全部价款百分之五保证金，及于物资出日本港口起运尚未全部抵达我国港口期内，缴纳初估全部价款百分之十五(如物资早已全部运抵我国港口，该项价款应与保证金同时缴纳)。前项价款缴纳后，即由经济部填发缴款通知书，规定限期(在评价未审定以前，仍照初估价格缴纳)，再缴纳全部初占或评定价款百分之廿，其余百分之六十五得在两年内分期清缴之。所缴保证金及第一次价款，如与评定价款有出入时，由经济部通知承购人，于缴纳第二次价款时补缴，或于缴纳款内扣除之。

第二条　前条缴价款百分之六十五，应自经济部正式通知接收单发出之日起，每六个月为一期，分别缴纳，计第一期缴纳未付价款百分之二十，第二期百分之二十，第三期百分之十五，第四期百分之十，每期应缴价款得提前缴纳之。

第三条　应缴价款缴纳手续依照左列规定办理之：(一)价款缴纳前，由经济部填具五联缴款通知单(格式一)，以第一联及第三联送缴款人(即

---

① 当时有以支秉渊、颜耀秋、胡厥文、付守璞、李后庵、吴之凤为主的承办内燃机制造厂筹备委员会；以余名钰、俞思培、唐子肃、谢承祜、张寿鹏为主的承办钢铁冶金厂筹备委员会；以胡西园、张惠康、姚永耀、叶友才、张敬礼、薛明剑为主的电机制造厂筹备委员会；以周锦水、樊景云、王文皋、胡叔常、张树屏、陈曾同为主的钢珠轴厂筹备委员会；和商会联合会推派参加筹备会的王晓籁、傅汝霖、金润庠、葛杰臣、王绎齐、陆小波、朱惠清、孙元甫。(上海市档案馆馆藏号：Q276-1-152，第63—67页。)

承购物资之民营事业),第二联送国库,第四联送赔偿委员会,第五联为存根。(二)缴款人接到第一缴款通知单后,即填具一联缴款书(格式二系国库所有),依照将缴款项连同缴款书缴送指定之国库。(三)国库收到前项缴款书时,应即与经济部所送第二联缴款通知单核对无误后,将缴款书收据联盖具该库收讫戳记,发还缴款人,以缴款书报查联送经济部查核。(四)缴款人取得国库盖发之收据,应由将第三联缴款通知单填注款项缴讫情形,呈送经济部备查。(五)经济部收到国库之缴款书报查联,与缴款人送到之第三联缴款通知单,核封登记后,以缴款报查联转送财政部存查,第四联缴款通知单帝赔偿委员会。

第四条　价购之价款以美金为计算单位,但承受之民营事业每期缴款时,得依中央银行挂牌市价,折合法币偿付。

第五条　承受物资之民营事业,所缴全部价百分之五保证金,得在第四期应缴价款内扣除。

第六条　民营事业对于物资自日本港口运至本国口岸应付之连续费用,于物资全部交接完毕后,一次径缴经济部,转交归垫。

第七条　民营事业对于物资运达我国港口后所需起卸存储保险及保管等费用,其由经济部代付者,应于提货前一次缴交经济部归垫。

第八条　本办法自公布之日施行。①

这样民营厂商的期待进一步落空,一时间群情激烈,其中内迁工厂反应尤为强烈,曾多次向国民政府中央建议召开会议并进行了三次请愿运动。

早在1947年10月迁川桂工厂联合会就曾在峨眉路大公职业学校,举行上海会员临时会议,全体通过决议。决议的内容是他们关于"申请价配日本赔偿物资"的4点意见。他们向行政院建议日本赔偿物资的价配,"应以各敝战时受损程度及贡献为标准,不宜着眼于国库收入。其有战时内迁现在犹在后方之事业,应有单行法令,予以优过。分配范围,愿接公营民营事业损失数字比例,不能偏倚。核定分配,应先及内迁工厂,并予以最大配额,次则战时新与工厂,最后方可配予未尝内迁之工厂。核配后之经营办法,可责成有关工商团体自拟,无论合作经营或联合经营,均可免去不少纠纷。"②迁川桂工厂联合会上海办事处,在会议中推举代表胡厥文、颜耀秋、胡越中等人赴南京向国民政府中央建

---

① 《中央法规:民营事业价购日本赔偿物资缴款办法》,《甘肃省政府公报》,1948年,687期第25—26页。

② 《对申请价配赔偿物资,迁川桂厂联建议四点》,《申报》1947年10月22日,第4版。

议。到了南京面见了各有关部会的首长，这些首长虽然都对内迁工厂深表同情，但是对他们的要求却并不答应。

转眼到了1948年1月份，第一批赔偿物资即将运到，而上次赴南京无功而返，现在政府仍是无动于衷。迁川桂工厂联合会故于17日下午招待新闻界说明他们的态度。颜耀秋、胡厥文、周锦水、樊景云、曾浩山、陈天和、邓云鹤、陈钧等人表示"在这次先期拆迁日本工业中，政府应提出十分之一二作为内迁工厂的先期赔偿；至少须规定实际价配的优惠办法。日本赔偿物资，并不能视为分赃；而应变成将来中国新工业的基础"①。并提出具体的意见："1.希望日本赔偿物资能让真正从事生产者用以增加生产。2.希望不要把它视为一种商品，以标价方式来处理，以致落入投机分子之手。3.内迁工厂是最有资格获得赔偿物资的。4.行政院所公布的《民营事业申请价配日本赔偿物资办法》，并未对内迁工厂定有优惠规定，颇为遗憾。5.政府为了维持昭示奖励维持起见，对内迁工厂应有补救办法。6.政府认为在和会尚未决定各国赔偿金额前，未便办理国民赔偿，那么我们要求政府援用先期拆迁之例，使我们亦得到先期赔偿。（这意见我们已经提供给政府）7.《民营事业申请价配日本赔偿物资办法》第二条是这样规定的'民营事业申请价配日本赔偿物资，应以行政院核定分配民营事业部分为范围'，内迁工厂希望行政院能够重行核定分配范围提出一部分作为内迁工厂的先期赔偿只用，这在政府只是内部的问题不会有困难的。8.事实上要把政府预定划归的民营事业十二万吨赔偿物资全部以美金计算来价配出去，一定是不会达到目的的，因为我们知道善后救济总署的工程救济器材，就因为以美金计算，以致无人过问，至今还堆在黄浦江边听其废弃无用的。9.即使政府算让我们讨些便宜，总要比把有用的东西任其废弃好些。10.综合各点，可见不问站在理论上还或事实上，亦不问以道义或利害为观点，我们都有吁请政府对内迁工厂优惠配日本赔偿物资之理由，而且是没有困难的，希望舆论界能为主持公道，以促使政府改变态度，接受我们非常客观的要求！"②内迁工厂的这些意见可以说有理有据，政府理应考虑他们的诉求，然而腐败贪婪的国民政府岂肯轻易让利于民。赔偿物资已于22日运到上海，政府仍旧没有半点"回音"，而民营工厂的申请分配接收都已展开，内迁工厂这时非常着急，他们决计发动新一轮"攻势"。

---

① 《日赔偿机器运用，内迁厂要求优惠》，《申报》1948年1月18日，第1版。

② 《内迁工厂表示对赔偿物资态度，希望能让真正生产的利用它来增产》，《大公报》（上海）1948年1月18日，第6版。

1948年1月24日下午3时迁川桂工厂联合会上海办事处及前中国中南区工业协会，在虹口大公职业学校，举行第三次临时联席会议，后方民营纱厂复员会也派代表参加。到会的有：新中工程公司、冠生园、大川宝业公司、华成电器厂、中南橡胶厂、三北造船厂、中国毛纺织厂、中国植物油料场等70多家共100余人。①会议由胡厥文主席主持，会议气氛热烈，会上各代表踊跃发言，与会者的意见归纳起来主要是：要求政府对战时因内迁而损失的民营工厂，就日本赔偿物资中，拨出一部分，无偿拨付；但是对于价配办法，也不放弃申请权利，而要求给以优惠；至于优惠条件，则请求不要以美金计价，分期付款期限从两年延长至五年等并决议。大会决定除原有代表胡厥文等19人外，再推举李祖绅、丁希孟、朱仙舫、谢天沙、夏述虞、万发、何方良、陈天和、曾浩山、萧伯修、向亦涛、刘振声等23人为代表，组成代表团分别再向南京、上海主管当局请愿并且通电全国各地争取各界同情。②

但是国民政府政府对内迁工厂要求仍没有实质性的答复，到2月份各个内迁工厂团体进一步联合起来，扩大社会影响并合力向政府陈情。2月4日迁川桂工厂联合会、迁陕工厂联合会、后方民营纱厂复厂委员会等，发表联合声明。声明里面首先回顾过去敌伪工厂及价配善后救济工矿器材的接收情况，过去物资要么是被投机分子用来囤积要么就是乏人申请，以致物资久置损坏；再陈述以为分配情况后又分析当前状态现在工业处于极度萎缩，如果政府不汲取以前的教训，改革分配方法就会造成工业困难，影响社会经济；最后提出希望政府如能把一部分先期赔偿的物资拨发给内迁工厂，则各厂即可赖以继续生产，机器也可以及时利用，可以收到物尽其能的效果，而且内迁各厂所需物资也不多。声明同时对内迁工厂分配先期赔偿物资的优惠和购买办法提出建议：建议以记账的价配办法，准许内迁工厂先行申请价配；但是价购的款项则等到对日和会决定赔款数额后，再按各厂损失数字比例予以清算。③不但内迁工厂希望采用记账的价配方式，而且广大的中小厂商也以资金薄弱无力重金承购为由希望政府能采用记账方法。④

国民政府已经于1月公布了民营工厂价购日本赔偿物资申请的截止日期是到1948年3月15日。随着截止日期的不断迫近，内迁工厂业主心急如焚。

---

① 《内迁工厂对赔偿物资的主张》，《大公报》(上海)1948年1月25日，第6版。

② 《迁川桂工厂联合会，要求分配赔偿物资，决加推代表向当局请愿》，《申报》1948年1月25日，第4版。

③ 《内迁工厂处境艰困，希望政府继续扶掖》，《申报》1948年2月5日，第4版。

④ 《日本赔偿物资，中小厂商望记账价配》，《经济通讯》，1948年2月28日，第1版。

国民政府对1月份四家内迁工厂的联合声明依然无动于衷，这种情况下，内迁工厂不得以再次发动请愿运动。3月8日内迁工厂推举的薛明剑、陈天和等12人，组织请愿团从上海出发赶赴南京。临行前他们在上海冠生园招待记者，陈天和对记者报告他们请愿目的决非是为了个人利害，而纯为了民族工业的前途，希望政府不忘过去曾长久追随政府的内迁工厂所对国家之贡献。此外报告他们目前的处境，及打算利用赔偿物资发展生产的计划。该项计划包括三大部分：(一)制造造纸机，(二)制造纺织机，(三)制造内河轮船，只需政府供给机器，他们自筹资金，分工合作，工厂即可成立。以此证明他们内迁工厂是有计划也有能力可以妥善利用这些赔偿机器。①

9日早晨薛明剑、陈天和、谢天沙等12人抵达南京，下车后他们赶往国民政府请求面见吴鼎昌，因吴鼎昌恰巧有公务要办理改由政务局长陈方接见。薛明剑当面叙述请愿团各点要求，并面递呈蒋介石的代电一件，其中对赔偿问题要求有三点是：(一)实行内迁工厂建议之先期赔偿及优惠租购办法。(二)以记账价配办法准由内迁工厂先行申请价配，但其价款则俟对日和会决定赔偿数额后，再照各厂损失比例，予以清算。如上述两法有困难，则(三)请以政府价配所得价款，分批提出一部分，作为赔偿内迁工厂之用，以便各厂用以复业。②陈方表示对内迁工厂抗战时的贡献深表同情，并答允将意见转呈主席，请主席作原则批示，再由政院经部等会商详细办法。面见陈方后他们又赶往经济部拜访工业司长，工业司长也答应会转请行政院核示。下午5点，薛明剑等一行12人又再次拜访财政部部长俞鸿钧，请他以抗战时期上海市长的身份，证明在沪各工厂内迁情形。俞鸿钧立即当面答允协助。请愿团第二天又赴行政院请愿，面见了行政院的王云五、秦汾、陈启天等多人，他们也都对内迁工厂表示同情，并允诺协助。③

第二次赴南京请愿看似声势浩大，也面见了国民政府的大小官员数十人；政府官员虽然都对内迁工厂表示同情，并允诺协助；但是这几乎都是仅仅限于姿态，并没有打算给予内迁工厂真正的优惠，答应了会同各部门磋商此时的会议也没有召开。等到3月15日的截止日期还是没有任何满意结果，内迁工厂团体面对政府口惠而实不至的行为又没有其他办法，只能选择第三次进京请愿。

---

① 《继续呼吁优先赔偿》，《申报》1948年3月9日，第2版。
② 《内迁工厂赴京请愿》，《新闻报》1948年3月10日，第4版。
③ 《内迁工厂请愿团，呈主席代电一件》，《申报》1948年3月10日，第2版。

第二次进京请愿代表由于一直得不到政府答复，除陈天和继续留在南京外，其他人又返回上海参加全国性各内迁工厂大会，大会推选上海代表吴蕴初、胡厥文、支秉渊、周锦水、颜耀秋，平津代表李烛尘，迁川代表潘仰山，南京代表陶桂林等30余人为代表。他们打算三度赴南京请愿，并请来1937年主办上海内迁工作的林继庸一同前往，期望这次能获得具体结果。全国性各内迁工厂大会并决定为减免政府手续上的复杂程度，规定凡战时内迁工厂申请价配者统一由该会核转经总申请。①3月27日请愿团又在冠生园招待新闻界再次表达了内迁工厂在抗战时期千辛万苦、辗转流离、损失惨重，后来勉强在内地复工，对抗战是居功至伟。胜利后，各厂陆续迁返上海，但是因为资金薄弱，大部分工厂到现在为止都无法复工，情形凄惨，前两次都没有满意结果，所以向各界呼吁，要求同情援助，并将在"国大"大会期间赴南京请愿。②3月29日全国战时内迁工厂联合请愿团，由曾经协助工厂内迁的林继庸陪同，从上海出发赶往南京。这次请愿团规模巨大，共有吴蕴初、陶桂林、胡厥文、潘仰山、李烛尘、李组绅、尹致中、陈天和、谢天沙等32人，全国民营工业界许多有声望的人士都参与其中。③30日请愿团面见行政院副院长王云五，请愿团随即面提三点请求：(一)原规定价配民营之十二万吨日本赔偿物资，希望六万售内迁工厂。(二)内迁工厂价配物资，先付百分之十，另百分之九十于五年内分十八期付清。(三)价配时不用美金计算，如一定用美金计算价格时，应于价配时即给汇，折合法币。王云五表示，日本赔偿物资价配民营，是由经济部主持，如果改订办法，就应该由经济部呈请政院修改，或由经济部将请愿团的意见转呈政务会核定。但王云五表示对内迁工厂请求非常同情而且对政府处理赔偿机器的政策进行了详细解释说明。下午三时半，请愿团又到至经济部拜访陈启天及工业司长，陈启天表示第一第二点都可以考虑，原则上也没有困难，第三点价配不以美金计算，则很难做到。连续几天请愿团的团成员和政府讨价还价后，在原先的要求上多次让步，内迁工厂团体最终妥协。④

行政院在随后临时政务会议上通过优先内迁工厂优先价配日本赔偿物资办法：(一)战时内迁后方工厂申请价配日本赔偿物资可予优待，但曾经承购敌伪产业之廿二个工厂不再享受此项优待；(二)优待对象以纺、机器、造纸及煤矿等四类厂矿为限；(三)此次配交经济部价配的工具机，其实际可能配售者约

① 《内迁工厂代表三度晋京请愿》，《申报》1948年3月24日，第2版。

② 《内迁工厂代表，再度晋京请愿，争取日赔偿物资》，《申报》1948年3月28日，第4版。

③ 《内迁工厂请愿团　定今晋谒张院长》，《申报》1948年3月30日，第2版。

④ 《内迁工厂请愿，已获初步结果》，《申报》1948年3月31日，第2版。

一千六首余部拟酌提三分之一配售予内迁各厂矿，以后配交之工具机亦得依本案优待规定办理惟价配其他之赔偿物资，不得援例；（四）战时内迁后方工厂承购工具机缴纳价款之优待办法分两项自行选择其中之一项，（甲）一次清缴全部价额者，予以八折之优待，（乙）不能一次清缴全部价款者，准予先付首分之廿，包括保证金百分之五在内余数分三年缴纳，每年二期，共六期，前两年照通例每半年缴百分之十五，第三年每半年缴百分之十，（五）上述工且机承购之优待规定仅以价款为限，其余起卸，存储，保险，保管及运轮等费用，均不予优待，应依照院颁缴款办法第六七两条之规中办理。①

经过三次请愿活动，内迁工厂获得了一些迟来的具体优惠，但此时已经距离最初申请价配的截止日期3月15日有近两个月了，内迁工厂原想将截止时间推迟到6月份，但是经济部认为很多赔偿机器从日本拆卸到那时已经过去快6个月，不少机器只是通过了简单的包装又搁置在露天储存保存期也只有半年必须赶快分配到厂商手中，所以只同意延长到5月中旬。至此，内迁工厂的请愿活动告一段落。

在内迁工厂上京请愿的风波还未平息，另一个争议产生了。赔偿物资价配民营，既然是价配这就牵涉到很重要的一点就是价格。日本赔偿给中国的物资，只是经过盟总初步的估值，很多物资价不符实，美国此时已有扶持日本，减轻其赔偿负担的打算，所以盟总的初步估值普遍偏高。美国给日本赔偿物资使用的估算方式和德国的并不一样，同一样东西采用日本估值方式比德国的高40%左右。赔偿物资在装箱运输各个环节都可能出错，造成赔偿品的损伤或者物品和清单不一，赔偿品又经过了长时间的储存，也可能锈烂，这些都要求赔偿物资回国后必须根据实际情况重新评价。《民营事业申请价配办法》里第五条提到：“配售民售事业的日本赔偿物资，由经济部会同有关机关及全国性人民工商团体代表组织评价委会，估定公平价格；送由行政院赔偿委员会审定，由承购物资的民营事业依照备款领用；评价委会的组织及评价办法另行制定”。这就涉及到评价委员会的组织人选问题，事关哪些机关和全国性人民工商团体代表可以入会。因为牵涉切身利益，不少社会团体都想有自己的代表参加这个评价委员会。1948年1月，国民政府决定成立评价委员会，由9人组成，经济部派代表3人、财政部2人、全国性工商团体代表4人。②于是中华民国商会全国商会

① 以上内容参见《侨胞原购储券换购美金公债，内迁工厂优先价购赔偿资物》，《征信所报》，1948年649期第1页。《价配日赔偿物资，战时内迁工厂享有优先权》，《申报》1948年5月8日，第1版。

② 《处理日本赔偿物资，将采用价配办法》，《大公报》（上海）1948年1月21日，第6版。

联合会、中国工业协会、全国纺织业联合会都向经济部推选了自己的代表。1948年2月23日经济部发出评价委员聘书，结果揭晓。评价委员会委员共9人，主任委员是经济部次长童季龄，其名单如下：工业界2人，支秉渊、颜耀秋；商业界2人，王晓籁、李荐廷；经济部3人，童季龄、顾葆常、王玮；财部2人，杨绵仲、杨寿标。4月29日经济部又聘请5名专家为顾问，其分别为：朱仙舫、张文潜、钱子宁、周锦水、程文勳。①对于人选结果，全国纺织业联合会非常不满，中华民国商会全国商会联合会及中国工业协会推选的代表入选而他们推选的两位代表都落选。全国纺织业联合会3月18日在上海举行理事常会，决议还要据理力争。②他们的理由是第一批赔偿物资主要是工具机，而经济部又已经决定主要分配给纺织工业，所以评价委员会不能没有他们的代表。可是，经济部并没有改变原来的人选，5月21日评价委员会召开了第一次会议，28日召开了第二次会议。两次会议通过了以下原则："（一）盟军总部所规定之日本赔偿物资价格，除该项物资因运输起卸受损毁者，须重新评定其价格外，其余即照盟军规定之价格（以1939年之价格折合美金计算），作为本委会之暂定价格，俟对日和会内最后价格确定后，再由本会评定最后价格。（二）因运输起卸受损害之物资，分缺少、破损、锈蚀三项情形，其评价标准须视实际情形再定，开箱检验时斟酌所缺少，破损情形对该物价总值所占百分数，以为核减，如有疑义时，由评价委会聘定专家三人公断，并建议百分数再由会决定。至于锈蚀，则视锈蚀等情形，由原价内酌减锈蚀之资。（三）起卸、存储、保险、保管各费，照物资售价加6%以为实际用费之归填，如有多余则退还承购人，不足时由承购人补缴。"③

虽然民营厂商申请价配日本赔偿物资的办法和评价委员会的评价办法的出台，引起了不少的争议，社会上也有各种民营团体为争取自己的利益而进行的各种活动，但是价购初期民营厂商的申请依然十分积极踊跃。一时间是僧多粥少，提交申请的厂家非常多，而可供价配民营的赔偿物资却极其有限。各地区申请价配数量为：上海区187家，拟请购买机器5 393部；汉口区22家，拟请购买机器549部；天津区14家，拟请购买机器1 030部；广州区8家，拟请购买机器1 704部。④由于申请数量和政府拟在此地区分配的数量并不完全对等，造成有些地区几乎达到1∶10的比例。⑤由于先期拆赔计划中运到上海的只有两

① 上海市档案馆馆藏号：Q322-1-166-11，第65—66页。

② 《要求参加赔偿品评价会》，《申报》1948年3月20日，第2版。

③ 以上内容参见《日赔偿品评价，决定两项原则》，《申报》1948年5月22日，第2版。《评价会昨开二次会议》，《申报》1948年5月29日，第2版。

④ 《申请价购赔偿物资，定本周五开会审查》，《现代经济通讯》，1948年，145期第5页。

⑤ 《对价配民营赔偿机器　经部决分组审查》，《申报》1948年5月19日，第2版。

批，第一批主要是机器工具，第二批主要是少量的实验设备，所以真正可以也最终价配给民营工厂的只有第一批赔偿物资。①以下经济部可价配民营工厂的日本赔偿第一批工具机器数量总表：②

机器名称	数量(部)	机器名称	数量(部)
镗　床	20	弯折机	12
钻　床	181	水压机	2
切齿机	13	机械压机	32
磨　床	160	手压机	131
车　床	1 307	剪刀及冲眼机	17
铣　床	256	锻工机械	24
龙门刨床	19	现丝成型机	2
牛头刨床及其他	183	总　计	2 352

由于第一批赔偿物资的种类、数量及局势等原因，国民政府经济部门在对民营厂家进行审核时对一些工业部门和一些地区进行重点倾斜。国民政府经济部对此批赔偿物资的价配范围，是以发展纺织工业为主，其次为造纸工业、电器工业及煤矿；凡是制造或修理纺织造纸及电器等项机具的工业，增加产量的煤矿，也可以请求价配；其余各项工业部门，则是暂缓分配。同时又为了最迅速运用此批工具机，凡是交通不便的边远地区，或者局势不安定的区域，不容易运送、短期内很难利用的，或者抗战期间虽遭受损失而不急需要的地区，均是暂缓分配。各工业部门实际分得的部数如下：(一)修造纺织机业 95 部，(二)修造造纸机业 160 部，(三)修造电器业 52 部，(四)修造煤矿用机业 14 部，(五)其他 100 部。③这和经济部可价配的数量相比比例很小，何以出现此种情况？

在经济部处理日本赔偿物资委员会 1947 年 12 月 13 日召开的第二次会议上最初拟定的各地区分配比例是：上海区 30%，汉口区 30%，重庆区 10%、天津区 15%、广东区 5%、沈阳 5%、兰州区 5%。④由于前面所提的价配审定标准，必然会造成东南沿海在分配数量中占优势。上海工厂众多，纺织造纸业发达，交通便利，环境也相对安定；最后的分配结果不但比例最大，也比原先拟定的比例上升了很多，几乎是总额的一半。各地区后来实际分的比例是：上海区 49%，汉口区 13%，重

① 第三批原拟运送上海，后因上海解放，运往台湾。
② 上海市档案馆馆藏号：S11-1-74，第 17 页。
③ 上海市档案馆馆藏号：Q476-1-18，第 1—178 页。
④ 上海市档案馆馆藏号：Q322-1-166-11，第 4—5 页。

庆区13.9%,天津区、兰州区各百分之5.3%,广州区2.4%,台湾区13.8%,机件总数共379部,新分配的工厂37家,共265部,增加分配之工厂15家,共114部,379部中,内迁工厂配得106部,占36%,非内迁厂243部,占64%。①

民营厂商通过严格的审批,好不容易申请成功,在缴款提货的时候遇到了问题。行政院赔偿委员会规定的赔偿物资第一次缴款期限是1948年9月15日,可是到了截止时间却没有多少价配的民营厂家来缴款提货;并不是民营厂家不需要赔偿机器工具了,而是原先规定的缴款办法和价格均不合时宜了。首先,原拟半年内就可分配完毕的赔偿物资多系露天堆存,致使不少赔偿机械已生锈损坏,故许多厂商嫌原定价格太贵,如不降价宁愿放弃。②其次,1948年是南京国民政府经济走向全面崩溃的一年,恶性通货,百物腾贵,外汇稀缺,外汇管理政策不得已在这一年里做出了改变;而赔偿物资1948年初的缴款办法是以美元计价,然后再根据外汇牌价换成法币缴款。本来这一方式没有什么问题,但是因为种种原因,分配工作一直没有展开。到1948年7月22日由于外汇管理政策的改变,日本赔价物资的价格计算方式从原来美金折合法币,变成以美金牌价再加结汇证明书之价格二者之和。这种新的价格计算方式实行刚没多久,国民政府于1948年宣布改革币制,将法币改为金圆券。既然用于计算价格的货币都已经改变,那么刚实行的价格计算方式也必然要再次改变。国民政府规定美金一元折合金圆券4元,结汇证明书制也不再适用,所有赔偿物资价款依照平准会汇率折合金圆券4元缴纳。民营工厂界大多对这种计算方式不同意,认为这样计算出来的价格过高。上海地区因为价配成功的厂家最多,反应尤为强烈,内迁工厂及新民机器厂等29家工厂相继向工商部请愿,要求减低赔偿工具机配售的价格。

请愿工厂的要求有三点:“(一)减低价格,照原定之价格减低四分之三。(二)赔偿工具机之价格,以金圆券计算,过去规定以美金计算,再由美金折合成法币,现金圆券与美金之比率已固定为四比一,故过去以美金之计算办法,似应予以废止。(三)价配手续,延至新价格决定后一个月后截止。”③尽管工商部一再催促申请价配赔偿物资的厂商尽快缴款,但是因为当局核定的外币兑换汇率高于结证汇明书的成交价,缴款的人还是观望不前。④故9月29日国民政府工

① 《价配日赔机器,分配比例核定》,《申报》1948年11月20日,第2版。

② 《第一批日赔偿物资,大多锈毁不堪应用,获配厂商要求减价》,《现代经济通讯》,1948年,226期第6页。

③ 《赔偿机减低配价　原则商定将提政会讨论》,《申报》1948年9月23日,第2版。

④ 《申购日偿物资,厂商缴款逐渐增多》,《征信新闻》(上海),1948年9月17日,825期第2页。

商、财政、外交各部鉴于上述情况，会商后决定了两项办法："一为配合改革币制，以 8 月 19 日物价为准，其赔偿工具机暂照盟总核定价 60％计算，先行计缴，俟和会确定价后再行依照增减。二即今日通过之办法，依照 50％计算。按前者乃适用于国内者，后者则为适用于国际间。同时为将来在和会上提议减价有所依据起见，以后者之标准为宜。其缴款期限则俟本办法颁布之日起，以半个月为缴款限期，边远地方及特殊情形之厂矿，则得酌予延长，但亦不得超过一个月。"①另外，工商部将保管储存费由总货价的 6％，降为在原价上打对折，民营厂商终于愿意缴款提货了，延宕已久的赔偿物资处理工作终于得以开始。工商部处理日本赔偿物资委员会上海办事处从 1948 年 10 月 1 日开始办理分配日本赔偿物资的缴款提货工作。永安第三厂、仁立呢绒厂、良工机器厂、华东煤矿公司、正大纺织厂、大中瓷电公司等公司不是正在提货就是已缴款正在等候提货，招商局码头吊车等设备也不敷使用。码头上提货的车辆是车水马龙，工商部上海办事处里是人头攒动。截止到当年 11 月初，缴款的厂商，共达 56 家，已提货的厂商 25 家，总计付出日偿机器 388 箱，其中以经纬纺织机器厂及纺建公司较多。②

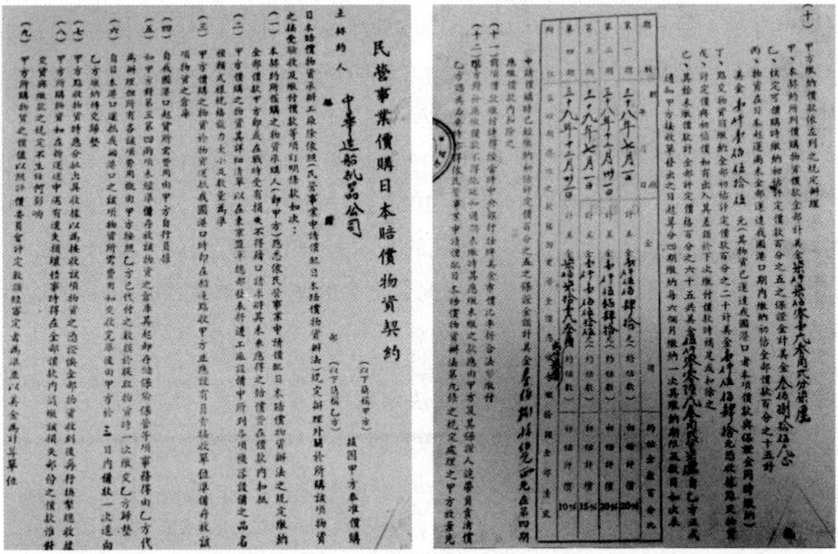
民營事業價購日本賠償物資契約

中华造船厂价配日本赔偿物资契约（上海市档案馆馆藏号：Q459-1-307-123，第 2、3 页）

---

① 《配售日赔偿机，暂照对折计缴》，《申报》，1948 年 9 月 30 日，第 2 版。

② 《日赔偿物资正加紧分配》，《征信新闻》（上海），1948 年 11 月 11 日，871 期第 3 页。

虽然民营厂家提取日本的赔偿机器一时十分踊跃，但是随着国统区经济的崩溃，恶性的通货膨胀一发不可收拾，开工生产远不如商品投机来的利润丰厚；热闹一时的民营厂商价购提取赔偿物资场面又迅速冷却下去。1949 年 2 月初，国民政府工商部曾发出通知，要求“(一)凡未提取及提清价购首批日本赔偿机器各厂限于本月 9 日起至本月 12 日止 5 日内将全部承购机器提清逾期不能提清者即应来本处办理栈单过户手续。(二)已订承购契约延不缴款各厂限自本月 9 日至本月 18 日止 10 日内缴款并提清机器倘不如期缴款者即取消其已订承购契约另行价配。”①虽然有工商部的严令，但是各厂商依旧观望。到上海解放时许多日本赔偿物资仍静静地躺在仓库没有分配到工厂，余下应缴款项也没缴清。

1949 年 5 月上海解放后，中国人民解放军上海市军事管制委员会迅速成立了驻经济部处理日本赔偿物资委员会上海办事处，来处理日本赔偿物资的遗留问题。中国人民解放军上海市军事管制委员会驻经济部处理日本赔偿物资委员会上海办事处的办公地址位于江西路 25 号二楼，负责此事的接收专员为孙友余和钟衍。针对许多厂商价购的赔偿物资应缴款项已逾期甚久的情况，办事处要求各厂家在当年 8 月 10 日前缴清第一期款项。②

至于那些分配到工厂的赔偿机器使用情况也不容乐观，千辛万苦得来的赔偿机器实际全部参加生产的比例很少。根据驻经济处理日本赔偿物资委员会上海办事处对价购赔偿物资的民营工厂进行的调查。③截止到 1949 年 7 月 4 日止，80%—90%的赔偿机器已经价配给了厂商。军管会调查了 97 家，已经将 49 家厂商机器使用情形提出了报告。已经全部参加生产的有 7 家，一部分参加生产的有 18 家，已经运往外埠的有 10 家，机器仍然搁置在库房有 8 家，解放时被烧毁的有一家，出卖后换牌子情况的有 5 家。④民营厂商的情况即是如此，那国民政府在大陆建立的国营工厂情况会不会好些？结果是否定的，国营企业里分配到的日本机器，因为缺乏合适马达和零配件等原因参与生产的比例也极小。例如资源委员会下辖的通用电器有限公司分配到的大量赔偿机器，因为缺少三角皮带、冷却管、马达没有使用。⑤

---

① 上海市档案馆馆藏号：Q192-23-334，第 58 页。

② 上海市档案馆馆藏号：Q453-1-112-10，第 1—5 页。

③ 1948 年国民党召开伪行宪国大之后，经济部曾一度改回工商部。1949 年 4 月，南京国民政府南迁广州，为简化行政起见，将农林、水利两部紧缩为农林署与水利署，并入工商部，并再度将名称改为经济部。

④ 《价配民营厂商之日本赔偿机器现状》，《银行周报》，1949 年，30 期第 20 页。

⑤ 上海市档案馆馆藏号：Q449-1-528-4，第 1—2 页。

总的来说，南京国民政府主持的这次日本赔偿物资的分配是虎头蛇尾，起初盟国商定日本赔偿计划时，国内预料会得到巨量的日本赔偿物资故而政府做了一些计划，工商界期待也很高，甚至希望用这些日本赔偿物资来复兴中国的工业；可是当赔偿物资真正准备分配民营厂商时，由于国际形势的变化，中国实际获得的赔偿物资很少；同时政府也与民争利，锱铢必较，工商界极其失望，申购赔偿物资的热情也迅速冷却。后到了南京政府行将垮台时，为了急于脱手滞销的赔偿物资才适当降低价格；但最后于事无补，大量赔偿物资仍锈腐在仓库内，就算分配到工厂的物资也大多因为各种原因没有发挥应有效用。①而中国当时却耗费了大量人力财力从日本搬回、保管这些赔偿物资，有些得不偿失。

结语

抗战进行时中国国民政府就着手进行战争损失调查并拟定了初步的对日索赔方案。待到《波茨坦宣言》发布，以美国为首的反法西斯同盟国确定了日本战后以实物赔偿的原则，国民政府原设定的对日索取巨额赔偿的方案已不现实，国民政府不得不接受美国制定的原则。战后伊始美国对国民党政权是尽力扶持，用以取代日本在亚洲的地位，故对国民政府的请求是竭力满足。同时中国各界预想中国可以取得大量的日本赔偿物资，工商界人士也踌躇满志酝酿着大规模的投资建厂计划。但是远东委员会因为分配率及战利品等问题，迟迟不能达成协议。中菲两国急切希望获得赔偿物资发展本国落后的工业，这种情形下，美国遂绕过远东委员会向盟总下达先期拆迁命令。1947 年初美国政府下达先期拆迁命令，因为驻日盟军的敷衍塞责，赔偿计划迟迟未能开展，赔偿物资的运往受赔偿国，则是翌年才开始的。上海作为装运日赔物资船只的母港，又占据中国航运吨位的半数以上，日本赔偿品运华，承担这一任务只可能是上海的航运界。虽然上海航运界人士曾打包票的说有能力承担这一庞大运输计划，但是中国落后的航运水平却不得不令人担心。当赔偿物资还在日本拆卸时，上海的航运界就筹划着如何运输赔偿物资。中国接收日本工业设施赔偿实际是从 1948 年 1 月“海康”号从日本佐世保港装回第一艘赔偿物资开始的。1 月至 10 月间，两批赔偿物资先后运抵上海由各部委接收。第一批赔偿品的到达曾经像一剂强心剂给陷入经济困局的民族工商业带来了巨大的亢奋。一时间，各

---

① 当时就有不少人注意此种情况，大声疾呼过，尽快分配利用不至于浪费。参见《日赔偿机器配，堆砌码头等待生锈》，《西北事业月刊》，1948 年，5 期第 51 页。

种团体围绕着赔偿物资的申请、分配、评价在上海这个舞台展开了各种活动，但是赔偿物资对无数个陷入困境的企业还是太过于稀少。1949 年 6 月由于国内局势变化，第三批赔偿物资则由原拟运达上海改为转运台湾。自 1948 年 1 月至 1950 年 8 月止，我国所获得之赔偿物资共计 19 231 箱，57 771.2 吨，我国分得的工具机等机件、试验设备、电气设备等赔偿物资约值 2 250 余万美元(22 507 664 美元)。因在赔偿物资中最大、最新、最完整、最切合需要的成套设备——吴港海军兵工厂的 1.5 万千瓦发电厂一套和同厂的 200 吨码头式起重机一具被从中剔除，未能拆迁回国，所以中国获得的拆迁赔偿仅有 2 207 万美元(22 070 282 美元)。这和中国抗战损失相比简直可以忽略不计，但是就连这一少许的赔偿物资，中国都没完全利用好：赔偿物资不少一直或露天堆置或储藏在仓库中，以致荒废闲置。这种情况的出现绝不是单一偶然现象，在二战后中国接收的敌伪财产、美国剩余物质、善后救济物资等无不出现浪费、闲置情况。可以说，这是由国民政府的腐败与低效率造成的，而造成腐败与低效率的原因归根结底还是国民党政权的制度问题。而且在美国执行先期拆迁中，行政院赔偿委员会在给中国驻日代表团的电令指示经常有少争取些赔偿设备回国的指示。原因竟是担心没有运费运回国，或者担心运回国后没有配套建设经费。这倒是实情，国民党在军费开支浩繁、财政枯竭情况下要其拿出巨资运回这些可能要几年甚至更长时间才能开动生产的机器是“得不偿失”。可以说，国民政府对日索赔和在国内处理赔偿物资的过程都是失败的，这种事实情况恐怕也是由中国当时的国情决定的。

（作者系上海师范大学博士生）

陈旭麓先生年谱长编稿

沈渭滨　编撰

编者按:沈渭滨先生于2015年4月18日在上海中山医院病逝,享年78岁。沈先生是著名的历史学家、复旦大学历史系教授,陈旭麓先生则是他的恩师,陈先生于1988年12月1日去世后,沈先生尽管足疾缠身,但仍决志为先生编纂年谱,撰写先生传记。虽然最后未能完成,但他晚年念兹在兹的全在这部年谱和传记,令人感动。沈先生去世后,他的弟子张剑研究员将沈先生已完成的部分《陈旭麓先生年谱长编稿》略加整理,交本刊发表。沈先生系本刊顾问,生前曾对本刊寄予厚望,并给予许多建设性指导。哲人其萎,本刊特刊登沈先生的这篇遗作,俾使先生夙愿稍尝,并志对先生的感念与缅怀之意。

1918年　1岁

三月三十一日(农历二月十九日)　先生诞生于湖南省湘乡县白源湾村①。父昭生,时在县城一家商店帮工。陈家自先生曾祖父起均以商为业,家境富庶,至先生父亲时已家道中落,每月收入微薄,全家常处于不够温饱状态。先生初名修禄,行三,上有一兄名应禄,一姐名已佚。

先生自述:

---

① 湘乡历史悠久,相传得名于东汉哀帝建平四年(公元前三年)长沙王之子刘昌受封为湘乡侯。千余年间,居民繁庶,人才辈出。1949年解放前夕,全县人口已超过百万。1951年,经湖南人民政府批准,析为湘乡、双峰两县。先生故乡白源湾村划入双峰县锁石乡,改名为景星村。故新编《双峰县志》人物篇"陈旭麓传"称先生为"锁石景星人"。湖南省双峰县志委员会编《双峰县志》,中国文史出版社1993年版,第28页。

我生长的故乡是湖南湘乡县的一个乡村——白源湾。湘乡是大县，有百万多人口，解放后已划为两县，因此我的故乡归双峰县。我出生于一九一八年三月三十一日(旧历二月十九日)，正是南北军阀在湖南交战的年代。听长辈说，我生下时就躲兵，在我出生的年岁里家境是艰苦的。因为父亲在别人商店中“帮工”(管账、跑街)，每月薪水只有十来元，有时还失业，因此一家(祖母、母亲、哥哥、姐姐和我)常处于不够温饱的状态。(陈旭麓:《干部自传》1956 年撰，未刊手稿，第 1 页，以下简称《自传》)

先生在《三十二年生活的简述》一文中对自己的家世写道:

我的家在湖南湘乡县的乡下。这里人的职业出路，主要的可分为三种:第一种是由读书走入仕途，第二种通过学徒(略读书)而经营商业，第三种才是从事耕织或学手工业。我家自曾祖父以至父亲都属于第二种，是经营商业的。我的祖父去世很早，家境中落，当我出世的时候，父亲的收入甚至不够温饱。(1950 年撰，未刊手稿，第 1 页，以下简称《三十二年生活》)

1923 年　5 岁

母亲在贫病交加中弃世。

先生自述:“当我五岁时，母亲因贫病而死，使我过着更凄苦的童年。幼时的情景，给我后来的思想多少有点影响，即保留着一颗同情贫苦者的心。”(《自传》第 1 页)

先生在 1951 年撰《我的思想转变过程》中说:

当我幼小的时候，家里还是相当贫穷。使我最不能忘记的一件事，大概是六岁那一年，家里没有钱给我念书，我也同我们乡下穷人家的孩子一样，当秋天收稻的时候，到人家田里拾稻禾，即是打稻时所掉落的零星稻禾，让穷人家的儿童去拾，一天可拾到一两升谷子。有一次我从打稻人手中摘下几颗稻禾，被看禾的主人打了，我回到家里向着产后卧病在床的母亲哭，她也哭了。因为营养和医药缺乏，不久她就离开了人世。(未刊手稿，第 1 页)

1925年　7岁

继母来。父亲除帮工外，开始自己经商①。此后十余年中，家境渐趋好转，成为富有的商业地主家庭。

先生自述："到我七岁时，父亲除'帮工'外，自己开始做点买卖，家境渐渐好转，这时继母已来，由于商业上的暴利和地主剥削，十余年中竟成了富有的商业地主家庭。"（《自传》第1页）

据曾为先生补习过英语的张英年回忆，先生的父亲"抗日战争前在湖南邵阳设有坐庄，据说主要是做棉布棉花生意。"（张英年：《关于陈旭麓历史的证明材料》，1956年6月6日手稿）

1926年　8岁

进本村小学读书②，一年后改入蒙馆。

先生自述：

> 我开始读书是在一九二六年，正是大革命胜利发展时期，我们那个闭塞的乡村里，也开办了小学——一个教师的小学。国语、算术、图画、音乐、体操，他都得教。这时湖南的农村是非常不平凡的。农民协会统治了农村，天天开会斗土豪劣绅，热闹得很。不久出现了逆流，农民协会被解散，运动中的积极分子被杀害了。不知怎样，那个只有一个教师的小学也没有办下去了。于是我又进入了旧式蒙馆，教本从"大狗叫小狗跳"变为"学而时习之"。（《自传》第1页）

对何时入学，先生在1952年8月撰写的《思想批判总结》一文中说是1927年，文章称："一九二七年春天，我开始'发蒙'，进村子里只有一个先生的小学。

---

① 湖南历来是中国粮米产区之一，邵阳的棉花和手工织布，清末即已著名于时。据《邵阳乡土志》称："旧产木棉称曰山花，色黄而温，远胜他处所产。后颇喜种湖花，近更多种洋花，以织为布……县境老幼农工诸人，多服此布，名曰大布。"见（清）英萃等修、姚炳奎纂《邵阳县乡土志》，光绪三十三年刻本，卷四地理志。

② 据《双峰县志》称："大革命时期，境内农民协会提取地方公产6—7成作教育经费，多数族房、会馆也纷纷用自有公产创办学校，因而初级小学骤增，共约400余所……'马日事变'后，国民党内反动派迫害进步教员，顽固豪绅又多方阻提学款，以致乡村小学关闭者近200所。"（第475页）

这时大革命的风暴到了湘乡的农村，‘迅猛异常’的农民运动轰动了每个角落。群众牵着戴高帽子的‘土豪劣绅’游街，我只是追着看热闹，‘打倒列强，除军阀’的雄壮歌声，虽然也激动过我小小的心灵，可是我没有得到教育。”（未刊手稿，第1页）

1930年　12岁

入私塾，读《左传》、《诗经》、古文、唐诗及朱熹《近思录》、《昭明文选》等①。

先生自述：“到十二岁，我又上了一个较高级的私塾。这种私塾往往是设在祠堂庙宇，要住宿在那里。老师是一个理学夫子，除读《左传》（后读《诗经》）、古文、唐诗外，还要读朱熹的《近思录》。后来又从两个姓王的秀才学，他们都重词章，所以又念了不少《昭明文选》上的文章。”（《自传》第1页）

1933年　15岁

奉家庭之命，与同乡一户地主家庭的女儿结婚，婚后育有一子。

先生自述：

> 我进入大夏之后，我的思想起了一定的变化，……突出地表现在我对婚姻问题的态度上。早在我十五岁时，我就和一个门当户对的地主女儿结了婚。大约三年级时，我曾写信给父亲，表示要离婚，招来的是嘲骂。当时我的打算，反正我行我素，家我也不要了。可是由于解放后的根本变化，这个反动的地主家庭瓦解了，于是我不能不负担她的生活费，一直到现在（沈案：即写《干部自传》的1956年）没有通过合法手续解决这个仅余名义的关

---

① 据《双峰县志》第廿二编第一章《私塾　书院》记载：湘乡的私塾，按办学形式分，有家馆、族馆、团馆（地方办）、集馆（塾师自行设馆）四种，按学馆等级分，有蒙馆与经馆两类。蒙馆学生一般自八九岁到十余岁，多以识字启蒙为目的，由塾师点读《三字经》、《百家姓》、《增广贤文》、《幼学》、“四书”等，教法主要是死记硬背，不作讲解，入馆两三年后才开讲。经馆学生小者十余岁，大至二三十岁，多以应试科举为目的，读四书五经，习时艺（八股）、试帖（诗），每天由塾师讲解经书一次，侧重自学，每隔数日作文一篇，试帖诗一首，日练小楷，无学习年限，入学、出学均任家长决定。民国初期，政府力主发展新学，但私塾仍禁而不止。蒙馆有一部分改用新式教材，增加笔算、珠算、常识等课程，并改上下两学期制。此后政府虽多次下令禁止，收效甚微。直到1964年社会主义教育运动后才全部停止。（见该书第470—471页）

系，在思想上总是个负担。有一个小孩(凤冈)①现已入哈尔滨工业大学学习，一切生活费用我都按月寄去，这不仅是自己的责任，也是为国家培养青年一代应有的态度(《自传》第6页)

1934年　16岁

秋，到长沙，经短期补习英语、数学，入孔道国学专科学校。

关于先生为何离乡去长沙读书，先生在《自传》中有过叙述：

本来家里的打算，让我读几年书，够写信记账的水平，就送到商店去充学徒，沿着几代以来所走的老路。可是我读书的年数和内容已经超出了这个范畴。由于我当时所处的家庭环境已无需我出觅衣食，因此就这样一年一年的读下去。可是这种封建式的旧教育前途怎样？从内心发生了问题，乃于一九三四年秋到了长沙(因为父亲在长沙设肆经商)，至此基本上结束了我的乡村生活，以后虽也回去，都为时不久。

这阶段我的思想是闭塞的，是一个没有开眼界的青少年，更谈不上对政治有何认识。一九三零年工农红军解放长沙，地主阶级叫嚣"共匪杀人放火"、"共产共妻"的妄谈也传到了乡下，虽然记不清我是否也跟着这样说过，但对共产党和红军有一个可怕的印象。此外，"九一八"后有些爱国青年来乡宣传，我朦胧地知道日本鬼子想灭亡中国，和中国所处的危境，但这样重大的事件并没有引起我在思想上的波动。

到了长沙之后，是学生意还是读书，二者必居其一。父亲有意要我走经商的路，但也不推阻我读书，大概我当时已经沾染了一些儒家的传统思想，对唯利是图的商人有些瞧不起，决定继续读书。因此就补习了几个月的英文、数学，作考高中的准备，可是我后来并没有进高中，而是进了"孔道国学专科学校"。(第2页)

在《三十二年生活》中，先生这样说：

抗战以前，我们乡下的私塾非常流行。一般人家的子弟，读过几年私塾，就到商店中去充学徒，学习怎样经营商业。当我童年读书的目的，也就逃不出这样的范围。因此我没有上过小学，也没有上过初中，我读的是一

① 陈凤冈：1936年4月生，毕业于哈尔滨建筑工程学院(前身为哈尔滨工业大学土木建筑系，1959年扩建独立，1994年更名为哈尔滨建筑大学，2000年回哈尔滨工业大学)，留校任教。主要从事水处理技术教学与科研，研制了用高梯度磁分离法处理饮用水技术。

些线装书。当我十五岁的那一年，父亲给我在长沙说好了一家公司去当学徒，那时我颇受了"子曰"、"诗云"的影响，瞧不起商人的孜孜为利，所以我毅然的拒绝了。为什么父亲接受我这样的拒绝呢？一则由于他经营业务的情况很好，不要我帮忙他谋生；再则我读书还用功，他对我寄托了一种更美满的希望。同时他也了解到老在私塾里读书是没有前途的，因此我就有了离开农村的机会。（第2页）

在《我的思想转变过程》中，先生写道：

我们那里一班地主的儿子如果能读些书，又能善于处理家务——怎样剥削和怎样扩大剥削，那就是刮刮叫的青年。当我十六七岁时，父亲要我秉承他的意志去学生意，帮助他赚钱致富，我终于争取了读书。以后留在家里的时候就很少，寒暑假也不常回去，那时候蛮想做个"通经达用"的读书人。（第2页）

关于孔道国学专科学校，先生在《自传》中有简约叙述：

这个学校只要从名称上看就知道它是封建的化身，有点像旧式的书院。它的存在和当时湖南省伪主席何键提倡尊孔读经是有关的。校长是前清翰林守旧派彭清藜①，教师中有举人、秀才，也有些教师对中国的某些学问确是有研究的。课程有经学、史学、哲学（宋明理学）、小学（文字学）、地理学，音乐不是通常用的风琴，而是教古色古香的七弦琴。（第2—3页）

1935年　17岁

在孔道国学专科学校读书，至十九岁，共三年。其间，开始接触新学书籍，接受爱国救亡思想，学会写旧体诗，组织过诗社，自改名字，曰旭麓。

先生自述：

我在孔道国学专科学校读满了三年才离开（从一九三五年到一九三七年）。这三年中，我的思想没有什么改变，因为我还是受的封建式教育，把胡适的《中国哲学史大纲》、梁漱溟的《中西文化及其哲学》当作新书读。《独秀文存》虽也看过，但不十分理解。如果说我的思想与原来有什么不

---

① 彭清藜：字少湘，湖南长沙人。光绪癸未（1883）进士，二十七年（1901）以代讲学士简放湖北省学政，未到任革职。其间，曾于光绪二十年（1894）任顺天乡试同考官，二十一年任乙未科会试同考官。见（清）法式善等撰：《清秘述闻三种》（下），中华书局1982年版，第1088、1025、1027页。

同，那就是加深了以传统的眼光瞧不起当时所谓的军政人员，以及连父亲在内的商人。(《自传》第3页)

在孔道国专学习期间，教师中有两位对先生印象颇深。先生在《自传》中写道：

教师中有两个对我有些印象，一个是姓萧的，他每上课必大骂党棍政客，说他们都是畜生，国家都是他们搞坏的，有时咬牙切齿。另一个姓赵，他是康有为的学生。他每出作文题，不是论历史上的外族入寇，就是"天下兴亡，匹夫有责"，这是有感于"九一八"后的危局而发，具有一定程度的爱国感。有次他在我的作文后面写了一首七言诗，我现在还记得后二句："心有阴符谁可授，圯桥坐待到天明"。引用圯上老人与张良的故事，因此我与他有过来往，后来听说他在抗战时穷愁潦倒以死。(第3页)

先生说：

在孔道国学专科学校的三年，不仅没有什么政治活动，也没有政治接触。但是学会了写旧体诗，就想学些名士派头，和十来位同学组织了一个诗社，叫"一社"。取古书上"天下乌定乎？定于一"的语意。每当春秋假日，攀登岳麓山、天心阁，分韵赋诗。曾经出刊过一本"一社集"，石印本，内容主要是旧诗，也有文章，多为风花雪月，感时伤逝的滥调，在我离孔道后，这个社也就风流云散了。(《自传》第3页)

先生初名修禄，在孔道国专读书时，厌名字俗气，便自改为"旭麓"。湖南话修、旭同音，麓字显然与岳麓山有关。此后便一直以"旭麓"之名行世，但是有时也用"老陈"、"陈旌"、"陈今"、"嗡唵"等笔名。

先生自述："我原名'修禄'，我的哥哥叫'应禄'。我到长沙后，我讨厌禄字庸俗，'俸禄'、'求禄'是升官发财的标记，因改名'旭麓'。"(《自传》第4页)

1937年　19岁

在孔道国学专科学校毕业。十二月，曾赴武汉拟报考抗日训练班，因生病未考，回长沙就医。次年二月，考取无锡国学专科学校，旋决定去贵阳报考大夏大学。

先生自述：

我在孔道毕业的时候，正是抗日战争的第一年。约在一九三七年十二月到一九三八年二月之间，有两件事须加说明：一是我由长沙到武汉去报考一个有关抗日工作的训练班(名称记不起来)，一到武汉就生病，结果没有考，拖着病回到长沙，医了十余天才好。二是唐文治先生主持的无锡国学专科学校迁至长沙(后又迁桂林)，因为孔道国学专科学校在伪教育部未立案，无锡国学专科学校是立了案的。立案与未立案直接影响毕业证书的效用，于是我又去报考这个学校。四五十人考，我考在前四名，据说唐文治先生颇欣赏我那篇作文(题目是出于易经上的)，所以找我去谈过一次话。我在那里上了几天课，觉得无味。恰巧在这时上海大夏大学由庐山再迁贵阳，取道长沙①，我通过孔道的湘乡同学认识了王世铮，又通过他去看了他的叔父王毓祥。王毓祥这时是大夏大学的秘书长，伪立法委员，于是我就决定去贵阳。(《自传》第 4 页)

1938 年　20 岁

三月，在贵阳入大夏大学中文系，一年后转读历史社会系②。

先生自述：

---

① 大夏大学创办于 1924 年 6 月，由前任厦门大学教授欧元怀等应厦大离校学生之请而组建。厦门大学在该年 4 月发生反对校长林文庆的风潮，林文庆为此开除了带头反对自己的一部分学生领袖，并解聘支持学生的教育科主任等九人。从而激起学潮，在双方对峙中，林不仅拒绝学生的合理要求，而且指使不明真相的部分建筑工人殴打学生，继而又下令提前放暑假，限令学生按规定时间离校，届时又实行停膳、停电、停水。激起学生强烈不满，329 名学生愤而集体离校，在被解聘教职员欧元怀等帮助下，到上海筹建了大夏大学。

大夏取名显然是厦大的例置，既示其与厦大之区别，又隐含与厦大之关系。开办之初，先在上海小沙渡地方暂借校舍开学，推辛亥元老马君武出任校长，设文、理、商、教四科及预科。1925 年在上海胶州路建新校舍并添设师范高等专修科。1928 年又添办法科。次年 5 月，各科改称学院，计有文学院、理学院、商学院、法学院和教育学院，下辖 23 个系。1930 年，中山路新校舍落成，同年 9 月迁入。到抗日战争前夕，大礼堂、科学馆、体育馆、群英斋、群力斋、疗养院及大夏新村等建筑已次第落成，英才荟萃，声誉鹊起，被目为上海八大名校之一。

1937 年秋，因战局日坏，大夏大学和复旦大学决定联合办学迁往内地。首迁江西庐山，成立第一联合大学；又在贵阳设第二联合大学。不久因东南战场形势恶化，决定将庐山第一联大的主体部分复旦迁往重庆，剩余部合并于贵阳。1938 年 2 月，复旦、大夏分立，以迁渝之第一联大为复旦大学，以贵阳之第二联大为大夏大学。三月，大夏部分成员由庐山途经长沙，转往贵阳。

同年 9 月，留沪的大夏师生在祁齐路设大夏大学沪校，后迁往静安寺路(今南京西路)重华新村。

② 迁到贵阳的大夏大学先在贵州原讲武堂旧址办公。1939 年贵州省政府拨花溪公地建造大夏新校舍，次年 6 月破土动工，1941 年春季新校舍落成，共有教室 12 间，宿舍 28 间。

我是在一九三八年三月左右怀着“瘴气熏人”、“苗民放蛊”等等可怕的传说到贵阳的。沿途争看苗民，把他们当作欣赏对象，这是一种大汉族主义的心情。到了贵阳，我是拿一张伪造的高中毕业证书向大夏大学报考的，这也是伪立法委员王毓祥所默认的。我在大夏中文系读了一年，伪教育部查出我的高中毕业证书是伪造的，发还大夏，令我退学。此时王毓祥在重庆，注册主任（相当于副教务长的地位）蓝春池找我去，把伪教育部的指令说了，并问：“你是王先生介绍来的吗？”接着又说：“你已学的成绩完全不作数，再从一年级读起，以同等学历报部。我乃转读历史社会系。所以我在大夏比别人多读了一年。”（《自传》第4—5页）

先生在1952年8月申请参加中国共产党时所写的《思想批判总结》一文中，对此事有过更具体叙述：

一九三六年冬天，我从这个学校（沈案：指孔道国专）里出来，才结束了长期的反动封建教育。可是拿着一张没有立案的学校毕业证书，它和一张空头支票一样，不能作什么用，我为了要进大学，又去补习英算，终于假冒一位本家的高中毕业证书，连他的名字，乘着抗战初期大学内迁的机会，我考入了大夏，这是我的资产阶级投机行为的开始。不料读到第二学期，伪教育部查出了我的伪证书，要我退学。当时我很彷徨，这样的想：“有钱不能读书，到延安去？”后来通过了一位在大夏工作的同乡的关系，以同等学历，再参加入学考试，从头读起。虽然要多读一年，可是能够恢复本名，不要再假冒别人的名字，倒也“心安理得”。（第3页）

在大夏读书的头二年，先生参加过同乡会性质的“三湘学社”，编辑《三湘学报》，接近进步同学和购买进步书籍，思想有了变化，被同学绰号“牛克斯”。①

关于参加“三湘学社”，先生在《自传》中写道：

我到大夏时，湖南籍的大夏同学组织了一个“三湘学社”，凡在校的湖南同学皆得为社员，实际就是个同乡会，几乎各省的同学都有类此的组织，如四川学会、黔灵学会、江浙学会等。这时的湖南同学有两个集团，一个是

---

① 大夏大学虽迁在内地，但校园文化仍非常活跃，各种讲座、学术报告及学术刊物应时而生。黄炎培、陶希圣、王正廷、徐悲鸿、熊佛西、梅贻琦、蔡廷锴等社会名流、抗日名将或来校报告讲演，或参观访问；学校不定期举行抗日救亡宣传活动，组织“大夏剧社”，举办“除夕国难音乐演奏会”，出版《大夏周报》、《新大夏》、《文史》半月刊、《自强》杂志等；学生中经常出刊各种形式的壁报，《三湘学报》即是普遍成立的学生同乡团体之一种刊物。参见陈旭麓：《大夏大学内迁十年纪事》，熊月之、周武编：《陈旭麓文集》第二卷《思辨留踪》（上），华东师大出版社1997年版，第608—642页。

国民党党棍徐盛书、杨治亚、梅岳等人为主的反动集团，他们拿着伪主席何键的津贴，出刊《中华评论》杂志；另一些人是以丁莹明和我为主，可以名为自由集团，不肖参加反动党团的活动，与前一个集团处于对立状态，但不尖锐。原因是我们的自由态度并不影响他们的反动活动。我在“三湘学社”担任过秘书或文书的职务(是否这样的名义，记不确切)，后来也编辑过三湘学社的壁报《湘军》。“湘军”是沿用汉奸刽子手曾国藩所领地主反动武装湘军的旧名。当时有一些进步性壁报(记不起名称)指出“湘军”一名的反动性，我不服气，于是打起笔墨官司来。我连续写了三篇文字，运用了许多新名词，将曾国藩说成是没有罪恶的人，甚至说他对清政府的分权给后来的辛亥革命有积极作用，而且沾沾自喜的以笔战获胜。这是一个严重的错误。一、当时我虽然看了些新书如辩证唯物论或新哲学的小册子，却没有认识到曾国藩这样的历史人物的反动本质，无异滥用新名词替地主阶级作了辩护人。二、当时对曾国藩这种历史人物的鞭打，是具有现实斗争意义的。因为蒋介石及蒋的一批御用历史学者，还在那里大捧曾国藩，我的论调无异作了他们的应声虫。不久我明白了这些道理，非常懊悔，乃将这些底稿撕毁了。(第5—6页)

在《我的思想转变过程》，先生如是说：

……那时(沈案：指先生就读孔道国专时)满想做一个“通经达用”的读书人，入大学的第一年，还是满脑子这样的思想，还过此后我的思想也就开始在转变中。进入大学的第二年，念过梁园东先生的中国通史，他是根据社会发展的规律讲授的，觉得很新奇，读书时的笔记，我只有这一课后来经过整理留下来的。他所介绍的课外参考书，我也比较喜欢阅读，如毛主席的《论持久战》，就是此时他要我们看的。还有一位经济系湖南籍的同学丁莹明，他与我最接近，他有显著的进步倾向，阅读进步书籍比我早，我颇受了他一些影响。那时是抗战的头几年，贵阳有生活、新知等书店，凡他们所出版的历史、哲学、文学及其他社会科学的书籍，几乎大多数我都买来看。其他如《读书月报》、《理论与实践》、《解放》等进步刊物，也经常订阅。虽然有许多地方看不懂，也囫囵吞枣的硬啃下去。在那两三年里，倒也打下了思想改造的基础。通过这些新书籍的阅读，我知道有一个可以来到的理想社会，因此我也就有过一些进步倾向的表现。第一，是与同学们在理论与政治问题上的争执，虽然是一知半解，但总要想些法子来证明唯物论是对的，唯心论是错的；同学说三民主义是适合中国社会的，我却坚持共产主义的可以实现。有时与同学们一同在吃饭时争论起来，急了抢着对方的饭碗

摔在地下，闹得感情好的同学很久也不交谈，因此同学们呼我为“牛克思”（第2—3页）

关于先生在大夏就读时的思想变化，先生在《三十二年生活》一文中写道：

一九三八年的春天，我到贵阳考入了大夏大学文学院。第一年忙着应付一些基本课程，很少看课外书籍，只有听梁园东先生（现武大教授）以社会发展形态讲授中国通史，获得了一些启示，并且他又介绍我们看毛主席的《论持久战》。第二年更认识了一位喜欢阅读进步书籍的姓丁的同学，受了他的影响，自那时起，我就常买生活书店出版的书籍来看（那时是抗战统一战线的高潮，进步书刊在后方还能买到）。所以在那两年里，我就看了不少关于唯物辩证法及以社会发展为基础的历史著作，就是《资本论》、《联共党史》等书也都买过，不过没有看完。这样使我思想上起了很大的变化，一与同学接触就是“否定之否定”、“生产力生产关系”的一大套，因此同学们给我一个诨号——“牛克斯”。（第3页）

先生在《自传》中将自己思想上的变化归纳为两个方面：

我进入大夏后，我的思想起了一定的变化，这种变化包括为两个方面：一个是我由原来的封建教育进而接受资产阶级教育，资产阶级的生活思想很快在我身上发生作用，突出地表现在我对婚姻问题的态度上。早在我十五岁时，我就和一个门当户对的地主女儿结了婚，大约三年级时，我曾写信给父亲表示要离婚，招来的是嘲骂。当时我的打算，反正我行我素，家我也不要了，可是由于解放后的根本变化，这个反动的地主家庭瓦解了，于是我就不能不负担她的生活费，一直到现在没有通过合法手续解决这个仅余名义的关系，在思想上总是一个负担。有一个小孩（凤冈）现已入哈尔滨工业大学学习，一切生活费用我都按月寄去，这不仅是自己的责任，也是为国家培养年青一代应有的态度。另一个变化即在我接受资产阶级教育的同时，由于国民党反动统治的黑暗，社会斗争的尖锐化，逐步引起我对社会现实的不满，特别是接触了一些马克思列宁主义及宣传革命的进步书刊，虽然不是完全了解，但把这些理论和中国共产党的革命活动，在我思想上有了初步的联系，已不是地主阶级叫嚣的可怕的共产党的形象。有两个人在这方面对我有所帮助，一个是梁园东先生（现山西师范学院院长），他以社会发展史的观点讲授中国通史，而且公开介绍我们看毛泽东同志的《论持久战》、《论新阶段》；一个是丁莹明同学。他喜欢看进步的社会科学书刊，我开始看这些书刊，受到他一定的影响。就我来说，毕竟有了这样一点好的倾向，可是我不但没有走上革命的行列，也没有实际投入当时在学校中展开的斗争，只是从口头上和文字上表现了一些正义感，我还没有叛逆旧社会的觉悟和勇气。（第6—7页）

对于先生的进步倾向，曾为他补习过英语、数学，后又是大夏同学的张英年有过证明：

一九三九年春天起，我搬入集体宿舍，和他（沈案：即指先生）及文学院中国文学系蒋仁，法学院经济系丁莹明住在一个房间，从此我们四人常在一起（吃玩都是一道），但思想上，当时陈旭麓和丁莹明都喜欢看马列书籍，常和我们逛有进步书刊陈列的书店。他俩都喜欢买进步书刊，各人还向重庆某书店订买了一部洋装的《资本论》，但很少看到他们阅看。谈话间，陈旭麓很佩服大夏历史系进步教授梁园东。（张英年：《关于陈旭麓历史证明的材料》1956年6月6日，手稿）

先生从私塾而入长沙孔道国专，十余年来一直与旧学为伴，如今考入大夏大学这所新式高等学府，实现做一个有益于社会的人之理想，心情为之一变，这在《黔灵山寺中戏着袈裟摄影》一诗中，可以隐约看出：

回首前程笑拈花，儒冠今欲换袈裟。
眼中一滴英雄泪，要渡苍生百万家。

（《陈旭麓文集》第四卷《浮想偶存》，第323页）

1941年　23岁

仍在大夏大学历史社会系读书，自本年二月起至七月，兼任大夏附中历史教员，九月起至次年六月在贵阳文通书局担任编辑干事。出版《初中历史复习书》，发表学术论文《司马迁的历史观》等①。

先生自述：

当我读到三四年级，在大夏附中兼历史教员半年，是附中校长吴照恩直接找我的。我与他没有什么深关系，只是认识而已。又在贵阳文通书局担任过编辑干事半年，因为谢六逸先生是大夏的文学院长兼文通书局的编辑所所长，是他找我去协助他编《文讯》杂志的。谢六逸本来是一个颇有名

---

① 《初中历史复习书》，先生在其自述手稿中称为《初中本国史》，1942年由贵阳文通书局出版；《司马迁的历史观》据《陈旭麓文集》第四卷《浮想偶存》附录二《陈旭麓先生著述系年》称，发表于《中央日报》（1942年），见该书第643页。

的进步文艺工作者，在贵阳时，官僚政客都相当捧他，因而慢慢地灰色起来，青年、特别是进步青年对他有些失望。

在贵阳的后两年，写过一本《初中历史复习书》，文通书局出版；写过一篇具有学术意义的论文——《司马迁的历史观》，登载在一个史学月刊上；还用"嗡唵"、"老陈"等笔名写了一些杂文和随笔之类，多属讽刺性东西，陆续刊载于贵州日报的副刊上。(《自传》第7—8页)

《三十二年生活》说：

这时我的思想虽有了进步，但还是停留在阅读书籍的进步中，没有参加实际的进步活动。却也有两件事值得说明的。第一件事，是一位同乡且比较接近的同学，他是同学中负责国民党工作者之一，他要我入党，还拿给我申请的表格，我用拖延的手段应付过去了，不过以后见了总有些不快之感。第二件事，这时我也常写些讽刺性的散文投登副刊，表现着我对现实的不满和正义感。(第3—4页)

本年春，因在壁报上发表抨击国民党特务枪击大夏女生致伤事件文章而几乎酿祸，后得谢六逸周旋而获免。

先生在《三十二年生活》一文中说：

在大夏读书的第四年，我渐渐参加了一些活动，尤其是编壁报。大概是一九四一年的春天，大夏出现过一幕惨剧，特务就在学校的大门口开枪打伤了一位姓张的女同学，她顿时卧在血泊中。我受了正义的驱使，在壁报上发表过一篇严正的短评。壁报贴出去后，就给训导处的职员撕下了，还剪下那一则短评送到国民党的贵州省党部，许多同学都为我担心。还好，这时大夏文学院长谢六逸先生给我说明没有什么政治关系，事情也就过去了。这时谢先生还兼任贵阳文通书局编辑所长，因为他的介绍，我也在那里担任编辑干事，帮助他编文讯月刊，还写过一本初中本国史。(第4—5页)

对于思想变化和壁报事件，先生在《思想批判总结》中写道：

进入大夏的第一年，梁园东先生教中国通史是根据社会发展规律讲授，我觉得很新奇，他也要我们看《论持久战》这些书，这是我接受新思想的启蒙。经常和我在一起的一个姓丁的同学，欢喜看新书，我们几乎每周都跑生活新知读书出版社等书店，有关新的哲学、历史、文学及其他社会科学书籍，都买来看，读书月报、理论与实践、解放等杂志也是我最爱好的读物。而在一九三八—一九三九的两年中，经常听说大批青年向延安跑，也有自己认识的，我把所看的新书逐渐与延安联系起来，延安在我思想中慢慢变成了光明的对象。当时所处环境的另一面，那些国民党三青团流氓学生，成天不读书，吃喝胡搞，实在看不惯，加上社会没有是非，许多罪恶现象，使我发生反感。在这个时期里，有一个专搞反动党团工作的同学，要我加入国民党，给我拒绝了，把申请表丢在字纸篓里，这是我没有陷入反动派泥淖的一个关键。然而当时反动党团分子到处陷害青年，我不但不是陷害的对象，相反的是他们所要拉拢的。客观上因为我还没有改变地主阶级的反动本质，有可作为他们利用的条件。

约在一九四一年，一个星期日的早上，特务在大夏的前门枪击历史社会系同学张诗隽，我在壁报上写了一篇短评，其中有这样的话："枪弹是最有用的东西，但看射在什么人的身上。"壁报贴出去，这短评即被特务们剪下了，姓谢的训导长找着我申斥了一顿，我不敢申辩，只说我不知道为什么随便拿起枪打伤人，可是那位编壁报的同学却和那训导长拍着台子吵，比我坚强。后来我听说那短评送到了反动的贵州省党部，我更害怕了，吓得去找谢六逸先生关说，这里就严重地表现了我的脆弱性。虽然这事的发生，增加了我对国民党的鄙视，尤其是对特务的憎恨。可是我并没有通过此事提高自己，投入实际的学生运动工作，因为我存在着"明哲保身"的反动思想，我只有正义的热情，对□□并没有什么认识。而且不久我就毕业离开了学校，从事教学行政的工作，更接近了人情世故的圈子，只是我没有被圈子圈住罢了。（第14—16页）

先生说："在大夏读书的后期，还有两个较接近的教师，一个是姚徽元（现武汉大学历史系教授），一个是何惠廉（现东北师大历史系教授）。但与他们的接近不是通过政治思想，而是纯业务关系，主要还是他们主动的找我。"（《自传》第7页）

1943年　25岁

二月，在大夏大学毕业，获文学士学位。

先生自述：

我毕业大夏是在一九四三年二月。毕业前夜，我所考虑的不是面向社会，而是个人出路。曾经和同学们谈到创办中学的事，也打算利用家庭资财回湖南办印刷所，以为教育文化事业比较清高，没有官吏机关那样污浊，而且一样可以在社会上建立自己的条件。然而这些事，究竟不是一个初出大学门毫无凭藉的青年所能做到，结果只是幻想罢了。（《自传》第8页）

关于毕业后出路的打算，先生不仅有所思，也曾有所行。这就是他参加过大夏毕业同学组织的一个社团——明日社①。为此，在解放后先生还受到过审查，据当时同为"明日社"成员的陈纯仁回忆：

> 关于陈旭麓在大夏大学读书参加社团的情况，前曾写了一份材料，着重说明他参加大夏大学毕业同学所组织的一个社团——明日社。这个社团是一些写文章的同学在毕业后所组织起来的，想通过储蓄的办法，每人每月储蓄二角钱，准备经过若干年，创办出版社，著书立说，出版图书，所以称为明日社。由于当时物价波动，伪币贬值，连每人生活都受到严重威胁，这种储蓄大约在一九四七年就没有继续下去。把所集资金变成实物，仅一两黄金有余，存在孙尧年处(现在上海洋泾中学教书)。这个社团除了这个储蓄外没有其他活动，陈旭麓在这事中也是没有活动的。(陈纯仁《关于陈旭麓政治历史情况》，1956年8月2日，手稿，未刊)

大夏毕业后经人介绍，出任贵州省修文县立初级中学校长，至七月学校放暑假时辞职。

先生在《思想批判总结》一文中对自己大学毕业后的出路之思考称：

> 早在读线装书时，我对宋儒陈龙川的"事功"思想就有些爱好，因此"用世"和"求成"的欲望，早年就种下了根苗，也就是"学而优则仕"的道路。我虽然没有"仕"可是始终是"心向往之"的向着那条道路走。
>
> 留学是旧社会取得地位的捷径，我也和许多人一样有过这种思想。甚至糊涂地想，如果不能远渡英美，到临近的日本去一趟也是好的。因此在大学读第二外国语就选了日文。当时有些同学在校外补习俄文，我却没有想到。竟在民族生死存亡的斗争中，怀着如此敌我不分的动机，虽然没成为事实，仅是一个空虚的念头，然而这是一个不可宽恕的念头。

---

① 关于明日社的性质与组织经过，据发起该组织的王靖国交代：约当1943年前后，我在重庆伪中央训练委员会做事的时候，我经常和那时在重庆各伪机关工作的几个大夏大学毕业同学来往。大家在闲谈的时候，感到彼此都是靠薪水维持生活，一旦失业，经济上就会毫无办法，因此，大家就都有个意思，主张不如联络起来，在不影响生活条件下，各人按月拿出点钱来，进行集体储蓄。加入的人第一次拿出的钱比较多点，以后按月拿出的数目就非常少(数字我都记不清楚)。想用这种办法年积月累，积成一个可观的数目起来后，大家便在经济上有点基础。后来我们又有一种幻想，觉得参加的人既然大家都是要好的，不如就把这个储蓄长期积累起来等到有个相当数目，就用来作为我们创办一个共有的经济文化事业如书店、出版社之类的基金。我们也知道这样做并不易实现，所以就把这个集体储蓄的小团体叫"明日社"。(王靖国：《关于抗战期间我与几个大夏大学毕业同学组织所谓"明日社"的经过情形》，1956年4月22日，未刊手稿)

要是没有留学的“幸运”和可能，每个离开大学门的青年，很快就要考虑到自己的出路，找一个较好的工作。当我毕业的前夕，我是企图向文化教育界打江山，想和朋友们创办中学，做学店老板，也想开设印刷所，做文化商人，以为教育界比较清高，不同于官场的虚伪污浊，而且打着教育文化事业的招牌，一样可以砌成自己的金字塔。前者，大夏就是我的模型，后者也可能是受了在文通书局工作的影响。虽然这些都没有实现，却用过心思，尤其是创办中学，作过两度的发动。

“画饼不能充饥”，到了毕业，自己原来的那些打算，没有一样可以实现，就是一位要到新疆学院去的教授约我去做助教，这时也落了空。出于意外的，一个姓李的同学在修文县工作，邀我去那里任县立中学的校长。(未刊手稿，第5—7页)

关于李姓同学介绍先生去修文中学一事。先生在《自传》中有所交代：

有一个湖南籍的大夏毕业同学李铁枝(国民党员，现不知去向)，在修文县政府担任民政科长。这时修文县立初级中学要找一个校长和一些教师，我就因他的介绍去担任这个学校的校长，同去的教职员有杨慕白(大夏毕业同学，贵州人，任教务主任)、李德庆、张孔衢(皆安徽人，已记不清楚是什么人介绍给我的)、张雪虹(贵阳师范学院毕业)、梅筠、陆鸿逵(两人系大夏附中毕业，我和陆鸿逵①恋爱关系在这里开始的)等。(第8页)

在修文中学的情况和辞职原因，先生自述：

修文离贵阳只有六十里，即明代大学者王阳明的谪居地——龙场驿。原设贵阳的贵阳高级中学为避敌机轰炸，迁到修文后，修文县立初级中学的校长和教师，由高中的校长和教师兼。因修文伪县长欧先哲和贵阳高中校长刘薰宇(此人研究数学，是学者，不久前报上报道教育部刘薰宇，可能就是他)不合作，欧先哲想使县中摆脱高中的控制，所以要找一批人去。此事在我到修文后想请贵阳高中教师兼课，他们都拒不肯来，我才知道这个原委。不过后来他们看到我的自由作风，因此放弃了原来的成见，高中的教师也愿来县中兼课了。我在修文搞到放暑假，就不干了。不干的原因，一是感到修文太偏僻，局面太小，几与外界隔绝，觉得缺乏发展前途。二是

① 先生在1963年填写的《干部履历表》中“爱人情况”一栏写道：“陆鸿逵，1919年4月出生，家庭出身反动军人，本人成分知识分子，文化程度大学肄业，现在上海时代中学任教师，工资级别中学教师四级，现任教研组长、班主任。”

与国民党县党部书记姓王的处得很坏。他曾当面追问我是否国民党员，并制造空气说我有共党嫌疑（如我没有依照命令讨论《中国之命运》；来往密切的陈石同志，就在我于春假去贵阳同至街上被捕的。这些他都知道），县中与伪县政府的关系也没有处好，这样亦使我不能不辞职。（《自传》第8—9页）

十月　任湖南起陆中学历史教员。是年冬，父亲弃世。

先生辞去修文中学校长后，回到贵阳，曾为谋求职业奔走。在1952年8月为入党而写的《思想批判总结》中对此有过叙述：

从修文回到贵阳，拿着修文中学校长的名片去看过欧元怀①一次，那是他任贵州省伪教育厅长，这是我和他第一次谈话。那次谈话并不是要他提拔我，觉得他是大夏副校长，又是贵州教育厅长，我离开修文，应该向他打个交道。我从厅长会议室告辞出来，一个姓梁的科长追上说：欧厅长问你愿不愿意在厅里工作。我想顶多是干什么科员，还不如教书的好，所以我就说要回湖南，其实我并不是真的想回湖南，只是薄科员而不愿为罢了。就在这时，大夏历史社会系一位姓姚的教授②，介绍我去看贵州大学伪校长张廷休。贵州大学是战时新成立的学校，我想到那里混个讲师，可是我刚从大学毕业半年，资历是不够的，却撒谎说毕业了三年，把曾经发表过的一篇论文——《司马迁的历史观》和在文通书局编的中学历史课外读物，送给这个CC分子的校长看，想邀他的“青睐”。这个事情虽没有成功，却显现了自己没有政治原则的那副钻营的丑恶面相。（第7—8页）

先生离贵州回湖南，一是与修文党政有矛盾，一是父亲生病。他说；“在修文干了一学期，一方面因为父亲生病要我回家；另一方面我与当地的县党部书记也有许多的误会，这些误会就是思想不同形成的。所以在那年暑假毅然的辞职回到了湖南。”（《三十二年生活》第5页）

---

① 欧元怀（1893—1978）：字愧安，福建莆田人。1915年留学美国，先后入西南大学及哥伦比亚大学。1922年毕业回国，任厦门大学教育主任兼总务长。厦大学潮因支持学生被校长林文庆解聘，旋赴上海发起创办大夏大学，历任副校长、校长、工部局华人教育处教育委员、贵州省政府委员兼教育厅厅长等职。解放初任华东师范大学筹备委员会事务委员，并被邀为上海市人民政治协商会议委员。美国西南大学因其致力教育事业，创办大夏大学成绩显著，贡献突出，特赠予荣誉博士学位。

② 这位姓姚的教授很可能是姚徽元。先生谈到在大夏读书时比较接近的教师，曾多次提到姚徽元教授。见前文。

离开贵州，回到湖南，在家乡的起陆中学教书，因为父亲生病，书也没有好好教。是年冬，父亲去世①。处理丧葬以后，亲属都想把我留在家乡，因为大家认为我的哥哥(在土改中因不了解政策自杀)不大能管事，两个弟弟还小(一个叫省麓，在乡下生产；一个叫星麓，现在北京辎重队工作，青年团员)，可是我无心于此。记得我从贵州回到家中时，父亲告诉我，他将怎样把田地房舍很好地安顿为四部分(因我们是四弟兄)，而且许多东西也办了四套。他满以为我应该感谢他为兄辈操心，可是我一言不答，弄得他向别人大为伤感。

1944年 26岁

夏，日寇占长沙、衡阳②。先生家乡湘乡遭国民党军队和日军相继掳掠，不得已携全家经邵阳迁至武冈，自己则在安江过年。

先生在《三十二年生活》中称："在起陆中学教了一年书后到一九四四年的春天，战争紧张。夏天，长沙、衡阳、湘乡等地相继沦陷，我与家人一起避难湘西的武冈。"(第6页)

先生《自传》说：

一九四四年春夏，日寇占领长沙，进攻衡阳。我的家乡位于长沙衡阳之间，在日军未到之前，乡下已被国民党的军队弄得鸡犬不宁，接着是日军下乡掳掠，乡下已呆不下去。可是我不是挺身而出的组织力量(当时已出现地方反日武装)来打击日本侵略者，却只顾个人的身家，将全家经邵阳迁至武冈的山门安下，自己则在安江过年，和同族的商人混在一起。因为我

---

① 先生在1972年2月20日填写的《华东师范大学教职员登记表》中填写父母亲情况时称："父陈昭生，78岁，1943年病死；母禹满秀，71岁，家庭妇女，解放后的生活由我负担，现在老家。"父亲年龄颇费解，78岁系指1943年病死时抑1972年填表时，若按其继母禹氏年龄71岁观之，则应为先生填表时之年龄。然先生之父早在1943年已故世，则先生1972年填表时何必将父亲年龄计算至彼时？不得其解也。若1972年时父亲年龄为78岁，则1943年病故时应为49岁，时先生25岁，则1918年生先生时，其父约24岁。如此计算法不知确否，因无材料检验，姑记之以备考。

② 1944年4月，日寇决定打通大陆交通线，发动豫湘桂战役，首先进攻河南，4月17日豫中会战开始。5月26日，日军集中36万余人，分3路入侵湖南，发动长沙衡阳战役。6月8日占领湘潭、株洲，包围长沙。18日长沙沦陷。下旬起，日军攻打衡阳，至8月8日占领衡阳，长衡会战结束。国民党40万军队在陈诚、薛岳等指挥下奋力抗击，最终溃败。日军得以沿湘桂线继续西犯，9月1日，十万日军进犯桂林，桂林、柳州战役开始。

还带了二十来包棉花、二包洋纱(是父亲原和别人在永丰开的花纱店,拆伙分到的,这是全家逃难的资本)。(第9—10页)

1945年　27岁

三月,顺乌江入川,目睹民生凋敝,赋诗感慨。

先生自述:

到一九四五年三月间,由于我不能如商人的善于经营,带去的棉纱,日消耗于旅费、房租、食用,已所余无几,开始担心全家将流落他乡。于是,要家人仍回家乡,自己则辗转由湘西顺乌江而入川,遂"远征不返"。《乌江船上》所作的一首诗,略可反映当时的思想感情:

杂花犹绕树,江上已春残。水急寻千石,云深两岸山。

居民无完服,破屋每三间。休道风光好,西南物力艰。

(《自传》第10页)

五六月间抵重庆,找不到工作,生活艰难,精神负担颇重。

先生自述:

我到重庆是一九四五年的五六月左右,印象最深的,初到即感天气闷热难受。我的重庆之行,原说不上有何目的,因为家园已沦陷,而且我不愿呆在家里,由湘南至湘西,由湘西而入四川,只是走到那里算到那里,《西厢记》上的一句话"脚跟无线类蓬转",恰可说明我这种情况。这是我最彷徨的时候。

到重庆后寓居于一个曾姓同乡的商店中,店主是父亲的熟人。为了消磨日子,常和他们打麻将,生活变得堕落了。内心苦闷,却又找不到自己出路。除了看些书外,当时最大的享受,是每晨买一份《新华日报》看。日子一久,引起周围人的讥笑,特别是我带去的一点钱用完之后,更遭他们的白眼,这样逼着我不能不找一个工作。(《自传》第10—11页)

先生在《我的思想转变过程》一文中,对此时的生活、思想状况有所叙述:

一九四四年夏天,日本帝国主义攻陷长沙、湘乡、衡阳等地,我与家人辗转逃难于湘西,目睹国民党军队的腐化,不战而退,沿途抢劫,满怀着悲观情绪,对抗战的必胜心很低(就国民党统治的情况说)。后来只身入渝,寄寓于一个同乡商店里,找不着工作,生活狼狈,许久才获得一个教书的机会。此时我的身体虽仍约束于狭隘的人情圈子里,我的心情却已被新的活力鼓舞着。我每天阅读《新华日报》,毛主席的《论联合政府》、《新民主主义论》等经典著作，也在此时阅读的。同时重庆的许多事物都刺激我走向一个新的方向。有一天，我走在重庆的街头，一个叫卖《新华日报》的报童被流氓跌在地下，报童勇敢地站起来说："你毁坏了人民要看的报。"他小小的年纪，流氓虽瞪着狗眼，他丝毫没有畏缩的态度，我帮忙他拾好散乱的报纸，他继续走向前面大声叫卖。今天我们听惯了讲惯了人民这两个字，然而当时从报童口中听说出的这两个字，却给了我很大的启示，一直我常回味着他那一句话。（第5—6页）

九月，经已毕业的大夏同学介绍，去重庆赣江中学任历史教员兼训育主任，因看不惯流氓学生胡作非为，于十一月间辞职赋闲。

先生自述：

九月间，通过大夏毕业同学陈才（纯仁）、丁飔松（江西人，国民党员，不知去向）的介绍，到赣江中学去教书。

赣江中学是旅渝江西同乡会举办的一所中学，有高初中，因避日机轰炸，在离重庆六十里的冷水场，校舍是借用一所古庙。本来他们开始说要我担任教务主任的工作，我到校时，教务主任已由钟诵余①担任，只有训育主任没有人，校长刘奇以为我做过校长，会有什么行政经验，要我教历史课外兼任这个职务，我虽有些不愿意，已经去了也只好接受，且当时对这个职务的反动性认识也不够。这个学校的经费非常困难，唯一的来源是靠学费，而学生只有三四百人，校长刘奇东拉西扯，开学两个月没有正式发过一次薪水，教师都是借支一点过日。学生中相当一部分是流氓，参加"袍哥会"，打架酗酒，无所不为，有的竟将长刀放置枕头下。因此有些想读书的学生弄得也不能读书，女生尤其受他们欺侮。我着实看不惯，很想整顿一下，曾严斥过高三的几个流氓学生，他们依然嚣张。老于世故的刘奇，则抱

---

① 先生与钟诵余先生关系较好，有书信及诗词往还。1956年3月先生写《干部自传》时，写到在赣江中学一段经历时，曾附钟诵余一信上交华东师范大学组织处，现存《次韵钟诵余兄见赠》一诗，即可见其一斑。现全文抄录于下：

次韵钟诵余兄见赠——九四五年十一月九日

一沙一叶托精神，风雨名山自有因。
守朴廿年持故我，盟心五夜访斯人。
著书卡尔真名世，耕凿许行昔问津。
留得心香长向往，明珠珍重未投身。

（《陈旭麓文集》第四卷《浮想偶存》第324页）

从诗中可知钟诵余当年思想亦较进步，服膺马克思学说，故先生乐与交游。钟生平不详，从先生在自传中提到，仅知其为安徽合肥桃溪人。

纵容态度，不久我即有去志。十一月间，发现“打倒陈旭麓”的大标语（事后查出即那几个被我训斥的流氓学生搞的），于是我卷起铺盖行李回到重庆，仍寓于那家商店。刘奇、钟诵余及学生都来请我回校，我都拒绝了①。（《自传》第11页）

先生在《思想批判总结》一文中对赣江中学的职务和学校情况有所记述：

这是一九四五年九月间，寓居重庆，自己的生活没法维持，通过两位大夏同学的介绍，到离重庆六十里的赣江中学去教书，这是一所不好的中学，去时自己不想担任职务。九月十一日的日记中是这样写的；“自己的本意只想教课，过些清闲的日子，前校长要我担任教务，新校长却要我负训育的责任，则更非我所愿意的了。我与他们都没有什么关系，只是他们以我从前干过教育行政的工作，好像有什么经验，其实天晓得。”到九月二十日，我接受了训育主任的聘书。“训育主任虽然比较麻烦，但是要从工作中学习，多体会些人与人的关系”（日记中原语）。做了训育主任后，我的思想活动，可从下面两则日记中看得出来：

“午觉睡得正浓，一个女生来请假，把我唤醒，又惹起我担任职务的反感”（九月廿一日）

“高三的壁报要我题辞，想了许久，没有话可题，只好引用苏格拉底的几句话写上去：我的良知，我内心的声音，要我向前走，把真的道路告诉人家，我仍要继续努力，遇着了谁，更应对他说我心里所要说的话，不管后果怎样。”（十月三十日）

从这些文字里，我竟没有认识到训育制度是束缚和压迫青年的反动机构，把个人的意志放在制度之上或外，表现了我的自由主义。实际我担任了这个职务，就得维持学校的秩序，用反动的教导方式去约束青年的身心，客观上起了麻痹青年稳定现状的作用，这个作用是阻碍革命的。（第17—19页）

1946年　28岁

一月至二月，在重庆，因失业赋闲，常去沧白堂听时政讲演，目睹国民党特

① 一位在赣江中学与先生共事过的同志在先生逝世后发来的唁函中称：“陈旭麓先生解放前和我在重庆赣江中学共事，当时就知他是一位出色的地下工作者，我很尊敬他，也一定得到他的暗中协助。以后我失去了组织关系，解放后一直挨整，不敢和他联系，怕牵连他。”（武汉夏渌：《致陈旭麓先生家属的唁函》，见《陈旭麓先生哀思录》第23页）

务在校场口制造流血事件，愤而撰文以示抗议。

先生自述：

在离开赣江中学后，仍过着失业的生活，有些朋友写信要我到贵州去教书，我也不愿意去，但此时重庆的政治空气又激动了我的心。此时沧白堂每晚有演讲会，报告政治协商会议的内容。我听过王若飞、郭沫若等同志及其他民主人士的报告。每回忆这段生活，王若飞同志那胖胖的中等身材，常浮现在我脑子里，而特务们的怪叫和飞石，增加了我对国民党的鄙视和愤慨。特别是校场口庆祝政协会议的一幕，特务横殴民主人士及与会群众（工人和学生）。当晚我写了《目击者》一文，投登重庆出刊的《民主报》，表示我的抗议。可是我亲眼看到特务们对青年工人和学生拳打脚踢，血流如注，我却不敢伸出义愤的拳头，结果还是做了可耻的旁观者，我曾想把这些题材写成一本《胜利了以后》的小册子，拟了这样一个提纲记在手册内：

一、胜利的鞭炮　　二、所谓受降

三、毛泽东到了重庆　　四、双十协定

五、内战！内战！内战！　　六、赫尔利走了

七、学府的血　　八、政治协商会议

九、沧白堂与校场口　　十、历史往那里走

小册子虽没有写成，这个提纲却反映了我当时所注意的问题，所以附录在这里。（《自传》，第12页）

先生在《我的思想转变过程》一文中，对沧白堂、校场口等事件有更具体的叙述：

抗日战争胜利了，毛主席到了重庆，接着是旧政协的开会，我天天兴奋地阅读这些消息。在旧政协开会的时候，中共的代表和许多民主人士每晚在沧白堂有讲演会，无数的青年男女都挤去听讲，我也是那里的经常听众之一，听过王若飞、郭沫若代表的讲话，提高了我对当时时局的认识。而那些特务的捣乱，破坏会场秩序，击伤讲演者、布置会场者以至听众，我开始实地体会了进步与落后，革命与反动的斗争。随着政协会议的结束，双十协定的公布，重庆市的人民在校场口举行庆祝会，迎接国内的和平。那天一早我就到了校场口，去参加那个有历史意义的庆祝会。我看到各种不同岗位的青年、工人、学生、市民都汇合在这一个广场上。大会开始了，国民党流氓刘野樵，带着音乐队走向主席台，自称代表百分之八十的农民，应该担任主席，将李公朴先生挤在一边，台下就涌出了无数的打手，李公朴、郭沫若两先生均挨了打，好些青年被特务扛着拳打脚踢，血流如注。周恩来

先生后至，睹此惨状，挥泪而去。第二天，我写了一文——《目击者》，投登于《民主报》(当时民盟在渝的报)。接着又是昆明屠杀学生教员的血案，暗杀李公朴、闻一多的血案，使我当时更清楚了蒋介石匪帮反动政权的本质。兹从一九四五年的日记中，摘录三则，作为我当时思想情况的反映：

(一)十一月九日：《次韵钟诵余兄见赠》的一首旧诗："一沙一叶托精神，风雨名山自有因。守朴廿年持故我，盟心五夜访斯人。著书卡尔真名世，耕凿许行昔问津。留得心香长向往，明珠珍重未投身。"

(二)十二月五日：昆明西南联大学生因反对内战罢课，遭受当地军警的屠杀，死难四人。教授们拒绝上课，表示愤慨……

(三)十二月十日：引人注目的昆明学生运动还没有中止，成都的学生又在游行示威，重庆的文教界朋友也在为昆明反内战的死难者开追悼会，于此可见人心的一斑。今日《新华日报》载录一联道："以学生作仇，以人民为匪，屠杀不遗余力；与敌寇为友，与汉奸为朋，宽容唯恐不周。"很是贴切。(第6—8页)

二月，得大夏大学副校长王毓祥眷顾，以校长办公室秘书名义帮办学校复员事宜，同时兼任赣江中学教员及训育主任。

先生自述：

我初到赣江中学时，感到那里不是久居之处，曾写了一信并附诗一首，投寄王毓祥(他那时在赤水①，已任副校长)，语虽问候，实则自媒。王是个封建同乡观念很重的人，据说他还赞赏那首诗，一九四六年一二月，他由赤水来重庆，办理大夏大学复员上海的事，要我以校长室秘书名义帮他处理复员事项，这是我回大夏工作的一段关系。这时赣江中学也已迁回市区，他们又来约我去教书，兼任前职，因为大夏工作不是太忙，半年内还是复员不了，且无固定办公处和宿舍，回到赣江这些问题都可解决，而钟诵余的友谊却也使我有些留恋。因此我在一九四六年的二月到八月，除担任大夏的秘书外，又重回赣江中学任教员兼训育主任。(《自传》第12—13页)

先生在《三十二年生活》一文中写道：

一九四六年二月，大夏准备从贵州的赤水经过重庆迁回上海，所以在

① 1944年，日寇大举进攻西南。9月，日军由广西入黔边，贵阳震动。11月，大夏大学成立疏散委员会，决定迁校至黔北赤水。12月，校长王伯群病逝，校董会推欧元怀任校长，王毓祥为副校长。1945年初，疏散委员会改为迁校委员会。3月，欧、王两校长抵赤水，主持迁校事务。迁校工作十分艰难，直至3月中旬才安抵赤水，以文昌大庙为校本部，借赤水中学、博文中学、赤水女子等校部分校舍，4月开始上课。

重庆设立了复员办事处，我本来与副校长王毓祥还熟，他有很浓厚的同乡感情，见了面，他要我帮忙复员工作，担任秘书的职务。这时我还在赣江中学教书。是两面兼顾的。到九月底，大夏的复员工作办完①，我才随着学校复员到了上海。（第 7 页）

九月，由重庆乘轮船随大夏大学复员教职员顺江东下，于十月下旬抵达南京，二十六日清晨改乘火车抵达上海。沿途写下不少诗篇，后又以《江上秋风》为题，详细记述沿途见闻感受，成为大夏教职员复员回沪的重要文献。②

先生自述："大夏的复员，九月间才由重庆包船东下，沿途搁延，十月下旬始达上海。我有《江上秋风》记述此 50 日的旅途生活，刊于《大夏周报》第二十三卷第一期。"（《自传》第 13 页）

---

① 日寇投降后，大夏大学校董会于 8 月 24 日在重庆开会决议迁回上海，秋季仍在赤水开学。1946 年 1 月，王毓祥赴重庆接洽复员事宜，并出席立法院会议。4 月 1 日，在重庆设立复员办事处，策进复员事宜。6 月 1 日赤水竖立迁校纪念碑，迁校开始。7 月下旬，图书仪器等自赤水运抵重庆，8 月底最后一批复员师生及眷属自赤水抵达重庆。9 月 1 日开始装轮，12 日复员师生乘坐之华泰轮驳启碇下驶（参见《大夏大学内迁十年纪事》，《陈旭麓文集》第 2 卷，第 640—641 页）。

② 先生在由渝至沪途中所写诗篇。据《江上秋风》一文所记有如下三首，兹按次录后："（九月）七日的早上，说是明天开（沈案：大夏包租华泰公司轮驳，议定九月二日开船，然届时却没有开船），话比较肯定，我也想不至再延了，下午把行李搬去，谁知道又说要九日开，我只好把行李放在船上，自己还是随着送行的朋友和几个学生仍回到赣江中学。记得当时口占了一首打油诗：'多谢云情送去船，斜坡浮板过江边，行人都道舟延发，重庆又留一日缘。'"（《陈旭麓文集》第 4 卷，第 347 页，下同，仅注页码）

"住在重庆一年多，街道的坡度和灰尘，宿舍里的耗子，酷暑的夏季，虽然是胜利的司令台，人们终究不易怀着浓厚的好感；可是一旦要离开了，总有些莫名的怅惘和眷恋；何况在艰难的岁月里，有许多天真的面庞和纯洁的友谊，给你打发了多少寂寞的日子！'何当共剪西窗烛，却话巴山夜雨时'。在离别的须臾，怎不叫人神往，下面的四句，算是我离开重庆的心情：马达声声只向前，又添离恨出巴川。云浮山外山连水，回首山城已杳然。"（第 348—349 页）

船在奉节停留时，先生写道："这里的核桃石榴和枣子产量甚富，价也便宜，买两三百元，不但自己可以吃饱，还可以请客。尤其是核桃，敲破硬壳，挑取核肉，须经劳动过程，才能享受他的香脆，当你坐在船头上或菜馆里，心情着处的时候，核桃确是最可爱的东西。下面是'停泊奉节'的一首诗：莽莽潮山道路赊，眼穿望不到京华。东风吹涨一江水，秋雨羁留八月槎。心伴码头云出峡，人同雁影渚为家。看书睡起浑无事，细剥核桃数浪花。"（第 352—353 页）

又据《陈旭麓文存》第四卷《浮想偶存》《诗词》所收："船自三峡下泊武汉重游黄鹤楼：衣冠几辈浊难分，阁楼依然满夕曛。胸底险翻三峡浪，眼前幻接十年云。江山含有诗人藻，竹帛空谈革命勋。中原血泪民力尽，和平安得戢兵氛。"（第 325—326 页）

以上四首中，第二首即离开重庆时所作，《文集》诗词部分未收，而第四首重游黄鹤楼，为《江上秋风》所无。

《思想批判总结》一文记载说：

抗战胜利后，反动派忙着“接收”和内战，征用交通工具，普通机关要雇船真不容易。所以大夏的复员，搞了大半年，到秋天才成行。我们乘的是小火轮拖着的木船，马力不足，速度很慢，水大了怕翻船，就得“扎水”，沿途时开时停，搞了一个月。我在船上的生活；“看书睡觉浑无事，细剥核桃数浪花。”（船上写的诗句）好像恬淡悠闲，实际却经常考虑到了上海后，怎样投身到这十里洋场去自由竞争，在文教界圈子里显显身手，我决不能做一个混饭吃的无名小卒，一定要做教授，而且要做“名教授”，后来在报纸杂志上发表的一些文章，就是在这样的丑恶思想基础上写的。（第 10 页）

十月，大夏大学贵州、上海两部在上海中山路原址合并，先生仍担任校长室秘书，具体负责联系毕业同学和起草各种普通文书。工作之余，开始撰写各类文章，发表《大夏大学内迁十年纪事》、《江上秋风——记随母校复员》、《读书偶拾》、《文凭与工作——敬献给校友》等。

先生自述：“到上海后，我仍任大夏大学校长办公室秘书，这时除主任秘书外（先后有丁勉哉、孙尧年），还有一个秘书（黄彦起），我分担一部分最不重要的工作，主要是校友的书信联系。”（《自传》第 14 页）

“到了上海以后，我仍担任原职，负责联系毕业同学和起草一些普通的文稿，是三位秘书中最不重要的一个，而且是常被欧校长所歧视的。”（《三十二年生活》第 7 页）

由于学校在战乱中数度播迁，致使不少毕业生无法正常取得文凭，也有在流离颠沛中丢失文凭者，更有缘于种种原因而未向学校领取文凭。而战后铨叙机关甄审公教人员的资历又日趋严格，因此许多校友都急如星火地向母校追领文凭，先生为补发文凭忙碌异常，内心充满同情。他在《文凭与工作》一文中，除向未领取文凭者具体分析原因外，又诚恳地指出：

文凭与工作固有着相互的关系，在当前社会经济濒于破产的前夕，一片失业声，如您注意到各种日报的社会服务栏，求业和征才的数目是怎样的悬殊，有时只有求业，压根儿没有征才的机会，这是一个日趋严重的社会问题，所以许多人丧失了就业的权利，文凭也失去了它应有的边际效用。（《陈旭麓文集》第 4 卷第 367 页）

周武在《以史经世：史学良知的当代之旅——陈旭麓传》一文中对先生当时的工作状况和工作环境有所描述：

从重庆到上海，对大夏而言是复员；对先生而言，则是初来乍到。到上海的最初一段时间，先生的身份仍是校长室秘书，具体负责联系毕业同学，起草各种普通文书，看起来很平凡，但复校之初百废待举，头绪纷繁，校长室肩负沟通上下，联络内外之责，工作并不轻松，单补发文凭一项就够头痛了，更何况还有一些莫名其妙的人事上的缠绕！当时大夏校长是欧元怀，副校长王毓祥，欧王间有矛盾，先生处境比较微妙。（姜义华主编：《史魂：上海十大史学家》，上海辞书出版社 2002 年版，第 223 页）

对这种微妙关系，先生在《自传》中也有涉及："因为大夏的主要统治者是欧元怀，他对我在政治上颇具戒心，并且我是王毓祥的关系，欧王之间在权力上是有矛盾的。"（第 14 页）在《三十二年生活》中，先生说自己"益感到职务的苦闷，而且在同事方面也不易找到一个比较谈得来的人，在生活上不免有些孤独。"（第 7 页）

先生《书斋置菊花一盆晚移檐前》一诗很可能作于此时：

正是萧萧欲晓天，轻移盆菊到檐前。
疏离知汝风霜惯，争恐轻温失自然。

（《陈旭麓文集》第 4 卷《浮想偶存》，第 325 页）

1947 年　29 岁

仍任大夏大学校长室秘书，年初被聘任讲师，讲授中国通史，在讲课中常抨击反动政治，课余撰写时评时论，结交进步教师，利用秘书职务之便暗中支持学生运动，因此遭到特务注意。

七月，加入中共领导的地下民主组织"上海大学教授联谊会"①。

先生自述：

不久，我争取了讲师的身份，讲授中国通史，开始遭到欧元怀的心腹苏希轼（训导长兼社会历史系主任）的反对。我很自负的向王毓祥说："如果苏希轼能教中国社会史，我教中国通史，要是我教不过他，我跳黄浦江！"因

① 上海大学教授联谊会简称"大教联"，是中国共产党领导的上海各大学进步教授群众团体，成立于 1946 年秋，由沈体兰、张志让等发起，设立干事会。在历届干事会任职的有张志让、沈体兰、蔡尚思、潘震亚、李正文、曹未风等，成员有马寅初、潘震亚、张志让、沈体兰、李正文、瞿祖康、周谷城、周予同、蔡尚思、杜国庠、蒯伯赞、吴泽、蔡仪、刘佛年、方令孺、卢于道、陈旭麓、夏征农、赵纪彬、孙大雨等 80 余人。基本活动为双周聚餐会，常以个人或联合签名形式发宣言、写文章、作演讲等评论时政，积极参加民主爱国活动，其言论在当时具有较大影响。1947 年暑假，许多进步教授被解聘，大教联积极设法帮助生活困难的被解聘教授，如在工商界资助下设立文化研究所，吸收他们研究日本问题，出版了《日本问题面面观》等专著。1948 年 11 月，大教联被迫暂停发表宣言的斗争，1949 年后曾恢复公开活动，后并入大学统一组织高教联。

此王毓祥坚持了一下，他才没有反掉。这种个人短长的争执，说来是无聊，但这一点对此后我的活动很有关系。(《自传》第14页)

我以历史唯物论的观点讲授中国通史，上课常气愤地抨击反动政治，我也常写些论文，发表于当时的进步刊物上，如《观察》、《时与文》、《国讯》、《展望》①及《文汇报》，因此我开始被特务们所注意了。(《三十二年生活述》第8页)

由于我的政治认识比以前有所提高，感到革命与反革命、正义与非正义的斗争更加尖锐起来。此时我和吴泽、蔡仪②、陈友伟等同志已建立了友谊，在政治觉悟上，他们对我都有所帮助，其中与吴泽同志的关系又最密切。一九四七年由吴泽、蔡仪两同志的介绍，我加入了党领导下的地下民主组织——大学教授联谊会，这是我参加政治性集团的开始。(《自传》第14页)

对于当时的斗争，先生在《我的思想转变过程》一文中有较为详细的说明：

一九四六年的十月，我随大夏由重庆复员到了上海。此后我与吴泽、蔡仪、陈友伟等同志建立了深厚的友谊(吴泽同志我在重庆就认识了)，也

---

① 《观察》，时事政治性周刊。1946年9月1日创办于上海。储安平主编。以"民主、自由、进步、理性"为宗旨，对中国时局、战局、经济、文化、社会诸问题发表评论，尤以军事问题的评论鲜明及时为世人瞩目。主要撰稿人有张东荪、潘光旦、傅雷、吴晗、费孝通等，政治倾向上主张"第三条道路"，同时刊载批评国民政府和反对共产主义的言论。1948年12月24日被当局查禁。次年11月1日复刊，改为半月刊，迁往北京。共出版6卷14期。1950年5月16日停刊。

《时与文》，周刊。1947年3月14日创刊于上海。程博洪发行，施复亮、张东荪、马叙伦、周谷城、王亚南、沈钧儒、伍丹戈、张明养、臧克家、洪深、马凡陀等为主要撰稿人。宣扬"中间路线"，因触怒当局，于1948年9月24日被勒令停刊。

《国讯》，原名《救国通讯》，1931年12月23日创刊于上海。半月刊，属中华职业教育社刊物之一。1934年7月改为本名并改成旬刊。张雷澄主持。主张取消党治、恢复民治，反对对日妥协、实行革命外交，坚持抗日、民主，倡导职业教育和乡村建设。抗战中曾先后迁往重庆、桂林、香港出版。1947年5月改为周刊，次年4月被政府查封，共出版457期。

《展望》，1948年5月1日创刊于上海。周刊。中华职业教育社刊物之一。社长俞寰澄。黄炎培等15人组成编委，杨卫玉任编委会主任。解放战争期间因评述国民党战场形势恶化，揭露和抨击蒋介石政府的"和平攻势"等，于1949年3月19日被当局勒令停刊。6月1日复刊。1961年停刊。共出版600余期。

② 吴泽(1913—2005)：江苏常州人。1937年毕业于中国大学经济系。曾任复旦大学教授，1946年任大夏大学教授，结识陈旭麓先生，解放后历任华东师范大学教授、历史系主任、中国史学研究所所长。

蔡仪(1906—1992)：湖南攸县人。1929年留学日本，1937年回国，曾在国民政府军事委员会政治部文化工作委员会工作，后任大夏大学教授。1945年加入中国共产党。解放后任中央美术学院教授、副教务长，北京大学文学研究所、中国社科院文学研究所研究员等。著有《新艺术论》、《新美学》，主编《文学概论》、《美学原理》等。

通过吴泽、蔡仪两同志的关系，尤其是吴泽同志，渐渐与上海文教界的民主朋友有了联系。一九四七年李正文①(现华东革大副校长)、邱汉生(现上海市教育局中教处副处长)来大夏教书，我们也有过一些联系。自后我在个人的工作上与上海的民主运动中，也就参加了一些为人民革命的斗争，虽然是非常不够的，但正是我实践的一面。第一，因为我与大夏已故副校长有着较厚的同乡私谊，曾经以他掩护发刊铅印四期的《潮声报》，每周出一次，后来有人指责王毓祥说我利用他进行反国民党的活动，只出了五期就被迫停刊。吴泽同志要我继续出刊，并愿意替我解决印刷的困难，终因迫于环境，没有继续复刊②。此后我就常写些文章寄投进步的刊物上发

① 李正文(1908—2002)：山东潍县人。1933年加入中国共产党。清华大学肄业，曾任北平左联理论部长、社联研究部长。1935年赴苏联学习，1940年回国。任中共中央上海局策反工作委员会委员，兼任大夏大学教授。解放后历任暨南大学校务委员会主任、华东革大副校长、复旦大学党委书记、高教部政治教育司负责人、北京大学兼职教授等。译有(苏)拉比杜斯《政治经济学教程》、罗森塔尔《唯物辩证法》等。

② 《潮声报》是大夏大学一部分进步师生创办的六开道林纸铅印报纸，不定期出版，前后仅出版4期，因经费无着等原因而停刊。据发起人何开镇称："四七年春，蒋介石受美帝的指示，在国内大肆摧残革命势力，就是当时在学校读书的思想最纯洁的青年被指为异党分子而遭受关闭杀害的，也时有所闻。那时我不忍目睹耳闻，每当课余，与学校秘书陈旭麓，教授蔡仪、同学周贻富、龙载朝等暗地谈论，无不叹息泪下，因此我们决然而起创办《潮声报》。当时办这个四开铅印的小型报纸，目的是对伪政府一切不法措施或公开或喻意提出反抗，完全站在民主立场讲话，像发刊词"潮声"的解释，陈旭麓的论文《铲子与轮子》，吴泽的《历史唯物论》，我所写的《论护权》，周贻富写的《穷人家的孩子》等，都是针对当时黑暗政府、罪恶社会讲的。

"报社社员以"三湘学社"社员为主体，愿参加的，只要他能遵守报社社章，准他参加，不愿参加的并不勉强；不是"三湘学社"的，只要他同意社章，也可以为社员。……主办人像陈旭麓是民主同盟党的(沈案：此说不确，时先生为无党派民主人士)，蔡仪、吴泽这些教授们都是民主人士，当时我是无党无派，周贻富同学也是无党无派。虽然王毓祥是《潮声报》的发行人(伪政府立法委员)，当时是打他的招牌，同时是利用他的金钱作报社的费用，故王毓祥虽则是《潮声报》的发行人，实则是有其名而无其实。

"参加《潮声报》的有陈旭麓、蔡仪、吴泽、周贻富、龙呈瑞、龙载朝、周希曾、史清平、梅建树、梅华、游青等，连我自己，一共十余人。……《潮声报》的组织方面，发行人(王毓祥)、主笔(陈旭麓)、社论委员会主任(陈旭麓)、编辑部主任(周贻富)、发行部主任(我自己)、联络部主任(龙呈瑞)，文章出刊决定权属于主笔。

"《潮声报》出刊的时间，本来是每逢十天出刊一次，但是因为经费缺乏与稿件的难以收集，故有时到一个月才出刊一次，只办到四期(四期、五期记不清了)停刊了。而停刊的原因，主要的由于我们《潮声报》言论立场不容于当时，学校训导处勒令我们停刊，……再次，王毓祥后来怕影响他的职位，不愿负发行人名义责任，报社经费来源枯竭。基于上面几点原因，故只出刊数期遂告停刊。从创刊到停刊，中间大概有三四个月的时间。"(何开镇：《我所知道〈潮声报〉的一切情况》，未刊手稿，华东师大档案馆藏)

表。第二，在抗战胜利后上海解放前的几年中，学生运动一次接一次地起伏着。大夏是一个特务横行的学校，学生运动的开展就格外艰巨，大批的爱国学生在反动政府及校方的迫害下，不断的被开除、被逮捕。吴泽、蔡仪、陈友伟等同志和我是做过一些推动和营救工作的，那时我担任着校长室的秘书，有许多资料是我经常供给吴泽、蔡仪、陈友伟等同志的。不过后来校方防制我很严，有秘密性的文件都避免我，不许我知道。尤其是南京出刊的反动《学生论坛报》刊登"大夏群奸谱"，把我列在第二名，第一第三就是吴泽和陈友伟两同志，后面是十几位同学，分两期才登完。自后欧元怀把我看成了一个"危险分子"，许多工作都不要我做，那时我倒很闲空。如果不是与王毓祥有点私人关系，那时我在大夏是不可能继续工作下去的。第三，解放前二年，上海的民主运动，自我加入张志让、李正文先生等所领导的地下上海大专院校教授联谊会后，我都经常的参加了当时他们所领导的活动。如反对美帝扶植日本运动、于子三运动、反饥饿大游行运动等等，这些运动的秘密座谈和宣言，我都参加过，也签过名。这些事与坚勇斗争的同志比起来是微不足道的，但却是我个人反对反动统治者，反对帝国主义者的具体行动，这些行动指出了我所要走的方向。（第8—10页）

关于暗中支持学生运动，先生在1952年8月所写的《思想批判总结》中曾具体提过一件：

一九四七年五月某晚，校方以妨碍学校秩序的罪名，决定开除七个进步同学①，我赶着在没有公布前，第二天早晨把这件事情告诉陈友伟同志，要他转告同学们注意，不要让他们把进步势力搞光了。当天上午八时，学校在大礼堂开会，同学以迅猛的方式围绕大礼堂，向反动学校当局展开面对面的斗争，要他们撕毁原来不合理的议决，不许开除同学。这个问题闹出来，校方以昨晚散会那么迟，第二天又是这样早，同学从何知道的。训导长苏希轼向我追究消息透露的责任，我说："谁晓得！"那时正是运动紧张的局面，从此他们就到处防备我。"（第19—20页）

在先生被列名"大夏群奸谱"之后，先生说自己"在学校的处境相当困难，他们对我的歧视和防范益加周密。例如：本来我是参加校务会议的，前年（沈案：

---

① 1947年5月30日起，大夏大学举行为期三天总罢课，反动当局抓走学生姚易军（中共地下党员）等5人。事件发生后地下党组织、学生家长、教师等都积极营救，成立被捕同学后援会，推陈修仁、沈家麟两人参加上海市赴南京请愿代表团。（见袁运开等主编：《华东师范大学校史（1951—2001）》，华东师大出版社2001年版，第358—359页）

即一九四七年）几次大批开除学生的时候，就事先用法使我离开会场。那时我亟想辞职，然以工作上的需要也就继续的忍受了。”（《三十二年生活》，第 8 页）

关于上海大学教授联谊会，先生自述：

这个组织的主要工作有两项：一是开座谈会，讨论政治形势的变化，就我所回忆的，每次以李正文同志的发言最尖锐。二是签名发表宣言，我参加这些活动后，对国内的政治分野比较清楚了，也就有了较明显的政治立场。（《自传》，第 14 页）

领导该会的是马寅初、张志让等，每月秘密地集会一次，交换意见，推动各校的民主活动。这是我第一次参加有政治性的团体。入会后经常接近的是曹未风、刘佛年、董每戡等几位。解放后，该会并入高等教育团体联合会，简称高教联。现在高教联的工作已移交教育工作者工会筹备会了。（《三十二年生活》，第 8 页）

自七月起，接连发表《我们向那条路走》、《暑假话大学》、《中国还需要革命》、《论学术独立》等时论，抨击反动统治，探究国家灾难根源，寻求民族出路，成为上海民主进步知识分子群体中的新锐。

《我们向那条路走》，在分析“武力统一”、“和平统一”、“革命统一”三个去向的阻力和可能性后，文章最后写道：

武力统一已遭到了国内国际的阻力，革命统一也受着种种的限制，或者说尚未瓜熟蒂落，和平统一又是那样翩若惊鸿不可捉摸，似此中国只有在战争的混乱下，永坠浩劫不能自拔。然而人类历史应该不会这样的伊于无底，总得有一个交代，这个交代到底怎样？似乎还有待事实的证明。王芸生先生在《中国时局前途的三个去向》一文里（《观察》创刊号），认为除了革命和平的途径外，可能走向南北朝的对立，各据半壁以自雄。曾经有人主张国共分地而治，即是促成南北对立的局面。然而南北对立的可能性究竟怎样？我是否认有这样一个去向的。因为南北朝只是统治权的斗争，与今日政权与民主的争取大异其趣。统治权的斗争过程到了谁也不能打倒谁的时候，只有各守原有的防地，互相窥伺。中国历史上已经出现了不少的这种场合。但是当前的形态是错综复杂的，被不同的信仰和势力打破了固定的空间范围。例如中共原来建立在陕甘宁的边区，但极南的广东和海南岛也有过他们的势力。就是政府自身也未必尽是真正的政府主义者。所以在联合政权的形式出现了以后，只有战争或和平的两个途径，战争则包括剿灭和革命，和平则不出于联合政府的范畴，绝不能有不战不和的执中办法。

人民是迫切地在祈祷和平,希望尝一点安宁生活的滋味。如果和平不可急得,只要能用快刀斩乱麻的方式,不问其为剿灭或革命,阵痛之后,即可获致安详的局面,则战争亦有所希望。若战争徒惹成长期的纷乱,打个你死我活,依然不能解决问题,还要从和平求出路,则目前一切的决策需要有智慧者的重新考虑,不要让历史铸成了不可收拾的大错。[原载《观察》第 2 卷第 21 期(1947 年),收入《陈旭麓文集》第 4 卷《浮想偶存》第 379—380 页]

写于 1947 年 10 月,发表在《时与文》第 2 卷第 4 期上的《中国还需要革命》,从历史与现实的角度分析探讨了中国为什么至今没有完成革命任务以达到民主政治,文章指出:

封建势力在中国社会已生了根,成为社会牢不可破的基石,政府只是基石上的堡垒,新的老了,又被新兴的推翻,是这样的一代代新陈代谢着,基石始终没有动摇过。如果我们要走出历史的连环悲剧,我们必须以全力去摧毁这顽强的基石和基石上的堡垒。辛亥革命之后,在"五四"时代,固然也做过些摧毁基石的工作,可是没有长出新的土壤,动摇过的基石磐然如故。"不遇磐根错节,安别利器"。我们现在就处在一个这样攻坚的时代。

文章在论述革命的必要之后,提出了"谁能担当革命的重任"问题。指出能担当革命重任的,不外下列三方面:

第一,由于政府自发的来完成革命的使命,实现中山先生的遗志。政府中确实有不少此种期望和抱负的人。美国名教授裴斐,去年应我国教部之请,来华讲学,回国后在《哈布斯杂志》发表"退出中国此其时矣"一文。该文主张:"由中国改革政治,成立为人民所拥戴之政府,并实行社会改革,庶不至引起极端分子的革命。"裴斐教授的高见,不出所谓政协路线,希望政府派自动地彻底改组政府,实行中山先生改良派的民生主义,以缓和激进分子的流血革命,完成不流血的光荣革命。当去年政协开会的时候,也许有这种迹象。可是毕竟这是一条走不通的道路,两年来的事实,已经告诉了我们。政协开会后,不是有许多忠心耿耿的人物,吞声引饮泣吗?一向被认为金字塔的上层结构,既由自己所占有,又要由自己拱手让人,我们除了做唐虞揖让政治的梦,现实的道德和智慧是不容易有的,因为既得利益集团,为了保持既得利益,正好像革命者要完成革命的使命,是不择手段的。

第二,知识阶级的……大量的自由分子,他们不愿走入共产党的集团,更不满意政府的一切,他们拥有舆论和民气的反抗力量……这许多自由分子，固然怀着满腔热血，但是如欲单独举起革命的旗帜，是不容易的。一则缺乏坚强的组织，再则没有革命手段的武力；并且愿意挺身出来干涉政治的自由分子，占全国人口的百分比究竟太少，这是中国的中庸主义在作祟。但是虽然他们没有革命的力量，却有左右社会的影响，如果国民党能够领导政府突破当前的难关，实现中山先生改良主义的社会政策，以达到民主的道路，则这些自由分子正是民主的新血液，如果政府继续腐化恶化下去，他们到了忍无可忍的时候，将有走入左方革命集团的可能。不可否认的，此种现象，已日趋显著。

第三，握有武力领导革命的中共，已有了二十余年实际斗争的经验，现时拥有的地盘和人力，谁也不能否认其为国内第二大政党的地位。……然而就当前多数人的观察，中共虽然拥有相当大的政治力量和军事力量，但其不能立即颠覆政府却与政府不能剿灭中共无异。此时此地说起来，这观点正是事实，就是说中共领导的革命力量还没有水到渠成之势，似尚有待于国际局势的彻底转变。

文章最后写道：

在这里，我们可获得了本文的结论，中国需要革命，无论政府来完成未完成的革命也好，共产党来革命也好。换句话说，国民政府如不能拿革命的手段刷新社会，则"革命"必假手于人。可是你要革命，你要和平，人家都不点头，结果革命也不能，和平也不成，就演为现在你打我，我打你的局势，这局势要维持多少日子，刀柄又拿在别人手里，可以痛哭流涕者在此。(《陈旭麓文集》第4卷，第387—399页)

《暑假话大学》发表于1947年8月7日《大公报·星期评论》，文章对国民党的"党化教育"作了严词批判，对学校当局处理进步学生表示强烈不满，文章写道：

不可否认的，二十年来的教育，政治的压力多于教育的启导。孟子说："以力服人者，非心悦诚服也，力不足也。"教育不能启迪青年，而用政治的威力，这是党化教育的完全失败。其实，不满现实的过激青年，除极少数或含有政治的因素，大多数都是优秀而纯洁的份子。我们毫不珍惜青年的前途和社会未来的需要，凭一时的意气，断送其求学的机会，衡之教育本旨，未免背道而驰。就是这样严密的防范，何尝能真正地解决问题！因为学潮的产生，并不是青年本身的问题，问题在青年正义的呼声里，就是整个国家症结之所在。如果不解决症结的本身，而禁止说出症结的声音，何异慈禧太后不许太医说出同治帝的花柳病，结果同治帝的病情怎样？况且青年的思想有何毒质，既不能从血液中去化验，也无法用显微镜去透视，入学之始，何从知其向背。事实上思想行动，往往随环境为转移，在合理而顺适的环境里，青年可驯若羔羊，一旦受了刺激，羔羊也可变成怒吼的狮子。

对于当道者压制学术自由，解聘进步教授，文章也作了严正的批评：

年来每逢暑假，总有大量的教授解聘。除了极少数是由于个人的因素外，多数是因着政治的关系，他们不能授业解惑吗？而这些被解聘的人，往往都是青年所衷心所崇敬者，惟其如此，就是被解聘的理由。今年暑假，经五月全国学潮①之后，这一件事尤为教育界所注意。暨大三十余位教授讲师的解聘，复旦法学院院长张志让先生等的辞职，已是众所周知的事，只要我们熟悉辞职者、解聘者的名字，我们就不难知道是何意味。我们一面看到大学教授的缺乏，却有许多优越的学者被踢出大学的门外，这是使人不能索解的矛盾。六月底教部举行教育座谈会，有人主张提高学术研究以消弭学潮，可是教授没有讲学的自由，研究经济的指定《资本论》做参考书，教哲学和历史的讲些唯物辩证法，也会遭到歧视，也会有解聘的可能，学术又从何研究，更从何提高。如果以提高学术研究为消弭学潮手段，则更南辕北辙！在一个政治上轨道社会经济安定的环境里，自可收到预期的效果，否则适得其反。因为学术的提高，首先要有研究自由，一个自由地追求理想的人，对中国当前的环境谁不痛心疾首，动于中而形于外，何能抑止他们

---

① 5月全国学潮始于5月4日上海各校学生与市民举行反内战、反饥饿示威大游行，遭军警镇压。之后，北平清华大学学生于5月15日掀起反饥饿、反内战运动，17日开始罢课。次日南京中央大学、国立剧专、音乐学院、金陵大学学生举行示威游行提出改善生活待遇，反对内战等五项要求。同日，上海交大、上医、沪江、之江大学等校师生为要求改革学制、改善生活、增加教授待遇等，举行罢课罢教。18日，北大各院系代表召开联合会，提出反对内战、反对"武力统一"等六项要求，并决定自19日起罢课三天。19日，上海复旦等15所大专院校学生五千余人举行反内战、反饥饿大游行。同日，平津部分院校举行罢课。5月20日，南京、上海、苏州、杭州地区16所大专院校六千余人在南京举行联合示威大游行，遭国民党军警镇压，被捕二十多人，伤一百余人，造成"五二〇惨案"。同天，北平大中学生万余人举行反饥饿、反内战大游行；天津南开大学、北洋大学等学生举行示威大游行，遭军警镇压，造成流血惨案。接着河南、广东等地学生也举行反饥饿、反内战大游行，表示声援。5月全国学潮，影响巨大。新加坡华侨各界促进祖国和平民主联合会执委会于5月28日开会，讨论国内学生运动问题；著名侨领陈嘉庚于同天致电南京国民参政会，声援学生运动。5月30日，新华社播发毛泽东起草的《蒋介石政府已处在全民的包围中》的评论，称其为"伟大的正义的学生运动"，并把他们"和蒋介石反动政府之间的尖锐斗争"称为"第二条路线"。指出："学生运动是整个人民运动的一部分，学生运动的高涨，不可避免地要促进整个人民运动的高涨。过去五四运动时期和一二九运动时期的历史经验，已经表明了这一点。"(《毛泽东选集》一卷本，第1224页)

那种当仁不让的心理，社会运动或学生运动又何能避免？风雨如晦，鸡鸣不已，这或是一元来复的先兆。（《陈旭麓文集》第4卷，第381—387页）

刊于1947年12月《时与文》第2卷第14期的《论学术独立》一文，是针对胡适在本年9月间发表的《学术独立十年计划》而写的。文章开首即概括了胡适文章和言论的“立意之要点”，然后就“中国学术所以不能独立的原因”作了分析：

说到原因，要是逐条的讲义式的依次排述下去，又是许多老生常谈，也太费事了。我在这里只提出一点：西方的许多学者如苏格腊底、哥白尼、达尔文等，他们在黑暗的时代里，不依托当时的社会关系，不管现实给予他多大的压力，为真理奋斗，至死不屈，真理于数十年或数百年后而大白，这种为真理而奋斗的启发精神，带给了人类以不可遏止的力量；而中国的所谓学人，有的是忠于职责的董狐、方孝孺式人物，思想和行动被当时的社会关系紧紧地锁住，纵不为社会关系所束缚，而具有冲破罗网的毅力者，又只有李卓吾、金圣叹等浪漫式的人物。欲求如卢骚、伏尔泰等领导法国启蒙运动的人，在历史上除了近世一二人可与仿佛外，已不可多得。以这样的历史关系，决定了中国学术的依赖性。但是我并不是说中国学术将长期被历史的命运控制，社会经济的力量有时会冲破命运之防的，春秋战国时代不曾经随着社会经济的变化，产生过光辉灿烂的学术思想吗？

文章就争取学术独立的几项“基本原则”作了阐发：

第一，实在我们的教育经费占国家的整个预算太小了，已为众所周知。现在宪法已规定了15%，据说从行宪后就可开始依照宪法标准支付，可是民族毁灭的大悲剧没有戢止，社会经济如此的糜烂不堪，谁能保证条文比枪杆子有力量。作为教育界领导者的胡先生，不为整个教育谋出路，却向蒋主席张院长提出五所大学学术独立的锦囊妙计，不知胡先生是见到教育经费的不足，只够发展五所大学或十所大学，还是因为宪法快要实施了，教育经费增加，有余力发展几所特殊的大学。胡先生纵无此意，迹其主张，亦不能不叫人多心。纵然在现阶段的局势，空言无补，但一个追求真理者，则应不计得失，从大处着眼，为整个教育打算，求得全盘经费的解决，作公允合理的分配，庶几仁者之声，其利也溥。

第二，如果学术独立的意义，不是中古闭关式的独立，则它的发展，是需要高度的思想自由，让学人纵横驰骋于精神生活的天地里。汉武帝把孔老夫子搬出来，统制天下的思想，除了做封建专制政治的保镖，对中国学术上到底成就了什么！现在“一尊”的教条虽作了名义上的废止，可是讲学的自由在哪里！我们看到许多通儒硕学之士，过着逃亡放逐的生活，而大学里却缺乏教授，幸进之徒日多，这是人类文化传播的损失。北大今日在国内拥有的学术地位，与其说是经费的充分，不如说是蔡孑民先生领导思想自由之功。胡先生也曾为思想自由奋斗过，也曾为中国的启蒙运动出过力；而对面临的重重阴影，连念念符咒的勇气都没有了，变成了别人向他念符咒的身份，这样的提倡学术独立，是"只此一家并无分店"的独立。

第三，十年战乱的岁月，教育界人士已苦到尽头，儿号寒而妻啼饥，在物质和精神双重压力下，他们的研究工作纵然在若断若续的进行着，也几乎已到了凝止的地步。我们故不能奢望政府如美苏一样的优待学人，供给汽车、洋房和研究的助手，至少也要给予够温饱的享受，有维持一家数口的收入，有一间供其私人实验或研究的房子，俾能一心一意加深其耕耘。否则一个人的生命和时间有限，困于生活，累于室家，把大部分的精力耗于杂务，虽有研究学术的雄心，到头来只落得穷愁潦倒，赍志以殁，狡焉者则入仕经商，飞黄腾达，如此欲望学术发达以至于独立，终是南辕北辙。因为学术还是需要人去钻研，中国有些学人虽有打脱牙根和血吞的傻劲，可是和血的牙根已经伤尽了他们的心，天天在精神的苦痛中，研究学问又从何谈起！所以提高学术水准，与提高学人的生活水准，是同样的迫切和必需。

第四，要求学术独立，自然是由于学术的不独立，学术的独立与否，又是由于世界文化的比较得来。中国要求学术独立的呼声，虽然不是自今日始，而始终不能脱离其依傍性者，是受各方面的限制，没有赶得上人家。在尚未赶上人家的时候，对于别人已获得的成就，是不能一点放松的，基于这个原则，我们的留学政策是要维持到不需要留学为止。……至于有些无需到国外去学习的学问，国内可能给予深造的机会，大可不必以喝海水为荣耀，浪费外汇，所以国内的大学任其自由发展外，中央研究院的扩充或增设是必要的，研究院毕业的学生，须予以留学生同等的待遇，为全国大学真正富有研究心得的毕业生，开留学和研究院的两条路，一方面袭取人家之长，另一方面建立起自己的学术系统。

文章最后说：

今日谈学术独立容易，为学术独立出方法不容易。而欲黜除学术独立的阻力，则非具有革命的勇气和精神，恶势力自己不会退避，让出一条光明的大道来。胡先生有建立学术独立的雄心，而没有抨击恶势力的勇气，今日之胡先生与五四时代之胡先生已不可同日而语了。（《陈旭麓文集》第4卷，第400—409页）

本年先生作《病中感杂》四首，诗作反映出虽在病中，但精神状态颇好。

（一）

朽木敢伤爨后琴，杏坛十载息余阴。
临床重问斯人疾，公谊私恩海洋深。

（二）

亲心日夜逐天涯，劫后故园望眼赊。
函电交驰别无语，只言病好早还家。

（三）

知我病深每过促，问宜调药敛欢容。
此身早是剥余茧，又吐新丝一万重。

（四）

多谢友生念我频，驰书临褥倍相亲。
身经九死一生后，敝帚从此要自珍。

（《陈旭麓文集》第 4 卷，第 326 页）

1948 年　三十岁

本年仍在大夏大学任校长室秘书，教中国通史。课余关心时事，写作时论，积极参与由进步人士和团体组织的各种座谈会，相与探讨国内国际问题。

六月　写作《戊戌维新论》，用以质疑当时言论界出现的鼓吹中间路线的思潮。[①]文章指出：

这一场由士大夫提出通过封建王朝的革新运动，历史上所盛称的戊戌政变或百日维新，从王朝的一部分人发动，又被王朝的另一部分人推倒，这给予中国的改良政策是一个讽刺，更给予中国的士大夫一次深深的反省。

……

为什么中庸的革新运动会遭受这样的失败？我在上面已经提到英日

① 中间路线，现代中国的一种政治思潮。约在一九三〇年中国国民党临时行动委员会成立前后，其主要领导人邓演达，寻求一种使中国摆脱半殖民地半封建社会状态的中间路线，为蒋介石国民党所不容。邓本人于次年策划反蒋军事行动，于八月被捕，十一月被杀害。抗战胜利后，中间路线重被提起，主张中国走介于资本主义和社会主义之间的第三条道路，实现英美式的多党竞争议会政治，以实现政治民主化和经济民主化，反对暴力革命。天津《大公报》于一九四八年一月十九日发表《国际第三方面军势力的抬头》，鼓吹第三条道路。

的君主立宪，是产业革命后产生的政治构造，中国没有完成新的社会基础，空中楼阁的维新政治怎样会落地生根呢！因此满清政府也就不能不与其他的许多朝代同样的归于灭亡。本来封建地主官僚为了自身权利的稳固，对于任何新的改革都是深闭固拒的，所以历代的变法运动都遭受他们的打击或扼杀，戊戌维新自然也不能例外。其不同者，其他许多王朝灭亡之后，接着是一个新的王朝出现，这一个王朝的一切与前一个王朝只是姓氏的不同，其他统治的方法、政治的构造并没有什么两样。然而戊戌维新失败后的辛亥革命，由王朝政治转变为共和政制，是中国历史上的"突变"。因此维新运动给予当时的影响也就不可同日而语。

第一：维新政治虽被旧势力扑灭了，而维新的需要在许多人的心里渐渐扩大，暴露了满清反动统治的裂口。反动统治者在失尽人心的时候作困兽之斗，作垂死的挣扎；挣扎得愈厉害，反动的程度愈深。……

第二：经过失败的教训，许多维新的知识分子转变了他们的意识形态，对于存在的满清政府已不寄予殷切的期望，这无形中增加了革命分子的力量，有的且直接参加了革命集团的同盟会，与人民渐渐发生了联系，由革新走入革命的道路，由半空中落到社会的基地。这是革新运动失败后的警觉。

第三：革新运动的失败，虽然膨胀了革命的力量，可是辛亥革命在外表上是成功的，事实上却是失败的。由于革命的失败，许多人遂以为革新不致摇动社会的基础，容易恢复社会的常态，一直在憧憬着革新的好梦，从戊戌到现在五十年中，就没有忘记这一条道路。所以康有为有形的辫子随着康有为消失了，康有为那无形的辫子依然拖在许多人的头上，正像满清的宝座虽然给推翻了，而皇权政治仍留存于许多人的心坎里一样。（原载1948年7月31日出版的《展望》周刊，转引自《陈旭麓文集》第二卷《思辨留踪》(上)，第377—385页）

八月　以大夏大学讲师兼任上海私立新中国法商学院副教授。

九月　为北平版《中建》半月刊在上海举行座谈会，抱病写《当前的学生问题》，作为书面意见，发表于该刊一卷七期。

一九四八年九月，《中建》杂志(北平版)在上海邀请一批进步教授座谈"当前的学生问题"，这是一个非常敏感的问题，时先生正卧病在床，本可以不表示意见，但他在接到邀请后，毅然在病床上写下并提交了自己的书面意见，其中尖锐地指出："当前'学生问题'，并不是学生本身真的有什么问题，青年永久是纯洁热情而前进的。问题的症结是在今日政治社会及教育的失调，数十年来的执政者不能辞其责任，我们试回想战前的学生运动，要求国家的独立和自由；五四时候的学生运动，要求科学和民主，然而当时也与今日一样认为学生有罪，事实证明到底如何！陆放翁有句诗‘万事莫如公论久’，我们应该相信这一条定律。”这段话写于国民党政府在全国各地大肆逮捕进步学生事件的过程中，无疑是需要勇气和胆量的，它充分显示了一个青年学者的血性与识见。（熊月之：《陈旭麓先生传略》，刊于《陈旭麓文集》第四卷《浮想偶存》，第616—617页）

十月　为抗议外国帝国主义盗取“北京人”头骨，撰《吊“北京人”》一文，发表于十月十四日《大公报》。文章在叙述“北京人”头骨失踪经过、追溯头骨发现、论述其科学价值在民族史上之重要性后，以“魂兮归来”为目，写道：

如果纯从民族文化的出发点去看北京人，北京人应是中华民国的“国魂”。我们常称“黄帝子孙”、“炎黄世胄”，只是断章取义，而且黄帝其人其事全凭传说，所以今日我们研究中国民族史，无疑的是应追溯至于北京人了。

从十九世纪的四十（年代）到现在，中国不断遭受列强的蹂躏，文化古都的北平，先后叠经沦陷，过去保存的历史性古物，或被帝国主义攫取，或毁于兵燹，因此足以代表民族文化的珍贵资料不知损失凡几。而此次世界大战，中国为战胜国，对于有关民族文化的珍贵资料，自应赢得了保存的权利，然举世闻名研究已达二十年的北京人，竟又以“神秘失踪”闻，且已不知趋向，很难找到，这是民族文化史上一次最大的损失，更是中华民族不可洗刷的侮辱。

北京人的装箱运美，由于日本侵华战争的扩大，原图搬迁以策安全；失踪的经过，又是由于日本揭起太平洋战争，仓卒中不知下落，可见北京人的丧失，日本应负完全责任。将来日本对我国的赔偿，我们万不能忘记这珍贵的古物。不过我们希望盟总切实予以调查，日本的当局更应尽最大的努力，寻出北京人，归还中国，不独中国人有此要求，亦是人类学、考古学上的幸运。我谨在此为我们的祖先北京人招魂。（《陈旭麓文集》第四卷《浮想偶存》，第411—419页）

十一月　参加《中建》半月刊（北平版）在上海举行的座谈会，作美苏问题发言。发言记录稿《美苏问题》刊于该刊一卷十期。文章指出：

资本主义不消灭，国际间没有真正的和平；阶级利益不铲除，国内也没有真正的和平。纵有所谓和平，只是战争的准备阶段，或者说只是一个拖延的局面。所以美国在短期内虽不愿冒险揭起对苏的战幕，但我们决不能相信这就是和平之神的降临，杜鲁门虽没有杜威那样的浑身火药气味，其为独占资本家代理人的身份却是一模一样的，……作为社会主义的苏联，固然在觅取和平避免战争，然而为了达成社会主义的世界任务，不为资本主义所胁服，必要时也是不惜一战的。所以苏联不发动战争也不恐怖战争。至于现阶段"拖"或"和"的局面能够挨到什么时候，则要看今后客观环境发展的决定性。(《陈旭麓文集》第四卷《浮想偶存》，第421页)

先生在一九五六年写的《自传》中，对自己的思想认识作过一次全面的回忆。他认为自己参加民主进步活动后：

对国内的政治分野比较清楚了，也就有了较明显的政治立场。另外，在一九四八年，我出席过由王艮仲(现在北京)出面召集的座谈会，现在查得出的：一次是座谈"美苏问题"发言记录(载同上一卷十期)，出席的人有张志让、李正文、杨晦、蔡尚思、潘震亚等人。座谈的时间都是在晚上，由此他们派车送我回来至中山桥时，特务拦车检查。……到上海后，我的政治倾向虽然前进了一步，但好些地方还是模糊的，如一九四八年欧元怀竞选伪立法委员①，动员大夏许多人到外面活动选票，校长办公室更是闹得人仰马翻，可是我闲着没事做，显得非常尴尬。到快投票的前天，听说吴泽同志要到复旦去给欧拉票，因为他在复旦教过书，有很多熟人；我以为这是打开尴尬局面的好机会，毫不犹豫的就和吴泽同志一道去了。记得我找了六七家人，其中有曹亨闻(尚在复旦)，也在章益②的办公室坐了一会。当时蔡仪同志还在大夏，准备不去投票，我劝他应付这个局面，结果他把图章交给我，我又把图章交给校长办公室的人去投票。我这种做法是想缓和欧元怀对我以及蔡仪同志的歧视，但在政治原则上犯了不可饶恕的错误。一、党是根本否认伪国大的，跟着党走的民主政团也持同一态度，我去投票，而又劝人投票，是违背了党的政治斗争方向，也与民主要求相抵触，无异承认了伪国大的合法地位。二、为了维持个人在学校工作的关系和安全，竟丢开了严肃的政治立场，不惟不符合共产党的政治品质，也是政治操守上的污点。虽然我那时还不是共产党员，可是我已在跟着党的政治路线走。又

① 立法委员的选举于1948年1月22、23日在全国各省、直辖市举行，欧元怀竞选立法委员事应在此时。

② 章益(1901—1986)，安徽滁州人。1922年毕业于复旦大学，1926年获美国华盛顿大学教育学硕士学位。曾任复旦大学教授、教育系主任、教务长、校长。新中国成立后，任山东师范大学教授。专长教育心理学，著有《心理学讲话》、《巴甫洛夫学说与心理学改造》，译有莎士比亚《亨利六世》(三卷)等。

如一九四八年王毓祥弄来一份宣言，要我和吴泽同志签名。这宣言的内容，仿佛记得对国民党的贪污腐化有所揭露，但文字上没有明言反对革命，事实上是想用改良和咒骂的办法来抵制革命，是政客们淆乱是非的恶劣手法。我和吴泽同志都签了名，吴泽同志考虑后觉得不妥当，将他的名字又划掉了。我问吴泽同志我是否也应该涂掉，他迟疑了一会说马马虎虎，应付一下罢。结果这个宣言在《大公报》上发表了，看后很懊悔。在“大学教授联谊会”的座谈会上，李正文同志提出了尖刻的批评，还是吴泽同志给我加以说明的，我曾想在报上登一则启事声明，却没有勇气。这一件事不止是说明我在政治上的认识和缺乏警觉，更重要的是在知道错误之后，不敢明目张胆的更正，这是害怕斗争的懦弱表现。(《自传》未刊手稿，第16—17页)

一九四九年　三十一岁

仍在大夏大学任秘书、讲师。在白色恐怖日益严重下，约在三月间开始过东躲西藏的流动生活。五月初，为迎接上海解放，拟联络部分大夏教师成立“新民主主义教育研究会”，以研究教育为掩护，作为迎接解放和复校的准备。在“流亡”生活中与未婚妻陆鸿达结合。

先生在《三十二年生活》一文中说到解放前夕的生活时写道：“上海解放前的一些日子里，情绪是异常紧张的。因为反动派在作垂死的挣扎，到处逮捕。在那两个月中，晚上我不敢住在自己的宿舍，是东宿西餐度过的。”(未刊手稿，第8—9页)

不仅被列入“大夏群奸谱”黑名单的先生和进步教师为躲避特务而流浪，连学校也被疏散了：

解放前夕的上海，是一个非常恐怖的局面，不敢固定住在学校，王毓祥也关照我不要去学校办公。过了两个月的流动生活，学校在反动军警威逼下，跟着也全部疏散到市区。这时吴泽同志和我联络了一部分平时在政治上表现略好的教师，以作迎接解放和复校的准备，成立一个“新民主主义教育研究会”。(《自传》第17页)

关于成立“新民主主义教育研究会”，先生在《我的思想转变过程》中写道：

上海解放的前夕，在蒋匪帮逃前的大逮捕大屠杀的威胁下，我们数日一地，住宿不敢固定，然而为了保护校产，迎接解放，对策划解放来临所要进行的工作，始终没有停止过。解放前的最后半月，我与吴泽同志住在法华路一个地方，旦夕计划，一待解放，即争取大夏的进步分子及有好倾向而本质好的同事，成立“新民主主义教育研究会”。解放后的一年内，对于大夏反动势力的斗争和革新运动的展开，主要都是由这个组织连同学生会①进行的（党支部还未公开）。（未刊手稿，第12页）

关于解放前先生避难情况，据先生在大夏读书时的同学张英年回忆：

一九四九年三月间，我到上海，曾在他（沈案：指先生）那里住过一个月。南京解放后（沈案：南京于四月二十三日解放）又在他那里住过几天。那时他在大夏大学任校长室秘书兼文学院讲师，是由该校副校长王毓祥的关系找到这些工作的。当时他和大夏进步教授吴泽很要好，在上海解放前，他在学校很活跃，据他的未婚妻告诉我说：学校反动学生已把他的名字列入黑名单，送到反动政府去了。说经常有反动学生监视他们的行动，他住的房子外面还有放哨的。我在他那里住时，的确看到有这情况，晚上他住的房子外时有人走动，还有时敲门。我当时曾劝他躲一下，他气愤地说：“怕什么，这些混账王八蛋！”直到解放前不久，反动派开始大批捕人，有一次我在小报上看到登载复旦大学教授周谷城被逮捕消息，曾马上打电话告诉他，几天后，他就躲在副校长王毓祥的三楼上不露面。后来由他税务局的一个朋友（好像是姓张）替他在法租界法华镇找到一所房子（据说那房子是一个国民党空军将领的，房主人全家逃走了，是一所空洋房），他就躲在那个房子里。他未婚爱人陆鸿达这时也搬去，和他开始同居；后来大夏进步教授吴泽也搬来和他们住在一起。他住的这个地方对外人都守秘密，只告诉了我。我曾去他那里好几次，直到解放后，他们才搬回学校。（未刊手稿，第2页）

五月底　上海解放，大夏师生返回学校，修复校园，迎接新学期。

六月　先生与大夏部分教师发起成立“新民主主义教育研究会”，在复校工作中起了积极作用。

先生在《三十二年生活的简述》中写道：

去年六月，上海刚解放，为了推动大夏的复校工作，为了向传统的反动

---

① 此处所指学生会，系为中共大夏大学地下党发动成立的学试图应变自治会。1949年3月，大夏地下党组织利用“应变”口号，发动学生成立“应变自治会”，提出“团结起来，依靠自己的力量，储粮应变，争取生存，争取真正的和平”等口号，组织纠察队、救护队、宣传队、服务队等群众性团体，开展储粮、救护、互助等活动，进行革命斗争，迎接解放。五月底，上海解放，学生应变自治会与校方、教职员工一起返回学校，修复校园，迎接新学年到来。参见《华东师范大学校史（1951—2001）》，第354、360页。

势力展开斗争，由吴泽和我发起组织大夏新教育研究会，参加的有十余位同事。这一个组织在向校方斗争期间，起了相当的作用。（未刊手稿，第9页）

八月　任大夏大学专职副教授，兼任圣约翰大学教授，讲授社会发展史、新民主主义论等课程，教学成为工作重心，但教余仍积极参加各项政治活动和组织员工的学习事宜。

先生自述："一九四九年秋季开学，我除在大夏专任副教授讲授社会发展史外，并兼任圣约翰大学政治教授。"（《自传》未刊手稿，第17页）

"去年秋季开学后，我的时间大部分摆在教学和写作上，而社会发展史又是改造学习和思想的重要课，所以教学变成了我的工作重心。不过学校内外必须参加的运动以及员工的学习事宜，我都没有放弃过我的责任。"（《三十二年生活》，未刊手稿，第9页）

秋　第一次申请入党，参加长宁区学校党员的党课。先生在《申请入党报告》中就自己在解放前对中共的认识写道：

在解放前的两三年中，转念过"将来是不是应当加入共产党"，这仅是掠过心头的浮影；有时虽和朋友们谈起，也还是怀疑者的态度。但对共产党很早就作为英雄形象看待的，想接近他们。在贵阳和进步的朋友建立友谊，在重庆曾和新华日报记者追求过关系，主要的还是出于这种景仰的心理。由于自己的认识不够，由于自己没有"取信于人"的明确革命立场，到上海后的几年（就解放前说），周围虽不乏革命的朋友，但对他们并没有真正的了解。

上海解放了，共产党员的称号，在人们的心目中，代表了英雄的斗争和革命的胜利，我也和人们怀着一样的心情，但我更有着无限的向往。

就在上海解放后的不久，大夏党支部的几十位同志聚餐庆祝，只有我以非党的身份参加。由于党在学校还没有公开，有些同学以为我是党员，同志们也这样的问过我。我怀着"喜"和"惧"交错的情绪：一方面以为自己是"革命"的，所以别人这样的看待我；另一方面又觉得自己并不是党员，就不可能享有这荣誉，以致每被这些思想所苦恼。甚至这样的想过：要是上海晚解放一年，根据我对革命认识的发展，我一定在反蒋反美的斗争中会更积极些，是可能被地下党所吸收的。同时也想在党未公开的时候，赶快争取入党，还不算晚。就是以这种极端个人的侥幸心理来为自己打算，严重到希望晚些解放来满足个人的意图。

一九四九年的秋天，就是上海解放后的两三个月，我作了第一次的申请入党。

那时，大夏党支部程传泰、廖锡瑞两位同志经常来联系我，确定我是党发展的对象。在他们的帮助和启发下，我愉快地填了入党申请书，写了自传，因此我就得到了党的直接培养，受到党的教育——长宁区学校党员的党课。（陈旭麓：《申请入党报告》，未刊手稿，第 1—2 页）

十月　在《展望》杂志上发表《从学习社会发展史到人民大宪章》。

十二月　以大夏大学副教授、圣约翰大学兼任教授应邀参加中国新史学研究会上海分会筹备会议，被推为筹备委员。

据冯绍霆等编《上海历史学会大事记》1949 年 12 月 11 日记载：该天，在上海番禺路 209 弄 16 号海光图书馆召开中国新史学研究会上海分会（下简称史学会）初步筹备会。会议主席周谷城（时任华东军政委员会文教委员会委员，复旦大学教务长）报告召开会议经过，李亚农（时任中国科学院华东办事处主任）就老解放区用社会发展史改造思想所产生的教育作用作了讲话。董每戡、李平心、吴泽、陈旭麓、姚绍华、金兆梓、胡厚宣、周予同、蔡尚思、姚瞬钦、王伯祥、顾颉刚等出席会议。大会决定成立中国新史学研究会上海分会筹备会，上列出席者均为筹备委员，推定周谷城为筹备委员会召集人，南京、杭州方面推顾颉刚、李平心分别去信接洽。（见姜义华主编：《史魂：上海十大史学家》附录第 390 页，上海辞书出版社 2002 年版）

本年　发表《英雄主义的丧钟》，批判英雄史观，阐述社会主义替代资本主义的历史必然性。文章指出：

英雄主义像一条横亘的长流限制着人类的进展。奴隶社会的奴隶主是不折不扣的英雄主义者；封建社会的封建领主王侯及武士更是不可一世的英雄主义者；资本主义社会的工商大亨们及殖民地的总督们，不也都是这个时代里趾高气扬的英雄主义者吗？尽管历史在不断的演进，社会经过了许多的变迁，由渐变而至突变，然而英雄主义通过了变迁之流，仍以各种不同的姿态不同的名词在各个不同的社会里掌握着一切，其实质则始终不变，永久站在社会的最高层做人类的统治者剥削者，不但那个社会里的经济政治教育文化掌握在他们的手里，就是那个社会里的千万老百姓的生命也一样的掌握在他们的手里，由他们任意生杀。

由英雄主义而导致英雄崇拜。对这种社会现象的产生，文章作了分析，认为：

英雄只靠他自身的努力并不能成为英雄，还须赖别人的趋奉鼓吹才能成为英雄。“牡丹虽好，还仗绿叶扶持。”所以英雄主义者除了利用别人的生命制成了自己的皇冠外，还需要大量的血汗来挹注。换句话说：英雄不能孤立,他的治下必须站着无数的善良人民,做他发展的资本和工具。所以英雄先天的即要具有征服人民意识的力量,这种力量几千年来的社会构造及上层政治组织,已给他们预备好了一切,只要他们有机会投身上层政治的组织,总不难成为英雄的。所以英雄崇拜,以英雄为最高人格价值,这即是英雄们意识统治的先声。我们现在打开中外历史及许多文艺作品来看,不是英雄们生活思想的描写,即是惊天动地的英雄故事,故多少年来的教育,就是英雄思想的灌输。因此歌颂英雄崇拜英雄好像是人民的天赋本能,于是历史上的许多英雄以及现社会存在的英雄,一直就成为人民崇拜的偶像。尤其在英雄做了群龙之首的时候,声势显赫,令行万里,谁不闻名而凛然起敬。我想我们这一代许许多多的人都有过这种经验,这是英雄进一步神化的结果,以神化的英雄来统治人民,无怪只有加深愚民政策的成分。可见两三百年前的科学家主张"地动说"主张"进化论"会有罪,至今还以读马克思主义为叛徒,这就是普遍神化的结果。

……

英雄主义经过了奴隶主封建领主专制魔王以至于法西斯强盗,是一个垂直线的系统发展。但英雄主义发展到法西斯主义,正如资本主义发展到帝国主义一样,是矛盾的顶点,已到了质量发展的统一性,现在历史的脚步正走向完全相反的新社会——只有人民大众没有英雄个人的新社会。这是历史规律演进的结果。(原载《启示》1949年,收入《陈旭麓文集》第四卷《浮想偶存》,第422—429页)

本年　结识冯契,后成为挚友之一。

冯契先生在《怀旭麓》一文中写道:

我和旭麓是四十多年的老友了。解放前,因同为《时与文》撰稿,参加大教联活动,便已相识了。上海解放后,在筹备高教联和教育工会期间,接触就更多了。真可说是一见如故,我感到他为人爽直、热情,以赤子之心对待朋友,是很难得的。他邀我到大夏兼点课,我同意了。后来院系调整,成立华东师大,他和佛年都劝我正式到师大来工作,并且要我把家也搬来,旭麓有次说:"你搬进来,早晚可以一道散步、聊天、喝酒。"这使我想起了陶渊明的几句诗:"昔欲居南村,非为卜其宅。闻有素心人,乐与数晨夕。"

从搬进了师大校园之后,在佛年、旭麓和我之间,确实建立了一种"乐与数晨夕"的关系,因此"文革"时,造反派便说我们是师大园内的"三家村",专门为此开了批斗会。在隔离期间,造反派还要我交代"三家村黑话",我说:"天南地北,无所不谈,谈过了也就忘了。"因为我说"忘了",被造反派骂了一通，说："你们三个都是老顽固，死不交代！"其实，我说的"忘"，也包含这样的意思：好朋友在茶余酒后聊天，有一种"鱼相忘于江湖"的乐趣。人生在世如果没有几个能平日聊天时"相忘"，到困难时"相濡以沫"的朋友，那是会感到寂寞、空虚的。

我们之间谈得最多的是学术问题。旭麓和我专业不同，但都兴趣广泛，喜欢涉猎各种书籍。见面时介绍自己在最近读了些什么新书，这几乎是每次谈话必有的一个内容。"奇文共欣赏，疑义相与析"，这是可以使人欣然忘餐的。我们也经常把自己正在研究、思考的问题提出来和对方讨论，这种讨论是无拘无束的，互相启发和诘难，问题便忽然迎刃而解了。我提出"古今中西"之争制约着中国近代哲学发展的观点，是和旭麓反复讨论过的。旭麓在《近代史思辨录》中有关"革命与改良"、"中体西用"等文章，在写作时，也都曾和我讨论过。近年来，他在整理《中国近代社会的新陈代谢》一书，而我则在整理《中国近代哲学的革命进程》，讨论的问题便更多了。我于一九八七年夏把《革命进程》完成后，请他把全部书稿通读了一遍，他提出了许多宝贵意见，例如洪秀全与儒家的关系，胡适和西化的关系等，他的指正，我基本上都采纳了。他本来说等《新陈代谢》一书完成后，也要请我通读一遍，但是很遗憾，他竟抛下他凝聚了数十年心血的手稿走了！（见《陈旭麓先生哀思录》，1989 年编印，第 47—48 页）

（作者系复旦大学历史系教授）

徊徨于意识形态与市场之间：开放时代上海传媒产业、创意产业变迁研究

冯志阳

20世纪80年代中期，针对上海文化发展乏力的状况，上海掀起了一场有关文化发展战略的研讨活动，夏衍、王元化、于光远等均参与其中。讨论中，市场对于文化发展的作用，已经被一些学者清醒地认识到了；但意识形态因素在这次讨论中始终居于主角位置。这场讨论就像一场预言，勾勒出上海文化30年发展的基本轮廓。本文以传媒产业、创意产业为例，展示上海文化在30年发展历程中的徊徨与挣扎，表明没有充分的市场竞争，则很难有发达的文化产业；没有对意识形态条条框框的突破，则很难有真正的文化繁荣。

一、一场有关城市文化发展战略的讨论

从1985年3月开始，一场事先毫无征兆的文化讨论活动在上海这个曾经的远东第一大城市中悄悄地展开。这是一场在上海市委和市政府领导下，由中共上海市委宣传部发起的牵涉面极广、动员力量极大、参与人数极多、参与者层次极高、持续时间极长、影响极大的有关上海文化发展战略的研讨活动。它为此后二十多年上海文化的发展奠定了基调，即上海文化在改革开放时代的成与败、得与失、顺与不顺，都可以从这次研讨会中寻找到线索。故我们需要对这次研讨做一次全方位的展示和剖析。

这场发生于20世纪80年代中期的上海文化发展战略研讨会，有着两个背景。其中的大背景，按时任中共上海市委书记的芮杏文的话说，"这和党的改革、开放政策方针的深入贯彻有关"。当时，中共十二届三中全会《关于经济体制改革的决定》指出："经济体制的改革，不仅会引起人们经济生活的重大变化，

而且会引起人们生活方式和精神状态的重大变化。”上海的“文化热”正是在这样的背景和条件下出现的。“究其实质,是我国社会主义革命和社会主义建设进入了一个全新的时期之后,人们对于社会主义社会的一次再认识。”①直接促动上海文化讨论的小背景则是上海文化发展停滞的现状和1985年国务院对《上海经济发展战略的汇报提纲》的批准,制定与上海经济发展战略目标相适应的上海文化发展战略,“促进经济、文化、社会的协调发展,亦是刻不容缓的任务”。②当时上海仍然是全国最大的经济中心城市,至于文化,这场研讨活动的组织者在综合考察了各种有关当时上海文化状况的调查报告之后,曾下过这样一个结论:

> 由于长期以来上海的文化建设没有受到足够的重视,它的文化优势、人才优势正在削弱和丧失。上海的文化建设投资不足,居于全国百万人口大城市的末位;上海的文化设施严重短缺,布局不合理,设备陈旧,技术落后;作为第三产业的组成部分,上海科教文卫各部门的增加值在全市国民生产总值中仅占4%左右;上海的文化队伍青黄不解,后继乏人;上海市民的文化程度不高,全市成年人口中文盲、半文盲达17.5%;科技人员占职工总数的比例,在全国29个省市中已退居第八位。这些都和多功能中心城市的地位极不适应。③

这个结论得到王元化先生的认可。④夏衍先生在讨论文章中也不无酸楚地说道,“三十多年来,……称得上漂亮的电影院仍然是‘大光明’。现代化的图书馆、博物馆也不见落成”。⑤的确,根据当时的调查可以发现,1949年后的上海文化设施直到进行文化研讨时几乎一直是在吃建国前的老本。“上海文化娱乐设施的绝大部分是二三十年代所建,……远远不能适应今天的演剧、观赏和游艺活动的需要。如担负‘面向全社会,服务三百万’任务的市青少年宫(原‘大世界’),是二十年代上海的游乐中心,其建筑格局、设计水平是与当时的娱乐规模和娱乐要求相适应的。”⑥又如印刷业:上海“出书量增加二倍,但没有新建过一

---

① 芮杏文:《改革时期的文化发展战略问题》,《1987上海文化年鉴》,第1页。
② 《上海文化艺术概况》,《1987上海文化年鉴》,第35页。
③ 吴云溥、黄安国、吴修艺、魏承思、朱红:《关于制定〈上海文化发展战略〉的思考》,中共上海市委宣传部研究室主编:《上海文化发展战略研究》,上海人民出版社1987年版,第95页。
④ 王元化:《文化发展战略的三个层次》,《上海文化发展战略研究》,第24页。
⑤ 夏衍:《上海要保持文化中心的优势》,《上海文化发展战略研究》,第2页。
⑥ 林征宇、葛平、何红柳、谢继瑾、王建胜:《关于上海文化娱乐设施的调查报告》,《上海文化发展战略研究》,第475页。

个印刷厂。印刷厂的设备一般是三四十年代和四五十年代的水平”,“百分之八十五的排字靠手工完成,由于操作手段落后,每年缺少排字能力一亿字”。①

根据时人的分析,造成上海文化发展乏力的原因主要有两点:首先是上海地方财源较弱,负担过重。从1949年到1979年的30年中,上海全部财政收入共3 500多亿元,在这全部财政收入中,上交国家的占86.8%,地方占有仅13.2%。在这有限的地方支出中,上海文化可以占用的投资注定更加有限。其次是“重生产轻消费”的观念使得决策者在文化投资方面相当保守。关于文化娱乐事业在城市建设中的地位,过去的权威看法叫做“可有亦可无”,认为人不吃饭不行,不搞文娱没关系。“在地方各项支出中,工业(包括基本建设、增拨企业流动资金、科研项目、挖潜改造资金等)支出占各项支出的首位,超过全部支出的百分之六十,而文化教育卫生仅占百分之十七点一七,这里我们把教育、卫生也包括在内了,如果剔除这部分,得出文化支出的其他部分,可见其更少,文化(包括电影、文化、出版、电视、广播)估计仅占百分之四。”②据统计资料,1981年至1984年,上海用于科教文卫的费用增长了51.8%,平均每年增长11%,但“上海的科教文卫经费只占国民生产总值的百分之二左右,而发达国家占国民生产总值的比重一般在百分之六至十。七十年代以来,美国在百分之八以上,日本、英国均在百分之八左右,……上海则远远低于西方发达国家”。上海的文化投资比重不仅远低于西方发达国家,也低于国内普遍水平。从1949年到1983年的34年中,上海的文化投资平均仅占财政支出的1%不到,文化的“硬”投资,即基本建设投资的比率数为1.5%,低于全国平均2.5%的水平,在全国百万人口的大城市中倒数第一。③如1983年上海文教、卫生、福利部门投资占基建投资的比重仅3.9%,低于全国266个城市平均10.2%的水平,在全国100万以上人口大城市中列倒数第一。④正是由于对文化建设的长期漠视,使得上海的文化优势几乎荡然无存。1983年,上海每10万人口拥有电影院、影剧院数,在全国19个百万人口大城市中上海排列第13位,每万人口拥有公共图书藏书量占第5位,上海每万人口拥有电影放映单位席位数130个,低于全国平均151个的水平,在29个省市自治区中占第15位。当时,由于上海印刷生产力严重

①② 王松青、黄辛猗、张忆萍、谢依艺:《上海城市文化事业投资政策研究》,《上海文化发展战略研究》,第766—770页。

③ 王松青、黄辛猗、张忆萍、谢依艺:《上海城市文化事业投资政策研究》,《上海文化发展战略研究》,第754—755页。

④ 胡延照、孙廷华、张鲤庭、刘明浩:《上海文化发展的现状和趋势——上海文化发展统计指标分析》,《上海文化发展战略研究》,第849页。

不足，印刷技术极其陈旧落后，曾经的远东出版印刷中心上海居然要将三分之一的书刊拿到兄弟省市印刷，每年达100万套。①

针对上海文化发展乏力的现状，众多专家学者表达了自己的忧虑，并提出自己心目中的解决之道。庞朴认为，"上海一旦失去了文化优势，失去了人才优势，随之也就会失去经济优势。多功能的中心城市的地位就会动摇"。②夏衍指出，"上海要保持文化中心的优势"，"一是要认真贯彻落实党的知识分子政策"，"二是上海应在对外开放中做好文化的交流、比较和研究工作"。③于光远认为，文化事业的发展需要从两个方面努力，"一是经济问题。……'文化工作的经济基础强，它就发展得快；它的经济基础差，发展得就慢'，这可以看作是一个规律"，"还有一个方面，就是在文化事业中我们还要做好'经济经营'，即要有一些同志学会善于经营，取得为发展文化事业的经济收入"。④王元化则认为，文化发展需要从三个层次进行考虑："第一个层次是文化的设施"，"现在有人提出几种解决的方法，一是由政府增加拨款；二是民间集资，成立文化发展基金会；三是采取'以文养文'等方法。我认为，文化发展仍需由国家在拨款上给予照顾。我建议中央能把上海作为文化改革的试点地区，希望中央放手让上海搞成'文化特区'，给点政策，拨点款"；"第二个层次是文化的组织或机构"，"文化组织或机构要打破高度集中的框框的束缚，改变单纯行政领导的老一套做法，要实行企业化"；"第三个是更深的层次，即构成某种文化类型的内在因素，如人们的思想、观念、心理等等"，"所谓中国特色的文化，就要从传统文化中去研究，……我们要更高层次把握和分析传统的心理素质、创造特点、价值观念和行为方式，这些都不能一笔抹煞，每个民族都用自己的文化特点丰富世界文化之林。"⑤

以上所述表明，文化发展的重要性已经成为专家学者们的共识。而对于上海文化发展滞后的原因，也基本取得共识：政府在文化上的投资太少。因此，解决之道便是增加投资。这一点，对上海此后的文化发展产生了重大的长期影响。可以说，此后的上海市政府在文化投资上可谓不遗余力，因此也取得了众所瞩目的成绩。上海文化设施此后在国内一直保持领先水准，就是明证。但是，这一点也带来了一定的负面影响，即强化了上海许多文化部门的依赖心理，

---

① 王松青、黄辛猗、张忆萍、谢依艺：《上海城市文化事业投资政策研究》，《上海文化发展战略研究》，第766—773页。

② 魏承思：《历史学家庞朴谈上海文化发展战略》。

③ 夏衍：《上海要保持文化中心的优势》，《上海文化发展战略研究》，第2页。

④ 于光远：《讨论文化发展战略问题有很重要的意义》，《上海文化发展战略研究》，第21—22页。

⑤ 王元化：《文化发展战略的三个层次》，《上海文化发展战略研究》，第24—26页。

减弱了其自力更生走向更大成功的动力。

与此同时,文化产品的商品性质和文化生产的企业性质也开始被提及。于光远强调文化事业的"经济经营",王元化指出文化组织或机构要实行"企业化"。更重要的是,在当时的讨论中,"文化消费"被堂而皇之地提出并成为支持发展文化事业的有力论点。朱穆之认为上海文化发展战略的讨论有着重大意义,是因为"小康社会物质生活的水平是八百至一千美元,这和上海现有水平差不多,上海的文化搞好了,全国将来达到小康水平的文化生活,就有了具体的目标"。①于光远更是认为"文化事业的经济基础",更重要的是依靠"居民在文化生活方面的支出"。②实际上,这就涉及了文化与市场之间的关系。这表明,在1986年的上海文化发展战略讨论中,市场对于文化发展的作用和动力,已经被一些学者和专家清醒地认识到了。不但如此,有学者更是看到了文化单纯依靠市场可能会出现的问题,表达了一种超越时代的担忧:"譬如,学术专著看的人少,卖不出大钱,但不出不行,那就可能要赔钱;又如高档的艺术表演,也无法赚到很多的钱,国外这类演出团体也靠国家补贴,所以,完全以商品经济渠道来解决资金,看来是有些问题的。"③实际上,在20世纪80年代中期的大背景下,这种担忧是完全没有必要的。因为,当时的文化体制、人们对于文化发展的认识水平决定了文化的发展不可能彻底走向市场。

在时人的认识中,"文化是一个子系统,它存在于整个社会的大系统内,与经济、政治等社会各种现象相互影响,相互制约。以经济与文化的关系而论,经济的发展是文化发展的物质基础,而文化的发展又是经济发展的精神动力"。④上海文化发展战略的制定者们对于"文化"这个概念也有自己的理解:

> 就目前我国学术界给文化下的定义来看,大至物质文明和精神文明的总和,小至文学艺术,认识差距很大。我们认为,在当代中国,更有现实意义的,是要从文学艺术的小文化概念里跳出来,对社会文化有一个更广泛的理解。……一个时期以来,我们习惯于把思想建设和文化建设区分开来,从一定时期、一定意义上来说,这样区分并无不可。……但是,思想意识形态终归属于文化的范畴,是文化的组成部分。⑤

---

① 朱穆之:《要研究小康水平的文化生活目标》,《上海文化发展战略研究》,第6页。

② 于光远:《讨论文化发展战略问题有很重要的意义》,《上海文化发展战略研究》,第21页。

③ 王元化:《文化发展战略的三个层次》,《上海文化发展战略研究》,第24—25页。

④ 赵兰英:《远见卓识,宏伟工程——上海城市文化发展战略研讨活动》,新华通讯社上海分社编:《多彩的年轮——新华社记者笔下的上海改革开放》,百家出版社,第319页。

⑤ 吴云溥、黄安国、吴修艺、魏承思、朱红:《关于制定〈上海文化发展战略〉的思考》,《上海文化发展战略研究》,第95页。

正是基于这样的文化理解，正是考虑到如何在商品经济社会中把握好意识形态问题，有关上海文化发展战略的讨论才被提上议事日程。与此相应，文化讨论的议题也主要集中于此：

> 伟大的社会变革，同样必然地要求思想观念发生相应的变化。社会主义商品经济的迅猛发展，使人们产生了与此相应的价值观念、时间观念、竞争观念、信息观念、效率观念等；社会生活的日新月异，也使人们的道德观念、人才观念、家庭观念、消费观念等，产生调整和变化。因此，文化发展战略问题，应把观念的变革作为一个重要问题来讨论。①

其他被热烈讨论的议题还有："文化热"到来的原因；文化发展与社会主义精神文明建设；马克思主义和文化；传统文化和现代化；正确对待外来文化；文化发展的条件；上海文化的地位和影响等。②可以很明显地看出，意识形态因素在这次上海文化发展战略讨论中的主角位置。在时人看来，文化发展的目的最终也是落脚在整个社会的现代化建设上来：

> 我们的文化发展，旨在提高人们的文化素质、文化修养，更新人们的思想观念，这就为社会变革和现代化建设，提供了必要的文化背景；也为科学技术的进一步飞跃，提供了必要的智力条件和文化条件。③

在以经济建设为中心的改革开放时期，在要对整个社会进步负责的整体性思维下，文化事业和文化建设虽然经过这样一番研讨活动，受到了政府和社会的重视，但它毕竟只是一个系统工程中的一环，其独立性还没有得到确认，更不用说将其作为市场主体进行产业化发展。在这样一种氛围下，上海文化发展的远期战略目标、近期战略目标分别被这样确定：

> 上海文化发展的远期战略目标是在建设社会主义现代化的中心城市过程中，使上海成为一个具有国际影响的文化中心。
>
> 上海文化发展的近期战略目标是：
>
> (1) 把四项基本原则的立国治国之本和改革、开放、搞活的创新意识在上海人民中牢牢地树立起来；
>
> (2) 树立公平交易、和气待人、质量第一、信誉至上的职业道德；建立平等竞争、互相友爱、彼此尊重的社会主义的新型人际关系；完善社会主义法制，倡导知法守法，依法办事的社会风气；
>
> (3) 减少污染，整洁市容，形成清洁、优美，充满生机的城市风貌；

---

①③ 芮杏文：《改革时期的文化发展战略问题》，《1987上海文化年鉴》，第2页。

② 《上海文化艺术概况》，《1987上海文化年鉴》，第35页。

(4) 形成层次结构合理，健康的、积极向上的，具有先进水平和地方特色的精神产品生产系统以及全民教育、医疗卫生、文体娱乐体系；

(5) 建设高水平的，能够在国内外具有一定影响的教育、科学、文艺、医疗卫生、体育队伍；

(6) 创造条件，使上海成为国内外文化交流的中心城市之一。①

在上海文化发展战略讨论中，我们可以很清楚地看到组织者对于上海文化发展的雄心。在有关文化现状的调研报告中，拿来与上海作比较的主要是巴黎、伦敦、东京、纽约等国际文化大都市。如关于博物馆的调研，报告指出上海有博物馆 13 座，上海人口 1 100 万，平均 118 万人一座。巴黎和伦敦都有 100 座以上博物馆，平均约 8 万人一座，奥地利维也纳有博物馆 100 多座，平均约 16 000 人一座；瑞典斯德哥尔摩有 55 座，人口仅 110 万，平均约 2 万人一座；东京有 113 座，平均约 9 万人一座；纽约有 200 多座，平均约 4 万人一座。②其他如图书馆③、大学文化程度的人口比例④、15 岁以上成年人口中文盲、半文盲人口比例⑤等文化硬件、软件的比较，上海也都是将美国、日本、英国、法国等当今世界经济、文化最发达的国家作为比较对象。很明显，上海发展文化的雄心与国家、政府对上海文化发展的期望之间存在着深刻的落差。国家和政府对上海文化发展的要求是，“以马克思主义为指导，建设社会主义的，富有民族特点和时代特征的上海地区文化，为现代化建设服务”。⑥而上海发展文化的雄心则是成为可以与巴黎、伦敦、东京、纽约等国际文化大都市媲美的具有国际影响的文化中心。国家和政府强调的是上海文化发展的意识形态功能，即文化发展本身不是最终目的，文化所依托的社会实现现代化才是最终目的；而对于上海文化自身而言，上海成为国际文化中心即是最终目的。

由于存在着这种落差，上海的文化发展始终伴随着意识形态与市场之间的紧张。为了推动上海文化的发展，必须充分发挥市场机制对于文化的调节作

---

①⑥ 中共上海市委、市人民政府《关于上海文化发展战略的汇报提纲》(摘要)，《1987 上海文化年鉴》，第 4 页。

② 朱旭初、袁俊卿、刘健、郭青生、胡江、吕建昌：《上海博物馆事业的现状及其发展前景》，《上海文化发展战略研究》，第 424 页。

③ 吴德祥、宋晓亮、周德明、戴磊：《上海图书馆事业现状分析及其发展战略探讨》，《上海文化发展战略研究》，第 440 页。

④ 魏海波、许宏海、张鲤庭、余斌、吴端、赵鸣、史宇航、胡银康：《上海市民文化素质研究》，《上海文化发展战略研究》，第 634 页。

⑤ 王松青、黄辛猗、张忆萍、谢依艺：《上海城市文化事业投资政策研究》，《上海文化发展战略研究》，第 772—773 页。

用。关于这一点，文化讨论的组织者们有明确的认识，并试图按照市场机制对上海文化的运行机制进行改革：

> 改革过去由国家统包统付的文化经费使用办法，发展市场机制对文化发展的调节作用。对缺乏竞争能力但有很高艺术价值、国外有重大影响、数量甚少的艺术品种，对有重要学术价值的社会科学的基础研究课题，可实行统收统付、全额补贴的办法，一次定额，严格执行；对有一定竞争能力、有较高艺术水平、国内外有一定影响的艺术品种，对社会科学的应用研究课题、新闻出版等大众传播媒介，可实行定额补贴、奖金浮动、节余留用、超支不补的办法；对绝大部分通俗性娱乐性的艺术品种和其他有较高经济效益的大众传播媒介，除给予一定单项的政策性补助外，实行经费自给，通过优胜劣汰，逐步形成符合文化市场需求的合理布局。①

这样的观念和这样的改革诉求在意识形态笼罩下的时代氛围中是很难突围而出的。实际上，就是能为文化发展的市场化改革提供理论支持的"文化消费"观，也是从社会主义意识形态中滋生出来的。所谓"文化消费"，用社会主义意识形态的话语表示，就是"满足人民群众日益增长的精神生活需要"。其实，社会主义话语下的"满足人民群众的精神生活需要"与市场话语下的"文化消费"有着本质的区别：市场话语下"文化消费"，反映的是商品经济下的文化生产观念，文化产品的生产是围绕着人们的消费需求而展开的，也就是说文化产品的生产是需要迎合市场的需求的；社会主义话语下的"满足人民群众的精神生活需要"，实质是计划经济下的文化生产观念，带有极强的指令性和引导性，即文化产品的生产不是根据人们的精神需要而生产，而是根据社会发展的设计师们的要求而生产：

> 我们的文化发展，正是一项塑造人的灵魂的工程。人们的精神、思想，要符合我国当代社会主义历史进程的需要，要有中国民族的、时代的特点。我们的社会，要培养什么样的人？要树立什么样的世界观？邓小平同志概括为"有理想、有道德、有文化、有纪律"，这是十分精辟的。发展上海的文化，就是要使我们每一个上海人，都努力朝"四有"方向发展。②

20 世纪 80 年代中期的上海文化发展战略讨论，虽然提出了文化发展的市场化改革问题，但由于这场讨论自始至终都处于意识形态的强大笼罩之中，因

---

① 吴云溥、黄安国、吴修艺、魏承思、朱红：《关于制定〈上海文化发展战略〉的思考》，中共上海市委宣传部研究室主编：《上海文化发展战略研究》，上海人民出版社 1987 年版，第 95 页。

② 芮杏文：《改革时期的文化发展战略问题》，《1987 上海文化年鉴》，第 2 页。

而不可能在市场化改革方面有过多的突破。这次文化研讨最大的成功之处只是在于，向上海市政府乃至中央政府全面地展示了上海文化发展由于长期遭受漠视而处于严重滞后的状况，赢得了中央政府和上海市政府对上海文化发展的重视。

二、比较视野中的上海传媒产业30年(1978—2008)

其实，上海是一个蕴涵了巨大市场潜力的城市。在20世纪80年代中期的上海文化发展战略讨论中，有人曾对上海的文化消费市场进行过调查，指出上海是全国最大的商业中心，也是全国最大的文化消费市场。当时的文化消费主要是指用于文化生活的电子产品的消费，如俗称“三大件”的电视机、收音机、录音机等。而生产这些文化消费品的工业部门，又被称为物质文化产业。上海的物质文化产业，植根于上海特有的科技、人才、信息的沃土之中，又有门类齐全的其他部门工业作为“后盾”，其基础和素质都较好，实力也较雄厚。如当时上海电视机年产量223万台，占全国年产量的22.4%；录音机年产量145万台，占全国年产量的19.4%。①由于上海的文化消费商品数量多，质量好，规格齐全，销售不仅面向本市，而且面向全国，面向世界。因此，具有巨大的消费潜力。1984年，上海“电子三大件”的零售量为：收音机809 400台，比1983年增长24.4%；电视机565 800台，比1983年增长45.4%；录音机38万台，比1983年增长27.2%。1984年，上海调往市外的电子三大件，收音机为3 493 100台，电视机为117万台，录音机为729 200台。②在上海各类家庭的文化消费活动中，青年夫妻家庭是主要的文化消费者，其文化消费支出显著高于其他的一般家庭。他们不仅积极参与现有的各种文化消费，而且追求新的消费形式，文化消费支出每年增长速度很高，在受调查的几年中平均增长速度为21.6%，远远超过了当时的平均水平，也超过了青年夫妻家庭本身收入的平均增长速度。③这表明，当时上海青年一代的消费观念得到了显著增强。而且，据专家分析，随着经济收入的进一步增加，人们生活在从温饱向小康迈进的过程中，文化消费占总消费的比重将大大增加，而当时的上海正处于这一转变过程中。

---

①② 胡延照、孙廷华、张鲤庭、刘明浩：《上海文化发展的现状和趋势——上海文化发展统计指标分析》，《上海文化发展战略研究》，第850页。

③ 陶冶、孙慧民、张酉鸣、胡敏：《上海城市家庭文化消费的经济支出现状和预测》，《上海文化发展战略研究》，第746页。

面对这一历史性的机遇，上海文化部门也积极地应对，进行了不少面向市场的改革。从1986年起，上海市文化局选择了四个艺术表演团体进行了四种管理模式的试验，主要是：有偿政策性补贴制、音乐总监制、导演中心制、名角经理制。从1988年起，上海艺术表演团体的管理体制又向纵深发展了一步：在普遍进行技术职务评定的基础上，有领导有步骤地实行聘用制；在干部制度的改革上，引进竞争机制，民主选举团长，公开招聘经理；在未聘人员中，有人"敢为天下先"，率先打破"铁饭碗"，建立了自收自支的民营职业剧团。①在电影体制改革方面，上海电影系统开始实行带有承包性质的创作生产责任制，成立以著名导演谢晋为艺术总监的"巨星影业公司"。公司有权自选题材，并拥有从决定剧本到制片生产管理的全部权力。②在出版业方面，1988年上海市新闻出版局根据上海市政府和有关部门关于完善全民所有制工业企业承包经营责任制的有关规定，在所属单位中全面推行了承包经营责任制。③实际上，这些面向市场的改革，也是由严峻的市场形势逼迫出来的。其中，最明显的例子就是上海电影体制的改革。

1988年，上海共推映上影厂新片13部，观众人次约358万，处于近三年最低谷（1986年观众人次2 550万，1987年观众人次968万），每年下降40%。为改变这种状况，上影厂在1988年连续召开了7次创作咨询会和3次专题座谈会。讨论的结果是认识到，创作制片没有与观众社会心理和审美观念紧密结合。即原先生产导向的制片模式必须转向观众、市场导向，而面对这种转向，上影厂一度出现了短暂的彷徨和滞留，没有及时地推出为观众所喜闻乐见的具有好题材、新样式、新手法的好影片。④通过一系列市场化改革，上海电影业收到了立竿见影的效果。1989年上影投产的剧目，受到不同层次观众的欢迎，创利润700多万元。⑤上海电影体制的改革在20世纪90年代继续向前推进。1993年3月18日，经中共上海市委宣传部和市体改办批准，上海市电影发行放映公司转换为上海永乐股份有限公司，成为中国大陆电影业第一家股份制企业。⑥1994年，上海电影制片厂进一步深化改革，将原事业单位的行政管理机制逐步

---

① 孙滨：《上海的文艺体制改革是如何摸着"石头"过河的》，《1989上海文化年鉴》，第31—32页。

② 陈清泉：《电影体制改革的新尝试》，《1989上海文化年鉴》，第106—107页。

③ 《上海市新闻出版局所属单位实行承包经营责任制》，《1989上海文化年鉴》，第120页。

④ 《1988，留给上海电影制片厂的思考》，《1989上海文化年鉴》，第107页。

⑤ 《1990上海文化年鉴》，第96页。

⑥ 《1994上海文化年鉴》，第173页。

转换为自主经营、自负盈亏、自我约束、自我发展的国有独资有限责任公司性质的企业机制。①在这些改革的基础上，上海电影电视(集团)公司于 1996 年 2 月 16 日宣告成立。从性质上而言，上海电影集团公司还是属于企业化管理的事业单位。这决定了上海影视业在发展过程中，将较多地受到意识形态的制约，如上影集团的成立，其“首要任务”被上级确定为“贯彻执行党的文艺政策，把握导向，提高品位”。②

观察上海的电影业，我们发现上海是比较擅长拍摄主旋律电影的，如 1999 年的《紧急迫降》，2000 年的《生死抉择》，2004 年的《邓小平·1928》，2005 年的《任长霞》、《生死牛玉儒》等，都是引起较大反响也取得较好票房的影片，但这从另一方面也说明了政府意志和意识形态因素在上海电影创作中的巨大影响。这一点，使得上海的电影制造业无法做到彻底地面向市场进行创作，因此导致上海电影产业的发展远远落后于北京。如 2004 年，上海电影市场票房收入的前三名分别是北京新画面影业公司的《十面埋伏》、香港星辉公司和华谊兄弟公司合拍的《功夫》和华谊兄弟公司的《天下无贼》。③北京新画面影业公司是一家成立于 1997 年专门从事电影制作、发行的民营股份制公司。该公司以运营张艺谋的电影并将之打造成为国内外一流品牌而闻名，其投资的《有话好好说》、《一个都不能少》、《我的父亲母亲》、《英雄》、《十面埋伏》、《千里走单骑》、《满城尽带黄金甲》等影片，几乎每一部都取得了票房的巨大成功，尤其是 2003 年的武侠巨作《英雄》创下了国内市场 2.5 亿元的票房奇迹，国产电影的票房首次超过了进口电影。北京的华谊兄弟公司成立于 1994 年，也是一家民营企业，曾投资拍摄了《荆轲刺秦王》、《鬼子来了》、《刮痧》、《天地英雄》、《卡拉是条狗》、《一声叹息》、《没完没了》、《寻枪》、《功夫》、《手机》、《天下无贼》、《可可西里》、《集结号》等影片。该公司已连续多年成为国内市场票房冠军，2003 年华谊兄弟占中国电影市场销售收入的 30%，2004 年占 35%，可谓三分天下有其一。北京大学文化产业研究所和国家文化产业创新与发展研究基地联合发布的《2006 中国文化产业年度发展报告》指出，社会、民营企业已经成为中国制片产业的领导者，最近几年占据国产影片票房前 10 名的影片绝大多数是由这些民营公司投资生产或者合资生产的。④

① 《1995 上海文化年鉴》，第 166、173 页。

② 《1997 上海文化年鉴》，第 125 页。

③ 《2005 上海文化年鉴》，第 164 页。

④ 《2006 中国文化产业年度发展报告》，第 276、281、300、301 页；《2006 中国文化品牌报告》，第 137 页。

民营企业何以成为中国电影制片业的领导者？其关键原因正是在于民营企业彻底地以市场为导向的制片原则以及针对市场所作的超级营销。华谊兄弟公司赖以为支柱的正是号称国内商业片第一导的冯小刚。从《甲方乙方》、《不见不散》、《没完没了》、《大腕》到《一声叹息》、《手机》、《天下无贼》、《夜宴》、《集结号》，冯小刚可以说是2000年前后最具票房号召力的中国导演。①新画面影业公司之所以声名鹊起也正是由于其为张艺谋第一部商业巨制《英雄》进行了非常成功的市场运作，获得了巨大的商业成功。张艺谋曾有一个著名的“卖萝卜”理论：“拍电影的和卖电影的就像种萝卜和卖萝卜的，卖萝卜比种萝卜还重要，不会卖，萝卜就烂在家里了，所有心血全白费了。”②就电影市场而言，上海具有无可比拟的优势。据2004年的统计，上海电影市场拥有3个全国第一：上海连续成为全国票房最高的地区，2004年上海总票房突破2个亿；上海联和院线在全国36家院线中票房成绩最好，2004年总票房为2.15亿元；上海永华电影城是全国首家影院票房冠军电影院，2004年票房为3 176万元。③2005年，上海联和院线蝉联全国票房第一。可惜的是，这巨大的电影消费市场，主要是被上海以外的影视企业占有，其中又主要是位于北京的这些民营影视企业。为此，上海电影业奋起直追。2004年12月31日，上海电影集团公司正式宣布由企业化管理的事业单位整体转制为现代企业。④

在意识形态控制与走向市场之间徊徨不已，因而错失发展机遇的还有上海的新闻报业。1998年7月25日，《文汇报》和《新民晚报》在上海市政府的命令下联合组建了文汇新民联合报业集团。两年后，集团广告经营额达9.07亿元，居全国第二。当年报业广告经营额最高的是一家党报——广州日报，达12.7亿元。⑤这是一家摆上了老百姓餐桌上的党报，其广告额连续12年居全国平面媒体第一，2005年达17.08亿元，被誉为“党报市场化的典范”、“中国报业集团的旗舰”。⑥实际上，就新闻报业而言，曾执中国新闻报业之牛耳的上海已经被广东远远甩在了后面。2005年中国日报发行量前20名排行榜中，广州一市有四份报纸入榜，分别是排名第4的广州日报(165万份)、排名第5的南方都市报(141万份)、排名第6的羊城晚报(132万份)和排名第18的南方日报(75万

① 《2007中国文化品牌报告》，第177页。
② 《2006中国文化品牌报告》，第142页。
③ 《2005上海文化年鉴》，第157页。
④ 《2005上海文化年鉴》，第161页。
⑤ 《2008中国文化品牌报告》，第116页。
⑥ 《2006中国文化品牌报告》，第31页。

份)，上海只有新民晚报入榜，排名第 9，日发行量 104.5 万份。①在广告收入方面，2002 年，广州三大报业集团加上深圳特区报业集团、深圳商报社，其广告收入总额约占全国报业广告市场份额的八分之一。②广州报业中的南方报业集团有 4 家报纸广告营业额超亿元，这在全国报业集团中绝无仅有。更重要的是，广东报业的影响力也是上海，包括全国其他省市级报纸难以望其项背的。《南方周末》为全国第一周报，《南方都市报》2006 年度及 2007 年度均被新闻出版总署评定为全国晚报都市类报纸综合竞争力第一名。2007 年"中国最具价值品牌"排行榜上，在未计南方报业传媒集团品牌价值的情况下，旗下的《南方日报》、《南方都市报》、《南方周末》、《21 世纪经济报道》4 家报纸品牌价值达 97 亿元。在 2001—2006 年的"中国最受尊敬企业"评选中，南方报业在全国平面媒体中是唯一一家连续 6 年入选 50 强，且荣获 2001 年度、2006 年度"中国最受尊敬企业"称号。③尤其令人深思的是，《21 世纪经济报道》和《第一财经日报》是上海地区少有的两家具有全国影响力的财经报纸，而这两家报纸分别是南方报业集团与上海复星科技集团携手创办，和广州日报报业集团与上海文广新闻传媒集团、北青传媒股份有限公司联合主办。

同样都处于中国内地，同样都是省市级报纸，但上海的新闻报业为何会与广东的新闻报业有如此之大的差距?! 比较两地报业三十年来的发展史，我们可以发现有没有充分竞争是其中一个关键原因。从 1980 年开始，《羊城晚报》、《广州日报》和《南方日报》便在广州地区上演了一场长达 20 多年的报业竞争。全国报业老大广州日报报业集团的江湖地位正是在这种残酷的竞争中奠定的。为了在竞争中取得优势，《广州日报》领导层锐意进取，敢为人先，在全国报界创造了无数个"第一"：中国第一家报业集团、第一家自办发行的报纸、中国报业史上第一次滚动出版 97 个大版、全国第一个也是唯一一个拥有博士后流动站的新闻媒体、全国第一的报纸印刷能力、彩版第一、使用新闻纸张数量第一、刊登图片文字数量第一。④市场竞争的理念和精神由此深入广州报纸从业人员的心中，当别的城市为传媒人才缺乏或人员流失大为头疼的时候，广州报界已经对人员流动习以为常了，几进几出同一家报纸，对于广州的报纸从业人员而言已经屡见不鲜。广东报业的整体强大实力正是在这种残酷竞争的氛围中锻炼出

① 《2006 中国文化产业年度发展报告》，第 106 页。
② 《2003 中国文化产业年度发展报告》，第 73 页。
③ 《2008 中国文化品牌报告》，第 107—110 页。
④ 《2006 中国文化品牌报告》，第 31 页。

来的。相对于广东报业，上海报业30年的发展历程则显得悠闲和平淡了许多。其实，从1982年《新民晚报》复刊，上海报业也处于《解放日报》、《文汇报》和《新民晚报》三足鼎立的态势，但三者很少产生激烈的竞争。在上海报业的发展历程中，政府始终扮演了一个重要角色。由上海市委宣传部主编的《上海文化年鉴》1989年版在对1988年上海报纸事业概况进行叙述时，指出"1988年的报纸事业，令人关注的是新闻改革进入了深一层的实践和探讨，主要有：如何运用大众传播工具，加强政治思想工作；如何进行正确的舆论引导"。在同一年的新闻改革中，上海市领导与新闻单位负责人定期对话制度被建立起来。①此前的1987年，上海市刚刚对全市报刊进行了一次大规模整顿，54种报刊由于各种原因被停刊。紧接着的1989年，又对上海报刊进行了一次普遍整顿，共压缩报纸8种。这种对于报业的大规模整顿，在此后的20年中，又发生了两三次，如1997年对上海市报刊业的普遍整顿，2001年对上海市小报的整顿，2003年对上海市党政部门报刊的整顿等。

可以说，政府部门的强力引导在上海市新闻报业的发展历程中扮演了主角，市场在这个过程中只能算是配角。文汇新民联合报业集团的成立，被认为是"中国新闻史上第一个由两大报社联合组建的报业集团"，是在"有形之手"主导下"强强联合"的典范。②这样一种报业集团的形成模式在中国报业集团中较为罕见，国内绝大多数报业集团都是内生性模式，如成立于1996年的中国第一家报业集团广州日报报业集团，即以一家党报为龙头，不断创办若干子报、期刊以及各类经营公司而形成。文汇新民联合报业集团则属于外生型的报业集团发展模式，也即主要依靠外部规划和命令来组建的报业集团。正如此前所预想的，文新集团一成立，便成为中国报业的"巨无霸"，但这种地位不是依靠报纸的市场活力被激发，而是由于报业市场竞争的不充分。据中国城市统计年鉴的统计结果，2000年上海以3 616亿元的国内生产总值在全国主要城市中名列榜首，其次分别是北京(1 825亿元)、广州(1 451亿元)。较高的城市经济发展水平不仅意味着当地读者有较高的收入水平和消费能力，同时也意味着当地的产业经济发达，有较高的广告投放总量。然而，当年(2000年)报业广告经营额最高的是广州日报(12.7亿元)，其次才是文新集团(9.07亿元)，这说明文汇新民报业集团无法超过广州日报，主要原因不是城市经济发展水平，而是媒体自身

① 《1989上海文化年鉴》，第77、84页。
② 《1999上海文化年鉴》，第78页；《2008中国文化品牌报告》，第116页。

缺乏吸引力和竞争力。①文新集团的成立，实际上使得上海报业市场上减少了一个重量级的竞争主体。当解放日报报业集团于2000年成立之后，上海报业便形成了文新报业集团与解放日报报业集团分享市场的“双寡头竞争”局面。在这种格局下，上海的两大报业集团不需要什么努力就可以过着很优裕的日子，这导致了两个结果：一是集团没有压力去开发、培育新的报业市场和挖掘新的增长点；二是价格的反常调整，例如《文汇报》每份从0.6元调整至0.8元，《新民晚报》每份从0.5元调整至0.7元。②

在面向市场化的改革中，上海报业中最引人瞩目的，是城市生活服务类周报的异常繁荣。2006年第3届中国报业竞争力年会公布了第3期中国报业竞争力监测报告。在“全国晚报都市类报纸竞争力20强”排名中，《新民晚报》和《新闻晨报》分列第十四、十五位，而在“城市生活服务类周报竞争力10强”中，上海报纸占据半壁江山。《申江服务导报》、《上海壹周》、《房地产时报》、《人才市场报》和《上海星期三》分列一、三、四、五、六位。③上海在城市生活服务类周报方面的强大竞争力正是由于这些同类型报纸为了争夺共同的上海市场在激烈的竞争中形成的。《申江服务导报》是《解放日报》社于1998年1月1日创办的上海第一份将新闻性和服务性相结合的城市生活服务类周报，其以全新的风格、新颖的形式、精美的印刷和丰富的内容，在上海报业格局中独树一帜，发行量1998年就达到20多万份，1999年突破30万份，2000年突破40万份。市场先行者带来的示范效应很快扩散，2000年5月，文新集团创办《上海星期三》；同年10月，《上海壹周》创刊。为了争取市场优势，这些生活服务类周报展开激烈竞争，不断扩版，不断提高报纸质量。上海城市生活服务类周报的办报水平和竞争力水涨船高。2002年，《上海星期三》开始品牌输出，在国内和日本、澳大利亚开设了多家连锁报纸。可以说，同业竞争极大地提升了上海城市生活服务类周报的整体实力和竞争力。④

通过上海电影业和报业的发展历程，我们可以清楚地看到政府在这个过程中的主导地位。实际上，这不仅仅是电影业和报业的特例，而是整个上海文化三十年发展历程的缩影。据《2001年上海文化发展蓝皮书》分析指出，“优化资源配置，实行集约化经营、规模化发展”，是“文化产业建立起自身的比较优势，

---

① 《2008中国文化品牌报告》，第116页。
② 《2008中国文化品牌报告》，第116—117页。
③ 《2007上海文化年鉴》，第108页。
④ 冯志阳：《上海新闻报业30年》，《上海文化发展与变迁：实践与经验》，第67页。

在全球化背景下获得可持续发展的战略需要”。这一改革思路在上海文化产业的发展中得到了“创造性的应用”，以1996年的“影视合流”为起点，“上海进行了组建强势文化产业集团的资源大调整、大配置、大优化”。这一过程被分为四个阶段：第一阶段的代表就是上海广播电视局和上海电影局的合并；第二阶段的代表是1998年文汇新民联合报业集团的建立；第三阶段的代表是1999年五家强势出版社联合成立上海世纪出版集团；第四阶段的代表是2000年建立的东方网。①这些文化资源的“大调整、大配置、大优化”在短短五年内纷纷完成，市场的“无形之手”是不可能做得到的，必然是在政府“有形之手”的强力干预乃至直接的行政命令之下实现的。事实上，与文化产业的资源整合相配合，政府的文化管理体制也做了相应的调整。2000年5月11日，由原上海市文化局、广电局撤二建一而成立的上海市文化广播影视管理局在原广电局举行挂牌仪式。这个撤二建一的举措，被认为有利于打破体制分割的围墙，在更大范围内合理配置宣传文化资源，进一步解放文化生产力，和有利于政府职能部门的转变和加强对文化广播影视的宏观管理。②

其实，政府的强力主导对于中国内地文化产业的发展来说，应该是一种常态，并不能成为文化产业不够发达的“原罪”。事实上，湖南“电视湘军”的异军突起和超常发展，正是在湖南省广电厅的一手领导下成为现实的。1993年，魏文彬被任命为湖南省广电厅厅长，同时兼任湖南省广电厅党组书记、湖南电视台台长，集湖南省广电行业所有权力于一身，湖南电视改革的大幕就此拉开。1995年湖南经济电视台开播，率先实行制播分离和制片人制，台长公开招聘，台内全员聘用，形成了节目组和栏目共存亡的生存竞争模式，强化了员工的创新和竞争意识，进而推动独特栏目经济和品牌的形成。1997年，湖南卫视率先推出《快乐大本营》，以极强的娱乐性和参与性迅速占领受众市场，塑造了湖南卫视乃至全国的第一个娱乐品牌。1998年，湖南“电广实业”在深圳证券交易所上市，在全国广电系统率先进入资本市场。2000年，全国首家广播影视集团湖南广播影视集团在长沙正式挂牌成立。2004年，基于对电视的社会功能和现代人需求的深刻洞察和把握，湖南卫视正式提出“快乐中国”的理念，这是国内所有电视媒体中对自身品牌进行清晰定位与形象区隔的第一家。③经过多年

① 《经济全球化与上海文化发展：2001年上海文化发展蓝皮书》，第188、189页。
② 《2001上海文化年鉴》，第7页。
③ 《2008中国文化品牌报告》，第62—69页；《北京文化发展报告（2007—2008）》，第286—297页。

经营，电视湘军的声誉和影响遍及四海。在2004年全国收视份额排名榜上，湖南卫视排名第五，前四位均是中央电视台，排名第二的省级卫视安徽卫视的收视率只有湖南卫视的二分之一强；2005年，湖南卫视又前进一位，仅排在CCTV1、CCTV8、CCTV3之后，其所占收视份额几乎为省级卫视第二名安徽卫视的3倍。①2006年，国家广电总局发布《2005年度中国广播影视事业蓝皮书》，评价湖南卫视是中国地方电视台的"龙头老大"。②正如研究者所指出的，"湖南不是经济成长的核心省份，没有生产影视人才的教育基地，没有最大的收视人群，不是中国时尚文化的中心甚至没有几个投得起电视广告的品牌，但是，湖南卫视硬是将自身打造成为中国省级卫视的佼佼者"，"电视湘军"的创业奇迹值得深思。湖南广电这种半行政、半市场的体制之所以能够创造"电视湘军"的奇迹，其关键就在于"电视湘军"的掌门人魏文彬。早在20世纪90年代初，魏文彬就认定，"中国的媒体一定要走产业化的道路"，认为"文化产品是人类的基本需求，部分文化产品属于意识形态领域，没有商品的属性，不能产业化；但大部分娱乐、休闲等文化产品是提供社会消费的，有商品的属性，应该进行产业型开发"。在魏文彬的改革发展思路中，最核心的就是产业化，这也是湖南广电产业高速发展的核心动力所在。③

相对而言，上海以往的认识就比较保守。上海文广新闻传媒集团总裁黎瑞刚在《上海广播电视业发展的战略思考》一文中指出，"按照传统的定位，上海文广新闻传媒集团应该是一家地方广播电视台，服务于地方，也局限于地方；满足自身播出，而不涉猎多种及相关产业"。④简而言之，就是对于"相当一部分文化还具有经济的、商品的属性"缺乏深刻的认识，还是停留在将文化视为"服务"于地方、"服务"于意识形态的附属性工具。⑤上海通过"影视合流"和"撤二建一"（原上海市文化局、广电局撤二建一成立上海市文化广播影视管理局），实行"大文化"管理体制，使得文化行政权力在资源重组和优化配置的同时，出现了高度集中的趋势。权力的高度集中使得权力对于文化发展的影响更加巨大，这就进一步提高了对于权力行使者的要求。如果权力行使者能对文化的产业性质有深刻的理解和对文化发展的市场前景有敏感的把握，那么其文化产业就将获得巨大的发展；反之，则会陷于停滞状态。正是在这一点上，黎瑞刚有着清醒的认

---

① 《2006中国文化产业年度发展报告》，第347—348页。

② 《2008中国文化品牌报告》，第64页。

③ 《2008中国文化品牌报告》，第68页。

④ 《2003上海文化年鉴》，第9页。

⑤ 《2001年上海文化发展蓝皮书》，第171页。

识，“把集团定义为一个媒体与娱乐集团，一个致力于内容产品开放、生产、播出、发行，以及多种娱乐产业运营的产业机构”，强调集团要实行两个“转变”：“一是从为播出而制作，逐步转向为市场而制作；二是从一个地方广播电视台，逐步转变为一个面向全国，乃至海外话语世界的内容提供商和内容发行商”。① 在这种思路下，上海文广新闻传媒集团整合原上海电视台财经频道和东方广播电台财经频率，打造了“第一财经”这样一个无地域和具体媒体特征的商业品牌，完成了对相关财经资源的整合，进而迅速在中国财经资讯市场上了确立自己的地位，并具有了相当的影响力。

上海以国际文化大都市为建设目标，现代社会是信息社会，大众传媒可谓是现代城市的“神经网络”。因此，现代化的国际文化大都市应当成为“传媒之城”，尽可能地创办和生产国内外有影响的报纸、杂志、电影、电视广播节目等信息媒介以及建立与之相适应的文化市场。以纽约为例，作为美国乃至全球首屈一指的国际大都市，全世界最著名的报纸《纽约时报》和最著名的杂志《时代》周刊都诞生于此。在美国，纽约市通过《纽约时报》、《华尔街日报》、《时代周刊》、《新闻周刊》等出版媒体影响全国的舆论界，几乎左右了全国的新闻和娱乐。美国学者尼尔·R.彼尔斯说过：“纽约的电视、广播报纸、杂志、书籍和时装，年复一年地塑造和影响美国人的思想，美国任何其他力量都无法办到。”②就我国而言，上海至今仍缺乏在全国具有广泛影响力和高认可度的大众媒体，这与上海经济在全国经济中的地位不相称，更与国际文化大都市的建设目标存在巨大差距。作为中国城市经济规模排名第一的城市，上海在资本、人才、文化市场和社会环境等方面都为上海大众媒体的飞速发展提供了良好的条件，但是徊徨于意识形态与市场之间的上海传媒始终很难打造出真正具有全国影响力的传媒品牌。这与上海的传媒人是否努力无关，与是否有市场竞争也关系不大。在一个政治权力可以主宰一切的社会里，上海的经济规模再庞大，上海的市场消费能力再强大，上海的声音也只能被政治中心所在地的声音所淹没或笼罩。这是一个文化发展与意识形态控制高度重合的政治性社会的必然现象。

三、制造时尚：面向市场的文化创意产业

虽然在传媒产业方面，上海的表现不尽如人意，但在文化创意产业方面，上

① 《2003 上海文化年鉴》，第 9 页。

② 何树青：《国际大都市的 8 道门槛》，《新周刊》2003 年 1 月 3 日；《科技与企业》2004 年第 3 期。

海往往有神来之笔，在全国独领风骚。鲁迅曾说过，“京派近官，海派近商”。对于向来以海派著称的上海文化，天生便与商业有一种亲近感。相对于全国而言，上海总是走在时尚前列的，尤其是在商业时代。近代上海，无论是电影、报刊，还是音乐、美术，乃至日常生活中的种种细节，上海都是摩登的象征，是全国人民学习的对象。改革开放之后，随着时代精神逐步趋向商业化，对于骨子里头浸着市场意识的上海而言，大显身手的时代到来了。

1993年的《上海文化年鉴》在总结1992年的上海文化概况时，写到：“商业文化异军突起。”它是指当时号称上海商业街代表的“三街一场”：南京路、淮海路、四川北路和豫园商场，正在以前所未有的规模进行改造。列入南京路第一期新建改造的海仑宾馆、曼克顿广场、宝大祥商厦、第一医药商店、协大祥、南洋商城、电子大厦、丝绸大厦、先施公司等十大项目相继竣工开业。南京路霓虹灯一条街继续向西延伸至静安寺，且应用了更为壮观的大容量、高亮度、跳跃式新颖灯源，使十里长街光彩夺目，景色更加迷人。新商业街充分体现了刻意创新和海派意识，其色调或冷或暖，格局或中或洋，特色各有千秋，整体相得益彰，洋溢着异曲同工的诗情画意。富丽堂皇而又风格各异的店铺，中央空调、自动扶梯、立体橱窗等充分彰显出商业文化的五彩缤纷和现代气息。①南京路的西式商业街模式此后被全国各大、中城市复制，成为中国西式商业文化最外显的象征。与此同时，老城隍庙古色古香的明清建筑和江南园林，也开始被大规模地改造，九狮商厦、湖滨美食楼、绿波廊、湖心亭、九曲桥商场批发大楼、珠宝楼、松云楼、桂花厅等被翻修一新，荷花池底的污泥浊水被彻底清除并注入清水，大金鱼畅游其间，古老的商城散发着传统文化和现代商业的双重活力，每天吸引着数以万计的中外游客。②此后，这种将复古的传统建筑用于商业活动的集中经营模式在全国其他城市不断被复制，但做得最成功的还是上海，如号称上海时尚地标的“新天地”。

“新天地”其实是一个在2001年才开始被上海人熟悉的地名。以前，这里是普通民居，一片由20世纪20、30年代的石库门里弄组成的街区，由于年久失修，这里基层下沉，地层潮湿，上下水道东修西补，所有木构均不同程度的腐朽。在人们看来，石库门建筑就是破旧、拥挤、居住环境恶劣的集中表现。因此，新天地开发之初，由于其概念超前，很难被人理解和接受。人们不明白，花费比重新建筑大得多的力量和资金保留并修复这些石库门建筑的外皮究竟有什么意义和价值。但由于上海新天地的主要投资商瑞安集团的管理层对这个

①② 《1993上海文化年鉴》，第5—6页。

项目信心坚定，新天地终于顺利地在2001年诞生，并迅速成为上海的潮流热点，吸引了众多国际知名品牌入驻，成为商业地产的新标杆。这片占地3万平方米、建筑面积6万平方米的石库门建筑群保留了20世纪20年代的砖墙、屋瓦，但每座建筑内部则按照21世纪现代都市人的生活方式、生活节奏、情感世界量身定做，成为国际画廊、时装店、主题餐馆、咖啡酒吧等。门外是风情万种的石库门弄堂，门里是完全的现代化生活方式，一步之遥，恍若隔世，充分体现了历史与未来共生的理念！而精彩纷呈的街头表演、新意迭出的时尚活动，为新天地带来富有动感的现代时尚风采，成为现代潮流的领导者。新天地已经在产业融合的实践中由普通的住宅升华为一种商业、房地产业、旅游业的“复合体”。它是一个彰显休闲生活理念的时尚旅游中心，成为上海市中心具有历史文化特色的都市旅游景点，被列入了“来上海旅游必到之地”的清单中。新天地成功背后的理念是，在一个全球化的时代，一个国际性的大都市要吸引全世界的目光，必须要有自己的个性和特色，而毫无疑问，这种个性特色就是这个城市自己独特的历史文化以及反映这些历史文化的建筑等物质载体。在上海市创意产业协会会长厉无畏的眼中，新天地的成功正是创意产业的杰作。①

作为国内最早推进创意产业发展的城市，从21世纪初开始，创意产业成为上海经济发展的新亮点，其发展势头如雨后春笋般茁壮成长。据统计，2006年上海创意产业总产出达到2 291.71亿元人民币，同比增长16%，增加值达到674.59亿元人民币，同比增长22.8%，约占上海全市GDP总量的6.55%。其中研发设计创意287.91亿元，比上一年增长19.5%；建筑设计创意118.71亿元，比上一年增长20.2%；文化传媒创意57.29亿元，比上年增长16.0%；咨询策划创意182.7亿元，比上一年增长33.5%；时尚消费创意27.98亿元，比上一年增长18.6%。②上海创意产业的总量、年增长幅度、贡献值占全市GDP的比重，都在全国名列前茅，并且可以和许多发达国家城市相媲美。上海曾在发展文化大都市的战略部署中提出“努力打造创意之都”的目标，而事实上，“文化大都市”首先就必须是“创意之都”。一个充满了“创意”的“文化大都市”，总是能够通过将一些具体的“文化创意”进行产业化，打造出风靡全社会的“时尚”潮流，甚至成为这个城市的文化名片。从这个意义而言，上海打造“中国音乐剧之都”的实践为上海建设文化大都市提供了一个难得的范例。

2005年《剧院魅影》在上海大剧院上演期间，许多音乐剧迷从亚洲各地赶

---

① 厉无畏等著：《创意产业：转变经济发展方式的策动力》，第100页。

② 厉无畏等著：《创意产业：转变经济发展方式的策动力》，第179页。

到上海来观看演出。台湾报纸报道说，一些台商踏上“朝圣之旅”，专门飞到上海看一场演出。而香港报纸指出，《剧院魅影》风靡上海，显示出上海经济实力提升，文化需求强劲，渴望了解和融入世界。香港大公报断言，上海对音乐剧这一目前世界上最具市场效应的演出样式的消费需求正处于强劲的增长之中。①到了2006年英文原版音乐剧《狮子王》的引进，在82天里刷新了中国演艺界的多项全国记录：最多的演出场次——101场，最高的票房收入——7 200万元，最高单日出票量——突破5 000张，还有超过16万的观众人次。尤其是在7、8月份舞台演出的传统淡季，上海大剧院用事实证明了“没有淡季的市场，只有淡季的思想”。②据统计，全国单一剧院的演出收益排行榜上，第一名是上海大剧院，第二名是东方艺术中心，第三名是上海马戏城。③这表明，在演出市场上，上海具有无可争议的优势地位。处在大江和大海的交汇之处的上海，从19世纪中叶以来，就有了“只有在上海唱红了，才算在中国站住了”的说法。④这意思是说，上海是一个非常开放的文化大码头，各类流派、各色人等、各种样式，都可以在这里同台竞技，而如果谁能在上海这个包罗万象的文化大码头出类拔萃，那么他就具有了征服中国的可能了。上海的开放传统为其打造“中国音乐剧之都”的努力提供了最好的文化基因。同时，上海这个城市似乎天然就具备接纳西方音乐剧的众多条件：文化开放，艺术多元，发达的经济和消费能力，对一切“时尚指标”事物都充满永不消减的热情，以及日益与国际接轨的文化市场。

当然，打造“中国音乐剧之都”首先需要大型剧院等“硬件”设施的建成。对于一个文化大都市而言，一个设施先进、功能齐全、特色鲜明的艺术剧院不仅可以吸引全球的优秀文化艺术团体前来演出，更可以展示一座城市的历史底蕴在政治、经济、文化、社会等方面的建树，使其成为一个标志性的人文景观。维也纳的金色大厅、纽约的林肯艺术中心、悉尼歌剧院、洛杉矶的柯达剧院等，均以独特的人文景观和重大的文化活动而闻名世界，成为国际大都市的文化品牌。⑤20世纪末21世纪初，上海大剧院、东方明珠电视塔、上海图书馆、八万人体育场和上海马戏城等大批上海标志性文化设施的相继落成，解决了上海在迈向文化大都市的过程中所存在的文化“硬件”设施问题，其中上海大剧院的建成

① 《2006中国文化产业年度发展报告》，第578—579页。
② 《2006年上海文化漫步》，第184—186页。
③ 《文化大都市：上海发展的战略选择》，第108—109页。
④ 《文化大都市：上海发展的战略选择》，第94页。
⑤ 《文化大都市：上海发展的战略选择》，第105页。

直接为上海大量引进西方音乐剧提供了先决条件。国内外实践又表明，大型剧院设施的建成是基础，要使其最大效率地发挥作用，还必须拥有充满创意的经营模式，只有装载了优秀的“软件”，剧院的“硬件”才能实现有效管理，最大限度地发挥其功效。上海在吸收世界上著名大型剧院经营模式的基础上进行创新，获得了巨大的成功。以 2006 年《狮子王》的运作为例，尽管演出成本超过此前所有音乐剧，然而从最初签约到演出结束，大剧院几乎没有动用一分钱的现金。以零成本运作 6 000 多万的大制作，这样的“天方夜谭”得益于成功的商业谈判，特别是全新大胆的商业运营模式。在上海文化发展基金会的支持下，上海大剧院在 2006 年 2 月份获得了银行 4 000 万贷款，加上多家赞助商的加入，使《狮子王》成就了整个中国演出市场的一次最大规模的资本运作，也成为上海大剧院按音乐剧产业运作的国际惯例。①

当然，《狮子王》的成功不仅依赖于国际先进的运营模式，还得益于“低成本、立体式、网络化、全覆盖”的宣传推广策略。2006 年的上海，无论在地铁、公交车站、高档社区，还是商业购物区、机场、五星级饭店，人们随处可见《狮子王》鲜亮的黄色宣传板，而广播、电视、平面媒体的滚动跟踪报道，更是从 2 月起就早早为《狮子王》预热。等到《狮子王》登陆上海的 2006 年夏秋之际，这出世界著名的音乐剧已经成为申城一个令人无法忽视的存在。针对《狮子王》的目标人群，上海大剧院还专门组织团队到企业、学校、社区进行“王者之狮，荣耀之旅”的音乐剧体验营销，并编辑出版了《音乐剧 & 上海》，全面出击在上海举办的全国书展。在这样大规模并深入细致的营销攻势下，这只著名的“王者之狮”很快成为沪市最热门的时尚话题。而在十月国庆前夕，《狮子王》更是被推广到长三角地区，观赏音乐剧突然成为这片中国最富裕地区的富人们趋之若鹜的时尚之举，从而掀起了一阵观剧热潮。据统计，每十个《狮子王》的观众中，就有至少三位来自外地，其中不乏从新加坡、日本、韩国、马来西亚赶来的海外观众。②不可否认，上海在走向“中国音乐剧之都”的路上还有一些问题要面对，而其中最主要的问题即内容创作。世界著名音乐剧制作人韦伯于 2005 年初访问上海时对媒体表示：上海发展本土音乐剧产业最大的挑战是“寻找剧本”，而剧场、资金等条件都尚在其次。为此，上海音乐学院、上海戏剧学院等艺术类学院已相继开出了音乐剧专业，专门培养能歌善舞、外形出众又擅长表演的音乐剧演员，上海音乐学院还聘请了百老汇专家和导演对学生进行专业指导。上海大剧院总经理乐胜利介绍说，音乐剧能在英国伦敦西区和美国百老汇“掘金”10 年、20

①② 《2006 年上海文化漫步》，第 184—186 页。

年，在中国也有可能。①实际上，与拥有上百年历史的歌剧、交响乐等西方经典艺术相比，新生的音乐剧创作依旧强劲。被欧美发达国家当作文化产业看待的音乐剧想要在上海被成功移植改造，并成为上海国际大都市建设的一张文化名片，也必须将其作为文化产业来打造。

对于文化产业而言，市场具有决定性的意义。实际上，市场也是创意的起点和终点，是创意活动价值实现的载体，创意只有转化为市场需求，才能实现最终价值。某种程度而言，好的创意就是迎合了市场需求的创意。当然，市场需求的表现形式是各种各样的，有时体现为一种思潮，有时体现为一种审美心理的转变，有时则表现为一项备受社会关注的改革。《萌芽》杂志于 1998 年启动的"新概念作文大赛"正是由于其呼应了 20 世纪末中国社会各界要求改革"应试教育"模式的强烈愿望而获得了惊人的成功，成为上海在文化大都市的建设过程中用"创意""制造时尚"的又一杰作。

创刊于 1956 年的《萌芽》是中国最早的青年文学期刊，在 20 世纪 80 年代文学期刊的"黄金年代"曾达到几十万份的发行量，后随着商业大潮的兴起，纯文学刊物遭受冷落，而一路跌落到一万份大限，濒临倒闭。1995 年底，《萌芽》换帅，时任中国作协上海分会秘书长的赵长天调入《萌芽》任主编。依靠政府牵线，《新民晚报》集团承诺给《萌芽》三年资助，在这三年内，《萌芽》必须寻找到出路，打开自己的市场。赵长天谈到："作为一个作家，如果甘于清贫，那么完全可以不考虑市场需求，写自己真正想写的东西。但一本刊物，如果没有政府或者某个基金会的支持，就只能进入市场，按照商品规律办事。否则，刊物就没有生存空间。连刊物都没有了，何来文学性？"②为了让刊物生存下去，赵长天和《萌芽》必须要完成"办刊人自我定位的转变"：从读者有求于你的"文学殿堂"到走进市场，"把读者看成上帝"。为此，《萌芽》开始进行市场调查，先通过邮局调查《萌芽》的订户，再去大学、中学开座谈会了解《萌芽》的知名度。调查的结果非常令人意外，本来是面向青年的《萌芽》，主要的读者却是中年人。这与《萌芽》此前将刊物定位为"青年作家的摇篮"有关。在 80 年代的文学"黄金时代"，许多青年人都梦想成为作家，因此关注《萌芽》、阅读《萌芽》和向《萌芽》投稿。那些 90 年代中期还在阅读《萌芽》的中年人，正是那个年代培育出来的《萌芽》的铁杆"粉丝"，"他们开始读《萌芽》时是青年，读了十来年以后，已经变成中年人了"。经过一番调查，赵长天和《萌芽》决定将刊物的定位从"青年作家的摇篮"

---

① 《2006 中国文化产业年度发展报告》，第 579 页。

② 严琳：《当代文学生产转型中的〈萌芽〉》，华东师范大学 2006 届研究生硕士学位论文。

调整为“修养类的青年文学刊物”，着眼于提高青年人的文学修养。赵长天对此解释道，“人人都想当作家”固然是不正常的，社会不需要那么多作家。但可以说，人人都应该具有一定的文学修养，文学修养是人的素养的基础。所以，从“培养作家”到“提高文学修养”，就大大拓展了《萌芽》的读者面。①

对于一本杂志而言，这种“面向青年”的定位还是过于笼统，容易与许多杂志的读者定位方向趋同。这也是中国期刊市场上的一个通病：几乎所有的财经类杂志都是为高级经理人打造；几乎所有的汽车类杂志都是为购车者和车主制作；几乎所有的时尚类杂志都是为年轻白领女性开办。②这便造成了各种杂志面目模糊、大同小异，难以真正形成自己的个性特色和目标读者群。经过分析和实践，《萌芽》最终把目标读者群定位为以高中生为主体的爱好文学的青年学生。为了让《萌芽》杂志办得更受青年读者的欢迎，《萌芽》还委托复旦大学社会学系办的一家调查公司，在北京、上海、武汉、广州、兰州五个城市，通过抽样调查的方式，作了非常详细的“青年人阅读取向”调查。③在充分进行市场调研的基础上，《萌芽》进行了改版。改版后的《萌芽》以学生关心的热点问题、体育、时尚和流行为主要内容，每期刊登各类青春偶像的大幅照片和“档案”，采访名人；比起改版前“世俗”了不少，也令年轻读者觉得亲切很多。除了调整定位、改变内容，《萌芽》还注意到了发行环节的重要性。为了使杂志进入市场，编辑部里每人都负责联系自己家附近的几个书报亭，每个月都提着新出版的杂志去和报亭老板商量代销，然后天天去了解刊物的销售情况，了解读者的反馈。④经过一年多的努力，刊物销量上升了一倍，但是两万多的发行量，离赵长天对《萌芽》的期待还是有着很大的差距。经过调查和分析，他们发现主要原因是杂志所刊登文章的作者基本都是中年人，“这些文章和我们期待的读者的兴趣有距离，或者说我们的作者和我们的读者有代沟，我们应该多刊登年轻人自己写的文章”。但在当时，“《萌芽》每天来稿用麻袋装的黄金时代已经过去了。不多的一些来稿都是中年人写的，我们能约到的也是中年作家的稿子。我们不知道我们所要的年轻作者在哪里”。“我们去中学找到语文老师，希望他们推荐一些好的文章，好的作者。可是推荐来的，都是应试作文，很八股的，杂志根本没法用。我们也把这些作文给学生看，问他们喜欢不喜欢，他们说，这是给老师看的，我们不要看。”⑤

---

①③⑤ 赵长天：《从〈萌芽〉杂志 50 年历史谈起》，《文艺争鸣》2007 年第 4 期。

② 黄莹：《〈萌芽〉新概念》，《传媒》2003 年第 9 期。

④ 严琳：《当代文学生产转型中的〈萌芽〉》，华东师范大学 2006 届研究生硕士学位论文。

正在《萌芽》为稿源发愁的时候，社会各界要求改革“应试教育”模式的强烈意愿，使得1997年开始的语文教育大讨论成为一个让全社会持续关注的热点话题。这场世纪末的语文大讨论虽然很长一段时间内只在“语文圈”外热闹，圈内反应冷淡，但在社会上却赢得了前所未有的普遍支持。正是在这样的背景下，1999年《萌芽》在显著位置上刊载了《“新概念作文大赛”倡议书》，明确指出：“在中国教育面临重大改革的契机时，教育界和文学界的再度联手，其中的意义就不仅仅在于对传统的继承，更在于我们可能为教育改革找到一个突破口，找到一个让全社会都来关注和关心教育改革的焦点和沸点。”①由此可见，新概念作文大赛是有意识地迎合语文大讨论所造成的社会普遍期待。实际上，正是由于这样一种社会普遍期待，更由于“新概念作文大赛”提倡“新思维”、“新表达”、“真体验”和提倡写作要有真情实感，要有想象力和创造性的这些理念，契合了这种普遍期待，《萌芽》这家在20世纪90年代中期并不具有多大社会影响力的杂志，可以顺利地将北京大学、复旦大学、南京大学等7所著名高校拉入“新概念作文大赛”的发起单位和联合主办单位的阵营中。这些名牌大学使得这个比赛具有了足够的权威性和影响力，而以王蒙为主任，以全国最著名的一些作家和教授组成的阵容强大的大赛评委会，又进一步加强了“新概念作文大赛”的亲切感和可信度。②期刊搞活动在全球的大型杂志中都是很常见的现象，比如说《财富》杂志的500强评选，《时代》周刊的人物评比。“萌芽也是在不知不觉中超前了一步。我们的活动不以盈利为目的，但活动办好了，办得有特色了，盈利是必然的结果。”赵长天这样评价杂志搞的“新概念”活动。而业内人士更多地认为“新概念”不仅仅是一项与众不同的作文大赛，更是一次成功的营销行为，是《萌芽》发展历程中关键的加速器。③新概念作文大赛以来，始终被社会和媒体高度关注，除上海本地外，《人民日报》、《中国青年报》、《羊城晚报》、《南方日报》等中央和地方的重要报纸，都以整版篇幅刊登过大赛的报道。中央电视台也多次做过专题节目。日本、新加坡、中国香港等海外媒体也有过相当大篇幅的报道。“新概念作文大赛”成了公认的最有影响的青年文学比赛。许多学生通过“新概念作文大赛”了解了《萌芽》杂志，喜欢上了《萌芽》杂志。“新概念作文大赛”和《萌芽》杂志两个品牌形成互动，产生了巨大的文学市场效果。④据统计，“新概念作文大赛”的举行，使得《萌芽》杂志的发行量由1998年初的不

① 严琳：《当代文学生产转型中的〈萌芽〉》，华东师范大学2006届研究生硕士学位论文。

②④ 赵长天：《从〈萌芽〉杂志50年历史谈起》，《文艺争鸣》2007年第4期。

③ 黄莹：《〈萌芽〉新概念》，《传媒》2003年第9期。

超过 5 万份急剧攀升到超过 18 万份，年盈利近百万。到 2003 年 1 月，杂志的发行量达到 25 万份，而《十月》、《当代》、《收获》等文学期刊的同期发行量还不到《萌芽》的一半。①

当然，"新概念作文大赛"的收获和影响远不止此。它生产了韩寒、郭敬明、张悦然等一批文学明星，制造了"80 后"这个令全社会持续关注和讨论的文学现象和社会现象。在此基础上，《萌芽》和它所制造的文学明星们都获得了巨大的经济效益。据图书策划人路金波介绍，到 2005 年，韩寒的《三重门》已卖出 190 万册，《零下一度》130 万册，《长安乱》也已超过 60 万册。而据春风文艺出版社官方网站公布的数据，截至 2005 年 8 月，郭敬明的《幻城》平装本和精装本的销量加起来超过 130 万册。"福布斯 2 005 名人榜"上，作家里仅有 4 位上榜，郭敬明、韩寒赫然有名。按照曝光率和收入两大指数综合排名，郭敬明年收入 250 万元综合排名第 92，韩寒年收入 100 万元综合排名第 99，两人排在余秋雨之后，海岩之前，轰动一时。②除了生产文学明星之外，"新概念作文大赛"还生产出大量的文学作品，即获奖作文。《萌芽》杂志社选编历届大赛获奖作品和著名作家、教授、资深编辑点评，委托作家出版社出版。据《萌芽》杂志社内部数据统计，到 2005 年 3 月，历届新概念作文大赛获奖作品选总销量已达 170 余万套，"新概念"成为中学生图书的金字招牌。历届大赛获奖作品选已经成为《萌芽》旗下运作得最为成熟的一个畅销书系列。③除了获奖作品选，《萌芽》杂志社还利用其作者资源优势，与多个出版社合作，编辑出版"萌芽书系"。"萌芽书系"现已出版五十多种，发行量达到一百多万册，也已经成为青春文学出版物的著名品牌。在获得经济效益的同时，《萌芽》杂志还于 2005 年获得第三届国家期刊奖，被列为百种重点期刊。同年，萌芽杂志社被评为上海市宣传系统第一届文明单位。④从一个创意出发，《萌芽》杂志制造了"80 后"的文学时尚，并从中获得了巨大的经济效益。这个创意的起点，正来自于《萌芽》对于市场的执着追求；《萌芽》能成功利用这个创意获得巨额的经济效益，正是由于《萌芽》直接面向市场的一系列产业化运作。

结语

1949 年后，上海的文化发展变成了一项由政府指导和规划的事业，成为同

---

① 黄莹：《〈萌芽〉新概念》，《传媒》2003 年第 9 期。

②③ 严琳：《当代文学生产转型中的〈萌芽〉》，华东师范大学 2006 届研究生硕士学位论文。

④ 赵长天：《从〈萌芽〉杂志 50 年历史谈起》，《文艺争鸣》2007 年第 4 期。

政治、经济、社会、军事同一类别的可以被管理的社会功能的一个方面。某种程度上可以说，文化事业与意识形态控制合二为一。当然，这种状况在1978年前表现得更为明显；1978年后，随着思想解放运动的开展，更由于市场意识的合法性逐渐得到国家政权的认可，文化发展中的市场因素越来越得到彰显。由于中国社会本质上还是一个由全能政府治理的管控型社会，文化发展也只是政府管控下的一项社会事业，因此改革开放三十年来的上海文化事业尽管引入了市场因素而呈现出一派生机，但这样一种文化发展始终处于意识形态管控的笼罩下，难以形成真正的文化繁荣局面。这一点在上海传媒产业的发展上，表现得尤为明显。与此同时，在充分面向市场的创意产业方面，上海往往有神来之笔，制造出引领全国的时尚潮流。这些都充分表明，没有对意识形态条条框框的突破，没有充分的市场竞争，则很难有繁荣发达的文化及其产业。

（作者系上海社会科学院历史所助理研究员）

新视界

发现·建设·居留

——英美侨民与19世纪的上海

李志茗

从18世纪起，清王朝因在中西交往中采用广州体制，而备受英美侨民的谩骂和指责。及至鸦片战争战败求和，更为他们所瞧不起，被蔑称为野蛮的、未开化的国家。相应的，中国人的形象也大大受损，“在中国居留的洋人中间，占上风的倾向是在万国的天平上把中国人贬到很低的地位，说他们的智能低得可怜，谴责他们的道德标准”。①然而，也是这群鄙视丑化中国及其国民的英美侨民却自称为“上海人”，声称上海是他们生活的地方，“发誓要忠于上海”，“坚信上海定将成为东方最伟大的城市”。②上海是中国的城市，为什么他们对上海情有独钟，希望上海越来越好？上海究竟有什么魔力，值得他们如此认同，直把上海作故乡？

一、“发现”上海

马克思说：“不断扩大产品销路的需要，驱使资产阶级奔走于全球各地。它必须到处落户，到处创业，到处建立联系。”③确实，为了推销商品，英国商人奔走于全球各地，中国地广人多自然成为他们奔走的目标。从16世纪起他们就到达中国。据不完全统计，自1644年清朝建立到1704年60年间，英船到广东9船次，厦门36船次，福州、宁波各1船次，舟山5船次。④而西方人与上海有案

① 《清末教案》第5册，中华书局1998年版，第50—51页。
② 转引自张和声：《孤傲的“上海人”——上海英侨生活一瞥》，《史林》2004年第6期。
③ 《马克思恩格斯选集》第1卷，人民出版社1972年版，第254页。
④ 郭卫东：《鸦片战前英国在华进行的“北部开港运动”》，《广东社会科学》2003年第3期。

可查的最早接触是在16世纪后期，那时的上海以港兴市，航运发达，商业繁荣，已经是个具有一定规模的东南都会了，但英船到舟山、宁波6次，离上海较近，却没有继续北上，可见对上海并不了解，甚至可能不知道有这么个地方。后来清朝实行禁海政策，只准广州一口通商，英商为了打破贸易垄断，恢复与中国北部口岸的通商，资助英国政府派出使团与中国交涉，但使团只提出开放宁波、舟山、天津为口岸，也没有提及上海。

那么奔走各地的英人中谁先注意到上海的呢？据说是东印度公司职员毕谷。他奉公司之命赴中国另寻广州之外的通商口岸，于1755年前后到过广州和宁波，也接触了从上海去的商人，了解到上海的情况，遂于次年向公司建议把上海作为一个理想中的中转港，①但未引起重视。这样直至1832年，英国人才偶遇上海，并"发现"了上海。这年2月，因无法忍受广州一口通商的限制和各种勒索苛征，东印度公司广州分行大班马治平派遣"阿美士德勋爵"号商船，从澳门出发，沿中国海岸线北上考察，寻找新的通商地点。全船70余人，船长是礼士，但实际负责人是东印度公司广州分行的职员林赛，取中国名胡夏米，其助手为德籍传教士、翻译兼医生郭士立，化名甲利。为了避免暴露此行的目的，引起清政府的拒斥，而重蹈此前英国外交使团的覆辙，林赛、郭士立除了用化名外，还谎称商船从孟加拉湾开来，因商务关系驶往日本。他们的这一伪装取到成效，骗倒了沿途所经过的南澳、厦门、福州、宁波的清朝官员，但均未能与当地主要官员接触，提出通商要求。并且令他们沮丧的是，他们还在福建活动时，其行踪已被上报朝廷，道光帝下令沿海各地立即驱逐出境。

6月19日，"阿美士德勋爵"号出现在长江口外，这是西方商船第一次来到这个地区，毫无航行经验。胡夏米等试图从渔民中找到一个领航人，但没有人愿意为这艘朝廷明令防范的商船服务。于是他们只好一边测量航道，一边尾随中国渔船，摸索着向前行驶。②次日，到达离吴淞口外仅数英里之遥的地方，胡夏米决定"不在此坐待进港，而立即驾小艇前往上海"，当面向上海道台递交要求通商的禀帖。③与前面几个地方不同的是，在上海，胡夏米等通过使强要横，

---

① [葡]裘昔司著，孙川华译、吴健熙等校：《晚清上海史》，上海社会科学院出版社2012年版，第24页。另有一说，东印度公司于1756年称上海一地颇合设立商馆之用。见姚贤镐编：《中国近代对外贸易史资料》第1册，中华书局1962年版，第563页。

② "阿美士德勋爵"号商船来华经过，学界已有不少研究。以上所述内容主要参考唐振常主编：《上海史》（上海人民出版社1989年版）第113—115页和张德昌：《胡夏米货船来华经过及其影响》（载《中国近代经济史研究集刊》第1卷第1期）一文。

③ [英]胡夏米著，张忠民译：《"阿美士德号"1882年上海之行纪事》，《上海史研究论丛》第2辑，上海社会科学院出版社1989年版，第269页。

终于见到了当地最高行政长官——道台吴其泰。吴其泰早听说浙江洋面有英国船在游弋，正积极布置防范，没想到洋人已来到眼前，他自然命令胡夏米等即刻离沪，不准停留。然而胡夏米不仅不理睬，还蛮横要求将其禀帖转呈两江总督，否则不离开。这刚好戳中吴道台的要害，因为洋人入境说明他守卫不力，如果让上司知道了，那是要丢乌纱帽的，更遑论帮洋人转呈禀帖。所以在满足不了胡夏米要求、又无力将之驱赶的情况下，吴道台只能一方面听任胡夏米等继续逗留，另一方面则令下属卑躬屈膝，大献殷勤，以感化洋人，好让他们尽快自行离开。上海官员态度的突然大转变令胡夏米等很不适应，也非常鄙视，进而得出这么一个结论："中华帝国的所有官员莫不如此：屈从招致蛮横，而不服成命和轻蔑视之只会使之变得谦恭以及得到他们的友好承认"①。

由于吴道台的放任自流、不加理会，使得胡夏米等共在上海逗留了 18 天，有机会在县城内外四处走动，全面考察上海地区方方面面的情况。他们去县城购物，发现这里发售欧洲纺织品，"陈售欧洲羊毛制品的店铺比我们以前在其他中国城市中见到的多得多，这些货品的名称上面都明显地冠以'公司'的标记"。这正是英商梦寐以求的中国市场，他们立即做了个调查，了解到：羽纱每丈 4—5 元，每匹 56—70 元；特级绒面呢每丈 9—11 元，每匹 38—46 元；哔叽每匹 12—16 元。这些货品价格与宁波的差不多，都比较昂贵，是因为毛织品只准从广州经内陆运输，各种成本太高所致。想到欧洲其他国家都实行关税保护以排斥英国商品，而中国却有这么大的需求，胡夏米不禁十分兴奋，大胆想象："和中国的人口相比，现在中国人毛织品的消费量还是多么地微不足道，3 亿 6 千万人口中，绒面呢的总消费不过 80 万码，平均 450 人还未及一码。难道不可以大胆地推出假想一下，随着交往的更为自由和扩大，消费量可能是现在的 4 倍，一定时候甚至增长到 10 倍。"这是多么光明的一个贸易前景啊，胡夏米反问道："为了替我们的英国厂商寻找新的市场，难道我们热切地关注一下这一地球上至今几乎还鲜为人知的地方有什么过分之处吗？"②

他们热切关注上海，得到如下印象：首先，上海襟江带海，水运发达，港口贸易相当繁忙。七天中，经吴淞驶进上海的就有南下、北上载满各种商品的船只四百多艘。其次，上海地产丰富，经济富足。吴淞镇周围的农田精耕细作，可以与荷兰农田相媲美；崇明岛上河渠纵横交错，涝时排水，旱时灌溉，也便于种植。第三，上海的老百姓也非常热情友好，"我们越是单独行走，他们待我们的态度

---

① ［英］胡夏米著，张忠民译：《"阿美士德号"1882 年上海之行纪事》，第 275 页。

② ［英］胡夏米著，张忠民译：《"阿美士德号"1882 年上海之行纪事》，第 275、286—287 页。

越是热情坦率”。在崇明岛上，“这些淳朴的人们还是生平第一次见到欧洲人，其友好的举止超过我们以往任何所见”，“不少人请求我们收下他们的鱼和蔬菜，并热情地表示希望我们以后再来”。就此，胡夏米对上海至今未引起欧美人的关注深感惊讶，认为这个地方特别适于发展外洋贸易：其一，“它具有优良的港湾和宜航的河道”，“事实上已成为长江的海口和东南亚主要的商业中心，它的国内贸易远在广州之上”；其二，吴淞江“可以视作沟通、连接帝国最遥远地区的宽敞水道”，“外国人特别是英国人如能获准在此自由贸易，所获利益将难以估量”；其三，上海“充满了勤劳富足、有进取心和善于经商的人们，他们会兴高采烈地欢呼对外通商。甚至那些推行冷淡和令人厌恶的法律的官员也不得不承认会从对外交往中获得巨大利益”。当然，他们也看到了上海非常糟糕的防务状况，吴淞要塞简直形同虚设。胡夏米说：“在亲睹了上海的帝国军队之后，我深信只要有50个训练有素而又坚毅的人，甚至可以更少一些，就足以打败比我们现在所见到的人数更多的中国军队。”①

回到澳门后，胡夏米等将这次北上考察的情况写成详细的报告书，向东印度公司作了汇报，指出“英国对欧陆的输出贸易，因了欧洲各国的严密抵制，已感受到极严重的障碍，那么，英国为什么不可以向别人所未到过的地方去找寻出路呢？中国的人口比欧洲全洲要多出一倍有余，地方又是那么的广大，海岸线有三千余哩长，适宜的港口很多，大小的江河又是那么的四通八达”，“倘若能在这里作自由的贸易，则利益实无穷尽”，尤其上海“雄踞扬子江的口子，可以控制一切到内地的去路，将来无疑的会成为亚东的商业中心”。②

“阿美士德勋爵”号1832年的中国之行长达半年之久，沿途经过广东、福建、浙江、江苏、山东各省，对厦门、福州、宁波、上海等港口都作了实地考察，获取了大量政治、经济、军事情报。其中在上海停留的时间最长，调查最充分。考虑到厦门、福州、宁波三地英国人曾到过多次，而上海从未来过，那么可以说“阿美士德勋爵”号此行最大的收获是发现上海。特别是胡夏米在上海对中国市场的大胆假设，不能不让英国商人怦然心动，做起“中国之梦”。“近代使东方和西方发生接触的是商业。”③在商业利润的驱使下，英国商人极力鼓吹用大炮来打开中国的通商大门。这样，一场中英之间东西对打的战争不可避免地爆发了。

---

① [英]胡夏米著，张忠民译：《“阿美士德号”1882年上海之行纪事》，第286、277、280、286—287、279页。

② [美]霍塞著，越裔译：《出卖上海滩》，上海书店出版社2000年版，第2页。

③ [英]格林堡：《鸦片战争前中英通商史》，商务印书馆1961年版，第1页。

二、在上海建设“新城”

当战争打到上海时，郭士立作为翻译官随同作战，出谋划策。在他的介绍下，英国侵略军了解到上海是一座富裕的商业城市，“因此，我们不让这个城市遭到抢掠”，也“曾运用各种方法，防止任何暴行发生”。[①]但实际上没有做到，战争毕竟是一种暴力行为，抢劫掳掠不可避免，英军岂能例外！这场战争最后以中国的失败告终，英国侵略者所提出的五口通商要求，其中四口就是“阿美士德勋爵”号所到过并全面考察的港口。由此可见“阿美士德勋爵”号中国之行从某种程度上说是为英国的武力侵华打前哨，其影响不容小觑。当然开放五口不仅仅是为了贸易通商无碍，英国侵略者还逼迫清政府允准英国人携带家眷居住，并派设领事等官管理。为此，英方代表璞鼎查在签订《南京条约》时，就提出“请在五口任其自择基地，建造夷馆”的要求，据中方代表耆英自称，他坚持未许。[②]然而，璞鼎查在签完《南京条约》南返的途中，特意经过上海，“挑选了我们现在居留地的位置，以便建造必要的房屋供居住，使做生意的英国国民能在这个口岸经商。他的选择主要是基于战略的原因，这里东面是一条适合航行的宽阔河流，其他三面是可用于防御的小河”[③]。于是，上海成为五口中最先被考察开埠的一个，正式与英美侨民建立起了联系。

1842 年 12 月 1 日，璞鼎查任命巴富尔上尉为首任英国驻沪领事。次年 11 月 8 日，巴富尔偕翻译麦华陀等一行 6 人乘“麦都萨”号轮船抵沪赴任。巴富尔军人出身，办事雷厉风行，当天即投递照会，与上海道台宫慕久约期会面。第二天，双方即在大关会晤，讨论的第一个问题是领事馆设在何处。巴富尔提出设在县城里，但这与清朝“向定章程，俾民夷不相交结之意，大有违碍”[④]，而且也打破广州体制不许外国人入城的先例，所以道台不敢擅自应允，谎称县城内已经十分拥挤，找不到房屋，县城外“或许可以为你们找到一所空的房屋”。巴富尔很不满意，蛮横地表示，“他自己将去寻找一所房屋，如果找不到，他宁愿在城内一座庙宇的庭院中搭建帐篷来居住和办公，他或许会搬到一位官吏的家中去住”。无奈之下，道台只好妥协，“告以现在暂租寓所，俟夷馆建成，即行迁移，勿

---

① 《鸦片战争末期英军在长江下游的侵略罪行》，上海人民出版社 1958 年版，第 60 页。

② 全庆等纂辑：《筹办夷务始末》第 3 册，上海古籍出版社 2008 年版，第 26 页。

③ H. Lang, *Shanghai Considered Socially*, Shanghai: American Presbyterian Mission Press, 1875, p.16.

④ 中国史学会主编：《鸦片战争》(一)，上海人民出版社、上海书店出版社 2000 年版，第 75 页。

稍逗留，亦不准续添人数，该领事均已应允”。第二个是通商章程税则问题。巴富尔拿出先行拟定的章程税则，请道台“钤盖印信颁给，以便遵守”，道台遂与巴富尔逐条核对，反复辩论，“该领事均能懔遵”，“随即议定九月二十六日，先行开市等情”。①

由于开市在即，巴富尔在县城内租到房屋作为领事馆后，马上发出告示，公布馆址，并宣布开埠日期及港埠范围。港埠的界限“暂时确定在朝西方向之宝山角与朝西南方向之吴淞口右岸炮台这两点所构成的一条直线以内。在港埠内，装卸货物之商船停泊地即在尽可能靠近黄浦江弯曲处的左岸，紧接于吴淞江口”。也就是说在未与上海官员商议的情况下，巴富尔即于县城东门港区之外另选了一处外国货船停泊、贸易的港区，港区范围从吴淞江口到洋泾浜的这段黄浦江江面上。而港区左岸上的这块田野正是璞鼎查先前所挑选的地方。因为是“暂时确定”，接下来巴富尔就开始与上海道台划定具体的界限。参与这个过程的麦华佗后来回忆说：“商人们究竟应安居在什么地点，乃是英国领事在执行任务时极为关心的一件要事。在将远征军遣送回国以前，英国的民政暨海军当局已经预为选好一块令人羡慕的地址；在开埠的时候，领事认为他首先应该尽到的责任之一，就是将这个地址的界限正式确定下来。领事慎重地把未来租界的四至作了规定，它的周围都是乡村、河浜和大江，这就使这块地区在必要时容易加以防卫。”②上文业已指出，宫慕久遵照朝廷规定，不愿意华夷杂处混居，所以，对于巴富尔所提出的城郊居留地址求之不得，毫无异议，这就使确定界址较为顺利。③但关于租地章程的谈判，却进行得异常艰难，历经两年才完成。④

而在这份租地章程出台前，因为已经选定港区开市，第一批来沪的外商遂迫不及待地着手租地。1844 年 5 月，宝顺洋行最先租地，紧随其后的是怡和、和记、仁记等洋行。它们所租的地都紧靠黄浦江边，可这里是新辟的港区，没有住房，没有仓库，没有码头可卸货，各洋行不得不自行造屋建码头，由此租界的“拓荒”建设拉开了序幕。但刚开始，这种建设是混乱无序、急功近利的，洋商各

---

① 汤志钧主编：《近代上海大事记》，上海辞书出版社 1989 年版，第 17 页；全庆等纂辑：《筹办夷务始末》第 3 册，第 45、46—47 页。

② 汤志钧主编：《近代上海大事记》，第 18 页。

③ 许多上海史研究者都喜欢把这块外国居留地说成是一片泥滩荒地，但并非实情。据开埠初期来沪的外侨回忆：“沿浦之地，多旧式船厂、木行，其后面皆稻田、棉花田，更后稍远处有一小村落”（胡祥翰：《上海小志》，上海古籍出版社 1989 年版，第 1 页）。可见这里是上海城郊的乡村地区，尽管卑湿之地，芦草丛生，田间也有丘墓，但仍呈现出一派生机盎然的田园风光。初期的租界建设就是从这里起步，把农村城镇化。

④ 吴乾兑：《鸦片战争与英租界》，《近代史研究》1990 年第 6 期。

逞其能，各自为政，造屋建码头是生意所需，他们热情高涨，而道路、卫生等公共设施都与己关系不大，他们则没有多少兴致，所以，大家自扫门前雪，躲进小楼成一统，结果初期的租界没有一条像样的路，并且“卫生的设置毫无，垃圾堆积浦滩，而房屋又缺乏建筑之美”①。为了改变这种局面，在巴富尔的主持下，成立了租地人协会，协调各洋行之间的关系，并讨论和处理一些公共事务，如起草公墓章程、购买墓地等。②《土地章程》颁布后，则据此于 1846 年成立了道路码头委员会，通过向全体租地人征税，来扩大公共服务范围，并从事道路、码头等公共设施建设。

这样，租界开始有所布局和规划，建设逐渐步入正轨。据档案记载，从 1849 年 3 月至 1853 年 6 月，道路码头委员会共修建六座码头，建造四座砖桥，此外还确定道路路面标准，维修道路，填高路面等。③这些看似不起眼，但勾勒了租界新城区的基本样貌。与此同时，沿江也“耸立起令人印象深刻的、方方正正的两层小楼，它们作为商号的居住、办公和存货用房，楼前即是‘外滩’。这些建筑物的风格纯粹是‘买办式’的，它照猫画虎般摹仿英王乔治一世至四世时期和帕拉底欧的英格兰乡村房屋建筑风格，并且还把印度沿海殖民地的建筑特色传到了中国海岸地区”④。驳船码头、洋行建筑的拔地而起，主干道路的纵横交错，使得原来的乡村景观瞬间变了模样，一座初具规模的新城由此建成。这令一位从内地来上海的传教士惊讶得目瞪口呆，1847 年 7 月 11 日，在给朋友的信中，他忍不住评论道：“英国式的城市像通过魔术般地建立起来了，它真是个奇迹。这里建筑的不是欧式房屋，而是各种式样的宫殿。”⑤

如果说内地来的传教士习惯了简陋的生活，难免大惊小怪，夸大其词的话，那么我们再来看看来自相对发达地区人士的观感。1848 年初，坐船来沪省亲的王韬一到黄浦江，就感觉万千气象扑面而来，不禁浮想联翩：“浦滨一带，率皆西人舍宇，楼阁峥嵘，缥缈云外，飞甍画栋，碧槛珠帘。此中有人，呼之欲出，然几如海外三神山，可望而不可即也。”⑥同年，一位在英国住了三年、又故地重游

---

① 蒯世勋编著：《上海公共租界史稿》，《上海公共租界史稿》，上海人民出版社 1980 年版，第 318 页。

② 汤志钧主编：《近代上海大事记》，第 20 页。

③ 据马长林等著：《上海公共租界城市管理研究》（中西书局 2011 年版）第 2 页表 1-1《1849—1854 年历届道路码头委员会情况表》整理而来。

④ [美]张琳德著，王硕译：《上海的英国会馆》，《国外中国近代史研究》第 24 辑，中国社会科学出版社 1994 年版，第 17 页。

⑤ [法]梅朋、傅立德著，倪静兰译：《上海法租界史》，上海译文出版社 1983 年版，第 17 页注 5。

⑥ 王韬：《漫游随录》，岳麓书社 1985 年版，第 58 页。

的植物学家福钧也感慨地说:"使我惊异的是江岸的外观。我曾听说上海已经建造了英、美的洋行,我上次离开中国时,的确有一两家洋行正在建筑;但是现在,在破烂的中国小屋地区,在棉田及坟地上,已经建立起规模巨大的一座新的城市了。"①可见,从开埠到 1848 年,短短几年,英美侨民通过不平等条约,巧取豪夺,已把县城北面的乡村打造成一座新城。上海这座城市遂出现了一中一西双峰并峙的两个城区。

三、居留上海

上海新城主要由英国人建成,但也离不开美国人的帮忙。正如霍塞所说:"当英国人着手开辟上海租界时,原已料到美国人必将跟踪而至。"②果然,在等到英国的行动就绪后,美国人也采取恫吓手段与清政府签订了《望厦条约》。条约除了涵盖中英条约的基本内容外,还增加了一些侵略权益。有美国历史学家指出,"美国条约比亨利·朴鼎查爵士所缔结的各协定要高明得多;而且如此的高明,以致它立即变成为几个星期之后议定的法国条约取法的典型,也变成为一八四七年三月二十九日签订的对挪威和瑞典条约的蓝本。美国条约中高明的规定也随即赢得英国人的承认,并且大加利用"。被英国人大加利用的最重要一条是领事裁判权,"在某种程度上,一如巴麦尊勋爵在一八三九年似乎承认过的那样,乃是领土永久占有的一个代替物"。③也就是说,据此特权,租界不仅能永久存在,而且有了更加稳固的法治依据,这就是所谓最惠国待遇的起点,"从此之后,凡是和中国订约者,都援例加上这一条,并在无形之间成为一种适用于任何外国人民的条例,因此使凡是外国人都从此不受中国法律的拘束"④。

当然,美国人的"贡献"不止于此,上海的英租界划定后,他们也前来搅局,"力图使上海成为一个国际口岸而不要变成为英国口岸"。在他们的斗争下,原本通过《上海土地章程》获得租界专管权的英国人不得不妥协。1853 年,英国驻上海领事阿礼国提出一项市政章程草案,拟"将原来巴尔富海军大佐的租地区域,一变而为所有外国人在各领事和道台会同管理和监督下共同使用的租地区域"。这件章程草案送呈美国委员马沙利批准时,他反对英国领事馆馆址不

① 姚贤镐编:《中国近代对外贸易史资料》第 1 册,第 562 页。
② [美]霍塞著,越裔译:《出卖上海滩》,上海书店出版社 2000 年版,第 10 页。
③ [美]泰勒·丹涅特著,姚曾廙译:《美国人在东亚》,商务印书馆 1959 年版,第 142、146 页。
④ [美]霍塞著,越裔译:《出卖上海滩》,第 10 页。

纳租税的规定，反对领事干涉外国人与外国人之间土地转移的规定，也反对不准中国人住入外国居留区界内的规定，建议限制领事的权力，“而将决定道路的延展、码头的兴建等等权力交给一个纳税人指派的委员会”。这些意见和建议都被阿礼国接受，最后通过的章程“既保障上海外国居留区的和平与安宁，……同时又使任何一个外国都无法占过分的优势”。[①]正是由于美国人的作用，英租界变成一个国际外侨社区，而白种人也藉此团结为一个整体，无论什么事情都“总显示出他们的联合一致的阵线”，所以“使中国人畏惧者，完全因为白种人始终有着坚固的团体”。[②]

不过，在早期的英租界中，“英国人是占着绝对的大多数，而且这个口岸又是由英国人首先花了力气和血肉换来的，所以一切势力也自然都握在英国人的手中。其时别国人大都不过是跟随在英国人的后面，亦步亦趋，趁水行船罢了”。[③]连一向喜欢自由、爱跟英国人较劲的美国人也如此，他们虽然在虹口有自己的租界，但都不愿搬过去，而更愿意留居英租界，“在英国的旗帜下，托庇求安”[④]，所以英租界的城区建设和公共设施都是按照英国方式进行的。“租界的布局是按欧洲城市传统规划设计的，街道横平竖直”；公共设施除了道路、码头外，还有墓地、教堂、医院和跑马场等。墓地之所以变得必要，是因为欧洲人已开始在上海死亡。刚开始墓地位于北郊海关后护城河以西的一小片土地上，10亩见方，到1845年秋，移到租界中部较大的一块地方，设有一堵石墙、一扇门和一座小教堂。在租界初辟时，并没有教堂，牧师是从教会组织那里暂借的。至1847年，正式的教堂和牧师住所才建成，最初为一座木结构房子，费用由租界内的英国侨民认捐筹集而来，1862年经过重建，遂成为一座更宏伟、更具永久性的建筑。医院由于没有像教堂那样得到侨民赞助，1846年只建了个门诊部，至次年在阿礼国的主持下扩建成一座真正的医院。跑马场对于英国侨民来说必不可少，外滩尚未建好，他们就集资在英国领事馆后面买地修建，1847年以前就可能举行过比赛。后来在不到15年的时间里，他们又接连更换三个地方修建跑马场，每个都比原来的更大、更精致。[⑤]

虽说短短几年内，英美侨民已经把上海租界建造成为一个英国式城市，赢得了一些人的由衷赞叹，然而也有人指出外滩旖旎风光的背后就是“一簇簇本

① [美]泰勒·丹涅特著，姚曾廙译：《美国人在东亚》，第160、178—179页。
② [美]霍塞著，越裔译：《出卖上海滩》，第91页。
③ [美]霍塞著，越裔译：《出卖上海滩》，第53页。
④ [美]泰勒·丹涅特著，姚曾廙译：《美国人在东亚》，第149页。
⑤ [美]张琳德著，王硕译：《上海的英国会馆》，《国外中国近代史研究》第24辑，第15—18页。

地房子，中间有一些弯弯曲曲的泥泞小路”，“商市萧条，烟户零落”，“则知此十年间，沪市固未见进步也”。①诚然，这种对内里的批评也是客观事实，但与外表的繁华并不矛盾。因为经过多次扩张后，1848 年英租界的面积已达到 2 820 亩，而偌大的空间里，仅住着 159 名外国人，又主要集中在外滩地区，所以外滩繁荣昌盛，往里则萧条零落，给人金玉其外败絮其中的感觉。那西方商人不是喜欢到处落户、到处建立联系的吗，为什么没有源源而来，大量涌入呢？原因主要有这么几个：其一，上海在五个通商口岸中位置最北，当时被外国人称为“北华”，来此经商成本很高，“即如各商行派代表到中国来，他们先乘船到埃及，由陆路到红海，再乘船到印度，转船到上海，单是这一笔路费就须五百金镑了”②。其二，上海的卫生、生活条件还不完善。“那时，只有池塘的水，溪流的水，大河的水，而没有自来水。还不知道市场，还没有大大小小各种形式的商店，只有本地的油灯照明，煤也不能经常得到。每一盎司的文明食品都得从国内运来。最近处的药品是在新加坡或是加尔各答。”③其三，租界环境不良，危机四伏。西方人在“发现”上海以前，从未涉足其地，因此当这个“新口岸的开放，和对新贸易的无限的期待，招得世界各处的冒险家纷至沓来，这些人除去靠他们的机智为生而外，别无任何行当或职业”，“其中许多人都是属于这样一种类型的：只要有利可图，那么走私犯禁，一切都不顾忌，就是行凶杀人，也在所不惜”，④这使得租界充斥着种种穷凶极恶的勾当，人人都深感不安，心怀畏惧。

所以，“这不是一个安逸的地方，这不是一个携眷长住的地方”，各洋行为开展贸易，“不能不选一班年轻力壮、敢作敢为的人士来工作，才有成功的希望”。当时的大班平均年龄不超过 30 岁，大都独身未娶。他们被委以重任，寄予厚望，所得到的待遇也高，并且洋行允许他们自己经商，因此他们目光短浅，唯利是图，一切向钱看，只要能赚钱，什么都敢做，很少为未来作打算。“早期中，有几家在英国的总行都以极含蓄的口气批评他们驻远东的代表，说他们太过于自私自利，只晓得自己拼命的赚钱，而忘却了发展本厂的营业。并有人批评他们说，他们太不知道和外交官合作，他们只晓得贪图眼前的利益，而全然不顾政府

① ［法］梅朋、傅立德著，倪静兰译：《上海法租界史》，第 17 页；姚公鹤：《上海闲话》，上海古籍出版社 1989 年版，第 26 页。

② ［美］霍塞著，越裔译：《出卖上海滩》，第 12 页。

③ ［英］兰宁、库龄著，李德靖摘译：《旧上海租界的社会生活》，《档案与历史》1988 年第 4 期。

④ ［美］泰勒・丹涅特著，姚曾廙译：《美国人在东亚》，第 165 页；［英］莱特著，姚曾廙译：《中国关税沿革史》，生活・读书・新知三联书店 1958 年版，第 86 页。

所规划的远大政策。”①对这些批评，大班们不屑一顾，赤裸裸地回应称：“我希望至多在两三年内发一笔横财就离开此地；日后上海要是被火烧了或是水淹了，对我有什么关系。你不能希望处在我这样地位的人为了后代的利益把自己长期流放在这气候恶劣的地方。我们是要赚钱的、现实的人。我们的职业是赚钱，尽多地尽快地赚钱。”②正因为抱着这样一种发了财就走的心理，他们一方面在个人生活上大把花钱极尽奢侈之能事，另一方面对于租界建设和发展则比较吝啬，不愿做过多的投入，导致“最初作为上海特色的只有仓库、商行、码头和狭窄的马路”。马路他们只肯“留出一条恰够装一包货物的马车通过”的宽度，而其他的像公墓、医院、教堂等，如同上文所述的那样能省则省，能凑合就凑合。甚至供他们自己游乐的跑马场也不例外，结果因地方小，不得不多次置换场地，难怪后来有外侨批评说：“最早的游乐场(按即指跑马厅)，正像最早设置的公墓与最早的碇泊场一样，可以使我们想见居留在上海最早的外侨目光短浅到何等程度。”③

然而，1853年上海爆发的小刀会起义和后来的太平军攻打江浙地区却改变了这种状况。④上海大班抓住时机，一边大发战争财，另一边则乘乱夺取租界的统治权。他们成立市政机构，宣布实行自治，并通过自行修改的《上海土地章程》予以合法化。这个新的土地章程被一位美国史家称做“上海宪法”，并评论说它“实是一组最自私自利的、最示预兆的、最现实主义的法典。这批眼光远大的上海先生们，利用中国政府的缺乏能力，替未来的上海先生树立了这个市区之特殊的法律基础，而使后人得在其中自由活动，使这上海滩逐渐滋长而成为一个供人以发财机会、不尚感情的、乐观的、门户开放的城市”。的确，两次内战使租界得利，不仅华人大量涌入租界，而且西方人也源源不断地跑来淘金。人口的迅速增长促进了租界的繁荣，“生活程度也渐渐的因此高了上去，伦敦、巴黎和纽约的奢侈品渐渐的流行到了上海”，“上海正如雨后的春笋一般突然长大，其发达比了悉尼和旧金山更为快速”。⑤

---

① [美]霍塞著，越裔译：《出卖上海滩》，第39、13、38页。

② 姚贤镐编：《中国近代对外贸易史资料》第1册，第441—442页。

③ 李必樟译编：《上海近代贸易经济发展概况》，上海社会科学院出版社1993年版，第921、182页；上海社会科学院历史研究所编：《上海小刀会起义史料汇编》，上海人民出版社1958年版，第580页。

④ 有关小刀会和太平军兵事给上海租界带来的发展和繁荣，学界的研究已有很多，这里不再赘述。

⑤ [美]霍塞著，越裔译：《出卖上海滩》，第33、41页。

随着“新的因素已渗入了远东商业界以及外侨整个社会之中，它的基础已扩大了，它和外界的关系也复杂得多了。它的各个方面都发生了变化，不仅家庭生活改变了，长期侨居的结果使人们安土重迁了。生活虽不如旧日豪华，但舒适多了，文雅多了，文明多了；以前这个地方只是一个暂时的流徙之地，而现在男男女女都可以安居下来，不过分感到缺少什么了。以前没有必要的慈善事业，现在也增多了”①，以前投入不足的市政建设，现在可以与西方城市媲美了。1886 年，《纽约时报》记者到访上海，就写了篇《租界见闻》说：“这里有很好的下水道，有清洁的供水系统和完善的照明系统，个人财产也受到了良好的保护，人们没有失窃和失火之苦，居民们可以在路况很好的街道上舒适地行走。在我们自己的城市中，又有多少可以吹嘘做到了这些呢？我想没有。”上海安全舒适，表明其越来越适于携眷长住。“来到这里的洋人们，开始把上海当成自己的家，而不是像先前那样，要等着在此赚一笔钱后再回家娶亲。他们先就结婚了。如此一来，这里聚集了很多已婚的年轻人。”②

而此时的大班们也“已经比第一批到中国来的大班们年龄高一些，并且大都是带着家眷同来的”③。英美侨民的这种家庭化和定居化趋势使他们对上海满怀眷恋之情，并滋生出一种的强烈认同感，他们自称 Shanghailanders，直译就是“上海人”。1893 年，有个西方人就致信报馆表示自己不愿意被中国人叫做外国人。他说：“吾见中国人见我俱呼外国人，然吾在中国已二十余年矣。虽人皆以吾为外国人，而吾则相交已久，觉与本国无异。”④可见他们已扎根上海，以上海为家，上海不再是他们的暂居地，而是永久的居留地。

四、结语

罗马不是一天建成的。上海虽于 1832 年同“阿美士德勋爵”号邂逅相遇，其商业价值随即在西方世界流传开来，但也不是马上引起英美侨民的兴趣。即使 12 年过后，上海被清政府“出卖”，与英美侨民建立起真正的联系，一开始也未得到其热情的拥抱。对于这个远处北华、“新的未被踏入过的投资园地”，英美洋行“起初并无动作，直到几个月之后，才有几家派了代表来筹设分行。因此

① 姚贤镐编：《中国近代对外贸易史资料》第 2 册，第 982 页。

② 郑曦原编：《帝国的回忆——〈纽约时报〉晚清观察记》，当代中国出版社 2007 年版，第 59、63 页。

③ ［美］霍塞著，越裔译：《出卖上海滩》，第 50 页。

④ 《照录西士致本馆书》，《新闻报》1893 年 11 月 16 日。

第一年年终时，这片乡野之地上还只有十一所新建的房屋，开设了二十三家商行。这一年中，开来的外国船只也只不过四十艘而已”。①而被精心挑选前来筹设分行的大班“主要是由横行霸道的冒险家组成的，他们只图在某一件特殊买卖中追求巨额利润，而很少考虑到商业上的长远利益——当然更少考虑到真理和正义的原则”②。正是他们在建设上海新城的同时，也利用当时租界制度的不完善从事种种不法的活动，把租界变成冒险家的乐园，罪恶的渊薮，所以他们不愿、也不敢久留，打算发笔横财就走人。

而就在此时，中国的内战使他们从涌进租界的难民身上看到新的商机，他们留下来发难民财，“此为上海市面兴盛之第一步”。此后，“经一次兵事，则租界繁盛一次”。③于是，他们攫取租界的统治权，并为了自己生活的舒适和便利，引进各种西方文明，按照欧洲现代城市模式进行治理，使租界面貌发生巨变。“总之，看一看租界的全貌吧——煤气灯和电灯照耀得通明的房屋和街道，通向四面八方的一条条碧波清澈的水道，根据最良好的医学上意见而采取的环境卫生措施。我们为了与全世界交往而拥有轮船、电报、电话；还开办了外国发明创造的棉纺织厂、造纸厂、缫丝厂；……遵照我们自己的司法和市政当局的要求，法律和秩序在二十万人口中间极为美好地保持着。”④这是英国传教士慕维廉在租界创立五十周年纪念会上所发表的演讲，时为1893年。

根据这段演说词，英美侨民建设上海租界不仅仅是为了生活的方便，还出于经济发展的需要，因此他们才愿意极力予以规划和打造，使之在19世纪末已呈现出一派西方化的城市景观，让人“耳目之所接触，不啻身入欧美都市也”⑤。

（作者系上海社会科学院历史研究所研究员）

① [英]伯尔考维茨著，江载华、陈衍译：《中国通与英国外交部》，商务印书馆1959年版，第33页；[美]霍塞著，越裔译：《出卖上海滩》，第9页。

② [英]伯尔考维茨著，江载华、陈衍译：《中国通与英国外交部》，商务印书馆1959年版，第33—34页。

③ 姚公鹤：《上海闲话》，第26、60页。

④ [美]罗兹·墨菲著，上海社会科学院历史研究所编译：《上海——现代中国的钥匙》，上海人民出版社1986年版，第6—7页。

⑤ 岑德彰编译：《上海租界略史》，编译者1931年自行出版，第1页。

非富家子弟的求学之路：以近代上海为中心

施扣柱

除原始社会外，由于存在贫富差别、非富家子弟在迄今为止的人类各种社会形态中均有存在，区别只在程度而非有无。非富家子弟求学问题不仅直接关乎其自身及其家庭，而且间接关涉其所在的社会。如果求学期间能够获得来自政府、社会和学校各方面的支持，那么其学业和心理就会相对顺畅，有利于其将所习得的知识、技能和感恩心理回报社会，在此过程中，其个人的职业成长和所属阶层的正向流动比较可观，整个社会的心理氛围也会少些戾气。这其实已经不是一个单纯的学校教育问题，而是同时属于社会治理的大范畴大关怀了。

近代上海远未达到所有非富家子弟都能顺利求学的理想境地，但其中相当数量的幸运者确实得到了主要来自血缘家庭之外的助力，他们分享和品尝了当时社会比较理性发展侧面的一点成果，也为今人提供了值得深思的思想材料和可以借鉴的历史经验。

一、非富家子弟在近代上海学校中的群体存在

近代上海城市社会中，确实存在着一些所谓的贵族学校和贵族学生。但是，近代上海并非尽是贵族学校，更非尽是贵族学生。事实上，近代上海的各级各类学校（也包括那些所谓贵族学校）中，无可否认地分布着一个非富家子弟学生群体，他们大多是本地学生（尤其在初小阶段和夜校），也有不少来自外地省份（尤其在中高级教育阶段的名校）。由于近代上海城市教育行政、城市社会和学校主办者的多方支持，以及这些学生及其家庭自身的艰苦拼搏，这一非富家子弟群体展现了不同于富家子弟的求学之路。

所谓“非富家子弟”，系与“富家子弟”对应而言。它所反映的是这些子弟之

所由来的家庭的经济地位与财务状况。由于相关史料的语焉不详，我们很难给出硬性的数量指标，如什么样的家庭收入标准算得上富家子弟或非富家子弟。但是，在宗法文化影响依然很深的中国近代社会，如果一个家庭无法或未能供应其子弟在学期间的所有费用，那么该家庭显然不属于富裕阶层。同理，如果一个学生在学期间需要依靠来自家庭以外的各种形式的经济资助，那么他所由来的那个家庭当然也不会是富裕家庭。

非富家子弟并非一定是贫寒子弟(虽然也包括了贫寒子弟)。事实上，有些非富家子弟家庭是由于家道中落造成了经济状况的滑坡，也有些是由于战争导致的经济不景气以及疾病和死亡等造成的家庭主要劳动力成员的丧失，使一些原本的中产家庭经济状况趋于恶化。这些家庭一般比较注重文化教育，受此家庭氛围影响，其子弟一般也比较好学乐学。他们构成了近代上海非富家子弟学生群体的主体部分。

也有一些真正来自社会底层的贫寒子弟，其贫寒的家庭出身及其经济压力不仅掩盖不了他们的聪颖天赋，反而使他们具有更为强大的学习动力和开源节流的意识。他们也是近代上海非富家子弟学生群体的重要组成部分。

但是，如果要问近代上海学生群体中究竟有多少非富家子弟？我们却无法提供确切的数量统计。因为现存的各学校当时记载和城市教育行政部门进行的相关教育统计中，涉及学生家长职业状况的部分只注意了横向的界别因素，如农、工、商、军、警、政、学等，能体现贫富差异的纵向因素则盖付阙如。

好在近年来的校史校庆活动频繁，随之而来的回忆文字也日渐增多。这些回忆往往个性化色彩比较浓厚，对学生个体的家庭状况描述也比较具体而生动。此外，日益走向平民化的历史人物传记也有不少关于求学生活场景的叙述。这些都给本文的研究带来了史料方面的便利。

根据笔者目前掌握的史料看，有非富家子弟就读的近代上海学校，其级类分布是比较广泛的，几乎可以说，没有哪一种级类学校中没有非富家子弟学生的身影。区别只在于：有些学校如公立学校、夜校中，他们的数量分布集中一些①，而

---

① 如茅于轼回忆交大生源："1946 至 1950 年，我就读于交通大学机械系。……当时中国正发生内战，生活非常艰苦。同学们大多经济条件不好，很困难。夏天夜晚蚊子很多，必须要用蚊帐，但许多同学买不起，只能被蚊子咬。只有个别同学比较有钱。如班上一位姓沈的同学是开了汽车来上学的。"(茅于轼：《我的交大学生生活》，见朱隆泉主编：《思源湖——上海交通大学百年故事撷英》，上海交通大学出版社 2006 年版，第 204—205 页。)又，沪江大学城中区商学院毕业生谢廷信回忆："我们的学院的特点是学生多数是来勤工俭学的。日间分别在银行、公司、工厂、学校里工作，晚上来院上课，一天生活紧张艰苦。……学费与书费都由自己负担，一个学期的学习支出相当于一个月到 2 个月的薪金，学习的时间全部是 8 小时以外。"(谢廷信：《缅怀 Downtown》，见《沪江大学纪念集(1906—1986)》，第 69—70 页。)

有些学校如私立学校尤其是收费昂贵的贵族学校中，他们的数量比例相对小一些。但是，即使在最贵族化的学校中，他们也还是不容置疑地确实存在着，并且大多成绩优秀。

本来，受惠于政府公共教育财政拨款的公立学校，因为其收费比较低廉，往往是非富家子弟的入学首选。可惜近代上海的公立学校数量不多，容量有限，入学竞争非常激烈。而由于政府对中外私人办学的政策许可、尤其是对华人私立学校的政策性扶持，也由于近代上海民营经济的相对发达和民间办学热情的高涨，近代上海的私立学校特别繁盛，成为中国和上海教育史上的一大奇观。(教会学校是比较特殊的一种私立学校)①

公立学校资源的相对稀缺和近代上海以私立学校为主体、唱主角的学校结构，使收费远比公立学校昂贵的私立学校，也成为非富家子弟在上海求学的重要选择对象。其中一些收费不菲的名校或贵族学校，更是以其高质量的办学成果和令人艳羡的学生出路，吸引了不少非富家子弟的眼球。参见表一。

二、非富家子弟顽强求学的各种方式

那么，在私立学校比例奇高、学杂费和生活费所需相当可观的近代上海，非富家子弟如何应对经济压力、保证学业的正常进行和完成呢?

归纳起来，其应对之策大体是：根据自己的经济能力、时间节奏和生活习惯，选择或重新选择合适的学校和专业学系；勤奋学习，努力争取校内外各种奖/助学金，并在确保学习质量的前提下，尽可能缩短求学期限，降低求学成本。同时注意节流，尽量节俭生活，缩减开支。不过最主要的还是开流，即充分利用学生的文化知识优势，实行各种形式的智力型勤工俭学。

---

① 据笔者计算，民国时期，以1929—1934年度为例，上海的初、中、高各级私立学校占同级学校年平均比例分别为：72.20%、86.16%、70.61%。其中，私立各级类学校占同级类学校年平均比例由低到高的排列次序为：私立初级中学，93.67%；私立中学校，88.25%；私立职业学校，84.98%；私立小学校，79.09%；私立独立学院，78.50%；私立幼稚园，73.40%；私立师范学校，70.17%；私立大学校，69.70%；私立专科学校，60.28%；私立初级小学，59.55%；私立高级中学，54.17%。参见施扣柱：《民国时期上海对私立学校的管理模式》，《社会科学》2007年第2期；或人大复印报刊资料《教育学》2007年第7期(全文转载)；《Frontiers of Education in China》2008年第4期。

表一　非富家子弟在近代上海学校中的群体存在举要

（以出生年份为序）①

姓名	在沪就读学校	就读年限或肄/毕业状况	家庭经济状况概要	主要成就或学术与社会职务	生卒年
平海澜	南洋公学	毕　业	贫寒农家	中国英语教育先师	1885—1960
张廷金	邮传部上海高等实业学堂附属中学部	1909年毕业	父亲早逝，条件艰苦，老师带其从无锡到上海求学	在无线电教学和实验、无线电台建设方面有开创之功	1886—1959
黄子通	邮传部上海高等实业学堂	毕　业	出身家境败落的书香门第，靠亲戚资助来沪求学	著名哲学家	1887—1979
胡适	澄衷学堂		出身官吏家庭，父亲早逝，靠寡母和钱庄存款生息过活	著名学者，哲学家、文学史家，诗人	1891—1962
	中国公学	1906—1908	经济颇为拮据，寄居竞业旬报社，所得该报编辑费尚需寄钱养家		
	中国新公学	1908—1909	担任低级各班英文教师，半工半读		

① 综合下列资料：邹韬奋：《二十年来的经历》，见《韬奋文集》第三卷，三联书店1955年版；《朱东润自传》，见《朱东润传记作品全集》第四卷，东方出版中心1999年版；俞立中主编：《师范之师——怀念孟宪承》，华东师大出版社2007年版；中共上海市宝山区委党史研究室等主编：《陈伯吹》，中共党史出版社2006年版；朱隆泉主编：《思源湖——上海交通大学百年故事撷英》，上海交通大学出版社2006年版；毛杏云主编：《春风桃李——从交通大学走出的文化名人》，上海交通大学出版社2006年版；彭裕文等主编：《台湾复旦校友忆母校》，复旦大学出版社2003年版；王仁中等编：《爱国办学的范例——立达学社、大同大学与附中一院史料实录》，上海古籍出版社2002年版；黄昌勇等编：《老同济的故事》，江苏文艺出版社2007年版；《大夏大学建校70周年纪念》；《沪江大学纪念集（1906—1986）》；《沪江大学90周年纪念集》；《百年女中——献给110周年校庆》，2002年版；《上海市南洋中学建校100周年》；北京图书馆《文献》丛刊编辑部等编：《中国当代社会科学家》第1—3、5辑，书目文献出版社1983年版；周有光口述，李怀宇撰写：《周有光百岁口述》，广西师大出版社2008年版；杨亮功：《早期三十年的教学生活》，中华文史资料丛刊，黄山书社2008年版。张仲礼口述，施扣柱整理：《我的求学和教研生涯——张仲礼先生回忆录》，见《史林》，2004年口述史增刊。

（续表）

姓名	在沪就读学校	就读年限或肄/毕业状况	家庭经济状况概要	主要成就或学术与社会职务	生卒年
孟宪承	南洋公学中院（即中学部）	1908—1912	2岁时父亲去世，靠寡母养大	著名教育家	1894—1967
	圣约翰大学	1912—1916			
凌宏勋	上海工业专门学校（上海交通大学前身）	毕　　业	父亲为经学教员。17岁中学毕业即欲工作以补家用。借贷获得来沪求学川资	中国土木与铁路工程专家，教育家。1948年中国首届中央研究院院士。交通部长；上海交大校长；台湾新竹交大校长	1894—1981
邹韬奋	南洋公学中院（即附中）	毕　　业	家道中落，求学期间须与二弟分担小弟生活费用。大学毕业初期尚有债务需偿还	著名新闻出版家、政论家	1895—1944
	南洋公学上院（即大学部）	工科2年级肄业	投稿救穷		
	圣约翰大学	文科3年级插班，1921年毕业	家教		
朱东润	南洋公学附属小学	1907—1910年毕业	家道中落，父亲早逝，出生时差点被取名“完了”。远房兄长资助读完小学	著名传记文学家、文学史家	1896—1988
	南洋公学附属中学肄业	1912年夏因家境恶化辍学	唐文治校长主动资助，得以肄业两年。后曾游学日本		
贺昌群	沪江大学	肄业1学期	家境贫寒，中学毕业靠亲友资助赴沪考入沪江大学，一学期后因经济来源断绝辍学，考入商务印书馆编译所，后曾游学日本	历史学家、文学史家、教育家	1903—1973

（续表）

姓名	在沪就读学校	就读年限或肄/毕业状况	家庭经济状况概要	主要成就或学术与社会职务	生卒年
吴达元	广肇义学	毕　　业	周岁内丧父，家境清苦，与四个兄姐全靠母亲抚养成人	著名法语教育家和法国文学家	1905—1976
	南洋公学附中（后改名南模）	毕　　业			
	南洋大学（上海交大前身）	肄业1年	转入清华大学外国语言文学系		
周有光	圣约翰大学	毕　　业	家道中落，考取约大后因费用问题想过放弃，靠姐姐同学之母主动提供嫁妆借当进入约大	著名语言文字学家	1906—
陈伯吹	大夏大学	毕　　业	家道中落，父逝后承担养家责任	著名儿童文学作家，翻译家，出版家，教育家	1906—1997
祝秀侠	复旦大学	1930年因学分修满提前毕业	家境贫寒，考稿费支持学业	作家	1907—1986
黄嘉德	圣约翰大学	因全家自闽迁沪，从福建协和大学转入该校3年级。毕业	出身宗教职业者家庭，经济拮据，父母省吃俭用，9兄弟姐妹有7人受过高等教育	著名英语教育家、外国文学家和翻译家	1908—1992
吴晗	中国公学	1929—1930年肄业	家道中落	著名历史学家	1909—1969
傅统先	上海民立中学	高中肄业转入约大高中	自幼贫寒，靠母亲节衣缩食凑得来沪川资。为节约居住上海小桃园清真寺	著名教育思想家、心理学家	1910—1985
	圣约翰大学附属高中	毕业直升大学部			
	圣约翰大学	1932年毕业			
	圣约翰大学	1942年文学硕士毕业			

（续表）

姓名	在沪就读学校	就读年限或肄/毕业状况	家庭经济状况概要	主要成就或学术与社会职务	生卒年
万云俊	青村港县立乙种农业学校（职业高级小学，县有津贴，半膳收费）	高小毕业	南汇小手工业者家庭。半岁丧父，靠母亲和姐姐劳作维持一家5口生计。靠陪读表弟得姑母补助高小费用	文学家	1910—1994
	省二师（上海中学前身）	毕　业	师范生膳宿全免		
	光华大学	毕　业	恩师吴梅资助		
戈宝权	大夏大学	1932年毕业	经济困难	著名外国文学研究家、翻译家	1913—2000
许国璋	东吴大学附中	1931—1934年高中毕业	家境清贫	杰出外语学家、外语教育家	1915—1994
	上海交通大学	1934—1936年肄业	因喜欢英国文学，1936年9月转入清华大学外文系2年级		
归润章	上海滨海中学高中商科3年级插班	1934—1935年毕业	父亲为一般职员，家境较清寒。因在沪做家教的祖父资助，来沪求学	会计学教授	1915—1989
	复旦大学	1935—1939年毕业			
黄飞立	广肇公学	1930年代	基督教家庭，重视教育，姐妹兄弟和他五人均在沪完成或接受过高等教育	著名音乐家	1917—
	沪江大学医预科	1937—1942	依靠带教小提学生、为电影配音、参加乐队等，解决求学经费		
凌励立	圣玛利亚女中	毕　业	父亲在外地任军医薪俸很低，主要靠母亲产科收入供养3个子女上学	科学家	1920—2007

（续表）

姓名	在沪就读学校	就读年限或肄/毕业状况	家庭经济状况概要	主要成就或学术与社会职务	生卒年
黄量	清心女校	肄　业	家道中落，母亲带着她离家，以助产师、家庭特别护士职抚养之	有机化学及药物化学家。1980 年当选为中国科学院院士（学部委员）	1920—2013
张仲礼	和安小学	毕　业	父亲以邮局高级职员收入，负担全家生活与 8 个子女的求学费用	著名经济学家	1920—2015
	南洋公学附小	肄业，转入工部局育才公学			
	工部局育才公学	跳级，毕业			
	圣约翰大学	毕　业	在邮局兼职		
	中西女中	初二插班，至高中毕业			
	圣约翰大学	毕　业			
杨廷福	上海无锡国专	1940—1942 年肄业	英美烟草公司职工家庭，经济拮据，曾为 3 元购书费将所穿绒线背心脱下送当铺	社会科学家[历史、法律]	1924—1984
	重庆复旦大学	1942—1944 年毕业	1944 年获教育部乙等学术奖		
黄达	复旦大学	毕　业	因经济拮据，考取圣约翰大学放弃之		1925—
何祚庥	上海交通大学	毕　业	父亲早逝，与弟弟两人读书全靠母亲一人支撑	粒子物理、理论物理学家。1980 年当选为中科院院士（学部委员）	1927—
茅于轼	上海交通大学	毕　业	家中经济条件不好	著名经济学家	1929—

（续表）

姓名	在沪就读学校	就读年限或肄/毕业状况	家庭经济状况概要	主要成就或学术与社会职务	生卒年
闻玉梅	中西女中	毕　业	父亲早逝，母亲身兼数职独立抚养一双女儿。自己中学时即担任家教	医学微生物学专家。1999 年当选中国工程院院士	1934—
	圣约翰大学	毕　业			
	圣约翰大学	毕　业			
曾石虞	南洋中学	17 届校友		长沙国防科大教授	生年不详
	上海交通大学	毕　业			
孙海运	沪江大学	1938—1942 年毕业	两代工人家庭出身		生年不详
李均	上海交通大学	毕　业	出身教授家庭	长沙国防科大教授	生年不详
郑宝珊	上海贫儿教养院	毕　业	城市贫民家庭出身，父亲给人烧饭，母亲在纱厂做工	经济学教授	生年不详
	上海中学	毕　业	邮局兼职		
	上海商科大学	毕　业	邮局兼职		
高摄渊	中西女中	1940 年初一下插班—1945 年毕业		科学家	生年不详
杨诗兴	沪江大学生物系	1936 年毕业	城市清贫家庭出身	著名动物营养学家	生年不详
费鹤年	南洋中学	毕　业	家境清贫		生年不详
	上海交通大学	毕　业			
周斌章	圣芳济学院	毕　业	父亲为电力公司职员，抗战时生活水准下降		1929—

1. 尽量选择合适的学校和合适的学系

对于学子来说，在择校和择系（专业）问题上，理想的状态首先应该考虑的是兴趣、志向和禀赋。但在近代中国的社会现实生活中，不同家庭出身的子弟其择校和择系(专业)命运是很不相同的。一些富家子弟可能会由家长安排,为继承家业而学习某些专业学科,如上海纺织业巨子邓仲和当年就计划其几位公子分别学习化学、机械等。邓志雄因此进入雷士德工学院学习,然后出国深造。①当然这些富家子弟本身也是富而好学,经过考试凭实力而非仅凭财力入学。②但对于非富家子弟来说,即使他们同样也通过了入学考试,即使他们有更为心仪的专业或在被录取的专业方面很有天赋,也不得不首先考虑和服从于经济压力。如果原有的选择和自己的经济能力、时间节奏或生活习惯发生矛盾冲突的话,那么改变选择、再次择校或择系(专业),就成为在所难免、无可选择之选择。

上海交大1948届校友、中国科学院院士何祚庥当年为便于就业考虑,尽管自觉物理成绩更好而化学成绩还可以,他还是选择了交大的化学系,因为他父亲早逝,他和弟弟两个人念书全靠母亲一人支撑:"母亲告诉我,父亲的遗愿就是一定要让我和弟弟进大学,受到好的教育,所以鼓励我们上南洋模范中学,然后进入交通大学。南洋模范是当时上海最好的中学之一,数理化的教学水准很高。(后来)我进了交通大学化学系。我化学成绩还可以,但物理更好。物理更好为什么去念化学?一个很重要的原因就是就业问题。我父亲早逝,母亲一个人支撑家,供我和弟弟两个人念书,非常困难。那个年代,上海有很多小化工厂,如果学化学,就业比较容易。相反,如果念物理或数学,毕业后找不到职业。再说,交大化学系毕业的比物理系毕业的工资要高。这也是为什么交大考分除电机系外,就是化学系最高的原因。"③

著名经济学家、前上海社会科学院院长张仲礼先生当年在圣约翰大学最初是在医学系预科就读,但是第二学年就改入经济学系。原因在于:医学院的课程安排比较紧凑,上午上课,下午需要做实验,晚上才能自习。而张先生晚上需要到邮局勤工俭学,这样就在时间安排上产生了很大的矛盾。虽然他很希望学医,以慰藉小妹死于肺病的心灵伤痛,并拯救更多人的宝贵生命;虽然在医预科的学习成绩也相当不错,但是,单靠在邮局任高级职员的父亲不算很低的薪水,很难在应付一家老小数口人生活需要和8个孩子教育费用的同时,再支付张先生就读圣约翰大学的昂贵的学杂费用。为了减轻父亲的经济压力,张先生不得不改换到经济学系学习,因为一则该系在约大也属于学术水准比较高的系科,

---

① 据笔者2004.10.30在上海南鹰饭店对邓志雄先生的访谈记录。

② 依笔者目前所见史料,近代中国至少在上海很少发现有富家子不经考试或考试不佳凭金钱买进学校的记载。

③ 何祚庥:《寒窗几度听风雨》,见朱隆泉主编:《思源湖——上海交通大学百年故事撷英》,上海交通大学出版社2006年版,第197—198页。

二则该系课程大多安排在上午，这样下午时间可以用来预习、复习，晚上就可安心在邮局上班了。①

复旦大学1948届校友黄达则经历了重新择校与择系的双重磨炼：从两所录取学校中放弃圣约翰进入复旦，从最初考入的土木系转入化学系：

> 我自中学毕业后，于1943年夏赴上海投考大学，一共考了两所学校，一个是复旦大学，另一个是圣约翰大学，两个我都被录取了。圣约翰在兆丰公园内，校舍并未受到战争破坏，环境优美，不过要我暑期补修英文，且学费较贵。而复旦校址暂租在英租界赫德路，地方狭小，惟学费少，同时我有一位表兄是早期复旦土木系毕业的，斯时在大后方任职，薪水很优，值得羡慕。据以上情形，所以我就进了母校土木系，学号是S12963号，系主任是孙绳曾老师。如此，我在土木系读完了一年。后来因为土木系有工程画一课，画图等工作必须要有宽敞的地方，但我租房仅有3坪左右大小，且同室住了3个人，实在太狭小了，而学校亦无空余教室可利用去画图。在此情况下，2年级上学期就转入了化学系。②

著名作家、复旦大学1930届校友祝秀侠，因自觉不适应教会大学的洋化生活气氛，从沪江大学转学到了复旦："我在民国16年由粤到沪，起初考入杨树浦沪江大学，但我有一二位稔友在该校肄业，洋化十足，我到了沪江大学一看，觉得环境不太合我这个穷小子的胃口，便立意入复旦。我在广州原肄业于广东大学(中山大学前身)文科预科2年级，有人介绍我谒见校长李登辉先生。我恳求他准予作为转学生，他便嘱我去见系主任(中国文学系)陈教授。他详细询及我以前的学历，检阅我在广东大学预科的成绩单，认为成绩颇佳，准予转入中国文学系并承认以前所修的十余个学分。于是搬行李，到江湾学校后面的红屋小房子寄宿了。"③

当年这样的事例还有不少。应该说，不管具体原因如何，这样的选择均属于被迫之举——被无情的生活所迫。虽然当事人没有细述，但可以想见，在做出这样的选择时，心中应有不小的波澜。不过，他们都是些懂事明理的学子，尽管迫于生计，放弃了更为心仪的学校和专业，但他们并没有放弃应有的追求，也

---

① 张仲礼口述，施扣柱访谈整理：《我的求学和教研生涯——张仲礼先生回忆录》，《史林》，2004年口述史增刊。

② 黄达：《怀念赫德路复旦化学系》，原载1995年《复旦通讯》，转自彭裕文等主编：《台湾复旦校友忆母校》，复旦大学出版社2003年版，第348—351页。

③ 祝秀侠：《校门琐忆》，原载1975年《复旦通讯》，转自彭裕文等主编：《台湾复旦校友忆母校》，复旦大学出版社2003年版，第103—107页。

没有降低自己的目标，相反，他们学习得更为刻苦、主动和自觉。

如张仲礼先生回忆：在圣约翰大学经济学系时，其“主科是经济，副科是社会，实际上我选修的面相当广。历史我也学，商法我也去学，社会学我也去学一点。甚至宗教课我也上过一个学期，尽管到了我们读大学的时候，约大的宗教课已经不是强迫的、必修的，我也去选修过。这样广泛地涉猎各门课程，给我打下了比较广泛、扎实的知识基础，形成了比较开阔的学术眼界，对我后来的研究工作和社会工作都有很大帮助”；“我是自己后来投入到一个更广阔的领域，整个的世界，都想了解。不是单单一个专业，不限于专业。所以我搞经济，就不限于经济，也考虑社会的问题，考虑文化的问题等等，觉得它们相互都是有联系、有关系的。”①

正是因为如此刻苦、主动、自觉和高标准的学习，再加上中学时代比较扎实的知识基础，因而，在并非第一选择的专业领域，他们依然可以取得骄人的成绩，成为该领域杰出的专家和领军人物。如弃医从文——从事经济学研究——的张仲礼先生，早在近代名校上海工部局育才公学就读时期，即曾以高二学生的身份赢得高二高三一并举行的全校数学比赛第一名，如此良好的数学功底为他大学时代被迫改选的学科专业——经济学学习与研究提供了一个重要的必备条件。加上他学习目标明确，眼界开阔，方法得当，日后终于成为蜚声海内外的著名经济学家②，其代表作《19世纪中国绅士研究》更是成为经久不衰的经典性著作。亚洲学会鉴于其对亚洲学术研究所做出的杰出贡献，授予他2008年度亚洲研究杰出贡献奖。不止如此，“整个的世界，都想了解”的广泛的兴趣和多学科交叉的宏观视野，使他在改革开放之后成为积极建言献策的著名社会活动家，在专业学术领域之外为社会做出了杰出贡献。③

2. 努力争取各种奖/助学金

近代上海尽管私立学校比例奇高，但多数私立学校或多或少的设有一些校内奖/助学金，社会上也设有一些基金会。④这些都对缓解非富家子弟的求学之

---

① 张仲礼口述，施扣柱访谈整理：《我的求学和教研生涯——张仲礼先生回忆录》，《史林》，2004年口述史增刊。

② 张仲礼先生所获主要学术奖项有：1952年美国社会科学研究理事会奖，1982年美国卢斯基金会中国学者奖，2008年度亚洲研究杰出贡献奖等。1991年起享受国务院突出贡献特殊津贴。

③ 张仲礼先生曾连任第六、七、八、九届全国人大代表，任内共提出50余个议案，含8次一号议案，被称为“议案大王”。

④ 近代上海社会比较著名的助学基金会有吴蕴初清寒基金会、申报量才奖学基金团、叔蘋奖学金等。

难发挥了一定的作用。

在非富家子弟方面，因为对于自身的求学之难有切肤之痛，入学之时又往往经过了堪称大浪淘沙式的激烈竞争①，求学机会对他们来说真是来之不易、弥足珍贵，因而大多学习特别自觉、特别刻苦，成绩也特别的优秀乃至优异。连年获得奖学金的非富家子弟不在少数。

如邹韬奋在南洋公学连年获得“优行生”称号，得以连年免除学费：

“我读到中学一年级的第二学期，家中对我的学费已无法供给，经济上陷入了困境。在四面楚歌之中，忽然得到意外的援军！在第一学期结束的时候，有一天无意中走过宿舍里的布告板的前面，看见有一大堆人伸长脖子看着一大篇的校长的布告，上面开头便是校长对于品行重要的说教，最后一句是‘本校长有厚望焉’，随后是大批‘优行生’的姓名。出乎我意料之外的是我自己的姓名也赫然夹在里面凑热闹！老实说，我当时对于‘优行’这个名称却不觉得怎样，可是听老同学们说起做了‘优行生’可以得到免缴学费的优待，对于我当时竭泽而渔的苦况却不无小补。”②

这个宝贵的机会邹韬奋只有一年例外没有得到，这并不是他表现不佳，而是因为他太好了，学校方面竟然觉得无以为奖，只能停一次，以示最高奖励：

“我在南洋公学读到大学2年级(电机科)，除了有一个学期是例外，其余的学期都很侥幸地被列在‘优行生’，学费也随着被免除了。我对于修身科的教师虽有着奇异的感想，但是这一点却不得不感谢他。其中有一个学期是例外，这里面的情形也可以说是例外的例外。校长依向例贴出布告，宣布‘优行生’的名单，在名单之前也依向例有着一大篇‘本校长有厚望焉’的说教，在那篇说教里特别提出我的名字，说我好得不得了，除学识是怎样怎样的精研通达外，性情又是怎样怎样的谦逊韬晦，简直不是什么物质的奖励所能包容的，所以特由校长加以这样荣誉的奖励，把‘优行生’的名义暂停一次。这在教师们鼓励的盛情固然可感，可是我那一学期的学费却大费了一番的筹谋！”③

中国首批院士之一凌鸿勋也是因品学兼优每学期获得奖励的优秀学子。

---

① 如凌鸿勋当年在广东省投考交大官费生，报名者70多，录取的仅6人；1918年南洋公学附中投考者数百人，录取的只有十几人；1946年报考上海交大的有28 000人，录取800人，录取比例为35∶1。见凌鸿勋：《求学在南洋公学》，《思源湖——上海交通大学百年故事撷英》，第27页；(美)钱谦：《1920年代的交大》，《思源湖——上海交通大学百年故事撷英》，第59页；金凤：《燃烧的岁月——我在交大的大学生活片断》，《思源湖》，第128页。

② 邹韬奋：《二十年来的经历》，见《韬奋文集》第3卷，三联书店1955年版，第23页。

③ 邹韬奋：《二十年来的经历》，见《韬奋文集》第3卷，三联书店1955年版，第25页。

教员家庭(父亲为经学教员)出身、“17 岁那年在广州府中学毕业后,便想找工作来帮助家计”的凌鸿勋,因找工作未成,偶然在报上看到一段小新闻,得知上海交大(时为上海工业专门学堂)要在广州招收 40 名官费生。抱着试试看心理的他,一考高中榜首。临行前,“除了拼凑几件衣服”、其父母又给他“缝一床棉被外,所有购船票的几块钱还是借贷得来。”①但他刻苦向学,成绩显著,“第一个学期结束,我就以一个初来而迟到甚久的附中学生列入品学兼优的名单内,由唐监督用大字的‘告示’宣布出来。这名单当然多数是专科的学生,至于附中学生不过附带三两人而已。品学兼优的学生有许多好处,有奖金、奖书,下学期购买教科书(由学堂整批向国外订购的)又可以照价打个 8 折,这都使我这个穷苦学生得到不少的济助。……我在学校 5 年共 10 个学期,每学期都得到品学兼优的奖励。”②

著名教育家孟宪承先生当年在圣约翰大学求学期间,因优异的学习成绩而连年获得事实上免除学费的奖励:“1911 年 9 月(自南洋公学中学部)毕业考入上海圣约翰大学。1916 年 7 月以优异成绩毕业于圣约翰大学,家谱中说:‘试必冠其曹,恒以退还学费为奖。’”③

著名翻译家戈宝权当年在大夏大学求学时,异常勤奋,“虽然学的是经济学,但对外国语言非常喜欢。跟美国的豪乌教授学英语,跟法国的郁夫人学法语。同时我又旁听王庆勋先生教的日语课,我每次参加正式考试,成绩都是全班第一名。此外我还自学了世界语和俄语。”④艰苦的付出赢得丰厚的回报,他不但每个学期均是奖学金得主,有一年还获得了双倍的奖学金:“我进大学的第一学期就以优异的成绩获得了奖学状,此后每学期都获得奖学金和奖学状,其中有一年我获得了双倍的奖学金(40 块银元)。每年依靠这些奖学金才能继续我的学习,直到毕业。”⑤

科学家、曾获圣约翰大学医学院理学士、医学博士及毕业生第一名奖的原圣玛丽亚女中 1938 届校友凌励立,其父亲在外地任军医薪俸很低、主要靠母亲产科收入供养 3 个子女上学。在圣玛丽亚女中时,她母亲是班上所有同学母亲中唯一的职业妇女,其余都是“全职太太”。她凭着“样样都要拿第一”的好胜心,在学校“拿到全初中用中文教授课程的总分第一名,在初中毕业典礼上得了

---

①② 凌鸿勋:《求学在南洋公学》,见朱隆泉主编:《思源湖——上海交通大学百年故事撷英》,上海交通大学出版社 2006 年版,第 26—29 页。

③ 孟蔚彦:《我的祖父孟宪承》,见俞立中主编:《师范之师》,华东师范大学出版社 2007 年版,第 76—84 页。

④⑤ 戈宝权:《回忆我在大夏大学的日子》,见《大夏大学建校 70 周年纪念》,第 55 页。

一块刻着‘两江总督’的金牌。后来念到高二时也把那块刻着我中文名字的英文课程总分第一的金牌拿了下来。……母亲对我寄予厚望。我的好胜心十分强，是个完美主义者，样样都要争第一。”①“完美主义者”的凌励立，由于在校期间学习成绩的优异，在毕业前夕由圣玛利亚女校校长 Mackinnon 主动介绍，得到了“美国大学妇女会”书记给予的奖学金，解决了考入圣约翰大学学医的部分学费。②

农家子弟、中国英语教育先师平海澜先生幼年时因家境贫寒，交不起“束脩”，曾站立门外“旁听”私塾塾师上课，后因其聪颖被该塾师“恩准”免费入塾。14 岁时被一位善良爱才的针灸医师带到上海、考入南洋公学中学部。求学期间，平海澜刻苦用功，废寝忘食，节假日也不回松江家中休息，被同学称为“生活最艰苦，劳动最辛苦，学习最刻苦”，从入学至毕业，以门门功课优秀的成绩，

年年获得奖学金，从不需要家里支付一次学费。③

法语教育家、法国文学研究专家吴达元幼年家境清苦，曾在广肇义学读书。毕业后，考入南洋大学附中(南洋大学改名交通大学后，附中独立，改称南洋模范中学)。该校为鼓励学生学习，规定对期终考试成绩总分每班最高的两人免收学杂费用。他除了第一学期作为新生入学照缴费用外，直到毕业，每学期都获得此项奖金，没让家里负担过分文。④

也有出身工人甚至两代工人家庭的学子，在教会大学勤奋学习，每个学期都能得到奖学金而得以免付学费，如沪江大学 1942 级校友孙海运：“1938 年夏季，我同时考取了圣约翰大学和沪江大学，但我还是进沪江，因为前任校长刘湛恩博士被汉奸暗杀，给我印象很深。我的祖父和父亲都是江南造船厂的工人……我家庭经济困难，靠努力学习，每学期都得到奖学金而免付学费。……我的求知欲很强，校方规定每学期读 17 个学分，我常加倍，文、理、商各科我都选读。郑世察教授的簿记打分最紧，人们称他是著名的给 5 分者(Noted 5-giver)，而我却能得到 2 分甚至 1 分。”⑤

除了以优异成绩力争奖/助学金“开源”以外，一些非富家子弟还想方设法，

---

①② 凌励立：《一所贵族化、西化、封建色彩交织的教会学校》，见《百年女中——献给 110 周年校庆》，2002 年版，第 56—60 页。

③ 王仁中等编：《爱国办学的范例——立达学社、大同大学与附中一院史料实录》，上海古籍出版社 2002 年版，第 40—43 页。

④ 《吴达元传略》，见北京图书馆《文献》丛刊编辑部等编：《中国当代社会科学家》第三辑，书目文献出版社 1983 年版，第 146—147 页。

⑤ 孙海运：《难忘的大学生活》，见《沪江大学纪念集(1906—1986)》，第 51—52 页。

尽量缩短在学年限，降低求学成本。如“来自南方的穷学生”、从沪江大学转入复旦大学求学的祝秀侠，在校期间就发奋勤学，尽力多拿学分，为此“常数月不出校门”、“读书常至深夜”，自称“是我求学最勤奋的一段时期”。结果，“在复旦仅仅读了3个学年便修满了学分”，得以于1930年提前毕业。①

又，邹韬奋当年因兴趣爱好的原因（感觉自己性情更喜欢也更适合文学）决定从南洋公学工科转学圣约翰大学文科时，曾不顾朋友们的反对，胆敢以工科2年级生的资历报考3年级的文科。个中原因，除了“艺高人胆大”，相信自己对文科的强烈兴趣爱好和比较扎实的文科知识基础之外，主要考虑的还是学习年限所带来的经济压力问题：如果从1年级读起到4年级毕业需要4年，如果能从3年级读起，则求学时间可以缩短一半，缴费压力也就可以减少一半，还可以早日谋职自立。诚如其自述：“和我同时投考约翰的还有一位南洋同学，就是现在的王以敬医师，他原是在南洋选定土木科的，因为性情不近，改选医科。我们两个人在南洋时虽所进的学科不同，但是都读到大学2年级。他进医科，先要进约翰的理科，我要进的却是约翰的文科。由工科转到理科，比我由工科转到文科来得便当，因为工科和文科的课程相差太多了。幸而我自己平时对于文科有关系的书籍已无意中看得不少。在那时并不知道自己要转文科，不过因自己喜欢看，所以便常常看，不料在这个紧急备考的时候，居然有一点用处。例如要考的英文文学名著，在一二十种中选考4种，这就不是临时抱佛脚所能速成的。可是无论如何，要想从工科2年级跳到文科3年级，这在当时好多朋友都认为是太大胆的。我所以不得不这样大胆拼一下，与其说是我的野心，不如说是因为我的经济力量常在风雨飘摇的境况中，希望早些结束我的大学教育。”②

3. 充分利用学生的文化知识优势勤工俭学

虽然校内外都有一些奖/助学金或基金会之类机构相助，但它们仅能缓解学费之难，杂费、生活费等尚无法赖此解决，何况一些非富家子弟除了自身学习外，还需要分担甚至独立负担家庭的经济重担。这样，他们就不得不在努力争取奖/助学金或基金会资助以外，寻求另外的解决之道。

好在天无绝人之路。他们是学生，虽然缺少钱财，却拥有宝贵的无贝之才——文化知识。尤其是名校的优秀学生，他们的学识素养，使他们在智力型勤工俭学方面独具优势。于是，家教和学校兼职执教、著述投稿等教学类、文字

① 祝秀侠：《校门琐忆》，见彭裕文等主编：《台湾复旦校友忆母校》，复旦大学出版社2003年版，第105页。

② 邹韬奋：《二十年来的经历》，见《韬奋文集》第3卷，三联书店1955年版，第31—32页。

类活动成为他们勤工俭学的重要形式。①

家教或学校兼职执教是教学类勤工俭学的两种不种方式，其共同点在于均是教学活动，不同处在于前者是个别式、小众式教学，后者是成规模的班级制教学。从收入角度看，前者单位收入较优而后者总体数量丰厚。但从工作方式看，后者要面对的是整个班级的全体同学，工作量和难度都要大于前者的个别式教学。而且前者人数较少，时间安排上比较灵活。因此从事家教的要比学校兼职教学的多一些。②

在沪求学的非富家子弟中，有些是在中学时代就开始做家教的，如闻玉梅、李均等。

闻玉梅是著名文学家闻一多的堂侄女。父亲闻亦传中西文俱佳，工于书画，还热心公益活动。他是留美医学博士，北京协和医学院教授。母亲桂质良更是一代才女，早年曾就读于圣玛丽亚女校，21 岁时以全国第一的骄人成绩通过清华大学出国留学生考试，赴美就读著名的威斯利女子大学(Wellesley College)，4 年后因成绩卓著，荣膺该校赠予的象征“已经开启智慧大门”的纯金钥匙；过了 5 年，又在约翰·霍普金斯(Johns Hopkins Uni.)大学获得医学博士学位。拥有这样才华横溢的父母，闻玉梅本是荣幸之至。可惜天妒英才，在她 4 岁时，父亲不幸因病去世，生活的重担完全压在了母亲一人身上。倔强的母亲宁愿自己辛苦也不愿意求助他人，她每天在繁忙的医生工作之余，还要到处兼课、做家教，艰辛地独立抚养着未成年的一双女儿。懂事的闻玉梅为了分担母亲的压力，不仅抓紧时间努力学习，在圣玛利亚中学年年都考第一，得以免交学费。同时她还凭着优秀的才华和学习成绩去给初二、初三的学生做英语家教。一个学期之后，有一位家长给了她 6 块钱和一块缎子面料，作为家教的报酬。闻玉梅非常高兴，她把辛苦赚来的钱全都交给了母亲，还用缎料给母亲做了一套漂亮的衣服。③

---

① 其他形式还有担任助教或图书馆管理员等。如戈宝权在大夏大学学习时，曾在教务处任唐先生等教授的助教(戈宝权：《回忆我在大夏大学的日子》，见《大夏大学建校 70 周年纪念》，第 55 页)；邹韬奋曾任圣约翰大学图书馆夜间助理员，每夜 1 小时，月薪 7 块钱。邹韬奋：《二十年来的经历》，见《韬奋文集》第 3 卷，三联书店 1955 年版，第 26 页。

② 如胡适在中国新公学就读期间，曾担任低级各班英文，每周授 30 点钟课，月薪 80 元，但不能全发；张仲礼中学时期曾到小学教书；陈伯吹大夏大学两度工读时，曾在上海幼稚师范学校和上海育才公学等校教书。参见杨亮功：《早期三十年的教学生活/五四》，黄山书社 2008 年版，第 77 页；张仲礼口述，施扣柱访谈整理：《我的求学和教研生涯——张仲礼先生回忆录》，《史林》，2004 年口述史增刊；《陈伯吹生平年表》，中共上海市宝山区委党史研究室等主编：《陈伯吹》，中共党史出版社 2006 年版，第 364—365 页。

③ 杨乡：《科技征途上的步行者——访圣玛丽亚女中 1951 届闻玉梅》，见《百年女中——献给 110 周年校庆》，2002 年版，第 136—137 页。

李均的父亲李谦若曾任交大土木工程学院院长。本来的家庭生活应该还是不错的。但是战争使他们家生活水准迅速下降。八一三淞沪战争中，交大校园曾被日本军强占为兵营。李均一家和其他住在校园里的交大人一样，被迫撤离交大。"我清楚地记得，当时我一手抱着心爱的洋娃娃，一手牵着妈妈的衣襟，一步一回头地离开了可爱的家园，住进了拥挤的租界。在八年抗战的艰苦岁月里，物价飞涨，民不聊生，惶惶然不可终日。父母的话题总离不开如何变卖那些不值钱的家产，如何填饱肚子。"①生活所迫，李均不得不在十四五岁还在读中学时，就去给富人家做家教。"从十四五岁开始，为了贴补家用，我曾多次在富人家当过家庭教师，他们家中凶猛的狼狗、豪华的陈设和调皮、厌学的学生，都令人望而生畏。我每次去上课都是提心吊胆的，上完课出来才一身轻松。"②

比起中学生来，大学生做家教的更多。据著名经济学家茅于轼回忆，在他当年就读的交大机械系，有十分之一到十分之二的同学从事过家教。他本人"家中经济条件也不好，我就到校外当家教，在徐家汇教过好几个孩子。……我们班上有十分之一或十分之二的同学当过家教。当时交大在上海是最有名气的。凡是交大学生出去找家教，一定能找到。"③

中科院院士、著名有机化学及药物化学家黄量在圣约翰大学就读时，每个暑假都要做两三份家教。出身外贸商人家庭的她原本是一个富家小姐。可是由于祖父早逝，祖母和父亲的生活腐败，终致家门败落。5 岁时，弟、妹相继病逝，家里经济拮据，好强的母亲极度悲痛，带着她离家出走。母亲自己住在助产学校念书，把年仅 6 岁的黄量送到其母校清心女校，成为全校年龄最小的住宿生。初二时，母亲又让她报考中西女中，成为插班生。为了负担其昂贵的求学费用，母亲由助产师转为收入较高而社会地位低微的家庭特别护士，利用休息时间上门为太太们打针。高中毕业后，黄量被保送燕京、东吴、圣约翰等大学，并被西南联大数学系录取。但"母亲不愿我离开上海，亦不同意我念数学或去燕京大学念物理，认为这些专业的出路都是中学教书。她希望我学医，而我不肯念医。最后经母女协商，我进了圣约翰大学化学系。该校又是一个富家子弟学校。为了减轻母亲的经济负担，高中毕业后(大学期间——引者注)的每个暑

---

①② 李均：《我的摇篮——交通大学》，见朱隆泉主编：《思源湖——上海交通大学百年故事撷英》，第 148—151 页。

③ 茅于轼：《我的交大学生生活》，见朱隆泉主编：《思源湖——上海交通大学百年故事撷英》，第 204—205 页。

假，我都要接受2—3家的聘请，上门为他们上小学的子弟补习数学和英文，以挣得全年的书本费和零花钱。”①

为了应付圣约翰大学的高额学杂费，韬奋曾经在转学约大之前休学半年，赴宜兴担任上门家教。但大多数时间，他是边求学边做家教，生活节奏十分紧张：“我每日下午下课后就要往外奔，教两小时后再奔回学校。这在经济上当然有着相当的救济，可是在时间上却弄得更忙。忙有什么办法？只有硬着头皮向前干去。白天的时间不够用，只有常在夜里‘开夜车’。”②这样的忙碌，使得圣约翰大学时期做家教成为韬奋最主要的经济来源：“我在做苦学生的时代，经济方面的最主要的来源，可以说是做家庭教师。除在宜兴蜀山镇几个月所教的几个小学生外，其余的补习的学生都是预备投考高级中学的。好些课程由一个人包办，内容却也颇为复杂。幸而我那时可算是一个‘杂牌’学生：修改几句文言文的文章，靠着在南洋公学的时候研究过一些‘古文’；教英文文学，靠着自己平日对这方面也颇注意，南洋和约翰对于英文都有着相当的注重，尤其是约翰；教算学，不外‘几何’和‘代数’，那也是在南洋时所熟练过的”。③

由于韬奋优秀的学业成绩和特有的认真、“不肯撒烂污”的性格，他的家教“生意”十分红火，“这职务的得到，并不是靠什么职业介绍所，或自己登报自荐，却是和我在南洋时一样，承蒙同学的信任，刚巧碰到他们正在替亲戚物色这样的教师。”④虽是为了救穷，但“在执行家庭教师职务的时候，一点不愿存着‘患得患失’的念头，对于学生的功课异常严格，所毅然保持的态度是：‘你要我教，我就是这样；你不愿我这样教，尽管另请高明。’”⑤为了确保家教的质量，他不容忍、不允许任何人做出任何打扰其家教的行为。为此，甚至不怕开罪“东家”中的权威人士。他的这些“事迹”在东家亲友中传开后，得到了“热烈的欢迎，一家结束，很容易地另有一家接下去”。⑥

除教学类之外，著述投稿这种文字类勤工俭学方式也很受非富家子弟青睐，成为他们“开源”的又一重要形式。按近代上海文化出版业比较发达，各种

---

① 黄量：《我骄傲，毕业于中西》，见《百年女中——献给110周年校庆》，2002年版，第61—64页。

② 邹韬奋：《二十年来的经历》，见《韬奋文集》第3卷，三联书店1955年版，第35—36页。

③ 邹韬奋：《二十年来的经历》，见《韬奋文集》第3卷，三联书店1955年版，第36页。其苦学生涯似乎分为两个不同时期：南洋公学时期主要靠优行生奖励和投稿稿费，暑假期间做些家教；圣约翰大学时期则主要靠常年家教收入。

④ 邹韬奋：《二十年来的经历》，见《韬奋文集》第3卷，三联书店1955年版，第35页。

⑤ 邹韬奋：《二十年来的经历》，见《韬奋文集》第3卷，三联书店1955年版，第37页。

⑥ 邹韬奋：《二十年来的经历》，见《韬奋文集》第3卷，三联书店1955年版，第37—38页。

报章杂志林立。而整个社会受教育人口比例并不太高，当时的中学生已可自称为知识分子，中学生已属稀缺人力资源，①大学生当然更被目为人中精英了。这就为在沪大中学校非富家子弟中的文笔稍好者提供了用投稿方式解决经济压力的天赐良机。不少人勤于求学的同时，勤奋笔耕，努力寻求各种发表机会。

邹韬奋对其在学期间"投稿救穷"的叙述十分具体、生动："我读到中学初年级，几个月就陷入了经济的绝境。我知道家里已绝对没有办法，只有自己挣扎，在挣扎中想起投稿也许不无小补。但是不知道可以投到哪里去。有一天偶然在学校的阅报室里看到'申报'的'自由谈'登着请领稿费的启事，才打定主意写点东西去试试看。……

"但是我有什么可以写呢？的确踌躇了好些时候。……我这时在写的技术方面比较有一些把握，但是因为经验的薄弱，观察的不深刻，实在觉得没有什么可写。于是我想个办法，到图书馆去看几种英文的杂志，选译一些东西。这选译并不是什么长篇大论，只是几百字的短篇的材料，例如体育杂志、科学杂志等等里面的灵性的材料，大讲其健康或卫生的方法，以及科学上形形色色的有趣的发明。这种材料在当时的'自由谈'是可以适用的，可是试了几次总是失败，好像石沉大海，无影无踪。但是我可以勉强抽出时间来的时候，还是试试看。有一天翻开报纸来，居然看见自己的文字登了出来，最初一刹那好像还不能相信自己的眼睛，仔细看着题目下的署名，的的确确一毫不差的是'谷僧'两字（这是当时随便取的笔名）！这样陆陆续续地发表了好几篇，到月底结算稿费的时候，报上那个请取稿费的启事里，当然缺不了我的份！我便和我的弟弟同到棋盘街上一个刻图章的小摊上去刻了一个，拿到申报馆去伸手拿钱。心里一直狐疑着，不知到底能够拿多少。不料一拿就拿了 6 块亮晶晶的大洋！如计算起来，1 千字至多不过 1 块钱。但是我在当时根本没有想到这样计算过，只觉得喜出望外。我的弟弟年龄比我更小，看见好像无缘无故地柜台上的人悄悄地付出几块大洋钱，也笑嘻嘻地很天真地替我高兴。我们两个人连奔带跳地出了申报馆，一直奔回徐家汇。这在我当时买一支笔一块墨都须打算打算的时候，当然不无小补。……

"不久我又发现了一个投稿的新天地——商务印书馆出版的'学生杂志'。记得当时在这个杂志里投稿最多的有三个人：一个是杨贤江，当时他还在师范学校求学；一个是萧公权，他的底细我不知道，由他文字里看出他似乎是四川

---

① 中华教育改进社曾经调查，中国中学生占全国人口之比为 4 千分之一。转自葛石熊等编著：《从小学到初中》序言，中国儿童文艺社 1936 年版。

人；一个便是我。我的文字虽常常也被采登，但我自己都知道不及他们两位的好。因此愈益勉力求进步，好像暗中和他们比赛似的。在这个杂志里所投的稿不像在自由谈上的只有数百字，一来就是几千字了。所写的内容，大概偏于学生修养方面的居多，这是我在当时的学生群中观察得来的材料（当时南洋公学的学生有千余人，这学生群还不算小），比以前译述健康方法和科学小品的内容又有不同。……但是我在‘学生杂志’里投稿也不是完全顺利的，总是去了好几篇才登出一篇。登了一篇之后，好像替我打了一个强心针，再陆续写几篇去，登后再等着多少时候。关于好多没有采登的稿子，我当时并不知道，也没有想到这应该埋怨编辑先生，因为我知道自己的稿子并不是篇篇都好。我当时虽一点不知道自己将来的职业是编辑，但是说来奇怪，对于做编辑的苦衷，似乎已经了解。”①

其实，不少在沪求学的非富家子弟都经历过像邹韬奋那样为着“救穷”投稿费心费力的心路历程。他们仔细地斟酌着合适的投稿内容，也谨慎地寻求合适的发表刊物，力求最大限度地展现自己作为新式学生不同于旧式文人的知识结构，并以此打动编辑、吸引读者。不过，和专业作家更多考虑展示才华有所不同，他们更为关心的是稿件的采用率——求学费用可是指望着用它换取来的稿费呢。

从现有史料看，在沪求学的非富家子弟为“救穷”所投稿件，形式上译述、翻译类比较多，也有小说等；内容上则如韬奋所写的健康与卫生方法、有趣的科学发明和学生修养等之外，还有外国人物小传、历史事件记录、名校习题解答，乃至低幼读物等。写作者都能尽量结合和利用自身优势如外语能力、对于新知识、新资讯的快捷掌握能力、名校效应和自身生活积累等；也适当地考虑到不同读者的不同心理需求，如青少年摆脱成长中的烦恼的心理需求，和渴望了解外部世界的大都市市民心理等。当然也尽量贴近不同杂志的读者定位。

试举数例以观之。

孟宪承，1912 年 9 月—1916 年 7 月在圣约翰大学求学，其间投稿以译文为多，主要发表在《学生杂志》和《妇女杂志》。如《英公主玛丽小传》（《妇女杂志》2 卷 6 号，1915 年 6 月）；《吾人能预言未来事实乎》（译文，《学生杂志》2 卷 10 号，

---

① 邹韬奋：《二十年来的经历》，见《韬奋文集》第 3 卷，三联书店 1955 年版，第 16—18 页。文中的萧公权投稿《学生杂志》似有误。因据萧自述，其时萧正在上海青年会中学读书。而《学生杂志》上署名的是萧公弼，为四川工业专门学校学生。是韬奋误记，还是编者误认？待考。

1915年10月);《少年旅行谈》(《学生杂志》2卷3、4、5、7、8、9、12号和3卷2、3号共计9期连载,1915年3月—1916年3月)①。不难看出,不管是为《妇女杂志》提供外国公主传记,还是为《学生杂志》提供预言、旅行等话题,都很明显地考虑到不同读者群的特定阅读需求,也比较适合妇女和学生两种不同杂志的读者定位。除这些单篇外,1915年在校期间,孟宪承还翻译了Lindley整部的《太平天国外记》(Ti-ping Tien-kwon: the History of the Ti-ping Revolution, 1866),交由商务印书馆出版。②它为中国人提供了一个外国人看太平天国的独特视角。

也有的非富家子弟十分讨巧地想到用整理、解答名校数理化习题的方式出书。如在无线电教学和实验、无线电台建设方面有开创之功、南洋公学附中1909年毕业的张廷金"十分聪明,读书很好。但他爷爷早逝,家庭条件艰苦,所以读书费用主要靠奖学金和老师的帮助。他曾得到一位老师的赏识,将他从老家无锡带到上海,进入邮传部上海高等实业学堂读中学。"③作为一所著名高校(邮传部上海高等实业学堂是上海交大的前身)的附中,该中学在近代上海乃至外地都有很高的知名度,不少学子对其趋之若鹜。但苦于其教学难度远高于一般学校,给投考带来很大难度。尤其是数理化方面课程,不同于文科类比较便于自习,给投考者更多的烦恼。聪明的张廷金看到了这样的市场需求,就在课余仔细整理了自己平时所做的数学、物理、化学习题的解题笔记,形成3本像模像样的数学、物理、化学教辅书,交给书局经编辑修改后出版。如此,张廷金就得到一笔可观的稿费,用于所珍爱的学业。④

著名儿童文学家陈伯吹早年曾经从事过小学教育,在大夏两度工读期间因"困于经济",又先后兼任过上海幼稚师范学校教师和上海育才公学教师等,⑤

① 关于《少年旅行谈》一文,俞立中主编:《师范之师——怀念孟宪承师》所附《孟宪承主要教育论著目录》仅提及发表于《学生杂志》3卷2号。此据《中国近代期刊篇目汇录》更正、充实之,见该汇录第3卷上,第1237—1252页。

② 孟蔚彦:《我的祖父孟宪承》,见俞立中主编:《师范之师》,第76—84页;《孟宪承主要教育论著目录》,见俞立中主编:《师范之师》,第98页。

③ 张柱敬:《回忆父亲张廷金》,见朱隆泉主编:《思源湖——上海交通大学百年故事撷英》,第84—85页。原文注:张廷金(1886—1959),字贡九,江苏无锡人。1909年毕业于南洋公学附中,赴美入俄亥俄大学,后又入哈佛大学,获硕士。1915年回国,到交通大学任教,在无线电教学和实验、无线电台建设方面有开创之功。

④ 张柱敬:《回忆父亲张廷金》,见朱隆泉主编《思源湖——上海交通大学百年故事撷英》,第84—85页。

⑤ 陈伯吹:《我念我母校大夏》,见《大夏大学建校70周年纪念》,第57页。

对少年儿童的生活比较熟悉。他就充分利用自己多年的生活积累，撰写了不少的儿童读物。如《小朋友诗歌》、《小朋友歌谣》、《小朋友小说》、《小朋友戏剧》、《小朋友童话》、《小朋友会话》等系列儿童文学作品（北新书局 1930—1931 年版），以及翻译小说《象童》（后易名《伏象神童》）、翻译童话《一文奇怪的钱》等（山城书店 1941 年版）。这些作品均深受少年儿童喜爱，所获稿酬和他兼任各校教职以及北新书局《小学生》半月刊主编所获薪酬等，支持他完成了大夏的学习。①

也有的非富家子弟以出版小说集换取稿酬。复旦大学校友祝秀侠自述："我当时离粤赴沪求学，原非家境所许，在校的学费、杂费多赖自己写点稿子，换稿酬支应。那时我有一本小说集，托人卖给亚东图书馆出版，得了三百大洋。初出茅庐，竟获厚酬，喜出望外，我在校后红屋附近租了一间房子，和冯列山兄同住。"②那位冯兄却是一位富家子弟，当然他也非常好学。一富一穷两位学子在同一个屋檐下，切磋学业，共同生活，倒也谱写了一段佳话。不过，因不习惯教会大学生活方式转入复旦的祝秀侠，能够在以稿酬支付学杂费的同时，和富家子弟同学在校外租房（合租），除了说明其聪颖、勤奋和稿酬可观外，也表明著述类文字型勤工俭学方式确实在解决非富家子弟的求学压力方面，发挥了相当大的作用。

除上述教学和文字性活动外，邮局兼职也是非富家子弟勤工俭学的重要方式。当时电话并不普及，写信、发电报等是最普遍采用的信息交往手段。作为通都大邑和国际大都市的上海，邮局业务更是十分繁忙，迫切需要大量具备一定文化知识的从业人员。就读于新式学校、掌握一定文化知识包括一定外文基础、一般无家室之累精力又相当充沛的青年学子，便受到了邮局的热烈欢迎。他们一般被安排担任夜班工作，这样既不耽误他们白天上学，也便于安排本局正式职工白天上班。

请看张仲礼先生回忆："我晚上是要到邮政局去工作的。因为我们家兄弟姐妹比较多，父亲虽然薪水在职员中比较高，孩子一多，家庭经济也有些紧张。所以我就考了邮政局，晚上在那里工作，白天到约大读书，等于是半工半读。邮政局有的老先生不愿意晚上工作，他就专门白天上班，我就专门做晚上的工作，

---

① 《陈伯吹生平年表》，见中共上海市宝山区委党史研究室等主编：《陈伯吹》，第 364—365 页。

② 祝秀侠：《校门琐忆》，见彭裕文等主编：《台湾复旦校友忆母校》，复旦大学出版社 2003 年版，第 103—107 页。

很辛苦。我从中学毕业开始就一直在工作，没有停过。那时候年轻，辛苦些身体也撑得住。但是如果继续读医科的话，时间上就不可避免地会发生冲突。所以我第二年就正式转到经济系，这个系也是圣约翰的强项之一，不过它的课程不像医科排得那么紧，这样我就可以比较从容地安排工作与学习的时间。而且经济系也实行学分制，我在一年级上过的课它都承认的，学分都算的。当然比起从一年级就开始读经济系的同学，我付出了更大的努力，结果也让我赶了上去。”

上海社会科学院原经济所教授郑宝珊出身城市贫民家庭，父亲为人帮厨，母亲在纱厂做工，其求学经历是：小学——上海贫儿院，中学——上海中学，大学——上海商科大学。从中学时代起，他就利用晚上时间到邮局上夜班，白天到学校读书，大学时期也是如此。正是依靠在邮局的兼职工作，支持了他长期的苦学生涯。①

沪江大学的孙海运也是靠邮局兼职完成的学业：“我的祖父和父亲都是江南造船厂的工人，我想学工艺，所以主修物理，系主任是涂羽卿博士。我家庭经济困难，靠努力学习，每学期都得到奖学金而免付学费；为了维持生活，又投考邮局，录取为头等邮务员，分配到5支局(今吴淞路邮局)工作。于是我只得放弃理科，改学文科，以便上午上课，下午到邮局工作，因为若继续学物理，下午就须做实验。我这样半工半读，一直到毕业。我邮局工作还有额外收获：学会了日语。因为我担任过进口台主任，下面有两个日本雇员谷川和柴崎，我的日语便是向他们学的。”②孙海运的同学也是如此：“高守仁，……他经常给我出点子，开展各项活动。……他与我一样，也半工半读，在邮政总局工作，他的父亲高宗濬是支局管理组组长。”③

截至目前，笔者尚未见及近代在沪求学的非富家子弟纯粹体力型勤工俭学如餐馆服务、洗碗端盘之类。对此，似乎可作如此解释：作为大型的移民移入地和人口密集型城市，近代上海城市社会吸引了各地尤其是周边农村的大批破产农业人口，本地的城市贫民绝对数也不会太小。因此近代上海并不缺乏简单体力劳动者。在这样的劳动力格局下，在沪求学的非富家子弟在勤工俭学方式上大可扬长避短：选择其一定擅长的智力型方式，放弃其不一定擅长的纯粹体力型方式。

---

① 见2004.11.8郑宝珊访谈资料，施扣柱访谈整理。记得访谈时，郑夫人在旁不停地说：“他很辛苦啊，长期这样边工作边读书，所以他的身体不太好啊。”

②③ 孙海运：《难忘的大学生活》，见《沪江大学纪念集(1906—1986)》，第51—52页。

1. 节俭生活，尽力减少开支

对于非富家子弟来说，开源是重要的，节流同样不可忽略。因为辛辛苦苦勤工赚来的钱是要供应求学期间费用甚至分担或独立负担家用的，不是用来享受的。而作为工商业大都市的近代上海，花钱场所实在是太多了，一不留神，就能花去一大笔钱。能否顶住物质诱惑，全靠青年学子们的定力了。

邹韬奋曾自述一段经历："孩子究竟脱不了孩子气！记得有一次听着一个亲戚盛赞梅兰芳的戏，说他做得真好，简直是个'怪物'，不可不看，我们弟兄俩刚巧衣袋里多着几块钱，竟下决心同到天蟾舞台去看了一次！看的是夜戏，因太迟不便回校，还同往旅馆住宿了一夜。虽由徐家汇出来往返通是跑腿，但是已破天荒地用了十块大洋，因为一个位置的票价就去了 4 块大洋，那真是闹了一次大阔！这事如被那位修身科教师知道了，也许要取消我们的'优行生'的资格！"①

韬奋是自律甚严的人，他尚且有这样的经历，相信其他青年学子大概也会偶尔"奢侈一回"吧。但是艰苦求学的现实、赚钱的不容易和改变自身及其家庭经济现状的责任感，使他们不敢过分耽于物质和感官享受，在绝大部分时间和场合，他们过着非常节俭、克制的生活：

戈宝权——大夏大学求学时期，为节省支出，经常从胶州路和梵王渡路步行到远在北四川路底的内山书店，为的是"去买很便宜的日文书"②。

平海澜——在南洋公学读书期间，常到旧书摊上廉价购买必不可少的课本书、练习簿和辅助材料，有时向高年级同学低价购买其已学过的书籍，或者干脆一次次商借，用完归还，用时再借。他的练习簿每一页都写得满满登登的，很少留下空白，还常常先用铅笔写，再用钢笔写，使一本练习簿发挥两本练习簿的作用。总之是千方百计地减少开支，把必要的开支压缩到最低限度，尽力减轻家庭经济负担。③

邹韬奋——在校期间"买一支笔一块墨都须打算打算"。从徐家汇南洋公学到上海热闹的街市有一二十里的路程，虽有电车可通，韬奋和二弟在星期日如因有事出校，往往放弃乘车而选择步行。④"我因为要极力'节流'，虽不致衣不蔽体，但是往往衣服破烂了，便无力置备新的；别人棉衣上身，我还穿着夹衣。蚊帐破得东一个洞，西一个洞，蚊虫趁机来袭，常在我的脸部留下不少的成绩。"⑤

---

① 邹韬奋：《二十年来的经历》，见《韬奋文集》第 3 卷，三联书店 1955 年版，第 26 页。

② 戈宝权：《回忆我在大夏大学的日子》，见《大夏大学建校 70 周年纪念》，第 55 页。

③ 王仁中等编：《爱国办学的范例——立达学社、大同大学与附中一院史料实录》，上海古籍出版社 2002 年版。

④ 邹韬奋：《二十年来的经历》，见《韬奋文集》第 3 卷，三联书店 1955 年版，第 25 页。

⑤ 邹韬奋：《二十年来的经历》，见《韬奋文集》第 3 卷，三联书店 1955 年版，第 35 页。

事实上，为了求学，不仅青春年少的男生，非富家学子中的花季女孩也不得不抑制其爱美的天性，过着非常节俭的生活。医学科学家、出身工薪阶层的1945届中西女中毕业生高摄渊回忆："1940年初，我考入中西女中，作为初一下学期的插班生。父亲对我说：这所原名为'中西女塾'的名校，培养学贯中西的女子人才，能进入这所学校读书是幸福的。他又说这是一所贵族学校，希望我好好读书，不要爱慕奢华的物质享受。抗战前我在暨南大学实验小学读书，日本侵略战争的炮火摧毁了我在真如的家，经过两年颠沛流离的逃难生活和几度转学后，才在沪西安定下来。父亲是工薪阶层，弟妹众多，加上家园被毁，所以在我这个12岁的幼小心灵里已懂得沦陷区百姓生活的艰辛，决心求实学、避虚荣。"①

有"穿蓝布袍的女孩"之称、先后就读于中西女中和圣约翰大学两所贵族学校的黄量②，靠母亲当家庭特别护士和自己做家教承受昂贵的求学费用，"在和自己家庭条件极不相称的环境中学习成长"。由于无法与同学攀比吃穿，"养成了不爱打扮的习惯。中学时代，学校规定穿墨绿色的校服。在大学里夏天我常穿浅蓝布旗袍，冬天深蓝色罩袍，在贵族化的学校里，这是不寻常的打扮，莫怪中文系老师称我为穿蓝布袍的女孩"。③

非富家子弟因为要自行解决经济来源，时间显得非常宝贵。因而他们大多非常珍惜时间，很少将其浪费在无谓的娱乐项目上。如张仲礼先生回忆自己的求学生涯时说：从中学时代开始，就经常同时干几份工作，时间很紧张，所以除了在弄堂里踢踢皮球、锻炼身体，或是上电影院观看原版外国影片以锻炼外语听力之外，少有其他娱乐方式。尽管张先生拥有浓厚的西方教育背景——中学时代的工部局育才公学，大学时代的圣约翰大学，乃至留学美国，他依然没有学会、确切地说——是根本就没有去学跳舞，他是少有的不会跳舞的一名圣约翰大学生和留美学生。④

三、部分非富家子弟在近代上海成功求学的历史原因

如上所述，近代非富家子弟为应对在沪求学的经济压力付出了十分辛勤的

---

① 高摄渊：《忆往事，念师恩》，见《百年女中——献给110周年校庆》，2002年版，第87—91页。

② 黄量，当代有机化学及药物化学家、中国科学院院士（学部委员）。1938年毕业于上海中西女中，1942年毕业于上海圣约翰大学化学系。

③ 黄量：《我骄傲，毕业于中西》，见《百年女中——献给110周年校庆》，2002年版，第61—64页。

④ 张仲礼口述、施扣柱整理：《我的求学和教研生涯——张仲礼先生回忆录》，见《史林》，2004年口述史增刊。

努力，为保证其求学成功创造了重要的前提。不过，作为一个群体，他们之所以能够在近代上海得以比较成功求学，还有来自政府、社会、学校、家庭等多方面的综合原因。

1. 华租两界行政或准行政机构的政策性资助

非富家子弟在近代上海的求学行为，得到了来自上海城市教育行政方面的若干支持。以民国时期为例，上海特别市或上海市教育局均曾办理过一些公立初中等学校，虽然其绝对数远不如私立学校，但其比较低廉的收费毕竟吸引和容纳了一部分非富家子弟就读。此外，这些城市教育行政机构还设立了公私立学校形式不等的免费制度和公私立（已立案）中等以上学校奖学金制度，从恤贫和奖优两个方面给予资助。

对公立学校，规定“市立学校学生中成绩优异而家计贫寒确系不能担负学费者”，可以依据相关规程“请求免缴学费”。不仅如此，还明确规定了各区所属市立学校的免费学额比例：沪南、闸北不得超过全校学生数10%，其他各市区不得超过全校学生数15%。但因特殊情形、经市教育局调查属实、特准免收者，不在此例。当然，各校免费生遇必要时，有担任本校指定工作之义务。①

此外，市立学校的贫寒学生（无论是否优秀）还得以免予缴付建筑费。如上海特别市教育局1929年出台的《上海特别市市立学校修建校舍暂行规则》规定：“贫寒学生得由各该校校长开列名单，附具免缴建筑费证明书，呈请教育局豁免。”②（该费：沪南、闸北市立中小各校学生每学期每人应纳建筑费1元至2元。其他各区市立学校学生每学期每人应纳建筑费银2角至4角，均随同学费征收。）

对私立学校，规定其“办理完善并曾准予立案而需要补助者”，可以享受政府提供的补助经费，这些经费补助办法有三至四种，学校可以在每一学年选择其中任意一种。与清寒学子有关的一种是专款专用型的资助——“指定学额”。其条件最初为清寒、优秀兼具，不久即改为优秀或清寒均可。如1927年公布的《上海特别市教育局补助私立学校规程》规定为：“指定若干学额，专收优秀清寒

---

① 《上海特别市市立学校学生免费规程》（18年4月12日公布），见《上海特别市市政法规汇编》2集，教育，第410—411页；《上海市市立学校学生免费规程》（19年12月1日修正公布），见《上海特别市市政法规编》3集，教育，第308—309页；《修正上海市市立学校学生免费规程》（21年11月公布），见《上海特别市市政法规汇编》5集，教育，第243—248页。

② 《上海特别市市立学校修建校舍暂行规则》（18年5月16日公布），见《上海特别市市政法规汇编》2集，教育，第412—413页。

之学生,资助其学费”①,1929年和1931年的相应修订规程则改为:“指定若干学额,专收优秀或贫寒之学生,资助其学费”。②此后并无其他相关修改。看来,随着时间的推移,贫寒但并非优秀的学子也获得了资助的可能。这更多地体现了恤贫原则,与市立学校免费生必须同时符合成绩优异而家计贫寒两项条件有所不同。或许,这是因为私立学校学费比公立学校的昂贵,贫寒学子负担更重的缘故吧。

上海公私立(已立案)中等以上学校奖学金制度设立于1930年,具体内容为:凡本市市立或已准立案之私立中等以上学校学生,只要同时符合三项规定者,即可依照市政府相关规程请求奖学金。这三项条件是:“甲、本人及其家属继续居住本市三年以上而有相当证明者;乙、各科成绩有3/4在甲等,其余在丙等以上者;丙、家境贫寒,确无其他补助方法,势将辍学而有确实保证者。”符合条件者,依照其就读中等、专科或大学的区别,每人每年分别可享受“国币”60、80、100元不等的奖励。③应该说,这些条件比免费生条件要求高得多,要获得这些奖学金是非常不容易的。不过,也正因为如此,它可以成为激励非富家子弟刻苦求学的强大动力。

在租界地区,因为华人尤其是纳税华人会和华董的抗争,工部局教育处也设立了一些收费比较低廉的局办学校,招收界内华人子弟。④同时也注意到这些华人子弟学校和界内其他华人私立学校的经费补助问题,其中有些补助也明确为专用于清寒学生,专款专用。据笔者计算,1934—1939年,上海公共租界内华人子弟学校和其他华人私立学校共有256 718名学生曾接受过工部局给予

---

① 《上海特别市教育局补助私立学校规程》(16年11月14日市政府核准公布),见《上海特别市教育法规》,第55—56页。

② 《上海市教育局补助私立学校规程》(18年12月18日修正核准),见《上海特别市市政法规汇编》3集,教育,第283—284页;《上海市教育局补助私立学校规程》(20年11月21日核准修正),见《上海特别市市政法规汇编》5集,教育,第226—227页。

③ 《上海市政府奖学金规程》(19年5月14日公布),见《上海特别市市政法规汇编》3集,教育,第281—282页。

④ 在近代上海,公共租界工部局共计办理过14所华人学校,法租界公董局共计办理过5所华人学校。参见《帝国主义在上海的教育侵略资料》,上海教育出版社1982年版,第112—116页。张仲礼先生就读过的育才公学以及倪钜卿先生就读的聂中丞华童公学即为工部局办理,参见张仲礼口述,施扣柱访问整理:《我的学校生活与教学生涯》,《史林》2004年口述史专刊;倪巨卿口述,施扣柱访问整理:《从聂中丞华童公学到雷士德工学院——倪巨卿老人的求学经历》,《史林》2006年口述史专刊。另,鸥守机曾在工部局东区小学校就读,见其回忆《上海闺秀——一个妇人的人生自传》,上海文艺出版社2003年版,第35页。

的数量不等的经费补助。①

总之，近代上海华租两界行政和准行政机构，因为各种原因，都曾程度不等地实行过资助非富家子弟求学的政策。尽管受助学生个体所享受的经费补助绝对数并不太多，但雪中送炭毕竟胜过锦上添花。

2. 社会心理和市场经济的支撑

除上海地方政府和准市政机构的政策性资助外，社会心理和市场因素也为非富家子弟在沪成功求学创造了重要条件。

在社会心理方面，主要表现为恻隐之心和爱才之心交织，尤其是那些不富有才、贫而有才、材质优美、富有潜力的非富家子弟，更容易引起同情、并得到主动的帮助。如家乡塾师因平海澜之聪慧而主动允许其“免费旁听”，针灸医师则因其可造而主动将其带往上海求学；张廷金也由于老师爱才而主动带他到了上海的学堂。周有光求学的故事也很有意思：本来因家道中落和其兄长多人均大学在读、家庭经济负担较重，他打算放弃已经考取的圣约翰大学，被他姐姐的同学知道后，连呼“太可惜”，回家告诉了其母亲。这位母亲也是热心肠的人，虽然手中无甚现钱，却以自己的嫁妆借当提供了经费，给了周有光宝贵而有力的经济支持。

“恻隐之心，人皆有之”。按照孟子的说法，这是人性本善的证明之一。因为这是人性中本来就有的善性，所以它是不带任何功利性、不求回报的。正如看见幼孩掉到井里人们会很自然地予以施救，并非为了从该幼孩之父母处得到所谓的好处；那些相识或素不相识的人之所以愿意施以援手，主动帮助非富家子弟入学，主要是出以“不忍之心”——不忍心有才华的学子因贫辍学，而并非是因为预见到这些学子将来有可能成功、希图回报。他们的宅心仁厚确实帮助造就了一批才华横溢的专家学者，造福了中国社会。人们有理由向这些在历史上甚至连姓名都未曾留下的仁者致以崇高的敬意。

在市场因素方面，主要表现为出版物市场和家教市场的发达兴旺。

先看出版物市场。近代上海出版业的发达已是不争的史实，其中细分化的市场因素很值得关注。其实早在清末，上海就已经出现了一些早期的教育类、儿童类刊物②，是为整个出版市场细分化在教育类刊物方面的早期萌芽。随着出版业的继续繁荣发展和近代上海新式学堂、新式学生群体包括女学生群体的发展壮大，以新式学生和妇女为阅读对象的专门类杂志开始出现。比较典型的

① 参见《上海工部局年报》1934—1939年各年报。

② 参见施扣柱：《清末上海教育改革之研究》关于清末上海文化出版业中教育出版物的分析。《上海研究论丛》第7辑，1992年版。

有商务印书馆编辑出版的《学生杂志》和《妇女杂志》。前者1914年7月在上海创刊,1947年8月停刊,共出24卷,其中创刊号至1931年11月(18卷11号)和1946—1947年8月在沪出版;后者1915年1月在上海创刊,1931年12月停刊,共出17卷,每卷12期。

对于非富家子弟来说,近代上海如此细分化的杂志刊物对他们"投稿救穷"很有助益:明确的读者对象,使他们比较容易分析其特定的阅读兴趣和审美口味,这有利于其稿件内容的准确定位,从而提高其稿件被录用的"命中率"。因此,这些杂志发表的文章,有不少出于上海很多学校学子之手。以商务《学生杂志》(1—5卷)为例,5年中其文章出自上海的学子涉及29所大中小学(含女校、职业学校、函授学校),稿件发表最多的学校为上海交大及其附中(共计42篇,内中学25篇);此外有:华童公学12篇;沪江大学9篇;爱国女学8篇;徐汇公学7篇;商务印书馆函授学校6篇;浦东中学4篇;圣约翰大学及其附中3篇;圣芳济学堂、上海南洋商业公学、上海同济华德实业学校、江苏省立水产学校、上海中西医学校、中华工业专门学校、上海市立和安小学校各2篇;吴淞商船学校、吴淞中国公学、中华铁路学校、文生氏高等英文学校、上海县立乙种农业学校、上海麦伦书院、英华书馆、上海青年会中学校、浦东纳氏学塾各1篇。这些学生作者的家庭经济状况现难以一一查明,但其中应有一些非富家子弟则是可以肯定的。上海细分化的出版物市场给喜欢舞文弄墨而又有救穷需要的非富家子弟提供了既经济实惠又不沾铜臭的好形式。

再看家教市场。近代上海有一些办理比较优良、口碑甚好的学校,其毕业生出路甚佳,对本地和各地学子均很有吸引力。但这些学校往往课程设置比较独特、教材难度比较高,因而一般学校的学子需要经过一定的补习才有希望考取。一般来说,这些学校会利用假期集中办理补习,也有不少比较有经济实力的家庭会特请家庭教师为弟子进行专门的、小规模的甚至1对1的补习。这就构成了一个颇为可观的家教补习市场,为非富家子弟、尤其是名校中成绩优异的非富家子弟提供了一个很好的智力型勤工俭学的机会,如韬奋回忆在南洋公学暑假期内,他和同校攻读的二弟就曾热心于家庭教师的职务:"在那时的南洋公学是上海最著名的一个学校,对于招考时的考试特别严格,所以有志投考的,在暑假期内常由父兄请人在家里补习功课。我们弟兄两人很幸运地得到同学们的信任,他们遇着有亲友们要物色这种补习教师,常替我们作负责的介绍,所以这在当时也是我们这苦学生的一条出路。"①

---

① 邹韬奋:《二十年来的经历》,见《韬奋文集》第3卷,三联书店1955年版,第25页。

确实，就名校学生而言，教授那些他们早已熟练掌握的学科知识真是“小菜一碟”，而且他们自己也是学生，和参加补习的学生们年龄比较接近，对学生学习中可能遇到的问题也比远离求学时代的教师们有着更为切身的体会。就参加补习的学生及其家长而言，这些“小先生们”虽然年龄不大，却是来自他们所心仪的名校，小小年纪就为人师，不能不让人羡慕，这为他们教育孩子和孩子自我激励、争取考进这些名校更增加了一份动力。于是，年复一年的名校招考，为优秀的非富家子弟送来了源源不断的家教客源。

3. 来自学校方面的资助与关爱

在政府和准行政机构政策性资助以及社会力量提供支持的同时，非富家子弟求学其间的相关学校也做出了不少直接的努力。主要表现为设立各种奖/助学金、注意助学金的发放方式，以及良好校风所营造的校园氛围等方面。

前已提及，近代上海的私立学校不少都设有一定的奖/助学金。进一步考察可以发现，有些学校还形成了奖、贷学金和减免费相互配套的系列化的助学制度。以最贵族化的圣约翰大学为例，其所设立的助学制度就包括了5种奖学金、5种贷学金和5种减免费办法。其中，奖学金主要有：1.孟氏奖金：美国Matthew D.Mann先生为纪念其子、圣约翰大学教授A.S.Mann先生而设。凡约大高级普通科毕业生（1911学年改为高级文艺科及格致科毕业生，后改为文理学院毕业生）之有志留学美国者，均可从该项奖金中享受每年1百美金的特别津贴，以3年为期。①2.顾氏半费额：民国前8年由圣约翰大学同学会为纪念该校理科教授顾斐德先生捐赠钱款设立，面向理学院3、4年级生之成绩优良者。②3.神学论文最优者奖：校友黄佐庭为纪念James Pott先生，助银50圆设立。③4.文、理学院毕业生中各项最优者奖：校友刘鸿生备洋40元设立④。5.约大年刊工作最力者奖和《约翰声》撰稿最优者奖。1936学年起由年刊社捐资设立，前者每年限1名，后者每年限2名，奖金每人20元。⑤

贷学金主要有：1.James Cantlie爵士借款：施肇基先生为纪念其旧友James Cantlie爵士特捐款所设，其每年孳生利息，可供约大1年级以上学生借为学费。2.牛氏借款：牛惠霖、牛惠生昆仲为纪念其先人而设。指定给文理学院，每年每级可允许一名学业优良学生借100元，其将来打算入医学院深造者更佳。

---

① 《圣约翰大学章程汇录》，1909.9—1910.7，第51页；1911.9—1912.7，第60页；1917.9—1918.7，第135页。

② 《圣约翰大学一览》，1937—1938年度，第58页。

③④ 《圣约翰大学一览》，1934—1935年度，第55页。

⑤ 《圣约翰大学一览》，1937—1938年度，第59页。

3.刁氏借款：刁信德先生捐款所设。凡学生成绩优良、愿在约大或国外学习医学者，均可每年借用200元，但不得连续借款5年以上。①4.刁氏借款：刁作谦先生为纪念前夫人而设。提供该校医学院三年级学生学习产科、成绩优良但无力继续学业者，每学期1百元。但不得续借3年以上。②5.清末同学会个人所设贷款(姓名、数额不详)。缘于不忍有志求学者中道废学，条件为品行端正、专心向学，并由学校监督(校长)允许。五四时期增加一条：申请者至少是约大2年级生以上。③以上贷金中，1—2种须于毕业后4年内按年息6厘，本利还清；3—5种须于毕业后5年内按年息6厘，本利还清。

圣约翰大学的减免费办法分为面向教内外学生两大类：第一类面向教外学生，主要有两种：1.20世纪30年代，上海银行提供免费学额1名，凡该校2—4年级学生得此学额者，免缴1年学费。条件是品学兼优，学习经济学者更佳。④2.清末时期，该校设有特别免贴医科学费，由美国宾夕法尼亚大学堂监督(校长)提供，特许该校医科毕业生1名，前往该校肄习医学，免贴学费⑤。第二类系为教中子弟特设，主要有3种：1.江苏、安徽两主教辖境各位教士之子，如获主教函荐来学，其在该校的学费、膳食费和住宿费一概免缴。⑥30年代这种免费范围扩大到浙江教区与江西教区，但免费权利缩小至学费与宿费，膳费等须照纳。同时规定：如学期学业成绩不及格，或品行不良者，立即取消免费资格，下学期必须交付全费。⑦2.按照一定比例，将减免学费名额分配给该校各系科教中学生：1909—1910学年普通科12名，道学科10名，医学科5名。入选条件是：普通科备馆生平均考试成绩80分以上，正馆生平均考试成绩70分以上。享受此项助学金的教中学生，只须缴付每月膳费4元，操衣、健身费不在此例。但须事先与学校订立关约，承诺毕业后在圣公会尽义务职3年；道学科与医学科学生享受此项助学金者，学费、膳食费、书籍费一概免除。但亦须事先订立关约，承诺将在该系读书直到毕业。如有中途退学者，则须照全费学生赔补，学校方面亦有权追索。道学科学生平均成绩在70分以上者，除享受全免费待遇外，

---

① 《圣约翰大学一览》，1934—1935年度，第54页。

② 《圣约翰大学一览》，1937—1938年度，第57页。

③ 《圣约翰大学章程汇录》，1909.9—1910.7，第46页；1911.9—1912.7，第54页；1917.9—1918.7，第127页；1918.9—1919.7，第134页；1919.9—1920.7，第115页。

④ 《圣约翰大学一览》，1934—1935年度，第55页。

⑤ 《圣约翰大学章程汇录》，1909.9—1910.7，第51页；1911.9—1912.7，第60页；1917.9—1918.7，第136页；1918.9—1919.7，第143页。

⑥ 《圣约翰大学章程汇录》，1917.9—1918.7，第128页。

⑦ 《圣约翰大学一览》，1934—1935年度，第54页；1937—1938年度，第58页。

学校还提供给他们一定数额的膏火费，逐年增加：第一年 5 元，第二年 6 元，第三年 7 元。医科学生享受免费待遇者，必须于毕业后为圣公会尽义务职 4 年。①1911 学年医学科减免费名额增加为 6 名，其他学科照旧。同时，减免费之门向其他教会教友敞开。如果他们确系贫寒，只要有该处教士函荐，也可以收录为该校学生，学、膳、书籍费全免。但须预立关约，保证学完该科课程。如中途停止，须照全费赔补。这一学年还新增一条规定：所有享受减免费之该校学生，其课业成绩平均分必须在 70 分以上。②1917—1918 学年改为：文理科减免费名额分配到各教会中学，道学、医学两科各设 5 个名额，学、膳宿费全免。但须订约，内容同前。特别申明：道学科学生必须经过校长确信该生卒业后一定充任教士，才能准予其享受此项免费利益；所有享受减免费学生，如一学期内有 2 门功课不及格者，立即取消其所已经享有的减免费利益，愿意继续就读者，必须按照全费生之例缴足全费。③1919 学年推行学分制以后规定：各减免费学生如一学期内有 6 学力时间不及格者，其减免费权利立即取消。愿续读者，须照全费生例。④3.大约 1917 学年开始，特设文理科减免学费名额，分配给相关教会中学。他们是：苏州桃坞中学、扬州美汉中学、安庆圣保罗中学、芜湖圣雅各中学各 4 名；福州三一学校 2 名等。这些减免学费名额，由相应学校之校长按照数额选送。选上者每学期只需要缴纳膳食、住宿费 30 元，以及与其他学生相等之体操衣、运动、书籍等费。⑤1919 学年新增开封圣安得烈学堂，各校分配名额为：圣约翰大学直属附中 5 名，桃坞、美汉、圣保罗、圣雅各中学各 4 名，福州三一学堂、开封圣安得烈学堂等各 1 名。⑥三十年代中期，改为圣约翰大学直属附中 4 名、桃坞与美汉中学各 2 名、福州三一学院 1 名。⑦这些教会中学的被选送学生，大部分为教友。⑧

综上所述，尽管圣约翰大学享有贵族学校之称，其收费之巨确实在沪上

① 《圣约翰大学章程汇录》，1909.9—1910.7，第 46—47 页；1911.9—1912.7，第 54—55 页。
② 《圣约翰大学章程汇录》，1911.9—1912.7，第 55 页。
③ 《圣约翰大学章程汇录》，1917.9—1918.7，第 128 页；1918.9—1919.7，第 134—135 页。
④ 《圣约翰大学章程汇录》，1919.7—1920.7，第 117 页。
⑤ 《圣约翰大学章程汇录》，1917.9—1918.7，第 127—128 页；1918.9—1919.7，第 135 页。
⑥ 《圣约翰大学章程汇录》，1919.9—1920.7，第 116 页。
⑦ 《圣约翰大学一览》，1934—1935 年度，第 54 页；1937—1938 年度，第 57—58 页。
⑧ 圣约翰大学的减免费制度也惠及若干非教会学校，例如上海的华童公学。最晚从 1917 学年开始，该校获得每年 1 个名额，选送进入约大就读，与上述各享有选送权的教会中学学生一样，除体操衣、运动、书籍等费全数缴纳外，膳食、住宿费减为 30 元，占费用份额最大的学费可以完全免缴。

首屈一指，但与此同时，其奖、贷学金和减免费制度也同样相当发达，种类繁多，内容丰富。这对跻身其间的一些优秀非富家子弟不啻为雪中送炭。颇有意味的是，尽管教中子弟减免费机会比较多，其享受的优惠力度也远远大于教外子弟，却依然鲜有非富家子弟为此而入教。①沪上其他教会学校也大抵如此。这种情形体现了不愿为5斗米折腰的士人傲骨，也反映了中国非宗教世俗文化传统影响之深远，以及在这种文化传统下基督教作为外来宗教深入中国社会之艰难。

近代上海的私立学校不仅大多设有数量不等的奖/助学金，有些校长和教师还主动关心非富家子弟的学习和生活，并主动给予经济资助。如上海南洋中学1932届校友洪鼎华在一·二八战争后从家乡马陆逃难到上海，慕名进入南洋中学，住宿攻读。因家境清贫，又为兵燹所害，生活艰难，日甚一日。父母虽有意培养他，但全家节衣缩食仍难以负担学校各项费用。洪鼎华每逢寒暑假回家，第一件事总是执笔写借据，向同族舅家告贷，筹措下学期费用，日久债台高筑。1934年秋，读完初三将升高一时，父亲对他说："给你中学读了三年，这在乡下也不多见。家里栽培不起你，还是找个职业吧！"父命难违，他只能停学。几天后，有一亲戚为他觅得一个在中华书局当学徒的工作，做了几天，消息从同学嘴里传到了王校长耳边。王校长立即请一位老师到学生宿舍找他，让他赶紧到校长室去，王校长拉住他的手，亲切地对他说："你叫洪鼎华，我知道你的功课不差……还是读书好，多读几年书再踏上社会去工作……孩子正是读书的时候，你好好读书，不要你付学费，也不要付伙食费，全由学校负担……"洪鼎华闻言如在梦中，"两眼当时即为泪花蒙住。王校长的一颗爱心激励我加倍用功，得以在南洋中学读完全部课程，成为我家乡的第一个高中生。毕业后报考国营招商局，在500余位应试者中以首名录取，得以告慰难忘的亲人——王校长。"②

据一些校友回忆，南洋中学的王培孙校长不仅主动关心贫寒学生，而且考虑到青春期男生的敏感和自尊，在每一个年级中均设有从未公布姓名的免费生名额。"母校那时是一所私立中学，但在每一年级中都有几位其姓名从未公布过的免费生。这些免费生并不都是成绩出色的同学。可能因为王先生知道他们的困难，就慨然使他们能享受免费的待遇。且举一例：当1918年底，我学完了2年级的功课后，一位一年级姓商的同学可能知道我是免费生，他对我说，他

① 孟宪承、邹韬奋、张仲礼、傅统先、黄量、闻玉梅等非富家圣约翰学子均未加入基督教。

② 洪鼎华：《挚爱》，见《上海市南洋中学建校100周年》，第80页。此处王校长为王植善（培荪）。

也是免费生……”[①]证诸上述洪鼎华“学习不差”而非“极好”之例，可知此言不假。

不仅如此，对于学习暂时不佳的清寒学子，一些校方和老师们也能做到不放弃、不歧视。如南洋中学30届校友费鹤年回忆，当年家境清贫的他进入该校学习之初，由于未能掌握合适的学习方法加上原有学习基础比较差，考试成绩曾经“红多绿少”——不及格多于及格，他急得眼泪都快流下来了。王培孙校长却“并没有责骂我，他要我树立信心，多向老师和同学请教，消灭不及格的课程”。[②]该校教师顾天放还主动为他介绍优秀的高年级校友指导其学习。经过努力，他的考试成绩不断提高，不但顺利地从初二升入初三，完成高三学业后，还通过了竞争激烈的上海交大入学考试。此时，王校长又像对待其他考入大学而家境清贫者一样，主动为他争取奖学金。经过王校长的推荐，他领取到王伯元先生奖学金，完成了交大期间的学业。[③]

也有的私立学校采取校友提供支票的办法，帮助非富家子弟持续学业。著名教会学校圣芳济学院就是如此。按该校早期学生家境一般比较好，尽管学费比较昂贵，也很少发生要求减免费的现象。后期随着学校发展、学生增加，尤其是抗战对上海城市经济和市民生活的影响，一些学生开始发生缴费困难。为了帮助这些学生尤其是其中的好学者继续学业，一些事业有成的老校友提出了提供支票的方法。其流程大致是：由有助学需要的学生自己事先提出申请，经校方审核符合条件后，由校方出具相关证明，接着到支票提供方领取支票等事，皆由该学生自己处理，学校并不全程奉陪。

校友周秉章回忆：“我的父亲是电力公司的职员，收入本来是不错的。但是抗日战争开始以后，父亲的收入减少了，我支付学费也有了一定的困难。还好我的学习成绩比较好，所以获得过几次助学金。有的是社会上的，如申报读者助学金；有的是圣芳济的往届毕业生，在社会上有一定的地位和财力、又愿意资助母校，学校就介绍像我这样学习成绩比较好、家境相对清寒的同学，请他们资

① 曾石虞：《南洋中学忆旧》，见《上海市南洋中学建校100周年》，第72—73页。

② 费鹤年：《母校生活的回忆》，载《上海市南洋中学建校100周年》，第78页。

③ 费鹤年：《母校生活的回忆》，载《上海市南洋中学建校100周年》，第78页。非富家子弟中的学习优异者给予奖学金，为的是表彰，当然要大张旗鼓，广而告之；对“学习不差”或暂时不佳的清寒学子，校方也不离不弃，不但给予一定的经济资助，还帮助他们“保密”。这样的细致周到，堪称难得，难怪学子们称之为“仁慈”而忍不住在已入老境之时依然“思源热泪满衣裳”。曾石虞：《南洋中学忆旧》，见《上海市南洋中学建校100周年》，第72—73页。

助一部分学费。具体办法是：先由学校与这些往届毕业生取得联系，再给需要资助的学生出具学校证明，然后由这些学生自己前往资助人所在地，领取一定数量的支票，交到学校作为学费。这种形式的助学金我领取过好几次，帮助我渡过了交费难关，坚持到毕业。我很感谢这些资助者。”①

除了校方和教师做法上的比较到位，近代上海总体上并不嫌贫的校风也为非富家子弟求学营造了一个比较良好的心理氛围。

毋庸讳言，近代上海社会确实存在着某些“衣貌取人”、“嫌贫爱富”的势利风气。处于其中的学校不能说丝毫不受影响。但学校和学生毕竟以学为主，那些经过激烈入学考试选择进入名牌重点学校的非富家子弟，大多天资聪颖，又憋着一股成材志气发奋向学，其优异的才华“挡也挡不住”，是任何朴素的衣饰所掩盖不了的。而且，再贵族化的学校，在近代上海激烈的教育市场竞争中，都不能不考虑到自己的竞争能力。恰似“母以子贵”，校以生荣。集聪颖与刻苦于一身的非富家子弟，正是他们立足教育市场的大本钱。②何况近代中国积贫积弱，亡国灭种之祸危在旦夕，为救国办学、视办学如学战者，更是对好学者钟爱有加，视如己出。从学生角度而言，以学为主的学校生活时代，富家子弟除非富而好学，一味夸耀富裕出身并不会引起太大的共鸣。相反如果富而不好学，整天耽于物质享受、娱乐人生的话，只会为大多数学生和教师所侧目。因此，不仅在非富家子弟相对集中的公立学校，即使在非常贵族化的学校乃至爱美女生云集的贵族化女校中，生活朴素的非富家子弟也很少感受到“衣貌取人”的心理压力，其中的成绩优异、才华横溢者反而更容易受到师生们的青睐：校方以广而告之的方式给予奖学金，教师不断以高分和口头赞扬激励之，学生则喜欢与之交友、游玩、复习功课等。

如黄量在回忆中西女中时就认为该校校风良好：“中学时代，学校规定穿墨绿色的校服。……同学家庭状况各异，可是从不相互攀比吃穿，从不炫耀自己，直到毕业都不知道各家背景情况。同学之间相互照顾帮助，团结友爱，也有批评，但是从不议论别人，对看不惯的不对事情，大家观点不同，也会激烈争论，但不是对人而是对事，校风良好。”学习优秀的黄量还被同学们推选为自治会代表。③

---

① 2004.8.26 周斌章访谈资料，施扣柱访谈整理。

② 在本文挂一漏万的列举表格中，已经可以看到那么多优秀才俊，母校给了他们很多，他们也为母校挣足了脸面！

③ 黄量：《我骄傲，毕业于中西》，见《百年女中——献给 110 周年校庆》，2002 年版，第 61—64 页。

甚至有的非富家子弟和富家子弟共处于同一个屋檐下——合租房内，照样能够相安无事，和谐生活，乃至成为最好的益友。复旦大学校友祝秀侠回忆："我当时离粤赴沪求学，原非家境所许，在校的学费、杂费多赖自己写点稿子，换稿酬支应。那时我有一本小说集，托人卖给亚东图书馆出版，得了3百大洋。初出茅庐，竟获厚酬，喜出望外，我在校后红屋附近租了一间房子，和冯列山兄同住。他是富家子弟，生活充裕，冬天他厚裀高枕，我则一张竹榻，就睡时以旧棉袍作被，冯兄并不小觑我，相敬相亲。他好食猪蹄，在小房间煮蹄共酌，常常沾了他的光，我也年少气豪，大有与狐貉者立而不耻之慨。我们读书常至深夜，也写稿投刊各大刊物上，讨论问题，切磋辩论，成为最好的益友。"①一富一穷两位学子谱写了同一个屋檐下和谐相处的一段佳话。

以学为主的学校环境、校方和师生对好学者的肯定，以及一些学校对学习暂时不佳的清寒学子的不离不弃与非公开资助，这一切都形成了非富家子弟身处其间的比较良好的学习与生活氛围，除实实在在地缓解了其经济压力外，也温暖和慰藉了其青少年时期的敏感心灵。这一重要因素和上述社会因素综合在一起，在书本之外教会了非富家子弟懂得感恩和回报，不致因不公正待遇产生仇富等褊狭心理。而知恩感恩的健康的心理感受和体验，是任何数量的经费资助都难以比拟的宝贵的精神财富。

1. 重视教育的家庭氛围和禀赋优秀的个体

政府和准行政机构、社会和学校因素对非富家子弟的求学成功固然是重要的，但家庭的因素也非同小可。事实上，以上比较成功的非富家子弟虽出自各不相同的家庭，但这些家庭除了不富裕之外，还有一个共同的特点，那就是对于子女教育的格外重视。

和富裕家庭不同，他们对子女教育的重视主要的并不表现为舍得投资——并不富裕的家境实在乏金可投，他们的重视表现在再穷再难也要让孩子接受教育，而且是接受良好的优质的学校教育。这种信念之强烈，已经化作了父母生命的内在组成部分，有的甚至成为其生命终结前对此岸世界的最后牵挂。如何祚庥父亲的遗愿"就是一定要让我和弟弟进大学，受到好的教育"。②胡适父亲临终手书遗嘱，"给我母亲的遗嘱上说糜儿（我的名字叫嗣糜，糜字音门）天资颇聪明，应该令他读书。给我的遗嘱也教我努力读书上进"。③真正是可怜天下父

---

① 祝秀侠：《校门琐忆》，见彭裕文等主编：《台湾复旦校友忆母校》，第103—107页。

② 何祚庥回忆。

③ 胡适：《家乡九年的教育》。

母心。这样的遗嘱，渗透了对子女的至诚关爱，令人难忘，胡适说："这寥寥几句话在我的一生中有很重大的影响"。①

带着逝者最深切的祝福，这些非富家子弟的母亲们，忠实地、虔诚地以未亡人的身份完成了遗嘱执行人的任务。对于并不富裕的家庭，这一任务是艰巨的。母亲们为此付出了巨大的代价。省吃俭用是她们中极为普遍的现象。此外，有的母亲还要忍受格外的精神煎熬。例如胡适的母亲，她守寡时年仅23岁，年轻、不掌财权却又要当家的她面对的是一个相当复杂的大家庭：亡夫与续娶曹氏留下的子女中，长女、长子分别大其7岁和2岁，三女小其3岁，二、三子小其4岁。而且，长子从小就是败家子，"吸鸦片烟，赌博，钱到手就光，光了就回家打主意，……我母亲几次邀了本家长辈来，给他定下每月用费的数目。但他总不够用，到处都欠下烟债赌债。每年除夕我家中总有一大群讨债的，每人一盏灯笼，坐在大厅上不肯去"。加上长媳"最无能而又最不懂事"，二媳"很能干而气量很窄小"，两人常闹意见，也和胡母"闹气"。"一家的财政权全在二哥的手里，我若出门求学时是要靠他供给学费的。"在这样复杂的家庭环境和压抑的心理状态下，独子胡适无疑是母亲唯一的安慰与寄托。但即便如此，识字不多的母亲依然相当重视爱子的教育。在胡适11岁，家乡的私塾已经满足不了他的求知欲望时，母亲提及父亲的遗嘱，委婉地提出了让胡适出外读书的建议，虽然遭到三子的嘲讽和二子的沉默以对，内心的坚持始终未变。因了这份坚持和胡适聪颖的乡声，也因了父亲书面遗嘱所内涵的父权的力量和权威，13岁时胡适终于告别家乡来到上海，开始接受新式学校从小学、中学到大学的完整教育，并由此进而赴美留学，走向世界。

不妨设想一下：如果不是胡适父亲留有确切的书面遗嘱，如果没有胡适母亲的韧性坚持，也许，再怎么天资聪颖的胡适，恐怕也只能在安徽乡间读读小学，最多只能读到中学吧。何来以后深刻影响了中国近现代文化的胡适其人呢？

和胡适母亲委曲求全不同的是，一些非富家城市知识女性在坚持子女接受优质学校教育方面，依靠的是自身的才华、技能和职业收入，她们异常辛苦地求学、就业、兼职，一个人当两三个人用。其中，有的堪称中国式的那拉，如黄量的母亲不堪丈夫的荒唐，勇敢地选择携女离家出走，一面自己到产科学校住宿求学，以便日后独立谋生，一面咬牙将年幼的黄量送往寄宿学校，从小培养其独立生活的习惯与能力。有的则犹如中国的居里夫人，如闻玉梅的母亲，这位才华

① 胡适：《家乡九年的教育》。

横溢的知识女性，在丈夫不幸亡故以后，不仅以其本职和兼职的职业收入独立支撑起两个女儿的天下，而且以其卓越的才能成为闻玉梅一生最钦佩的两位女性之一(另一位是居里夫人)。这样近在眼前的独立自主、自尊、自爱、自强的女性榜样，成为鼓舞闻玉梅克服物质生活困难、追求学习生活和人生境界卓越超群的精神力量。这些母亲的独立自强，给她们同样是身为女性的学龄期孩子树立了可以效法的榜样。这样的身教家教在孩子成长过程中的影响无论怎样估计都不会过分。

除上述胡适、闻玉梅、黄量等人之外，近代上海学校中的非富家子弟，还有不少也出身于单身母亲独立支撑的单亲家庭。他们是孟宪承(著名教育家)、吴达元(著名法语教育家和法国文学家)、傅统先(著名教育思想家)、何祚庥(中科院院士)、朱东润(著名中国文学教授)、陈伯吹(著名儿童文学作家、翻译家、出版家、教育家)、万云俊(文学家)、张廷金(无线电教学和实验先驱)等。他们大多是幼年失怙，也有少年失父的。①父亲角色的缺位并未给他们的成长带来负面的影响。因为他们的母亲肩负起了“又当爹又当妈”的双重责任。她们以母性特有的坚忍和坚韧，加上性格中各种父性素养如刚强和坚毅等，呵护、养育着他们的子女，独立支撑着并不完整的家庭。对父爱缺失的子女，她们自然是疼爱有加，但她们却明智地不娇纵，不宠爱，目标明确，要求严格，她们的辛劳是为了支付孩子的学习费用，而不是让孩子与富家子弟同学比物质条件。这些单身母亲的坚持和明智，是造就一批杰出的非富家子弟的极其重要的家庭因素。

当然，就非富家子弟自身而言，其先天禀赋的优异也是非常重要的因素。如若不然，其家庭似乎也会缺少坚持的勇气和毅力，这些学子自身也不可能在完成繁重学业的同时，还有余力去从事勤工俭学而学习成绩依然优秀甚至优异。他们是非富家子弟中的杰出代表。

虽然以上这些非富家子弟在求学期间异常艰辛，有的日夜操劳，夜以继日。但他们却大多身体健康而且长寿，除韬奋英年早逝、吴晗非正常死亡外，他们中的古稀老人、耄耋老人比比皆是，如黄子通、朱东润、陈伯吹、黄量辞世时均年逾九旬，健在的百岁老人周有光先生等依然思路清晰。这与他们健康的生活习惯有关，也与他们潜心学术、心胸豁达有很大关联。所谓仁者寿。让我们衷心祝愿其健在者健康长寿。

(作者系上海社会科学院历史研究所副研究员)

---

① 参见本文表一。

言者无疆：近代上海的新闻记者

江文君

新闻记者是一个直接从西方移植过来的自由职业。近代以降，伴随印刷报刊的出现，记者或称访员这一职业群体也在上海应运而生。清末民初，报馆极盛一时，名记者如于右任、戴季陶、邵力子、叶楚伧等嗣后皆握政权。上海洋场竹枝词就描述道："代表民间作舌喉，口诛笔伐附春秋。昔时南董多新贵，言论于今不自由。"①《沪江商业市景词》一书也赞誉报纸"报登各业各行情，每日纷纷利自盈。中外电迴消息广，纵谈时务愈精明"。②上海的新闻记者职业大致上从此开始勃兴。

一、新闻记者在近代上海：无冕之王

上海最早建立新闻系的是圣约翰大学。该系于 1920 年 9 月创办，由美籍教授卜惠廉(W.A.S.Pott)在教务会议上提议设立，聘请在时任《密勒氏评论报》主笔、毕业于美国密苏里大学新闻学院的柏德逊(D.D.Patterson)担任系主任。此时的新闻专业只在普通文科内增设，尚未授予新闻学学位，毕业者仍授文学士学位。③1924 年，圣约翰大学又将报学专业扩为报学系，成为国内第一家完整意义上的新闻教育机构，课程设置则仿照美国。

新闻记者的收入在专业人士群体当中位于中等。30 年代的调查显示了报社的薪资金字塔层级：报馆的最高职务为总理(或社长)。馆主自任者，月薪自定；雇佣者自 200 元至 400 元；总主笔，总编辑，月薪自 150 元至 300 元；编辑主

---

① 顾炳权：《上海洋场竹枝词》，上海书店出版社 1996 年版，第 271 页。

② 颐安主人：《沪江商业市景词·报馆》，作者出版 1906 年版，第 27 页。

③ 《新闻教育》，《申报》1947 年 1 月 20 日。

任，月薪自 120 元至 200 元；电讯、要闻、地方、本埠，各编辑，月薪自 60 元至 100 元；特派记者（驻重要都会、司发电通讯职），除交际费外，月薪在 100 元左右；外埠特约通讯员，以篇计的，2 元起至 10 元止；本埠自雇外勤记者，除车费外，月薪 40 元至 80 元；普通访员兼任他报（如经济访员，公堂访员等），月薪自 10 元至 30 元；副刊编辑，自 40 元至 80 元，编译约 60 元；校对和译电人约 20 元左右；其他附刊增刊（如教育，文艺，经济，汽车，妇女诸栏）或延专家主任，或由团体编辑，私人待遇 30 元至 40 元，团体义务居多。①普通记者的月薪平均而言在 50 元上下，与公司职员薪资相当，新闻记者的收入委实不高。最早的记者大多出身前清士子，科举废除断绝了士人的晋身之路，他们只好委身洋场，卖文为生。从事传统看来听短问长、播弄是非的卑贱职业。早年的记者编辑们收入还是很不错的。如 20 世纪初，著名报人包天笑在《小说林》杂志社担任审稿润色的工作，这部分每月有 40 元的收入，加上《时报》的 80 元，包天笑每月的固定收入有 120 元，而他每月的家庭与个人支出至多不过五六十元而已。②至于包天笑早年（20 世纪初）在《申报》馆的记者生涯，他追忆道：

> 他的条件，足每月要我写论说六篇，其余还是写小说，每月送我薪水八十元。以上海当时的报界文章的价值而言，大概论说每篇是五元，小说每千字两元。以此分配，论说方面占三十元，小说方面占五十元。我知道我的一位同乡孙东吴君，比我早一两年进入申报馆当编辑时，薪水只有二十八元。孙君说："就是每月二十八元，也比在苏州坐馆地、考书院，好得多呀。"③

20 年代的名记者熊少豪就批判记者的缺陷在于"记者的专门知识固然没有，即普通常识亦无心得""记者常识的缺乏，不能明白社会群众的要求"；"从事编述的大多为落伍文人"。④

到了三四十年代以后，记者的薪资待遇也水涨船高。以大公报为例，该报社制订的《职员薪给规则》，分别为月薪、特别费、年终酬劳、生活津贴、年资薪等 5 类，每类又分各种等级，月薪从 50—1 000 元。⑤记者张篷舟就回忆道："当时我的工资每月 40 元，刚和我租的康绥公寓的房租一样多，另有饭贴 10 元。报馆有两部小轿车供外勤用，还可另叫一家约定公司的汽车，由报馆付钱，交通条

---

① 陈明远：《文化人的经济生活》，文汇出版社 2005 年版，第 57 页。
② 包天笑：《钏影楼回忆录》，中国大百科全书出版社 2009 年版，第 387 页。
③ 包天笑、刘幼生：《钏影楼回忆录续编》，三晋出版社 2014 年版，第 406 页。
④ 蒋国珍：《中国新闻发达史》，上海世界书局 1927 年版，第 63 页。
⑤ 周雨：《大公报史：1902—1949》，江苏古籍出版社 1993 年版，第 205 页。

件是好的。”①另据徐铸成回忆，《大公报》有一个“年资薪”的规定，即除正薪外，凡工作满五年以上，即按年资分别加发薪金的百分之几。②按徐铸成的回忆，年资薪的标准是“大约进馆满五年的，可加发月薪的百分之五，十年的十分之一，如此累进，这也是鼓励职工安心工作、久于其事的一种方法。”③一般而言，累进薪资较适用在低职位且重复性高的职务，对于职员长期服务、降低离职率有正面功效。但较无法符合同工同酬的精神。

记者多是卖文为生，但报社老板为了提升激励机制，也不时向记者发放小额员工股，以资激励。《大公报》的发行职员李清芳回忆道：“这年春节，报馆为我买了飞机票，让我回津省亲。从天津回到上海后，得知报馆已在香港安排出报，经理部的王文耀、尤引生等去了香港。有一天，胡政之让我抄一个名单，同时告诉我关于发放劳力股的决定。当我在名单上看见有我的名字，大出意料。按我十来年付出的劳动，给我定了 150 股，劳力股不是金钱，而且只给少数几个人，这对我来说确实是很大鼓励。日本投降后，我在天津馆收到上海总管理处汇来的一笔股息，只值两个烧饼的钱，这还是唯一的一次。”④报社内的中高级职员之外，一些名记者除了较普通记者更丰厚的薪资外，也偶有股份奖励。曾在大公报工作的名记者萧乾日后回忆道：“在用人方面，凡他们认为有用之材，待遇都十分优厚。我刚从大学毕业出来，第一个月拿到薪金一数，九十八块大洋。在 1935 年，那数目要比现在不知大了几倍。更使我吃惊的是，我仅仅干了几个月，年终却额外又拿到两个月的‘分红’——也就是今天通称的‘奖金’。记得那年报馆向同人公布的盈利是 16 万元。对高级职员（即那几大金刚），待遇自然更优厚些。他们除分红外，再赠给若干‘荣誉股’。”至于股份奖励，萧乾继续回忆道：“15 年中间，我受到过厚遇——包括 1948 年那 200 荣誉股（幸亏我没参加过一次股东会，没领过分文股息；不然的话，1949 年后很可能给扣上资本家的帽子）。”⑤总而言之，记者和编辑等新闻从业人员的主要收入来源来自薪资等工资性收入，至于其额外的资产性收益如股票等，几乎可以忽略不计。

报馆为能让人才安心工作，在薪酬上给予激励的同时，也为员工提供生活福利。譬如，申报馆为员工提供生活便利。报馆四楼设有经济食堂，员工可以

---

① 周雨：《大公报人忆旧》，第 30 页。
② 徐铸成：《旧闻杂忆续编》，四川人民出版社 1982 年版，第 19 页。
③ 徐铸成：《报海旧闻》，上海人民出版社 1981 年版，第 264 页。
④ 周雨：《大公报人忆旧》，第 44 页。
⑤ 周雨：《大公报人忆旧》，第 175 页。

在食堂就餐，还在报馆四楼设有理发室，收费只有在外面理发的五分之一。①

那么如何才能当上记者呢？记者任职资格并不苛刻，一般要入报社首先要当练习生。以大公报招考记者为例，大公报在《申报》上刊登一则招聘广告称："本市九江路五四五号大公通讯社。特招考联系记者数名。其规定办法如下：资格高中毕业。或有同等学历，熟诸本市各方面情形，年龄20岁以上，30岁以下。待遇，练习期六个月，每月津贴十五元，供膳不供宿。期满后升任正式记者。月薪自二十元起至六十元止。"②当然，也有不少人是通过个人关系等内部人推荐的捷径当上记者的。如名记者金雄白能进上海《时报》当练习校对，主要仰仗他在该报任总主笔的伯父金剑花提携。郑逸梅曾直言二人的亲属关系："《时报》记者金雄白，剑花之侄也。"③1925年金雄白初入时报馆，编辑的收入是每月60到100元，校对每月25到40元。金雄白的职务练习校对，每月薪水就只有12元。④

虽然记者待遇一般，但其职业要求却很高远。报社对记者的一般要求是"在知识修养方面，作为一个全能的记者，他应熟悉国际，了解社会动态"。至于精神上的修养，就是刻苦和创造，并认为记者生活是无规律的，奉劝那些身体差的人就不必尝试了。⑤至于任职资格，也有人撰文指出以下几点要求：(1)深切的理论与浓厚的兴趣；(2)须有健全的体力和精神；(3)快捷的书记；(4)机警，因为新闻记者天天和活跃的人物接触；(5)丰富的常识；(6)人格；(7)有千言万语的写作能力；(8)愉快的精神。⑥因为记者职业要求甚多，甚繁琐，时人认为要做现代记者，说来也不是件容易事。既要有实际知识，又要有苦耐的精神。以上所论还只是对普通记者的要求，至于那些专门采访某类消息的记者，则要求更是繁杂具体。如作为一个经济记者也和其他记者一样，平素要有修养，除此以外还需做到"不要麻烦数字、不要麻烦图表，不要以耳代目。应该珍惜字纸，应该跑跑账房"。因为经济记者的工作很是枯燥，一般人都认为"经济记者，真没有兴趣，不如跑跑影闻剧闻，白相白相写意写意。再不如作政治记者，出入庙堂之上"。⑦

---

① 《馆内大事月记》，《申报馆内通讯》第2卷第4期。

② 《大公通讯社招考练习记者》，《申报》1937年1月8日。

③ 郑逸梅：《艺林散叶续编》，中华书局2005年版，第236页。

④ 金雄白：《记者生涯五十年》，台北跃升文化事业公司1988年版，第49—50页。

⑤ 郁子杰：《记者的任务与修养》，《上海记者》1942年第1卷第3期，第3页。

⑥ 欲仁：《新闻记者的资格》，《上海记者》1945年第3卷第4/5期，第4、15页。

⑦ 申兰生：《如何做经济记者》，《上海记者》1942年第1卷第5期，第23页。

除了工作要求的繁琐严苛，记者的职业生活也是忙碌和清苦的。大公报记者唐振常就认为，记者“无论新老，抓起来就派用场，一个人顶一个人的用处。没有人带你去‘跑新闻’，顶多是新旧交替，给你介绍一些关系而已。一经登场，记者就必须独立作战”。“每个星期记者会举行一次会议，交流情况，其他时间都在跑新闻。”①有记者也抱怨“新闻记者却是一个挺清苦的职业，尤其是在中国”。一个内勤记者每天睡眠时间竟只有六小时的光景。至于如何采访那更是一门大学问，因为即便“在书本上也有理论之类指示，然而用于事实上是极难收效的”。②这位记者慨然长叹，在他看来，记者生涯之忙碌首先在于为了跑新闻而导致工作时间冗长，“在最忙碌的时候，我差不多早晨八点到报社签到后就出发采访，因为要赶出夜报所要得稿件，必须在十二点钟之前得到一点新闻”。“得到了些消息，就进了十二点，急赶回报社，抹去脸上的汗，就坐下来忙着写，吃饭时已是一点钟光景，不得不吃冷饭冷菜了。到了下午在出发采访特写材料，这样，一天工作完毕，最快也要在晚上十点钟了。”③不知不觉中，一天的光阴就已耗尽，在工作之余，几乎没有多少可供娱乐和休闲的私人时间。

抗战胜利后，国民党加强了对言论自由的钳制，记者的言论空间和职业空间都被空前压缩。与其他自由职业一样，记者的职业前景与生活在这一时期迅速黯淡了下来。国民党加强了对新闻媒体的管制和政策引导，如依据1945年6月颁布的《新闻记者法》，明确将记者身份规定为：凡在报社或通讯社担任发行人、经理、撰述、编辑、漫画编辑、采访、广播评论员、摄影以及新闻为专业之特约通讯记者，均应视为新闻记者。④一位老记者描述抗战胜利后上海新闻界的大致情况，认为整体从业素质堪忧。在他看来“新闻记者是一个特殊的职业。在人们的心目中，它带有神秘的色彩”。因而“在目前上海的记者中，有一年以上采访经验的恐不足半数，三十岁以上的不到三分之一。新记者们的教育程度也参差不齐，毕业大学新闻系的并不多。”上海的外勤记者“本埠方面以新闻报为最多。经济记者则有二十人左右”。《申报》、《大公报》12人至15人，《文汇报》也有15人以上。⑤至于记者的每日工作内容有了些许变化，各报除了普通新闻以外，还注重特写，规定记者一星期要交出一篇特写。记者的职业空间自由度以及生活待遇比之战前急速下降，趋于恶化。他写道：“谈到记者的生活的确是

① 周雨：《大公报人忆旧》，第195页。

② 甘宁：《在记者生活中》，《上海记者》1944年第2卷第5/6期，第13页。

③ 甘宁：《在记者生活中》，《上海记者》1944年第2卷第5/6期，第16页。

④ 《新闻记者身份》，《申报》1947年11月7日。

⑤ 青波：《漫谈上海新闻记者》，《世界半月刊》1946年创刊号，第17页。

很辛苦的。”记者生活看来是很自由的，实际是不自由的，“一个勤勉的记者，每天都有排定的工作日程，直到今天，中国的记者还没有建立起轮流休息的制度。上海各报纸有大公报实行每星期轮流休息一天的办法”。工作艰辛，没有休假以外，记者的工作是辛苦的，待遇却非常菲薄。他悲哀的谈到，由于恶性通货膨胀，到了“九月份，新闻报记者收入八九十万，申报五六十万，大公报三四十万，其他的待遇大致为二十万至四十万”。①记者陆铭也认为新闻记者历来都是一种清苦的工作。做内勤的工作终日埋头苦干，还要度过清苦的夜生活。担任外勤的，则不论日夜，不论风雨雪落，都要外出采访新闻。虽然如此，在战前“一般普通的待遇是四十元至五十元，最低也有三十元”。而现在最高的“仅两千元。低的仅有千元左右。一般无家庭之累者。还可以勉强过去，若有五口之家，则连饭食都难以满足”。②

二、上海新闻记者公会：捍卫言论自由与文章报国

新闻记者是伴随着近代新闻报刊事业在上海的出现而发展起来的。20世纪初的上海新闻记者大多只是粗通文墨，或者是由下海的旧知识分子所担任。在某种意义上，早期的新闻记者仍然只是些失意科场，卖文为生的旧式文人，与现代新闻记者所要求的专业素养相去甚远。现代记者的产生是与新闻学在大学的普遍设立分不开的。事实上，一直到20世纪20年代，新闻学才作为一门正式应用文科进入中国大学教育体系。从此以后，科班出身的大学生逐渐跻身新闻记者队伍，并促进了这一职业的专门化和职业化。

记者群体的出现也催生了记者职业团体的创立。上海最早的记者团体是1921年创立的上海新闻记者联欢会，该社团同时也是上海记者公会的前身。继之而后的是上海日报记者公会和上海通讯社记者公会。随后，上海记者联欢会在吸收了前上海日报记者公会和上海通讯社记者公会的会员后，于1931年11月6日，通过改组本会为新闻记者公会案。次年即1932年6月24日，上海新闻记者公会正式成立，到会134余人。③至此，上海记者有了自己的社团。

记者公会建立伊始就矢志不渝地捍卫言论自由，并反对国民党实施的倒行逆施的新闻检查法令。在一篇文章中，记者们忆及记者公会与国定新闻法积极

① 青波：《漫谈上海新闻记者》，《世界半月刊》1946年创刊号，第18页。

② 陆铭：《提高待遇》，《上海记者》1944年第2卷第1期，第3页。

③ 马光仁：《上海新闻史：1850—1949》，第704页。

抗争,争取新闻自由的历程,“新闻检查制度的存在,到现在已经是九个年头了”。“民国二十三年通过的新闻检查办法一共是十二条。第一条规定新闻检查所由中央宣传委员会指导。第五条规定新闻检查限于军事、外交、地方治安及有关的各类消息。”①从新闻检查制度可见,国民党粗暴侵犯言论自由,钳制新闻传媒。凡属于军事、外交、地方治安及有关各类消息皆属新闻检查范围之列。记者公会对于这样的威权政府管制,将报刊变为政府的主要宣传工具表示强烈的愤慨与不满,自新闻检查制度建立伊始就坚决的予以反对。针对国民党钳制新闻自由的政令,记者公会于1935年12月22日,假大雅楼菜馆举行记者公会第四届秋季会员大会,会员缴纳聚餐费一元。大会最后提案包括:保障正当新闻事业案、争取言论自由以恢复报格、设立失业会员介绍部案。②表达了记者们对言论自由的强烈诉求。

可惜“这种制度实行后,新闻界屡次要求改善却没有得到什么效果”。③在记者公会看来,新闻检查对记者人格是一种公然的看轻和蔑视,对国民知情权和表达权也是公然的蔑视与践踏。一位记者就描述在新闻高压政策下,记者已然是宣传工具,毫无独立性可言。记者为“负有重大责任之职业”,然而现实却是残酷的,记者的采访可怜不堪,新闻报道的渠道也相当狭隘:第一到市政府情报处新闻股取公报式的新闻;第二到法院抄法院审讯的新闻;第三参观外国通讯社之稿件与当日晚报的新闻;第四到预约的要人们处去索取访谈;第五则留待记者去想象。④甚至有人评论记者最怕新闻检查,因为“费尽力气采来,结果关系片面,禁不发表”。⑤无冕之王的尊严于此荡然无存。

在捍卫新闻自由外,记者们也对民族救亡表达己见。“九一八”事变后,记者公会发挥了传媒优势,“以暴日横行,而日人复籍其新闻政策之惯技,颠倒黑白,大事宣传,以混淆世界各国之视听。该会特于今日(二十六日)假座沙逊大厦华懋饭店,招待各国驻沪记者。”⑥盼能“主持公道,详实报道”。⑦抗战爆发后,身处孤岛的记者公会亦不顾安危,于1939年1月致电中央表示,“本市新闻记者公会昨电中央拥护抗战建国,原文如下:国难正亟,众愤益深,抗战建国,上

---

① 宗兰:《中国的新闻检查制度》,《上海记者》1942年第1卷创刊号,第3页。
② 《记者公会今日开秋季会员大会》,《申报》1935年12月22日。
③ 宗兰:《中国的新闻检查制度》,《上海记者》1942年第1卷创刊号,第4页。
④ 春申君:《上海讲座:上海的新闻记者》,《上海周报》1933年第1卷第25期,第483页。
⑤ 王定九:《记者生活的片段》,《申报》1932年9月25日。
⑥ 《记者会近日招待西报记者》,《申报》1931年9月26日。
⑦ 《记者招待各国驻沪记者》,《申报》1931年9月27日。

下同心……必成必胜、薄海同钦，谨电申祝，上海市新闻记者公会叩敬”。①记者公会的政治热情在先前就充分表现了出来。尽管“我国的新闻记者在资格上并不像会计师和律师那样有着法定的标准，我国记者的团体组织还幼稚的很。那些已经成立的团体来说，会员资格都是限于日报和通讯社的记者”。②但记者毕竟是国民精神食粮的供给者，对于国事也是国民的代表之一。因此 1936 年国大选举前，记者公会向政府递交申请称，“本市新闻记者公会已成立四年”。③请求应允该会呈请准予议题参加选举。

记者公会也持续关注记者职业权益与社会地位。譬如，1934 年国民党取缔了《民生报》，并逮捕了该报社长成舍我。记者公会闻讯后立即召开执行委员临时会议商讨此事。最终议决致电中宣会营救成舍我，并在电文中指出“（逮捕）乃未依法定程序，与训政约法言论出版自由之原旨，似有未符，本会谊属同舟，为特电请将民生报社长成舍我依法释放”。④最后，在全国舆论的一致压力下，政府被迫将成舍我释放了事。

记者公会也利用会员大会积极鼓励记者们各抒己见，增进记者们的社会责任意识与团队精神。如在 1936 年 5 月召开的春季会员大会上，就审议了以下几则议案：有会员提案创办新闻记者运动会。以增进会员健康；另有提议组织全国新闻记者协会，充实团结力量；此外也有人主张改革会务。⑤虽然这些提议未必都能付诸实施，然而在议程中所体现的畅所欲言的言论自由与民主意识却是塑造记者专业精神的利器。

抗战的爆发打断了记者公会的正常发展进程。在抗战胜利后，国民党社会局的当务之急就是重新恢复记者公会。当时报载：“本市新闻记者公会，于八一三后即告停顿，负责人亦均星散……市社会局决定重组记者公会，并指定冯有真为第一次筹备会议召集人。”⑥另据该会呈送给社会局的材料自述上海新闻记者公会系上海市新闻从业人员职业集团，在抗战以前原有极完善之组织。设会址在南京路大陆商场之六楼。公会在“抗战期间遭敌人压迫，会所六遭侵入”。因此请求当局必须迅速恢复记者公会，“乃于民国三十四年十二月初由原记者公会理监事，如冯有真等为筹备会议召集人”。⑦冯有真是报界闻人，更是

---

① 《记者会昨电中央，拥护抗战建国》，《文汇报》1939 年 1 月 25 日。

② 宜：《国选与新闻记者资格问题》，《申报》1936 年 8 月 23 日。

③ 《国选事务所准予参加，记者工会参加选举》，《申报》1936 年 8 月 21 日。

④ 《记者公会昨电中宣会营救成舍我》，《申报》1934 年 7 月 27 日。

⑤ 《本市新闻记者今日开春季会员大会》，《申报》1936 年 5 月 24 日。

⑥ 《本市记者公会积极筹备中》，《文汇报》1945 年 12 月 22 日。

⑦ 《上海市新闻记者公会组织经过及业务概况》，上海档案馆 Q431-1-315-1，第 4 页。

国民党的文胆之一。指定冯有真为第一次筹备会议召集人预示了国民党决心在战后加强新闻管制的趋向。

新闻记者公会筹委会成立之后，立即着手拟定组织章程草案，规定具有下列资格者均可申请入会：(一)本市各报发行人、主笔、编辑、采访、资料员、编译员、经理及发行、广告、印刷、电务、校对各部门之负责人。(二)本市各通讯社之发行人……(三)本市各电台之新闻广播员。(四)各地报馆或通讯社驻上海记者。①嗣后将新闻记者入会登记表格，分送上海各报各通讯社征求会员。经过三个月的筹备之后，到了1946年3月新闻记者公会"经积极筹备，已决定于本月二十六日下午二时，假浦东同乡会六楼，举行成立大会，该会筹备委员会，对入会会员资格，业已甄审完毕，闻合格会员共有四百余人。成立大会举行时将请市政府市党部社会局派员出席指导"。②成立大会当天盛况空前，到会员计555人，其中上海本地新闻通讯机构7家。③市政府、市党部、社会局也均派员出席指导。大会议程通过大会宣言及筹备委员会提案三起，主要是电蒋主席致敬与定期追悼为抗战牺牲之新闻界同人。此外在成立大会还临时提案三起，(一)电请宋院长，迅将敌伪没收房屋中，择其足以容纳本会会员住宿之房屋，作为记者公寓。(二)请教育部及本市教育局，对抗战宣传有功之记者遗属子女，在各公立学校内读书享有免费之权利。(三)以本大会名义，请宋院长对于缺乏房屋之抗战有功报社通讯社，迅速分拨其需要之房屋，现在已住用之办公处。不得藉各种名义迫令迁让。④从议程中可知，此时的记者公会可谓无立锥之地，房屋匮乏至极，所以才急盼政府施以援手。

重建之初的记者公会仍然期望多方开展活动，恢复团体活力。记者节的举行就是一个很好的契机。记者公会精心筹划1946年的九一记者节，并为记者庆祝起见"特于是日上午十时，假市商会召集本市各报社新闻记者会员举行大会，并于晚间假南海花园举行游园大会，有游艺、舞会、聚餐赠品等各项节目"。⑤在记者节庆祝前日，还特意在各大报纸上刊登广告提示次日为记者节，殷望各报社同仁均热烈参加，以志祝贺。并声明摸彩赠品，均系由各大厂商赠送。⑥到了记者节活动当天，据报云，参加者相当踊跃，计各报社参加者约500

---

① 《本市新闻记者公会开始登记会员》，《文汇报》1946年2月28日。

② 《记者公会定期成立，合格会员四百余人》，《文汇报》1946年3月22日。

③ 《上海市新闻记者公会组织经过及业务概况》，上海档案馆Q431-1-315-1，第4页。

④ 《记者公会昨成立》，《文汇报》1946年3月27日。

⑤ 《简讯》，《文汇报》1946年8月27日。

⑥ 《明日记者节》，《文汇报》1946年8月31日。

人左右。吴市长应邀参加，并发表简短演说。除了记者公会举办的活动外，上海另有一外勤记者联谊会，在节日前夜假华之友社预祝九一记者节，此活动参与者为150余人。①记者节庆祝活动，记者公会亦于次年再度举办了一回。节日当天的盛况据称也异常热烈，下午七时，在中正中路四姐妹饭店，举行盛大联欢会，内有"游艺表演及摸彩赠品等余兴节目，登记参加者，已达千人"。此外"本市摄影记者联谊会，特将该会会员历年所摄具有历史意义之新闻照片百余张，陈列在市商会礼堂展览"。②另据报载，"今日为九一记者节，上海市记者公会于今晨十时假市商会大礼堂举行庆祝大会"。"主席台上，国父遗像一幅，遗像两旁分悬国旗两面。"庆祝仪式的议程则是由大会主席即席报告记者公会一年来工作。并商量议题为纪念新闻界殉难烈士，申援各地同业。筹备参加竞选，会员福利等。最后的讨论提案则是：(一)电呈蒋主席拥护戡乱建国国策；(二)电请行政院令各省市军政当局切实保障新闻业务及新闻从业员安全。③记者公会对于记者节这样的庆典活动特别关注，并视之为加强记者社团凝聚力和职业共同体意识的最佳契机和良好形式。

公会也与其他组织一道密切合作，配合政府协和友邦的外事接待工作。1946年10月，记者公会曾会同市商会等10余团体，假丽都花园举行游园会，欢迎新近来华之美军眷属。④此外，记者终日埋首于书堆中，因而对于休闲娱乐也有着自身的需求。为了满足会员们的需求，记者公会在春意盎然之际，顺应大势，"各团体组旅行团者不少，本市记者公会，也将组队往游杭州"。⑤1948年9月，记者公会更向政府建言筹建新闻馆一所，以便记者研讨进修，增进智能与精神团结。并为新闻馆早日建筑起见，特函请市参议会从速办理。⑥遗憾的是，正忙于内战的国民政府根本无暇顾忌，推诿搪塞，最后竟不了了之。

上述活动外，公会的其他活动尤其是事关记者职业权益的利益诉求则是乏善可陈，一位记者就指出，"上海有一个记者公会，理事长是中央社分社主任冯有真。然而该会成立后，并没有什么积极的活动。"⑦以至1946年5月24日上海著名的新闻记者曹聚仁等特联名发表宣言，要求政府彻底执行四项诺言，并

---

① 《今日记者节》，《文汇报》1946年9月1日。

② 《今日庆祝记者节，千余人登记参加盛大联欢聚餐会》，《申报》1947年9月1日。

③ 《记者千人今日欢度佳节》，《新民晚报》1947年9月1日。

④ 《美眷游园》，《新民晚报》1946年10月1日。

⑤ 《上海点滴》，《新民晚报》1947年3月21日。

⑥ 《新闻馆具体化》，《新民晚报》1948年9月23日。

⑦ 青波：《漫谈上海新闻记者》，《世界半月刊》1946年创刊号，第19页。

函记者公会严正表示。①这无疑是个讽刺。公会除了无法维护记者权益外，还积极配合社会管理，仰人鼻息。如在记者职业甄别过程中，公会曾向社会部问询新闻记者在抗日战争期间在伪政府就职者可否计算从业年资？在得到附逆记者"其从业年资不得计算"的批复后，公会没有任何为会员伸张权益的举动，反倒是俯首帖耳。②

记者公会在战后对政府的俯首帖耳、碌碌无为，激起了诸多老记者的一致声讨谴责。一位资深记者就认为记者公会虽然成立了，却无法代表会员利益，因为在他看来"中国名为中华民国，实则迄今为止，尚不是人民的而是属于官阶级的。官阶级可以代表老百姓讲话，而老百姓却不能代表自己说的"。记者是无冕之王，社会的弱势群体需要记者仗义执言，如新新公司的职工会检举汉奸，他们要新闻记者讲公道话。西菜馆的职工要老板加工资，他们也要新闻记者讲公道话。然而话又说回来"中国的新闻记者毕竟生活在中国社会里。中国的现社会，既然是蔓延传统的官僚风俗，新闻记者自然也受这种风习的压制与影响"。接着他就举例说，"比如这次上海新闻记者公会的十六个筹备大员，却是由社会局的一道命令指派的，旁的职业团体的筹备大员由市政府委派还犹可说，因为他们可能不知道现在的时代变了。人人都在喊民主了。可是记者一向被尊为'民之喉舌''时代先锋'。现在中国的老百姓，人人都在喊民主。而中国的新闻记者，自己组织一个职业团体，其筹备人员，还要市府委派。"随后他又例举公会不能代表记者权益，他说道："我们看看新闻记者公会的组织规程里，共十六条。第一条说上海市新闻记者公会为增进联系，促进福利，服务社会与发展之新闻组织。""可是我们搜遍规程条文，却找不到一条曾经提到同人福利的。我这个公会的会员，除了按章纳会费和常费外，再没有其他权利可言了。"在不对等的权利义务下，新闻记者失不得业，一失业，就要被取消会员资格。因为会员规程第四条明明是这样规定的。旁的公会会员失了业，公会应负责介绍或救济，但是新闻记者一旦失了业，公会不但不负责出面介绍，还要开除他的会籍。这位老记者的建议是反对那种新入会须委派人员审查的办法。因为记者加入公会，又不是要补充什么官，审查些什么呢？说道理监事的选举，还是用了内定的老办法，只不过是种形式。其对记者公会的最终评价是"新闻记者组织一个

---

① 《保障新闻自由，本市记者联合宣言》，《新民晚报》1946 年 5 月 24 日。

② 《社会部关于新闻记者在抗战期间领得伪组织证照者不得计算其从业年资事与上海市社会局的往来文书》，上海档案馆 Q6-12-223-2，第 1 页。

公会，也被官僚化把持了”。①这位老记者目光如炬，看得很透彻，其对记者公会义务本位、(政府)管制先行的评价可谓一针见血。

记者公会也与其他职业团体一道，积极参与国大等宪政运动。1946 年上海参议员候选人推选过程中，记者公会的政治参与热情高昂。据报云：“本市参议员选举，各自由职业团体，已先后举行初选，兹悉新闻记者公会初选参议员候选人，已定于本月十六日下午二时在贵州路湖社进行，全体会员均为选举人，除由该会发出通知外，已呈请市社会局派员监选。”②嗣后正式选举过程亦庄重肃穆，开选当日公会假贵州路湖社大礼堂，举行市参议员初选代表选举大会，到会会员 280 余人，社会局派代表方濂出席监选。大会嗣后准时开始，由投票事务所主任冯有真做主席。主席报告缺席人数，选举规则及投票人应行注意规则，旋即开始选举，依据选举规则，分三次投票，在整个推选过程中，出席会员踊跃，情绪热烈，选举大会，仅历一小时，即圆满完成。③选举结果如下：第一次冯有真当选，第二次赵敏恒当选，第三次赵君豪当选。总体而言，这还是一次成功的推选，显示了记者们较成熟的参政议政水平。

到 1947 年国大选举之时，情形则大相径庭。由于在国选代表名额初定时，新闻记者团体之名额总数尚较 30 年代首次国大推选为少，记者公会便呈文呼吁增补名额，提出的理由则是“民主宪政之施行，有赖于言论之辅助甚巨。宪政实施后，新闻记者所处地位，亦应较第一次国大为多”。“请予以补增，以示政府重视新闻职业言论自由之意旨。”④遗憾的是，当局对记者诉求置若罔闻，这进一步验证了记者公会影响力之式微。

记者公会投票于 1947 年 11 月 22 日晨 8 时起在八仙桥青年会举行，预定当日即可竣事。⑤然而数日后选举开票，却发生了一件令人尴尬的意外。检票人员于 26 日上午开启记者公会票匣，“发现其中有某通讯社投入选举权证一张，及空白票六张，错票五张，另有二千元钞票一张”。⑥选票笑话显然是对政府放任通货膨胀的无情嘲讽，也是对国大选举公正性和有效性的辛辣讽刺。

总之，上海记者公会自成立后逐渐凝聚会员的职业认同感，建构了一个坚强的职业社群。在此过程中，记者公会也竭力在体制内捍卫言论自由，直抒胸

① 谢东平：《记者公会也官僚化了》，《民主》1946 年第 25 期，第 635—637 页。
② 《参议员候选人，记者公会定期选举》，《文汇报》1946 年 4 月 15 日。
③ 《记者公会昨选举参议员初选代表》，《文汇报》1946 年 4 月 17 日。
④ 《推行宪政有赖于言论之辅助》，《申报》1947 年 6 月 26 日。
⑤ 《记者选举今可竣事》，《新民晚报》1947 年 11 月 22 日。
⑥ 《选票笑话有新创作》，《新民晚报》1947 年 11 月 26 日。

臆，维护记者的职业荣誉和声誉。然而与其他职业社团一样，记者公会在战后逐渐被国民政府控制、架空，渐渐丧失了其自主性和自组织能力。记者公会在保障记者执业、维护权益等方面鲜有作为。诚如一位老记者所言记者公会也官僚化了。这说明，与号称“第四种权力”的西方媒体不同，近代中国的舆论并非是独立于国家权力之外的第二类权力，即社会权力。相反近代媒体的发展却渐渐为国家权力以官僚化的方式所控制、驯服，或者被社会强势集团的权力所操纵，逐渐趋向于保持舆论一致与政治和利益的偏向性，使得异议以及要求表达的自发形式不具有合法性。

余论

对上海记者而言，专业是最重要的现代性标准，因为它意味着标准、专业技术和一种职业。民国时期的上海新闻记者是中产阶级群体的有机组成部分。在二三十年代中，这一群体迅速壮大。然而到了抗战爆发后，记者与其他自由职业一道日趋“无产化”。国民党通过对记者公会的重建，试图用一个凌驾于社会之上的大政府去管理各种各样的公共事务，由此创制了一种国家管理（控制）社会的模式。社会管理“干预”了近代中国一个不断前行的重要进程，即市民社会的发展。尽管如此，在国民政府的独裁统治下，不少记者坚持新闻专业理念，努力在黑夜中寻找星星，相信媒体在国家现代化进程中起着非常重要的作用，并以强烈的使命感、正义感和理想性，坚持正确地报道事实真相，坚信媒体和记者既是稳定、更是推动社会前进的重要动力。

（作者系上海社会科学院历史研究所副研究员）

民国时期媒介对医病形象的建构*

——以《申报》医讼报道为中心的文本分析

马金生

由于媒介的缺乏，在古代社会，医讼案件即便发生也很难进入人们的视野，这也是医病纠纷在传统社会沉寂的原因之一。①到了民国时期，传媒业繁荣发展，并在社会舆论的塑造上发挥着举足轻重的作用。伴随着近代国家、社会对公共医疗卫生事业的重视，医病纠纷在1930年代初期逐渐凸显，引发媒介的广泛关注和持续报道。②那么，民国时期的媒介又是如何来报道医病纠纷的？或借用新历史主义的话语来说，媒介是如何来建构医讼案的"真实"，并进而再现医生与病人的角色的呢？由于缺乏细腻而深入的研究，我们依然不甚了了。有鉴于此，本文将以民国时期《申报》所登载的医讼报道文本为中心，探讨其是如何建构医病形象的，希望能够为拓展相关研究有所裨益。

在展开全文的论述之前，似有必要先作两点说明。其一，本文之所以选择《申报》为研究对象，是因为民国时期的上海中、西医分布最为集中，也是医病纠纷发生最多的区域。③作为民国时期首屈一指的大报，《申报》不仅对发生在本埠的案件多所报道，即使对发生在外地的医病纠纷也时有转载。在医讼频发的1930年到1937年间，我们初步撷取了81篇典型性报道作为分析样本。其二，

---

* 本文为国家社会科学基金后期资助项目《民国医讼凸显的社会文化史研究》（项目编号14*FZS*013）的阶段性成果之一。

① 参见拙稿：《明清时期的医病纠纷探略》，《史林》2012年第1期。

② 民国时期的医讼案件最早见之于1927年，作为一个公共问题引发社会各界关注和讨论则要到1930年代。参见龙伟：《民国医事纠纷研究（1927—1949）》，人民出版社2011年版，第80—81页。

③ 龙伟：《民国医事纠纷研究》，第372—375页。

当下学界对新闻文本的分析，多从标题、导言、信源、引述形态和结论报道等方面入手，希望通过较为缜密的分析，进而揭示文本背后所隐藏的“权力关系”。① 在本文中，我们也沿用了这样的一个分析路径。

一、标题与基本内容

为吸引读者注目，新闻标题无不讲求简短、精准，以最大限度地实现新闻撰写者所欲表达的主旨。由此，在对新闻报道进行文本分析时，对标题的解读便显得非常重要。每当在医讼案件初起之时，《申报》往往都会在“社会新闻”版面中以耸动的标题予以报道。除主标题外，多数报道还有副标题。下面所罗列的一些典型标题，多数即是这样的一种写作架构。

(主)“陶明东控庸医杀人案”

(副)“服药后腹痛剧烈
独生子死于非命”

(《申报》1930 年 1 月 8 日，第 15 版)

(主)“医生蔡幼笙被控玩忽业务”

(副)“服药三剂胎原大动
胎儿流产孕妇亦死”

(《申报》1931 年 4 月 11 日，第 15 版)

(主)“李石林痛妻产后病死　诉妇医院院长医生”

(副)“第二特院昨日开审　医界纷往旁听
李陈述其妻入院及得病惨死甚详”

(《申报》1934 年 8 月 9 日，第 12 版)

(主)“徐益增控中医案　胎儿呈到法庭”

(副)“是否误认怀孕为停经
酒精瓶中物须加鉴定”

(《申报》1936 年 1 月 12 日，第 13 版)

通过上述标题，可以看出标题的设计多为烘托医病双方之间的紧张对立的

---

① 从现有研究来看，新闻学者对新闻文本的分析显得驾轻就熟。以媒介中的医病形象为例，台湾学者邱玉婵曾对当代台湾医病纠纷中抬棺抗议的新闻报道进行文本分析，揭示了台湾媒介是如何通过文本的书写来再现现实中的医生和病人形象的。(参见邱玉婵：《医病形象的媒体建构：医疗纠纷抬棺抗议新闻分析》，《新闻学研究》第 93 期，2007 年 10 月。)邱文的研究分析，对笔者启发良多。

氛围。新闻记者多方使用耸动性的文字，从而使主、副标题读起来颇具戏剧性。尽管主、副标题字数有限，但承载的信息却相当多元，不仅将医病双方的名姓、职务等一一道出，而且直接点明了医讼案件的起因及其连带关系。为了进一步明晰新闻记者在医讼初起时的报道意向，下面我们结合两则标题，对讼案初起之时新闻报道的基本内容作一考察。

李石林痛妻产后病死　诉妇医院院长医生

寓居法租界霞飞路尚贤坊三十四号门牌、在北京路开设东华工程建筑公司之本地人李石林，今年四十岁。其妻王氏，年约三十五六岁。夫妇情感弥笃，已生子女六个。近又怀孕，为第七生产，至本年六月二十九日孕期足月。清晨腹中觉痛临产，李即将王氏送至尚贤坊后面萨坡赛路一号尚贤堂妇孺产科医院待产。当日上午十时，产生一子，由医师葛成慧接生，产时母子平安。不料三日之后，产妇忽然变病，热度高至百度以上。李因留院无适当医治，故将王氏接归，自行延医，治疗无效，于七月十二日身死。李石林以妻之变病致死，实缘该医院漠视病人、玩忽职务、不为医疗所致，心难折服。爰延严荫武、陆聪祖两律师代理，具状第二特区地方法院。……(《申报》1934 年 8 月 9 日，第 12 版)

徐益增控中医案　胎儿呈到法庭

南京路盆汤弄八十二号鸿运照相馆经理、本地人徐益增，年三十一岁，其妻竺氏，近怀孕达四月，因感身体不适，遂于去年十一月九日赴南京路香粉弄管鲍里七十二号女科专家老宋家中医虞佐唐处诊治。经虞诊断之下，认为系属停经，并非怀孕，须服通经之剂，乃处方所用，悉为表剂。讵竺氏服药之后，非但不见效，反见加重，故于二十二日复往诊治，而虞坚持为停经，以通表之药处方。氏即照服，不料服药之后，腹痛如绞，顿时流血甚多，神志昏迷。怀孕四月，胎儿遂因此而堕下。急另延他医诊治，始知为虞佐唐诊断错误所致，于是将堕下之胎儿，储藏于酒精瓶之中，以防腐烂。一面延沈宗泳、王寿安律师具状第一特区刑庭。……(《申报》1936 年 1 月 12 日，第 13 版)

从上述新闻标题的设计和基本内容来看，新闻记者在报道的角度上具有很明显的倾向性。即在报道中着意突出病人辞世的可疑性，进而点明其与医讼形成的连带关系。像“服药后腹痛剧烈　独生子死于非命”、“产妇忽然变病，热度高至百度以上”、“不料服药之后，腹痛如绞，顿时流血甚多，神志昏迷”等词汇的使用，不仅病家满腹疑云，即使在读者方面也会不禁产生相应联想。

从历史上来看，至少在明清时期，医病纠纷的发生在很多情况下与医生的诊疗效果直接相关。如果在诊疗之后，病人迅速康复，医家自然会被尊奉有加、视若神明。不过，如若诊后病人病情恶化以至身死，那便很容易引起纠纷，甚至成讼。①到了民国时期，这一情形并未有多大改观。应当说，《申报》的这一报道策略，最直接地反映了当时医病互动中的现实情态。不过，从其效果来看，却显然将矛头对准了医家，特别是在部分报道中将责任直接归咎于医家，具有强烈的情感色彩。类似的写作策略，极易刺激阅读者的神经，勾起读者“移情”式的解读和理解。

二、信息来源

“我们要理解新闻，就必须理解‘某人’是谁、信源是谁，以及新闻从业者如何应对他们。”②在分析新闻文本时，信息来源必须要给予关注。换句话说，新闻来源是医生、医疗机构还是病人，都会直接影响到新闻报道时的角度和观点。如果单方面采信某一方的观点，媒介所报道的“事实”可能会大相径庭甚至完全相反。从《申报》报道来看，相关信源一为病者家属或其亲朋，一为法庭上的相关陈述。医讼初起之时的报道，信源往往为病家，上述所引的新闻内容或可见一斑。下面，不妨再看一则报道。

成衣店主暴病　打二针毙命

> 在法租界蒲石路二百二十号门牌开设勤余记成衣店的潘金桃忽患头昏病症，时发时愈，后越来越严重。一次昏迷后请得花柳病妇科专家、树德医院院长顾宗文。见到病者气息奄奄，顾宗文不问病者家属之同意，即为打一针克罗米强心针于手臂上，毫无应效，遂再在病者胸部施打第二针。病者即“啊吓”一声，迨针头拔出，下部放出臭屁一声，病者即气绝长逝。顾乃向其家属收取医药拨号诊金车资，共计二十七元八角。因潘妻不在店中，无人偿付。顾逼索甚急。后潘妻回店，见丈夫已死，复听说是被“顾打针不慎致死”，乃即报告法捕房，派中西探前往调查，并将药瓶两只带案。一面将尸身送同仁辅元分堂验尸所。昨日，报请特二法院。（《申报》1934年11月7日，第12版）

从上述新闻报道来看，整篇报道所传递的完全是病家单方面的声音。至于医生则被剥夺了话语权，从始到终都未给留有“发声”的空间，说明记者并没有、也无意向医家一方进行查证。此则新闻并未点明信息来源，但明显可以看出系

① 拙稿：《明清时期的医病纠纷探略》，《史林》2012年第1期。

② [美]迈克尔·舒德森：《新闻社会学》，徐桂权译，华夏出版社2010年版，第158页。

出于病人一方。如果说上述新闻的来源仍有一定隐含性质，下面这则报道的“按语”，则直接点明了信息来源正是病人家属。

> 新新社云：美国法学博士田鹤鸣，设律师事务所于江西路170号，以其妻顾林一女士(毕业于上海法政学院)前在静安路282弄中德产科医院分娩。该院院长德医俞松筠博士，因产妇大便不通，以皮带灌肠；又因产妇乳涨，更以冰袋冰乳房，致田妻顾氏腹泻成痢，卒致殒命。田以其妻之死，实由于俞医生之业务过失所致，昨特状请上海第一特区地方法院，提起刑事诉讼，控俞以庸医杀人罪。兹探录其原状如次。①

此则新闻“按语”点明是《申报》向病者家属取得刑事诉状，并将诉状内容原原本本地登载在了《申报》上。这样的一种做法，如果从新闻业者所需秉持的职业操守来看，显然是非常不足取的。在诉讼案尚未定案、涉讼双方尚未明确法律责任之时，对于医师的声誉来说也是极其不负责任的。

《申报》的信息来源除了病家及其亲属之外，还有一个途径就是法庭。只有在以此为信源的报道中，我们方能听到医师发出的“声音”。从新闻报道要求公正、客观来说，医病双方在法庭上的医理讨论以及彼此的责任所在应成为报道的重点。不过，从有关报道来看，《申报》对此往往并不关心，常常一笔带过。

幼孩患痢疾　服药皮内溃烂

> 住居戈登路蒋家巷三九一弄四五〇号镇江人唐立文之二岁幼子大狮子，因患痢疾，乃于九月四日至小沙渡路劳工医院求治。当经该院女医师张秀钰为之诊治，给以药粉五包，又蓖麻油一瓶；令将该药粉分五次服下，再吞服蓖麻油。乃该孩服药粉后，即将吐出。而药吐出经过之处，皮肉溃烂。经送宝隆医院据诊断结果，谓该药粉系有毒质。唐乃延律师具状特一法院，对张医师提起过失伤害之诉，业经特院一度审理。而张秀钰则称，该药并无毒质。而该孩子更患有口腔炎，口内本现红肿状态，上唇更有白点甚多。经庭谕，俟宝隆医院诊断书后再核。昨日午后，此案又经傅琳推事开刑八庭续讯。宝隆医院之诊断书亦已吊案。该书内所述，完全系根据双方之陈述。当发交原告呈案所谓含有毒质之药粉，和以蓖麻油，涂于唐大狮子之手臂，以视其是否确有溃烂之可能，但涂上相当时间后，并无何种现状发见。继由沙姓医师到庭，证明曾代唐大狮子诊治口腔炎之经过。庭上即命开始辩论，由两造律师互辩后，傅推事即宣告终结，定八日下午二时宣判。(《申报》1936年10月7日，第12版)

---

① 《律师田鹤鸣控俞松筠医生》，《申报》1933年11月1日，第15版。

从此则新闻来看，报道的核心显然是在刻画病者的离奇遭遇。医家尽管“发声”，但仅是一笔略过，并未留有更多的话语空间。此外，医病双方律师的“互辩”内容，本亦该成为报道的重点之一。然而，报道只是点到为止，根本未做进一步交代，说明这些内容并不是新闻记者所关心的。显然，在双方律师的相互辩驳中，必会有大量的医学专业术语，艰涩难懂。由此，也不排除新闻记者基于对医学知识的生疏以及医学辩论上的枯燥乏味，考虑到读者不会感兴趣而有意略过。然而，新闻记者只注重营造冲突、戏剧性的新闻效果，而有意地回避或者淡化医病纠纷核心问题的做法，在激发或者满足读者的好奇心理的同时，也往往使读者很难辨清是非，很容易跟着媒介所建构的“事实”或“意向”去进行理解。

三、医病形象的再现

为了新闻报道的客观真实，如实记载医病双方的性别、年龄、身份、职业等自然和社会信息，是媒介在记录社会类新闻时采取的普遍方式。在《申报》中，涉讼双方的身份特征被清楚地记载了下来。从再现病家的角度来看，《申报》往往注重的是再现病者及其家属的普通民众身份。比如：

> 寓居闸北华兴里五十三号门牌之绍兴人陶明东，年五十二岁，向业染坊。①
>
> 闸北太阳庙路潘陈里八号门牌崇明妇人毛蔡氏。②
>
> 住华界丽园路谈家宅五十四号盐城人丁金荣之兄丁金仁，年近不惑，业木匠。③
>
> 本邑梨花庄庠水公会旁居民御阿泉，年二十八岁，务农为业。妻赵氏，年二十二岁，素在纱厂为女工。④
>
> 蔡万杰，今年三十一岁，盐城人，住闸北恒丰路警察所该管之长安路安里二十五号门牌，放黄包车为业，稍有积资。⑤
>
> 住居戈登路蒋家巷三九一弄四五号镇江人唐立文之二岁幼子大狮子。⑥

---

① 《陶明东控庸医杀人案》，《申报》1930年1月8日，第15版。

② 《呈控庸医杀人案》，《申报》1930年2月11日，第15版。

③ 《胡南山堂药店误配药方案续讯》，《申报》1935年10月31日，第11版。

④ 《庸医治病误伤人命》，《申报》1934年10月12日，第11版。

⑤ 《烟灰岂能治痨瘵　滑头医生被控》，《申报》1935年3月27日，第11版。

⑥ 《幼孩患痢疾　服药皮内溃烂》，《申报》1936年10月7日，第12版。

住居北河路三十七弄十二号宁波日报职员郑太慈之妻子。①

南京路盆汤弄八十二号鸿运照相馆经理、本地人徐益增，年三十一岁，其妻竺氏。②

绍兴人倪金堂，年二十五岁，在北浙江路三十八号天和染号为伙友。③

当然，在再现病家的普通民众身份的同时，如果病家为社会上层，具有广泛的社会影响力，《申报》也会着意强调。如“住法租界霞飞路尚贤坊三十四号门牌在北京路开设华东建筑工程公司之本地人李石林之妻李王氏，即王芝芬”。④等等。

与强调病家的普通民众身份不同，媒介在对涉讼医家的报道中，不仅会将医家的名讳、年龄、祖籍、所在医院等信息一一载明，还会将医家的专家身份及其医学背景着意点出。比如：

公共租界北河南路景兴里六百九十九号门牌医生丹阳人陈玉铭。⑤

著名喉科儿科专家中医朱子云，江湾人，现年四十五岁，行医已二十五年，设诊所于虹口周家嘴路四百四十七号，营业异常鼎盛。⑥

周山浜元德堂药号主刘振声。⑦

南京中央医院外科主任沈克非。⑧

江湾女科名医蔡小香之孙蔡松春、蔡柏春昆仲，得乃祖之衣钵，悬壶于东西华德路积善里一弄五号门应诊，营业不恶。⑨

尚贤堂妇孺医院院长张湘纹、医生葛成慧、看护长顾琴月。⑩

劳工医院……该院女医师张秀钰。⑪

住在金陵路一百三十四号之泰州人（系一不挂牌无卫生局照会之医生）名封筱甫诊视。⑫

---

① 《郑太慈之妻　难产身死涉讼法院》，《申报》1936年1月8日，第13版。
② 《徐益增控中医案　胎儿呈到法庭》，《申报》1936年1月12日，第13版。
③ 《倪金堂割包皮丧命》，《申报》1936年11月2日，第13版。
④ 《妇孺医院控案续讯》，《申报》1934年10月5日，第10版。
⑤ 《陶明东控庸医杀人案》，《申报》1930年1月8日，第15版。
⑥ 《喉科儿科医生朱子云被控》，《申报》1934年10月20日，第12版。
⑦ 《庸医治病误伤人命》，《申报》1934年10月12日，第11版。
⑧ 《中央医院沈克非被控案》，《申报》1935年3月4日，第3版。
⑨ 《女科医生蔡松春等被控》，《申报》1935年3月13日，第12版。
⑩ 《妇孺医院控案续讯》，《申报》1934年10月5日，第10版。
⑪ 《幼孩患痢疾　服药皮内溃烂》，《申报》1936年10月7日，第12版。
⑫ 《烟灰岂能治痨瘵　滑头医生被控》，《申报》1935年3月27日，第11版。

海关路三百十七号门牌惠九锡国药号主兼营国医之余姚人俞赞臣。①

前已曾在宝隆医院充当看护，现在白克路五百三十三号彩华洗染店为帐席之宣锡寿。②

虹口塘山路公平口四五一号普安医院院长陈澄，曾任国民政府军事委员会军警正，兼充海军上海医院医务主任及仁济医院外科主任。③

从上述内容来看，除了部分非法行医者外，与报道病家的普通人身份不同，《申报》有意凸显了涉讼医师的专家身份，诸如“著名喉科儿科专家”、“女科名医”、“中央医院外科主任”、“妇孺医院院长”、“上海医院医务主任及仁济医院外科主任”等等。像报道中提及的沈克非，早年留学美国并获得博士学位。1925年回国后，曾担任北京协和医院住院医师和住院总医师。1930年代又先后担任南京中央医院副院长、院长等职，是当时国内屈指可数的外科专家。④另如报道中所提及的蔡小香，是蔡氏妇科的第五世医。因医术出众，是当时上海国医界“四大名医”之一。⑤《申报》对涉讼医师专家身份及其医学背景的强调，固然在一定程度上有利于塑造医家的权威，但其用意也并不难理解：在医学界享有盛誉的医家（或其后人）遭到病家控诉，在社会上将具有何等的影响力。

四、引述内容的形态

报人如何引述新闻内容具有很强的可操作性，在其引述形态的背后，隐藏着作者的主观意图。下面，让我们先来看一下《申报》是如何来引述病家方面的内容的。

陶明东控庸医杀人案

寓居闸北华兴路华兴里五十三号门牌之绍兴人陶明东，……于民国十年生一子，取名忠杰，颇为聪颖。……忠杰忽患风寒之热病，陶心忧甚。……不料服后约三小时，忠杰忽觉腹痛甚剧，床席不安，未几即一命呜呼……是忠杰之死，不死于病而实死于医也？陶闻言以渠年逾不惑，只此一子，今被陈药石而死，致死于非命，何啻斩宗绝嗣？⑥（《申报》1930年

① 《楼炳鳌丧子　诉国医用药有误》，《申报》1936年7月1日，第14版。

② 《倪金堂割包皮丧命》，《申报》1936年11月2日，第13版。

③ 《陈澄医师被控案死亡家属请剖验》，《申报》1936年7月21日，第14版。

④ 汤钊猷主编：《中国科学技术专家传略·医学编·临床医学卷》第1卷，人民卫生出版社2000年版，第72页。

⑤ 张明岛、邵浩奇主编：《上海卫生志》，上海社会科学院出版社1998年版，第617页。

⑥ 《陶明东控庸医杀人案》，《申报》1930年1月8日，第15版。

1月8日，第15版）

郑太慈之妻　难产身死涉讼法院

当据原告郑太慈诉呼，……该医生遂言须施手术，并谓手术费分有等级，大概由七十元至三百元。我以经济困难，一再求减，结果减至三十五元，并着我立据书明，不负生命危险责任。而手术费更须先付。我当时只付四元，且值深夜，无从筹余三十一元。该医复命立据，限次日二时交付，所有两纸字据，均着我觅保……（《申报》1936年1月8日，第13版）

从上述两则典型报道来看，新闻记者引述病家的话语，显然是意在塑造病家悲惨和无奈的一面。仅从文字表面来看，年逾五旬的陶明东老年丧子，实为人生之大不幸。郑太慈之妻难产，急切需要手术，然而医家却并不以拯救病人为念，而是一味催要诊金。诊金不足即不施手术，逼得郑太慈几乎走投无路。尽管医家并未正面现身，但通过对病家愁苦万端的形象刻画，也反衬出了医家玩忽业务、冷漠无情的媒介形象。

如上文所述，在以法庭为信源的报道中，医师的"发声"也会被转述。不过，如若仔细比较，就会发现在同一篇报道中，《申报》对医家内容的引述往往篇幅会小很多。并且，在相关内容的引述上，也会不同程度地刻画医家不负责任的媒介印象。下面的这则报道，便颇能说明问题。

李石林痛妻产后病死　诉妇孺医院医生

……张湘纹供，自诉人之妻李王氏来院生产，系葛医生接生，产后葛医生于七月一日辞职，去后我另请胡彝珠、邝翠娥、王葆贞诸医师轮流诊治。自七月一日起，李王氏由胡医生等看的。七月一日，李王氏身体忽发热一零一度即退，二日又至一零一度多。当时均以为乳涨，饮以消乳药。至七月三日下午，胡医生检查李王氏之白血球为八千多，似不致有产褥热之病。七月四日下午，自诉人要求领回，我等并未阻止。又据葛成慧供，我仅接生，追产后我即辞职。在我未走前，李王氏并无病兆。顾月琴供，我系看护长，对病人吃什么药，非我所管，每天由胡医生等珍视等语……（《申报》1934年8月9日，第12版）

在张湘纹医师讼案中，医病双方聘请律师大打官司，一时闹得沸沸扬扬。《申报》对此案表现出相当的热情，作了全程跟踪。相关报道，非常具有典型性。在这篇报道中，"以为"、"似不致"、"仅"等动词与助词的使用，可能完全是当时法庭上的原有用语，被记者直录过来表述当时的一种客观实际；还有一种可能，就是记者在写作这一新闻时的有意为之。身为医家，当病人高烧之时并不做详细的检查，而想当然地"以为"是乳涨（不应该如此）；当病人白血球达到八千多时，医家又未引起足够的警觉，还认为“似不致”发生产褥热病；当病者家属要求将病人领回时，也全然不以病人为念，“并未阻止”（更不应如此）。医师葛成慧和顾月琴在作供述时，则完全好似一副推脱责任的面孔。一个声明“仅接生”，另一个则声明只管看护病人，病人所吃何药全然不管。无论这些转述是否为医师本人的原始供词，还是记者的有意选择，这样的一种新闻写作方式，都给阅读者营造出一种直观印象：那就是张湘纹等医师在对待人命上不但存有职责疏漏，而且相互推卸责任，全无救护生命之心。

当然，对于病家的控诉，医家不可能全部都是上述这种“模棱”的回应。有些医家也会据理力争，力陈自己的施治理由，希望能够为自己辩解，以谋求转圜来维护自身声誉。类似内容，在部分报道中也同样会被媒介引述。

陈玉铭被控庸医杀人罪

……嗣据被告陈玉铭供称，我系专门推拿科，且属祖传。在沪行医已六十余年，经历三代，专治儿科，治法以推拿打针敷药施之。原告之子，系由其母抱来，其时面色已变，口不能言，气喘不已。我初拒却，经该妇恳求，谓渠子前亦患重病，经余医愈。今又染疾，且不能饮食，务求赐方。我始询问病源，据言起病已四天。我即开方，嘱其敷药，并叮嘱如将所敷之药吞服，亦无妨碍云云。……（《申报》1930年2月9日，第12版）

女科医生蔡松春被控案

……诘之被告等供称自诉人于二月十号到来看病，由我等诊脉之下，即断系怀孕，故连次所开药味，均属养血理气之品。虽脉案上未曾开怀胎字样，只因业女科者有种种不便之处。故未开明。医治数次，至十四号原告已经病愈。讵至廿二号，原告又来，谓因偶尔疏忽，手提重物，致又见红，此系其自不小心。我等当又为悉心诊治，设法安胎，故决不致服我等所开之药而致堕胎云云。……（《申报》1935年3月13日，第12版）

从这两则报道来看，在陈玉铭讼案中，陈医师在辩诉中着重论述了两点，一为自己的世医身份，显然是为了强调自身的业务水准和专业权威，意在说明自身诊疗不会有错；二是点明病者是在病重的情形下来求诊的，并且起初并不同意施诊，后禁不住央求才同意施救。在蔡松春医师讼案中，病家控告蔡松春将怀孕误作月经不调进行诊治，结果导致病人小产。对此，蔡医师予以反驳，指称病人小产乃是因其“不小心”所引起，根本与自己无关。

客观来讲，在缺乏权威鉴定证明的情况下，法庭上医病双方谁是谁非，往往很难判断。换句话说，陈玉铭和蔡松春医师完全可能是在做客观陈诉，所说也可能完全与事实相符。只不过，如果放在整篇报道中去阅读的话，就会发现这些辩护对医家自身来说很难发挥作用。原因很简单，由于媒介在相关报道上总是先行报道病家的控诉理由，而病家的控诉重点又紧紧围绕医家的冷漠无情而展开，由此医家的自我辩护尽管可能是符合事实的，但在整篇报道中却往往会暗合病家对医家不负责任的控诉，坐实了医家“不负责任”的媒介形象。

五、对案件的追踪报道

对讼案的后续报道，《申报》表现出了很大的选择性。这主要体现在，为数不少的医讼案件在初起时被显著报道，但在后来的审判阶段却不再刊载，以至人们根本不知道胜败如何。在关乎市井小民的讼案中，这种现象尤为普遍。而对于社会上层人物、具有一定社会影响力的诉讼案，《申报》则会一以贯之地进行追踪。如对李石林一案，《申报》对整个案件从始到终进行了报道，甚至社会名流马相伯等人介入调停商讨如何解决此案的来信，《申报》也进行了全文转载。显然，这背后有着新闻记者独特的考量。

在医讼案件审结时，如果医师胜诉，《申报》也会给予报道。不过，如果细心的话就会发现，相关报道往往并不会放在版面的显著位置。比如，前文所说的陈玉铭医师讼案后经法院审理宣告陈医师无罪，有关报道被登载在了《申报》第12版并不起眼的右下角位置；另如当时著名的“张湘纹医师讼案”也是以胜诉收场，相关报道被放在了版面居中偏下位置。对于媒介的这一编排策略，西医范守渊有过如下精到的观察。

> 凡遇到类乎这种医讼事件发生时，在开始刊登新闻时，总是用着极注目的标题刊出，惟恐阅者不留情、遗漏掉。到了案情结束时，有的或竟不再登载；有的即使刊登，也登在极不注目的地位，竟使阅者会找寻不到它。①

《申报》在对讼案审结进行报道时，还有一点值得注意。那就是在报道的最后，总不忘要将败诉一方的“不满情绪”再次表明。即病家及其律师很是不服相关判决，拟再行提起上诉。请看下面的典型性报道。

陈玉铭无罪

> ……旋由孙推事升座宣告判决，被告陈玉铭无罪开释。原告代理律师叶茀康闻断，即起立声明原告不服，须提起上诉……（《申报》1930年2月16日，第12版）②

---

① 范守渊：《这也是一场医讼》，载范守渊著：《范氏医论集》，下册，第590页。

② 《陈玉铭无罪》，《申报》1930年2月16日，第15版。

张湘纹等被控案判决

……昨日午后，为该案宣判之期。……由王庭长开刑庭判决，张湘纹、葛成慧、顾琴玉均无罪。微闻自诉人方面，对此判决，表示不服，俟接到判决书后，将提起上诉。(《申报》1934年11月9日，第12版)①

中央医院沈克非被控案

"中央医院外科主任沈克非被控过失杀人嫌疑案，经地方法院宣判无罪。死者陈允之母不服，上诉高等法院。数度开庭，迄未终结。……"(《申报》1935年3月4日，第3版)

当然，从如实记叙事实的角度来看，相关内容的登载有其必然的逻辑，同时也是提示读者，案件仍然在继续。不过，从另一方面来看，相关内容的登载以及此后讼案的进一步发展，在客观上也很容易使读者形成这样一种"观念"或者"印象"：那就是法庭"判决不力"的话，病家如坚信自己有理，就应将官司进行到底。

六、结语

为尽量保持新闻报道的客观与真实，当媒介在报道持不同观点的双方或者多方时，引述内容比重应大体相当或者相对均衡。然而，通过对《申报》社会新闻版面中医讼案件文本的解读和分析，我们发现，这种平衡性被严重打破了。无论是新闻来源还是内容编排，《申报》都倾向于报道病家一方，使得"新闻记者所据为发表出去的事实，多属是根据原告者一面之词理"②。在这一充满情感倾向的新闻报道中，病人的形象是弱小、无助的，充满了悲苦和无奈。相对的，医家在报道中则经常被"消声"，即使"发声"也往往是冷漠无情和不负责任的形象。与此同时，在对医讼案件的后续报道中，与医讼初起时被置于版面显著位置不同，很多案件的后续审理被有意无意地"遗漏"掉了。即使报道，多数也被放在了版面中并不起眼的位置。在医家胜诉的案件中，也不忘对病家的不服判决进行点明和强调。《申报》的这一报道方式，显然将医家置于了自己的对立面。

对于《申报》的单向度报道，身为涉讼医师，反应自然非常强烈。有关资料显示，为了维护声誉，每当《申报》上刊有"不实"报道时，即不乏涉讼医家随之撰写文章予以批驳。这些批驳性的文章，集中刊载在《申报》医药类版面中。像上文我们曾经提及的医家顾宗文，在看到关于自身的报道后，便立即写了一篇《意

---

① 《张湘纹等被控案判决》，《申报》1934年11月9日，第12版。

② 范守渊：《这也算是一场医讼》，载范守渊著：《范氏医论集》，下册，第590页。

外纠纷记》，详细述说自己给病人看病的经过。顾宗文强调，病人在其到达之前即已“陷于高度昏睡状态”，即使在店铺伙计的再三央求下为病人注射两针强心剂后，病人依然昏迷不醒。然而“各报记者”在刊载这一讼案的报道中，均谓“病者于注射后尚能‘唤呼啊呀’一声等词”，实际上“全系传闻失实”，是记者“纷纷取材于病家，以讹传讹”之故。①类似顾宗文急于申辩的行为，是很多见的。

除了涉讼医师外，民国时期的中、西医界也出面抗议，纷纷呼吁媒介在报道中万不能偏信病家的一面之辞，而是要始终保持理性。早在1930年代初期，当医讼作为社会问题开始凸显之际，上海特别市中医协会在召开的执监联席会上，便对媒介在诉讼案上的报道方式进行讨论，最后决议函请“报馆在擅控医生案未宣判前勿遽登载用‘庸医杀人草菅人命’等标题”，借以保障医师权益。②西医界更是极力呼吁在法庭是非未明之前，媒介不得随意刊载类似信息，“凡遇到医讼事件时，应待医讼案件经公正的法院宣判之后才去发表。凡在未曾正式宣判之前，是非不明、真伪难辨之时，万勿听凭原告片面之词而随便刊载，任意传布才是”。③然而，一直到了1940年代末期，依然时常看到有医生撰写文章对媒介的报道多所指摘。可见，尽管中、西医界为捍卫自身的声誉，对于媒介的做法提出批评和吁求，但这种努力并未能够使媒介的相关做法彻底消失。换句话说，医家与媒介围绕医讼之间的博弈，几乎贯穿了整个民国的始终。

从历史上来看，自从媒介出现之后，医家、病人与媒介(报人)之间的关系，一直以来都很微妙。当然，不同的时代，三者之间的关系又有所不同。这与特定时期医学的发展以及整个社会对待医学、医家的态度是有着密切关系的。如果从一个较为宽泛的概念来看的话，其实报人也是一个潜在的病人群体，生活中不免也要与医家有着交集和互动。因此，报人对医家的观感，在一定程度上也反映着整个社会对医家的相关态度。当然，作为知识生产与思想传播的承载者，报人又不同于其他一般病人。因此，在不同的历史时期，报人在对待医学以及医生的态度上也会有所不同。④这就使得我们在做研究分析时，必须要充分注意。

---

① 顾宗文:《意外纠纷记》,《申报》1934年11月19日，第13—14版。

② 《中医协会执监会议》,《申报》1930年6月14日，第16版。

③ 范守渊:《这也算是一场医讼》，载范守渊著:《范氏医论集》，下册，第590页。

④ 当代台湾媒介在医病纠纷抬棺抗议的报道中，所刻画的病家形象是悲惨、不理性和暴力化的，这种再现方式不仅不利于他们的形象，“反而更加强化了对这群人的偏见和刻板形象。”参见邱玉婵:《医病形象的媒体建构:医疗纠纷抬棺抗议新闻分析》,《新闻学研究》第93期，2007年10月。当然，在此也有必要指出，媒介中病人形象之所以如此，与抬棺抗议这一行为本身及作者选择此一素材进行研究有关。

在民国时期的《申报》中，一方面是报人在社会新闻版面中对医讼案件的大肆报道，另一方面在医药版面中亦同时会刊发医家反驳的“声音”。这种报道方式看似“公允”，但依然能够从中看出报人潜在的内在考量。并且，两个版面间“势同水火”的对立情势亦必将在读者中产生共鸣。《申报》在医讼报道中偏袒病家的行为，多少反映着报人对医家存有的抵触情绪。这一历史现象，只能从当时的医病关系中去寻求解释。民国时期的西医以及受西医影响积极变革的部分中医，都在希望通过新型医学伦理的建构来树立医家对诊疗的绝对权威，医学专业化的进程大大加快。在这一进程中，原本掌握诊疗主动权的病家非常不适应，医病关系的整合充满了紧张。①《申报》的报道方式，表明报人同其他病人群体一样，在这次医病关系的大变革中，对医家的观感有着比较一致的认知。与此同时，《申报》将医讼归于社会类新闻的定位，也决定了医讼类新闻的报道特征，多少反映着媒介迎合世俗认知的一面。而恰是这一点，将对现实中的医病关系带来深远的影响。

具体而言，当医讼案件经报人之手进入民众的视野后，在媒介讲求新闻性、轰动性的本质追求与能动操作下，报人颇具情感倾向的新闻书写将不可避免地影响到媒介中医病形象的呈现。换句话说，相关报道在读者和受众中产生共鸣的同时，也将会不同程度地强化后者的既有认知，从而给现实中的医病关系带来影响。西医范守渊曾以张秀钰医师讼案为例，指出当案件结束、法庭已宣判劳工医院胜诉并驳回原告的诉讼后，时隔许久，仍然有很多人向其询问这一诉讼案件的情况：“许久许久之后，还有不少人们，问起我们这件案子，后来如何了结；也有还问起我们用错药粉，伤害病人的案件，怎样解决的。这不是很明显的证明，他们只看见开始引人注目的歪曲宣传的第一次新闻，而未看到后来事件大白了，终结后的消息吗？”②《申报》重视塑造诉讼初起时医病双方紧张对立的情绪而疏于刊载结案信息的做法，显然不利于民众及时了解案件进展，一直停留在诉讼初起时对医师不利的认知上。这对于现实中医病关系的修正来说，是很不利的。

媒介倾向于病家的报道方式，给医家和病人所带来的影响是同时存在的。对此，上海医家程瀚章的观察尤为深刻，他指出，“尝综合本埠各报社会中所载

① 相关研究参见雷祥麟：《负责任的医生与有信仰的病人：中西医论争与医病关系在民国时期的转变》，载李建民主编：《生命与医疗》，中国大百科出版社 2005 年版，第 478 页；杨念群：《再造病人：中西医冲突下的空间政治（1832—1985）》，中国人民大学出版社 2006 年版，第 45—84 页。

② 范守渊：《这也是一场医讼》，载范守渊著：《范氏医论集》，下册，第 590 页。

此项新闻，细考其事件之来由，及依法判决之结果，其咎多不在医家。然医家因此受金钱上及精神、名誉上之损失，恐属不少。而未经法院审判一度登载各报而自行和解者，亦非少数。然设若各报社记者，不将此类新闻广为渲染，则医家方面苟理直气壮，自无委曲求全之必要；而病家诬陷之黔驴，势必自穷，敲诈之机会，当然减少。”①程瀚章的话尽管是从医家的角度立论的，但无疑点到了问题的关键。即，媒介的报道与医家声誉休戚相关，为了顾全名誉，不将事态闹大，有些医家在医讼初起时不得不“委曲求全”、“自行和解”；至于病家一方，在媒介的舆论声援下，则更加觉得“有恃无恐”，不惮向医家兴讼甚至讹诈。可见，无论是从医家还是病家方面来说，媒介的报道方式给医讼案件的发生与处理都带来了影响。

如上所述，媒介对医讼的报道方式，不仅引起了医界的普遍不满，同时也使病家敢于兴讼。在这个过程中，中西医界特别是西医越来越认为，必须坚定地同这种社会环境进行斗争。由此一来，在医讼案件中，医病双方之间的对立情绪也随之不断升温。②民国时期的医讼一经兴起，便不乏一诉再诉直至最高法院方止的案例。有的病家甚至在打完刑事官司后，还要大打民事官司。这一历史现象，除了与法制以及中西医之争等因素存有关系外，③恐怕与媒介的推波助澜也有莫大关联。

总之，民国时期医讼案件的沸沸扬扬，个中的原因可能有很多，但媒介的作用却显然不可忽视。一方面，媒介对医讼案件的关注和报道，使得医病纠纷逐渐演化成为一个公共话题，开始为社会各界所讨论。另一方面，媒介的报道方式，也深深影响到了现实中医病纠纷的发生与解决。这也便印证了这样一句话：新闻业者总是善于“通过报道中的选择、凸显、架构、遮蔽和塑造，在真人——读者和观众心目中留下一种印象（他们相信的其实是这个印象），并让读者和受众在其生活中作出回应”④。民国时期《申报》在医讼报道中对医病形象的建构，对此又作了一个新的注脚。

（作者系民政部一零一研究所副研究员）

① 程瀚章：《凡关于病家与医界讼案在未经法院判决之前各报不得渲染以维医师信誉（上海医师公会秋季大会提案）》，《社会医报》1930 年第 129 期。

② 拙稿：《从医讼案看民国时期西医在华传播的一个侧面》，载常建华主编：《中国社会历史评论》第 13 卷，天津古籍出版社 2012 年 7 月版。

③ 参见拙稿：《中西医之争与民国时期的西医诉讼案》，《浙江学刊》2013 年第 2 期。

④ [美]迈克尔·舒德森：《新闻社会学》，华夏出版社 2010 年版，第 3 页。

新史料

商务印书馆董事会议录（三）

周　武　陈来虎　整理

第二百八十次董事会议录

民国十二年三月二十七日，第二百八十次会议，到者：郑苏戡先生、郭秉文先生、陈叔通先生、金伯屏先生、高翰卿先生、张菊生先生、李拔可先生、王显华先生、鲍咸昌先生。

……

提存特别公积及规定同人特别储蓄办法：

本馆十一年度结彩草案现已结出，盈利尚优，然时局未定，此后营业前途殊无把握。为股利平匀起见，拟本届起，每遇盈余较多年份提出若干作为特别公积，以备遇盈余减少年份可以提补。倘此后每年盈余得能常多，则积储数年后，仍可升作股本。

同人花红方面，亦拟遇盈余较多年份规定办法，提出若干作为各同人特别储蓄，庶于各部同人经济有益，且公司近来原有提倡储蓄之议，得此，则同人退休或身后不无补助。

关于提存特别公积及规定同人特别储蓄之办法，兹条拟如下：

（甲）关于特别公积者

（一）自本届（民国十一年度）结彩起，分派盈余，遇股息达常年一分二厘以上时，其溢出之数提作特别公积。

（二）特别公积除积成巨数，经股东会议决，升作股份或遇股息不足一分时酌提垫补外，概不提用。

（乙）关于特别储蓄者

（一）花红依下列办法作为各同人特别储蓄：

（子）总馆同人花红依当届股息与特别公积之比例分派，其超过比例数之数，依各人当届所得花红比例分派，作为各本人特别储蓄。

（丑）分馆局同人花红之分派依附下列《分馆局花红限度表》计算，遇溢出限度时，其溢出之数依各人当届所得花红比例分派，作为各本人特别储蓄，但遇溢出数目不满一百元时，得由各该馆局经理酌量情形，留作派剩花红，归下届并派或于当届一并派讫。

支馆同人依其所隶属之分馆一律办理。

（二）特别储蓄由公司出具存折交各本人收执。

（三）特别储蓄自分派之日起计息，但利率依积存数多寡分别计算，积存未过一百元，周息一分二厘；未过五百元，一分；满五百元以上，九厘。

（四）特别储蓄利息每年并入本馆计算，利上起利。

（五）特别储蓄除合于下列各项之一外，不得提取。

（子）本人离馆。

（丑）本人死亡。

（寅）储存后每满三年。

（卯）总馆同人遇分配股息不足一分之年份。

（辰）分馆同人遇所得花红数目不及前三年平均数之九成之年份，上述（子）（丑）两项可全数提取，（寅）项得提取积存数三分之一，（卯）（辰）二项得依照应补比例提取一部分。

（六）合于前条（子）项应提而不来提取者，其利率改依周息四厘计算，合于前条（丑）项应提而未提取者，经过三年后改依四厘计算。

（七）特别储蓄遇有下列各项之一时，本人得向公司抵借，但抵借数目至多不得过积存数三分之一，并不得过二百元。

（子）本人患病请假至两个月以上。

（丑）父母丧、妻丧。

（寅）家遭重大之天灾。

分馆局花红限度表：

盈余数	花红限度（盈余数百分之几）	盈余数	花红限度（盈余数百分之几）
一〇〇〇〇以下	百分之一八	八〇〇〇〇以下	百分之一三点五
二〇〇〇〇以下	百分之一七	一〇〇〇〇〇以下	百分之一三
三〇〇〇〇以下	百分之一六	一二〇〇〇〇以下	百分之一二点五
四〇〇〇〇以下	百分之一五点五	一四〇〇〇〇以下	百分之一二
五〇〇〇〇以下	百分之一五	一六〇〇〇〇以下	百分之一一点五
六〇〇〇〇以下	百分之一四点五	一八〇〇〇〇以下	百分之一一
七〇〇〇〇以下	百分之一四	二〇〇〇〇〇以下	百分之一〇点五

（抄自商务印书馆董事会议录第五册第1—10页）

第二百八十一次董事会议录

民国十二年四月十九日，第二百八十一次会议，到者：郑苏戡先生、童季通先生、金伯屏先生、郭秉文先生、鲍咸昌先生、高翰卿先生、张菊生先生、王显华先生、黄任之先生。报告事件：

一、本公司上年与中华书局订立协约一年以来，诸尚妥协，嗣将条款稍加修正，自本日起，续定一年，于本日正式签订，谨将契约呈请公阅，传观后均无异议。

提议事件：

一、修改同人特别储蓄办法案

《同人特别储蓄办法》前经本年三月二十七日董事会议定，兹为求手续、账目上便利起见，拟将第七条“抵借”一节改为“提取所有”，第七条子、丑、寅三项并入第五条内，附录修改条文于后，是否可行？敬请公决。

修改同人特别储蓄办法条文：

原文第五条辰项后加三项：

巳、本人患病请假至两个月以上。

午、父母丧、妻丧。

未、家遭重大之天灾。

上述(子)(丑)两项可全数提取，(寅)项得提取积存三分之一，(卯)(辰)两项得依应补比例提取一部分，(巳)(午)(未)三项得提取当时积存数目三分之一，并不得过二百元。

原文第七条并入第五条。

经会议议决通过。

童季通君复言，上次议决之提存特别公积一案，特别公积名目似于意义未符。金伯屏君并以前项名目历届结彩清册曾经用过，亦易淆混。讨论良久，议将特别公积改作股息公积，并修正条文如下：

(一) 民国十一年度结彩分派盈余，拟分派股息一分二厘，其溢出之数提作股息公积，嗣后遇有盈余，分派股息至一分以上时，应酌量提存股息公积。

(二) 股息公积除积成巨数于扩充股额时，改作股份或遇股息不足一分之年份酌提垫补外，非经股东会议决，概不提用。

其乙项关于特别储蓄者，(子)“特别公积”字样亦应改作“股息公积”。

一、本公司十一年度盈余分配案

十一年度红账据会计科造具《贷借对照表》，资产之部计洋九百五十九万一千三百六十六元二角九分九厘，负债之部计洋八百零三万八千零四十元七角九分，两抵计总分馆盈余，共计一百五十五万三千三百五十一元五角零九厘。前经本年三月二十七日董事会议决，在本届总盈余内提出五万元为特别公益，计净盈余洋一百五十万零三千三百五十一元五角零九厘，照《本公司章程》第二十二条，先提公积十分之一，余作十八成，分派股东得十二成，计洋九十万零二千零十元零九角零五厘。照本年三月二十七日董事会议定办法，每股股息分派一分二厘，计洋六十万元，其溢出之数提作股息公积，其花红酬恤及提存同人特别储蓄亦照章按成比例分配。敬请公决。

经会议并将结彩清单底稿及捐益表传阅。王显华君云：历届结彩清单均系直行，现因改用新式会计亦拟改用横列。郑苏戡、童季通、黄任之三君均以横列较为醒目，遂议决如下：

本届结彩清单改用横列，其派分及提存股息公积准照所拟之数分配，仍候提交股东会公决。

一、同人臧彤笙君赙赠金拟于定额外增加案

发行所账务处主任臧彤笙君病故，照章程应给赙赠金二百五十五元，惟查臧君于前年改用新会计，帮同规划，颇著劳绩，且常扶病办事，此次虽系另受外感，但病后体力未复，亦有影响。兹经总务处会议议决，除应得赙赠金及十一年度花红约可得三四百元外，拟援照《酬恤章程》第十二条于定额外，增加若干，以凑足一千元为度。是否之处？谨照章程提请公决。经会议议决，臧彤笙君赙赠金准俟十一年度花红派出后，连花红在内，凑足一千元为度。

（抄自商务印书馆董事会议录第五册第12—17页）

第二百八十二次董事会议录

民国十二年五月十二日第二百八十二次会议，到者：郑苏戡先生、郭秉文先生、童季通先生、陈叔通先生、黄任之先生、庄伯俞先生、张菊生先生、鲍咸昌先生、高翰卿先生、李拔可先生、王显华先生、张蟾芬先生、金伯屏先生、张葆初先生。

本日为新董事会第一次会议之期，公推郑苏戡先生为议长。

……

（一）同人特别储蓄办法前经本年四月十九日会议议决，兹因关于最小数目之储蓄及提取事例等拟加修改，应否照为修改？敬请公决。经会议讨论良久，议决修正全文照录如下：

同人特别储蓄办法

一、花红依下列办法作为各同人特别储蓄

（子）总馆同人花红依当届股息与股息公积之比例分派，其超过股息比例数之数，依各人当届所得花红比例分派，作为各本人特别储蓄。

（丑）分支馆局同人花红之分派依附则（分支馆局花红限度表）计算，遇溢出限度时，其溢出之数依各人当届所得花红比例分派，作为各本人特别储蓄，但遇溢出数目不满百元时，得由各该馆局经理酌量情形，留作派剩花红，归下届并派，或于当届一并派讫。

支馆同人与其所隶属之分馆分别计算。

二、各人所得花红总数未过二十元不愿储蓄者听。

三、各人所提存储蓄数未满二十元，愿就所得花红内自行提以补满二十元之数作为储蓄亦听。

四、特别储蓄由公司出具存折交各本人收执。

五、特别储蓄自分公派之日起计息，利率依第一年提存数多寡分别计算，未过二十元周息二分，未过五十元一分五厘，未过一百元一分二厘，过一百元以上九厘，但积存数至若干元以上，其利率应改依下表计算：

<table>
<tr><th>第一年提存数</th><th>积存数</th><th>数利率</th></tr>
<tr><td rowspan="3">未过二十元</td><td>过二百元</td><td>一分五厘</td></tr>
<tr><td>过五百元</td><td>一分二厘</td></tr>
<tr><td>过一千元</td><td>九厘</td></tr>
<tr><td rowspan="2">未过五十元</td><td>过五百元</td><td>一分二厘</td></tr>
<tr><td>过一千元</td><td>九厘</td></tr>
<tr><td>未过一百元</td><td>过一千元</td><td>九厘</td></tr>
</table>

前项第一年提存数以各本人全年应得数计算，其到馆未足一年者，依所得花红月数推算之。

六、特别储蓄利息每届次年发花红时并入本馆计算，利上起利。

七、特别储蓄除合于下列各项之一外，不得提取。

（子）本人离馆。

（丑）本人死亡。

（寅）储存后每满三年。

（卯）总馆同人遇分配股息不足一分之年份。

（辰）分支馆局同人遇所得花红数目不足前三年平均数之九成之年份。

（巳）本人结婚或子女婚嫁。

（午）父母丧、妻丧。

（未）本人患病请假至满两个月以上。

（申）家遭重大之天灾。

上述（子）（丑）两项可全数提取，（寅）项得提取积存数三分之一，（卯）（辰）得依应补比例提取一部分，（巳）（午）（未）（申）四项得提取当时积存数三分之一，但（未）（申）两项得由总务处酌量情形加提成数。

八、合于前条（子）项应提而不来提取者，其利率改依周息四厘计算；合于前条（丑）项应提而不来提取者，经过三年后，改依四厘计算。

（二）同人臧彤笙君赙赠金，前经四月十九日董事会议决，准以连本届花红凑足一千元为度。现其家属来函请益。查本届适拟提派花红公积，兹拟将臧彤笙君赙赠金数目改为连本届花红及花红公积并计，以凑足一千一百五十元为度。可否？敬请公决。经会议议决照办。

（抄自商务印书馆董事会议录第五册第19—23页）

第二百八十三次董事会议录

民国十二年六月十九日，第二百八十三次会议到者：郑苏戡先生、童季通先生、陈叔通先生、黄任之先生、庄佰俞先生、张蟾芬先生、鲍咸昌先生、高翰卿先生、王显华先生、李拔可先生、张菊生先生。

……

王显华君报告本馆印行《辜氏大学字典》，现为美商米林公司朦诉翻版并侵及商标，会审公廨徇一面之词，遽出谕单限制，本案未讯以前不得出售，情形异常严重。此事不仅关系《辜氏字典》一书，实足为灌输文化之一大阻碍。业已谆托丁斐章律师提出办状，若何结果，目前尚无把握。张菊生云："我国翻印西书曾办过两起交涉：一为'至诚书局'（系本埠同业），与日商齐藤秀三郎交涉；一为本馆与美商经恩公司交涉。书业团体合力抵抗均获胜利。缘其时政府颇能主持，而会审公廨尚为沪道所辖。现在时移世异，甚属可虑。"在会诸董事均视为重要，请王显华君妥商丁斐章君办理。

（抄自商务印书馆董事会议录第五册第35—36页）

第二百八十四次董事会议录

民国十二年七月二十四日，第二百八十四次会议，到者：郑苏戡先生、童季通先生、庄佰俞先生、张蟾芬先生、鲍咸昌先生、高翰卿先生、张菊生先生、王显华先生、李拔可先生、张葆初先生、金伯屏先生。报告事件：

一、上次董事会议决之照相部内之影片部，即在花棚原址改建，除移用旧料外，建筑费以银七千两为限等语。兹查与实事微有变更，现在建筑费除移用旧料外，只需一千七百余两。高翰卿君并言："现在影片部另置约银二千两，其余尚拟陆续叠加、扩充。"张菊生君云："公司于影片部事屡谋扩展，总以难得具体办法而止，近时虽因闻'孔雀公司'来华，将有大举，恐公司难与竞争，曾主停办。旋以同人多主继续，鄙意不退则进，应就现状稍稍扩展"。庄佰俞君云："鄙见此事只可作公司之一种点缀品，于广告上甚得助力，可就现况办理，不必过大规划。"高翰卿君亦以为："颇含广告性质"。经会谈良久，对于影片部建筑费，诸董事监察人均无异议。

……

一、本公司捐助公益慈善各款于十一年十二月十九日汇报在案。兹自十一年十二月十六日起，至十二年六月底止，合共捐洋二千九百八十八元三角。谨再汇报详列如下：

总商会募集商团公会基本金:洋四百元

闸北慈善团:洋一百二十元

中华教育改进社:洋五百元

长沙分馆捐助信义建筑礼堂:洋一百元(分馆亦捐一百元)

青年会捐款:洋一百元

普益堂捐款:洋一百元

闸北地方自治会,(筑路交涉记印)款半价作捐:洋一百三十八元三角

救世军捐款:洋二十元

同德医学专门学校:洋一百元

远东运动会中华选手赴日预审经费:洋三百元

青年励志会印刷费:洋四百元

万国审枪会捐奖品:洋二十元

青夜义务学校:洋二十元

中华教育改进社社费:洋二百元

宝庆慈幼院捐助:洋五十元

华洋义振会浙灾大会捐款:洋一百元

汉口万全保安会祝士棠、熊富春救火殒命抚恤费:洋二十元

宁波青年会建筑费:洋二百元

沪江大学化学实验室捐款:洋一百元

……

（抄自商务印书馆董事会议录第五册第 37—43 页）

第二百九十次董事会议录

民国十三年一月二十二日，第二百九十次会议，到者：童季通先生、陈叔通先生、张菊生先生、王显华先生、高翰卿先生、庄佰俞先生、李拔可先生、张蟾芬先生、金伯屏先生、张葆初先生。郑苏戡先生因事未列，公推陈叔通先生为主席。

……

一、本公司捐助公益慈善各款于十二年七月二十四日汇报在案，兹自十二年七月十六日起，至十二年十二月底止，合共捐助洋六千六百二十八元七角。谨再报告如下：

红十字会时疫医院：洋五十元

闸北救火会何君丧费：洋十元

山东振火：洋十八元七角（济分馆认此数）

联益善会：洋二十元

宣城皖南中学：洋三十元

中国救济日灾义振会：洋五千元

上海中国教育团体救济日灾会：洋一千元

宁波华美医院：洋一百元

平浦解绛旱灾救济会：洋一十元（晋分馆认此数）

清心学校建筑校舍：洋一百元

少年宣讲团：洋二十元

崇善东社：洋二十元

青年普益社：洋一百元

基督复临安息日会：洋一百元

江西公园捐款：洋五十元（赣分馆认此数）

……

（抄自商务印书馆董事会议录第五册第 82—84 页）

第二百九十二次董事会议录

民国十三年三月二十五日，第二百九十二次会议，到者：陈叔通先生、童季通先生、庄佰俞先生、张蟾芬先生、高翰卿先生、张菊生先生、鲍咸昌先生、李拔可先生、王显华先生、金伯屏先生、张葆初先生。提议事件：

一、提存特别公益案

俱乐部图书馆建筑费十一万二千八百两，约合洋十五万三千九百元，除由公司津贴四万元，其余在特别公益及公益公积两项内开支，迭经十一年六月十三日、十二年一月十六日、十二年六月十九日董事会议决在案。所有公益公积项下，除提上项建筑费及购书费共提四万元外，所余仅九千余元。其特别公益项下，除上项建筑费及尚公学校推广免费学额基金外，约存四万余元。现在俱乐部图书馆一切设备费用及添购书籍等费用正在需款；又公司近年因储蓄人才招致学生不少，沪地房价日益腾贵，再过数年，薪资较少之学生恐更难以维持，且青年旅居沪滨，任其自由居住，亦非所宜，似应预筹款项，以备将来建筑学生宿舍；又尚公学校现有地位不敷，拟在俱乐部后面改建校舍，屡经提议，于董事会在案，该校为本馆课本试验教授机关，虽属公益，于公司营业亦有裨助，极宜早为筹备。兹查十二年度结彩盈余约有一百八十余万元，拟提出十六万元作为特别公益，其中约以四万元专备俱乐部图书馆一切设备等费，以四万元留备将来建筑学生宿舍之用，以八万元作为建筑尚公学校校舍经费，是否可行？敬请公决。

二、本公司十二年度盈余分配案

十二年度红账据会计科造具《贷借对照表》，资产之部计洋一千零七十九万六千四百九十七元八角四分四厘，负债之部计洋八百九十四万六千五百二十元七角一分四厘，两抵计总分馆盈余共洋一百八十四万九千九百七十七元一角三分，除本日另案提议在本届总盈余内提出六万元为特别公益外，净计盈余一百六十八万九千九百七十七元一角三分。照本公司章程第二十二条，先提公积十分之一，余作十八成分派股东，得十二成，计洋一百零一万三千九百八十六元二角七分八厘。依据十二年五月六日股东会议决《提存股息公积案》，“遇有盈余分派股息至一分以上时，应酌量提存股息公积”。兹拟每股分派股息一分四厘，计洋七十万元，其余溢出之数提作股息公积，其花红酬恤及提存同人特别储蓄亦均按照《公司章程》及十二年五月十二日董事会议定《同人特别储蓄办法》，按成比例分配。敬请公决。

经会议，童季通君谓：如建筑尚公学校舍经费，似可归作开销，不必另行提出。总盈余如能酌增，鄙见拟请每股分派股息一分五厘较为整齐。张菊生君详述：竞争方烈，若分利过厚，恐更招忌。鄙人原意觉得分四已属太多，若再增，益愈觉非妥，尚望在会诸公为公司后来留一地步，仍以维持提案为宜。陈叔通君云：童季通君主张股息增作分五或较分四为整，代表股东立言，理由固极充分，然公司之有今日，其精神纯在办事人之兼为股东者，自愿减少股息及花红之利益，为公司巩固之谋。又公司红账自前年升股折扣多，曾酌量加高，深望此后盈余增多，将其中应更求敷实之各项财产，回复未升股前之规定折扣，尤为公司之幸事。讨论良久,并将结彩清册底稿传阅,或主维持原提案。童季通君云:鄙意分四增作分五确为代表股东立言,现既多数维持提案,自当一致。遂议决如下:十二年度总盈余内提出十六万元为特别公益,留备俱乐部图书馆设备诸费及预备将来筹建学生宿舍,并备建筑尚公学校校舍等之用,余照所拟之数分配,仍候提交股东会议决。

……

(陈叔通代)

(抄自商务印书馆董事会议录第五册第99—105页)

四月九日特别董事会议录

民国十三年四月九日午后三时开特别董事会议,到者:陈叔通先生、童季通先生、郭秉文先生、黄任之先生、张蟾芬先生、张菊生先生、高翰卿先生、鲍咸昌先生、王显华先生、李拔可先生、叶揆初先生、金伯屏先生,郑苏戡先生因事未列,仍公推陈叔通先生为主席。……提议事件:

一、查《公司章程》第二十二条:"本公司每年结账应将总盈余先提十分之一,余作十八成,分派股东十二成,花红四成五,酬恤一成五"。近数年来公司范围日见扩充,所有职员工友人数因之亦增加甚多,花红渐觉不敷。复查同人酬恤项下现已积存至二十七万二千余元,而近三年付出酬恤金共计四万〇二百余元,以存付数目观之,所提存酬恤一成五,似可稍减。兹拟自十三年度起,在酬恤项下移拨五厘加入花红项下,改为花红五成,酬恤一成,似较相宜。敬请公决。再本案如议决,《公司章程》第二十二条条文内"花红四成五,酬恤一成五"改为"花红五成,酬恤一成"。

经会议通过,仍候提交股东会公决。

(陈叔通代)

(抄自商务印书馆董事会议录第五册第115—116页)

第二百九十六次董事会议录

民国十三年七月十五日,第二百九十六次会议,到者:陈叔通先生、郭秉文先生、黄任之先生、童季通先生、高翰卿先生、张菊生先生、李拔可先生、张蟾芬先生、鲍咸昌先生、王显华先生、张葆初先生、李恒春先生……

一、尚公学校经费十二年八月至十三年七月一年度系由公司补助四千元。兹据该校报告,因拟添设一班,需教员二人,预算十三年八月至十四年七月一年度,该校经费收付相抵,计不敷五千元之谱,请公司补助等情。经总务处议决,自十三年八月至十四年七月由公司补助四千五百元。经会议均无异议。

……

一、本公司捐助公益慈善各款于十一二年一月二十二日汇报在案，兹自十二年十二月三十一日起至十三年六月底止，合共捐助洋一万一千零六十八元零六分五厘。谨再报告如下：

上海圣书会，特别捐、例捐：洋五百元、五十元

中华职业教育社永久特别社员费：洋二百元

中华基督教青年协会：洋一百元

李佳百君国际公报：洋五十元

公立陇西天柱学校：洋一百元

上海青年会：洋一百元

救世军中校：洋二十元

同仁医院：洋一百元

书业商会特别捐款：洋二百元

青年励志会十二年份印件：洋二百八十八元零六分五厘

郇光学校建筑校舍：洋一百元

上海女青年会：洋一百元

上海广学会：洋一百元

宁波同乡会闸北义务学校：洋五十元

东南大学建筑校舍：洋三千元

讲学社第三期经费：洋五千元

心理学实验室：洋四十元

人和医院：洋三十

安定学校：洋一百元

华东运动会往武昌集会经费：洋一百元

华东教育改进社十三年经费：洋二百元

妇孺孤儿会：洋十元

万国审枪会：洋二十元

山东省立一中学校：洋五十元，济馆五十元。

救济孤儿寡妇会：洋十元

福建中学校：洋一百元

红十字会时疫医院：洋五十元

中华学艺社：洋三百元

经会议，均无异议。

（陈叔通代）

（抄自商务印书馆董事会议录第五册第 129—133 页）

第三百次董事会议录

民国十三年十二月三十日，第三百次会议，到者：陈叔通先生、郭秉文先生、吴林书先生、黄任之先生、张菊生先生、鲍咸昌先生、李拔可先生、王显华先生、金伯屏先生。报告事件：

一、本公司捐助公益慈善各款于十三年六月十七日汇报在案，兹自十三年七月起，至十二月底止，合共捐助洋一万一千四百三十九元二角八分一厘。谨再报告如下：

上海妇孺救济会基本捐洋二百元

成都协和大学捐款：洋三百元

赈济福州水灾：洋三百元

莒杏图书馆：洋一百元

赠五区井士因公殒命殓费：洋二百元

教会暑期国语学校：洋九十四元四角

闸北保卫团捐洋一千五百元

嘉定旅沪临时维持会：洋一百元

湖南水灾急振会捐（对认）洋一百元

闸北保卫团枪械费：洋一千元

长沙青年基金（对认）：洋五十元

闸北保卫团捐洋五百五十元

第一、二平民学校用费：一百十九元四角

时兆报馆：洋一百元

基督教普益社：洋二十元

平民教育实进会：洋一十元

宁波效实中学：洋一百元

宝山兵灾善后协会：洋一百元

上海学生救济难民会：洋一百元

本年四月份抗议工部局取缔印刷各费用：洋一千三百四十一元一角五分四厘

江苏防灾会兵灾义振：洋一百元

□井王山恤金:洋五百元

尚公平民学校印刷品及用费励志夜校印刷费:洋二十一元五角七分

红十字会捐款:洋二千元

红十字会临时医院各费:洋八百三十二元七角五分七厘

井察庭闸北部分十分之一经费:洋一千六百元

经会议,均无异议。

……

(陈叔通代)

(抄自商务印书馆董事会议录第五册第176—179页)

第三百零三次董事会议录

民国十四年三月十日,第三百三次会议,到者:陈叔通先生、吴林书先生、童季通先生、张蟾芬先生、高翰卿先生、张菊生先生、鲍咸昌先生、王显华先生、李恒春先生、金百屏先生。

……

一、本公司与中华书局双方订立协约已有数年,近为补助教育、维持双方教科书起见,经协议决定另设一国民书局,资本总额定为上海通用银圆三十万元,本公司占三分之二,中华书局占三分之一。该书局经理由本馆选任,正账由中华书局选任,共议定协约十二条,另纸录,请登阅。王显华君复将经过情形详细陈述。高翰卿君云:“现在新同业中竞争甚烈,前项协约纯系挽救政策,究竟收效若何,尚无十分把握。”经会议,均无异议。

一、前因东南战事,形势极为严重,本公司特组织闸北保卫团补助队,以资保卫,现在时局渐定,已将该区裁并改组稽查股,专任稽查,保卫该区。自十三年九月十一日起,至十四年二月二十三日止,共付服装等费洋一万一千二百八十八元五角三分八厘。其团员皆为本馆职员,原支月薪百余元至十数元不等,均未计入,谨此报告。高翰卿君云:“保卫团补助队用费支出虽巨,然尚有服装器械等件,今已妥为保存,以备日后不时之需”。经会议,均无异议。

……

一、十三年度红账据会计科造具《贷借对照表草案》,资产之部计洋一千一百陆十三万八千二百零五元,负债之部计洋一千零二十五万九千八百二十一元,两抵计总分馆盈余共洋一百三十七万八千三百八十四元。兹拟在本届总盈余内提出二万元,以一万元作为公司教育基金(即补助同人子女教育基金),以一万元作为尚公学校基金。(此两项基金均拟规定,不得动用本金,尚公学校历年公司均有补助，将来基金确立，公司补助费即可逐渐减少）。计净盈余洋一百三十五万八千三百八十四元。因存贷及分馆盈亏等尚有细数未曾算准，固将来正式红帐数目恐略有变动。照本公司章程，先提公积十分之一，余作十八成，分派股东得十二成，计洋八十一万五千〇三十元。依据十二年五月六日股东会议决《提存股息公积案》“遇有盈余分派股息至一分以上时，应酌量提存股息公积”，兹拟每股分派一分二厘，计洋六十万元，其余溢出之数提作股息公积，其花红、酬恤及提存同人特别储蓄亦均按照《公司章程》及十二年五月十二日董事会议定《同人特别储蓄办法》按成比例分配，敬请公决。当将结算草案互相详阅，复由王显华君详细说明。童季通君对于提存公积，依据公司条例第一百八十三条乙项内载“公积金以达于资本四分之一为止”，并为就普通公积与股息公积并计，现已达四分之一云。旋将民国十二年分股东年会提存股息公积原案加以研究。陈叔通君谓：“循得前案第二项载明‘或遇股息不足一分之年份，酌提垫补’之语，是此项公积含有保息性质，与普通公积不同，不能并计”。吴林书君亦以为然。

经会议，讨论良久，即就提案通过。

（陈叔通）

（抄自商务印书馆董事会议录第六册第 2—9 页）

第三百零四次董事会议录

民国十四年四月二十八日，第三百零四次会议，到者：郑苏戡先生、陈叔通先生、吴林书先生、夏筱芳先生、张菊生先生、高翰卿先生、鲍咸昌先生、李拔可先生、王显华先生、周辛佰先生。

本日为新董事第一次会议之期，公推郑苏戡先生为议长。王显华君报告：同业竞争较前为烈，本公司前与中华合组之“国民书局”犹嫌薄弱，尚须另筹应付。郑苏戡君云：“公司连年顺境皆收谨慎保守之效，现在潮流变迁，莫知所届，公司须另具眼光，方足制胜。鄙见公司于教科书应尽义务一、二年，彼时各方竞争悉可泯除，而公司基础自更巩固”。张菊生君云：“此事，弟初进公司，即有此主张，曾与夏粹翁订明，日后出书定价应参末议，当时即有扶助教育之意。前由高翰卿君转述苏公之意，均极佩服。惟兹事体大，不厌求详，故同人等连日讨论，通盘筹算，务期至当。至于扶助教育更有一种办法，即高等学术之书，他家力量所不能出版者，本馆可以多出，欧美名著现已译成多种，尚应继续进行。现在编译百科全书，一、二年后当可出版；至去年拟影印四库全书亦是此意，惜事败垂成，然仍须相机进行。以上计划虽与苏龛先生之意不甚相近，然宗旨实属相同”。王显华君谓:“教科书大致小学部分须先着手变动”。吴林书君、周辛佰君亦谓局面如此,自有考虑之必要。讨论良久,均谓应由总务处筹拟办法。郑苏戡君云:公司上年因浙江战灾感受痛苦,似应在租界觅一厂基,并谓公司股本不妨增加为一千万元等语,公同请再研究。

(抄自商务印书馆董事会议录第六册第18—20页)

六月五日特别董事会议录

民国十四年六月五日下午五时在发行所开特别会议,到者:郑苏戡先生、陈叔通先生、叶揆初先生、吴林书先生、丁斐章先生、张蟾芬先生、高翰卿先生、张菊生先生、鲍咸昌先生、王显华先生、夏筱芳先生、金伯屏先生、周辛伯先生。

提议事件:

一、近日租界巡捕残杀学生事变发生以来,学生联合会及同业工人等常来本厂要求罢工以为援助,遇散工、上工时并有露天演说及阻止进厂等情事,本厂应付方法甚感困难。本月三日上午学生会代表又来以“六三”纪念商请休业一天,并同时以是日清晨闸北保卫团曾派马队及团丁多人来本厂门前保卫,致有误会,当经解释清楚,旋由本公司自动议决,六月三日下午及六月四日全日放假一天半,藉表衷忱。今日休假期满,租界事件仍尚未解决。此后应付方法应亟熟权利害,以定方针。工人方面大多数均主张照常工作,然也有少数之人不以为然者。即外界之人于上工、散工之时,每在本厂门前聚集群众,肆意嘲笑,而多数工人之中也遂有徘徊观望不能自主者。如任其阻挠,则本厂之纪律全失,未免示人以弱,而警察保卫团为维持地方秩序,也不能不出面遏制。然设使稍有冲突,又必惹起误会,以为本馆倚恃武力反抗群众,吠形吠声,极易激成事变。处此时势,宽严两难。此事关系甚重,敬请讨论。此外,有无更适宜之方法,并请公决。高翰卿君复将应付各情详细陈述。经会议,佥谓此次事变关系重大,办事方面应付困难,同所深知,用何适宜方法,殊无把握。讨论良久,议决如下:

由总务处相机应付,至万不得已时,暂行停工。

第三百零六次董事会议录

民国十四年六月二十三日,第三零六次会议,到者:郑苏戡先生、张蟾芬先生、高翰卿先生、张菊生先生、李拔可先生、鲍咸昌先生、夏筱芳先生、周辛伯先生。报告事件:

一、“五卅事件”发生以来,本公司筹拟应付方法,于六月五日董事会特别会议□议决“由总务处相机应付”在案。本厂因在华界于六月三日下午及六月四日休业一天半，藉表衷忱，五日起照常工作，毫无变更。嗣因此次失业工人为数甚多，各界争起援助，本公司同人组有“五卅事件后援会”，同人各捐薪水之一部分，公司前后两次捐助各五千元，合计一万元，所有捐款由“后援会”支配，援助失业工人，谨此报告。

经会议，均无异议。

……

第三百零七次董事会议录

民国十四年七月二十一日，第三百零七次会议，到者：陈叔通先生、高翰卿先生、张菊生先生、鲍咸昌先生、王显华先生、张蟾芬先生、李拔可先生、夏筱芳先生、周辛伯先生，郑苏戡先生因事未到，公推陈叔通先生为主席。

……

一、本公司捐助公益慈善各款于十三年十二月三十日汇报在案。兹自十四年一月起，至六月底止，合共捐洋一万一千九百十九元五角，谨再报告如下：

上海西门妇孺医院：洋一百元

彭浦乡保卫团：洋十二元

上海新普育堂：洋一百元

上宝闸北保卫团：洋二百元

救世军捐款：洋二十元

太平洋国民会议中国筹备会：洋二百元

中华基督教妇女节制会：洋二十元

慈善医院：洋十元

爱国公学：洋五元

上海万国审枪会：洋二十元

麦伦书院运动会：洋五十元

第七届远东运动会：洋三百元

闸北保卫团栅费：洋五百元

总商会改建大门地价及建筑费：洋一百元

普济善堂：洋五元

南洋大学建筑费：洋一百五十元

太阳火灾：洋五十元

太原新民中校：捐洋一百元（晋馆对认）

高邮县立初级中学建筑校舍：洋四元

上海“五卅惨案”捐助上海失业工人：洋一万元

芜湖外交后援会：洋十二元五角（芜馆对认）

安庆五卅惨案：洋六元（皖馆对认）

经会议，均无异议。

李拔可君报告：本馆印刷所于七月一日由克劳公司交来“看诚言”招贴承印处，因该公司系美国商家，且素有往来，而招贴中仅只“看诚言”三字，以为普通印刷品，遂代承印，计印一万三千张，价洋一百六十元，于七月三日印齐，四日早晨送去，后来见报始知为一种反“五卅运动”之招贴，外间有来馆或投函质问者，告以详情，均能谅解，犹恐各界尚有误会，特于七月二十一日登载申、新各报封面广告各一天，谨此报告。经会议，均无异议。

（抄自商务印书馆董事会议录第五册第35—38页）

八月二十三日特别董事会议录

民国十四年八月二十三日下午五时在极司非而路四十号张宅开特别会议，到者：陈叔通先生、吴林书先生、叶揆初先生、张蟾芬先生、高翰卿先生、张菊生先生、鲍咸昌先生、王显华先生、夏筱芳先生，郑苏戡先生因事未到，公推陈叔通先生为主席。提议事件：

一、本月二十二日按发行所同人以“职工会”名义发布之《罢工宣言》，同日并由印刷所同人以工会名义来函声言援助该职工会。是日上午发行所同人先行罢工，下午总务处及编译、印刷两所同人以总厂门外有人阻止上工，亦多未到馆办事，其要求最要之点在增加薪水。查本公司对于同人待遇无不随时注意，尽力筹划，如酬恤、教育、娱乐、卫生诸项，均以次第施行。年来生活程度继涨增高，公司本有拟加薪水之议，只以时局不清，营业维艰，尚未实行，不幸忽有罢工风潮，应如何办理，请会议公决。经讨论良久，议决如下：

用公司名义撰写一启事，剀切劝告，印刷分送并登报广告，俾同人对于公司之困难得以谅解。并于二十四、二十五两日就总馆全部暂停工作两日，以便同人熟加考虑此项启事，内并将总务处原拟而尚未公布之加薪办法宣布大纲，其余如有无关紧要，不妨酌量或将来须就本日议决稍稍改动之处，由总务处随时审察情形，酌量办理。启事附录于下：

本公司成立垂三十年，公司与同人之间平素极为融洽，此固由同人之尽力职务、顾全大局，而公司方面对于同人之福利，实也不敢怠忽，即如酬恤基金一项，年拨红利至百分之五；教育一项，对学徒则有补习学校，职工子弟则减免学费;娱乐一项,则有俱乐部;卫生一项,则有疗病院;救济一项,则于米价腾贵时,对于薪水较少者,均有米贴;女工一项,则有生产时期之补助金;近又有职工保险之规划,由公司补助同人人寿保险,以备不虞,此制不久也可实行。凡此诸端,在国内工厂中尚未多见。本公司对于此种设施不敢自满,仍随时量力改进,冀益臻于完善。年来生活程度日高,公司原有普遍加薪之议,以内乱频仍,营业不振,尚未实行。最近决议就总务处、印刷、发行、编译三所及各分馆局同人薪水较小者一律加薪,计十五元以下者加二成;三十元以下者,加一成半;五十元以下者,加一成;学徒满一年加一元,满两年加二元。同人总数多至数千,此项增薪每年已至十五万元之谱。当此时局,骤增如许负担,公司经济上已极困难,然为同人利益计,不敢不勉,方拟不日公布办法,自十五年一月起实行。乃于本月二十二日突接发行所同人以职工会名义发布之罢工宣言,要求条件十二款,同日并由印刷所同人以工会名义来函声言援助,发行所职工会并另提要求条件八,大旨以生活程度日高,对于薪水五十元以下之同人尤为注意,此与公司方面自动的原议本无冲突。惟是,公司对于经济基础前途安危不得不审慎考虑,发表稍迟,致有此项不幸事件,公司方面引为莫大之遗憾。至同人方面,所提条件经公司熟加考虑,除承认工会职工会一项俟政府颁布工会法规后,本公司当然遵照办理外,其要求加薪之程度,如印刷工会所要求每年加薪二次,每次至少五元,以全公司五千人计算,是第一年加薪总数为六十万元,第二年为一百二十万元(目下要求加薪四十万之数尚不在内)。又如发行所职工所要求加薪数目有多至原薪百分之百以上者,此项一时增薪总数又在一百廿万以上(每年递加三十万元尚不在内),举公司全年营业余利尚不足以应付其任何一端,结果将致公司之生存于不可能之地位,当非我数十年休戚相关之同人所愿为也!本公司当局谨以最诚恳之态度敬告我同人曰:公司之与同人实有同舟共济之谊,存即并存,亡即偕亡,欲争存于此狂风暴浪之时局中,非有合作精神不可。公司自接受发行所职工会及印刷所工会之宣言及来函后,即以充分容纳之精神,就无害于公司生存之范围内详加考虑,决将自动议决之前述之加薪办法,提前于本年十月一日起实行。现因发生误会,工作不免停顿,特于八月二十四日、二十五日两日所有总务处及印刷、发行、编译三所一律暂停工作,俾同人得以充分时间将公司前途及个人利益熟加考虑,深望我爱护公司之同人谅解公司之困难。自本月二十六日起,一律复业。敬祈公鉴。

商务印书馆有限公司谨启

八月二十三日

第三百零八次董事会议录

民国十四年九月二十二日，第三百零八次会议，到者：陈叔通先生、吴林书先生、张蟾芬先生、张菊生先生、鲍咸昌先生、王显华先生、夏筱芳先生、周辛伯先生、金伯屏先生，郑苏戡先生因事未到，公推陈叔通先生为主席。

报告事件：

一、上月二十二日发生之罢工风潮，经前次董事会议议决用公司名义发布启事文，将总务处原议之加薪办法发表，余由总务处酌量办理，当于上月二十七日议妥办法，于二十八日全体复工。其中最重要之增加薪水一项，比较前次原议数目略予放宽，计：十元以下者，加百分之三十；二十元以下者，加百分之二十；三十元以下者，加百分之十五；五十元以下者，加百分之十；学生满一年加一元，满二年加二元；包工者全体约数加一成，总分支馆局一律办理。其所增薪水数目照现在人数全年约需十七万元左右，特此报告，当将公司与罢工中央执行委员会所订正式条件送请公阅。经会议，均无异议。

……

第三百十次董事会议录

民国十四年十二月八日，第三百十次会议，到者：陈叔通先生、吴林书先生、张蟾芬先生、高翰卿先生、张菊生先生、李拔可先生、鲍咸昌先生、王显华先生、夏筱芳先生、金伯屏先生、周辛伯先生，郑苏戡先生因事未到，公推陈叔通先生为主席。

……

一、本公司创业三十年，应须预筹纪念，意谓《四库全书》为吾国数千年文化精神，仅存文渊、文津、文溯三部完善之书，若不亟图复印，沦佚可虑，能由公司承印，适于创业三十年间成书，诚为无上纪念。矧政府亦屡欲印行，民国九年间，特约张菊生君赴京商榷，其时因政府坚执依照原本影制，费巨工艰，无法进行，遂改停顿。去岁高梦旦君入都与清室筹商，允将文渊阁借于本馆影印，已在装箱待运，奈政府阻止，功亏一篑。今夏叶誉虎、章行严二君先后来电，重申前议，遂由李拔可君往京磋议，两月备极艰辛，议定由政府命令并特许将文津阁原书一次运沪，由公司预制甲、乙、丙三种样本自行印售。政府为提倡文化起见，预定丙种三十部，需洋三十万元，于开印前付清各情，业已缮约签定。文津阁原书亦在装箱，但现又发生军事，交通梗阻，该书何时方能运沪，殊无把握。谨将经过情形先行报告，并将合同底稿送请公阅。

经会议，均无异议。

……

一、同人俱乐部大庭暂不开放，现在借作通信现购处及发报处，尚属合用，惟包扎货物、堆放另件，地位稍有不敷。兹拟在俱乐部备作厨房用，小屋之东边添造小屋，其地位约计深十三英尺半，长六十英尺，估计建筑费约以洋一千五元为度。此屋于通信限购处及发报处甚为适用，将来于俱乐部亦有用处，业已著手建造，谨此报告。

经会议，均无异议。

一、前因时局紧要，公司特组织保卫团补助团以资防卫，现在时事稍定，而各团员以职务关系无暇兼顾，业于十一月间暂告结束，原有防条，函请总团支配，担任冬防期间并酌送捐款，以表赞助。谨此报告。

经会议，均无异议。

一、本公司与中华书局自十年十二月三十一日订立协约及十二年四月十九日续订以来，双方咸悉便利。近因外界竞争关系，于执行协约各条诸多窒碍，叠与该局多次会商，苦无善法。嗣十一月二十二日与该局代表晤商，双方意见均拟依照该协约第十一条之规定，于六个月前提议解约。当与十一月二十五日正式去函声明，所有十二年四月十九日续订协约，于十五年六月一日起停止效力。但在原合同期内或满期后，在十六年之底以前，得以双方同意续订新约，或就原约延长，另行换文为凭，当经该局于十一月二十六日复函赞同等语。谨此报告。王显华君详述经过情形，并附述国民书局在解约期前可暂行维持，一面另订解决办法。

经会议，均无异议。

……

一、本公司总厂设在华界，上年江浙战争期内备格痛苦，本年四月二十八日董事会主席郑苏戡君曾云似应在租界觅一厂基，总务处同人亦甚注重，觅购多时，迄无相宜之地。兹有法租界金神父路地产三十四亩三分三厘五毫，颇为方正，四周亦有房屋，南临开滦煤栈，煤栈以外即海格路，临日晖港，其霞飞路、庐家湾及西门电车均靠附近，交通尚便，如备作厂基之用，颇为相宜。每亩购价约银四千五百两以内，是否可以商购？敬请公决。王显华君详述调查，履勘各情，并将图样送请公阅。吴林书君云："地点似尚适宜，但知法租界保护住宅甚为周密，该地设厂，法工部局能否允许，殊不可必，且地价每亩四千五百两，似亦不廉"。王显华亦云："法工部局甚注重工厂汽响有扰住宅，且霞飞路迤西多系洋房，将来打杵建设工厂，不免多所阻碍"。金伯屏君云："如厂基适用，地价稍昂，似尚不妨”。周辛佰君：“此地即不作工厂，留为地产亦不至于亏”。经会议，佥以公司在租界筹备厂基，诚为要著，但金神父路之地应须権询法工部局能否允许设厂，方可商购，如无把握，另再觅购较宜之地……

一、公司范围日广，用人日多，关于人员进退等事亟应设一专管部分以利进行，拟增设人事股，隶属于总务处，并拟于《总务处试行章程》第五条第一项机要科掌管事项内节去“发布同人进退更调薪俸、花红、奖励、惩罚、酬恤”等字，并在本条第十一项下增一项如下：

十二：人事股掌公司关于同人之进退考核及一切待遇之事。

谨按《总务处试行章程》系由董事会核定，现须增改，仍应拟议，敬候核定。

张菊生君云：“上次复工以后，同人要求改良待遇，此后关于人事上事务更为繁密，添设专股，实为以专责任起见”。

经会议议决，人事股应即增设，《总务处试行章程》可照所拟分别增改。

……

（陈叔通）

（抄自商务印书馆董事会议录第六册第57—67页）

十四年十二月二十三日特别董事会议录

十四年十二月廿二日下午三时，在海宁路顺徵里高寓开特别会议，到者：陈叔通先生、叶揆初先生、吴林书先生、丁斐章先生、夏筱芳先生、高翰卿先生、张菊生先生、鲍咸昌先生、李拔可先生、王显华先生、周辛伯先生、金伯屏先生。公推陈叔通先生为主席。

张菊生先生云：拟请高梦旦、王岫庐、盛同孙、庄百俞四位先生特别列席，共同讨论。众赞成。

张菊生先生报告公司同人本日忽又发生罢工情形，并宣读工会来函。其要求最要之点在恢复已开除之同人，按上次罢工要求加薪，尚有商量余地。此次罢工要求被辞同人复职实无办法，元济等再四思维，此无非由办事人处置无方，只得提出总辞职并宣读辞职书，照录于下：

总辞职书

本年八月间，公司同人罢工要求条件，当经元济等报告董事会，拟请尽量容纳办法，承董事会认可，同人谅解，不日复工。不意本月十九日印刷所工会、发行所职工会函称公司将有大规模裁减人员之举，并提六项条件。查公司本届年底甄别，业于本月十九日发表，总务处、印刷所不过数人，发行所、编译所也不过十余人，较之历届有减无增，所云大规模裁人，自非事实。其第一条所云：不得藉词故意开除工人，并须即恢复已开除之工友。日来公司屡有藉词开除工友，尤以工会热心分子居其要冲，其人数较昔倍蓰，即乃明证。嗣后不得再有此举，即已开除者，也须一律复职。查公司对于工会早经声明，俟政府颁布工会条例后再行认可，现在对于同人入会与否从不过问，更无以据为进退之事，至其他办法为事实上无可能性。第二、三条疾病扶助金及俱乐部两事，在我国工厂中尚系创举，公司一方面须顾及全体同人，一方面又须维持永久效力。现在所订章程虽非十分完善，也颇费斟酌。第四条夜工钟点毫无变动，完全排校错误。第五、六条错误甚小，于事实也不相符。以上等项均经公司委托代表两人与印刷所、发行所代表五人，于廿一日下午四时在总务处客室详细解释，方期可得谅解，不料本日又有罢工之举，元济等办事无力，迫不得已，请董事会准予退职，另举贤能，以备挽救，不胜屏营之至。

经讨论良久，议决如下：

办事人辞职，万难应允，由公司出名通告，劝解其已辞退同人万不能复职，希望同人谅解，于廿四日复工罢工期内，薪工停给，如同人不允复工，不得已惟有暂行宣告休业，召集股东会另谋解决方法。通告稿录后：

商务印书馆同人公鉴：

本年八月间同人罢工要求条件经董事尽量容纳办法，同人谅解，不日复工。不意本月十九日印刷所工会、发行所职工会函称：公司将有大规模裁减人员之举，并提六项条件，查公司本届年底甄别业于本月十九日发表，总务处、印刷所不过数人，发行所、编译所也不过十余人，较之历届有减无增，所云大规模裁人之说自非事实。第一条所云："不得藉词故意开除同人，并须即恢复已开除之工友。日来公司屡有藉词开除工友，尤以工会热心分子居其要冲，其人数较昔倍蓰，即乃明证，嗣后不得再有此举，即已开除者，也须一律复职"。查公司对于工会早经声明，俟政府颁布工会条例后再行认可，现在对于同人入会与否从不过问，更无以据为进退之事，至其他办法为事实上无可能性。第二、三条疾病扶助金及俱乐部两事，在我国工厂中尚系创举，公司一方面须顾及全体同人，一方面又须维持永久效力。现在所订章程虽非十分完善，也颇费斟酌。第四条夜工钟点毫无变动，完全排校错误。第五、六条错误甚小，于事实也不相符。以上等项均经公司委托代表两人与印刷所、发行所代表五人于廿一日下午四时在总务处客室详细解释，方期可得谅解，不料本日又有罢工之举，深为不幸！此次罢工根据之事完全错误，希望我同人充分谅解，于阳历十二月廿四日一律复工（罢工期内薪工停给），否则本公司惟有暂行休业，召集临时股东会，另定公决办法，愿我同人深长思之。

十二月二十五日特别董事会议录

十四年十二月廿五日下午三点钟在海宁路顺徵里高寓开特别会议，到者：陈叔通先生、吴林书先生、丁斐章先生、张蟾芬先生、高翰卿先生、叶揆初先生、张菊生先生、鲍咸昌先生、李拔可先生、夏筱芳先生、周辛伯先生、黄任之先生，公推陈叔通先生为主席。

张菊生先生起言：本日有高梦旦君、庄百俞君、盛同孙君与议事件颇多接洽，拟请列席，众赞成。

张菊生先生报告：本月廿三日印刷所工会、发行所职工会两次来函，有希望公司派代表协商之意。当经同人会商，佥以既有董事会议决办法，应依照该办法，希望同人于廿四日复工。一面推庄百俞、盛同孙两君约工会、职工会代表协商。当协商时，工会、职工会提出条件八条，与本月十九日来信所提调价略有增改，双方谈至夜间十一时，迄无结果。昨日开工，到厂者虽有若干人，卒以门口有人阻碍，多数观望。昨晚又继续协商条件至夜间十二时，仍无结果，所有协商情形拟请盛同孙君报告。

盛同孙先生报告：协商大致，彼方最注重者为第一条“即恢复被辞职工及订立保障条件”，但绝对不能应允。嗣又要求改为对被辞者加送薪水六个月，当允以如其他条件一概不说，可由公司酌量补助八月以后被裁同人洋一万五千元。嗣复讨论各条，除第三条惩戒职员工会方面可以不提，第四条问题较少外，其余各节两方意见均极不接近，致无结果。

正讨论间有公司职员蒋笃裁、黄仲明两君先后来会报告，厂中发生军队、工人冲突情形。

夏筱芳先生到会，谓适由厂中来，现在王显华、王岫庐两君在印刷所事务室已与工会职工会代表协商条件，须请示董事会应付方法。

经讨论后，议决如下：

除恢复被裁职工、订立保障条件及惩戒部长等绝不可能外，其余各条可以酌量磋商，请李拔可、夏筱芳、庄百俞、盛同孙四君赴总公司会同王显华、王岫庐两君办理协商条件一切事宜。

三百十一次董事会议录

十五年一月十九日下午三时半，开三百十一次会议，到者：陈叔通先生、夏筱芳先生、张蟾芬先生、高翰卿先生、张菊生先生、鲍咸昌先生、李拔可先生、王显华先生，公推陈叔通想先生为主席。

报告事件：

一、上年十二月廿二日发生罢工风潮，经十二月廿五日特别董事会议决，除恢复被裁职工、订立保障条件及惩戒部长等决不可能外，其余各条可以酌量磋商，当于即日议妥，办法照录于下：

（一）公司给洋一万五千元分派被裁同人（限于发行、印刷两所自十四年八月十五号后辞退者），其分派方法由同人自行支配。

（二）罢工期内工资，四天由公司发三天。

（三）十二月二十六日发行所、印刷所一律复工。

（四）同人此次（十四年十二月二十三日来信）请原各项除第一条、第三条、第八条外，其余彼此再行协商，至其余再行协商条件也于本月十三日商妥。兹将所订条件送请公阅，特此报告。

一、十三年分同人酬恤项下由总务处派给，曾经汇报在案。兹查十四年分同人酬恤项下派给退俸金一万一千八百五十六元，赙赠金九千八百二十六元，共计洋二万一千六百八十二元。谨分别列表，呈请核阅。

一、本公司捐助公益慈善各款至十四年六月底止，曾经报告在案。兹将十四年七月起至十二月底止捐助各款共计洋八千八百二十七元四角七分八厘。谨列表呈阅。

一、《酬恤章程》拟酌加修改，兹将修改条文刊后，是否有当？敬请公决。

《酬恤章程》修改条文如下：

第三条

原文：凡总公司三所、分支馆局及附设营业机关（例如中国广告公司）同人之在职者，均得依照本章程享受酬恤之利益，但在外办事（例如在外编译）或工作（例如订作笔作等）者不在此限。

拟改：凡总公司三所、分支馆局及附设营业机关（例如中国广告公司）同人之在职者，均得依照本章程享受酬恤之利益，但在附设非营业机关（例如东方图书馆及同人俱乐部）及划分独立营业机关（例如国光影片公司）办事及在馆外办事（例如馆外编译）或工作（例如订作笔作）者不在此限。

第六条

（甲）

原文：在公司继续十年并无过失，其退职系出于公司之意者，照在职时所实得薪水百分之五支付，嗣后满五年加百分之二分五，加至百分之十五为止。

拟改：在公司继续满一年无重大过失（例如私取公物，亏空公款，违犯公司《同人戒约》），其退职系出于公司之意者，照在职时所实得薪水百分之五支付；

在职已满五年者，照实得薪水百分之六分二厘五支付；在职已满十年者，照实得薪水百分之七分五支付。嗣后每满五年加百分之二分五，加至百分之十五为止。

如所得薪水未满五百元者，照百分之八支付；未满一千元者，照百分之七支付；未满二千元者，照百分之六支付。

（乙）

原文：在公司继续十年并无过失者，自行退职者，经公司认为无碍职务者，得酌给退俸金，但至多不得超过前项之规定。

拟改：在公司继续已满五年并无重大过失者自行退职，于一个月前通知公司者，俟移交完事后，得照甲项支给退俸金。

（丙）

原文内："在公司已继续至十五年者"句。

拟改为："在公司已继续满十年者"。

（理由）按从前定章原意，对于年满六十而任事较久者，特予优待，故丙项满十五年照百分之十支付较甲项满十五年照百分之七分五支付，增多百分之二分五。现在甲项继续十年改为继续满一年，其满十五者可得百分之十；乙项继续满十年亦改为继续满五年，则丙项年满六十者，原定继续十五年似应改为继续满十年，其满十五年者可得百分之十二分五，俾较甲项略为优待，以符从前立法原意。

丙项下拟增加一项如下：

（丁）总公司三所、分支馆及附设营业机关之同人调至公司附设非营业机关及划分独立营业机关办事者，其在职时期（调任此前）虽未满甲项之年项，得一律按照甲项支给退俸金。

第九条

原文"继续满十年以上"句拟改为"继续满五年以上"。

（理由）退俸金各项均已改定从优，对于赙赠金似亦应放宽。

第十一条

（乙）

原文：确系直接因职务受伤者，酌给医药费。"酌给"两字拟改为"给予"两字。

（理由）向例因公受伤者，所有医药费均全数照给。查现行疾病扶助金章程，对于同人之患病之医药费有半数或全数之补助，则因公受伤者似可全数照给。

第十三条

原文:凡离职后复入公司者,其年资及计算薪水均应从复入公司之日起算,其因病离职,在离职中并未就他处职务者,得以未离职论,但前资应减半计算。

工友因工作减少,由公司属令他就,其后于二年以内复入公司者,得以未离职论,前资并计。

拟改:凡离职后复进公司者,其年资及计算薪水均应从复进公司之日起算,其因病离职,如未曾得退俸金,而在离职中并未就他处职务者,得以未离职论,前资并计。

工友因工作减少,由公司属令他就,如未曾得退俸金,其后于二年以内复进公司者,得以未离职论,前资并计。

(理由)现在满一年者,均可得退俸金,则因病离职及因工作减少由公司属令他就者,如已得过退俸金,其后复进公司,当然不能再计前资,故拟在"因病离职"及"因工作减少由公司属令他就"句下各加"如未曾得退俸金"七字;又按原文"因病离职,在离职中并未就他处职务者,得以未离职论,但前资减半计算",既以未离职论,前资似宜并计,且此后因病离职,未得退俸金,复进公司者,其前资必在一年以下,为数甚微,似从宽改为并计。

第十六条

原文:本公司所给各种酬恤金,如第二条指定之款不敷支付,必动用第一条之基金时,得提交董事会议决,照第二章支给办法酌量减少之。

拟改:本公司所给各种酬恤金,如第二条指定之款,连接三年,每年均不敷支出,得提交董事会酌量修改。

(理由)假如遇盈余减少之年份,其所提之酬恤金不敷支用,而积存之基金甚多,对于支给办法似未使遽为减少,故拟改为上交。

第十七条

原文:本章程遇有疑义,其解释权完全属于董事会,一经解释,无论何人不得再有异议。

拟将"一经解释无论何人不得再有异议"数字删去。

经会议。议决如下:

第六条丁项内"得一律按照甲项支给退俸金"句,改为"得一律按照甲项分别比例支给退俸金";又第十六条内"得提交董事会酌量修改"句改为"得提交董事会另议办法",其余修改各条均通过。

……

(抄自商务印书馆董事会议录第六册第93—105页)

第三百十一次董事会议录(附页)

民国十五年一月十九日下午三时半开第三百十一次会议,到者:陈叔通先生、夏筱芳先生、张蟾芬先生、高翰卿先生、张菊生先生、鲍咸昌先生、李拔可先生、王显华先生,兹据十四年二月二十五日双方所订《复工办法》第四条之规定,将同人请愿尚未解决各项商定妥协办法如下:

第二条:

(甲)疾病扶助金如有余多之款,仍充下届扶助金之用,自该章程施行之日起,试办三个月后,如余款比例尚多,即由公司修改章程,将扶助金额及时间比例增加,但增加后如遇款项不敷分配时,公司仍可随时修改比例减少。

(乙)同人俱乐部由公司审察时局,于相当时期全部开放,并即修改现行章程第五条,将不纳会费之同人一律作为甲级会员。

(丙)发行所柜上同人服务时间,除已照十四年八月二十七日《复工条件》由公司减少一小时外,兹再参照向来散班不扣分之通融习惯,对于二月至九月早晚两班及十月至一月早班到馆或离职时间,通融半小时,不扣分,其支配方法或临时前后推动由发行所随时规定,但春秋开学及营业较忙时期,仍照向例由各柜友负责应付。

第四条:已谅解

第五条:《印刷所新印简章》

全夜班自下午八点三十分(误作五点三十分)至次晨六点三十分作一工半(十点钟)显属排印错误,并非事实。至于全夜班向给点心一角半,现改给二角。

第六条:女工米贴改照男工一律办理;发行所店司例假及婚丧假,一律照职员待遇,业由公司于十四年十二月十八日通告发行所办理。短工系临时雇佣,与普通同人情形不同,其待遇方法由公司随时改良之。

第七条:关于退俸金一层,由公司将《酬恤章程》酌量修改,呈送董事会核准其标准,大致如下:

凡任事已满一年无重大过失(如私自取物、亏空公款、违犯公司《同人戒约》)而被辞退者,均给退俸金。其标准在职已满一年未满五年者,照实得薪水百分之五支付;已满五年未满十年者,照百分之六分二厘五支付;已满十年未满十五年者,照百分之七分五厘支付。

但实得薪水总数未满五百元者,照百分之八支付;未满一千元者,照百分之七支付;未满二千元者,照百分之六支付。凡自行辞职者,须任事已满五年,始能照给退俸金,但须于辞职前一个月通知公司,公司认为移交未了时,得令自辞者于原拟辞职日期起留职若干日，至多以三个月为限。

所有本条规定之年限，均照进馆之日起算。

上项各件条自十五年一月一日起实行。

民国十五年一月十三日

（抄自商务印书馆董事会议录第六册附页）

第三百十二次董事会议录

民国十五年二月二十七日午后四时开第三百十二次会议，到者：陈叔通先生、吴林书先生、张蟾芬先生、夏筱芳先生、高翰卿先生、张菊生先生、李拔可先生、王显华先生、周辛伯先生，公推陈叔通先生为主席。

……

一、报告股东张庭桂君于本月二十四日致董事会信，照录于后。

董事会诸君公鉴：

敬请者，（敝股东）现有两事请求，即祈察核示复为祷。

一、近数年来新创之股息公积实属有害无益利，请提出本届股东大会重议取消。

理由如下：

连年提议此事，（敝股东）始终反对以其有害无利故也。查本公司余款已多，营业活动绰有裕余，再将股东余利提扣积存，不过放银行生息而已。但银行利息轻，而给股息公积之年息乃有八厘一，出入间公司显负亏耗，不仍股东之损失乎！股东实得利益仍惟银行利息而已，万以此款作别项运用，其利必不止此。今兹办法实与股东丝毫无利者也。此事由董事会创议，主张举行，股东因有谓董事会责任太重而异议者，当是客气套语，其实非董事之责任，乃完全吾股东之责任也。试问万一存款之银行有意外之险，董事其能负责赔偿丝毫耶？股东损害之可虑者，莫甚于此，是与股东所无利者也。（敝股东）反对之最大原因，即公司非不得已而集股东之巨款，冒无谓之险，非敢不信任公司，乃对外不能不存疑虑也。不料外患未见，内讧已起。公司迭次罢工风潮损失可想而知。（敝股东）可信为公司存钱太多，亦属养成风潮之一原因。查某公司发生同样风潮，其结果成绩可以比拟而知。再本公司二次罢工，竟额外加给一万五千之巨款，此种办法岂非钱多之故！与当初提议股息公积时，董事解说为便利公司办事之一种方法，今其结果便利云乎哉，可以悟矣。闻公司时有风潮，在在可虞，发生一次事故，吾股东即有一次牺牲，来日方长，剥削无已，如此养痈之法，万难再主张，不容取消，不知其存心焉。

一、董事会或股东提议事件，请照议会办法，将原提议全文完全印刷在开股东会之前，预先分寄各股东，以资考研。

理由：

本公司股东远在外埠者不少，股东会时不能到场，委托代表，而公司提议何事，出入关系，初未得知。到场股东亦惟临时接阅议题，忽促之间，不暇研究，草率从事、殊欠郑重。再加代表人不知委托人之本意，惟以己意代表，难免有违反委托人本意之处，如此代表有淹没股东之真意，而失却股东会之本性，殊非公司之益。嗣后请董事会将各项提议事件全文即印，先期分寄各股东，俾得研究之机会，并请不能到场之股东将其对于某事之主张、意见叙明委托书内，庶几各股东尽得发挥本人之真意，而收集思广益之效，乃公司之前途之本也。

再股东会系股东出席，自居主体地位，所有意见、言论取决于多数股东，董事会不宜先加修删、擅改股东之意见也。

小股东：张庭桂上

二月二十四日

经讨论，议决如下：

张君提议当由董事会提出于股东会，惟将其提案印刷一节与公司不无有妨碍之要，难以办到，应请王君显华先向张君声明。至董事会对于张君所提议取消股息公积一案如何意见，应由总务处先行讨论，提出意见，一面并由各董事详加考量，另日再开会议，专商此事。

（陈叔通代）

（抄自商务印书馆董事会议录第六册第 113—119 页）

第三百十三次董事会议录

民国十五年三月二十三日下午四时开第三百十三次会议，到者：陈叔通先生、吴林书先生、丁斐章先生、叶揆初先生、夏筱芳先生、高翰卿先生、张菊生先生、鲍咸昌先生、李拔可先生、王显华先生、黄任之先生、周辛伯先生。公推陈叔通先生为主席。

提议事件：

一、本年二月十七日，董事会议决股东张庭桂君提议取消股东公积一案，应由总务处先行讨论、提出意见，一面由各董事详加考量，另日再开会议，专商此事等。因查当年提存股息公积之意，原为谋基础之巩固，图营业之发展，如骤然取消，未免有违初意。惟本年积存款项确较往年为多，股东方面每有以此相责难，如不酌量设法变通，在办事人虽远虑苦心，或仍有不易谅解，殊无完善办法。日前盛同孙君对于此事提有意见书，略谓：股息公积，不过占公司存款中之一小部分，欲设法避去存钞太多之虑，以免除种种之误会，须将同人、外客定活期存款、股息公积特别储蓄一律发还。盖向例分派股息花红，常有一部分当时仍还存公司，以后随时提取，是公司方面实际不过以固定款项改为随时可提之存款，而万不足以解决存钱太多问题。至前项发还各款，并非一日同时还完，约略计算，公司流动资金尚不致十分紧迫云云。同人再四筹商，以盛同孙君之意见亦是一种办法，多数之意尚可赞同，但仍恐尚未尽善，应如何办理之处，敬请核议。

张菊生君提出对于股息公积之意见书，宣读一过（意见书原文粘附于后）。

高翰卿君云：股息公积现成一重大问题，依目下之情形，察股东方面之态度，若完全不为变通，股东方面未必能满意。至变通之办法，各人主张略有不同，大致不外下列三种：一、升股，惟与"现款太多"一语似不相符，故升股亦觉不妥；二、移作他项营业，因限于公司章程及注册等关系，恐有为难；三、发现款，此法最满人意，惟须将各项存款同时发还，且不再续收，亦须研究。鄙人原主张拟作他项营业可免去公司存款太多之误会，如遇公司需款之时，亦可藉以补助，但有上述之困难，亦不易办到。现在不得已而取其次，将已积存之款如数派去，惟依原案每年仍照提存，以后每三年分派一次。

吴林书君云：现在存钱较多，一时又无从运用，股东方面或不免误会，只得酌量发还。

陈叔通君云：查十四年股东会议决股息公积常留股东本总额四分之一，专备股息不足一分时，填补股息之用；股息公积满股本总额四分之一后，其溢出之数当届即行分派。以后，每满三年分派一次，或派现款，或改作股份，由董事会提交股东会议决。鄙意此项办法可以提议变更，但十二年度股东会议决股息提存股息公积之议决案：（一）民国十年结彩分派盈余，拟分派股息一分二厘，其溢出之数提作股息公积，嗣后遇有盈余分派股息一分以上时，应酌量提存股息公积。（二）股息公积除积成巨数，于扩充股息额时，改作股份，或遇股息不足一分之年份酌提垫补外，非经股东会议决，概不提用。此原案似应维持，以符当初储存备荒之原意，与本届拟提议分派亦无抵触，请先研究。众均赞成。

陈叔通君云：提存股息公积原案已决定维持，其已提存之数，依现在情形，势不得不变通发还，请研究发还之方法。

高翰卿君云：可自提存之年份起，每满三年分派一次，今年适值满三年之期，所有已提存之八十六万余元似可分派。

王显华君云：如三年分派一次，恐分派之年份公司或遇金融不甚宽裕，则原为备荒者转有三年一荒之弊，似宜说明遇分派时，如公司需用款项或金融不甚宽时，可以提议停派。

黄任之君云：近数年分派股息均为一分二厘，去年股东会议决常留股额四分之一，即一百二十五万元，可否改依股息一分二厘为标准，常留六十万元，其多余之数即行分派，以后三年分派一次，则王显翁所说三年一荒之弊，庶可免去。

王显华君云：如常留六十万元，无异明保一分二厘之股息，似不如改为常留五十万元为妥。

高翰卿君云：积存之数为八十六万余元，股东争议提取，今留下五十万元，分派三十余万元。在股东方面或有以为董事会既提议分派，乃只分派少数，又硬留下五十万元，恐不免又有误会，仍不如直截了当，每满三年将已提存之数分派一次为愈。

张菊生君云：诸君既均主张可以变通分派，自应服从多数，但鄙人意以填发股票较为妥当，一面退还各项存款，则公司存钱亦可减少。盖去年时局如是之坏，如发现款，再并入本届股息，合计约有三分。外人不明底蕴，只知本公司派得三分之原息，甚觉不妥，应请考虑。

陈叔通君云：此层关系甚大，确应慎重。

高翰卿君云：股本过大，责任更重，鄙意对于升股一层不敢赞同。

夏筱芳君云：如营业不能增加，再加股本，惟觉不妥。

王显华君云：本公司股息总须维持在一分以上，如股额加多，恐利息过轻，股东或有不愿，且时局不定，将来难免有按资本之多寡酌定抽税标准情事，如资本过大或有吃亏。

张菊生君云：从前公司资本二百五十万元，十一年份升为五百万元，当时宗旨正是欲股息改轻，诸君想尚记忆。此后能再设法改轻，免得外人注意，实为公司之本。至于股东实际上毫不吃亏，如近年股息虽为一分以上，因升股关系实际已在二分以上，而升股后股票价值并未跌至升出之数，是股票不惟毫无吃亏，且增加利益。至恐将来抽税一层，查所得税法系按盈余之多寡为标准，与资本无甚大关系。又夏筱芳君谓资本加多，营业不能增加，似无妨碍，资本既充足，遇有机会，即可设法扩展。又高翰卿君谓“股本加重大，责任更重”一节，鄙意以为各项存款系公司所责之债务，须随时预备偿还，比较责任尤重！股本资本与负债不同，今增加股本，一面退还存款，则责任上比较，尚可减轻。

吴林书君云：如有股东期得现款、不要股票者将奈何？

陈叔通君云：可声明期得现款者发现款，愿升股者发股票，悉听股东之便。

吴林书君云：有发现款，有给股票，似亦不妥。

黄任之君云：对于分派现款或填给股票一层，可留待股东会取决。

陈叔通君云：讨论可作一段落，其议决办法拟如下：拟将十四年股东会议决办法变更改为股息公积，每满三年将已提存之款分派一次，如分派年份遇公司金融不宽或需用款项时，得提议停派；本届适满三年，其已提存之款拟即分派，惟分派方法，或升股或发现款，提请股东会取决。假如决定升股，即以提存之股息公积八十六万七千余元，又派剩股息六万四千余元，并在十四年度股息项下凑拨六万八千余元，合成一百万元，每股升二十元，即每五股升一股。以此付表决，赞成者，请举手。多数举手通过。

陈叔通君云：盛同孙君提议之退还存款一案，应同时决定，否则分派之股息花红仍还存公司，依然存钞无法减少。

经讨论后，议决如下：

除各项保证金外，同人及外客定期存款已一律停收，已收者到期一律不再转期。至外客活期存款已经停收，其已收者应如何退还，及同人活期存款应如何改定限制之，要由总务处酌议办理。

一、报告股东张庭桂君于三月十日致董事会之信，并附来分送各股东提议案件，印刷品一纸(来信照录于后，印刷品粘附)。

张庭桂君来信：

商务印书馆董事会大鉴：

敬启者：前月二十四日函送提案两件，昨承王显华面告，贵会允为提出股东大会讨论，甚慰甚感！惟提案全文印刷预送各股东，贵会以为不便照办，不知有何窒碍？鄙见原求将意见传达于各股东，得以研究讨论，集思广益，相与维护公司。同为股东意见，自当公开，事无不可。对于人言，毋需用其隐讳，谅为工厂事忙不便，鄙人可以自办。惟股东相熟者不多，仍恐未能普及，尚须登刊报章也。兹将原题议案前文字略加修改，送上一份，即祈台鉴。此颂筹祺。

小股东：张庭桂上

三月十日

(陈叔通)

谨启者：股东张庭桂君提议取消本公司股息公积，已将议案印刷分送股东研究。按股息公积，董事会于十二年股东会议提出，(元济)当时亦为主张者之一，兹以个人名义，将所以主张之理由，并对于张君指摘各节分别说明。尚祈股东一并研究为幸！

商业原则，鄙见以为有两大端：一谋基础之巩固，二图营业之发展。本人以下立论专以此二者为根据，兹特声明。

今先将所以提取股息公积三理由列举如下：

公司营业以出版为主要，而大部书籍自编辑排印以至发行，历时常需数年之久（已出之《辞源》、《四部丛刊》及拟编之《百科全书》、拟印之《四库全书》均是），若每年各结盈余、多寡常有不均，不能不有调剂之法。且近年政局未定，战祸频作，公司营业难免有不时之盛衰，即盈利必有异常之升降。商业之道莫善于平稳，故十二年议案（为求股利平均起见，拟遇盈余较多年份，提出若干作为股息公积，以备遇盈余过少年份，可以提补）。《礼》云："国无九年之蓄，曰不足；无六年之蓄，曰急；无三年之蓄，曰国非其国"。公司之法定公积三年之蓄也，此股息公积则六年、九年之蓄也。且十一年增加股本，将所有财产均量提高。数年以来，有多项尚未恢复，原来的折扣、股息公积亦以为弥补之地也。所谓谋基础之巩固者，此也。此理由之一。

此项公积截至十三年份止，凡得八十余万元，公司藉此以为流动资本。若时局平靖，可以宽储原料，多备新机，广聘通才，编印优美高尚书籍；即不幸遇有意外，市面萧条，人皆竭蹶，我独充盈，且可以力争上游，进占先著。《语》云："长袖善舞，多钱善贾"。所谓图营业之发展者，此也。此理由之二也。

公司员工花红，若无酌盈剂虚之法，则盈利较优之年所得必多，较绌之年所得必少。所得既多，即易挥霍（同事某君尝见告，谓曾见一职员新增月薪数元，即尽所增之数购一新帽，因劝公司施行储蓄政策），凡人由俭而奢易，由奢而俭难。设甲年得有花红百元者，至乙年忽降为五十元，其生活必有所困难，即精神必有所苦，而公司亦隐受其害矣！股息公积与同人特别储蓄相辅而行，股息公积取消，同人特别储蓄断无可以独存之理！此于公司基础之巩固，营业之发展，均甚有妨碍者也，此理由之三。

至张君所称股息公积有违法者三事，兹亦剖明如下：

其一谓"使股东负无限责任，破坏公司性质"。按公司有限、无限之分，系就资本方面而言。所谓有限者，即公司遇失败时，股东以所出之股本为限，不必另筹补偿，与分派股息毫无关系。至盈利较多之年多提准备金，以备不时之需，亦为商业之惯例。即于美国福特汽车公司（Ford Motor Company），一九一四年结账，资本二百万元，提存公积共四千九百万元；又英国乔治纽斯出版公司（George News Publishing Company），一九一四年亦采用平均股息之政策（dividends equalization），于赢利中提二万五千镑，合前共五万镑作为公积（见William H.Lough：Business Finance 第四七四及四七六页）；又上海英商怡和纱厂股东年会报告，从预备金内提出二十二万五千两，作为寻常股息，此项储蓄金尚存八十七万八千两，又普通预金二百万两，棉价预备金五十万两，共存三百三十七万八千两(见本年三十四日《字林西报》《新闻报》)。此不能不叹欧人经营商业,规划之宏、谋虑之深矣！不独洋商,中国公司亦有行之者,浙江兴业银行,即其一也。

其二谓"将余利加以限制,剥夺股东之权利"。查原议案"遇有盈余分派股息至一分以上时,酌量提存股息公积"。夫曰酌量提存,则提存之数未有确定,即余利之分,并无限制。又原议案"尚此后每年盈余得能常多,则积存数年,仍可改作股本",是目前存诸公司,将来仍还诸股东。以云剥夺,似亦未允。

其三谓"假如营业不佳,余利不足一分,此项公积如数补完;再不足,公司万不能预支余利,其法有穷,是办法无根,设词欺蒙"。按提存原意,重在备荒,已详上文理由之一,然则水旱无常,仓储告罄,荒政亦有时而穷,遂并与仓储而废之,有是理乎?

张君又谓无利益之处,亦有数端,兹再解释如下:

其一略谓:公司现款存放银行、钱庄利息甚薄,抵给此项公积年息,公司显负亏损。按公司职在营运,本不以存放为事,只以时局不靖,力戒扩张。(去年纸张一项,比前年少存三十余万元),故积存现款不免增溢。否则,以公司出品之多,社会需用之要,营业稍稍扩充,便可减去现款不少。现届公司三十周年,正拟举办纪念,用款亦属不赀。且公司调度金融,并非以银行、钱庄为限,利息亦不尽吃亏。即是稍有亏耗,亦因市面关系,不过偶之事(尚有一层,所存现款,有一大部分为同人存储公司之款,此为公司所负之债,务须认明)。公司范围甚广,盈于此者绌于彼。商家结账只能通盘酬算,而不能断章取义。即于去年,分支馆局亏耗者有十一处,所亏者将及三十万,不能因此而将无赢利之分支馆局即行停办也。

其二略谓:股东以此款作别项运用,其利必不止此,是抑使股东不能生利。不知此款存在公司,原议数年之后可以改作股本。十年以来,升股数次,以往例推之,将来此项公积分配之时,所得必不止年息八厘也。

其三略谓:存放银行为数较巨,设有危险,股东不免牺牲。所虑甚是。同时诸君对于兹事十分慎重,近来尚无被人倒欠之事。且亦非专存银行,已详上文。若欲尽免此危险,则公司不存一钱而后可。至公司不存一钱,恐危又将见于他事矣。

其四略谓:公司迭次罢工,由于存钱太多,并举某公司为证,谓其同样风潮,结果较胜,公司宜知则傚。按罢工之事,原因复杂,当局者不能先事预防,固难辞咎。但以此归罪于存钱太多,则殊不然。至某公司状况非外人所能知,尤非外人所能当问,惟彼此历史环境种种不同,其不能取以为法,则可断言也。

公司之有今日，经夏君之艰难缔造，股东之调护维持，同事诸人之惨淡经营，历时三十载，殊非易事。为实业前途计，为教育前途计，为股东之资本计，为数千人之职业计，当此干戈扰攘，市情疲敝，外则同业竞争，内则工潮澎湃，风雨飘摇，同处漏舟之中，极宜通筹全局，熟权利害，庶可支此危局，徐策进行。元济知识浅陋，冒昧陈辞，亦聊自附于愚者之虑而已。

此上商务印书馆股东台鉴

张元济谨启

十五年三月二十二日

民国十五年提议案：

一、股息公积有害无利，请提出股东大会重议取消。

当初创议提存股息公积，不外两种说辞：甲谓多存余款，公司得以便利行事；乙谓预备股息不足一分时，以充弥补。创行以来，所谓便利，尚未得见，而其损害已觉不少，为此提出重议，公决取消。细究此项公积，实属违法者有三：本公司系属有限公司，股东缴足股本以后，责任已尽。今公司除照法定章程已提各项公积外，再创此项例外公积，备公司活动便利之用，即属变相之股本，是有限公司之股东负无限之责任，破坏公司性质，违法一也；股东之利益并无制之法律，今将余利加以限制，是无端剥夺股东之权利，违法二也；公司从前本有官利之定额，现在已取消，一以盈余为标准、并无保息之可言，假如营业不佳、余利不足一分时，此项公积如数补完之后，再有不足，公司万不能预支余利，其法有穷，将如之何？是办法无根，设词欺朦，违法三也。其无利之处亦有数端：公司余款已多，营业活动绰有裕余，此项公积并不需用，不过存于银行生息而已，但银行利息三四厘，公司认给股息公积之年息乃有八厘，一出入间，公司显负亏损。公司之亏损仍旧摊归股东身上，是公司有亏损而股东无益，一也；股东所得名为八厘，折去公司间接亏损，实际所得不过银行之三四厘而已，若以此款作别项运用，其利必不至此，是抑使股东不得生利，二也；公司非不得已而集此巨款，存放银行，某银行一家有百万余元，其他数十万不等，万一有意外之险，公司无人负丝毫赔偿之责任，完全牺牲股东而已，股东之损害莫大于此，三也。此第三项事情对外不能不顾虑者也。不料外患未见，而内讧已起，公司迭次罢工风潮损失巨万，究其所以致此者，公司存钱太多之故耳。如某公司发生同样风潮，其结果比较本公司如何，且某公司风潮一平即息，本公司则再三不已，第二次罢工竟加给一万五千元巨款！以后又经数次风潮，皆以金钱弥平，欲谓非钱多之故，其可得乎！来日方长，吾股东万难坐待割剥，应请将此项公积取消，一律发还各股东。

一、董事会或股东提议事件，请将原提议全文完全印刷，在开股东会前，预先分寄各股东考研。

本公司股东远在外埠者不少，股东会时不能到场，委托代表，而于公司提议何事，出入关系，初未得知。即到场股东亦惟临时接阅议题，匆促之间，无暇研究，草率从事，或有失当之虞。再加代表人不知委托人之本意，惟以己意随便代表，难免有违反委托人之本意之处。如此代表有掩饰本股东之真意，而失却股东会之原则，殊非公司之益。嗣后请董事会将各项提议事件全文印刷先期分寄各股东，俾得研究之机会，并请不能到场之股东将对于某事之主张、意见叙明委托书内，其委托书张幅当加放大，以留书写地位，庶几各股东尽得发挥本人之真意，而收集思广益之效，乃公司前途之幸也。再股东会系股东出席，自居主体地位，所有意见言论取决于多数股东，董事会不宜先加修删、擅改股东之意见也。

小股东：张庭桂上

十五年二月二十四日

（抄自商务印书馆董事会议录第六册第附件）

第三百十四次董事会议录

民国十五年四月九日下午四时三十分开第三百一十四次会议，到者：吴林书先生、张蟾芬先生、夏筱芳先生、高翰卿先生、张菊生先生、鲍咸昌先生、李拔可先生、王显华先生、周辛佰先生，公推吴林书先生为主席。提议事件：

一、十四年度公积金及盈余利息分派之议案

十四年度本公司红账草案《贷借对照表》：资产之部计洋一千二百六十二万二千八百二十七元九角七分三厘，负债之部计洋一千零八十五万九千三百八十七元三角六分一厘，两抵计总分馆盈余共洋一百七十六万三千四百四十元零六角一分二厘。兹拟在总盈余内提出十六万元为筹办同人公益之用（如拟办同人保寿险基金之类），以三万元为尚公学校基金，以二万元为扶助同人子女教育基金，以一万元为同人俱乐部基金，计净盈余洋一百六十万零三千四百四十元零六角一分二厘。照本公司章程第二十三条，先提公积十分之一，计洋十六万元零三百四十四元零六分一厘，余作十八成分派（每成计洋八万零一百七十二元零三分一厘）股东得十二成，计洋九十六万二千零六十四元三角六分七厘。兹拟每股分派股息一分四厘，计洋七十万元，其余二十六万二千零六十四元三角六分七厘，依据十二年五月六日股东会议决案，提作股息公积。又花红五成，计洋四十万零八百六十元零一角五分三厘，其应提存特别储蓄亦照章比例按成分配。又酬恤一成，计洋八万零一百七十二元零三分一厘，是否有当？敬请公决，并将红账草案送请传阅。

经讨论后，议决通过。惟“以十万元为筹办同人公益之用”句改为“以十万元为本公司创业三十年纪念筹办全公司同人公益之用”。

一、提交本届股东会之议案

修改股息公积办法案：

民国十一、十三两年度股东会议决提存股息公积及其增订办法，原为谋基础之巩固，图营业之发展，惟近年因时局不靖，对于发展营业未敢放手进行，以致本年存款较往年为多，股东中有目此提议取消股息公积者。董事会通盘筹议，拟将十三年度股东会议决《增订股息公积办法》酌量变更。至十一年度股东会议决《提存股息公积原案》，应仍继续维持。兹将修改股息公积办法刊于下，敬请公决。

（一）遇分派股息至一分以上时，酌量提存股息公积，专备股息不足一分时填补之用。

（二）股息公积每满三年，将已提存之数分派一次，或分派现款或改作股份，由董事会提交股东会议决。

（三）如分派股息公积之年份遇公司金融不宽或需用款项时，得由董事会提议于股东会，停止分派。

（四）股息公积之息金仍照常年八厘起息，每届分派股息公积时，随同一并分派。

（五）分派股息公积及其息金，每股零数未满一元时，其零数留下次并派（此条即上届股东会议决《增订股息公积办法》第四条原文）。

按照以上办法，查股息公积系自十一年度起，提存本届适满三年，截至十四年年底止，连利息共计积存洋八十六万七千一百七十三元四角七分，拟即行分派，并将历年派剩股息洋六万四千二百十三元四角三分九厘加入，一并分派，两共计洋九十三万一千三百八十六元九角零九厘。每股派得十八元，共计洋九十万元，其余零数三万一千余元，留存下次并派。如改作股份，即将已积存之股息公积及派剩股息，两项九十三万一千三百八十六元九角零九厘并在本届股息内，凑拨六万八千六百十三元零九分一厘，合成一百万元，每股升得二十元，即每五股升一股。

吴林书君云：“上次董事会议决，本届拟分派股息公积，或发现款，或升作股份，候提交股东会取决一节。鄙意董事会似应自行决定一种办法，提出于股东会，免得临时转多争议，如董事会认为可以分派现款者，仍应即决定分派现款，将提出于股东会，议案之末段‘如改作股份’一节删去，如何之处？敬请复议”。

经讨论后，议决如下：

本届拟分派之股息公积即分派现款，此次提出股东会之议案内“每股派得十八元”句改为“每股派现款十八元”；又末为“如改作股份云云一节”删去，惟股息及股息公积应分两起，各别分派。

一、报告股东张庭桂君于本月一日致董事会信（照录于后）

商务印书馆董事会台鉴：

敬启者，敝股东前议请贵会将各项提议案件全文印刷，分寄各股东，而贵会托王君显华来告，贵会认为未便照办，故敝股东只得自行印刷分寄，但股东中相识者少，遗漏者必多，甚苦无法普及。今见菊翁之印刷品由贵会于送股东入场券时附带分发，此法甚喜，必能普及无遗，谅贵会前以为未便者，现在可以照办矣。为此，敝股东请烦贵会发件人偏劳，一并附带分发，以免有向隅之憾。股东总数几何，请先查知，俾便赶即补印送上。同为公司公事，想贵会决不单独拒绝者也。专此，肃请台安，鹄候回示。

股东张国杰谨启

四月一日

张菊生君云：“鄙人所发之意见书，论在公司现在地位，本可交公司分发，但此次并未交由公司分发，系自行出资印刷、交邮寄递，惟本公司同人中有股份者，由公司派人就近分送。至张君廷桂来信为四月一日，鄙人所付印刷费之收条为三月二十九日，至所付邮费日期亦在张君来信之前，收发处有账可稽，应请董事会查阅，并将出纳分科所出收到印刷费之收条送请公阅”。

经讨论后，议决如下：

股东人数众多，对于代发印刷品一层，实有不便，张菊生君以董事会在公司办事，其有寄发关于公司之文件，本应由公司代办，惟此次意见书亦未交公司代办，即请高翰卿、王显华两君转告张君庭桂，不另函复。

（吴林书代）

（抄自商务印书馆董事会议录第六册第140—151页）

四月二十八日特别董事会议录

民国十五年四月二十八日下午四时十五分开特别董事会议，到者：吴林书先生、叶揆初新先生、丁斐章先生、张蟾芬先生、夏筱芳先生、高翰卿先生、鲍咸昌先生、李拔可先生、王显华先生、周辛伯先生、杨澧卿先生。公推吴林书为主席。

一、提议张菊生先生来信辞监理职务，将原信传阅一遍（原信粘后）。

董事会诸公台鉴：

敬启者，昔年元济罢官南旋，羁栖沪上，获与粹翁订交，意气相合，遂投身于商务印书馆，共事十二年而粹翁遭难。时方收回外股，同业竞争至烈，危疑震撼，不得不勉为其难。元济原定五十退休之愿不获实行。忽忽十年，故人墓不已拱，而元济精力亦愈衰矣。世变纷纭，商战弥剧。去岁罢工之事，一见再见。时局之危，宁逊畴昔！元济与公司休戚相关，处此艰难之会，自当尽力补救，藉收桑榆之效。无如才识庸驽，即在平日已行竭蹶，况当此新旧递嬗，思潮猛进，一日千里，即勉竭其所知所能，亦不足以赴之。元济再四思维，与其勉强敷衍，徒负踵决肘见之羞，何如早避贤路，犹有改弦更张之望。所有监理一职，谨即辞退。去岁公司叠遇不幸之事，对于股东、对于同人，元济愧歉万分，聊思自赎，务求俯允，感难言罄！抑元济更有请者，现在时势不同，思想解放，无论何事，断不能墨守一二十年前陈腐之见解、简略之方法，以为因应之用！商店工厂规模较大，如本公司者，元济愚见必须用科学的管理，真诚的结合，勿以喜怒为赏罚，勿以恩怨为进退。虽然言之非艰，行之惟艰，果欲行之，不能不破除旧习，尤不能不登进人才！人才何限，有已在公司成效昭著者，宜极拔擢，勿以其匪我亲旧遂减其信任之诚；有宜于公司之用而尚未为吾所得者，更宜网罗，勿以其素未习狎稍参以嫉忌之见。此为公司存亡成败所关。元济在公司二十余年，今临别赠言，不辞苦口。诸公挚爱公司，当不嫌其哓哓也。再去年十二月罢工之后，元济即决定辞职。嗣因高翰翁坚嘱从缓，并承谆命，当与翰翁约定维持至本届股东会。数月以来，差幸无事，今当力践前约，元济所有监理任务，即以本年四月二十六日为止，一应经手事件，容当逐渐清理，妥为交代，合并陈明。迫切陈词，不胜惭悚之至，统为垂察。

张元济谨上

民国十五年四月二十六日

丁斐章君云："昨日见报载张菊翁辞职启事，甚为警异，即往菊翁处相劝。菊翁谓所有辞职理由具载致董事会信内，并言置是早为辞职，或可与公司有益。"

吴林书君云："菊翁去留关系公司至巨，董事会当然全体一致挽留。拟请高翰卿、鲍咸昌两君代表本会前往切实挽留。"高翰卿、鲍咸昌两君云："吾等系天天见面，恐无甚效果。"

高翰卿君云："昨日见报后，即到张菊生处挽留。菊翁略谓：'彼与公司休戚相关，此次我去，对于公司极为抱歉，但此举是非得已，与其勉强敷衍，于公司无补，不如早日辞退，比较上或可与公司有益'。聆菊翁之言论，似乎别有缘因，但不知其意何指？菊翁在公司二十余年，公司一切设施大半皆菊翁之功，关系甚巨。昨日登报之后，已觉人心惶惶。当兹多事之时，总要想一特别方法，俾得挽留。鄙意菊翁虽辞监理，并未辞退董事。本公司董事会开会时间甚少，公司事务大半都由总务处主办，或者将来将董事会职权另行设法规定，增加权限”。

丁斐章君云：“高翰卿君所说人心惶惶，不惟本馆同人，恐各股东亦将引起怀疑”。

高翰卿君云：“可否由董事会登报声明已经挽留情形？”

王显华君云：“如挽留一层能有把握，可以登报，否则反为不妥。”

叶揆初君云：“登报尚可从缓，总须先有一办法。”

周辛伯君云：“菊翁既坚辞监理，可否另换一种方法，请重到馆办事，共维大局”。

吴林书君云：“此时尚谈不到何种方法，总要先探问菊翁意见如何。观其来信语意，或者因有某种宗旨或某项政策未能实行之处，故如此坚决引退。高翰卿、鲍咸昌两君与菊翁共事二十余年，可以无话不谈，仍请二君代表前往，请重将意旨见示，俾定办法。”

李拔可君云：“同在公司办事，朝夕相见，言辞已罄，仍请非在公司办事之董事前往，或可转易进言。”

议决如下：

公推吴林书、陈叔通、叶揆初、高翰卿、鲍咸昌五君代表本会前往设法挽留。由本会备一复信，即请代表诸君带交，并将菊翁原信录出后，随同璧还。

复张菊生先生信录于下：

菊生先生台鉴：接奉大函，知我公忽辞监理职务。同人等闻命之下，惶悚失措。本日开特别董事会议，佥以公司之有今日，全赖我公擘划经营。公之去留，实为公司安危盛衰之所系。当兹多事之秋，尤非我公砥柱不可。公与公司休戚相关，想亦必有所不忍。兹谨公推吴林书、陈叔通、叶揆初、高翰卿、鲍咸昌诸君为代表晋谒台端，竭诚挽留，务肯俯鉴悃忱，收回成命，以维大局，以定人心，不尽感祷之至。倘对于公司事务有应如何规划或整饬之处尽请指示，俾遵循。尊函谨仍璧置，尚祈詧收。至承赐教各节，敬已录出，铭诸座右。掬诚奉肯，祇颂台安。

董事会谨启

十五年四月二十八日

一、报告监察人黄任之君来信云：因事赴宁，今天不能出席董事会，并谓张菊生先生辞职关系甚巨，想诸公必有慎重之讨论等语。

二、报告本公司各科长、部长致董事会信，请挽留张菊生先生信，将原信传阅一过，请高翰卿君代达，告以本会已公推代表设法挽留。

……

（吴林书代）

（抄自商务印书馆董事会议录第六册第154—163页）

五月十三日特别董事会议录

民国十五年五月十三日下午四时十五分开特别会议，到者：叶揆初先生、秦印绅先生、夏筱芳先生、张蟾芬先生、高翰卿先生、鲍咸昌先生、李拔可先生、王显华先生、黄任之先生、周辛伯先生，公推陈叔通先生为主席。

一、报告张菊生先生于五月一日来信，仍将前辞职书附来，经众传阅一过。

鲍咸昌、吴林书两君先后报告，前承董事会委托，鄙人及陈叔通、叶揆初、高翰卿诸君代表挽留张菊生先生，鄙人等叠决前往恳切劝留，菊翁意甚坚决，迄无效果。黄任之君云："张菊翁登报辞职后，鄙人在沪在杭听到各界舆论对于公司均极为想观，与公司前途甚不相宜。此非惟股东资本关系，实为中国文化所关。无论如何，董事会总要设法就菊翁辞职之缘因上谋根本之解决"。

经讨论后，佥以公司在此数月内如分派花红，解散协约，举办纪念等事均甚重要，在菊翁未回馆之前，应由高翰卿负责维持现状。

李拔可君云："'维持现状'四字简直是敷衍办法，鄙人在今日极不赞成。若不谋彻底解决，则愈敷衍愈坏，想高翰翁亦不愿维持。即吾辈帮翰卿做事者，亦不愿无限期维持此等现状。最好趁此机会为久远规划。决定方针假去如菊翁所谓引用未来之人才，擢升原有之人才者，或照翰翁所谈改组办法，吾辈亦可将现在之地位让诸公司中之有成绩、有希望者，而自退处于监督地位。注重办事，并将应得权利减轻，移作鼓励后起人才之用，则一二年内吾辈虽退，亦可得有交代。至菊翁从前反对同人进用子弟，诚是甚当办法。但业已进用者亦未便一日使之去职。如有公认可以造就者，请一老成公甚之人带领、指导，加以扶植，使纳于正轨，以为公司后备人选。惟与父兄同一处办事者，则不能不采用回避制度，以免有种种不便之处。至于所谓方针，本无万全之策，苟此较上稍为稳妥，即应望此路上走走"。

叶揆初君云："根本解决自为要图，但目前现状总要有人暂时负责维持"。

陈叔通君云："至于解决方法，惟有请高翰翁与菊翁直接磋商之一法，翰翁亦不必再说挽留套语，只要就菊翁辞职书中所说各节询垂所指何事，开诚磋商，自有解决途径"。

议决如下：

请高翰卿先生与张菊生先生磋商解决办法，在未解决之前，所有监理事务请高翰卿先生兼负其责。

一、报告本公司各科长第二次来信，及股东陈玉苍、陈立郇、严百玉、董季友诸君来电；又股东郑尹起、富敏盦、吴颐伯、张稚鹤诸君来信；又北京分馆经理孙伯恒君，天津分馆经理周少勋君，香港分馆经理程习门君，北京京华印书局经理张恩葆君、协理王稚圃君来电、来信，均为请挽留张菊生先生事。

将各原信、原电传阅一过，即由董事会分别答复，告以正在设法挽留。

……

一、修改同人特别储蓄办法案

查十二年五月十二日董事会议定同人特别储蓄办法，原系根据股息公积规定本年股东会议决变更股息公积办法，则同人特别储蓄办法应亦酌量变更。兹拟修改条文如下，是否有当？敬请公决。

修改特别储蓄办法

第六条

原文：特别储蓄利息每届每年发花红时并入本银计算，利上起利。

拟改：特别储蓄利息每届年终结息一次，并入本银计算，利上起利。

第七条

原文：(寅)储存后每满三年，寅项得取积存数三分之一。

拟改：(寅)自民国十二年开办特别储蓄之年份起，每经过三年(如至民国十五年、十八年、二十一年等)，寅项亦得全数提取。如不提或少提者，听愿提取者。其时间自当年六月一日起至八月底止(分支馆局展期至九月底止)，并以一次为限，过期不得提取(如十五年六月至八月底不提或少提者，须至十八年六月至八月底期内始可提取)。议决通过。

(抄自商务印书馆董事会议录第六册第165—175页)

第三百十七次董事会议录

民国十五年六月五日四时三十分开第三百十七次会议，到者：陈叔通先生、吴林书先生、丁斐章先生、秦印绅先生、夏筱芳先生、张蟾芬先生、高翰卿先生、鲍咸昌先生、李拔可先生、王显华先生、周辛佰先生。

……

一、鲍咸昌君报告本届派花红情形

略谓：在花红未分派之先，印刷所工人种种要求，日必数起，停工者计有四次，均随时设法制止。现在花红于五月廿九日发给，幸尚无事。

一、王显华君报告重庆分馆之事

略谓：新任重庆分馆经理易熙吾君前曾历任晋省县知事，对于本馆出版书颇为出力。此次到重庆后，携带眷属居住馆内，公私界限不免或有不清，致遭同人之反动，纷纷函电总馆请求撤换，并罢工一天，本次日照常营业。当派分庄科长陈培初君前往彻查，将易君撤回，并经准予解职。一面并将该分馆同人中之不良者王民心、孙国华二人嘱令退职，以资结束。

一、张菊生先生本日来信，照录于下：

董事会台鉴：

敬启者，元济辞退监理，迭承诸君子枉临蓬荜，雅意挽留，曷胜惭悚。元济亦经沥陈下悃，仰乞鉴原。荏苒月余，未奉明命，至为怅望。前月十八日，元济因事到总务处，经高翰翁约谈，复申前说，谆嘱元济回馆，允以理事、董事等等名义相遗，当经元济剀切声明，断无出尔反尔之理。且告以不宜因人立法，致贻后患，并婉陈希望采用元济辞职书中所陈各节，速图改良，想高翰翁必为代达。总之，时至今日，公司若能破除积习，事事均开诚布公，一切自能顺手，正无需元济回馆，且以愚见度之，后来成绩必可远胜元济在馆之时。否则蹈常袭故，不知随时势为转移，无论一元济，即百元济亦无能为也。今日开董事会，元济事关本身，只得仍行回避。无论如何，务祈今日迅予核准，不胜祷企之至！专此肯陈，伏维亮督。

张元济谨上

十五年六月五日

高翰卿君云："上次董事会委托鄙人与张菊生翁磋商解决，当与菊翁恳切商量，并拟请其担任办事董事，菊翁坚决不应允。今日菊翁信中亦曾述及，如何之处，请众讨论。"

吴林书君云："观菊翁今日来信中有速图改良、破除积习等语，其意旨益为明瞭，应请从此点讨论"。

高翰卿君云："菊翁在公司资望忠诚，人所钦佩，无论馆内、馆外之人，无不认菊翁为公司之主人翁。即吾辈对于菊翁之意见均无不尊重。此次菊翁解职，不知者总以为菊翁因有宗旨或意见未能实行之处。其实，鄙人可说平时菊翁所主张之事，大致有百分之七八十均依照菊翁之意办理。至于解职书中所说各节，并非一时之事，大都系从前之事。从前菊翁在馆，当未能办到如菊翁离馆之后则更无法办到。鄙意既已登报解监理职，虽不肯再复任监理，总要在公司担任一种名义，或为'办事董事'，或为'办事董事长'。如菊翁肯担任一种名义，则各事可渐次进行，迎刃而解。”

陈叔通君云：“总务处向来系会议制非独裁制，公司之事向非一人所可办到，如不先谋根本解决，只请重做办事董事，菊翁当然不肯担任，如办事董事可作，则监理又何必解。鄙见以为名义是形式的，事实是实在的，应请高翰翁不必先从名义上着想，总要就事实上讨论，方有解决途径。”

高翰卿君云：“鄙人叠次磋商均不得要领，此事须请不在公司办事之董事往商，较易解决”。

陈叔通君云：“明使不在公司办事之董事办理此事，亦是一种办法，但第一要能说能行，不在公司办事之董事，对于公司内部情形究不免隔膜，如与菊翁商定之事，回至馆后又不能行，仍是无用。请问在座之不在公司办事董事谁有此力量可以担任，在外所商之事必能实行？鄙人不敏，自问无此力量。鄙见以为此事非由在公司办事之董事自行解决不可。高翰翁、鲍咸翁与菊翁共事近三十年，李拔翁、王仙翁亦近十五年，虽同胞兄弟无比亲热，且各人均无私心，并均肯自己牺牲，有何话不可说，有何事不可商！”

丁斐章君云：“名不正则言不顺，高翰翁所说请菊翁担任一名义，再从长商量改良各事，亦是一法，且将来总仍要请菊翁在馆办事。”

陈叔通君云：“实际上解决之后，将来用何名义请菊翁在馆办事，以后由董事会商量甚为易。即如菊翁虽解监理，其董事之名义仍在，即使并董事亦不作，仍是股东，以从前在公司之关系，遇有重要事件，亦可与商，何必定要有名义，始可谈馆事！”

丁斐章君云：“可仍请高翰翁商量此事，最好请陈叔通先生先行疏通。”

陈叔通君云：“翰翁与菊翁共事多年，似可毋庸疏通。如要疏通，可即请丁斐章先生担任此事。如要鄙人疏通，亦惟有请双方以合作之精神，开诚商量而已。”

议决如下：

仍请高翰卿先生就实际上开诚商量解决办法，不必先从名义上着想，以期早日解决。

一、报告股东周美权、陈立村、李莼楼、袭怀希、何百梁、张澹如、赵竹君、陈少舟、黎觉人、沈慈护、毛契农诸君来函，均为请挽留张菊生先生事。经众传阅一过，即由董事会分别答复，告以正在设法挽留。

（陈叔通）

（抄自商务印书馆董事会议录第六册第 179—191 页）

第三百十八次董事会议录

民国十五年六月十五日下午四时三十分开三百十八次会议，到者：吴林书先生、秦印绅先生、夏筱芳先生、张蟾芬先生、高翰卿先生、鲍咸昌先生、李拔可先生、王显华先生、周辛佰先生、杨缙卿先生，公推吴林书为主席。

报告事件：

一、本年为公司创业三十年，拟举办纪念。对于小学教科书购一元者，赠送纪念书券一元，并赠十六、十七两年小学书代价券各三角。至中学书、外国语书及其他本版各种书籍、仪器、文具等均拟分别赠券或减折。总馆及各省分支馆一律办理。其赠送期间，总馆拟自七月廿一日起，以两个月为限期；各省分支馆举行期间，由各省该馆自行酌定。其一切详细办法临时或须稍加变动。此次举办纪念赠书券额除代价券外，约计一百万元之谱，约合成本五六十万元，但营业因此亦可增进。特此报告。经讨论后，议决如下：

特购小学书一元者，赠送纪念券一元，并赠十六年份小学书代价券五角。十七年份赠送与否，现在不必预定。其余由总务处酌量办理。

一、吴林书君询问高翰卿君与张菊翁磋商办法如何？高翰卿君云："鄙人与菊翁又曾两次切实磋商，对于改革及用人等方针大致将来可以办到，彼此尚觉满意。但鄙意以各处股东均来电、信挽留，如菊翁此时无回馆之表示，颇难应付，力劝其担任一种名义，俾各股东及同人均可心安。菊生仍坚执不允，以此未能解决。现仍在继续磋商，俟有办法再行报告。又北京、天津各股东公推傅沅叔先生代表来沪挽留菊生，鄙人亦曾晤谭数次，请其力劝菊翁回馆办事。"众无异议。

一、报告股东余鲁青、周美权、陈立村、袭怀希、李萼楼、五述勤、夏辅宜、张澹如、赵竹君、黎觉人、沈慈護、陈少舟、赵周南诸君及总务处各科同人来信，均为询问挽留张菊生先生办法事；又北京、天津股东陈弢庵、陈宝苍、卞芝南、陈立村、严百玉、董季友、王书衡、冯公度、徐尚之、陈小庄、邓守瑕、王叔钧、凌谓卿、王君九诸君来电，公推傅沅叔先生为代表，来沪挽留张菊生先生；又股东张庭桂君来函，亦关于张菊生先生辞职事。

经众传阅一过，即分别答复。

（吴林书代）

（抄自商务印书馆董事会议录第六册第 191—195 页）

（未完待续）

抗战期间上海工人的罢工斗争

——《密勒氏评论报》选译(1939 年 9 月—1940 年 10 月)

上海工人运动史料委员会译　张宇、段炼　整理

整理者按:《密勒氏评论报》(*The China Weekly Review*),1917 年 6 月 9 日创刊,是美国在中国创办的资历最老、出版最久的周刊。其内容以有关中国和远东地区的政治时事评论和报道为主,主要读者是在华外侨以及中国政界和知识分子,部分销往欧美等国。对于中国人民的抗日斗争,《密勒氏评论报》一向抱着同情和支持态度。1941 年 12 月太平洋战争爆发,主笔兼发行人鲍威尔夫妇被捕,报纸遭日军查封。1945 年抗战胜利后复刊,1949 年新中国成立后又继续出版了三年多的时间,直至 1953 年 6 月因经费来源中断而被迫停刊。1939 年 9 月至 1940 年 10 月的这一年,抗战进入了相持阶段,日军已停止大规模进攻,转而实行封锁和掠夺政策,企图拖垮中国。此时,汪伪南京政府刚刚宣告成立,开始插手上海地方事务。尚未沦陷的租界,各种势力暗流涌动,既有联合又有斗争,上海的工人运动呈现出了与以往完全不同的特点——既要与日伪斗争以维护国家民族的利益,又要与资方斗争以维护劳动者自身的合法权益。上海工人运动史料委员会成立于 1952 年 7 月,主要向社会各界征集相关实物和文献,同时从旧时的档案、报纸、期刊中翻译、摘抄各种工运史料。因此,他们特意选取 1939 年 9 月至 1940 年 10 月这段时间的《密勒氏评论报》,摘译了其中关于上海工人罢工斗争的报道。另外,还附有上海市档案馆藏工部局卷宗内的《上海市交通水电工人联合会致工部局函》,以及选译了《字林西报》、《大陆报》两则相关报道,可供研究者相互参照。1958 年底,上海工人运动史料委员会撤销建制,该机构的大部分未刊成果现存于上海社会科学院历史研究所现代史研究室。

目录

江南造船厂工人击沉日本船只
耶松船坞工人罢工
上海市交通水电工人联合会致工部局函
法电内勤职员短时间罢工
伪市长傅筱庵为外国人解决罢工纠纷　但要求承认
上海纺织业概况
上海公用事业概况
永安纱厂三千工人罢工　资方拒绝工人要求
本市公用事业工人罢工(三起)
捕房解决了煤气公司罢工
法租界公用事业罢工
法商电车公司向南京恐怖分子屈服　工人复工

江南造船厂工人击沉日本船只

(译自《密勒氏评论报》1939 年 9 月 30 日)

日本军事当局逮捕了江南造船厂工人一百余人,因为他们将日本人拖往该船坞修理的一艘船只弄沉没了。据《申报》载,日本人捞起了一艘中国军队沉没在长江口用以封锁江面的中国货船①,并拖往江南造船厂进行维修。经过 4 个月的修理,以为是可以行驶了,但拖入黄浦江后不久,发现有一个"漏洞"而沉没在江中。日本人指控造船厂工人进行破坏,逮捕了大批工人。

江南造船厂位于黄浦江上游离上海数浬之地,原系由中国海军当局管理之政府企业。日本人占领上海时,以之移交给日本三菱船厂(Mitsubishi dockyard)②。自此之后,该船坞即被用作修理日本战舰及运输船只。该厂共有工人四千余人,均由包工头包雇,由包工头担保工人们的良好行为。

---

① 应该是中国海军的"民生"号军舰。

② 1938 年 1 月初,江南造船所移交日本海军管理,改名朝日工作部江南工场。同年 3 月 24 日,由军方委托三菱公司负责经营,改名三菱重工株式会社江南造船所。

耶松船坞工人罢工

（译自《密勒氏评论报》1939 年 12 月 2 日）

杨树浦耶松有限公司①船坞因业务清淡，辞退工人三十四名，引起工人一千人于 11 月 22 日开始罢工，本星期罢工仍在进行中。罢工开始后，有纠察人员驻守于船坞入口处，阻止工人进厂上工。纠察人员与来自榆林路捕房②之巡捕发生冲突，巡捕两人受有轻伤。

上海市交通水电工人联合会③致工部局函

（抄自上海市档案馆工部局罢工卷宗 K23/2，1939 年 12 月）

迳启者：

本会集上海市交通、水电工人之大团结为一体，其宗旨在谋工人之自我训练，实行互相帮助，保障工人生计，并谋工人公共福利事业之推进，争取劳资合作之精神，务使劳方得足以维持其一家之最低生活，资方获得其理想之利润，劳资双方在互相体谅、互相了解下，走入共存共荣之大道。素念贵局为劳资双方之法定调解人，惟恐不明真相，有所误会，特此函达，望为查照。并希望在将来劳资冲突时，作一公正裁判人为荷。

此致

公共租界工部局

上海市交通水电工人联合会谨启

二十八年十二月七日

---

① 1864 年由美商创办于虹口，后来陆续吸纳英商资本，逐渐成为英商企业。1900 年，收购英商和丰船厂以及中国民营资本机器工业中规模最大的发昌机器厂。同年底，与英商祥生船厂合并，组成耶松船厂公司，成为上海当时最大的一家船厂。

② 旧称韬朋路捕房、威妥玛捕房。1925 年工部局在杨树浦地区建造韬朋路捕房，1926 年扩建为威妥玛捕房。1930 年再一次进行扩建，并改称榆林路捕房。

③ 1939 年秋，法商电车电灯公司工人领袖、共产党员徐阿梅利用合法手段，假借汪伪上海工运协进会的名义，组建成立上海市交通水电工人联合会，开展工运斗争，徐阿梅任该会主席。同年 12 月 29 日深夜，徐阿梅被汪伪特务绑架杀害。

法电内勤职员短时间罢工

（译自《密勒氏评论报》1940 年 1 月 27 日）

法商电车电灯公司内勤职员七百余人于星期三（1940 年 1 月 24 日——译者注）上午罢工，以支持下列要求：增加工资 20%；发结相当于两个月工资之农历新年年奖。晨 7 时他们未上工，但下午 3 时即告复工，因资方答应考虑他们的要求并于次日给予答复。司机及售票员在上述短暂的罢工时间内照常工作，维持了车辆的行驶。

伪市长傅筱庵为外国人解决罢工纠纷　但要求承认

（译自《密勒氏评论报》1940 年 6 月 15 日）

由日本人任命和支持的上海市市长傅筱庵①，在上星期日（1940 年 6 月 9 日——译者注）接受采访时宣称，他刚刚解决了浦东美孚油栈中国工人的严重罢工。外国报纸中首先登载上述宣称之内容的是《泰晤士报》②，该报是外国报纸中唯一登载同盟社③消息及支持南京傀儡政府④的报纸。傅市长在答复记者发问时说，他是随时准备着解决罢工纠纷，以及使上海市面恢复安宁的。但是，当外国人拒绝承认他的"政府"的时候，他是不愿意被外国人在有麻烦时加以"利用"的。傅市长说，美孚油公司总经理 F.J.图高德（F.J. Twogold）和美国公司的副经理 J.W.伽尼（J.W.Garney）都是他的好朋友，他们要求他帮助解决

---

① 傅筱庵（1872—1940），名宗耀。浙江镇海（今属宁波）人。近代著名企业家、银行家，曾任美商美以洋行和英商长利洋行买办，英商耶松船厂董事，轮船招商局董事，中国通商银行总经理、董事长。1926 年当选为上海总商会会长。抗战爆发后沦为汉奸，1939 年 10 月出任伪上海特别市市长。1940 年 10 月 11 日凌晨，在家中被国民党军统策反的仆人用刀砍死。

② 即《上海泰晤士报》（*The Shanghai Times*），英文日报，1901 年 3 月创刊。1907 年前后，开始接受日本方面的津贴，同时还由江苏官署每年津贴该报银洋一万元，逐渐成为亲日亲清廷的外文报纸。1941 年 12 月 8 日太平洋战争爆发，日军进占上海租界，该报成为日本占领区唯一的英文新闻报刊，为日本侵略军摇旗呐喊。1944 年 9 月 1 日停刊。

③ 即同盟通信社，诞生于 1936 年，由日本新闻联合社和电报通讯社合并组成。联合社在当时是获得日本外务省支持的通讯社，而电通社则是具有陆军背景的通讯社。同盟社成立后，成为代表日本政府发声的传媒机构。第二次世界大战期间，又迅速发展为代表"大东亚共荣圈"的通讯社，是当时世界上最有影响力的新闻通讯社之一。

④ 即 1940 年 3 月在南京成立的汪伪国民政府。

该公司的罢工是“出于友谊”。然而，当他很愿意进行这些帮助的时候，他对于自己的机构被正式承认更为关心。傅市长解释说，如果他的“政府”得到承认，那么外国人就可以正式到他那儿去寻求帮助，而“不仅仅是出于友谊了”。

傅市长说，在以往的年月，就是在1927年国民革命以前，当他担任上海总商会会长的时候，他曾为中外商号“解决”过许多次罢工纠纷。他说，他永远愿意为上海的发展而做些什么。“但是，假使我帮助了你们，你们也必须帮助我。合作应该是像握手一样……如果我伸出了手，而你们把手缩回去，或者只伸出一半，那我们就不能握手，也就是不能很好地进行合作。”

上海纺织业概况

（译自《密勒氏评论报》1940年6月29日）

棉纺业是上海的工业巨人，它左右着本市的经济生活，决定着本市商业的繁荣和衰落。上海电力公司工业用电量的一半以上是售与棉纺业的。棉纺业占到本市对外贸易的三分之一以上，原棉的进口和棉纱及布疋的出口极大地影响着外汇的兑换率。棉纺业雇有工人约十万人和好几千职员，如果把与棉纺业直接或间接有关的工业等一并计算，职工几乎达到二十万人，连家属在内要占到上海总人口的五分之一不到一点。

上海棉纺业的纱锭数占全中国480万锭中的260万锭，占到日本目前在生产的纱锭数的35%，相当于美国所有纱锭数的10%。以棉纺城市而言，上海居世界第三位，超过它的只有英国的兰开夏郡(Lancashire)①和日本的大阪(Osaka)②，而且它是在继续发展中的。虽然对纱锭的增加所作努力不多，本市棉织方面的活动却在稳步扩大，新的产品在急速地发展着。上海的廉价印花布的生产已成为大阪的危险劲敌，上海制造的纱袜的外国订货量在不断地增加，最近甚至扩展到了美国。

抗战开始时的上海战役③对本市棉纺业有很大的破坏。在华中地区④，华

① 位于英国西北部，西临爱尔兰海，面积3 064平方公里，首府为普雷斯顿(Preston)。16至18世纪，亚麻、毛、棉纺织工业迅速发展，成为英国最大的纺织工业区。

② 大阪是日本第二大城市、近代棉纺织业中心，著名的纺织企业内外棉株式会社总部就设在大阪。

③ 即1937年爆发的“八一三”淞沪会战。

④ 民国时期，华中地区是指长江流域的七省四市，即江苏省、浙江省、安徽省、江西省、湖北省、湖南省和四川省，以及上海市、南京市、汉口市和重庆市。

商纱厂被彻底毁坏的有 50 万纱锭和 3 000 台布机，部分遭损坏的有 61 万纱锭和 5 300 台布机，日商纱厂损失的则有 22 万 8 千纱锭及 4 000 台布机。这些损失，包括日商纱厂在内，其大部分是在上海的。1937 年冬至 1938 年，本市棉纺业一半处于停顿状态。为了弥补损失，日本方面劫夺了许多华商纱厂，约有 27 万 5 千纱锭，使情况更形混乱。

但 1938 年春中国的币制贬值开始后却是一个转折点。中国币制的贬值使外国布疋的价格达到空间的昂贵，同时使上海的劳动力更为低贱了。日本限制棉品的生产，以及自 1938 年夏以后禁止棉品运往对日本实施经济制裁的国家，使上海的情况更为有利。至 1938 年秋，本市棉纺业已迅速获得恢复，去年及今年上半年则已充分发展并趋向于繁荣了。12 个月以前，日本人将劫夺来的华商纱厂重新投入生产。自此以后，上海所有的纱锭几乎全部进行着生产，大部分纱厂都一天 24 小时开工。

当然，目前上海棉纺业情况是与战前大不相同了。在中日战争以前，上海每年需要的高级外国棉花一般不超过 20 万包，主要是用来纺较细的纱。上海所用之原棉大部分由中国内地供给。中国曾是世界上最大的植棉国家之一，在战前最高的收获量达到 5 000 万担。然而，中国农村由于遭到战争的破坏，使植棉的数量较之任何其他农作物更为减少。本年度上海纱厂所需要的棉花，中国农村能供给的不超过 20%至 25%。

上海所需棉花的大部，必须从外国输入，棉花进口达到了空前的巨大数字。今年 1 月至 5 月，上海进口了 101 428 吨外国棉花，价值 2 400 万美元。美国棉花为数最大，达 61 214 吨；印度则为 28 327 吨；埃及 4 600 吨；英属东非① 3 500 吨；巴西 1 900 吨；以及尚有少量来自阿根廷、缅甸和秘鲁。这些进口棉花，构成了全部经由上海的进口贸易的 30%以上，对外汇兑换率带来了很重的压力。有人说棉花进口破坏了中国的币值，倒也不是没有若干理由的。进口的棉花只有一小部分转运至华北及东北，大部分均在上海本地纺纱。

当本市棉纺业开始繁荣时，对上海的棉纱及布疋需求最强烈的是自由区②。随着日本军事上的推进以及日军封锁线的延长，在过去 15 个月中，本市棉品的销售大部分是在沦陷区。尽管通向自由区的交通极端困难，还是有相当数量的棉品运往自由区。除了消费的需求之外，还有不少人囤积居奇。

---

① 原英国在东非地区殖民地的总称，包括现今乌干达、坦桑尼亚、桑给巴尔、肯尼亚等地区，内罗毕(Nairobi)是英属东非殖民地的首府。

② 即尚未沦陷的国统区。

在上海制造棉品，若以外币计算，是极其便宜的。在纺纱织布的生产成本中，薪工的比重已减少至无足轻重的地位。上海大部分纱厂工人每小时所赚的工资还不到一美分，工作时间平均每星期70个小时，没有节假日。

本市纱厂在去年及今年上半年的繁荣时期内所获得的利润高达30％至40％。甚至在今年5、6月份纱价大跌时，许多纱厂在6月份的上半月尚能获利20％。大部分纱厂在去年都获得了历史上最高的利润。

上海公用事业概况

（译自《密勒氏评论报》1940年7月6日）

如果不是以大小来计算的话，上海工业中最重要的要算公用事业了，其经济上之地位仅次于在上海占统治地位的棉纺业。自从十年前工部局电气处出售于目前的上海电力公司之后，公共租界所有的公用事业均属私营企业性质了。这些企业的投资是相当可观的。根据目前的兑换率，以英镑计算，约为本市通货① 10亿元；以美金计算，约为本市通货13亿元。这些资本中的相当一部分，虽然已不再是主要部分，仍为上海本市居民所有。

过去三年的战争，并未像带给棉纺业那样给公用事业带来繁荣和盈利。本市公用事业公司时常被人怀疑是在大发战争财，还有不在少数的本市居民喜欢一再重复“公共租界就是为了这些公用事业公司而存在”的陈词滥调。这些观点都是错误的。事实上，上海公用事业也在战争中遭受损失。和几年前相比，它们现在的情况是恶劣的。如果以如此巨大的投资来说，它们的利润也是很小的。

上海最近的工业繁荣（这在几星期前已处于停滞中），对本市公用事业公司的确是有利的。去年上海的电力、自来水和煤气的消耗量，比过去任何时候都多。电车业务也创下了新纪录，电话业务已接近战前最高水平。特别值得注意的是，这种发展是因为只有煤气公司获得了在日本占领区增加许多业务的权益，而其他公用事业依然受到很多限制或者完全未能恢复。

除了上海电话公司外，工部局同意所有的公用事业公司都可以大幅度涨价，在去年还曾经不止一次地涨价。其结果是所有公用事业公司的总收入都

① 通货是指处于流通中的纸币、铸币、支票、银行本票等这些现实货币的通称，主要是指国家发行的法定货币。“孤岛时期”，上海租界唯一的合法通货还是由中央银行、中国银行、交通银行、农民银行发行的钞票，即法币。

大为增加,有许多数字都是战前所没有的。例如,上海电力公司的营业收入从 1938 年的 24 959 104.75 元增加到去年的 51 203 076.40 元;上海电话公司自 7 324 176.95 元增至 10 693 981.85 元;上海自来水公司自 5 262 860.87 元增至 8 057 100.01 元。

就是这些数字,使本市公众觉得公用事业公司的生意已是特别兴隆了。然而,相应的营业开支也水涨船高,例如电力公司从 1938 年的 16 780 773.92 元增加到去年的 38 505 184.18 元;电话公司自 4 856 870.52 元增为 6 474 165.49 元;自来水公司则自 2 701 270.75 元增为 3 737 634.01 元。

本市公用事业特别容易感受外汇波动的影响,因为所有上海公用事业公司都极大程度地依赖于外国供给燃料、机器和各种各样的原料。例如,如今上海电力公司不得不大量使用印度煤,其价格较战前昂贵十倍,而中国钞票只值战前兑换价值的 20%。在战前,在上海电力公司全部营业开支中煤只占 41%,去年增至 64%,最近几乎增加到 80%。同样,在上海煤气公司去年的营业开支中燃料增至 40%,今年将持续增高。

然而在今年,本市公用事业的营业开支并没有增长到与营业收入同样的比例,因此赢余大为增加了。营业收入减去营业开支后的总收入,增加了 50%至 100%。这些巨大的累积数字都是本市通货,如果以外汇来表示,那就没有什么赢余数额可以炫耀了,或者总收入在实际上还有所减少。公共租界各公用事业公司中唯一用外币结算全部账目的上海英商电车公司,以该公司去年的英镑结算单与 1938 年比较,显示出车票收入、总收益及净收益全都减少了,如果以美金来计算的话,减少的收益数额还要大。其他公司都以中国钞票结账,但其中有两家至少在资本额上是以外币计算的。这些公司中没有一家会在账簿上记载真实资本数额。上海电力公司名义上估计其发电厂、财产、债权等只有 157 000 000 元。而这些资产的真正价值却在 4 倍以上,不止美金 4 500 万元。上海电话公司估计它的财产等价值为 5 100 万元,而其真实价值为美金 1 200 万元。如果以这些公用事业公司的资本的目前实际价值来计算,那么它们去年的总收入的确是微乎其微的,只有 1.5%至 3%不到。

目前,在上海公共租界有六大公用事业公司,关于他们各自的实力和重要性,可以从下列一组数字中获悉。这些数字是这几家公司战前资本在账面上的大致价值(1936 年,以中国货币计算):

上海电力公司	152 500 000 元
上海电话公司	43 600 000 元
上海自来水公司	33 600 000 元

上海英商电车公司	13 500 000 元
上海煤气公司	10 700 000 元
英商中国公共汽车公司	5 000 000 元

最前面的两家公司，同时也是这些公司中最重要的，是美国人的，其股票大部分由美国大企业所掌握。它们是美国人在中国的投资中最大的，占到美国在整个中国所有投资的四分之一。上海电力公司，作为一个投资项目以及其在本市工商业中的重要性，较之其他所有公用事业公司加在一起还要重要得多，它在上海工业中占据着最关键的地位之一。

永安纱厂三千工人罢工　资方拒绝工人要求

（译自《字林西报》1940 年 2 月 28 日星期三）

昨日为麦根路①永安纱厂第三厂②工人三千余人罢工之连续第二日，因资方拒绝接受工人所提出之恢复本月初四名被开除工人之要求。

本年初，该厂即酝酿着工潮，结果形成 1 月份之一次罢工，这次罢工最后获得了解决。然而，复工几未实现，显然是因为工人中仍存在着不满情绪。经调查后，发现有四名工人仍未停止煽动，于是资方决定将四人开除。

星期六（1940 年 2 月 24 日——译者注）傍晚，工人们通知资方说，如果不同意他们的同伴复职，则星期一（1940 年 2 月 26 日——译者注）将不上工。资方不愿屈服，遂关厂停工。至昨日深夜，工潮仍无解决之望。

罢工工人中昨日也有愿意复工的，但无从上工。并未发生滋扰。据闻寻求结束罢工之协商现正在进行中。

（译自同日《大陆报》）

麦根路永安纱厂工人约三千人，于上星期六（1940 年 2 月 24 日——译者注）实行罢工，因资方开除了两名据说是煽动分子的工人。工人闻悉此事，即通

---

① 1862 年筑，以英侨 Markham 的名字命名为麦根路。1943 年汪伪政府收回租界后，改名为淮安路。1959 年，其海防路至江宁路段仍名淮安路，新闸路至恒丰路桥南堍改名石门二路，恒丰路桥南堍至泰兴路段改为康定东路，康定路以北一小段改为泰兴路，再往北接海防路段改为西苏州路。

② 永安纺织股份有限公司，1922 年由澳洲华侨郭乐、郭顺兄弟主持创设，在民族棉纺织工业中规模仅次于荣宗敬、荣德生兄弟的申新纺织公司。永安纱厂第三厂位于今西苏州路 65 号。原为潮州籍商人郑培之、郭子彬于 1915 年创办的鸿裕纱厂，1928 年售予永安纺织公司，改为永安纺织三厂。1960 年，永安三厂与上海无线电器材厂合并组建上海无线电三厂，最初为生产军用通讯设备的保密工厂。

过他们的代表要求资方撤销这一命令。

上周末及过去两天来，资方一直拒绝接受这一要求，辩称由于这两名工人进行煽动活动，开除他们是合理的。

昨日据有关方面称，劳资双方均不愿让步，故纷争之解决尚无希望。据说，去年12月该厂工人第一次罢工时，公司方面还开除过另外一些“煽动分子”，其中有五人被永远除名。听说被开除之工人未获复职。

本市公用事业工人罢工(三起)

（译自《密勒氏评论报》1940年7月27日）

（一）公共租界上海煤气公司销售部人员一百八十人于7月18日开始罢工，要求增加工资10%，及每月增加临时米贴15元。

为了支持这些要求，工人们宣布实行消极怠工。公司拒绝协商，说他们的怠工行为是没有经过正式的手续宣布的，一百八十人遂走出了公司。上星期六(1940年7月20日——译者注)，罢工者说服了虞洽卿路①五十名公司职员②举行了同情罢工。该公司外籍职员以承担罢工职员的工作的办法充当了罢工破坏者。

（二）法商电车电灯公司铜匠③于上星期日(1940年7月21日——译者注)进行罢工，要求提高工资。但次日即同意在与资方协商期间先行复工，资方说如果不复工便不协商。同时，资方与法租界巡捕房保持了密切的合作。在该公司努力之下，尚能使法租界内的电车及水电服务照常维持。

（三）日本人的华中都市汽车公司④(在虹口区域行驶公共汽车)，于上星

---

① 虞洽卿(1867—1945)，名和德，字瑞和。浙江镇海(今属宁波)人。15岁到上海学生意，先后在德商鲁麟洋行、华俄道胜银行、荷兰银行任买办。同时从事房地产经营，并独资创设通惠银号，发起组织四明银行、宁绍轮船公司、三北轮船公司、鸿安商轮公司等，逐渐成为沪上商界领袖。1924年当选为上海总商会会长，五卅运动后出任公共租界工部局华董。抗战时期任上海难民救济协会会长。后离沪去渝，1945年病逝于重庆。鉴于虞洽卿在上海的功绩，公共租界当局于1936年10月将跑马厅旁的西藏路改名为虞洽卿路。1943年汪伪政府收回租界后恢复西藏路旧名，1945年又改名为西藏中路。

② 此处是指原西藏路上海煤气公司老厂房(即英商上海自来火房)内上班的职员。

③ 即汽车修理工，过去坊间称呼专修西洋机械的师傅为“外国铜匠”。

④ 华中都市公司是侵华日军在上海建立的华中振兴公司16家子公司之一，成立于1938年11月，总部设在虹口东体育会支路。除在上海经营外，还经管南京、杭州、苏州、镇江、无锡等城市的公共交通。1944年7月，改组为上海都市交通股份有限公司。抗战胜利后，由上海市公用局接收。

期日(1940 年 7 月 21 日——译者注)发生铜匠、司机及女售票员共一百八十人要求增加工资而罢工。日本资方于星期日晚开会,决定采取激烈措施破坏罢工。参加罢工的全部职工被开除,决定另雇新职工以代替之。

捕房解决了煤气公司罢工

(译自《密勒氏评论报》1940 年 8 月 24 日)

已过行了一个月之久的上海煤气公司职工六百人之罢工,经过工部局巡捕房的调解后,于 8 月 17 日宣告结束。罢工是在 7 月份后期开始的,为了抗议公司专横地开除了该公司的几个工人。在工部局工商科及虞洽卿所进行的长时期调解中,该公司负责人一再强调增加工资或米贴并非纠纷的要求。

罢工解决后,职工之损失远较所获者为巨。除若干领袖外,被开除的职工获得了复职。然而,曾由公司作为临时紧急措施以维持营业所雇用来的两百名俄籍和德国犹太籍罢工破坏者,却受到了一次很好的训练。其中有许多人为公司所留下,组成今后罢工破坏集团的基础,以备需要时之用。罢工者并未得到任何的工资或米贴的增加。公司同意发给 7 月份全部工资,但拒绝发给 8 月份中两个半星期的工资。

罢工开始后的第一个星期里,煤气供应量减低,写字间的外籍职员也被征召前来管理机器。一百五十名俄籍及五十名德国籍犹太罢工破坏者,是在第二个星期开始时雇用来的。自此之后,本市的煤气供应得到充分保障。当工部局工商科和虞洽卿调解均告失败时,南京政权的社会福利局拜访了资方,表示愿意充当调解者,但遭到公司拒绝。

在罢工解决前的一天,上海每日新闻社①预言说,明年江湾市中心区②日本人经营的公司开始营业后,上海煤气公司将遭到严重的打击。该报声称,这个厂的投资是 300 万日元,该厂将有助于大上海新住宅区③的建设。

---

① 疑为日本每日新闻社(The Mainichi Newspapers Co., Ltd.)设在上海的分支机构。

② 1929 年 7 月,上海特别市政府决定实行“大上海计划”,将北邻新商港、南接租界、东近黄浦江的江湾一带约 7 000 亩土地划为市中心区域,另建一个“新上海”,与租界相抗衡。此后,在江湾地区相继建造了市政府、博物馆、图书馆、体育场、市医院、卫生试验所等建筑。1937 年 11 月上海华界沦陷后,日军在此基础上制定了新的“大上海都市计画”,着重规划江湾新市区,并在“中日亲善”的旗号下新增了不少傀儡机构和军事设施。

③ 根据上海特别市政府制定的《上海市市中心区域详细分区计划说明书》,江湾市中心区域除去政治区、商业区之外,其余地块均可作为住宅区。住宅区又分甲、乙两等。甲种住宅区为上等的住宅区,一般在园林、空地旁,可建高层住宅。乙种住宅区为普通的住宅区。

法租界公用事业罢工①

（译自《密勒氏评论报》1940年10月19日）

三个星期以来，法租界公用事业资方的各种方法和手段都被新近成立的由南京方面支持的工会②所粉碎。上星期五（1940年10月11日——译者注），一次总罢工终于使公共交通车辆的行驶停顿了下来，并威胁着要停闭为法租界服务的煤气和电力公司。为了迅速地应付这一紧急形势，法商电车电灯公司补充了一些俄籍工人为骨干，将发电厂安处在坚强的防卫之下，使法租界的灯光保持了光亮。

危机的到来是这样的：有一些仍忠于老工会和公司的工人遭到了绑架；以及武装人物的恐吓活动，这些人相信是南京方面支持的工会分子，他们不许家住在日本人占领区的工人进入法租界上工。

罢工的第一天，为了维持法租界电力的供应，约六十名俄籍和其他国籍的工人全力投入工作。至星期六（1940年10月12日——译者注）下午，动员了工人予以增援，紧张情况始有松解。在所有的法租界公用事业中，只有法商自来水公司未受工潮所扰。

在这个星期的初期，有关公司的资方企图劝导罢工者采取较合理的态度，但是罢工者——或者更确切地说是他们的“工会代表”，拒绝撤回或修改他们在上星期所提出的7项要求中的任何一项。在这些要求中，有不合理的要求：增加工资和承认新“工会”。

电车工人首先于9月25日停止工作，使资方被迫将车辆减少，只行驶于主要干线，并由俄籍工人操作。

纠纷在星期五（1940年9月27日——译者注）有扩大之势。那天早晨，住在徐家汇和南市的工人被罢工纠察阻止进入法租界。罢工纠察中有些人有手枪，很明显是属于流氓之类的人物。但是，其中也有真正的工人，不知是否出于自愿，他们被迫去辨识进入租界的工人。

---

① 因罢工委员会的指挥部设在兆丰公园（今中山公园）隔壁兆丰别墅119号，因此这次罢工又被称为“兆丰公园大罢工”。

② 即1940年9月24日晚在沪西忆定盘路（今江苏路）银宫大戏院宣告成立的“法电工会”，汪伪政府及伪警政部均派员到会祝贺。其实，中共方面早已派人打入该组织，一些积极分子当选为工会理监事，地下党员周国强被推选为工会副理事长，逐渐掌握了这次法电工人大罢工的主动权。

当工人到达法租界入口处时，被枪口逼了回去。日本人占领区这一边的岗哨，对这些暴徒未作丝毫干涉，也不帮助工人。在入口处另一边的法租界巡捕，对此情况则无能为力。

住在法租界和公共租界内的工人可以照常上工，但在等候工作的时候，不断传来的恐吓消息使工人们害怕了。虽然外籍职员承诺对他们予以保护，工人们也不愿在此停留。自此以后，已无人上工，虽然许多工人是愿意来上工的。

虽然，因法电车辆停驶造成拥挤，而英商中国公共汽车公司的车辆尚能应付。但至星期二(1940年10月1日——译者注)下午，忽有二百五十人左右(自称是法电罢工工人，但实际上又是星期五在法租界与日人占领区交界处恐吓工人的那些流氓人物)，聚集于愚园路近圣乔治(St.George's)①处，拦阻交通。据《字林西报》载称，人群在愚园路处阻塞交通，有若干示威者则登上公共汽车及无轨电车，企图迫使工人罢工。情况一度呈险恶之势，后备队②到达出事地点始将暴徒锐气压下。

日本兵也在街上出现，示威者(其中大部分人佩有布质符号)随即散离，交通得以恢复。由于愚园路被暴徒所阻塞，公共汽车曾有一段时间被迫改道由大西路③行驶。

法商电车公司向南京恐怖分子屈服　工人复工

(译自《密勒氏评论报》1940年10月26日)

法商电车电灯公司持续了34天的罢工于星期三(1940年10月23日——译者注)结束，公司向发动此次罢工的以南京方面为后台的恐怖分子所提出的要求屈服了。

“一切都解决了!”公司经理法弗勒脱(J.Favret)经过了一整天与“工会代表”的会议后，疲倦地向等待着的新闻记者们说。经理的陈述或许是象征着此次会议以公司的完全让步而结束。

---

① 即圣乔治饭店。1884年，李逸仙等人在静安寺东侧开办西园。园中建有洋楼一座，名印泉楼，内设圣乔治西餐肆，后逐渐发展为圣乔治饭店。1924年，饭店花园内开设了上海最早的露天影戏院。圣乔治饭店还是上海最早专供英、美军人娱乐的舞厅。

② 即租界武装万国商团的后备队。

③ 1910年，公共租界工部局填柴兴浜筑长浜路。1922年向西延伸，改名大西路。1943年汪伪政府收回租界后改名长安路，1945年以蒋介石名改名中正西路，1950年改名延安西路。

新工会被公司承认有权代表工人，老工会已被新工会所“吞并”。每个工人每月增加工资6元。法弗勒脱不知道此次罢工将使公司损失多少——“总有好几千元吧！”他说。由手持枪械的暴徒们所领导和组织的“新秩序”究竟会使公司蒙受多少损失还无法估计，恐怕将不止“好几千”吧！

协议于星期三（1940年10月23日——译者注）达成，但罢工者直至昨日才刚刚让全部车辆恢复行驶。工人们进行最后的“庆祝”，以及必要的轨槽清洁工作，占了整整一天的时间。

（张宇系上海历史博物馆馆员；段炼系上海社会科学院历史所副研究员）

《张泰荣日记》所见上海史料汇抄(1922—1932)

成梦溪　整理

整理者按:张泰荣(1902—1977),浙江奉化人,曾任奉化孤儿院募捐主任,后任院务主任,主持孤儿院工作。亦曾任奉化赈济会委员、财务会委员、抗卫会委员、县参议员、县公款公产委员会委员、县复兴委员会委员、县救济事业基金保管委员会委员。他于幼时起开始每日记日记(据其日记所记应始自1916年),维持一生(据其后人回忆57年之后仍有日记,但已丢失),现存《张泰荣日记》共36本,从1922年到1957年(1922年之前、1940年、1957年以后的均散佚)。

《张泰荣日记》中有不少内容涉及上海,虽事涉琐细,但多为其他史料所不载。兹将1922年至1932年《张泰荣日记》中有关上海的记述摘出,略加整理,以飨读者。

此十年日记以1926年为界,大致可分为两个阶段:1926年之前,张泰荣处于找寻事业道路时期,曾在上海、宁波各地自行报名读书,并在奉化蓬麓小学做教员。赴沪有各种因由,如自行报名到上海惠灵专修学校学习一个半月(1922年7月9日—8月25日)、拜访上海电报局任职的小叔一家(吴淞镇)、到商务印书馆报名投考(1922—1924年期间时有消息或赴沪查探消息,后不了了之)、在沪亲属过世(银章叔)、陪亲属(二弟等)到上海求职。1926年之后(1925年底始计划开始),张泰荣确定了奉化孤儿院的工作,开始全身心投入其中,因而赴沪主要为孤儿院之事,如筹备、筹款及出院孤儿赴沪工作之事,期间顺便探访亲属及朋友。

1922年

闰五月初八日(7月2日)　日曜日　天阴　F72度

小叔来信,命余赴沪投考,正合我之志愿。

闰五月初十日(7月4日)　火曜日　天阴

晚,始与父亲、伯母言坚决求学之志。父亲默无一语,余知父心之苦,何尝不望我更加深造,第为经济所困耳。余虽自筹学费,至少不能资助家庭,使之加重负担,但为着前途,莫可如何也。

闰五月十一日(7月5日)　水曜日　天雨

二三日内,即首途赴沪,因此关于经费、书籍、衣物以及友朋所托之事均须筹措办妥。爰向德贤、俞阿生翁收还洋七元,还是先母遗下的钱,和上年剩下的薪水廿元,除还去竹房四元外,净余廿三元,作为此行的川旅学费。

闰五月十二日(7月6日)　木曜日　天阴

偕长德兄同赴尚田校,要求岳叔集会,蒙允半阄。时懋熙自家来,谓已征得姨丈同意,与余等同去求学,自感愉快。归来后,向岳叔家陈毓棠兄借英算等书七本。过西街,访诸世伯母,告赴沪求学,并言别。被褥衣物已由伯母替我洗涤缝补,应需行李均于即晚整妥。

闰五月十三日(7月7日)　金曜日　天晴

晨四时,起床。盥洗饭食毕,辞别父亲、伯母,启行。虽系暂别,父子之间,若无限酸楚,此盖出于天性也。父亦渐老,家境艰难,我此去求学,誓必朝夕奋发,成而后已。工人担行李,与长德、懋熙一行来,至西坞,搭甬川轮于十一时至甬。访晤友柏,一同定好江天轮统舱舱位。将行李安放后,乃先后访夏君高声及星荫校胡颖之兄,请聘蓬麓下年教员,以继复谈少顷,告辞。至江天开船后,与诸友登高览景,海天一色,渔艇出没,天空月影星光,远望岛屿点点,景象万千,信足乐也。纵谈心曲,回舱已迟。

闰五月十四日(7月8日)　土曜日　天晴

晨五时,船即到沪,暂寓十六铺宁绍旅馆。安顿既毕,首先至北苏州路文生氏学样观校章后，觉费重，未报名。继至南市薛家浜惠灵学校，学费较轻，程度较高，乃四人同意就此读。

分别访问德初叔、周荆庭兄、俞庆棠兄、方桂祥表姊夫，仅晤俞、方二君，方君并来旅馆。晚餐后，邀余等游新世界，情不可却，从之。繁嚣浮华，未感兴趣。

闰五月十五日(7月9日)　日曜日　天晴

昨已决定入惠灵专修学校，为期一个月半，所携款子不敷，向桂祥兄暂易十元。于八时进校注册，学膳费二十三元，当付十八元，并购书籍三元九角。该校校长刘惠灵，教员八九人内外国籍二三人。校舍系平屋数十间，我等宿舍初在六号，因系向西，炎热不可居住，复搬至十二号。安顿既毕，函禀父亲，并附函康茂兄。我下年学费将由长德兄借我一百元。

闰五月十六日(7月10日)　月曜日　天晴

今日开始受课，教员变做学生，余初入B级。上午，文法，Mr Wan授读本，Mr Smith授颇觉深奥难入。虽苦学，亦难获益，由B级降至C级。课后，托校役购《英文尺牍》一本。

闰五月十七日(7月11日)　火曜日　天晴

我在C级则嫌浅近，B级深而难入，徘徨莫决。友柏兄见余如此情形，愿由A级退至B，余再由C升B，为此则同级，可以互相切磋，自能获益，心绪乃宁。上午未受课，在俞鸿羽君处早餐后，过商务书馆购书。又至宝山路商务书馆暑期编译部，访陈开懋兄，请致函宁波浔会中学邬华棠校长洽询插班事。午，返校。

闰五月十八日至闰五月廿一日　天连日晴明

此四日中，日惟咿唔咕哔，用心于功课，无其他事务。间仅写寄葛德贤、张康茂函各一，与往南站一行而已。

闰五月廿二日(7月16日)　日曜日　天晴

抽出时间写信三封，是寄北京小叔父、奉化岳叔及从兄，内容大致相同，皆不外乎申述我求学意志坚决，及现在所入补习学校的情况。小叔处，并与解释四年前家中未将其衣服寄京的原因。

闰五月廿三日(7月17日)　月曜日　天晴

分函次乾、颖之二兄,询问蓬麓下年教员和告自己所入学校,并托代向诸友好致意。暇录本校所订本级课程如下:

月	文法(王)、读本(Smith)
火	读本(S)、文法(王)、作文(S)
水	读本(S)、小说(李)
木	读本(S)、小说(李)
金	读本(S)、文法(王)、翻译(王)
土	文法(王)、读本(S)

余并拟自修,每日课程如下:

五一七	读本(《五十轶事》)
七一七・三〇	生字
七・三一一八	读本(《约翰生》)
十一十二	作文
一一三	翻译
三一五	文法
五一六	生字
七一八	参考
八一十	生字

闰五月廿四日(7月18日)　火曜日　天晴

由严圣华兄转知周荆庭兄始来我校访问,叙谈良久后,相邀同往彼寓(大马路德裕里志成号)。晚膳后,过汇利木器号,访德初叔,略叙乡间情形,并易洋十五元,回校。

闰五月廿五日(7月19日)　水曜日　天晴

向周庶务缴清前欠住宿费,复借冯、方二兄十元,所余元余,自感竭蹶,故衣服都系自洗,减少支用。晚饭后,偕胡、方二君过中华书局购书,时迟未得。乃过证券物品交易所,探俞镇臣夫子。复辗转至新北门积善街永康里二号其寓所,皆未获晤,始步行返校,已九时矣。

闰五月廿六日—闰五月廿七日　天晴

除受课自修外，无甚要事。惟今日来有友柏之友汪拊璋君，拟考北大，因友柏介绍与通姓名，谈些学问而已。

闰五月廿八日（7月22日）　土曜日，上午九—十时雷雨

叔父自京来函，语多激励，深为感动。午后，又偕长德兄同访俞夫子，先后凡三次探问，竟未获晤。仅访得荆庭兄，谈少顷而回，浪费时间，良深可惜。

闰五月二十九日（7月23日）　日曜日　天晴

长德兄已由家寄到款子，还我十一元。我拟先还德初叔十元，却未相值。乃复访俞夫子，告以来沪始末，慰勉有加，并指示我以向浸会插班为妥，先代函陈宗熙君接洽等语。三时，辞归。

六月初一日（7月24四日）　月曜日　天晴

光阴何其速耶，转瞬已半年过去矣。余年已弱冠，年富力强，正应坚苦卓绝，努力为学，勿谓今日不学有来日，今年不学有来年。试问自去秋至今，一年中有多少进步，余将何以自答。是以蹉跎岁月，老而无成，是人生最伤心事。余千万勿再自暴自弃，致贻后悔，勉之勉之。

六月初二日（7月25日）　火曜日　天晴

接昇弟来信，对我之求学，争取前途，表示无限钦羡，并以我之身体衰弱，切勿过度疲劳相劝慰，具见兄弟之情，溢于言表。

六月初三日—六月初四日　天晴

每念下年学费无着，辄焦灼无似，与长德斟酌商定，先由伊贷我五十元，我则加入其所纠三百元会一阄，坐一九各半。如是明年取得会收，即可作还款和明年学费。接兄明片，语句简略。

六月初五日（7月28日）　金曜日　天晴

读本教员 Smith 今日离沪返原籍 British Isles，其功课由周萃讥先生担任。周系美国哥伦比大学硕士，且系华人，反觉可以接近，较之 Smith 先生为更获益。

六月初六日(7月29日)　土曜日　天晴

功课深奥,非刻苦钻研不克有济。余应耐心学习,万勿因难萌退,更不必好高骛[骛]远,妄图虚名,须结合实际程度与经济情况,脚踏实地,稳步前进。虽无辉煌的成就,能得到实际的学问,即足以自慰,又何苦日坐愁城,作茧自缚哉?

六月初七日(7月30日)　日曜日　天晴

星期无课,清晨自修数小时,天气渐热,昏倦不支。胡、冯二君邀余出校散步,不知不觉竟至城隍庙,遂入庙一游。庙貌巍峨,神像赫赫,自无待言。庙之范围极大,商店摊贩,栉比满目,繁华丽都,他如医卜、星相、武艺、杂技,罗列皆是。动物园中山兽有熊虎,异禽有孔雀、白鹤以至蟒蛇之类,更有部分专事奇花异卉者也。有玩弄山鸟小虫者,岂仅五色缤纷,目为之眩,啾啾唧唧,为之聒耳哉。庙右有湖,广十余亩,湖中建亭,经九曲桥以达环湖,尽是百货商店。独亭中仅设茶馆点铺,游人憩息于此,啜茗进食,阵阵荷香,沁入心脾,几忘炎热矣。余等于亭中少憩,便觉心旷神怡,乃相偕出庙,至法界访俞、周二先生。原期与洽家中会事,因俞先生返奉,致未吐隐衷。归途参观本校预科(在方斜桥),并向东亚体专、美专索章程,返校。

六月初八日—六月十一日　天晴

数日内,每日受课,课外钻研自修,无事可记。仅于初十日课后,复致康茂一信,并往外一行,访俞庆棠,以回乡未值。访德初叔,还洋八元,余七元,与他说妥将于回奉后,交他家中。事毕,辞归。余须信守诺言。

六月十二日(8月4日)　金曜日　天晴

食物停积,胸腹饱塞者,十有余日,今日尤甚。诉诸懋熙,伊当赴小东门合利元叶祥兄处索得天中茶数包,二服之下,未十分见效,抑何效全验之缓耶?晚饭后,为消化食物卫生计,随伊等同出校外散步。向北行不数步,至一枝春,顺便对慈善券,五彩内未中,返校已八时矣。

六月十三日(8月5日)　土曜日　天晴

上午,接胡颖之兄来信一件,内所述者:(一)为将来入学之方针。(二)蒙爱我之深,略感上学期余之对蓬麓事。(三)下年接任务者为毛希庚君,系师校毕业。接信后,余甚为蓬麓幸。

六月十四日(8月6日)　日曜日　天晴

下午,因胸腹不舒,有碍卫生,偕懋熙同至小东门合利元访桂祥兄,未在。查所赴处系小世界,乃思既来此掷光阴,未得效总非所事,竟入小世界,探之果在,乃略座观戏半晌,以资憩息。钟五下,同来倩伊店内,洪医生诊视,说余忧郁过甚,精神衰疲,宜善为修养之,由伊开方一帋,桂祥兄当为我配药剂。留晚饭后,返校。中途对彩券,五奖内未中,小奖尚需对号单对之。回校已七时余,翻译一章,就寝。

又是日下午一时,接振亭兄来信,亦为我定方针也。余深感排溪一般朋友之爱余,而且属望殷切,余当如何黾勉而不失他人之望也可也。

六月十五日(8月7日)　月曜日　天微雨

中心焦灼,病波泛滥,余甚惧其加深也。下午,作信一件,寄家为安慰,及告下年行程。内附陈毓楠君一件,为告蓬麓经过事,该信是托锡庆转递也。晚间,出校后街散步,经一票行,对前买慈善券,中头奖末尾一字,得洋四角。二角复买湖北券一张,于明天开彩,二角携回。

六月十六日(8月8日)　火曜日　天晴

上午,买药炉一只,命茶房煎之,服二剂,见效与否,固不能如是之神速,且俟明天将有变动也。下午,接钦唐君来函,谓所欠之款目下无着,再约一二月。余之应需,只得另行设法也。

六月十七日　无记

六月十八日(8月9[10]日)　木曜日　天晴

频日以来,忧愁成疾,加以胸腹不舒,若不预为修养,其将入于膏肓也。经冯、方二君竭力劝告,始慰吾心,且应速作预治计,乃弃书休息。午前十时,偕冯、方二君访陈开茂先生。行十里许,始抵伊寓,告以详情,幸蒙垂爱,许我们鼎力设法,日后倘得玉成,自当感鸿恩于靡涯也。钟一下,辞出,进点心。复扎发,经大马路(买扇子一),至小东门合利元再请童先生打方一。五时,回校。晚饭后,自出至校后街奚长春堂包药后,回校。

六月十九日(8月10[11]日)　金曜日　天晴

午后二时,服药一计。三时,又服药一计,明天或可见奏效也。晚饭后,复偕懋熙至校后陆家浜街冯天保包药,其药较昨为优,此因系懋熙识之也。归校有同学某 M Class C 者向余借去《文法》一本,预言明天还我也。

六月二十日(8 月 11[12]日)　土曜日　天晴并起飓风

晨,昨借《文法》者来还。午前十时许,德哥商诸校长留本校二级,伊已抱定主见,拟下午搭轮返家筹费云云。

午后,服药三次。钟三下,送德哥赴宁绍码头。不料近日因天文台报告起有飓风,停止开船,因此当时返校。

六月二十一日(8 月 12[13]日)　日曜日　天微雨

午后,因德哥决欲回奉,复与同往宁波码头,查问后据说甬兴今日开,宁绍系明天开,甬兴船身较小,加上今日风浪大作,坚劝德哥不去,伊从之。至善利全买绥远券一张,后天开彩,是与德哥合买也。二时余,回校。晚间,得胡友柏指教代数,颇觉有趣,以后可依法就道也。愿余悉心研究之。

六月二十二日(8 月 13[14]日)　月曜日　天晴

上午,翻译告完,即用心于别项书本。下午三时,送德哥下船,同至宁绍码头,搭三楼统舱,叮咛至五时而别,回校。

六月二十四日(8 月 15[16]日)　水曜日　天晴

晚餐后,散步河干,吸受新空气,望海中行舟以解忧。身体、学问两有所得,不其懿哉。旋至奖券店,对绥远票未中,即回校。又昨曾服药,生军二 K,元明粉一 K,今日见效。(今日为余作英论之第一日也,是不可以不记。)

六月二十五日(8 月 16[17]日)　木曜日　天晴

上午十时,接家信,内叙及今年奉地又遭水灾,损失情形与去年相轩轾。呜呼!哀哉!目虽未亲击此境,而耳闻即心伤,何近年人民之不幸也一至于斯极耶?阅信后,唏嘘良久,并同时接到德兄家信一,由余代为收下也。附记:家信内提说锡康、荣桂曾考过高小,甚慰,甚喜。

六月二十六日(8 月 17[18]日)　金曜日　天晴

上午,接大兄信一件,由亭下万生发,内开首询求学情形,并甚有盼望于余。余可不较人特进一层而用功乎?岂可负亲族朋友属望之心乎?愿余毕生勉旃。

次段述此次灾情，以刿源为最惨重。一阅之余，不胜伤感，几为泣下。余叹近来人心不古，世风日薄，蹈此灾难，非上帝之示赏罚乎？吾竟不知将伊于胡底也。吾今而后，又当倍添改过为善之心，且须坚持以到底，余不负斯愿可也。

六月二十七日(8月19日)　土曜日　天雨

黄叶声多苍苔色，死风渐渐以潇椟，雨凄凄而入户，炎暑已去，大有新秋之景象。时序催人为学者，能不急急乎？余其思及之。

上午十时，接德哥由甬大同发信一件，展阅之，内说伊曾已返家，因踌[筹]款维艰，改易方针为浸会或斐迪二处，是又可得同伴矣，余甚所愿焉。下午，阅《申报》，见有甲商银行科招生广告，该校校长系新宁邝富灼，限一年毕业。余因思或者可作为后盾，固是写信一封索寄章程，谅明天可到也。三时后，中心焦灼，抑郁无聊，盖为经费方针两相廹而生也。爰步出校外，作赴十六铺游，聊解一时之郁结。一面祷告上帝，默佑吾身，略赐财运，使我上达，兼轻我家负担。祝祷之下，到十六铺，又向善利全买热河彩券一张，后天开彩，愿不失余之望也可。

六月二十八日(8月20日)　日曜日　天乍晴乍雨

辰维庚申，余先母第九忌也。呜呼！余不见母亲之形影已十八月，以日而计之，足有五百四十日矣。慈爱我母，慈爱我母，竟舍儿辈，永久而不复再为我一见耶？哀哉哀哉。余之心其何曾一日不在我母之灵侧也。今日为忌辰，以此二字，挂在心头，更加哀切，珠泪滴滴，从肺腑而流出，葳蕤竟宵，怅然若失。下午，更形抑郁，心神咸疲，倒榻而卧有顷。复强起阅《文法》四小时，力竭不能支，乃复倚榻。晚饭后，握管记此，较常早一时而就睡。

又日是下午，曾发一声重雷，降大雷，附记之。

六月二十九日(8月21日)　月曜日　天晴

《约翰生读本》于上午完。下午，涤衣二件，藉以养脑片时。又午刻及傍晚，雨。接《南洋甲种商业学校章程》及报名单，余且俟浸会试过后，再行定夺。晚饭后，出而对热河券，未中五大奖，然尚存望于明天对号单也。

六月三十日(8月22日)　火曜日　天晴

岁月迁移，何其速也。倏忽半载过去，明天为七月一日矣。上年七个月总计二百有十日，其间品学之进步，付诸缺如，可慨也。夫今为学生矣，为一生之应经过与困难激战时代也。若不茹苦含辛，自问可乎？勉之哉，勉之哉！

上午，接德哥来信，略为关于动身时整理事项。下午，偕懋熙同赴法界，买安徽副券四张，明天开彩，愿有望也。

七月初一日(8月23日)　水曜日　天晴

今日为月之朔日，月新矣，吾之学问，其新也否？当自问而黾勉之。下午，为对安徽及小世界券，至城隍庙走一圈，安徽得中末尾两张。钟四下，回校。

七月初二日(8月24日)　木曜日　天晴

下午，至善利全，领奖洋四角，内二角与懋熙君再合拼河南正券一张，系明天开彩的。旋至城隍庙，替懋熙买嗣林一本后，至四川路访周国锵君，说家中纠会事，伊只允半会，倘可改小或可全会等语。继辞出，至大马路汇利，又向德初叔借大洋三元，合前又为十元，统于返奉后还其家中。旋出，访荆庭兄，原拟辞行，适外出相左，仅晤乃兄子平，略叙告别，托将去意转达而已。

七月初三日(8月25日)　金曜日　天晴

补习期满，校长给修业证书。余因患病旷课二十小时以上，不给[给]毕。匆匆整理行装，除被一条留借友柏外，余皆携归。于下午一时，即搭宁绍轮返甬，五时半开，拥挤嘈杂，全夜未得安睡。

七月初四日(8月26日)　土曜日　天晴

六时抵甬，将部分行李寄放金利源钟表店后，即匆匆至外濠河，搭新甬川轮返奉。船中晤佩琦、五桂二兄，叙谈不感寂寞。船抵西坞，早有表弟岳松候挑行李。乃即相与偕至后方，用过午膳，三时到家。向父亲禀知在校情况后，访长德，偕往显承校，获晤舜耕、国成、显邦、成棣诸友。又访岳叔，皆与商讨下年之方针也。

十一月初三日(12月20日)　水曜日　天晴

晨起，至北车站，将行旅车至四川路51号寄好后，乃走东横西理杂务毕(北四川路伊文思员署，访兄友汪君宏瑞等事)，回三泰栈。傍晚时，汪君宏瑞来邀余等至四马路宁波馆晚餐，良友盛馔，兴殊非浅。餐毕，复同至新世界一游，其中布置装景无异于前，然公园之间百卉不芳，孤松自秀，睹此触怀，能无百端交集乎？

是晚，正在剧中，长兄稍不留心而洋格被扒去，甚为不乐，幸为数不巨，尚堪自戒，然而亦足以警惕未来也。

东骋西驰，增广眼界非浅，俯听仰视，长进见识殊深，乐趣珍之。是晚，直至十二时始出，复至四马路广东馆茶点后，于一时回寓。

十一月初四日(12月21日)　木曜日　天晴

晨起，至四川路孙君寓所，略整行装。同时在叔书箱内取书四本(《翻译金对》,《增广英文法》,《纳氏文法》下，Citiyen Reader)，及一一整理毕，回栈。午膳既毕，同诸弟妹及叔婶等乘车至宁绍码头，是日系甬兴轮，待伊等均下船(搭在官舱三号)，余乃与大兄遍游一周。该船较小于宁绍而房间窄狭，空气混浊，殊不适于卫生。游毕，复出船，同大兄趁电车至北河南路德康祥汪君处辞行。仍趁电车回船，六时由沪开。是晚，余与大兄寝在三楼统舱。

1923年

十一月九日(12月16日)　日曜日　天晴　寒暑表四十六度

家中差人送来函一件，启视之，乃叔教我投考商务书馆函也。回家，搜《申报》不得。时松章叔、康茂兄均在，见桌上又放着小叔寄来的邮局招生《申报》，叔真爱我，千载良机，愿得成功。父亲及大兄皆在。晚饭后，共叙家事有顷，并向叔借来契格一只，向家领取二元五角作明天赴申川资。

十一月十日(12月17日)　月曜日　天晴

晨五时起，告别父亲，作远行人。匆匆至庙后周，复告别董、吕二人，急行到西邬，而轮已早十分开矣。乃在福康如章兄处逗留半天，下午乘轮来甬。胡君宏仔同舟，共谈心曲，不觉寂寞，并蒙代付川资，殊多感谢。抵甬埠已四时，快跑至江北岸，上海轮未开，乃搭甬兴轮上舱(四号茶房，船资六角，茶资三角，饭另用计三角，记以备查)。同榻得姜山陈钊宝兄，谈述世事，藉以解渴闷也。(又上午接小叔催信一件。)

十一月十一日(12月18日)　火曜日　天晴　寒暑表50度

晨五时抵申，离轮埠独行入合利元。早餐后，桂祥兄陪我买彩券后，复行至外白大桥，趁六圆路电车到北车站(红屋一间，在沪宁车站旁)，趁车来张华浜(十点二十五分开车，资一角二分)。车行半点后，即到入电报局，时适小叔在。

一一询问毕，命余来寓午餐，约行二里许抵陈家宅，即叔寓所也。入门，诸弟妹喜笑迎入，见婶母，具告来由和奉地近状罢，乃午饭。既毕，复至电局，时小叔已为我代缮英函一件，余旋而录之，复阅书有顷，来寓已七时矣。晚饭后，又谈说杂事二小时。九点，寝。

十一月十二日(12 月 19 日)　水曜日　天晴　寒暑表 52 度

上午，同小叔至吴淞镇一走，该地街市仿佛奉地大桥。余先将挂号信和澄书及寄永镇校信付邮，后再售买另物回张华浜。途中与叔商量借款，因目前无钱，不得如愿。

吴淞距上海约四五十里，中间七站，张华浜乃由上海开第四站也。东滨黄浦，西有铁路，交通便利，机关林立(有海军医院、税关等)，诚一完良市镇。惜乎民房都系平房，道路不洁，至为憾也。转运均用小车，女人天足，皆在田耕种，却如男子一般。地亦有榨乳为业者，其牛系外国种，询其价，则曰每只需洋三四百元，食料每日需洋五角，出息每日二元一只，此项实业堪称发达。此该地风情之大略也。

十一月十三日(12 月 20 日)　木曜日　天晴

晨起，授弟妹国文三课。早饭后，小叔交我川费贰元。九时许，拜别了叔父母和诸弟妹，伊等若甚亲昵，牵我衣裾，我深有感激。六七龄之儿童，其亲昵竟至若斯也。日期所限，又不得不行，卒于十一时二十分离吴淞，十二时许抵申。先至四川路访周天健君，问到他的同事，说已于二月前病故，可胜悲叹。乃即向伊同事略问数语，大致谓薪水项下，邮务生则一年半加三元，考试大概英论、中论、地理、英算等项。既出，复至商务书馆索阅仪器、标本、传习所简章后(练习期四月，不出书籍，杂务并津贴余五元。练习期满后，派各处实地练习，薪水同职员)。复问他书局购书(《呐喊》)不得，至法界对前买彩券，未中五彩内，复向善利全添买一张毕，再购售零物，乃搭新江天轮(下舱船费四角，茶房被费三角)价去甬兴远矣。是晚，人声嘈杂未得安睡，时而思索，时而阅书，在海上经斯长夜。

1924 年

七月七日(8 月 7 日)　木曜日　天晴晚微雨

晨刻，舟抵上海，邀宝兄先访松章叔于邬子豪先生寓。用过早饭，请伊作一介绍书，代赋竹岭小叔翁写。相邀至商务书馆印刷所，呈该函于宝兄的从兄毛文银君，得到的结果还是称顺利（允许鼎力推荐及投考时效力）。旋由松章叔同学汪成模君作伴，遍游印刷所，其机械之精巧，工作之人数，令人难写。五时余，乃出。同汪君访方训茂君，相邀至大马路用点，入法界共舞台观戏，男女合演，布景新巧。今晚实得见所未见，中心愉快得很。十二时，始归法界民国路邬志豪君家中宿也。（又今日午膳在董梦昌行内。）

七月八日(8 月 8 日)　金曜日　天晴

早饭罢，三人相约赴吴淞。至则小叔因事赴沪，不得已，静坐室中，阅书以消遣，或与婶母谈话，或出马路上闲眺，至晚饭后始归。更觉有趣，谈至十二时始寝。

七月九日(8 月 9 日)　土曜日　天晴

上午，谈叙琐事。下午二时，松章叔因心急告辞先行，余二人仍宿吴淞。（向小叔借洋二元六角。）

七月十日(8 月 10 日)　日曜日　天晴

上午，阅杂志半天。午饭后，告辞叔父母，搭车返沪。下车后，先至宝山路毛文银君寓所，亲口自荐，得到更好的一个结果，好像有多讲一次的效力。旋出，途遇汪成模君，说已为我代刊名片，当时付洋七角，刊就后，邮寄家中云。分别后，至牛庄路益泰铜器店宝玉表兄处晚膳，既罢告辞，蒙送洋铁碗四只，甚感。旋至永安对面醒醒社访绍祖君，问伊借洋三元。又蒙伊优待，伴我至大舞台观戏，布景胜于共舞台，更觉有趣，至十二时始回，伊店内宿也。

七月十一日(8 月 11 日)　月曜日　天晴

上午，首途至东方大学索章程，继向各铺购买另星什物。午饭后，觅宝玉兄，因伊昨晚有事他赴，既得伊说有事暂留数天云。余乃别伊，下新北京轮船时，还有叶林兄同送下船，旋两别。余满望明天到家，不料枝节横生，因天文台报告，今日风势甚急，船不开了。不得已上船，仍把行李寄在民国路。出访至南市福康祥访邢贤初君，盖余往此店为余从弟益康学业之预探者。贤初君甚为优待，伴我至小世界逛游，该游乐场风物布置无异夙昔。十一时，因倦辞出，归邬君豪家宿也。（日间在轮船时，晤竹书、颖之二兄，盖伊等由杭州回奉也。）

七月十二日(8月12日)　火曜日　天晴

上午,寂寞无聊,游行街市,添购另物。用午饭后,下江天轮,正想其鸣笛之间,不料停开之声浪又传到耳鼓来了。俄顷,其事又成事实,正踌躇莫法之秋,不期然又遇到颖之兄,乃相约往吴淞,伊亦乐从,于是复寄行李于邬家。于七时十五分搭车同至吴淞时,暮色苍凉,明月高照,野景海风,殊令人领略之畅快无喻。抵叔家用晚饭,杂谈一切。十时余,寝。(上午,至大马路拍照,托绍祖后日邮寄。)

七月十三日(8月13日)　水曜日　天晴

上午全半天,阅倪贻德所编《玄武湖之秋》小说一册。午饭后,又想回来,先到吴淞海关查问,据云,风浪比昨尤大,恐难有希望。于是两人决定主计后,回小叔家,伊从事草写小说,余则仍续阅《玄武湖之秋》。晚寝较昨早。

七月十四日(8月14日)　木曜日　天晴

上午,阅书至十一时,用午饭。既罢,别叔父母,相约趁车回沪到法界领取行李,搭江天轮。当晚四时半开船,幸向泰东图书馆买了几册小说,是以颇不觉寂寞。十二时,入睡乡。

九月十四日(10月12日)　日曜日　天雨

上午,收成兴刿社捐款一元,付绍祖还洋三元,借自沪上。

1925年

三月初八日(3月31日)　火曜日　天阴晨雨

晨四时即起,一切预备周全而行。时二弟并未作依恋之态,于此见其胸中,昂藏无限勇敢。动身已迟,路上奔涉,甚为劳苦,自思做事欠急,至此自责不已。待抵轮埠,幸距开船时间尚远,心乃大慰。入房舱,晤仇立勋君,伊系往河南开封,琐谈一切,颇不寂寞。俄顷,客有自张俞来者,滔滔谈该村昨夜掳人之案,殊胜寒魄,当编做新闻一则。十时四十五分,抵甬,当由舢板船渡至江北岸,搭甬绍轮统舱(在二台格),当将行李交卸茶房(叶根)后,至新大。长兄应接,颇为慇懃,伊把昔日争论之迹,像煞毫无挂碍了。余则胸中,仍不免稍有嫌弃的存在,自思实胜惭惶。饭后,同往《宁波报》、《时事报》、《四明报》投稿,四明并领来访薪壹元。旋复归船一趟,再陪二弟同至火车站等处一走。经过银章叔故寓,感到我丙辰出门时的情形，潸然泪下。沿途与兄并谈些家务，语言肯挚，不无感激于中。四时许，仍回船，长兄亦去，船即开。余谆谆劝告二弟将来为人之道有顷，旋因力倦，阅书少顷即寝。

三月初九日(4月1日)　水曜日　天阴而微雨

晨四时四十五分抵申，登岸，行李雇担夫肩以同行。过外滩太古洋行时，突遇扒手三人。面目狰狞，先交我纸烟一枝，余辞不受，其中一人即饱我老拳，出言凶厉，急忙叫我给他烟价洋壹角。余给以铜子不受，后给以角子一角，他夺而说不好，乃复给以二角，又夺去。当时前后无人，性又慌急，遂叫二弟前去管住行李，他又频索大洋，如三角同盟的将我围住。余实出莫法，乃复给予二角，差幸同时有人自远而来，始得脱。否则，恐将洋格夺去，完我所有，其实还是不幸中之大幸。唉！世风浇漓，獉狉横逆，殊堪痛恨。余自十五岁出门以来，此后来沪宁往来，不知凡几，这种岔子，频有所闻，不计于今日亲历世险，殊胜惶骇。脱此后，即挈弟奔至大马路醒醒社询绍祖兄，他因昨晚有事外出未归，不得已，将行李暂寄该店，同弟复至南市福康祥看锡康。他一见了我们，备极亲爱，泪珠儿盈眶，差不多要放声大哭了。我睹此情状，心里感到百廿分的悱恻，不过只得硬住心肠，来劝慰他一番。用过早点，辞他行了。此时我看他的面上，更显出一种可怜的形容，他的心是更不知怎样了。

别后复至醒醒社，邀绍祖陪荣桂进店。他的先生看看尚稚，恐不胜劳苦，再三向我叮咛。我以实情告知二弟，询其主张，他实实地告诉我“终能耐苦”四字，我于此看到他倒有很有做人志向，乃尽进店所应该经过之各种手续后，用午饭，同时我切实托他先生一切，他唯唯。饭后，我辞行，勉告二弟，“耐苦”、“勤俭”一番切实话，他均唯唯受命。乃复交洋三元，以作另用，向各店友辞而出，来北站乘车。沿途百感迸集，思家境中落，兄弟不能继续读书，余蒙祖上遗泽，叔父培养之恩，今日尚处不下地位，先前人无经过什么苦楚，较之眼前二弟之情状，实觉天之已厚于我矣。我可不战战兢兢，力自奋勉吗？四时余，到张华浜叔父住寓，因去年遭逃兵抢劫后，现搬住电局相近小屋内。入室，见婶母弟妹毕，备述此次来由。时小叔往上海亦返，叙谈有顷，晚饭。饭后，与说家中情形好久，就寝。

船抵申时，眼看码头上棺木累累，跳板架其上。男女践踏，货物堆其上，担脚水手等，不顾良心的随便奔涉蹂躏其上，于此，想到我银章叔叔棺木还在浦东哩。将来不是也要经过吗？为之伤心，又想到在此以内之累累尸骸，安知不俊俏的，风流的，也和今日之熙熙攘攘一般男女同样者吗？曾忆《石头记》里有两句话:美人即是骷髅,骷髅即是美人。思念至此,不禁发生身世沧凉之慨,所以我平日不愿学时髦,学风流,看破一切,主意实在是真切的呢!

三月初十日(4月2日)　木曜日　天阴而微雨

晨,小叔因料银章叔案,仍拟同去。旋因局里同事邵君调往别处,致不能了,余遂决意搭车回家,因叔父母切实的挽留,致又停住。全天无所事事。

三月十一日(4月3日)　金曜日　天雨

晨起,狂风疾雨,冷气袭人,冷如寒冬一般。邵君于七时徐行,送者数十人,火炮万千,洵足荣耀。查伊此行,调往军营办事,故人多羡奉,世态炎凉,固所如此。苏秦谓:富贵功名,盖可以忽乎? 此言洵不诬也。午饭后,余告辞叔父母弟妹等,同时复与小叔订明集会事,伊切实允许坐定第三。再询我能否在淞教书及电局账职,余答以如薪水较胜,自所如愿,伊说当为我徐图之。三时许,趁车到沪,□时□,搭北京轮返甬。晚,风甚大,荡漾于浩波之中,未曾熟寐。

三月十二日(4月4日)　土曜日　天阴

晨六时下船,入新大早饭。饭后,偕大兄搭奉化轮回来。

五月十四日(7月4日)　土曜日　天晴晚雨　寒暑表八十一度

沪汉惨案交涉尚属毫无把握,而沙面相继流血,尤甚于沪汉。帝国主义之强暴,一之为甚,其可再三,屠戮不息,将无噍类,后顾茫茫,何堪设想! 每一念及,悲痛欲绝! 自维力薄能鲜,无补于事,竭掬此心,惭愧奚极! 惟有默为祷祝,期望交涉胜利! 倘或一旦应用,自当效命也。

1926年

正月十一日(2月23日)　火曜日　天晴

早晨抵沪埠,解维登陆,首访锡康,相邀同访竹书兄等于新旅社后,至益泰午膳,与荣桂谈多时,久别昆仲,亲爱异常,察其隐情,似平日不胜其苦者,心中固怜惜之不暇,亦惟有劝勉之而已,旋告辞而出复别锡康,访绍祖谈数语,又访德初不晤,至新旅社,与竹书兄同至菜馆晚膳后,复问各处售物许多,归新旅社寝。

正月十二日(2月24日)　水曜日　天晴

九时许,杂务已毕,动身往吴淞探小叔。

晚本想回沪,因小叔等挽留,遂宿焉。

正月十三日(2月25日)　木曜日　天晴

上午由吴淞返上海,东奔西走,备受艰辛,零物售罢,行经法界某旅社,门外张贴相命朱雀嘴之广告,乃入询,其后批命一纸,大略谓诸难已去,从今渐入佳境云云,旋辞出,至宝成提庄访邬志豪先生,出崧甫先生函以交之,阅后谓余曰:此事余绝对赞成,惟进行各方,须请庄老亲来沪上面议云云,当有函复庄翁,旋复,谈话有顷,再至绍祖处,邀余入菜馆晚膳。

饭后,独游新世界,光怪陆离不胜述,至十一时回绍祖处寝。

正月十四日(2月26日)　金曜日　天雨

晨整理一切,盖预备今天返甬,早膳后,至新旅社,送伊等下船,继访德初叔,与商孤儿院事有顷,蒙极力帮忙,叙罢,回醒醒社绍祖处,略憩,独出用过午膳,携行装下宁绍轮,铺位既定,交以行李后,复至锡康处取衣服尺寸单,回轮船,移时,晤德沛叔,知姑婆亦返奉,搭在下舱,乃同至伊处,谈至开船时,始与德沛叔别,始知伊受经计压迫,近状甚为可怜,别后思之,心窃为之凄恻也。

二月廿九日(4月11日)　日曜日　天雨

晨由鸿昌用早饭后,别大兄访洪民先生,托以问丁忠茂先生接洽孤儿院事毕,匆匆奔至轮埠,下轮返家,抵西坞适天雨绵绵,牵衣赤足,至十二时始到家,宝兴兄在,用过早饭后,与谈片时,乃至初中,印就通告开筹备会日期函,所有沪甬二埠及县内远处各函,均寄出,至六时余始归家,晚完全其余未发函件,寝十时半。

三月十五日(4月26日)　月曜日　天晴

晨四时起,用过早饭,俞叶宝来,盖崧翁嘱伊相邀也,乃与之同道,小船中晤徐圣范、董尊望二兄,谈孤儿院事至二时之久,均轰轰然有热烈之同情。午饭在鸿昌。饭后,至和济访孙表卿先生未遇,乃打一电话询到沪日期,回话谓明日即行,遂告别至江北岸探张乐尧兄谈多时,又至商报馆领访薪,因闭歇停给,可恨殊深,一一罢,下甬兴轮,因连日奔走,疲乏已极,用晚饭后即熟寐,颇舒畅。

三月十六日(4月27日)　火曜日　上午阴下午雨

早晨到沪，首途探绍祖，用早饭，饭后至振华旅馆访崧翁未遇，转至芝罘路陈滋先生处，果在，由伊开名单一纸。访志豪先生未遇，与培因谈多时，语意中似周芾南先生对此事未表赞同。旋出至新学会社午饭，饭后探葆庆谈有顷复访志豪先生承认会晏日准到。又出访康锡祥先生，未遇。探芾南先生，责余事始未与磋商，似拂伊意，经余伸明探而未遇，并抱歉后，始转语气，结果承认会晏日到席。乃出至北车站宝山路复探锡祥先生，因已探崧翁去。即出趁车至吴淞宿夜。

三月十七日(4月28日)　水曜日　天晴

早餐后，与小叔洽实明天至席事后，即返沪，至新学会社午膳，膳后同崧翁探志豪于状元楼，至则邬挺生、何鹿山、李春和诸君均在，当经伊接洽明晚会晏事，均许到，旋出，同至奉化同乡会，与芾南先生接洽后定实地点在消闲别墅，当即发帖付邮，近处如南京路、二马路一带，均亲自送去，事毕，探葆庆兄，谈片时，被邀至状元楼用饭，饭后，与别至新学会社同楹书兄讨论明晚会晏事多时，伊谓在上海方面，知事实有重大关系，非到不可，明晚还是先行讨论，至下次捐款为是。伊在沪多年，此全系经验之谈，想亦不误，拟明天与崧翁商榷之，谈后回至醒醒社寝。

三月十八日(4月29日)　木曜日　天晴

晨起盥洗毕，即从事奔走至何绍庭、何绍裕、舒敏之、王廉方、江良通诸先生等处均绝对赞成，允许今晚准到，等奔转已下午四时，回新学会社知表卿先生已到，随来者有王大波、张乐尧二君，六时许至消闲别墅，俄顷络续到齐，除日间所接洽各人外，尚有邬志豪、周芾南、康锡祥等十余人，开始互叙寒暄，及后论到此事，过蒙庄、孙二先生称誉，殊属愧当。所宜力奋余志，以慰诸先生之望。席半由何绍庭先生提议分队募捐经费赞成，即纷纷认定并推定才有康锡祥、孙性之、何绍裕、何绍庭、邬志豪、何耿星、张云江、邬挺生、竺通甫、王才运、陈基明、孙经培、周炳文、王廉方、陈益钦、郭永澜、江良通、孙梅堂、袁履登、徐景和等廿队，每队五百元已足一万元，此外无力认队，愿捐册者亦不少，总之上海方面可约至一万二三千成绩，不可谓不佳矣，事至此，成功可待，只须余更加毅力，血心到底可也。七时许席散，回新学会社，与崧翁讨论，崧翁谓明天当拟同孙翁赴未到席诸君处劝募，以冀愈多愈好，命余赴镇江、苏州、龙华各处分捐册，余拟后天去之。待回醒醒社时已十一时，作函三件，一寄汉生先生，一寄毓校兄，一寄小叔，均告此事。寝十二时余，因连日奔走，疲乏殊极，加以今天早午二餐为忙迫不曾用过，内部殊觉受伤，晚睡甚恍惚。

三月十九日(4月30日)　金曜日　天晴

早起，盥洗毕，即赴新学会社用饭，饭后同崧翁分捐册，先至陈滋处，继至王益泰，捐册未受，自捐洋一百廿元，旋出复访陈基明先生认捐而未说明数目，在伊家用过午饭后，转至玉振堂舒敏之先生处，承受捐册一本，谈片时，回新学会社略憩，崧翁回去，余乃至醒醒社，因身体疲乏殊极，不能复支，卧床三四时，起后，承绍祖兄之邀至状元楼用晚饭。

饭后入新新公司游艺场游览，其装置之丽可谓巧夺天工，布陈之多，有笔不胜尽述，总之此景此地，何异天堂，然而其中之各种戏剧，实足伤风败俗，又(尤)其裸体跳舞(俄女)引人入邪，青年男女，每因看此而失足，贻害社会无所底止，所当厉禁也。环想俄女国，地大民众，既以频年天灾，又以内政不修，致贫弱无告者，在国外营此羞业，国体沦丧已所不计，可慨也夫。愿我中国人民，观此而能感念及是，则裸体跳舞或稍收效益也，观毕，已十一时，急归醒醒社寝。

三月二十日(5月1日)　土曜日　天晴

早餐后访葆庆，适表卿先生与乐尧兄均在，因邀复与访敏之先生，托写对屏各一，蒙爽然允诺，旋出，与同访康锡祥先生，承带领参观印字室、编辑部、铸字室各处，诚感及机器之神速，范围之广大，令人如痴如醉，观毕告别，送捐册一本，旋复至醒醒社探竺通甫君，谈多时，至十一时许，渠等去，余乃独访德初叔，用午膳，膳后亦交与捐册一本，复向伊易洋拾元，盖作来镇之川资也。

十二时四十五分到北站，车已开，静候三小时，至四点钟搭特别快车来镇，旧地重行，感慨良多，九时许抵镇江，探听城门已闭，不能入，不得已，乃入城外迎宾栈投宿也。

三月廿二日(5月3日)　月曜日　上午雨下午晴

晨用早饭后，交次乾兄捐册一本，告别，搭车至苏州已下午四时，入城至高等审判厅谒叶轩先生，承伊十分优待，邀至酒楼用过晚饭，复回厅，与叙孤儿院事之经过并请襄助，亦荷允诺，遂交捐册一本。告别至车站，搭特别快车回沪，已九点五十分矣，趁电车至醒醒社寝，已十时余，连日奔走，仆仆风尘，戴雨饿腹，艰辛备尝，以致劳乏过度，晚睡颇觉不适。

此行也，江南之语言风俗，民情习惯，略知大概，不惟有益于公益，抑且增长地理上之学识，诚一举两收两得之效也。

三月廿三日(5月4日)　火曜日　天晴

晨访表卿先生于谦吉旅馆，告以往镇之结果后，复与讨论进行方法多时，十时许，与同至新学会社，检查捐册，用过午饭，复访孙经培先生于三山会馆，与议此事，承许襄助，遂回，表卿先生即行下船返甬，余乃至何鹿山、余化龙、周芾南、邬志豪各处分捐册毕。探葆庆承邀至神仙世界作半夜游，至十二时始归醒醒社寝。

三月廿四日(5月5日)　水曜日　天雨

上午计分捐册有何绍庭、何绍裕、徐圣谟、任常毅等四本，探舒敏之先生不遇，何耿星君以未曾有接洽不肯受，孙君孙先生认一百元，各方毕，回新学会社午膳，膳后与楹书兄讨论良久，二时许复奔走各方，如袁履登、司徒克秋等各处均未遇，及送至董一峰，得承受。旋以天雨如注，道路泥泞难行，袜履沾污，颇为苦楚，差幸至醒醒社甚便，略为整理毕，访江仲权先生，未受捐册，允许量为捐助。继又询及登声舅父通讯处，承伊同去，得免拷问之苦，在伊处畅叙至三四时之久，回醒醒社已十一时矣。

三月廿五日(5月6日)　木曜日　天晴　立夏节

晨起，适姑丈至，相伴至新新公司一行，旋即出交捐册一本托转交赵次胜先生，乃分途行，余遂至新学会社作函一件寄次乾兄，告别后之经过并请转托象峰先生帮忙事。作函毕，与周世棠论此事，承许帮忙，复与楹书讨论良久，极承指教一切，殚精会神，应至尽至，殊属热心之至，用午饭后，搭车前往龙华，约一时许始至，入其寺，宫殿庄严，楼阁重叠无数，花木清幽，佛像巍峨，诚壮观瞻。游毕，得询兄松增和尚，极承优待，用过茶点，复承领游全寺各处，范围颇广，临别交捐册一本。至龙华上海孤儿总院，承院内教员带领参观，得知其详：男女孤儿计三百余人，全院洋房十余幢，内分工艺多科，花园果园计广数十亩，每月用费需洋三千余元。游毕出院，带来报告册二本。复回龙华寺搭车至沪访司徒克秋仍不遇，至绍祖处易洋五元作买带伙用。旋别访汪宝棠先生，商以此事，极承赞助，遂交以捐册一本而别。至美球钟表号晚膳并请修表毕，回醒醒社。

三月廿六日(5月7日)　金曜日　天晴

上午访毛濂卿、江良通、张南华，均分以捐册，探郭永澜、王涨兴跋涉十余里，未遇其一，殊为憾事，不得已，返新学会社，用过午膳，同楹书兄至大马路购物毕，入醒醒社取行李，辞别绍祖兄，复至新学会社别诸君，搭车下宁绍轮，因伴谈无人，遂展读古文至晚始寝。

三月廿八日(5月9日)　日曜日　上午雨下午晴

此次往申合计用去川资十三元。

八月十六日(9月22日)　水曜日　天晴　寒暑表八十五度

上午访颖之兄，相见之下，倾谈积愫，甚为有趣。间又论及剡社之应整顿，并有王秋程者，沪上一巨商，愿加入，托余赴沪时洽之云云。

八月二十日(9月26日)　日曜日　天晴　寒暑表八十五度

由参会晚饭后，至文聚校，颖之、竹书兄均在，竹书兄谓楹书兄已回，沪上捐款，须速去进行，迟恐多变，因此回来后，全夜忧忧不成寐。

九月十三日(10月19日)　火曜日　天晴

晨抵上海，即至锡康处，交以衣服及零用洋三元，乃出至大马路醒醒社，会绍祖兄不在，乃复至新学会社访楹书兄，伊谓沪上时局如此紧张，孤儿院事进行恐又非其时，闻此焦急万状，继又接表卿先生来信，谓于十六日可到，余当有函覆，询其可否进行且候伊回信到后定夺。旋出至闸北虬江路九如里六十一号行德配叔处，适叔不在，与婶母谈运柩事后，伊即询仁济公所办法，余当为代询之，午饭罢，即至八百五十九号王益泰，此处房屋系伊新造，隆楼高厦，远胜于旧屋多矣，与宝兴兄略作谈话，晤孙明立兄，托以照料二弟事，伊唯唯，旋复为弟略作整理衣物后，即行至美球钟表店，换毓校表，代洋一元三角二分，用过晚后，辞行至英卿处，略作休憩，与同至虹口塘山路元吉里宁波旅沪同乡会第八公学徐季球兄处，畅谈开发，九时许寝。

九月十四日(10月20日)　水曜日　天晴

晨别季球访宏儒，叙别后情状有顷，又告别至闸北荣桂店，欲觅宝信君料理结会单手续，候多时始至，欲言者屡而卒无机会，加以资本家之神气，目中无人，余不愿多言，即出，访培因不遇，至新旅社，晤了未、一卿诸君，略与谈话，又出，访王秋程，其人系出身工界，亦曾入军界，英气豪爽，待人似颇诚挚，对公益事甚热心，与谈多时始别，殷殷以明晚再去相约，余唯唯，回至新学会社晚餐后，仍邀英卿至季球兄处宿焉。

九月十五日(10月21日)　木曜日　天晴

晨与季球售零物毕,相别至益泰,宝贤君亦在,初亦无何酬酢,继与说及会单事,询我恒泰代出之收条,余以不曾带来,伊则不肯全交,后来得小叔二张,并交荣桂零用及告以人生世上之应知一切人道外,相与言别至德沛叔处,眼前景象亦萧条,与略叙从前情状后,并托伊舅楼板事,余承认代料理。午饭后,复别至新学会社,接表卿先生信一件,告不来上海,又秋程明片一张,约今晚聚晏,乃出,访王廉芳,略为接洽,又至陈益钦君处,承伊殷殷询问,余具以告,继伊发表意见,谓孤儿乃天下最苦者,入院后,不应任其快活生活,所有人生日常之应需技艺,宜事事教之,余极然之。旋出,至秋程处,蒙邀至酒楼用饭,互叙所怀,颇表同情,饭后,游神仙世界。至十一时出,以天时太迟,投源源旅社宿焉。

九月十六日(10月22日)　金曜日　天晴

晨至新学会社,晤西溟先生商片时,亦少确实成见,复与楹书兄谈少顷,意亦不如从缓云云。旋出访通甫先生,略与谈话即别至北车站搭车至吴淞访小叔,交以会单,并告银章叔做坟事并洽捐款,得悉成绩尚佳。晚身体疲乏,寝颇早。

九月十七日(10月23日)　土曜日　天晴

晨往佛教居士林(即泰仑读书处)游览,觉清静异常,以限于时间,即回。追记前、昨二日日记,并与小叔谈话,至午饭后,搭车回沪,车上甚为拥挤,至沪访江良通君不遇,至英卿处取前留书物,回新学会社,接崧翁来信,谓须俟沪杭车通后方可行。余不及待,整装回甬,下江天轮,以旅客拥挤,甚以为苦。

十一月初七(12月11日)　土曜日　天晴晚雨

黎明抵申,登陆入新学会社略憩,即作函一件寄小叔,告诉已抵沪,旋往宁波同乡会找宿所,不合即出,至英卿处,交以伊家寄来衣一包、洋三十六元,并略谈片时,辞出,至惠中旅馆,觅得三十四号房间,遂一同将行李搬入略憩后,遂出访培因,并邀至客栈,磋商进行步骤,详开名单毕,用午膳。膳后崧翁、表翁、西溟先生等一同出外向各方接洽,汪先生及余则静坐写信,半天计写十余件,晚膳在新学会社,饭后,表卿先生邀楹书兄来,复帮同写信数件书贴数十。至十一时寝。

十一月初八(12 月 12 日)　日曜日　天雨

晨赴同乡会查明未注之各同乡通讯处后，即将付邮手续完竣，返旅馆检点客账，忽小叔来，以曾有电报相告也，相晤之下，畅叙一切，并交捐册一本洋一百元，旋同用午膳。膳后与汪子祥先生同赴黄浦路茂昌公司访郑源兴，其人甚和蔼，谈孤儿院事，极为赞成，傍晚回旅馆略憩，又出邀英卿同至美球钟表店一洽锡庆所托买表事，又至王秋程处，略叙片时，辞出至旅沪第八公学周琪处宿夜。

十一月初九(12 月 13 日)　月曜日　天雨

全天与汪先生向各方接洽计十数处，至晚始归，略事预备，即至小有天，少顷，宾客咸到，有下列名人：江良通、江良达、袁履登、孙经培、孙吴瞻、邬阿寿、周炳文、竺通甫、张云江、何绍庭、何绍裕、何鹿山、何耿星、康庚辛、王廉方、王士佳、康福水、余华龙、汪成谟、邬培因、邬立仑、周德初、袁恒通、汪宝棠等廿四人，济济一堂，颇极一时之盛。间有江良通先生交捐册并捐洋托问甬和济过划，此外周炳文先生承认二百元钱并代徐永炎先生认一百元，其余除上年已承认者均承认陆续介付外，有上年未承认者，均分以捐册，席散回旅馆，整理一切，至十一时寝。

十一月初十(12 月 14 日)　火曜日　天雨

上午细录应接洽各处名单，午膳在陈益钦先生家。周枕琴先生亦在席，膳后，曾奔走五六处，皆为分捐册也，晚培因、周琪兄来，谈颇久始去，又接子佩信一件，托取表事，印运焕君电话，托明天一往。

今天曾买得《曾文正公学案》一本，内容系如道德、政治、学问、经济各项，洵为研究昌学之良书，能日日阅而效之，受益当无穷也。

十一月十一日(12 月 15 日)　水曜日　天阴

今晨首途访袁履登先生，交以茅川号捐册，继访董一峰君不遇，乃至法政大学访运焕君，留午膳后，交还余捐册(周振扬)一本，并洋廿元，遂告辞。至锡康处，邀伊同至合兴昌柴爿行，交汉生先生所托信于宋孟铨君，即出至夏高声处，取锡庆表，时已傍晚，转至宝山路商务书馆访成漠兄交洋二元七角，托定明年《东方杂志》一年，继谈及孤儿院事，伊托余由筹备处写信数件寄伊(名由伊开)俾便募写，旋出至张南华处，谓将捐款拟日后送奉化云云。又出至周琪处，邀至饭馆用晚膳，膳后返校与谈衷曲颇久，觉深情有趣，九时余回旅馆。

十一月十二日(12 月 16 日)　木曜日　天雨

上午至新学会社阅报后,即至三友社邀英卿,趁电车至小沙渡路胜德厂,系织造丝边花条及他装饰品类,入内本拟访田敬濂有所接洽,适不在,当将捐册交回葆康君后,复承伊弟葆和带领参观,厂分十余部,其种种构造之奇,真是妙不可言,同具智慧,彼能制之,我且观之都无头绪,其高下相去之欤,殊欤?抑素性懒于研究欤?盖亦当分别而思补济之。游毕辞出,访舒敏之先生不遇,即回旅社。午后访季球不遇,待回则季球已先我待矣,乃与同访王汝才君,询安乐宫董君,谓已往北京,回即行函知季球云云。当蒙伊募洋十元即别,至二马路太和园,以今晚江良通先生预约酒叙处也,涛生先生亦在,因赴赣路过也。相与谈叙一切,又何绍庭先生亦曾相邀,以已在席未去,席散至大新舞台观戏,得见驰球名伶梅兰芳,真色艺双全,名不虚传,深觉畅快之至!回旅馆已一时许矣。

十一月十三日(12 月 17 日)　金曜日　天上午阴下午晴

预定今日返甬,于上午出旅馆,至新学会社阅报少顷,出访江仲权舅父,询傅筱庵先生交捐款事,伊谓须托志豪先生进行云云,即辞出访,英卿交伊洋十元(作借),复交带皮料一件,乃别至同兴楼,此王廉芳、周德初二君预约酒叙所也,肴核甚盛。餐后至新学会社一转,遂下宁绍轮,搭房舱,旋有鹿山君来,谈好久始去,船开后阅《曾文正公学案》,反复环诵,诚觉津津有味,不忍释手,甚矣,曾公道德学问,感人之深也。晚写日记并新闻,十时睡。

1927 年

五月十三日(6 月 12 日)　日曜日　天晴

六时,船抵沪埠,登岸雇车至新学会社,晤赵仰夫先生,互相款问后,谈奉化现状少顷。旋竹书兄来,寒暄毕,交我会款,并闲谈半天,乐何如之。午后,访陆章甫君于新旅社,不遇。复访竺通甫,始获面谈良久,并催以捐款,谓当收集后即介云云。旋别,至北站趁车至张华浜,与叔父母诸弟妹相见,甚喜,且互谈去年年关时避难状况。后小叔谈及伊位置事,命余赴杭与崧翁接洽取信后,再至南京进行云云,余当依言行之。晚作函二件,一寄次兄谈剡社款事,一寄家中,言与宝信相遇谈话之经过。十时余,就寝于电报局内。

五月十四日(6 月 13 日)　月曜日　天雨

淫雨绵绵,闷煞旅人。全天只在电报局内和小叔家中看书、谈心而已。

田价自下年起由四十三元加至四十五元，众田三亩八分亦便与我家，其便价为二十八元。

五月十五日(6月14日)　火曜日　天雨

今天雨丝依旧不续如缕，苦闷更觉难堪，聊与小叔作半天谈话。午后二时许，坚决来沪，待上火车，则天放霁，至沪新学会社略憩，购另物毕，用晚饭。饭后严天魂君来，相与讨论农事有顷，并售农业书少许。旋严去，又与赵仰夫君讨论哲学、灵魂、静坐等学，赵君研究有素，极有渊源，得荷指教，获益匪浅。

五月二十日(6月19日)　日曜日　天晴

今日最先访邬志豪，晤培因，谈有顷，始与伊述院事，伊说当随时汇介也。辞出，至电报沪局，找到方镇君，六年前在北京曾相遇过，乃托以在机器上将余由杭回沪及经过情形告知小叔，当得回音，谓准于下午来沪面洽云云。即辞出，至新学会社，晤楣兄，谈少顷后，访张云江，伊谓前月十一日曾介去洋二百元，余谓并未收到，双方皆备函向和济查询矣。午后，首先至三友社买货，并定《时事新报》。返新社，小叔来，接谈颇久，告别访王秋程、何鹿山、汪宝棠，均不遇。探陈益钦先生，由其子接见，详告孤儿院目前情形，并请帮忙，伊唯唯。辞出，访周德初于恒利，知在奉化同乡会，急往之，并得遇张松僧先生。德初叔谓拟即介付一百元，张承认极力襄助，因伊已为同乡会会长。留饭后，又偕访王廉方，谈院事有顷，而别归新学会社寝焉。

五月廿一日(6月20日)　月曜日　天雨

今日天雨绵绵，道途泥泞，戴伞牵衣，跋涉数十里，并将各方接洽之结果，分志于后：

八时出门。一，访宋简香，谓已写得数十元，拟再写若干汇介。二，访何鹿山，不遇。三，访王秋程，谈片刻，并谓无力募捐，将九十五号捐册交还。四，访汪宝棠，谓明后天即当介去一百元，余俟续募。五，至同乡会，访张松僧君，交九十五号捐册，并开列名单，请随时鼓吹。六，访邬显邦于监督公署，不遇，谓万鹏先生亦不在，即出。七，访何绍庭，不遇，留条一纸，告情形，回去至半途始得遇，经余将情形报告后，伊谓要用时可即介也。八，又访邬显邦于长沙路口世界药局，留午膳，席间倾谈一切，当时并由伊夫人提及顾为孤儿院教员事极适当云云，二时许辞别后，崧翁致万鹏先生信及一六三号捐册又一六五号交伊自己，并托向天放、戎一处代催。九，又访何鹿山，不遇。十，访谢其潮，未遇，托其子将详情转知。十一，访毛濂卿，不在，托杨君将情形转告。十二，访周荆庭，阿葵亦在，备述院内情形及院之前途、个人目标一时余，伊心动焉，声言极力帮忙，交一六六号捐册一本。十三，访袁恒通，因茂昌公司范围广大，前至后、后至前不着，又费好久。觅祥坤，不遇，再找袁君，由马路至栈房，栈房至伊办公室，几费一小时，而天雨不止，衣服为湿，结果始在四广楼上觅到，告以院内近来情状，力托转知郑源兴君。十四，访俞东照，不遇，托伙友转知。十五，访康庚章、康福水，接洽之下，谓查账共认三百元，除已五十外，当再付二百五十，余俟募集后汇介。太古洋行王庆木处，则托伊电话转知矣（陈传德之一二九号捐册收回）。旋辞出，回新学会社，用晚饭后，再打电话与何鹿山君，谓款已承认，终当陆续汇介云云。登楼，与周和卿先生谈话好久，倦不能支，即写日记就睡。

再，上午在大马路时，曾碰到邬合屏与宋盛远二君。

小叔留条，命余仍赴南京，是又须延缓归期，中心颇为悒悒。

五月廿二日(6月21日)　火曜日　天雨

奔走几天，精力交悴，加以天雨如注，本想午前静养半天，与和卿先生谈话颇久。九时许，忽有所感，奋然以起，冒雨而行，先至新记浜路雪窦下院，探郎清和尚，不遇，由华章和尚代为接洽，略谓捐册早经寄到，事关公益，自当尽力襄助云云。旋辞出，至德沛叔处，目前坐守青氈，境遇益形萧条，愁颜满面，睹之心酸，欲余推荐生意，余何以胜此？谈话一二时，用过午膳，始告别。至闸北商务书馆，探毛文银君，与谈及捐款，伊谓迭受时局影响，还不曾捐过，此后当相机进行之。出此，访何元金舅父，伊现开玻框店，向售表架十二只，价颇廉，货由伊托信客寄奉，风琴亦如此带法。旋又辞出，至益泰，适宝信君不在，乃喊他学徒开箱看荣桂衣物，秽积盈箱，睹之凄然。嗣又兑得质票，命学徒陪至各处一一赎回，盖当时用之于医药也。回新学会社已四时，小叔来访，适回去，遂坐车赶至吴淞车站，相偕同至张华浜，姑婆亦在，晚谈少顷，至电报局内寝也。

五月廿三日(6月22日)　水曜日　天雨

小叔因前崧翁寄交部一信，还有不妥之处，令余致函行之兄，询崧翁稍为修改。又一信，寄竹书，托代致函王世和君，将来伊赴宁时介绍进兄交部专事。本想九时趁车返沪，乃天雨倾盆，难以启步，候至下午三时始行返沪。下车，访王宝信，叙谈颇久，孤儿院捐款，谓已介付。友爱会余出具之会单一纸，固遗失不曾还我，余述明事由，另具一纸，由伊盖章交我收藏，免致日后发生意外。旋告辞，至新社，谓郑祥坤兄曾来访过，乃出访袁履登先生于宁绍公司，不遇，将事实托伊夥友转达后，遂趁电车至外白大桥，再访俞东照，得遇，接洽之下，伊谓当竭诚帮忙。辞出，访郑祥坤兄，适沈寿田兄亦在，均数载不遇，互相谈话良久，并留晚膳，膳后又谈多时，告别回新学会社寝也。

五月廿四日(6月23日)　木曜日　天晴

今日最先探何耿星君，不遇，留条转知。又，二访邬立崙君，亦不遇，并留一条。十时余，访袁履登君，伊随即检出捐册，允许努力帮忙，遂出，整理行装毕，用午餐，餐后又访何耿星，其回话谓且从缓云云。二时许，趁车至江天轮，定就铺位，又访锡康，晤叙少顷回船。时机尚早，枯坐闷寂，兼以心中郁郁，乃翻读《寄小读者》(冰心著)，文辞颇好，聊解郁闷，以此至寝始已。

九月十二日(10月7日)　金曜日　天上午晴下午雨　寒暑表七十八度

早起读书暨干毕另星事务后，写寄赵仰夫、王才运君明片各一张，皆告赴沪日期事。旋眉轩来，请写对，中堂遗像、遗嘱及对，均于上午装配完全。午后，发寄沪杭甬各经募人催款信(印刷)，计四十六件。

九月廿四日(10月19日)　水曜日　天晴

早晨抵沪埠，即至新学会社，知崧翁已返奉，甚怅。行之、任叔二君在，谈颇久，用早饭，饭后往吴淞，任叔亦同道也。张华浜午饭后，同至吴淞一走，回来宿夜。

九月廿五日(10月20日)　木曜日　天晴

晨，由张华浜动身至沪，陪荣桂入店，安排既安，因欲候宝信谈话，几费二时，当时感念家中债务，心几为碎，自忧自解者久之。乃不耐候，径上楼相晤，寒暄既罢，与商借款五百元事，以会作押，得允许，但利息按月一分二厘，殊觉贵极。然穷如我，又何法哉。

痛苦痛苦！负债之痛苦，今后余应当战战兢兢，刻苦砥砺，以脱清余之债务可也。

同宝信兄洽毕，即回新学会社午膳。午后，访邬志豪、袁履登五六处，不遇，仅遇竺通甫，应允先介四百元也。晚与胡、赵酌议董事问题及理杂有顷，宿于新学会社。

九月廿六日(10月21日)　金曜日　天晴

晨,竹书兄来,谈至九时余始去。余继昨进行,访邬志豪君,允即付二百元。访王才运,又同回邬家,磋商收捐办法,拟明天同乡会聚餐会时讨论之云。

午后,邀行之兄同至胶州路随云里九八三号访吴天放君,其人颇和蔼,言有识见,谈半晌而回。略憩,赴南市福康祥看锡康,谈片刻即回。晚,与行之兄先期往各书坊闲览少顷,旋又至新旅社,盖行兄访友,相与为伴也。同时又访了未君,谈十余分钟,溪王庙助田事,颇有希望。回新社已十时。

九月廿七日(10月22日)　土曜日　天晴

晨,又访王才运,约同访王廉方,接洽之下,拟今晚开同乡会时讨论之。旋出,又访邬志豪,约定今夜必到,乃出访袁履登,不晤。回新社理账及整理琐务。午后,买货费半天。六时后至同兴楼,出席同乡会开会,顺便请各同乡帮忙孤儿院事。王、邬均到,席间议论,过蒙赞誉,殊不敢当。惟有竭尽心力,万苦不辞,以报社会而副诸君之望也。至捐务,续分捐册二本,收款拟俟后天同王君依户催询也。

九月廿八日(10月23日)　日曜日　天晴

晨,至同乡会,后访汪宝棠,不晤。至世界药厂找云程,知住在德裕里,遂造访得遇,更知济民在,近方赴杭,乃与畅谈半天,午膳。膳后走访邬志坚、张南章、郎清和尚等,皆不遇。访周荆庭,谓即介。朱守梅处,交捐册一本。郑源兴,由袁恒通转洽,谓年内准如数介入。晚回颇迟,竹书兄亦在新社,饭后因培因兄之邀,游永安屋顶乐园,装置之精,美不胜述,我等遍游后看影戏《济公活佛》之一段,哀感动人。十一时归寝。

九月廿九日(10月24日)　月曜日　天晴

今晨起颇早,盥洗后,即访才运先生,同用早饭。饭后雇车与才运先生到各家接洽,访汪宝棠、何绍裕、张云江、俞东照、郑源兴、何耿星、孙梅堂、邬志豪、王廉方、邬志坚、孙经培、朱守梅、袁履登等,计收集新写二千余元许。一方承王君竭力赞许孤儿院名誉,因此益隆。王君且宣言,愿努力于孤儿院,共负任肩,诚孤儿之幸也。可见凡事只要实做,天下明眼人固甚多也。

十月初一日(10月25日)　火曜日　天晴

晨,又邀才运先生访王廉方,继访谢其潮,不遇,留片一。向各处购物毕,访云程,济民在,谈颇久,共用午膳。膳后至新社,整行装,三点后下新江天轮,搭房舱，以连日奔走疲乏，睡甚早。

（补记）昨晚晚餐在周荆庭处，晤谈一切，伊颇具有社会事业之思想，俟觉情意相孚，以后或当有以请助也。

1928 年

二月廿九日（3 月 20 日）　火曜日　天晴

抵沪即寓老惠中三十二号，才运先生做事特别简快，立时印请柬，洽定菜馆，邀集呢绒诸友人帮忙，尤其是定海李君。此外叔平兄、行之、培因诸兄亦襄助。全天开摘名单、请柬，至晚十时始毕。以床铺不足，余寝在新学会社。

云程曾来过，谈有顷始去。

二月三十日（3 月 21 日）　水曜日　天晴

上午，在栈房内招待宾客及整另事。旋搬房间至三十九号。午间，俞飞鹏先生来，助洋五百元。下午竹书、叔平兄来，谈有顷。作函一件，寄孙吴瞻君，托捐务。此外又写邀柬二时许。

闰二月初一日（3 月 22 日）　木曜日　天晴

晨，书请帖及看书少顷。访岳叔，不遇。访英璥、卓人谈片刻，回（与季球偕去）。午饭时，庄翁等接洽已回，大致今晚成绩预料可佳。饭后，卓人等来，移时去。五时许，赴大东，旋宾客咸到，有袁履登、孙梅堂、王晓籁、邬志豪等。四时许，诸君皆有演说。结果，认募数目计四千余元，志豪先生又认孤儿二名。未到诸君，尚拟到门捐募，预计此次当能达到一万数目。成绩之佳，真出人意料之外。膳后回旅馆，复插捐帐及理他等事，至十一时寝。

闰二月初二日（3 月 23 日）　金曜日　天雨

连日忙碌，精神颇感困顿，今日工作较为减轻，仅于上午摘应发各种函件之由，语及人名。其稿请竹书兄起草。午后，抄新闻六则，与竹书兄谈家中情形有顷，整理半小时。

卓人来，商借款，代向新学会社易二十元。

闰二月初三日（3 月 24 日）　土曜日　天雨

晨起，写募捐信五六封。旋又同才运先生访何绍裕君，洽山契，允即完了，捐款认即介。下午访宋简香，询捐册，谓交和济。访志豪君、松章叔，不遇。遂返，至中央报馆，与竹书兄谈有顷。又访恒通，洽源兴之捐。访祥坤，谈颇久。访能彪，不遇，与伊父谈好久，始归。与孙经培君谈一切，替汪先生抄捐序，九时余寝。

连日，才运先生奔走各方，不辞劳瘁，成绩绝佳，此诚无量敬佩也。

闰二月初四日(3月25日)　日曜日　天雨

晨，扯衣料，访高声舅，继访志豪先生，款允速解。又访宝棠先生，允力帮忙。下午，函稿七件，由竹书兄印到，即从事填写半天。晚膳在王顺泰，时有王继陶君，谈及院之前途及现在应设悔过室二种，极有意义。回来，又书信有顷。

何家山契已交到，松章叔曾去访过。

闰二月初五日(3月26日)　月曜日　天晴

晨，早起，写寄汉翁信一件，告沪上情节。姑丈信一件，为德美事。早饭后，访绍裕君，洽助山契事，允由院方写就、签字可也。旋访敏之先生，不遇。归至旅馆，千能在，与同访云程，谈少倾，回时途上与千能商会事，允半会。午后，写契后送至何家。回旅馆略憩，赴张华浜，遂宿焉。

闰二月初六日(3月27日)　火曜日　天晴

晨，与小叔商会事，允半集。八时来沪，下车至益泰，与荣桂谈少顷。返旅馆，知庄翁已与表翁洽过会事，允一集，甚慰。乃乘暇作函寄俞樵峰先生，并收据一纸。楣轩来，午后始去。余同时出访汪寿田，允代募若干。至锡康处取鞋。返旅馆略憩。旋又看荣桂，交鞋子，与宝信洽会，以负担过巨妥辞。访毛惠金不晤，即归，晚餐在荣昌祥。

闰二月初七日(3月28日)　水曜日　天晴

今日走洽数处，首张云江，而康庚章、邬志豪后而回。书数函。一寄甬小同行。一联名寄总司令，请允为董事。一寄汉生先生，拉杂数端，不胜详记。一董元昌，托介复康洋一百元事。午后，孙、汪二先生去，房间搬至三十七号。午后三时，访陆有章于美华利，谈一时余，并倩书对三联。访毛文银，交还捐册，募款约明天去收，并托募书事，亦约明天去接洽也。

闰二月初八日(3月29日)　木曜日　天晴

晨，早起，至荣昌祥访培因，查姜若及余华龙通讯处。继访志豪先生，不遇。

至新华艺大，眉轩陪余参观全校毕，相偕出校，信步闲谈约半里许，始别。至虹口益利，访许廷佐，不遇。继访金章宝，交捐册，并用午膳。膳后访阿柳亲戚，后至商务书馆收毛文吟捐款，并由毛君介绍，续向交通科募书若干。回旅馆稍憩，访志豪先生，晤周永升君，谈颇久。访余华龙不晤。回惠中，而陆章甫君已将对联书就交来矣。晚餐因王继陶君之邀，与才运同往也。晚接小叔来信，托检电政条陈。世彬君由余杭来，相晤谈多时。

闰二月初九日(3月30日)　金曜日　天晴

今晨，写寄新闻三则。往闸北访俞宗周，不肯受捐册，只得作罢。访阿柳、陆章甫君，未遇。回旅馆，作函二件，一寄柳兄，一寄小叔，电政条陈事。旋至美华利倩陆章甫写字，相邀至菜馆用午膳。膳后，访何耿星、朗清和尚、余化龙、王廉方等，皆允从缓进行。访云程，千能、眉轩亦在，谈有顷。云程且于今晚返甬也。

会事，今日曾与才运先生商量，完全承认。

晚，购另物回，理账少顷，寝颇迟。

闰二月初十日(3月31日)　土曜日　天阴

钟九下，同庄崧翁往访姜证禅，未晤。余乃因昨天与才运先生有约，往参观广东公学。该校校长陈鸿璧陪作引导。自幼稚园起以至中学止，学生达六百人，教员五十余人。校舍数幢，开办已十七载，成绩卓著，洵堪钦佩。观毕，且由陈校长延至酒楼用膳始别。回旅馆整行装。于三时后下轮，闷寂无聊，乃阅《永久的恋爱》，盖为林收公司之写生也。

三月十四日(5月3日)　木曜日　天晴

晨，取洋一百元，交康茂。整行装，于十时动身。到西坞尚早，晤其仁兄，同用饭罢，下船，畅谈一切，不觉寂寞。阅《学案》十数页，颇得效益。

抵甬入和济略憩，走访从兄安卿。谈叙一时，并用晚饭。饭后，至幼稚园，与荫亭叙少顷，寝焉。

三月十七日(5月6日)　日曜日　天阴而闷

五时即醒，安排定当，于六时余船抵沪，乃登陆。入新学会社，季球等亦在，与叙别后情状少顷。

早饭后，访云程，不遇。又访袁恒通、郑沅兴，询及捐款，知已介敦余一百五十元。又访俞东照，谓一切已与才运翁接洽矣云云。返新学会社午膳，肴馔甚盛，以今日为立夏节也。饭后，赴张华浜，未半时即到，松章叔亦在。叙家乡状况并闲谈甚久，以天时太闷，胸膈间甚感不舒，服以药，始渐痊。晚，同叔至吴淞渔业局，地临江滨，空气清新，稍憩而寝，精神上已颇舒畅矣。

三月十八日(5月7日)　月曜日　天阴晴

晨，伯英由上海来，相邀至炮台湾一走，遥瞻崇明隐约，江水滔滔，帆樯为云，景致可人。游散其间，乐莫甚焉。会事曾与岳叔一商，以太大未承认。

九点五十分车回上海，访荣桂，交洋一元，鞋一双。访宝信，交奖匾。辞出，又访毛惠恒，与谈捐务，允廿一晚到新学会社接洽。相留用午膳后，返新学会社。

一时后，先向商务定书，继至敦余查账，又至永安公司售物毕，已五时，返新社，拟明后日之工作表，晚继之。九时后，行之兄由宁来，与谈多时寝。

三月十九日(5月8日)　火曜日　天晴

晨，访志豪、华龙、眉轩、云程，皆不遇。回新社午饭，仰夫兄晏客，碧山亦在，谈笑怡然。

午后，先至何家，性之君亦在，托函贺、蒋监督，进行捐款。询何氏本家款四百元，谓已介去。访蒋著卿、邬振磬二先生。谈院内办法，均极端主张训练勤劳有用之人才。回新社，晤眉轩，偕访启能，不晤。访蒋贤和，不晤，但其家中谓款已寄出。访王继陶、金章宝，均不遇，托店内诸友转知。回新社晚膳后，阅书至九点寝。

三月二十日(5月9日)　水曜日　天，上午微雨下午晴

今晨，起床甚早，作函一件，寄伯英，托向王涨兴进行捐款。早点以后，访汪宝棠，谈少顷。至荣昌祥，才运先生已来，约明天向各方催询。旋访子松、廉方、华龙、志豪诸君，皆允去募，而志豪先生三百元并允即介。

访洪沧亭、张云江、毛濂卿，均未遇。志坚则亦允去募也。

下午，访千能兄，商会事，允第十半会。告别，访孙康宏，未遇，留名片。回来后，偕行之兄向先施、永安购办日常用品数件，颇便宜。

晚，阅浙江、江苏、山东地图，审察地势，颇得意趣。旋理帐、阅书，至九时寝。

三月廿一日(5月10日)　木曜日　天阴晚雨

晨起颇早,即访才运先生,同道看姜证禅、许廷佐等五六人,未遇。何积璠、周永升,允即进行。王晓籁托人转知。金和星处收洋百元。胡孟嘉处托代向前分各捐册一催,伊谓须由院再发催信云云。旋至中华皮鞋公司王飏青处用膳,甚为优待。

下午,访许廷佐,未遇。后即至交通银行访云程,谈职校事有顷,惟有再去调解之一策。旋别,购买另物(在三星、新新、先施等处),至晚,回新社。

晚饭后,云程来,谈银行情形及他谋生一切,计二三小时,复相邀用点,归寝(会事又与提及,托一月前通知云云)。

三月廿二日(5月11日)　金曜日　天晴

六时半起,至荣昌祥同才运先生访许廷佐,谓已捐在志豪处。返荣昌祥接洽制服代办事定当,访姜若,候半时,未晤。乃访王东园,亦不遇,只得将来寄交之。新社午膳后,千能来,说会事最好减至四分之一,磋商之下,允与他人商摒,确定后,再作回音,乃别。购另星什物,至三时许,始下轮(宁绍,房舱三十一号)。乘客甚稀,一人一室,颇清静,遂阅《学案》及报纸,于九时始熟睡。

四月十八日(6月5日)　火曜日　天晴

六时抵沪,即至新社,与老友寒暄罢,随谈片时。寄松卿函一件。催和济款。访志豪,不遇。访云程,谈职校事,叙心曲,计一小时。回新社午膳。

下午,寄陈志坚信,告来新社领物。旋又向商务、合记等处购物。溧阳黄通生来,与约定杭回后,赴该处看山。晚,仰、行二兄邀余等往大舞台观戏,所演为高廷赞,情节宛肖,布景奇特,叹观止焉。一时余回寝,但身体已甚疲倦。

四月十九日(6月6日)　水曜日　天晴

上午,寄葛亦庭先生、光椿、德焕诸君信,为告管产会开会不能到,托代周全一切。伯友、礼安、志民信,托维持上年职校事。李秉甫信,告账款已函去催。汪洪涛信,职校证书不能代办事。

四月廿五日(6月12日)　火曜日　天雨

起床后,阅报一小时。访志豪、云江、云程诸君,均不遇。

午后,至益泰看荣桂,交以衣服,荣方亦在,托为照顾。旋别至车站,晤松章叔,因往吴淞车即开,未谈数语。至张华浜,与小叔重洽会事,及谈日房分家等事。晚饭后，六点三十五分趁车回沪，至德裕里访云程，因病在医院，与维民及显朝谈少顷，回新学会社。

四月廿六日(6月13日)　水曜日　天雨

致小叔函一件，附捐册一本。

十时许，电话邀伯英兄来新学会社，谈少顷，知才运先生亦在申，同往访之。移时即别，至状元楼午膳。午后，伯英邀游先施乐园，至六时出，同访邬云程君，留用晚餐。餐后谈话至十一时，归新学会社。

九月初五日(10月17日)　水曜日　天晴　寒暑表六十七度

致才运先生信，询沪上收捐之时期。致表卿先生信，报告另事数件，询沪上收款可否同去，及请致函申之先生，请转向仔堂先生接洽襄助捐款事。

九月廿四日(11月5日)　月曜日　天晴　气候闷热

五时起床，聊进早饭。以行李重，乘舆至西坞下轮。轮中晤象坤，谈，不寂寞。抵甬，至和济，即与才运先生遇，相约后，用膳。院内账目，查和济后复院一信。访大兄，托代购衣料并阿秀事。

表卿先生因事不能同行，特备函致孟嘉先生。四点下轮，尚有礼钧君同道。象坤相遇，谈甚久。

九月廿五日(11月6日)　火曜日　天阴雨

船到申埠甚早，登岸寓三马路上海旅馆。安顿行李，用过早饭，访仰夫兄，知崧翁甫于前日返杭。接竹书信，托速去杭。旋返旅馆，摘各经募人名单。致汉翁信一件，告崧翁赴宁消息及捐务。祥坤信，告崧翁已返杭。

访云程，同至伊家，托募款，并职校不足款，请增认，亦允诺。晚，荆庭来，晤谈有顷，以日间余曾过访也。

九月三十日(11月11日)　日曜日　天阴

午前，请崧翁写几封催款信，计划院生应替习劳事项数端，打几个电话和整理行装而已。

院内会计并庶务，庄翁提议以善培充任，拟将来磋商之。一点后，至车站，叔平兄送我上车，车中祖鉴兄为伴，毫不寂寞。时或张首窗外，疏林浅黄，蔼天远山，景致有不能尽述者。时或静阅《秋收》，绵绵苦情，不禁生人世悲哀之感。

车抵沪，已七点十五分。下车至新学会社，接汉翁信一，告院内近状兼托查账。伯友信一，托带物，当覆。汉翁信一，告杭州募捐之经过及托款会等事。

十月初一日（11月12日）　月曜日　天雨

阅报少顷，即赴吴淞，适小叔来沪，候至二点余始返。洽会期恐不到，以信代之。枯坐无聊，除听唱片与小叔略谈乡情外，即细心地看《秋收》数十页。晚与振崙同榻。

十月初二日（11月13日）　火曜日　天阴

晨，由吴淞回沪，知才运先生已来，急促地书寄岳叔一信，为请介祀田便价后，即往访。与同访何积璠、王晓籁、毛濂卿、竺梅先、邬志坚，均未遇。至敦余，当付余杭州收来洋四百元，连旧存，介和济，数一千四百元。访云程，托转交胡孟嘉一信，并向伊收洋四十元，谈有顷，回新学会社。下午，排工作单兼理账至四时止。访夏高声先生，代大兄洽会，蒙允诺，告别。至云程家晚膳，并叙谈至八时半，归新学会社寝。

十月初三日（11月14日）　水曜日　天雨

晨，因庄师母灵柩过沪赴余杭，曾一往轮埠。来者除庄翁全家外，相识者有李德焕、庄善培君等，略谈即别。访培因、华龙、廉方等，午后，同才运先生同洽十三处，多未遇，留以名片。相遇若兄，即将捐款介敦余。最后至天昌祥，留至俭德会用饭。饭后，游全会上下，有图书馆、阅报室、健身室、浴室、寄宿所、演讲室、屋顶花园，应有尽有。最后，并看影戏、跳舞，至十一时归新学会社。

十月初四日（11月15日）　木曜日　天晴

天气骤冷，寒风砭骨，颇不胜支。

早晨，致叔平信一，告才运先生对伊位置已记名。九时后，至闸北访荣桂，知身体尚健，甚慰。生意年终可满，并托做被一条。与宝信洽事，以人未在，无从谈起。访惠恒，晤谈甚久，伊并托余倩人撰序寿其母，且愿以礼费助孤院，余甚表同情。在伊家饭后，至荣昌祥，与才运先生同访十余处，仅收到眼科医院二百元，汪寿田廿二元。

十月初五日（11月16日）　金曜日　天晴

日间奔走十余处，未收款项，只收捐册数本。

访锡康，谈有顷，归晤敏生先生，略叙，即别。暇，又向永安等处售物。晚，写寄眉轩信一，询有否归校。孙经培曾一度过来，下午余亦过访，商朱等发起之养老院，拟向孤儿院分房子，此事尚须讨论后决定之。

十月初六日(11月17日)　土曜日　天晴

全天奔走，接洽捐务。敏生先生来新社，借去洋七元，劳尼兄到申，晤谈甚久。晚仰夫兄邀余至大舞台观戏，程砚秋，唱艺皆工，叹观止焉。

十月初七日(11月18日)　日曜日　天晴

奔走数十处，收集白册甚多。而蒋著卿先生以前函有所误会，亦将捐册缴还。至高声处，告有人假本院名义募款，殊胜痛恨，宜彻底查之。晚同仰夫兄同往荣昌祥，洽定衣着公司与该号来往事。晤庆芳君，谈普济桥捐务之苦，余已认募数十元。

十月初八日(11月19日)　月曜日　天晴

八点动身访王晓籁，候至十时始晤面，允即进行，即别。以体寒不支，即归新学会社寝。

午后，访志豪君，其余捐款，允年内介入，后又走访多处，与才运先生同道，未晤几人。

晚同桃秀售物，并至新凤祥兑戒子，八时回。

作函二件。一寄小叔，告崧翁到沪期。一寄眉轩，告明日返甬。

十月初九日(11月20日)　火曜日　天晴

上午，奔走十数处，并售物，整理完整。

叔平由杭到，悉伊募捐，成绩尚佳。崧翁则俟明天可到云云。三时后，下轮返甬，搭统舱，未睡前阅书以解寂寞。

十月廿五日(12月6日)　木曜日　天阴　寒暑表四十五度

饭后，赴大桥，售物，访济川，洽南章捐款，即于下午介入。伊自册亦结束，又谓前赴沪，何绍裕君曾允常年费五名，宜再函洽。

十二月十五日(1月25日)　金曜日　天阴

到申，天未明，少憩上船，即至新社，崧翁尤在，略叙即赴宁。余于早餐后访才运先生，约明天共同收捐。即辞出，访高声，未晤，托伊夥收表二只。回访培因后，至益泰，与宝信谈荣桂满徒事，伊谓满可满，三月不补亦可，惟生意有代他找好否？此等事，殊为难人，但余一味忍耐，劝吾弟无论如何要住一年，以示报效。弟意甚否，只得随其自定耳。

午后，在车站候多时，至三点五十分，才有车至张华浜，与小叔全家聚晤，甚乐。

十二月十六日(1月26日)　土曜日　天阴

八点半车至沪，邀才运先生于北站旅社，与同访者甚多。晤面者如下：王晓籁(约明年交)、赵晋卿、胡孟嘉、周永昇、郑沅兴。未晤者：金章宝、王继陶、孙炽寅、陈蓉馆、王列仁等，候续晤之。

十二月十七日(1月27日)　日曜日　天雨

上午，刻印、购书纸等，后访余华龙、邬志豪、竺通甫，均有接洽。至荣昌祥，收册二本。晤王祖修，与谈甚久。至何元通，晤元金舅父，托生意，余允留心，即别。回新社饭后，同伯骥至大舞台看戏，最后之《霸王别姬》，金少山、梅兰芳演唱绝佳，情节凄惨，令人起无限感慨也。

十二月十八日(1月28日)　月曜日　天雨

晨，访才运先生后，至悦升祥，洽定捐款并购唱机(次乾)后，访金章宝、王继陶、周永升(捐洋五十元)，并在大华公司午膳罢。下午，请眼科医院备捐册遗失信后，访陆章甫，未遇，过中华买书数册。入新社稍憩，继又访荆庭、世燧，谈多时，辞出。至时林报馆，请康庚章备信，并访云程，谈甚久，告辞。访志豪先生，未遇，回新社，并向新社揭账。

十二月十九日(1月29日)　火曜日　天雨

雨雪霏霏，道路泥泞，跋涉之苦，迥非常比，爰雇人力车一乘，限定四时许，接洽十数处：陆有章、敦余庄、才运翁、大昌祥、朗清、全记、邬志豪、夏高声等处。

午后，又访袁履登，后售物、整理行装毕，三时下船，与才运翁同舱，并与时宝谈话，甚乐。临睡，只阅《曼殊集》二节。

1929年

三月三十日(2月20日)　土曜日　天晴　寒暑表五十四度

荣桂、锡庆均于今日往沪，吾张氏对外任事者，只留余一人，余后此责任，更艰重矣。

六月七日(5月1日)　金曜日　天晴

抵申,登岸,雇车至新社,途中感念往情,悲不自禁。爰即念曰,再到上海时,家中父已逝,内怀感及此,心绪乱如丝。

入新社,与仰夫、叔平及诸故友倾谈甚久。旋又致次乾明片一纸,附寄《求我山人杂著》一册。致才运先生信,询何日来沪。致眉轩信,告已到沪,约星期一造校,交伊家寄来之款。

午后看荣桂,已易店,由夥友陪去接洽,观范围甚少,而走之手续亦多不妥,拟改日详询之。

三点五十分,趁车至张华浜,与叔婶等谈家中事,相对涕泣,情殊凄其。

晚,与叔揭算账目,交我锡庆名下会洋廿元,又奶洋五元。

六月八日(5月2日)　土曜日　天阴

早饭后,与小叔往吴淞一走,沿途共谈往事,及譬喻父在。将来之悬想,共谈苦情,乐叙天伦。此种陈迹,原可纪念,第余则更增无限之悲,在此际也。十时许,锡庆、锡康均至,同聚在此,是历来所未有,诚属难得。午饭后,同游海军医院,由宝伦陪去,沿途感念往事,深滋悲凉。

海军医院濒海,空气清新,树木参差,适无人居住,房屋皆呈倾颓之象,为惜耳。

旋回叔家,阅《人鬼交通》,理论均由科学,似鬼物甚可信也。

晚饭后,又邀振崙绕马路游行一周,时暮色沉沉,身上稍有寒意,然此情此景,深有酸凉意味,可觉作纪念,虽寒亦留恋甚久也。

六月九日(5月3日)　日曜日　天雨

上午因天雨又延留二三时,十点时毅然来申,先至新社一走,继至登声处午膳。

午后,三人同至永兴路厚德里永和厂看荣桂,邀之来。时,天色渐晚,投新宁旅馆。既坐定,详问荣桂此次搬店经过,复加以解释,俾悟所做之失当。继又与谈家庭之困苦,告以奋勉为人,切勿为人所诱等语。雅仙将为伊订婚通书,亦经问及,伊亦默认。

旋出旅馆至大马路摄影一张,藉留纪念。本身亦曾拍摄一张。父亲之片,并请翻印也。

晚，赴天蟾舞台，以从诸弟等之愿。归寝甚迟。今日诸弟会晤，机会难得，甚可纪念耳。

六月十日(5月4日)　月曜日　天阴

起后，至新社与仰夫兄谈甚久，并理杂务。午后，访眉轩，交洋四十元，又还洋三月。归晤章甫先生，请写次乾所托碑字，即出，至美华利，向天魂取回书寿联纸。访胡孟嘉，不晤，沐浴。与云程谈久，洽定职校尚欠之数，决二人对填，伊应填十元，由余欠伊借款项下扣除之。访袁履登，亦不晤，归新社。叔同由杭返，相邀售物。晚，与叔平、叔同谈有顷，寝三楼。

六月十一日(5月5日)　火曜日　天阴

今日为端午节，不便收捐。上午，偕叔同向各处售物。午后，因叔平兄之邀，游外滩公园，花木清幽，原属爽心乐事。第余心多感，每于愈幽静时，感念性愈烈。值今逢节怀亲，弥增惆怅。爰即归新社，旋仍与叔同往南京路售物。

晤枕琴先生，倩书寿字二个，并交纸两张，请转写。

晚，崧丈由南京来，枕琴、梦卿先生亦莅至，相与讨论分发《杂著》事宜有顷。

六月十二日(5月6日)　水曜日　天晴

昨晚天气闷热，心绪烦乱，至一点余，至朦朦睡去，时间不足，以致今日精神甚昏倦。

上午，售买各种什物，托叔同带回奉化。

访毛惠恒，交文契二纸，余事约明日到新社接洽。

访朗清和尚，允八月交款。访何绍裕，不遇，培因常费，业经收来。访经培、宏卿，向募三溪捐廿五元。经培又助孤儿院药物六合。

接曼人明片，悉家中平安，甚慰。

六月十三日(5月7日)　木曜日　天晴

访汪宝棠，募三溪塘捐十元。妻叔瑞香翁在伊处教书，与商占奎事，蒙承认襄助。访眉轩，谈片刻，相邀同至精成坊祖汉处取字，又请振磐先生盖印。辞出，觅菜馆用膳，倾吐积愫，用酒各至薄醉，殊有兴味。饭后各辞行。

访履登先生，请盖印毕，由伊叙及双亲之现年情景，大有羡慕之极、我伤何如之慨。旋又赠我舞彩图一幅，藉作纪念。

访胡孟嘉先生，请书寿字，并询捐款，允即介农工行四百元。末，又请向王一廷先生介绍，书字信一纸。

六月十四日(5月8日)　金曜日　天阴而微雨

访舒敏之先生，不晤，怅甚。访郑沅兴，亦不晤，得由周正长、袁恒通接谈少顷。旋告辞，访王一廷先生，倩书寿字后，续请书联一副。

午后，排定三日内工作单，盖预备事竣，则下星期一决计返甬。旋与仰夫兄访沈衡山先生，亦倩书寿字。晚，仲甘先生来新学会社，托写字联数副，拟赠院内诸同事。

六月十五日(5月9日)　土曜日　天雨

晨，仍赴悦昇祥一次，唱片尚未携来。旋访荣桂，知永和薪水未发出，经彻底规劝，有所觉悟，或拟仍回益泰。同时所最堪留纪念者，为同里中晤何福浩，邀至伊家叙话少顷，殊属难得。

访方文庭、竺梅先等，均未晤。

午后，电话询查人伟，伊即亲自过来，书寿字二。访汪仲甘，帮同伊书对，旋有伊同乡许有恒等来访伊，并被邀至豫丰泰用饭。

六月十六日(5月10日)　日曜日　天雨

首访瑞香翁，商决荣桂生意，暂不更调，并向宝棠先生收塘工捐十元。访子佩，晤庆舫，募捐少许，并荷赠屏一幅。访孙炽寅，约月内寄院。访冯轩，请书寿字二。数访王晓赉，未晤，怅怅。

午，因陆庄夫先生结婚晏客，余及仰夫兄等均往，计费四时半。看荣桂，瞥见在赌钱，大加训诫。回来取照片，半身影尚清晰，请添印一打。访邬志豪、竺通甫、余华龙，均不遇，姑待明日。

晚曾一度出去购物，电灯下工作计二小时。

六月十七日(5月11日)　月曜日　天雨

访眉轩、振磐先生后，即访晓籁先生，候二小时始晤洽，认捐一百元，书寿字各一。

午后，访余华龙、洪沧亭、宋简香、赵晋卿诸君，皆以捐册遗失，各备证明书一件。访张云江、竺通甫，各收回捐册一本。访方文卿，允即结束付院。旋售物回新社。总计接洽，计五小时。晚同卿夫、皇甫少彦等至大世界一走，余以倦甚，十时半即返。

予今日请俞君代倩钱君书字时，神色甚不可耐。呜呼，神色之现人有使人不可耐者如此！余追忆曩日，对家人屡有不满之色，站在伊等之地位，当亦有同样之感触乎？今盖憾悔交并矣。

六月十八日(5月12日)　火曜日　天晴

请钱太希写字毕，访锡康，交照片并告勤俭等义。辞后至大东，取王晓籁助洋一百元。

访高声，并用午饭后，售物回社，得知才运先生已来沪，遂往访之，晤谈甚久，托代收捐款数宗，购铁车一辆，嗣且讨论《求我山人杂著》之分发问题，意须多列发起人，事前经详密之讨论云云。余韪其意，回向仰夫兄取名单，拟到奉后斟酌行之。三点后，下宁兴轮，含戈同道，搭二楼三号。棠岙舅母亦于今日回甬，予为之关顾一切。

傍晚，立船首闲眺，海天汪洋，鱼舟隐现，胸襟舒展，畅何如之快。天色渐蔼，始返舱中。灯下，整理箱箧，并书函致次乾兄，请于十五日雇夫来西坞肩荷焉。

晚九时记于东海上行驶之宁兴船中

八月廿六日(7月22日)　月曜日　天晴　晚雨　寒暑表九十四度

崧丈之《求我山人杂著》分发事宜，甚关本院之进款，拟八月初二日，同王、方赴沪办理之。

九月七日(8月5日)　土曜日　天晴

抵沪，即至宁波同乡会，以分书事无从着手，乃电邀崧甫先生。余与眉轩并于午后同赴张华浜，初小叔不在，乃偕方及从弟游海军公园，回忆初夏曾来一行，不几何时，而花草已变样矣，不禁唏嘘。旋拾石而回，藉留纪念。时小叔已返，预交会款五十元。纵谈家务，九点半至电报局寝。

九月八日(8月6日)　日曜日　天晴

七点，车即由淞来沪，至同乡会确定寝室为五楼二号。旋即邀才运先生访枕琴先生于辣斐德路，交十一号捐册一本，托转交严康懋先生。

午后，同眉轩至金星制板厂，以星期日停止营业，乃折访金章宝，留余等至俭德会用点，并同至杨传华医生处验体。据说身体轻二十六磅，各部瘦弱，易招疾病，肺部则尚无显明之病。末打针一枚，约逐日去打。旋又售衣料回同乡会。

晚金君又来，邀往济生会视扶乩，并请扶乩二，十一时始告归。

九月九日(8月7日)　月曜日　天晴

晨，才运先生来，讨论分发事宜，一时殊难着手。旋访廉方先生，谈少顷。闻崧丈到，即往访，晤商之下，变更计划，决拟请客分发之。继与同访张申之、褚慧僧二先生，商分书事，十一时回。午餐因王廉方晏聚，在鸿运楼。

午后，至金星制铜板，计十九张，付定洋十元。旋又访冯九如于铁华公学，与说各方欠债之紧张，并请定期解决之，后约十月间回奉料理。少坐，回同乡会。

九月十日(8月8日)　火曜日　天晴

致锡庆信，托开色花账。访夏子佩，还衣服，间叙余之病状，托及早医养，甚为注意。访瑞香翁，晤谈甚暂。访邬志豪，不遇，至何元通，请备信。访孙炽寅、朗清和尚，一约不日缴付，而一不遇。看锡康，并用午饭。饭后，访卓人，不遇。与锡康同看荣桂于钧泰厂，观身体尚好，甚慰。旋问知伊月薪十六元，连夜工约得二十余元。三载辛苦，今日暂告成功，其精神不无足取。少选即出，访章甫先生，托写字，复托写画，三时许回会。冯九如候久，继续讨论解决债务之问题。旋又同方君至新新、百代等处售物，回而晚饭焉。

九月十一日(8月9日)　水曜日　天晴

早点后，即访才运先生，商收款事宜。以过节为妥，遂作罢。访章甫先生，交以纸。看荣桂，取洋廿元，并加以戒勉。旋请余云岫诊病(洋一元二角)(寓北山西路海宁路)，谓肺部有病，然甚微。医养当能痊，并开药方。辞出，至同乡会午饭。

午后，整理行李，至新学会社，晤世彬君，谈少顷，并购另物，下宁绍轮，搭三台二号。

晚饭后，登四台闲眺，景物随船进而换形，天高气爽，乐且未艾。嗣以天色渐瞑，始下房间即寝。

九月廿二日(8月20日)　日曜日　天晴

到沪即至新学会社。与崧丈略谈后，知定明晚请客于小有天。乘机分书，请帖已发出，余查账、续发若干。

章甫先生来社，携来前请绘写字画各一幅。会单乘暇均写就。

敏学于午后陪赴荣昌祥进店，孤儿学业之第一人。

晚同庄、陆、赵、严等同饭于同华楼，席间庄曾提及芾南君对于孤院董事一节，似有未便云云。尚忆前日经岳叔代为函辞，固无问题矣。

九月廿三日(8月21日)　月曜日　天晴

整日在社布置请客事宜，五时余始往小有天。来宾到者，计陈霭士、褚慧僧、魏伯桢、张申之、王晓籁、孙梅堂等五十五六人。席半，由崧丈起述请客之事由，相继由邬志豪、王东原之演说并分《杂著》，则已公告分《杂著》为孤儿院筹费之一节矣。末与张申之先生约定，《杂著》分发，完全移交同乡会办理。

九月廿四日(8月22日)　火曜日　天阴而雨

邬志豪君来社，约定常年费一百廿元。明日赴天福收取。基金三百元，由农工银行股本介划。暇时开就请客名单，及已分书册之名单。

午后，送张世杨先生《杂著》十册。访才运先生，邀同访申之先生，接洽分书事宜毕，至中华皮鞋公司，因王之托，为代书挽联也。访高声，未晤，即回社。

九月廿五日(8月23日)　水曜日　天阴

写寄锡庆信一件，屋案，请开色花账，附芾南先生一信，为伊请假事。致岳叔信，所述多端，并附致惠金一信，为介绍买唱机事。

往天福，收邬子豪君常年捐洋一百廿元。

午后，访惠恒、惠金，均未遇。至钧泰厂，与荣桂谈少顷，旋趁车至张华浜。与小叔算清会款，余数托付大兄会洋。会单亦请盖印齐全。会款内有一百元借我，未立单据(息长年一分算)。又交我永和摺一，托将下年余数仍存该庄。顺来由杭回，上午曾晤面，锡庆在场，需保单事，曾与说及。

九月廿六日(8月24日)　木曜日　天晴

晨，由淞来沪，访才运先生，与同向辅庆收岁捐六十元(介敦余)。又向廉方收张孝悌捐，计数一百元，系张君临终时所托。掣给收条，款俟收到后交才运先生。

前向金星制版十九方，今均取来，总计洋廿三元三角四分。访张申之先生，接洽登报事宜，并由伊确定稿样，公安局、市政府分发事。

午后，休息一时许，访冯竹影，询所填会款，卒不获，与述各方债务紧张情形，伊以结果只有破产，涕不可止，凄甚。余不愿久与说话，即回新社。

九月廿七日(8月25日)　金曜日　天晴

早晨,工作少顷,平波来,互谈片刻。旋至雪窦寺,交朗清和尚《杂著》一本,并洽捐务。访锡康,谈少顷,托锡庆搬家时,将伊器物,寄存我家。访炽寅,未晤,回社。午后电话魏伯桢,接洽分书事宜。旋赴五马路扯布物,晚亦出去购物。

接伯骥信,要余赴镇北一行。

九月廿八日(8月26日)　土曜日　天晴

起床仅五点有余,绕五马路一周,进豆腐浆一碗,回社。寄竹书信一件,所述计七端,重要者为:请于会单盖印寄还,此函挂号发出。寄陈一白信,复前询各节。登广告稿纸,亦预备齐全,托新社代办。

访宝信不遇,留名片并叙事由。访才运先生,不晤,后由电话接洽之。王敏学被一条焚于火,曾托才运先生接洽之。

应需物件,均于午前购齐。午后整理行装,三时许下江天轮,搭外茄[加]位,有庄崧荣君同道,甚不寂寞。惟因随身带有钞洋二百余元,关顾过切,致少熟睡。

1930年

四月八日(3月10日)　火曜日　天雨

抵沪即至新学会社晤崧丈,告院中近状,间并请其书函介绍大兄职业。访高声,洽锡庆会,已允许。

午后,同皇甫俊陪国华至小小玻璃厂学业,临别颇凄纂。旋张华浜大兄亦在,除与小叔算账外,其他时间尽付谈话。

四月九日(3月11日)　水曜日　天阴而微雨

上午,因小叔之留仍未来沪,往吴淞一行,同大兄游览海军医院,拾石子数枚,盖其载自烟台,可作纪念之物也。午后,同兄乘车至天通庵,下车步行,至士庆路①,访德沛叔,不在,与婶母谈少顷。辞去,至东宝兴路启秀女校看秀卿,与接洽回奉化事宜。

至新学会社已将晚,开货账,至晚九时余始寝。

致启秀女校长信一件,为秀卿请假。

---

① 今海伦西路。

四月十日(3月12日)　木曜日　天雨

上午，往同乡会，将眉轩带画送去。至荣昌祥看绍祖、敏学。至金声(在斜桥总会)，接洽制板。回访志豪先生，赍崧丈之函，托荐兄之职业，结果约明天再洽，则此事允有希望。顺便在天福挑绸毛类衣料五十余元。旋兄之朋友竺君来，相偕用膳毕，至南洋袜厂与丰泰，又售洋布、广货等计六十余元。晚饭后归表卿先生，相片铜板已寄到。扎发、理账，至十一点寝。

二度与金章宝君在电话机接洽，约明日过访。

四月十一日(3月13日)　金曜日　天雨

汉升君到沪，洽实水兆赴公司就业。访廉方，洽定锡康至伊店缝做。复约兄访志豪君，不晤。至美球售钟表等。至金星，再洽制板事宜。访云程于交通银行，谓已去武昌。乃看锡康，告以裕昌祥事，并命邀荣桂。晚饭在天昌祥。返社，松章叔、德沛叔、康桂二弟均在。晚随岳叔寝于顺翠姑母家，以欲为兄洽事也。院内杂物，概托新学会社代买。

四月十二日(3月14日)　土曜日　天雨

晨，向江天定船后，至新社略憩。再访志豪，未晤。后经兄晤及，谓约至二十日后，当为安排。嗣又访荆庭，送仪洋四元，又售物整理，约四点许下船。同行者，有岳叔、大兄，秀菊、秀卿二妹。

五月十日(4月12日)　土曜日　天晴

晨，写寄瑞翁及圣忠函，为宝兄事。旋整理衣服赴家安排停妥，返院向院生训话。八时余即动身，同行有院生何水兆、孙义豪、韩烈泮、毛宗坤、傅德尧、王张运，旧学生(蓬麓)胡康维及冯岳仙、吕仲、杨生祥等十余人。车抵甬，晤王韵星君及顺翠阿姑，谈片时，即别至和济略憩，转至聚福园用饭罢，冯及生祥携傅德尧、王张运至华美医院。予乃至长途电话局，以电话通知大兄、王韵星来奉一节。

旋即下宁绍船搭统舱。安排妥，复访荫亭，交十元国库券一纸。至《民国》报馆，为款会定报一份。再至轮船，抵镇海，有大批保卫团由龙山登船，盖余之舱位，早被渠等定去。茶房不经手，而误卖与予者也。该保卫团强令予让，茶房已无法，不得已，予等乃另觅地位。幸有相识房舱茶房王长元(三十一号)，为之设法，卒在房舱统舱安排极妥，仍得安睡。

五月十一日(4月13日)　日曜日　天晴

到沪尚早,同学生五人及吕(亦同来)等雇车至新学会社。崧丈亦在,相晤既罢,先陪韩、毛、胡进天昌祥,再陪孙义豪进顺泰祥,水兆暂留新社,候有便,送往余处。

下午,偕吕访张席卿先生,谈院事有顷。辞出,陪吕售物。晚以身体疲乏,寝甚早。

五月十二日(4月14日)　月曜日　天雨

上午,在社作函数件。一寄曼人,关于送礼事,宜磋商多端。一寄唯林,附照片一纸。一寄行之,为洽送礼事宜。才运先生来,谈少选,请崧丈写字数幅。

下午,访荆庭,赠眉轩画二幅,托兄生意。旋来张华浜。晚,与小叔算账清楚。

十三日记于张华浜

五月十三日(4月15日)　火曜日　天晴

九点半,由淞回沪,即看荣桂,约端午寄洋廿元。晤刘世栋君,谈少顷。旋来新学会社。

午后,理报告册稿,并售物。荣桂来,与同访登声,付清前欠钟表账。返社妥排明日工作,寝已十点钟。

五月十四日(10月16日)　水曜日　天晴

访才运先生,洽募捐事宜,后继与商款,允与和济接洽,予感未便。总之,欠款是讨厌,非力崇节俭不为功。旋访邬志豪,再洽兄之地位与收院捐洋三百元。访刘世栋,欠捐允后日介付。

午后,至大上海印刷公司,催报告册,并交全批铜锌板。旋又转社,访孙炽寅、许廷佐、朗清、徐其富四人。孙、许不遇。向朗清收捐洋三十五元,伊并允代募孤儿常年费,计一名之数。

晚锡康来,知已调至南阳桥沅丰号,少谈即去。

水兆于今日交竺顺林君带赴余杭,将于明早首途。

五月十五日(4月17日)　木曜日　天晴

报告册稿殊为焦急,以电话几次相催,复自过洽,卒未交来,殊为憾事。捐事方面，访孙炽寅、许廷佐、王晓籁、徐庆云、竺芝珊、陈掌文、陈粹甫、邬振磐、刘祖学诸君，未晤几人，可得结束者亦甚寥。

邬志豪照片亦交到，即铸板付印。

岳叔及秀菊晨到沪，即转赴淞，康弟及宝兴曾来社晤谈。

五月十六日(4月18日)　金曜日　天晴

访刘世栋，后转至大上海，为慎重计，再收未印稿一阅。访陈掌文、张中之先生，均未晤，为憾。

午后售物，定银盾，扎发。访袁履登君，又因岳叔来，伴谈有顷。间闻高正之光沅已收业，大约因亏负关系，颇为系念。

晚，同叔平往新世界一走，半点钟即返。

报告册不及校对，完全托于叔平兄。

五月十七日(4月19日)　土曜日　天阴

访陈掌文君，请其认定常年经费六十元。至金星取铜板，顺便在中国赛马会售券一纸。复往大上海催报告册。访世栋，回社。旋至合群售银盾二架。送竹书者，托仰夫转送。孙炽寅因电话相邀而来，交来捐册一本，捐洋三十五元，大兄生意，并托其介绍。三点许，下江天轮返甬。

七月廿六日(闰6月1日)　土曜日　天晴

晨，整理行装，于八点四十分车来甬，访表卿先生，病已减轻，甚慰。旋又向各方分报告册数本。访荫亭、周子衡，谈四川情形多时，来请任董事。四点相近，始下轮(宁绍)。

七月廿七日(闰6月2日)　日曜日　天晴

轮船微损，晨到沪已十点。午饭后，访兄于国产商场，晤谈甚久。回社访刘祖汉与陈掌文二君。

晚，邀兄同赴吴淞，访叔，并宿焉。

七月二十八日(闰6月3日)　月曜日　天晴

全天与叔父母谈家务，看书，直至下午三点始来申。访章宝先生，叙谈至晚，始转商场而回社。寄次乾兄信一，为叔同事。

七月廿九日(闰6月4日)　火曜日　天晴

访王廉方、竺通甫、王辅庆等十数人,分与报告册,顺请酌顺常年,有甚愿意者,拟俟秋凉来沪进行之。王辅庆之常年六十元,今日收到,并加认基金五百元。旋邀韵星先生同至成和村,访志豪先生,不遇。归,在大观楼用饭。

陈书昆君要捐册,适予未遇,下午迳自送去。

七月卅日(闰6月5日)　水曜日　天晴

访周永昇、邬培因、张申之、何绍裕诸君等,叙谈院内现状。邬志豪君常年一百廿元,今日收到。杨宏宝、王韵星君送与捐册一本,请其经募。访云程、荆庭,与相谈甚久。另星物件,今日又购买不少。

七月卅一日(闰6月6日)　木曜日　天晴有时雨

访王宝信,接洽会找,即经付我,减息问题不就。访沈寿田,不晤,留名片,缮托募款事。至王永昌荣桂厂用饭,厂主王祥祝君盖与予为姨襟也。该厂发明一种纽口[扣],抵制舶来品,年计颇巨,洵可钦佩。回来时,蒙其认助孤儿院洋廿元。访徐其富,介捐助洋廿元。访士莲、恒通、云程,回新社。云程、荆庭并均交与捐册一本。

接次乾函,托二日一定到甬,并代取四史,当向扫叶山房检取。

荣桂晚上又来,买来洋铁锅子等多件。

八月一日(闰6月7日)　金曜日　天阴晴

上海昨晚戒严,今日情形甚为恐怖,但予为捐务关系,仍向各地奔走。至王兴昌收岁捐一百廿元。访余华龙,蒙认捐六十元。旋至中山旅社,访孙顺来兄,谈久,用膳。膳后返社,整理行李,于三点许,下宁绍轮。阅《石头记》以消遣。

八月五日(闰6月11日)　火曜日　天晴

此次往沪支用账目及收入捐款,均经清开详账,交会计处。

八月卅日(7月7日)　土曜日　天雨　寒暑表七十九度

眉轩由沪返,知王、施二生已进店,并携来大兄致予信一件,附洋十元,当送交伊家。

九月七日(7月15日)　日曜日　天晴

接子佩,院以王在川在沪不就范,当交眉轩函复,请其严加训斥。

十月十四日(8月23日)　火曜日　天晴午微雨

岳叔由杭回,过沪时,曾携来范高平先生助院一千元股单一纸。

1931年

一月十四日(11月26日)　水曜日　天晴

晨八时五十分车来甬,晤才运先生,同访表丈,讨论数事。旋往恒元药房,交郧教员关约。复赴华美医院,接洽配药及请医生赴奉化各节,在医院用饭。后至钧和,《时事》、《民国》报馆洽事毕,下新江天轮。

一月十五日(11月27日)　木曜日　天晴

抵新学会社,尚及晤获崧丈,殷殷以院款购买公债相嘱。旋赴大丰,与长兄略谈少选,知其将又调宝成。再往美球,知施临福仍未寻获,在渠想念中其人必落瘪三窠矣。呜呼!院内一片婆心,竟养出如此种子,思之曷胜沉痛。旋又看孙义豪、韩烈泮、毛宗坤诸生,后赴张华浜。晚,与小叔谈家中事,锡庆保单已请小叔填写盖章。万国储蓄会开奖,予曾去参观。

一月十六日(11月28日)　金曜日　天阴

在叔寓作函二件。一寄宋、胡诸君,述施、王二生事。一寄岳叔,附保单。二函系至上海后托庄崧运君寄甬投邮。访袁履登、康福水,均未遇。康氏奖匾三纸,系交其同族人转交。访云程于交通银行,谈甚久,并邀至其家略憩。晤其夫人方女士,复同赴保德用晚膳焉。

一月十七日(11月29日)　土曜日　天阴

上午,赴爱而近路①勤安坊郭家收捐,认数四百八十元,悉数收齐,承其优待,款予盛筵。其长房一百廿元,且作常年论也。

午后,因昨与云程有约,与同去吴淞探叔,盖欲与讨论星命之学,至晚始归。

---

① 今安庆路。

一月十八日(11月30日)　日曜日　天晴

今日,头目晕眩殊甚。上午,往观东港轮船,盖为崧丈、仰夫兄等主办其事也。中途晤王宏卿,邀予往荣昌祥一走。

饭后访兄,复与同邀锡康,三人同赴塘山路。先与雪窦朗清和尚谈甚久,入小馆用饭毕。复看荣桂于茂海路,现作工于康元厂,另赁屋居住,支用豪奢,毫无积蓄。问其银钱,则默然不为答。予实法穷。噫,奈何以有如此之兄弟也。思念先父母,计及其将来,予诚沉痛无似矣。

一月十九日(12月1日)　月曜日　天晴

访荆庭,知赴香港。访袁履登,约后日再去一洽。访邬振声先生,知捐册遗失,已函院。访陈基明,承其陪予同访张聿光,请画鹤以寿开钜翁者也。旋回至陈家午膳。陈与予述铭庄之宗旨,拨款十万作基本金,作为嫡派子孙学费及地方公益费,胜于以现金授之儿孙为多多矣。饭后,访阿宏不遇。又访陈掌文,允以款,托敦余转介,辞出。返新社,章宝先生迭以电话相催,往饭膳焉。

一月廿日(12月2日)　火曜日　天晴

访竺梅先,收得大东支票九百元,内四百元系徐基禅君。回新社,云程来问时,碧珊亦来,相与绍介为友。访李士莲,谈有顷,知下月十外为毛启寰夫妇双寿,院内应备礼往祝。

访徐侃富,收洋廿元,并访王永昌后而回。

接次乾、眉轩二函,告家中平安,甚慰。

接小叔快信,邀予即赴吴淞,爰邀大兄同去,至知系接樵峰先生来信,请将计划寄京,托予帮抄计划书也。

一月廿一日(12月3日)　水曜日　天雨

晨,与兄同返沪,再访竺梅先,掣洽收据,掉收现洋九百元,当付敦余介甬。和济由林君经手,未取收据,盖云即时汇去也。

访余华龙,收得廿五元。访严高声,拟寻人稿,请即登出。访高振霄先生,请署第二期报告册封面字。访袁恒通、袁光行、周正长,谈少顷。访郑祥坤,留予膳,并研究坟墓关于造碑之形式,主以直碑,一厺阔二丈半、高六尺、厚七八寸,碑脚高一尺余,碑字“某君墓碑”,下印文章。碑前拜坛仅石板九厺,此式简单而合式,予拟斟酌取之。后又讨论字帖,告予学褚遂良之圣教序,予亦有意购阅之。旋由伊陪予往东西华德路趁车,遇丐儿,予泣视之,伊亦反顾,似施儿状。

当时未加深究，别后心目中形象殊肖，满腹疑肠，无以自释，抵淞后尚萦萦于梦寐也。

一月廿二日(12月4日)　木曜日　天雨

晨九时起，下午四时半止，为小叔抄电政计划书八张，计四千许字，手指为痛。终日写字，真吃力也。预计上海应做事体尚有二三十件，后日或可返宁波。

当夜回沪，尚办事数件，与仰夫谈话有顷，寝十二点。

一月廿三日(12月5日)　金曜日　天晴

五点余即起床，盥洗毕，赴北站趁车往苏州，九点二十余分即至苏站，雇车至十梓街一七六号竺芝珊公馆探汪先生。寒暄既罢，出访邬侯如，收回捐册，并捐银十元。过豫丰，看程九和，旋即返竺公馆。汪先生邀予游吴县公园、图书馆，房屋巍峨，内容完备，观毕回。用午膳时，晤竺夫人，详谈院事并请任董事。晤张纪雄君，交席卿先生收条一纸，其款允后日介院。四点车返沪，滕君同道，八点抵沪。访金章宝，催收捐册。再往美球，勤康主人及王才川均来，剀切训谕，王生颇有悔意，愿暂留学，予心殊慰。

一月廿四日(12月6日)　土曜日　天阴

晨，访刘世栋，请其即将药物买就。访陈得法，收捐洋一百元。访袁履登、谢伯殳、王宏卿、邬志豪，接洽捐务。访江辅臣，托向院内寻院生五名，学织驼绒，机会甚好，惜无相当人才为憾。

午后，将收获捐洋六百元及仰夫兄托携奉之洋三百元，共计九百元，托敦余介甬和济。予于三点余下江天轮，返甬。

三月廿三日(2月5日)　月曜日　天晴

院务、家务一一托出，又与林垚接洽，后于十点车来甬。到甬后，至和济取洋五十元，存汉记。图样存同行事，一洽。访云程，售物及料毕祖同所托事，发寄院内信数件。

访表丈，先后于四点下宁兴轮，趁二台格十四号。船中静寂，领教名人轶事，获益匪浅。旋拟信稿，致黄、金、杜等。

明日为先父二周纪念，未在家中，憾甚。而感念前年此日之情形，伤心殊极。

寄眉轩信，请其于接黄等复信后转寄上海。寄汪先生信一，请其邀竺夫人赴京。

记于宁兴轮中

三月廿四日(2月6日)　火曜日　天晴

晨抵沪,即至新学会社,得晤崧丈。旋以电话邀才运先生来,亦获晤面。九时许,至合群定银盾。至天宝晤邬君,交农工息折二。访大兄,谈片时。又至荣昌祥,以长途电话告次乾兄。

黄、杜、金、张四函,托新学会社代为抄发。

荣昌祥午饭,后回至新社,同表丈至北站趁车来京。

三月廿八日(2月10日)　土曜日　天晴

晨九点另五分,车回上海王晋民经理处,徐君、孙礼桐君送予等上车。经无锡,售泥孩数个,以赠弟妹,到沪五点许,入新社略憩。

晚宿惠中旅馆,大兄来,谈许久始去。

接眉轩信,托买物多种。

三月廿九日(2月11日)　日曜日　天雨

上午,同表丈、才运先生同访志豪先生,与叙在京募款之经过,沪上请其帮忙,伊极愿意,且提出意见:扩充常年费,分发孤儿照相,请慈善家指认,旁及基金、凑队诸问题。

午后,邀谒康看荣桂于其友吕升甫家,荣桂外出,憾甚。与其友谈话甚久,此人豪侠尚义,殊胜感德欤。予等晚餐后始归。

三月卅日(2月12日)　月曜日　天微雨

晨,寄眉轩信,并寄去银盾二座。

访陈掌文,与谈少顷,未催解捐银。访邬志豪先生,继续叮咛,捐务允负一部分责任。

晚,往吴淞小叔家投宿,到已十时,留谈家乡事,计二小时。先是吕升甫与荣桂曾来旅馆,谈话至半天。晚餐由仰夫邀去,在杏花楼广东菜馆,胡君彪同亦在座。

三月卅一日(2月13日)　火曜日　天晴

九点余,由吴淞返上海,再访志豪先生。午饭由严君相邀,在青年会。午后，访严高声，知王在川已改过自新，慰甚。旋又售物，费时有顷。

晚，志豪先生晏客，到有竺梅先、张申之等，予偕表丈均去，地点在梅园。席间讨论沪上筹款方法，拟缩小范围，每队为一千元，当晚拟开二十余队。席散，同回旅馆，邬君叙筹赈捐经过，颇动听。

大兄来，与同至大陆饭店，访舒其顺君，不遇，即归就寝。四月份储蓄费，经到会付讫。

四月一日(2月14日)　水曜日　天晴

访舒其顺君，叙谈少顷。访侯国华，未晤。至荣昌祥收洋二百元，购买另星什物。整理行装，于下午三点余钟，搭宁绍轮返甬，身体倦甚，下船即寝。

五月十六日(3月29日)　土曜日　天晴　寒暑表六十五度

晚餐在世燧家，席散后，讨论奉化生产低落，危机丛生，空洞中的谈论。查年来奉化妇女跑向沪、甬各地为佣者，日渐增加。内地除几家大财神外，经济亦日趋窘迫，是诚可惧之事。何得如南通之张季直者，挽狂澜之将倒。予对此事有深切之感想，志之以备惕励。

五月廿七日(4月11日)　水曜日　天晴

抵沪，伯骥在，与其谈有顷。致次乾信，通知明日赴京。致汉与兄信，告抵沪并棠岙人事。访顺来、五亭于新世界饭店。晤叶荣钧，邀至梅园午餐。访才运先生，未晤。邀伯骥赴吴淞访叔，游海军医院，乐甚。晚九时回沪。小叔会款仍交予带奉化存庄。

五月廿八日(4月12日)　木曜日　天晴

晨，致才运先生信，请其一周后回申，进行捐款。旋整理行装，趁九点卅分特别快车来京，伯骥同道，少感枯寂。四点余抵京，趁车至东方饭店投宿，并电话告次乾。

六月四日(4月19日)　木曜日　天晴

下午，与次乾兄搭四点半车回沪，晚十一点半到宿新惠中旅馆。

六月五日(4月20日)　金曜日　天晴

先至新学会社与仰夫兄晤，谈少顷。再与次兄同访才运先生，讨论沪上进行办法，以为非表丈来沪不可，乃请次兄回甬时面邀之。午餐于状元楼。

午后，同至仰夫兄家，至晚，始回旅馆。

接伯骥留函，详述现在苦状并将来计划。

六月六日(4月21日)　土曜日　天晴

与次乾兄向各地购买衣物，过去半日。午后，送其下船并整理另星事件。

接刘玉英君函，知西屏先生已允认一队，托将捐册寄杭。

六月七日(4月22日)　日曜日　天晴　上午雨

覆刘函，告去京成绩并请转谢西屏先生，同时寄出捐册十本。

访杨宏宝，交予捐洋四十元，予当时交其邬折两，并余剩息洋廿六元。另访子佩，交托修表。访其仁，未晤。回新社接次乾兄电，知孙不来。

下午，邀锡康同看荣桂于民立厂，仍未能守其本分，力为规劝，冀其自新。旋别，赴张华浜。晚，与叔谈至十点，寝。

六月八日(4月23日)　月曜日　天晴

上午，作函五件，寄胡、宋二君，告捐务现状。致原茂函，谢其厚待，并述及俞君事。致志民函，请其襄助捐事。致伯骥函，照复留函之所托各节。午后回申，访德沛叔、章宝先生、宝信先生，接洽结果，蒙其承认半队。荣桂事，肯予相当帮助，辞出。访存皋，陪予募捐数户。

晚膳在天昌祥，回社接宋来电，要予暂留，未知何事也。

六月九日(4月24日)　火曜日　天晴

六时，眉轩来，谓院内来有学生八人，系贺杜祠之落成，当与同赴华格臬路①杜宅与诸生相见。旋整队游行，观其仪仗之斋皇，礼物之繁多，诚所罕见。十时许，予辞，回新学会社。

午后，访才运先生，商量进行办法，伊以为邀同问涵先生共同襄助，较为有效，即过一品香访洽，未晤，甚憾。旋向王辅庆君收常年费六十元，购书、物少许，回社。

晚，李升甫来谈，荣桂甚喜赌，恨甚，当力诫之。

交华美照片廿张，请铸铜板。

① 今宁海西路。

六月十日(4 月 25 日)　水曜日　天晴

上午,往丰泰买物。旋邀才运先生同访问涵先生。先晤性之兄,谈及捐务,谓何氏已答应一队。继始晤到王君,磋商之下,甚少进行之方。黄等及谢等之欠捐,并孙鹤皋、江辅臣等,由伊承认接洽,遂告辞。访廉方,邀同午膳于大观楼。午后,访朗清、小章,均不获。晤王永昌,收捐廿元。晚,与院生同游大世界,藉增广渠等眼界。

六月十一日(4 月 26 日)　木曜日　天晴

访志豪君,略与磋商。访王一亭未遇。午膳在梦卿先生家。访绍祐,渠昆仲完全担任一队。回新社,学生下船回甬。访郭澜永翁,少叙即别。至顺泰收捐五百元,当付敦余庄。访才运先生,商谈多时,并在中华用饭。

连日奔走,心力交乏。晚睡甚早,藉资恢复。

六月十二日(4 月 27 日)　金曜日　天晴

访董心斋、陈粹甫、孙鹤皋、江辅臣,均未遇,仅晤王和兴,收来常年费一百廿元。晤郑源兴,承认半总队,有余力时增任半队。访王一亭,请看阳明字及请书汉、次二君联。

邀才运先生同至永安看藤器,似少可以仿做之物,将来工场方针,或须改变。

寄宝信函,附捐册五本。四时下宁绍轮。同房林君,供访郑源兴,职南京经理处,谈甚洽。

六月廿四日(5 月 9 日)　水曜日　天晴

晨,接次乾由京来电,知崧丈今日到沪,爰即结束各项应办事件,于下午一时车来甬,仅向和济、钧和一转。致汉信,请主办萧王庙孙氏礼物。

接孙家电话,知表丈病已七八日,回来应往探询,四点许下宁兴轮。晤佩琦振元等,得解寂聊。

夜深天凉,月光皎洁,独立船尾,仰瞻天空,俯瞩大海,水天汪洋,顿兴身世苍凉之感,不禁唏嘘久之。入睡已经十一点许。

六月廿五日(5 月 10 日)　木曜日　天晴

到申至新社即晤崧丈。旋邀才运先生来商定进行办法,决设席宴客。访慕柳等于中央饭店,谈少顷。

午后，往吴淞，车上闷热，微感不适，四点即回。

晚，应士莲君之邀，晏于味雅。晤芾南先生，与其谈奉化情形有顷，归与崧丈宿惠中。

六月廿六日(5月11日)　金曜日　天晴

上午，赴小有天，择定地方，午后发柬。

请崧丈写联许多，以予卅岁并蒙赠寿字一个。晤筱庄畅叙，积愫乐甚。

接曼人信，托祖同事，转向崧丈说项。

晚，兄邀晏于大观楼，至旅馆，寝已酣，有人敲门，启之，谓姓陈，中央某要人之侄，处境艰难，向崧老借川资，婉拒不得，卒由予给与番佛①一笔，狼狈而去。明知行骗，无力坚却，予之昧也。上海社会，百色皆有，今夜又见到一种。

六月廿七日(5月12日)　土曜日　天晴

上午，邀崧丈同访孙鹤皋君，接洽捐务，结果蒙其承认一队，并讨论将来基金之处置方法。

晚，崧丈晏客于小有天，到有何邀月、何绍裕、何绍庭、邬志豪、江辅臣、陈粹甫等二十人，当场认定计一队有半。

六月廿八日(5月13日)　日曜日　天晴　寒暑表九十余度

晨，崧丈赴杭州。予连日忙碌，加以天气闷热，身体不适，全日仅访邬志豪，交捐册二本。访舒祺顺，谈有顷。访邬云程，承认一分队。

六月廿九日(5月14日)　月曜日　天晴

访才运先生，商量进行办法，并向其收来柴志馨捐洋二百卅元，当时付敦余洋三百五十元，请其解甬。

访陈粹甫，承认常年一百元。与仰夫兄同访孙义汉君，承认半队。

接汉信，为教员关约问题及他另星事件。

覆汉信，告沪上捐务，并请致送唐之关约。致士炯函，请留唐，俾将关约送交。

六月三十日(5月15日)　火曜日　天晴

访王一亭先生，续请写友人之对。晤上海孤儿院务主任张君康君，商问多

---

① 旧时对外国银元的俗称。主要指有人头像的西班牙“本洋”。

端，内有工场、藤工部。毕业生技艺精巧，予院下年添办二场，技师可向该处延请。

访士莲、朗清、宝信诸君，得遇宝信之队，谓系分队误甚矣。

访叶荣钧、毛惠金、张伯琴诸君，均未遇。寄胡次乾兄信一件，辞甚长，所叙为捐务，王震对院教、内务主任，祖同报考航空校等六七端。

七月一日(5月16日)　水曜日　天雨

晨起，冒雨驱车洽捐务。晤叶荣钧请认千元，交册二本。访汪宝棠，认半分队。访永昇，认千元，交册四本。访志豪，叙明江辅臣君另立一队，伊与张伯梁君合，以张已认可交册二本。访王一亭，对尚未就。访竺通甫、孙经培，未晤。访荣桂，交予洋五元。晤吕升甫，募捐少数，并与予商机器风扇事，以轮盘自行旋转，不假电力，予当斟酌予以襄助。三点余下船，晤应笠矶君，谈颇乐。

八月一日(6月18日)　土曜日　天晴　寒暑表八十二度

晚，与汉商宋母丧仪。本院应有去沪致敬之必要，决以此问题叩商于表丈。且有长函，与次乾讨论及此，并其他关院之各问题多端。

八月十四日(7月1日)　金曜日　天晴

宋太夫人不日开吊，院内于今日电唁，词如下：

美龄董事长钧鉴，太夫人仙逝，同人等不胜悲悼，敬希节哀顺受，为国珍重。奉化孤儿院同人谨唁。

又致次乾电，请速办联送沪致丧处。

八月廿三日(7月10日)　日曜日　天晴

晚，由鹤仙来告，谓才运先生病卒于沪，将信将疑，未敢卒信，以为淳厚慈祥如彼者，当不有此。旋即赴其友毛某家及电局探询，证明确罹时疫，于昨十点，卒于沪寓。悲乎，痛哉。噫，忆予与才运君遇在十五年七八月，其后共襄院事。交渐密，知之益切，性仁慈，德高尚。海上事业，桑梓公益，经其力谋以成者，指不胜屈。而爱国精神，尤所罕观。如向外力争华董，五卅抵制外货，将其经营之荣昌祥立时停弃等等，尤足令人景仰无已。其对于本院，自任经济主任以来，擘画荩筹，胜于己事，募入捐款殆达万金。为力主存款同行，以裕利息，向各军衣商募衣物以省费用。上海之开会也，奔走接洽，出力交际，诚可谓无微不至。数年来对予个人之援助，亦属不少。呜呼，不仅予抱失臂之痛，而孤儿院、王溆浦之大损失，即奉化即消失一颗巨星也。思之曷胜沉痛。

九月廿三日(8月12日)　水曜日　天晴雨无常

午饭后，予与郑技师乘宁兴轮来沪。是晚，浪甚大，致未安睡，且以国事殷殷绕缭于予怀也。

九月廿四日(8月13日)　木曜日　天时晴时雨

到沪略憩，郑赴西门。予往民益厂，后访云程，谈久，并与同至交易所，观公债行市，廿卷已跌至四九，本想为院购买若干，然卒无此胆量，适天魂赴京，曾以此意商诸庄、胡矣。当晚廿卷回涨至五十六元。甚矣，变化之巨也。

即晚，舒祺顺君晏客于同兴楼，予亦赴席。

九月廿五日(8月14日)　金曜日　天乍晴乍雨

昨晚宿于民益厂，今晨即到新学会社，与郑同赴新闸桥，定藤器用具，继往闸北购藤，计四百斤，价一百余元。访平波于谦吉旅馆，晤谈甚久，以即晚赴京，托携次乾兄信一，重要事件，仍为商购公债问题。访孙性之，接洽捐款与学生就业诸问题。赴轮船洽带货，以价巨作罢。

九月廿六日(8月15日)　土曜日　天晴

上午，继续购物，并致汉信一件，告抵沪后种种。访王宝信君谈多时。午膳后，与梅卿同乘其车来新学会社。转访毛衡甫先生，至晚始返社，再赴吴淞小叔处就宿。

九月廿七日(8月16日)　日曜日　天晴

返沪，郑已相候，与同往龙华。访张君、康君于孤儿院，承其引导参观并过午餐，甚为满意，临别托其代向王一老取联寄奉。

访徐永炎、周荆庭，均未遇，回新社。接胡信，谓公债已与崧丈商定，确决乘机买入，惟基金须择其稳当者，票面约一万元。接默亭信，托购物，并附来云程、伯骥信二件。晚因民益厂之邀，又往，晚膳归来，沐浴整理，寝已迟。

访吕升甫，找荣桂，均未遇，留条请来新社接洽。

九月廿八日(8月17日)　月曜日　天雨

外侮日亟，国势日危，翻阅报章，目眦发指，群起救国，此其时矣，予从戎无能，而一生不购日货，可以由我自主，幸勿再蹈五分钟之讥。

上午，向电汽公司与商务购物，并致院诸先生及宋信各一件。接柳村信一，托速进行其读书事。接汉信，拉杂数端，皆未关重要。往蓬莱市场看郑，归颇晚，托礼桐询公债行市，日内未做买进，须待缓。

九月廿九日(8月18日)　火曜日　天晴

午前，购买面机及赴商务购买书籍。

午后，郑回去，以行李多，予送其下船。访孙经培，未晤，即赴江南学院，详探柳村所托入学种切。后再驰赴轮埠，以备函交伊寄柳也。

晚，往荣昌祥，顿忆王公往事，景同人亡，无限痛悼。旋向宏卿君转洽乐元君募定院生制服一百二十套，归与礼桐兄在言茂沅小酌，寝迟。

九月三十日(8月19日)　水曜日　天晴

访培因，洽柳村事，访余华龙洽捐务，又赴荣昌祥访王师母，详述才运先生病亡经过，无任酸楚。辞出，赴江湾路访戴祖年，未晤。见岺，甚高兴。归访孙礼钰君，托催吴瞻捐。继又访何绍裕、陈粹甫、王廉方、陈忠皋等。晚，由礼桐告知五丰号已为院买进廿年关税库券十月期一万元，计价五千四百七十元，当函次乾与表丈，次乾函由汉升先生携去，并访章宝先生，转向张助生君催收捐款，归亦迟。

十月一日(8月20日)　木曜日　天晴

晨，柳村到，即与相届同赴法学院，晤戴祖年君，商议过午，又与之同赴江南学院，甚少办法，遂别，与柳村同访衡山先生与郭卫。后至中央旅社，访顺来，洽会郭永澜君、徐善基君、李士莲君均在，寒暄毕，与李、孙讨论发办奉海路事，甚赞成，又与商易公债保证金款，允明日支取。

十月二日(8月21日)　金曜日　天晴

访志豪君，洽兄亏款事，予承认向宝泰料理。午后，即访兄，无甚表示。又访吕升甫与荣桂，均未遇。归途又访顺来，谈少顷，回新社。

致表丈与次乾兄函，各一说明公债佣金事。

十月三日(8月22日)　土曜日　天阴

晨，访顺来兄，介绍致宝贤兄处取洋四百元，合前二百元，付证券物品交易所，五丰号作为保证金。时，入市场参观，见公债趋势仍跌，不知何故，询诸熟手，亦曰不知。访徐永炎，仅留名片而书事故。

回社，金泉来，与商锯板机器，答一月后交样。

午后，柳村回去，与仰夫兄同访伯训，病势甚重。晤象坤、恒通二兄，谈少顷。访粹甫先生，常年允由新社解告。公债，乘涨价时即卖出。访义汉、陈基明，均未遇。访云，谈二三时，晚归。荣桂候久而去矣。留声机已修好带回。

十月四日(8月23日)　日曜日　天晴

早晨，写新闻二则，投邮。

访孙义汉、何绍裕、董仲修、竺为鹏、周佩箴诸先生，未遇者，均留名片，书以事由。旋至象坤处，讨论墓碑问题。膳后告别，访辅庆，向其募尚田桥捐五十元，邀至上元楼晚餐，并叙才运先生病故情状，不胜凄悲。晚，接次乾信，以公债既买进，可不再卖出。接唐信，附小叔及伯骧信各一件。

十月五日(8月24日)　月曜日　天晴

昨晚宿民益，早晨看荣桂。访姑丈。探云程，谈甚久，问及奉海线与公债事。旋又访王宏卿，交衣服尺寸单。访王廉方，收捐洋三百十元，即付王宝贤四百元。继访周荆庭、张伯琴、郑沅兴、毛惠金、陈掌文、何邀月、竺梅先、朗清诸君，惟向竺君收谢伯殳君捐洋二百元。朗清已转向人洽定，认助常年。藤器已寄宁波，当函复默亭君查收。

十月八日(8月27日)　木曜日　天阴

接云程快信，以公债惨跌，伊已忍痛割腕，询予一意见，拟到沪定之。

午后三时，与崧丈、次乾兄、汪幹夫四人乘车来沪，崧丈因事留镇江。予等到沪已十二时半，宿中央旅社。

十月九日(8月28日)　金曜日　天晴

晨，赴证券交易所，再付洋四百元。访云程，商公债事宜，劝即割腕。

致唐快信，附济民函，请转递。

午后，公债廿卷跌至四十二元，予徘徊不忍放弃。与云程商经济事宜，允年内为我担负若干。

十月十日(8月29日)　土曜日　天晴

昨晚，以看荣桂，宿于民益厂，兄与予谈甚久。

今晨，为兄向祺顺支取洋五十元，加数付宝泰。

访云程，已去京，回中央。连日奔走，心力交乏，遂从事休息。接柳村与默亭信，均有事相托。

十月十一日(9月1日)　日曜日　天晴

一早，即赴荣昌祥，访宏卿接洽国庆事，及制服之尺寸。赴中央晤义汉君，承认从缓筹募。

赴华孚厂由贵存叔陪同参观，范围尚大，内部布置井井有条，甚深钦佩。旋荆庭来，洽定院生分二批进厂。事毕，出访朗清和尚，谓林某已承认常年一名，自明年起。旋又赴藤店与北车站，再回新学会社。

十月十二日(9月2日)　月曜日　天晴

早上即赴中央，与次乾兄接洽，知与兰亭洽妥，商易五百元。旋赴所，尚未开市，环察气象尚佳，开盘势趋回涨，但第二盘复下降，第三盘下降更劲。予以稍纵即逝之宗旨，小糊涂之捏手，三曲下去，事不称心之指使，毅然决然以四十二元四角割腕，事诚肉痛，要亦莫可如何也。只有诿之于数而已。

访芾南先生，未晤，怅甚。

下午三时，整理行装，与士亨一同下船，搭宁绍三十一号回甬。

十一月十九日(10月10日)木曜日　天晴

晚，讨论院务甚久。旋阅报，以倭奴凌虐益甚，马将军独力抗拒，沪甬各界纷纷汇款助饷，汉翁与予颇有此意。当晚拟筹百余金，明天当分头进行之。

十二月三日(10月24日)　木曜日　天雨　寒暑表五十度

早起，即赴江北岸迎柩，先与由沪随来之各友人握手寒暄，继视柩，哀思甚切。赴交易所访表丈，示致宋函稿，请改修毕。致礼桐函，催领捐事。旋即出所，晤送柩车，即乘入至鄞奉站，尚见院生鹄候于此，盖来车损坏，所以致迟，待其修好，距柩车启运已历大半时。幸至横路下车时，灵柩甫启扛，尚及送至王溆浦。午后，以天微雨，归行甚速，以七十五分钟到城。

（整理者系华东师范大学历史系博士生）

书评

用档案说话

——评《日本侵略上海史料汇编》

周　武

《日本侵略上海史料汇编》(以下简称《汇编》)于 2015 年 12 月由上海人民出版社出版,这部大型档案史料汇编,系上海市档案馆编研部专家在前此已编辑出版的《日伪上海市政府》(档案出版社 1986 年出版)、《日本帝国主义侵略上海罪行史料汇编》(上海人民出版社 1997 年出版)、《日本在华中经济掠夺史料》(上海书店出版社 2005 年出版)等书的基础上,进一步增补新发掘相关档案史料,重新整理编纂而成。在我看来,这部《汇编》不但是一部厚重的大书,而且也是一部沉重得足以令人窒息的大书。"厚重",指它的内容和体量,全书凡 254 万余字,三巨册,是一部迄今为止海内外有关战时上海研究最系统、完备的史料汇编;"沉重得足以令人窒息",则是因为这部以档案史料为主体的大书,以最原始的资料为我们讲述了上海这座曾经繁华堪比纽约的亚洲头号世界之都的一段"关键性的经历",即在侵华日军的致命摧毁和高压统制下,上海如何一步步地变成"除了人命什么都贵"的人间地狱和"步步荆棘的恐怖世界",编者没有添加任何额外的解释性文字,甚至没有为每卷加上导读或按语,一切用档案说话。讲述历史当然有许多方式,但就这个议题而言,我以为,大概找不出一种比一切用档案说话更有力更具震撼力的讲述方式了。

这部《汇编》分上中下三卷,每卷各有侧重,并按时间顺序和内容分章编排。上卷侧重辑录日本侵略上海的战事史料,包括日军在上海发动战争前后情况、日军在两次淞沪战争中所犯下的战争罪行、上海所遭受的战争破坏、战后对日索赔战争损失过程中所作的抗战损失调查材料等。其中第一章为日本发动一·二八淞沪战争及战争暴行,包括日本蓄意挑起战争,一·二八淞沪战争期间日军在上海的暴行,淞沪停战谈判与战区接管,一·二八淞沪战争期间上海战争损失调查；第二章为八一三淞沪战争前日本在沪扩张势力，含日军在沪秘密购地扩充军事设施，日军加紧武装渗透和挑衅，全面侵华前日商在上海投资概况；第三章为日本在上海发动八一三淞沪战争，辑录七七事变后日方在沪挑衅，在沪日军发动侵略战争等相关档案资料，以及日方报刊的战况报道；第四章为八一三淞沪战争期间日军在上海的暴行，辑录日军在上海城乡的劫掠杀戮，日军的狂轰滥炸和纵火焚烧，占领初期日军在华界的搜捕烧杀等档案资料，并辅以《申报》等报刊的目击记录、亲历者的笔记和受害者的陈述记录等；第五章是抗战时期上海损失情况调查，辑录上海市抗战期间财产损失调查，上海市公私立机构团体的抗战损失报告等。这一卷辑录的史料，集中而又具体地还原了日军发动一·二八和八一三两次淞沪战争的始末，以及日军暴行给上海城乡带来的毁灭性破坏。中卷侧重辑录占领期间日本在上海扶植操纵傀儡政权及其残暴统治的珍档秘辛，包括八一三淞沪战争后日军占领上海华界、继而控制上海租界，扶植操纵傀儡政权，利用特务机关，实施恐怖统治及其暴行等方面的史料。其中第一章为扶植操纵伪市政组织机构，包括扶植操纵伪上海市大道政府，扶植操纵伪督办市政公署，扶植操纵伪上海特别市政府等；第二章为建立日伪特务机关及其暴行，包括建立日伪特务机关，日伪特务在沪暴行，日方组织贩毒及所谓鸦片公卖，日军侮辱妇女、设立慰安会所等；第三章为实施军事恐怖统治，包括封锁街区、搜捕市民，日军恣意杀伤市民，日军实施军事恐怖演习，日方抓夫抓役与强募军工等；第四章为日伪在上海地区的"清乡"，包括日伪在上海地区"剿匪"，有关"清乡"协定以及推行保甲制度，对市区街道封锁检查；第五章是日本对上海租界的渗透占领和所谓"发还"；第六章是破坏和控制上海教育文化事业，包括控制教育事业，控制舆论宣传，控制图书出版事业，控制广播电影，破坏和劫夺文物档案等。如果说上卷揭示的是日本侵略上海的战争罪行及其给上海造成的巨大直接损失，那么中卷则详尽记录了占领时期日伪"合作政权"把上海一步步推向人间地狱的过程。在这个过程中，日军实行严厉的宵禁令和军事管制法，"上海居民普遍受到严格控制。所有的商业机构，包括夜总会在内，都必须在晚上九点打烊。所有的道路都竖起铁丝网路障，由日本哨兵把守，检查过往人员的身份证件，强迫行人向他们鞠躬行礼。所有的英、美侨民都被迫戴上红色的袖章，以示其'敌国侨民'的身份。日本人在前租界内还强制推行在其他中国人居住区已经实行的保甲制度"。①市民外出必须携带市民证和防

---

① ［法］白吉尔著，王菊、赵念国译：《上海史：走向现代之路》，上海社会科学院出版社 2005 年版，第 258 页。

疫证，否则就可能被当作抗日分子处置。上海实际上已被改造成某种形式的“集中营”，①完全丧失其原有的功能。下卷侧重辑录日本对上海的经济统制与掠夺等方面的史料，包括日本在占领上海期间对上海经济实施的所谓“统制”，企图把上海变成日本侵华战争的经济基地等方面的档案，其中第一章为金融统制和掠夺，包括金融掠夺政策和机构，强制推行日本军票，推行伪币、打击破坏中国法币等方面的史料；第二章为物资统制和经济封锁，辑录日本对上海物资统制政策和机构，实施经济封锁和物资掠夺，征集“回收”旧金属等方面的资料；第三章为米粮和棉花纱布统制，辑录日本对上海地区实施米粮、棉纱等的统制机构和政策，日方在沪掠夺米粮，上海米粮恐慌，日本强制征购上海存棉，强征丝茧等相关史料；第四章为产业和交通统制，辑录日本对上海产业和交通统制政策，日军对上海工厂企业实施“军管理”，日军对上海铁路、航运、通信事业的统制和掠夺，日本在上海强行圈占土地，掠占房地产业等相关史料。就其企图而言，日本发动侵略上海的战争，并在上海扶植操纵“合作政权”，首要的目的当然是最大限度地攫取在上海的庞大经济利益，并“以上海为据点，确立帝国向华中方面经济发展的基础”。②本书编者将占领时期日本对上海实施经济统制与掠夺方面的档案史料单独汇编成一卷，立意和匠心或许即在于此。

上述三大卷分开来独立成篇，合在一起则构成一个编次厘然的整体。日本先后发动一·二八和八一三两次淞沪战争，目的在于占领与统治上海；而占领与统治上海，则是为了更大程度地攫取上海的庞大经济利益。本书编者依托上海市档案馆馆藏优势，从浩如烟海的馆藏档案中辑录有关抗日战争时期日本侵略上海的重要史料，再进行细致的甄别、去取、整理、编纂。原件无日期者，尽可能考订其具体日期，并附注说明。馆藏档案不足，则辅之以少量其他文献、报刊资料，以及亲历者的笔记和一些受害者的陈述笔录。凡馆藏档案外选录史料，均一一注明原始出处。如上卷第三章“日本在上海发动八一三淞沪战争”中关于日军的战争挑衅活动和虹桥机场事件，就选录了若干《申报》记者的即时报道；而有关战争中的日方动态，则选录了日方报刊的战况报道；第四章“八一三淞沪战争时期日军在上海的暴行”中，有关崇明沦陷时期的社会情况，则选载崇

---

① 在1941年12月底日本驻沪陆军召开的一次新闻发布会上，当一名美国通讯记者尖锐地提问，英国人和美国人会不会被投入集中营，日本陆军发言人就曾公开回应道：“从某种意义上来说，公共租界本身就是一个集中营。”参见[美]华百纳著，周书垚译：《上海秘密战：第二次世界大战期间的谍战、阴谋与背叛》，第112页。

② 复旦大学历史系编：《日本帝国主义对外侵略史料选编》，上海人民出版社1975年版，第253页。

明县档案馆所藏崇明人李鹤庐(伴鹤)所记笔记《崇明沦陷记》等,这就不仅在一定程度上弥补了相关档案史料的不足,而且使本书的内容更丰富,更具完整性。

抗日战争胜利已七十一年,当年的烽火和硝烟早已远去,但这些档案,以及由这些档案整理汇编而成的这部《汇编》背后的历史,对上海这座城市而言,却是无法抹去的创伤性记忆。因为这场战争不但改变了中国,也彻底改变了上海城市的命运。已故美国中国学家魏斐德教授在《上海歹土》一书的序言中说:在20世纪,没有其他事件曾对中国此后的内战、社会主义革命及资本主义革新的历史进程产生过如此深远的影响。这个说法成立与否暂且不论,但就这场旷日持久的战争对上海造成的摧毁性破坏和转折性影响而言,在20世纪,确实没有其他事件可以跟它相比。

开埠以后,欧美列强以不平等条约制度为基础,以"经济扩张"为主要手段,在上海设立租界,并以租界为"经济根据地"推行"自由贸易帝国主义"政策,进行"准殖民地式的直接统治",不到半个世纪,上海已成长为连接世界与中国内地的枢纽型都会。第一次世界大战爆发以后,西欧列强受困于欧洲内部的局势。以此为契机,上海的民族工商业迅猛发展,航运、外贸、金融、工业、房地产,以及信息、教育、出版、电影、广播、艺术、娱乐等文化产业均表现出前所未有的强劲活力,步入各自的"黄金时代"。正是这种活力,把上海推上整个亚洲最繁华和最国际化的大都会,并跻身国际性大都市的行列,成为与伦敦、巴黎、纽约、柏林并驾齐驱的世界第六大城市。美国学者白鲁恂指出:"上海的显赫不仅在于国际金融和贸易,在艺术和文化领域,上海也远居其他一切亚洲城市之上。当时东京被掌握在迷头迷脑的军国主义者手中;马尼拉像个美国乡村俱乐部;巴达维亚、河内、新加坡和仰光只不过是些殖民地行政机构中心;只有加尔各答才有一点文化气息,但却远远落后于上海。"1934年5月,法兰西科学院院长查理·芮切教授曾根据当时上海一系列工农业、人口的动态数据预测:照此发展下去,十年后(即1944年),上海的重要性将超过伦敦、巴黎、柏林,从当时的世界第六大城市跃为仅次于纽约的世界第二大城市。

然而,日本发动的一·二八和八一三两次淞沪战争,以及随后对上海的占领,摧毁了上海近百年累积起来的现代化基础,扼杀了上海成为世界第二大都会的前景和可能性,上海由此坠入"除了人命以外什么都贵"的恐怖时代,上海发展的"黄金时代"因此而被终结。

据国民政府中央统计局发表的数字,在一·二八淞沪战争中,上海直接损失即高达15.6亿元,被难人数约80万人,约占华界总人口的45%。战区内半数以上的工厂被毁,七成以上的商店遭到破坏,大中小学校受灾200多所。地处交战区宝山路的商务印书馆总厂及东方图书馆即在事变中被毁。商务印书馆总厂“所有房屋,除水泥钢骨建筑者尚存有空壳外,其余只见破壁颓垣,不复见有房屋。其存在未毁者仅机浇铅版部、疗病房三处而已。各种机器皆弯折破坏不可复用,藏版房之各种图版全化为灰烬。纸张,书籍、仪器各栈房则一片劫灰,并书纸形迹均不可辨。所存大宗中西铅字铅版经烈火熔为流质,道路之上,沟洫之中,铅质流入者触目皆是,惨酷之状,不忍卒睹”。①总厂被毁后,2月1日日本浪人又冲入东方图书馆纵火,东图庋藏的巨量中外书报悉数化为灰烬。时任日本驻华公使的重光葵后来在回忆录中说:《淞沪停战协定》签订后“上海治安已经恢复,日本陆军不久从上海全部撤退,一切也都恢复原状”。事实却是,闸北、吴淞、江湾等地直到半个世纪之后也未能“恢复原状”,而像东方图书馆这样的文化公益机构则永远地消失了。

与一·二八淞沪战争相比,侵华日军继“七七”事变之后发动的八一三淞沪战争,对上海的破坏更近乎毁灭性。据《申报年鉴》记载,当时有4 998家工厂、作坊的设备被毁坏,战火最集中的闸北一带,工业损失100%,虹口和杨浦损失70%,南市稍轻亦达30%。由于华界大片居民区被毁,上百万走投无路的难民像“森林中的生灵逃避天降大祸一般”从四面八方涌进仅10平方英里的公共租界和法租界,在茫茫人海中寻觅落脚之处,几乎每个角落都挤满了男女老幼,成千上万的难民只能睡在办公楼的走廊、商品贮藏室、庙宇、同乡会、娱乐场所、仓库,甚至棺材店。虽然上海各界在租界地区设立了众多的难民收容所,其中独臂神父饶家驹在毗邻法租界的南市区创办的“饶家驹安全区”即安置了近30万难民,使他们免于疾病和冻馁,但仍有大批难民无处栖身,露宿街头或废墟,病死、饿死、冻死者比比皆是,单1937年岁末处理的尸体即多达101 000具。事变中,闸北再遭灭顶之灾,被难情形最惨不忍睹。几乎所有商店、住宅、工厂均被摧毁殆尽,战前最繁盛的恒丰路、共和路、大统路悉成焦土,全区仅剩苏州河畔的几间残缺不全的住宅和一个裕通路的四安里(俗称三层楼)。②另据《上海市闸北区地名志·附录》统计,闸北华界地区全毁于八一三淞沪战争的里弄即达295条。③闸北曾是上海最具活力的都市工业区和“自治模范区”,被誉为中国迈向工业时代的一面旗帜,战后已变成满目疮痍、魍魉出没的一片荒郊野外。

---

① 《本馆被难记》,《商务印书馆通信录·国难特刊》。

② 闸北区档案馆:18—2—8,参见张笑川:《近代上海闸北居民社会生活》,上海辞书出版社2009年版,第315页。

③ 上海市闸北区人民政府编:《上海市闸北区地名志·附录》,百家出版社1989年版,第289—298页。

一位曾在那里安家的美国人说："即使我见过的(第一次世界大战期间的)法国也没有被破坏得如此彻底的。"①

以上所列仅是战争造成的直接损失。1937年11月日军占领华界后，随即展开疯狂的经济掠夺，那些在战火中幸存下来的华商工厂企业再度遭到洗劫。"其未被炮火所毁厂房，内存铁质器具，上自构造复杂之大机器，下至零件，甚至连虹口招商码头等堆栈地上铺的铁板，皆被敌人攞走了。"②日军宣布对占领区内的工业物资进行"军管理"，总共76家中国企业被管制。短短几个月，日军通过巧立名目，强取豪夺，控制了上海绝大多数的煤、铁、盐、电、航运、铁路、烟草等军事及日常生活所必需的物质生产。

1941年12月8日日军占领租界，上海全城沦陷。日军又"接管"在沪所有英、美商工厂71家，或以"敌性企业"勒令停业。1941年12月17日，又封闭各大仓库，禁止物资移动，并规定粮食、食油、汽车、五金、橡胶、化工原料、药品等均须限期登记。日军还"接收"了包括上海电力公司、上海煤气公司、英美烟厂等在内的所有大型企业，以及汇丰、麦加利、花旗等15家英、美银行。1942年3月27日，日军又对重要工业原料及其制品，以及大米、小麦、面粉、煤炭等实行军事统制。对华商工业企业，日军则以"经济提携"名义，分别以"军管理"、"委任经营"、"中日合办"、"租借"等方式加以霸占。更致命的是，由于日本和英美交战，海路断绝，上海的原料来源和工业产品销售立即陷入危机，并持续恶化，上海工业纷纷倒闭。据王菊研究，1945年初上海华资纱厂绝大部分机器已处于停工状况。当年2月，30个纱厂中仅16个开工，运转中的纱锭只有65 318枚，布机721台，占总设备数中纱锭的5.9%和布机的8.1%。几个大纱厂纱锭的运转情况如下：申新系统在沪四个纱厂拥有的308 184枚纱锭中，仅申新九厂开工8 000枚，占纱锭总数的2.6%；永安系统的235 060枚纱锭中，开工20 704枚，占总数的8.8%；新裕纱厂的87 744枚纱锭中，开工6.8%；统益纱厂的63 184枚纱锭中，开工6.3%；中纺纱厂的46 900枚纱锭中，开工13.5%……当月工作时间最长的是永安二、四厂，共开工276小时；最少的是统益纱厂，只有3小时。该月各厂总共生产棉纱484件，棉布2 833匹，消耗原棉3 574担，各厂总存棉量为25 875担。这些统计数据反映出华资纱厂的停顿状况。在以后的几个月中，停工的设备有增无减。停工的主要原因是日军的经济统制和原

---

① [美]华百纳著，周书垚译：《上海秘密战：第二次世界大战期间的谍战、阴谋与背叛》，上海社会科学院出版社2015年版，第19页。

② 《申报》1938年2月15日。

料的缺乏。①华资纱厂的境况只是一个缩影，其他行业也大都难乎为继，日趋惨淡。上海令人目眩的霓虹灯熄灭了，曾经灯红酒绿的摩登上海活生生地被日军拖入“黑暗世界”。有位外侨曾在一封私人信件中这样感叹道：“上海这座曾经世界上最喧闹的都市，如今已变得寂静无声。”②

撇开人员伤亡、财产损失，以及中外士庶工商在这场旷日持久的战争中经受的种种苦难艰辛不论，在日伪势力的统制下，上海从“世界上最喧闹的都市”变成一座“寂静无声”的人间地狱，这是战时上海经历的前所未有的最惨痛变化，这部《汇编》为我们胪举和展示的，正是日本在上海这个最惨痛变化过程中所留下的罪行铁证。

但是，战时上海是一个高度复杂的国际化场域，除了开埠以来既已存在的各方之间的利益博弈外，又形成许多新的尖锐矛盾。据魏斐德的研究，这些新的矛盾主要有六对，包括西方列强（英、美、法）与日本的矛盾，西方列强与中国关于治外法权的矛盾，西方侨民与在沪日侨的矛盾，日本军队与中国游击队的矛盾，上海本地犯罪组织与来自朝鲜和台湾地区犯罪组织的矛盾，分别忠于重庆和汪政权的特工之间的矛盾。此外，至少还有轴心国内部的尔虞我诈。这些新的矛盾，再加上既有的矛盾，彼此交织，诡谲多变，使上海的这段历史呈现出前所未有的复杂性，有经济角力，有观念与权益之争，有正义与邪恶的较量，有明争，有暗战，有不屈，也有阴谋与背叛，可以说二战中的上海展开的就是一场全球仅见的微型世界大战。在这个场域中，日本人取代英美法侨民成为“上海最有特权的人”。这是一种颠覆性的变化。它意味着开埠以来欧美列强在上海建立的权力结构和利益格局，以及在此基础上形成的由英美主导的“集团非正式帝国”秩序已被瓦解，取而代之的是日本炮制并由日本独霸的所谓“东亚新秩序”。在这个过程中，向为英美势力操纵、垄断的工部局、海关税务司和警察局相继落入日本人之手，成为“清一色的日本人的独占机关”。而以英美侨民为主体的“敌国及敌性国”侨民不是被遣返，就是被拘禁到监狱或押送到集中营，犹太难民则被集结到虹口隔离区，上海不受管制的非日本籍外国侨民就只剩下轴心国公民、俄罗斯人，以及一些亚洲人。上海已被日本“除去敌性”（英美势力），而被“除去敌性”的上海，实际上等于被抽掉了国际化的内核，仅存一副“国际都

---

① ［法］王菊：《近代上海棉纺业的最后辉煌（1945—1949）》，上海社会科学院出版社 2004 年版，第 19—20 页。

② ［美］华百纳著，周书垚译：《上海秘密战：第二次世界大战期间的谍战、阴谋与背叛》，第 117 页。

市”虚幻的外观。这是二战中的上海又一深刻变化。有关这一深刻变化，这部《汇编》甚少涉及，这是我在翻阅这部《汇编》时感到不尽满足之处。据我所知，上海市档案馆馆藏中亦有极丰富的相关史料，本书编者如能在这部《汇编》的基础上，再编一卷集中反映日本占领时期外侨在上海的命运遭际的史料集，作为这部《汇编》的续编或补编，以展示日本侵略给上海带来的这一方面的变化，那这部《汇编》就更完备了。

多年来，上海市档案馆编研部的专家始终坚持用档案说话，甘坐冷板凳，为学界奉献了一部又一部以馆藏档案为主体的专题史料集，这部《汇编》就是其中之一。王鸣盛在《十七史商榷·序》中说：“予任其劳，而使后人受其逸；予居其难，而使后人乐其易，不亦善乎！”本书编者所体现出来的正是这种“任其劳”、“居其难”的精神。在当下浮躁的学术语境中，这种朴实精神尤其令人肃然起敬！

（作者系上海社会科学院研究员）

越剧：大众娱乐文化、女性、都市与中国近现代史

——读《诗与政治：二十世纪上海公共文化中的女子越剧》

刘　喆

姜进教授是新中国第一代赴美留学并完整接受新文化史研究的熏陶和训练的学者，主攻性别研究，尤其是女性主义学术研究的领域，在斯坦福大学取得博士学位，著有 *Women Playing Men: Yue Opera and Social Change in Twentieth-Century Shanghai* 一书。大陆学界初步讨论和引入西方新文化史研究始于 20 世纪 90 年代末，姜进教授恰于新世纪初回到上海，彼时新文化史在大陆学界仍是一片急待开垦和耕耘的领域。姜进教授归国后一直孜孜不倦地推进性别研究和都市文化史研究在国内学术界和高等学府的传播、交流和发展，《诗与政治：二十世纪上海公共文化中的女子越剧》是建立在其英文著作之上、融入作者治学感悟的修改和扩展版本，堪称作者在中文学术界呕心沥血的扛鼎之作。

通过打破旧有精英的意识形态框架，作者尝试向我们展示一个女性世界的图景，将女性的经验纳入到历史研究之中，为中国近现代史带来了一种全新的理解视角。

作者的研究路径是通过社会史和文化研究的交叉，将女子越剧视为一种社会现象，该现象与同时期女性在上海公共空间的崛起和都市社会中性别关系的变化密切相关，通过研究以女演员为核心的这一文化现象的生产者和创造者群体和以女性观众为主的消费者群体，探索女性文化活动和戏曲领域，来观察社会结构和权力关系的变化。

作者视性别关系的转型为中国现代历史进程的核心内容之一。在本书中，

作者采用了女性主义史学和性别分析方法，认为通过女子越剧、女演员和女观众的兴起这三个平行的历史过程，可以揭示大众文化女性化的普遍倾向。女演员和女观众可以作为中国女性的代表，在历史变迁中展现了女性的主体能动性，她们不仅是自身意识的执行人，更是公共文化的建设者。女演员更是在大众媒体中完成了从低贱的女戏子到有身份的艺人和公众偶像的历史性重塑。女子越剧的成功又反过来帮助都市女性重新界定自己的社会身份和认同，女性的思想和行动可以影响和塑造历史的变迁。

越剧女演员和女观众的生活经历和生命体验亦是作者关注的目标。这些私人体验通过越剧的生产和消费得到释放，进入公共领域，女性成为创造20世纪上海言情文化的最重要的力量，女子越剧是这种力量的集中表现。越剧言情剧反映了女性对都市现代化过程中急剧变换的性、性别、家庭关系的思考和探索，私人情感和世俗经验成为现代生活的重要主题，在公共文化空间中，日常生活的"女性"关怀与民族国家的"男性"话语平分秋色。越剧通过诸多经典言情剧目于现代中国民众对情爱、性别、家庭、现代都市生活伦理和审美等都产生了深远的影响。

作者的史料运用可以作为文化史研究的经典案例。除了国内外的档案馆、图书馆等机构中所保存的档案、报刊、杂志等传统史料，以及国内外相关著作和学术论文之外，作者还大量运用了越剧戏目及访谈材料。新文化史注重挖掘传统历史研究所忽视的史料，来往信件、庭审记录、诗词、回忆录、访谈、影像、照片等等，都成为历史研究者的新帮手。这和新文化史所侧重和关怀的主题亦有关系，新文化史关注普通民众日常生活，而普通民众的"声音"由于种种原因并不容易在史料中被发现，需要通过研究者"挖地三尺"、扩大视野、打破既有对"史料"的界定去寻找线索，越剧戏目的文本研究和访谈都是其中的方式。

关于文本研究，美国学者罗伯特·达恩顿在其数本著作中已经为我们作了经典的展示，在此不再赘述，这里仅对访谈浅述一二。书后附录中记载着三十次访谈记录，访谈对象包括越剧的从业人员，如演员、编剧、导演、舞美、乐师、剧团经纪人、剧团行政人员，也包括与越剧有关的政府官员、同乡会人员、电台播音人和研究人员，还有非常重要的越剧观众和戏迷。尽管访谈的内容需要谨慎甄别，并和已存史料记录仔细比较，但大量的调查访谈可有效增加史料的丰富性和完整性，防止因受史料所限以致分析和结论话语单一化的情况出现。正如作者所述，这些珍贵的访谈资料对了解越剧女性经验、想象的世界以及理解都市社会中女性情思的自我表达都是必不可少的。如果没有这些材料，对私人的情感世界和日常生活的了解便极难入手，新的观察角度、理解和挑战既有研究定论亦无从谈起。相对于更早的历史研究时间段，中国近现代史研究在访谈上至少在目前的时间段仍具备可操作性，只是随着时间的推移，访谈的紧迫性愈发增强，这是研究者们所要面临的最大挑战。

越剧、女演员、女观众和上海的故事

作者以都市娱乐文化、女性、都市三个元素互为犄角之势，展开论述。

越剧经历了从乡村到都市、从男班到女班的变化。越剧于 19 世纪起源于浙江省绍兴地区的嵊县乡村，原本是被男演员"占据"的地方戏，和京戏及其他地方戏几无不同。辛亥革命之后，妇女解放被纳入社会变革和现代化进程中。女性开始利用这个机会积极踏入社会公共空间和大众文化市场，女演员和女观众逐步成为越剧表演和欣赏的主力。越剧全女班始于 1923 年，蓬勃于 30 年代，1935 年之后在上海站稳脚跟。这些女班的演员接受系统而严格的训练，互相之间有很强的群体归属感，在演员群体的数量上又占据绝对优势，而且戏班班规严格、整体水准较高、戏路宽广，能较好地应对市场需求，使女班成为越剧舞台的主心骨，而男性则被逐步"排除"在外。

女子越剧真正的繁荣是在抗日战争期间。首先，男性精英话语和其代表的抗战文化受到日本侵略者的严厉打压，原本影响力很大但在市场号召力有限的精英文化在上海公共空间内急剧衰落，使以通俗文化为核心的上海大众文化有了更繁荣的空间。描述和探索都市生活的通俗小说作品的兴盛，为以言情剧为主的越剧创造了繁荣机会、提供了养分。其次，战时上海女性作家群公开讨论并积极开拓女性话语空间，给越剧通过戏曲来表现女性问题的关注提供了支持。第三，战争期间大量涌入租界的居民不仅要寻求避难和谋生方法，还需要发泄内心苦闷和寻找认同，日常生活还要继续，大众娱乐得以继续发展。女性和女性文化获得在都市文化大舞台中心位置直接向公众讲述自己故事的机会。将抗日战争作为大众文化发展的重要部分而非纯粹的受难与空白时期是本著作的一大贡献。

越剧的发展除了有时势因素的推动之外，越剧女演员在这其中付出了非凡的努力，她们历经艰苦、自强不息。她们不仅要注意自己的私生活，还必须在舞台上摆脱旧有印象，通过公私两个领域的自证"清白"，争取社会地位。"清清白白做人，认认真真演戏"成为越剧女演员于 30 年代始恪守的理念。她们克服新到上海后社会网络缺乏、经济资源短缺、文化水平低下、各色人等刁难、婚姻角色弱势、固有公众形象不佳等诸多困难，对越剧进行改革，逐步肃清色情表演，提升舞台价值，和女观众一起共同塑造了越剧的新形象。在吸取昆曲和话剧优点的基础上，越剧以对爱和欲的细致情感表达取代了以往的粗俗的表演。其他一系列措施也被陆续采纳，如用编导制取代传统幕表制，成立剧务部，整肃剧场秩序，引入西式的化妆方式和舞台装置等等。到1940年代时，越剧已焕然一新，位居有尊严、有品位的现代舞台艺术之列。

越剧的"华丽转身"还离不开观众的支持。越剧的兴起和三种重叠的社会群体相关，即内涵广泛的都市中产阶级、宁绍移民群和女观众。其主要观众是处于雅俗之间的、上海众多具有中等文化水平的中产阶级男女，但女性特色更为突出，尤其是宁绍中上层阶级女性，她们构成的核心观众和赞助群体为越剧的社会和经济地位的提升做出了不可磨灭的贡献。越剧的观众群自1930年代中后期，开始由以低层、男性为主转向以中上层都市女性为核心，1940年代末期的新一代戏迷群体更是主要由中产阶级家庭中成长起来的女性为主，她们基本都受过良好的教育。有文化的女性观众所推崇的是表达浪漫的爱情和优雅的性爱的作品，而不是乡村气息的、男性的、粗俗搞笑的色情表演。可以说，女观众不仅以自己的财力促进了越剧舞台形象的提升和舞台美术的现代化，她们的口味亦改变和塑造了越剧的风格和内容，帮助界定了女子越剧以言情为基调。女观众积极进入都市公共空间进行文化消费和享受，支持她们所喜爱的演员，甚至还形成了特殊的"过房娘"体系，在自我满足及保护了越剧演员的同时，她们和女演员共同挑战父权文化，提高了女性在公共空间中的地位和话语权。

在自身社会地位的提升之后，越剧被卷入国共之间的对抗中，但女演员们仍为自己的诉求奋力抗争。在这过程中，越剧女演员新的集体身份开始形成，即对进步的、现代的独立自主的艺术工作者身份的认同，并主动通过新闻媒体向都市公众传达自己的立场，改变公众对女演员的看法。她们以拥有完全社会身份、能够清楚表达自己诉求的主体人的姿态登上了社会的大舞台，为同行的冤屈之死在公共领域中打抱不平，这既是对自己的委屈和不幸的声讨，也是为众多女性同胞苦难遭遇的申诉。女演员能赢得公众的同情和支持不仅证明了社会认同她们的表达，也证明了多年来越剧女演员呕心沥血争取"清白"的努力深入人心。

进入共和国之后，新政府的政策导向是影响越剧发展的重要因素。共产党采取了改戏、改人、改制的"三改"政策，将文化娱乐业纳入国家控制之下，市场文化机制被取代。从积极的方面讲，新政府使女演员的社会地位急剧提高，也使越剧成为全国第二大剧种。可新政权的做法从长期来看也带来了负面的效果。虽然支持地方戏曲发展，但是新政府对于艺术过于民粹主义的理解、行政干涉、夸大新政权的力量和功德，忽略女演员和女观众的自由和自主性及其他推动越剧发展的力量，限制了越剧题材和风格的多样化发展。政治运动和日益激进的文化政策让大众娱乐市场举步维艰，“十年”中的极左政策给了越剧最致命的打击。1979年之后，共产党重建了市场主导的经济体制，越剧重塑了其原有的关注私人情感世界和日常生活的特征，仍然在新一代移民演员的努力下前行。只是在全球流行文化的冲击下，越剧日渐衰落。

女性的言说与演绎

作者撰述的故事精彩纷呈，这也让我们不由反思女性在历史叙事中的地位如何重新解读和定位。越剧给了我们一个全新的启示，女子越剧是女性站在自身立场，作为言说主体通过言情剧的形式展现自己的美丽、对爱情的美好诉求的媒介。通过由女性在舞台上所塑造的角色和故事，女子越剧批判和挑战着男性权威对女性所施加的偏见和不公，也在精英革命话语的强大导向中坚持着女性自己在形象、性别、性爱、爱情乃至人生等方面的看法。

借用语言与精英话语对话是越剧女演员的必要策略，为其自身在公共空间内的“发言”构建合法性。“从抗战时期到1960年代中期，越剧女演员用借来的语言在舞台上讲述自己的故事”，这些故事“反映了女性生命的不同经历和体验，也反映了女性经验与各种话语之间的复杂关系”。（第318页）在这些故事中，作者指出女性的受苦和才子佳人是越剧叙事最常用的两大主题，这两个主题都来自于“五四”话语。第一个主题与传统历史叙事中父权制将女性视为牺牲品的话语系统有所不同，并不仅仅只是对女性受封建父权制压迫的精英话语的简单回应，而更是根植于女性历史经验的女性叙事，这在诸多地方小戏中已被广为传唱，是来自于民间的渊源，被五四知识分子用来建构民族国家话语。至于第二个主题才子佳人，则是“女性讲述自己的故事、创造自己表达方式的工具”，和前者相反，越剧通过“套用五四男性知识分子对妇女解放和恋爱自由的建构来表达女性的渴求”。（第323页）

借用精英语言的背后，其最终目的是表达自我诉求，而不是屈从或者一味跟随主流精英话语。即便是在苦情戏的“哭哭调”中，女演员依靠自己的表演除了来展现对缺乏责任感、欺压剥削女性的男性的批评、对女性美德的赞美之外，我们也可以认为在这样控诉、苦情中其实也蕴含着女性对爱情和配偶的期待，同样是女性人格主体和能动性的反应之一。她们力图摆脱这些精英所停留的既批评封建社会压迫歧视妇女却又赞成封建社会传统妇德的这种自相矛盾，而不仅仅只是五四男性知识分子建构民族国家话语的工具。

越剧逐步发展成为以言情剧为核心的娱乐文化，既是如上文所述的迎合观众品味的现实需要，亦是女性一直以来的自我关注、展现主体性的结果之一。对于言情的越剧，爱情既是其核心题材，也为其所建构。越剧经典剧目《梁山伯与祝英台》便是屡经修改和演绎才有了众人熟知的样貌。越剧“为通俗言情文化铭刻上了女性的印记，在现代中国人对性与性别关系的认知中注入了女性的情感元素”。(第 337 页)

在建构爱情的过程中，女演员同时还塑造了对性别的认识和审美。越剧对女性的塑造，可以用“柔美”来形容。从化妆、戏装、舞台设计、表演风格等各方面“不仅表现了符合新时代理想的自主女性，而且体现了现代大都市对女性身体美的着迷，创造出鲜活且外观靓丽的女性群像”。(第 304 页)这种由越剧塑造的女性美从上海风靡至全国。越剧也从女性的角度重塑了对男性的期待和要求。《红楼梦》是一个绝佳的案例，该剧不仅是一部描述宝玉与黛玉之间忠贞不渝、情真意切和伟大爱情的悲剧，也将宝玉塑造成女性心目中尊重女性、关注女性生命的理想男性，为现实生活中的男性树立了典范。越剧中女小生所扮演的男性角色，正是“女性主体所建构的理想男性，并借此重新安排一种更为平等和互相关爱的性别关系”，(第 307 页)这是对父权制及其统治权威和男性话语体系的直接抗辩。

通过全方位构建女性话语体系，越剧在精英主导的宏大叙事之外，开辟了一条通过性别的角度和日常生活的领域研究女性群体的道路。本书的研究为使用文化研究重新理解中国近现代史提供了一个范本，即在宏大叙事之外，也存在通过都市中的大众娱乐文化来研究娱乐文化本身及与之有关群体的命运来重新定义历史的可能性。

(作者系法国里昂高等师范学院博士)

跨学科研究的尝试

——评《驶向枢纽港——上海、宁波两港空间关系研究(1843—1941)》

徐　杨

自开埠以来,中国的国内与国际贸易格局经历了沧海桑田之变。通商口岸的出现重塑了市场体系,促进了腹地经济的变迁,培育了近代经济区,改变区域城镇布局。沿海通商口岸城市是区域现代化的始发地和重镇。“如果忽略沿海沿江港口城市在现代化中的作用,中国现代化的研究就是无本之木、无源之水,只能是一些现象的罗列。”①诚然,港口城市对中国的现代化有着毋庸置疑的积极意义,但是,要恰如其分地描绘港口城市在现代化进程中的自我发展与溢出效应却并非易事。空间、制度、历史背景、传统惯性等等有太多的因素在历史现象形成过程中扮演着各自的角色。如若要进一步厘清两个相邻港口在历史进程中的空间关系,则更是一项具有挑战性的工作。王列辉所著《驶向枢纽港——上海、宁波两港空间关系研究(1843—1941)》即是针对这个命题所做出的努力之一。

一

作者自言,本书所要解决的主要问题有两个,即近代上海、宁波两港的空间关系是如何演变的,这种演变的内在原因又是什么。作者尝试运用“区位优势—自我增强”的分析框架,具体从自然条件、陆向与海向腹地、临港集聚、港口

① 吴松弟:《港口——腹地和中国现代化空间进程研究概说》,《浙江学刊》2006年第5期,第35页。

制度四个方面来阐释这两个问题。其中,自然条件、陆向与海向腹地构成区位优势;临港集聚、港口制度构成自我增强。区位优势与自我增强共同作用,形成上海、宁波两港空间关系的演变机制。作者认为,近代以来,上海港逐渐成为远东地区的枢纽港之一,宁波港则沦为上海港的支线港。紧邻长江、背靠江南、宽广的陆向与海向腹地等等构成了上海港的区位优势,而这一优势又进一步增强了上海港的竞争力。与此同时,技术保障制度保障有效确保了集聚优势的发挥和繁荣局面的保持。①

事实上,关于上海港、宁波港在近代的兴衰沉浮已有较为深入的研究。斯波义信、吴松弟、戴鞍钢、王尔敏、邹逸麟、罗兹·墨菲、林达·约翰逊等人皆有代表性著述问世。他们从区位条件、经济因素、制度安排等多个层次对两港的近代命运及其原因进行了描述与阐释。与这些论述相比,本书将关照的重点放在两港的空间关系上。诚如作者所言,以往研究"通常集中讨论近代开埠之后的口岸贸易及对城市和区域经济的影响,而较少对港口与港口之间的关系进行深入考察"。②从这一角度切入,研究的广度与深度都有所开拓,研究路径亦有新意。在观点的呈现上,虽无筚路蓝缕之功,却有查漏补缺之效。依笔者陋见,本书至少在三个方面给人耳目一新之感。

其一,研究视野进一步拓展。作者不仅就国内情势而言上海,更从国际格局的角度分析上海的地位。20世纪二三十年代是上海发展的黄金时期,有学者据此认为这一时期的上海是远东最大的航运中心。但作者认为对当时上海港的国际地位不应估计过高。在远东港口体系中,神户、香港、上海三足鼎立,上海港充其量是远东的航运中心之一。由于日本航运业控制了太平洋航线,因此,在某种程度上,上海港只是日本港口(神户、横滨、长崎)的支线港。③这是对以往历史学者所作判断的一次重要反驳。如无一定的国际视野,必无法作出此项修正。

在梳理两港关系的历史背景方面,作者将其分别置于全球尺度、国家尺度与区域尺度下进行考察,并应用中心——边缘的研究范式进行分析。在近代,中国从世界经济体系的中心之一逐渐沦为边缘。同时,在国内,东部沿海和西部内陆的经济发展差距拉大,两者之间也形成了中心、边缘关系。④这种由大至

---

① 王列辉:《驶向枢纽港——上海、宁波两港空间关系研究(1843—1941)》,浙江大学出版社2009年版,第32—33页。

② 王列辉:《驶向枢纽港——上海、宁波两港空间关系研究(1843—1941)》,第23页。

③ 王列辉:《驶向枢纽港——上海、宁波两港空间关系研究(1843—1941)》,第81—88页。

④ 王列辉:《驶向枢纽港——上海、宁波两港空间关系研究(1843—1941)》,第118—119页。

小、层层推进的描述方式，条分缕析，能够清晰地展现远东乃至世界贸易流通的图景。对上海港与宁波港在不同层级市场中的地位提供了一个较为明晰的定位。

在论述港口——腹地的互动关系方面，以往的研究通常偏重于陆向腹地。如戴鞍钢在上世纪90年代末运用港口——腹地的经济地理学模式，主要考察长江流域与上海的互补互动双向联系，描绘了上海与长江流域的市场网络。从他的研究内容来看，上海港的经济腹地即为长江流域等内陆地区，甚少涉及海向腹地。上海港的经济腹地“从长江三角洲伸展到整个长江流域，涵盖江、浙、皖、赣、鄂、湘、川诸省，包容秦岭和黄河以南的陕西汉中、河南大部分及鲁西南地区”。①然而，地理学的发展倾向于腹地并非只有陆向腹地一个维度。“海向腹地”概念的提出即是丰富“腹地”内涵的努力之一。航线数量、船只离港的数量、货物运往某一目的地的净吨数等均是用来衡量海向腹地的指标。②陆向腹地和海向腹地共同构成了港口的国内、国际两大市场范围，对港口城市及其区域经济发展均有重要意义。③本书以腹地的两个维度出发，考察的结果表明：上海港的陆向腹地是跨省的，宁波的陆向腹地则是省内的；上海港的海向腹地是跨洲的，宁波港的海向腹地仅限于国内；这种腹地格局对两港的发展产生了不同的影响。④虽然这种补阙并不一定能修正乃至改正既有的历史定论，但却能够使得相关论据更为充分、论证过程更为严密。

其二，充分运用计量史学的相关方法，利用多种学科的数学模型对历史现象展开数理分析。自上世纪五六十年代以来，计量史学一度蔚然成风。但就国内史学研究来看，特别是经济史方面，“量化”工具的运用并不尽如人意。多为流于表面的数据罗列，少于严谨的数理推导。如巴勒克拉夫所言，量度本身若不附以统计处理方法和系统数量分析方法，它产生的结果不过是另一种形式的叙述。它以数字代替文字形式，表面上看更加精确，实际上却没有创造出新的成分。⑤总的来说，同类型的史学研究常常在数据与结论之间缺失一座沟通的

---

① 戴鞍钢：《港口·城市·腹地——上海与长江流域经济关系的历史考察(1843—1913)》，复旦大学出版社1998年版，第170页。

② 潘坤友、曹有挥：《近百年来西方地理学研究回顾与展望》，《人文地理》2014年第6期，第36页。

③ 吴松弟主编：《中国近代经济地理·绪论与全国概括》，华东师范大学出版社2015年版，第37页。

④ 王列辉：《驶向枢纽港——上海、宁波两港空间关系研究(1843—1941)》，第256页。

⑤ [英]杰弗里·巴勒克拉夫：《当代史学主要趋势》，上海译文出版社1987年版，第118页。

桥梁。

而本书则在“量化史学”的书写上更为成功，不仅搜集的历史数据较为可靠（主要为海关档案），而且运用了多种类型的经济学模型，对数据进行了有效分析。在数据、现象与结论之间勾画了一条严密的逻辑路线。例如，在考察上海港、宁波港之间的竞争态势及其强度方面，作者不再满足于定性的文字描述，而是采用了经济学的基尼（Gini）系数分析技术、偏移——分享技术进行计量分析。计算结果表明，两港的空间关系动态变化的总趋势是逐渐趋向集中，港口活动更多地向上海港集中。①这种分析方法的优势在于科学性与叙述性语言相结合，使得动态的历史进程跃然纸上的同时也不失严密的论证过程。

其三，该研究有着强烈的现实关怀。以史为鉴、面向未来是史学的价值之一，兼具现实意义的史学著作才能拥有持久的生命力。立足当代，向历史寻求解决问题之道亦是历史学人的使命之一。本书在总结历史经验的基础上，用了大量篇幅来描绘上海港与宁波港未来可能的发展趋势。作者认为，近代以来，上海、宁波两港的空间关系大致经历了枢纽港—直线港到枢纽港—大型水深直挂港的转变，这种转变是自然条件和经济规律双重作用的产物。自 20 世纪 50 年代以来，随着船舶集装箱化和大型化，港口的泛中心化成为一种趋势。因此，宁波港不会再沦为上海港的支线港，极有可能由大型深水直挂港转变为枢纽港，上海、宁波两港形成双枢纽港的格局。②尽管这一基于历史与现实所作出的预测并不一定会在未来成真，但至少说明此项研究颇具现实意义，并非只是从故纸堆来，回故纸堆中去。

近代上海、宁波两港“此消彼长”的发展态势本是一个已有较多学术积累的论题，而本书在研究的角度、视野、方法及其论据方面又有了诸多的拓展，强化了历史地理学的学科意识，融合了多种社会学科的研究理论，观点的呈现颇有新意。

二

自二战以来，历史学与其他社会科学相融合就成为了一种趋势。这一趋势集中体现在年鉴学派所秉持的一贯作法上。年鉴学派纲领的核心所在是坚持要求扩展历史学的研究领域，扩大历史学家的视野，新的历史学是“全体部分构

① 王列辉：《驶向枢纽港——上海、宁波两港空间关系研究（1843—1941）》，第 76—78 页。
② 王列辉：《驶向枢纽港——上海、宁波两港空间关系研究（1843—1941）》，第 368—374 页。

成的历史”，它所关心的是人类的全部活动。①在第二代核心人物布罗代尔所创建的理论模式中，历史学是以社会的所有方面为研究对象，这就必须推倒把历史学和其他科学阻隔开来的那堵高墙，广泛地吸收其他科学，包括地理学、经济学、社会学、人口学、人类学和心理学的理论。②一言以蔽之，年鉴学派的历史学家们想做的就是扫除各学科之间的疆界，以便把它们都整合为“人的科学”。③在年鉴学派看来，理想的史学著作就应该是一部跨学科的著作。

本书为历史地理学著作，本身既为交叉学科的产物；研究对象包含了港口、城市、腹地的经济活动，亦可称之为经济史著作。与此同时，作者还引用了经济学、统计学的最新成果，运用制度经济学、港口地理学等分析工具。本书利用SPSS软件的相关系数分析杭州开埠对宁波港的影响；借助历史制度分析(HIA)的人格化交易和非人格化交易对上海、宁波的商人及商业环境进行考察；借助区域经济学的偏移—分享模型考察上海、宁波两港的竞争态势；运用基尼系数法等定量分析工具，对两港空间关系的变动方向、强度和集中趋势进行测度；利用Anyport模型对两港的港口设施发展过程进行描绘。从作者所运用的基本概念、理论工具来看，本书不失为一部跨学科的著作。

李伯重曾言，中国经济史的危机在于方法论上的保守，唯有敞开胸怀，接纳其他学科的方法，从多视角去看待问题，方有解决危机之道。④这一判断放在整个历史学的高度上也同样适用。跨学科的研究理路不失为历史学的发展趋势之一。从本书的研究成果来看，跨学科的研究视角极其方法甚有成效。除前述港口地理学的概念引入拓展了论据、计量手段的使用带来了严密的数理分析外，多学科知识的运用还有助于提升研究的理论化层次。例如，在解释宁波何以未能形成临港集聚时，作者借用了空间经济学者藤田昌久、克鲁格曼等人所建立的模型进行推导。模型原为“Y”形，作者稍加修改，变成“T”形，从运输成本最小化的角度来解释近代经济活动向上海港集中而不是向宁波港集中的原因(具体推导过程参见原书第289—292页)。这种利用经济学模型解释历史现象的作法比一般的文字叙述更具说服力，也有更坚实的科学性。

跨学科的研究路径无疑能够消除学科壁垒，打破单一学科的局限性，为史

---

① [英]杰弗里·巴勒克拉夫：《当代西方史学主要趋势》，第54—55页。

② 杨豫：《法国年鉴学派范式的演变》，《史学理论研究》1992年第2期，第108页。

③ [美]格奥尔格·伊格尔斯：《二十世纪的历史学：从科学的客观性到后现代的挑战》，山东大学出版社2006年版，第55页。

④ 参见李伯重：《“融入世界”——新世纪我国经济史学的发展趋势》，《理论·方法·发展·趋势：中国经济史研究新探》，浙江大学出版社2013年版。

学带来新的因素。“经验证明，许多使人最感兴趣和最有创造性的成就大批出现在各个学科为自己划定的那些界线的边缘和交叉处。”①当然，也曾有人担心过多地吸收其他学科的成分会消解史学的主体性，造成失焦的局面。这种担心未免有些杞人忧天，史学的包容性足以使其吸纳各种社学学科的养分，为我所用，而非取而代之。问题的关键在于，跨学科研究知易行难。在历史书写中如何明确“问题意识”，如何掌握各个学科之间的平衡，如何恰当应用各种理论工具，需要研究者付出极大的努力。

就本书而言，这种跨学科的研究基本上是成功的：“问题意识”简洁明确，各种理论工具运用自如且恰如其分，基于多种学科理论的分析框架完整度高、逻辑性强。然而，作为一种学科结合的尝试，本书难免会留下一些遗憾。从本书所呈现的内容来看，作者雄心勃勃，力图将两港空间关系的影响因子“一网打尽”。笔者陋见，这种全面性的叙述最大的疏漏在于历史事件的描述过于简略。换句话说，对于“结构”、“情势”关注度过重，而对“事件”的关注度过轻。

有学者曾言，开埠以后的上海是在通商及一系列“突发事件”的推动下快速走向繁荣的。②而本书在“突发事件”上的着墨并不多，甚至有些忽视。上海城市的发展得益于开埠，也与江南地区的战乱有关。“特别是小刀会起义和太平军战事，极大地推动和加速了上海的崛起。”③在1852—1865年期间，因为战乱涌入上海的人口光有籍可查的就达15万人，而无法统计的难民估计多达百万以上。④外国租界内的中国居民，1852年约有五百名，1854年有两万名，1864年暴增至五十万名。⑤而这些躲避战乱的难民中不仅包括平民百姓，还包括大量有钱有地位的绅士富商。“被迫离开家乡的绅士加入到上海社会中来，从而加速了长江中下游的地主家庭与外国的接触和贸易往来。”⑥这些移民为上海的崛起带来了资金、人才与劳动力。因为战乱，原先的区域中心城市苏州、杭州等相继衰落，而地处海滨的上海却逆势崛起。这些历史事件在书中却并没有很好地呈现，或寥寥数语，或一笔带过，实为遗憾。

---

① [英]杰弗里·巴勒克拉夫：《当代西方史学主要趋势》，第141页。

② 周武：《从江南的上海到上海的江南》，郭太风、廖大伟主编《东南社会与中国近代化》，上海古籍出版社2005年版，第20页。

③ 周武：《从江南的上海到上海的江南》，第29页。

④ 陈文斌：《太平天国运动与近代上海第一次移民潮》，《学术月刊》1998年第8期，第84页。

⑤ [美]罗兹·墨菲：《上海——现代中国的钥匙》，上海人民出版社1986年版，第11页。

⑥ [美]费正清、刘广京编：《剑桥中国晚清史·上》，中国社会科学出版社1985年版，第233页。

三

纵观全书，开阔的视野、翔实的史料、流畅的文字、多样化的理论工具以及富有新意的观点成为其鲜明的特点。但笔者以为，本书仍有不尽如人意之处，特别是在某些观点的呈现上，依然有值得商榷的空间。

作者自言并不赞同墨菲等人所持的自然位置是上海各时期发展的主要因素的观点，他给出的论据是上海的港口条件并不如宁波，一系列人为的努力克服了诸多自然条件的限制，使得上海港的地位得到巩固和提升；而宁波在经济腹地方面逊于上海，因此导致两港之间的差距越来越大。①可以说，这一判断与作者运用的"区位优势—自我增强"的分析框架一脉相承，逻辑上并无漏洞。但笔者认为，仍然有两个问题需要进一步的厘清：其一，将墨菲等人所阐述的各种因素概括为自然位置是否恰当；其二，究竟何种因素是港口发展的主要动力。

根据作者对"区位"概念的解释，其内涵包括两大部分，即自然条件与经济腹地。反观墨菲对上海发展因素的分析中，地理、交通、人口、贸易、工业等等皆是他考察的对象。墨菲认为，上海由于自身的地理位置，特别是它与通过长江、运河网络与内地的联系，而成为中国贸易的重大转船运输枢纽；同时，租界所提供的安全保障是早期资本在上海开始集中的关键时刻，经济发展的一个重要促进因素。②这些观点的概括显然已经超出了"自然位置"的范畴，与作者所谓的"区位"并无太大出入。至于港口（城市）的发展动力问题，诸多学者都认为区位是港口最初发展的决定性因素。如王尔敏在总结五口通商的历史经验时论道："都市之形成，地理条件占有重要因素，为一切发展之原始依据……由地理条件种种环境之限制，对于历史发展延续，亦具有若干重要影响。"③"新经济地理学"的开创者之一保罗·克鲁格曼也强调："自然地理以一种不确定的方式起着如此重要的作用，就是因为空间经济的自组织特征。"④本书作者也遵循了同样的逻辑，认同了区域优势在港口发育初期的重要性，只是他也强调了港口发展中"自我增强"的面向。作者认为"和近代宁波港相比，上海港的发展首先得益于良好的区位条件，良好的区位条件促进了港口和所在城市的发展，随着集聚

① 王列辉：《驶向枢纽港——上海、宁波两港空间关系研究（1843—1941）》，第376页。
② 王列辉：《驶向枢纽港——上海、宁波两港空间关系研究（1843—1941）》，第103、156页。
③ 王尔敏：《五口通商变局》，广西师范大学出版社2006年版，第273页。
④ [美]保罗·克鲁格曼：《新经济地理学在哪里》，[英]G.L.克拉克等主编《牛津经济地理学手册》，商务印书馆2005年版，第58页。

优势和规模效应的发挥，港口在自我增强作用下发展壮大。”①那么，墨菲等人在论述中有无涉及这一面向呢？墨菲在预测上海的未来趋势时这样写道：

> 不管什么新兴的工业区在哪里出现，上海很可能将会依旧接近整个中国市场的中心，长江水系将会继续为它提供通向全国市场的价廉而便利的门路。只要上海保持其贸易、商业和金融上的重要性，它的资本将会是相当雄厚的；在可预见的将来，这些功能看来不大可能会被夺走。熟练的劳动力和技术管理力量，总是倾向于被吸引到这样的中心城市，并且由于早先存在的工业结构而被培训出来。②

这与本书作者所描述的“自我增强”是何其相像。运输成本最小化带来了临港优势，首先吸引大量和港口相关的企业在港区集聚；辅以各种政商制度，贸易、金融等产业继之兴盛。临港集聚与港口制度共同构成了“自我增强”。如前所述，作者所演绎的港口演变机制在于区位优势赢得港口（城市）的初步发展，自我增强提供其持续发展的动力。从墨菲的论述来看，他已经涉及了从区位优势到自我增强的双向因素，只是没能像本书作者一样将其理论化，并形成一个完整而严密的逻辑框架。因此，笔者以为本书的主要观点与墨菲等人的论述在本质上并没有太大的区别，而是在要素的拓展和解释逻辑的梳理上作出了贡献。当然，这只是笔者基于自身理解力的一家之言，或许作者另有深意抑或其本意被误解了。

总的来说，本书较为全面且系统地阐述了近代以来上海、宁波两港空间关系的演变历程，并揭示了这种演变机制背后的驱动力。作者视野开阔，旁征博引，宏观与微观结合，叙事与实证共用，论点甚有解释力和洞察力。尽管在笔者看来有些许遗憾和疏漏，但瑕不掩瑜，本书依然不失为一部成功的跨学科研究著作。

（作者系华东师范大学历史系博士生）

---

① 王列辉：《驶向枢纽港——上海、宁波两港空间关系研究(1843—1941)》，第379页。
② [美]罗兹·墨菲：《上海——现代中国的钥匙》，第248页。

征稿启事

《上海学》集刊以上海为研究对象，以上海城市变迁为研究重点，尤侧重于考察上海城市的现当代变迁。本集刊由上海社会科学院近代上海史创新型学科团队主办，上海人民出版社出版。每年两辑，上半年和下半年各出一辑，每辑40万字左右，主要栏目有：

特稿：以上海学宏观综论为主，兼及上海学理论与方法研讨方面的论文；

圆桌对话：主要围绕上海学热点、焦点问题展开讨论，以笔谈形式为主，亦发富有深度的学者对话与访谈；

都市人文：侧重发表上海城市历史与城市文脉等方面的研究论文，兼顾宏观与微观、整体与个案研究；

当代聚焦：集中探讨当代上海城市转型发展过程中的一系列重大问题，如城市发展战略、城市空间(包括旧城改造与新城建设等)、产业结构调整、社会治理等方面的专题研究；

新视界：着力倡导从新的视野、新的理论方法研究上海城市变迁，以及上海与国内外大都市之间的比较研究，为上海学拓展新的视界；

新史料：发掘、整理、汇刊上海学新史料，为上海学累积更丰富的史料库存；

书评：推介并评论海内外上海学最新著作，推动海内外上海研究的互动、对话与交流。

上海学是一门方兴未艾的显学，也是一门内涵和外延极其浩瀚深广的学问。因其方兴未艾，所以可以开拓的研究空间巨大；因其浩瀚深广，所以不是任何一个机构或个人所能穷尽。竭诚欢迎海内外上海研究同行惠赐佳作，和我们一道，致广大，尽精微，合力把这本集刊办好，共同推进这一共业。

来稿中外文不限，长短不拘。论文注释规范请参照《历史研究》，外文稿件参照国际同行注释规范，并注明作者职称、工作单位和联系方式。

来稿请寄：上海社会科学院历史研究所(上海市中山西路1610号，邮编：200235)，联系人及电子邮箱：

冯志阳，yingzhiyang@163.com

周　武，zhouwush@163.com

《上海学》集刊编委会

2016年6月18日

图书在版编目(CIP)数据

上海学.第3辑/周武主编.—上海:上海人民出版社,2016

ISBN 978-7-208-14064-6

Ⅰ.①上… Ⅱ.①周… Ⅲ.①城市史-研究-上海市 Ⅳ.①K295.1

中国版本图书馆CIP数据核字(2016)第223911号

责任编辑 曹怡波

封面装帧 甘晓培

上 海 学

第三辑

周 武 主编

世 纪 出 版 集 团

上海人民出版社出版

(200001 上海福建中路193号 www.ewen.co)

世纪出版集团发行中心发行 常熟市新骅印刷有限公司印刷

开本635×965 1/16 印张32.75 插页4 字数563,000

2016年11月第1版 2016年11月第1次印刷

ISBN 978-7-208-14064-6/K·2547

定价78.00元